r 38677

Paris
1860

HOFFMANN

Contes fantastiques

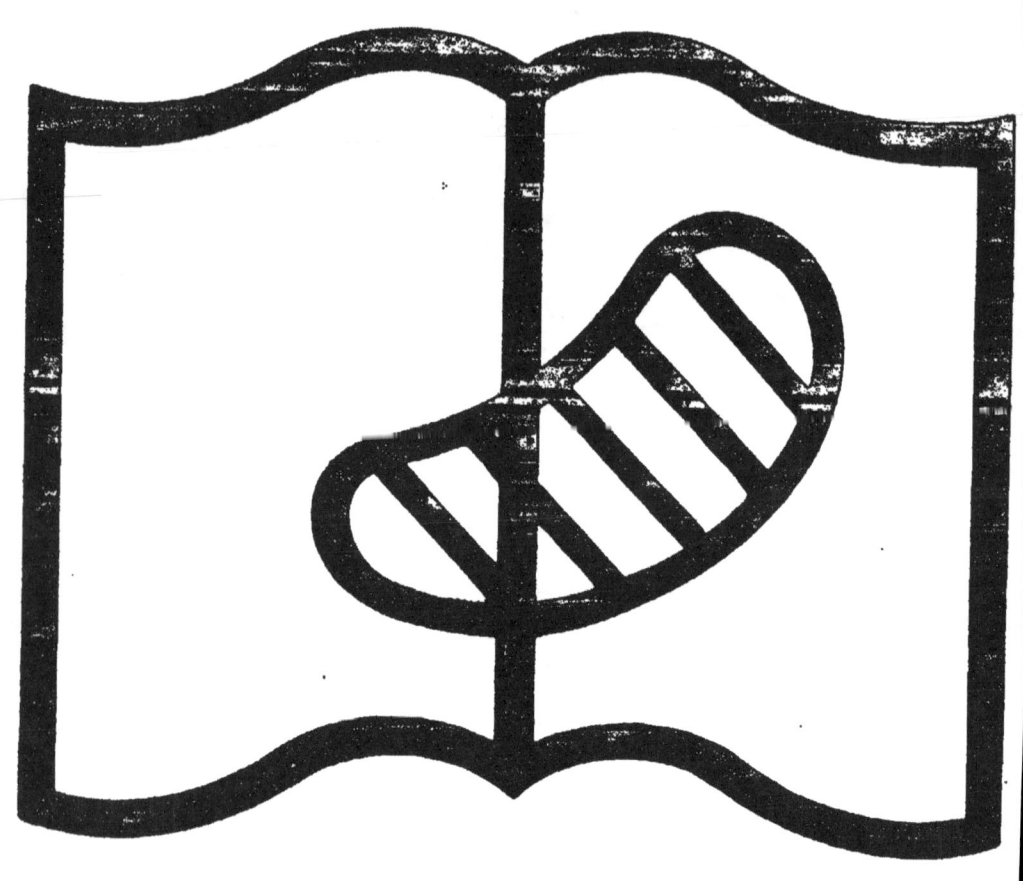

Symbole applicable
pour tout, ou partie
des documents microfilmés

Original illisible

NF Z 43-120-10

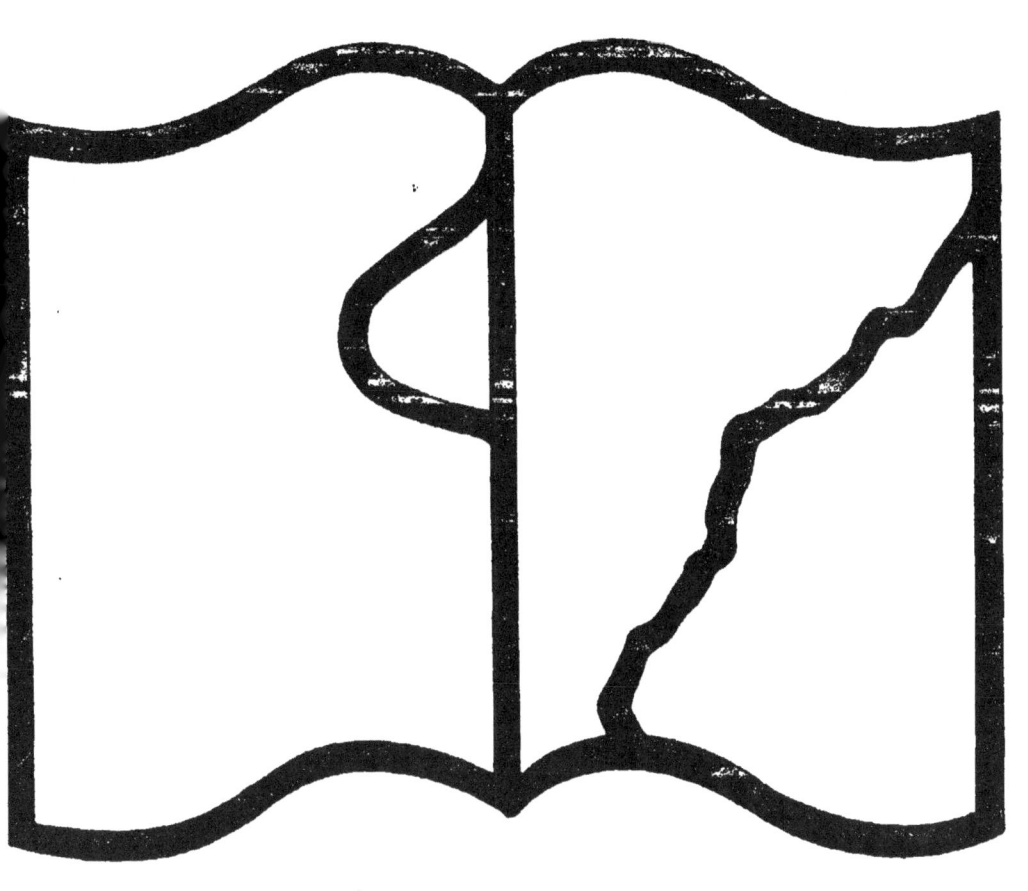

Symbole applicable
pour tout, ou partie
des documents microfilmés

Texte détérioré — reliure défectueuse

NF Z 43-120-11

CONTES
FANTASTIQUES

Chant d'Antonia.

CONTES FANTASTIQUES

DE

HOFFMANN

TRADUCTION NOUVELLE

PAR P. CHRISTIAN

PARIS
MORIZOT, LIBRAIRE-ÉDITEUR
7, RUE PAVÉE-SAINT-ANDRÉ-DES-ARTS, 7

1861
1860

CONTES
FANTASTIQUES

LE CHANT D'ANTONIA

Ce soir-là, les frères du joyeux club de Sérapion se sont réunis de bonne heure chez Théodore. La neige, chassée par le vent d'hiver, fouette les vitraux ébranlés dans leurs châssis de plomb; mais un large brasier resplendit sous le manteau de la vieille cheminée; sa chaude clarté caresse de mille capricieux reflets les bahuts aux teintes brunes, dont la vétusté contraste avec la folle gaieté des habitants du logis. Bientôt les pipes fument, des sièges s'improvisent, on se range par ordre d'ancienneté autour d'un guéridon où flambe à plein bol le punch de l'amitié. L'assemblée est complète; nul ne manque à l'appel du doyen; la coupe de Bohème s'emplit et circule; la causerie s'anime; le temps passe, mais le punch et les histoires se renouvellent; les imaginations s'exaltent peu à peu, on rivalise d'excentricité...

« Or çà, cher Théodore, s'écria tout à coup un des joyeux viveurs, la conversation va finir si tu ne nous gratifies d'une de ces histoires à faire dormir debout que tu contes si bien; mais il nous faut quelque chose de bizarre et d'attendrissant, de fantastique et d'antinarcotique...

— Trinquons, dit Théodore; j'ai votre affaire. Je veux, s'il vous plaît, vous conter une anecdote assez originale de la vie du conseiller Krespel. Ce digne personnage, qui a existé en chair et en os, était en vérité l'homme le plus singulier que j'aie jamais rencontré. Lorsque je vins à l'université de H***, pour y suivre les cours de philosophie, toute la ville ne s'entretenait que du conseiller Krespel. Figurez-vous que ce personnage jouissait, dès cette époque, de la plus grande réputation comme juriste et comme diplomate. Un petit prince d'Allemagne, dont la vanité débordait le domaine, l'avait fait venir à sa résidence pour lui confier la rédaction d'un mémoire destiné à justifier ses droits sur certain territoire voisin de sa principauté, territoire qu'il comptait réclamer devant la cour impériale. L'affaire réussit; et, dans l'excès de sa joie, le prince promit à son favori, en récompense du fameux mémoire, d'exaucer le souhait le plus exorbitant qu'il voudrait former. L'honnête Krespel s'était plaint toute sa vie de ne pouvoir trouver une maison à sa guise; il imagina d'en faire construire une aux frais du prince. Le gracieux souverain proposait même d'acheter le terrain que choisirait le conseiller; mais celui-ci voulut bien se contenter d'un petit jardin qu'il possédait aux portes de la résidence et dans un site des plus pittoresques. Il s'occupa tout d'abord de réunir et d'y faire transporter tous les matériaux de son futur édifice; dès lors on le vit chaque jour, accoutré d'un bizarre costume qu'il avait fabriqué lui-même, délayer la chaux, tamiser le sable, et entasser les moellons.

Il acheva tous ces préparatifs sans appeler aucun architecte et sans s'occuper en apparence d'aucun plan. Un beau matin, notre homme alla choisir à la ville de H*** un habile maître maçon, et le pria de conduire à son jardin, dès le jour suivant, le nombre d'ouvriers nécessaire pour édifier sa maison. Le maître maçon voulut naturellement discuter ses prix d'entreprise et de main-d'œuvre; il resta ébahi lorsque Krespel lui dit gravement que cette précaution était inutile, et que tout s'arrangerait de soi-même, sans conteste et sans embarras. Le lendemain, dès l'aube, quand le maître maçon arriva, il trouva un fossé tracé en forme de carré régulier, et Krespel lui dit : « Il faut creuser ici les fondements de ma maison; puis vous ferez élever les quatre murs d'enceinte jusqu'à ce que je les juge assez hauts... — Sans fenêtres, sans portes, et sans murs intérieurs? Y songez-vous? s'écria le maître maçon en regardant Krespel comme on regarde un fou. — Veuillez faire ce que je vous dis, mon brave homme, reprit froidement le conseiller; chaque chose aura son tour. »

La certitude d'être payé généreusement put seule décider le maître à entreprendre cette construction qui lui semblait absurde; les ouvriers se mirent gaiement à la besogne tout en se moquant du propriétaire; ils travaillèrent jour et nuit, buvant bien et mangeant de même aux frais du conseiller, qui ne les quittait guère. Les quatre murailles montaient, montaient toujours; un matin Krespel cria : « C'est assez! » Aussitôt les travailleurs s'arrêtèrent comme de véritables automates, et, quittant leurs échafaudages, vinrent se ranger en cercle autour de Krespel; et d'un air goguenard chacun semblait lui dire : « Maître, qu'allons-nous faire?... — Place! place! » s'écria le conseiller après deux minutes de réflexion. Et, courant à un bout du jardin, il revint ensuite à pas comptés vers son carré de murailles; puis, hochant la tête d'un air mécontent, il renouvela cette pantomime sur chaque face de l'enceinte; enfin, comme frappé d'une idée subite, il se rua tête baissée contre un point de la muraille, en criant de toutes ses forces : « Par ici, par ici, mes gaillards, prenez la pioche et trouez une porte! » Il charbonnait en même temps sur le mur la dimension exacte de l'ouverture. Ce fut l'affaire d'un moment. Il entra dans la maison, et sourit en homme ravi de son chef-d'œuvre, lorsque le maître maçon lui fit observer que les quatre murailles avaient tout juste la hauteur d'une maison à deux étages. Krespel se promenait à l'intérieur, suivi des maçons portant pioches et marteaux ; il mesurait, calculait, ordonnait tour à tour : « Ici une fenêtre, six pieds de haut, quatre de large; là une moindre ouverture, trois pieds de haut, deux de large! » Et l'œuvre suivait la parole.

Or donc, mes bons amis, c'est au moment de ce bizarre travail, dont tout le monde parlait, que j'arrivai à H***; rien n'était plus réjouissant que de voir quelques centaines de badauds, le nez collé aux grilles du jardin de Krespel, et poussant des hurrahs chaque fois qu'une pierre se détachait sous le pic, chaque fois qu'une nouvelle fenêtre trouait le mur çà et là, comme par enchantement. Tous les autres travaux de cette fameuse maison s'exécutèrent de la même manière, sans plan raisonné d'avance, et selon les inspirations toutes spontanées de maître Krespel. La singularité piquante de cette entreprise, la croyance en la réussite, et, plus que toute autre chose, la générosité du conseiller Krespel, animaient le zèle de ses ouvriers; aussi, grâce à leur activité, la maison fut-elle bientôt terminée; elle offrait au dehors la plus bizarre irrégularité; pas une fenêtre ne ressemblait à l'autre, et chaque détail semblait disparate; mais, examinée intérieurement, c'était en vérité l'habitation la plus commode qu'on pût imaginer; et j'en tombai d'accord moi-même quand, après quelques jours de plus ample connaissance, maître Krespel m'en fit les honneurs. Il couronna son œuvre par un repas de cérémonie auquel furent seuls admis les maçons qui avaient exécuté ses plans. Ce festin splendide dut offrir le coup d'œil le plus original. Les mets les plus recherchés y furent dévorés à belles dents par des bouches assez peu faites pour apprécier ces friandises; après le gala, les femmes et les filles de ces braves gens improvisèrent un bal, où M. Krespel dansa; puis, quand ses jambes un peu revêches lui refusèrent leur service, il s'arma d'un violon, et fit sauter ses hôtes jusqu'au jour.

Le mardi suivant, je rencontrai maître Krespel chez le professeur M***. Rien de plus étrange que sa figure. Chacun de ses mouvements était empreint d'une si brusque gaucherie, que je tremblais à chaque instant de lui voir causer quelque accident; mais on était sans doute accoutumé à ses lubies, car la maîtresse du logis ne s'effraya pas de le voir tantôt s'agiter auprès d'un cabaret de porcelaine de Chine, tantôt jouer des jambes en face d'une grande glace, ou bien traîner ses longues manchettes parmi des cristaux qu'il faisait tournoyer l'un après l'autre à la clarté des bougies. Au souper, la scène changea. De curieux qu'il était, Krespel devint bavard; il sautillait sans cesse d'une idée à une autre, et causait de tout avec volubilité, d'une voix tour à tour glapissante ou voilée, brève ou traînante. On parla musique, on vanta un compositeur à la mode. Krespel sourit et dit en gazouillant : « Je voudrais que cent millions de diables emportassent ce croque-notes au fond de l'enfer! » Puis il s'écria tout à coup d'une voix de tonnerre : « C'est un séraphin pour l'harmonie! c'est le génie du chant! » Et, en disant cela, ses yeux s'humectaient de larmes furtives. Il fallait, pour ne pas le croire fou, appliquer ces paroles à une célèbre chanteuse, dont il avait parlé avec enthousiasme une heure auparavant.

Un lièvre parut sur la table, Krespel mit à part les os, et réclama les pattes, que la fille du professeur, charmante enfant de cinq ans, lui porta joyeusement. Les enfants du logis semblaient affectionner le conseiller, et je ne tardai pas à en savoir la cause, car, après le souper, Krespel tira de sa poche une boîte contenant un tour d'acier, et se mit à tourner, dans les os du lièvre, une foule de jouets lilliputiens que ses petits amis, rangés en cercle à trois pas de lui, se partageaient avec des cris de plaisir.

Tout à coup la nièce du professeur M*** s'avisa de dire : « Que devient donc, cher monsieur Krespel, notre bonne Antonia? » Le conseiller fit la grimace comme un gourmand qui mord une orange aigre; ses traits se rembrunirent, et il répondit entre ses dents : « Notre chère Antonia? » Le professeur, qui s'aperçut de l'effet produit par la malencontreuse question, jeta sur sa nièce un regard de reproche, et, pour faire diversion à la mauvaise humeur de Krespel: « Comment vont les violons? » s'écria-t-il en serrant avec amitié les mains de son convive. Le conseiller se dérida sur-le-champ : « Ils vont au mieux, cher professeur. Je démonte le célèbre violon d'Amati, qu'un heureux hasard m'a procuré dernièrement; j'espère qu'Antonia aura fait le reste. — Antonia est une charmante enfant, reprit le professeur. — Un ange! » s'écria Krespel en sanglotant. Et, prenant brusquement sa canne et son chapeau, il s'en alla précipitamment, comme un homme désolé. Tout saisi de cette étrangeté, je questionnai le professeur sur l'histoire du conseiller.

« Ah! me dit-il, c'est un homme bien singulier; il fait des violons aussi habilement qu'il rédige ses mémoires; dès qu'il a fini un de ces instruments, il l'essaye pendant une heure ou deux, et en tire des sons ravissants; puis il l'accroche au mur à la suite des autres et n'y touche plus. S'il peut acheter le violon d'un maître célèbre, il en joue une fois, le démonte pièce à pièce, et en jette les morceaux dans un grand coffre qui en est déjà rempli. — Mais qu'est-ce qu'Antonia? demandai-je avec impatience. — C'est un mystère, reprit gravement le professeur. Le conseiller vivait, il y a quelques années, dans une maison isolée de la rue ***, avec une vieille gouvernante. La singularité de ses mœurs excita la curiosité de son voisinage. Pour s'y soustraire, il fit quelques connaissances et se montra dans quelques salons. Il était aimable, on l'aima; on le croyait célibataire, il ne parlait jamais de sa famille. Au bout d'un certain temps, il s'absenta plusieurs mois. Le jour même de son retour, on vit le soir son appartement illuminé; une ravissante voix de femme mêlait ses accords à ceux d'un clavecin, et un archet puissant tirait d'un violon de magiques accords. Les passants s'arrêtaient dans la rue, et les voisins écoutaient aux fenêtres. Vers minuit, le chant cessa; la voix du conseiller s'éleva, dure et menaçante; une autre voix d'homme semblait lui adresser des reproches, et, de temps en temps, les plaintes d'une jeune fille interrompaient la discussion. Tout à coup la jeune fille poussa un cri perçant, puis on entendit sur l'escalier un bruit de gens qui se heurtaient. Un jeune homme sortit de la maison en pleurant, se jeta dans une chaise de poste, qui l'attendait à quelques pas, et tout rentra dans un morne silence. Chacun se demandait le secret de ce drame. Le lendemain, Krespel parut calme et serein comme à son ordinaire, et nul n'osa le questionner. Mais la vieille gouvernante ne put résister à la tentation de dire tout bas, à qui voulait l'entendre, que M. le conseiller avait amené avec lui une belle jeune fille du nom d'Antonia; qu'un jeune homme, éperdument amoureux d'elle, les avait suivis, et qu'il n'avait fallu rien moins que la colère du conseiller pour le chasser de la maison. Quant aux rapports d'Antonia avec le conseiller, c'était un secret dont la bonne vieille n'avait pas la clef. Seulement, elle disait que maître Krespel séquestrait odieusement la jeune fille, ne la quittait jamais de l'œil, et ne lui permettait même plus de chanter, pour se distraire, en s'accompagnant du clavecin. Aussi le chant d'Antonia, qui ne s'était fait entendre qu'une seule fois, devint la légende merveilleuse du quartier; et pas une cantatrice n'obtiendrait aujourd'hui d'applaudissements dans notre ville : il n'y a, dit-on, qu'Antonia qui sache chanter.

Tout ce que m'avait dit le professeur fit une si forte impression sur mon esprit, que j'en rêvais chaque nuit. Je devins follement amoureux; je ne songeais plus qu'aux moyens de m'introduire, à quelque prix que ce fût, dans la maison de Krespel, pour y voir la mystérieuse Antonia, pour lui jurer un amour éternel, et pour la soustraire à son tyran. Mais les choses tournèrent d'une façon très-pacifique : à peine eus-je rencontré deux ou trois fois le conseiller et flatté sa manie en causant de violons, qu'il me pria lui-même, et tout simplement, de venir le voir à son logis. Dieu sait ce que j'éprouvai alors; je crus que le ciel s'ouvrait. Maître Krespel me montra en détail tous ses violons, sans me faire grâce d'un seul, et, certes, il y en avait plus de trente! L'un d'eux, de très-vieille structure, était suspendu plus haut que les autres, et orné d'une couronne de fleurs. « C'était, me dit Krespel, le chef-d'œuvre d'un maître inconnu, et les sons qu'on en tirait exerçaient sur les sens un magnétisme irrésistible. Je n'ai jamais eu le courage de démonter cet instrument pour en étudier la structure. Il me semble qu'il y a en lui une vie dont je serais le meurtrier; j'en joue bien rarement, et seulement pour mon Antonia, qui éprouve, en l'écoutant, les sensations les plus douces. » Au nom d'Antonia, je tressaillis. « Mon bon monsieur le conseiller, lui dis-je de mon air le plus caressant, ne me feriez-vous point la grâce d'en jouer devant moi un seul instant? » Krespel sourit ironiquement, et, d'une voix nasillarde, il me répondit en appuyant sur chaque syllabe : « Non, mon bon monsieur l'étudiant. » Ces façons me décontenancèrent. Je ne répliquai rien, et Krespel acheva de me montrer les curiosités de son cabinet.

Avant de nous séparer, il tira d'une cassette un papier plié et me le remit en disant gravement : « Jeune homme, vous aimez les arts; acceptez donc ceci comme un précieux souvenir. » Puis, sans attendre de réponse, il me poussa tout doucement du côté de la porte, qu'il me ferma au nez. J'ouvris le papier; il contenait un petit morceau d'une quinte, long d'un huitième de pouce, avec cette inscription : « Fragment de la quinte à laquelle le divin Stamitz avait monté son violon lorsqu'il joua son dernier concert. » Malgré le congé un peu fantasque dont m'avait gratifié le conseiller, je ne pus résister au désir de retourner chez lui; et bien m'en prit, car, dès cette seconde visite, je trouvai Antonia près de lui, occupée à ranger les pièces d'un violon qu'il démontait. C'était une jeune fille d'une extrême pâleur, qu'un regard faisait subitement rougir, et qui redevenait blanche et froide comme l'albâtre. Je fus tout étonné de trouver dans Krespel, ce jour-là, une aisance et une cordialité qui contrastaient fort avec la jalousie tyrannique dont m'avait parlé le professeur. Je causai librement devant lui avec Antonia, sans qu'il parût contrarié; mes visites se succédèrent et furent bien accueillies; une douce et franche intimité s'établit entre nous, à l'insu des bavards, qui n'auraient pas manqué d'en médire. Les bizarreries de Krespel m'égayaient assez souvent; mais j'avoue qu'Antonia seule m'attirait chez lui, et me faisait tolérer son caractère trop quinteux. Chaque fois que j'amenais l'entretien sur la musique, il s'irritait comme un chat qu'on agace, et, bon gré mal gré, je devais abandonner la discussion et m'en aller l'oreille basse.

Certain soir, je le trouvai d'humeur gaie; il avait démonté

un vieux violon de Crémone, et découvert un secret important pour l'art. Profitant de sa vive satisfaction, je parvins cette fois à le faire causer musique ; nous critiquâmes le jeu prétentieux d'une foule de virtuoses que la foule admirait. Krespel riait de mes saillies; Antonia fixait sur moi ses grands yeux. « N'est-ce pas, lui dis-je, que, pour le chant ni pour l'accompagnement, vous n'imitez pas nos prétendus vainqueurs de difficultés? » Les joues pâles de la jeune fille se nuancèrent d'un doux incarnat; et, comme si quelque chose d'électrique eût parcouru tout son être, elle s'élança près du clavecin... ouvrit les lèvres... elle allait chanter... lorsque Krespel, la tirant en arrière et me poussant par les épaules, me cria d'une voix stridente : « Petit! petit! petit! » Puis, reprenant tout à coup ses façons cérémonieuses du premier jour, il ajouta : « Je suis vraiment trop poli, cher monsieur l'étudiant, pour prier le diable qu'il vous étrangle; mais il est assez tard, comme vous voyez, et il fait assez sombre pour que vous puissiez vous rompre le cou sans que je prenne la peine de vous jeter au bas de l'escalier. Ainsi donc, veuillez retourner chez vous, et gardez un bon souvenir de votre vieil ami, si... comprenez-vous bien?... si, par hasard vous ne le voyiez plus chez lui. » A ces mots, il m'embrassa comme la première fois, et me conduisit dehors sans que je pusse adresser à Antonia un triste et dernier regard.

Le professeur M*** prit plaisir à me railler et à me répéter que j'étais à jamais rayé des tablettes du conseiller. Je partis de H***, l'âme navrée; mais peu à peu l'absence, l'éloignement, adoucirent ce chagrin violent; l'image d'Antonia, la pensée de ce chant céleste qu'il ne m'avait pas été permis d'entendre, s'effacèrent, se voilèrent insensiblement au fond de ma pensée et s'endormirent d'un mystérieux sommeil.

Deux ans plus tard, je voyageais dans le midi de l'Allemagne. La ville de H*** se retrouva sur ma route; à mesure que j'en approchais, une sensation d'angoisse opprimait ma poitrine; c'était le soir; les clochers de l'église m'apparaissaient à l'horizon dans la brume d'azur qui précède la nuit close; l'air me manqua tout à coup, il me fallut quitter la voiture pour achever la route à pied. Peu à peu cette sensation prit un caractère plus étrange; je crus entendre dans les airs les modulations d'un chant doux et fantastique; puis je discernai des voix qui psalmodiaient. « Qu'est-ce que cela? qu'est-ce que cela? m'écriai-je avec un accent effaré qui surprit un passant. — Eh! ne voyez-vous pas, dit cet homme, le cimetière à votre gauche? C'est un enterrement qui s'achève! » En ce moment, la route en pente dominait le cimetière, et je vis, en effet, combler une fosse. Mon cœur se brisa; il me semblait qu'on enfermait dans cette tombe toute une vie de bonheur et d'espérance. A quelques pas de la ville, je trouvai le professeur M*** appuyé sur le bras de sa nièce; tous deux revenaient de cette lugubre cérémonie. Ils passèrent près de moi sans me voir. La jeune fille pleurait.

Je ne pus contenir mon impatience. Au lieu d'entrer en ville, j'envoyai mon valet avec le bagage à une hôtellerie que je connaissais, et je courus à perdre haleine vers la petite maison de Krespel. En ouvrant la grille du jardin, je vis sous une allée de tilleuls le conseiller conduit par deux personnes vêtues de deuil, au milieu desquelles il se débattait comme un homme désespéré. Il portait ce vieil habit gris qu'il avait taillé sur un patron si bizarre; rien de changé dans sa personne, si ce n'est qu'un long crêpe pendait de son petit chapeau à trois cornes. Il avait bouclé sur son ventre un ceinturon noir, dans lequel se balançait un archet au lieu d'épée. Je frissonnai à cet aspect. « Il est fou! » me disais-je. Les hommes qui l'accompagnaient s'arrêtèrent à la porte de la maison. Là, Krespel les embrassa en riant d'un rire étrange; puis ils se retirèrent, et son regard alors tomba sur moi... « Soyez le bienvenu, monsieur l'étudiant; vous me comprendrez, vous!... » Et, m'entraînant par la main, il me conduisit dans le cabinet où ses violons étaient rangés. Un large crêpe noir les couvrait; mais le violon du maître inconnu n'était plus là; une couronne de cyprès marquait sa place... Je compris tout. « Antonia! Antonia! » m'écriai-je avec des cris de délire. Mais Krespel restait devant moi, l'œil fixe, les bras croisés.

« Lorsqu'elle expira, me dit-il d'une voix dont il contenait en vain l'émotion, l'âme de ce violon rendit, en se brisant, un son douloureux, et la table d'harmonie se fendit en éclats. Ce vieil instrument, qu'elle aimait, ne pouvait lui survivre ; je l'ai enfermé près d'elle, dans sa bière. » En achevant ces mots, le conseiller changea tout à coup de physionomie ; il écorcha d'une voix rauque et fêlée une chanson bouffonne, en sautant sur un pied tout autour de la chambre ; le crêpe flottant de son chapeau accrochait tous les violons, il vint aussi frôler mon visage. Je ne pus retenir un cri perçant ; il s'arrêta court : « Petit, petit, pourquoi cries-tu? As-tu vu l'ange de la mort? Il précède toujours la cérémonie... » Puis il vint au milieu de la chambre, et, levant à deux mains au-dessus de sa tête l'archet qu'il traînait à son côté, il le brisa violemment et en jeta les tronçons loin de lui... « Ah! s'écria-t-il, à présent je suis libre, libre! Je ne ferai plus de violons! non! plus de violons! jamais de violons! »

Le malheureux Krespel hurlait ces mots sur une cadence infernale, puis il reprit sa course à cloche-pied autour de la chambre. Glacé d'effroi, je voulus fuir ; il m'arrêta d'un bras nerveux : « Restez, monsieur l'étudiant, ne prenez pas mes convulsions pour de la folie ; tout cela m'est infligé, parce que, il y a quelques jours, je me fis tailler une robe de chambre dans laquelle je voulais ressembler au Destin, ou à Dieu! » L'infortuné me débita encore une foule d'extravagances, jusqu'au moment où, épuisé par son exaltation, il tomba presque mort. Sa vieille gouvernante accourut à mes cris ; — je le laissai dans ses bras.

Quand je revis le professeur M***, je lui soutins que le conseiller Krespel était fou. « J'espère le contraire, répondit-il. La fermentation de la pensée, qui brûlerait le cerveau d'un autre homme, se dégage par l'action chez notre pauvre ami. Son agitation désordonnée aura raison de cette excitation nerveuse et le sauvera. La mort subite d'Antonia l'a foudroyé. Mais laissez passer un jour, et je parie qu'il reprendra, de lui-même, ses habitudes et sa vie de chaque jour. »

La prédiction du professeur se réalisa. Le lendemain, Krespel était calme ; seulement il répétait souvent qu'il ne ferait plus de violons, et qu'il n'en toucherait de sa vie.

Tout cela n'avait point éclairci pour moi le mystère qui enveloppait les relations d'Antonia avec le conseiller Krespel. Plus j'y songeais, plus il me semblait qu'il devait avoir existé entre ces deux êtres quelque chose d'odieux. Antonia m'apparaissait toujours dans mes rêves comme une victime. Je ne voulus pas quitter H*** sans provoquer une explication. Ma tête s'exaltait d'heure en heure. Je tombai comme la foudre dans le cabinet du conseiller. Je le trouvai calme et souriant comme un juste ; assis près d'une table, il tournait des jouets d'enfant. « Homme exécrable, m'écriai-je, comment peux-tu goûter un seul instant de paix? ta conscience doit te mordre le cœur comme un serpent!... »

Le conseiller me regarda d'un air étonné, et, posant près de lui son ciseau : « Que voulez-vous dire, mon très-cher? Prenez donc la peine de vous asseoir. » Tant de sang-froid m'irritait davantage; je l'accusai hautement du meurtre d'Antonia, et jurai qu'en ma qualité d'avocat j'allais, par tous les moyens en mon pouvoir, provoquer une enquête juridique sur les causes de ce malheur. Mon irritation s'exhala peu à peu dans un flux de paroles. Le conseiller n'avait pas cessé de me regarder fort tranquillement; quand j'eus fini : « Jeune étourdi, me dit-il alors d'une voix dont la gravité solennelle me confondit, de quel droit veux-tu pénétrer les secrets d'une vie qui te fut toujours étrangère? Antonia n'est plus !... Que t'importe le reste ?... »

Il y avait dans le calme de cet homme quelque chose de profondément triste. Je sentis que j'avais agi en insensé ; je lui demandai grâce, et le suppliai de m'apprendre quelques particularités de la vie de l'ange que je pleurais. Il me prit alors par la main, m'attira sur le balcon, et, les yeux penchés sur le jardin, il me confia une histoire touchante; j'ai oublié tout ce qui ne concernait pas Antonia.

Le conseiller Krespel avait, dans sa jeunesse, la passion d'acquérir à tout prix les violons des vieux maîtres. Ses recherches le conduisirent en Italie, à Venise, où il entendit, au théâtre de San-Benedetto, la fameuse cantatrice Angela***. Sa ravissante beauté ne fit pas moins d'impression que son talent de virtuose sur le cœur du conseiller. Un mariage secret les unit ; mais la belle cantatrice, ange au théâtre, était un diable en ménage; Krespel, après mille et une scènes orageuses, prit le parti de se réfugier à la campagne, où il se consolait de son mieux avec un excellent violon de Crémone. Mais la signora, jalouse en sa qualité d'Italienne pur sang, vint le relancer impitoyablement dans sa retraite. Un jour, elle entra dans le salon d'été où Krespel se livrait à une improvisation. Elle posa sa jolie tête sur l'épaule de son mari, et le regarda d'un œil plein d'amour. Le conseiller, perdu dans les régions idéales, faisait voler l'archet avec tant d'ardeur, qu'il effleura sans le vouloir le cou de satin d'Angela. Elle bondit furieuse : « *Bestia tedesca!* » s'écria-t-elle; et, saisissant avec colère le violon de Crémone, elle le brisa en mille pièces sur la table de marbre.

Le conseiller resta pétrifié; puis, obéissant à un de ces mouvements nerveux qui ne s'analysent point, il lança la belle cantatrice par la fenêtre de sa propre maison, et s'enfuit en Allemagne. Mais bientôt le repentir vint; il se souvint aussi que la signora l'avait caressé du doux espoir d'être bientôt père. Quelle fut sa surprise lorsque, huit mois après, il reçut, au fond de l'Allemagne, une lettre des plus tendres, dans laquelle sa chère femme, sans rappeler d'aucune façon l'accident de la *villa*, lui annonçait la naissance d'une fille, et le rappelait avec instance à Venise! Krespel, soupçonnant quelque piège, fit prendre des informations; il apprit que sa belle Italienne était tombée sur des plates-bandes fleuries qui avaient amorti sa chute, et, résultat heureux, la signora n'avait plus ni caprices ni colères; le remède conjugal avait fait merveille. Le bon conseiller fut si touché de cette nouvelle, qu'il ordonna tout d'abord qu'on mît les chevaux à sa berline. Mais, à peine était-il en voiture, qu'il se ravisa. « Diable! se dit-il, si la dame n'était pas radicalement guérie, faudrait-il encore la jeter par la croisée? » Cette question était difficile à résoudre.

Krespel rentra chez lui, écrivit à sa chère épouse une longue lettre où il la félicitait de ce que sa fille portait, ainsi que lui, un petit signe velu derrière l'oreille; puis,... il resta en Allemagne. De nouvelles lettres s'échangèrent. Les protestations d'amour, les projets d'avenir, les plaintes, les douces prières, volaient sans cesse de Venise à H***... Un beau jour, Angela vint en Allemagne, et obtint un grand succès sur le grand théâtre de F***... Quoiqu'elle ne fût plus de la première jeunesse, elle alluma des passions, fit quelques heureux et une infinité de victimes.

Cependant la petite fille de Krespel grandissait; on l'appelait Antonia, et sa mère devinait en elle une cantatrice de sa force. Krespel, sachant sa femme si près de lui, mourait d'envie d'aller embrasser son enfant; mais la crainte des folies de la signora le retenait, et il restait chez lui, parmi ses violons, qui ne le contrariaient jamais.

En ce temps-là, un jeune musicien qui donnait de grandes espérances devint amoureux d'Antonia; Krespel, consulté, trouvait charmant que sa fille épousât un artiste qui n'avait point de rival sur le violon; et il attendait de jour en jour la nouvelle du mariage, quand une lettre, cachetée de noir par une main étrangère, vint lui apprendre qu'Angela venait de mourir d'une pleurésie, la veille des noces d'Antonia; la dernière prière de la cantatrice invitait Krespel à venir chercher l'orpheline : — il partit sans perdre une minute.

Le jeune fiancé, qui n'avait pas voulu quitter Antonia dans un moment si douloureux, se trouva présent à l'arrivée du père. Un soir qu'ils étaient réunis et que Krespel rêvait de la défunte, Antonia se mit au clavecin, et chanta un air mélancolique; on eût dit, à l'entendre, que l'âme de sa mère frémissait dans sa voix. Krespel n'y put tenir; des sanglots étouffaient sa poitrine; il se leva, prit la jeune fille dans ses bras, et, la serrant étroitement : « Oh! non, s'écria-t-il, si tu m'aimes, ne chante plus! Cela me brise le cœur! ne chante plus jamais! »

Antonia leva sur son père un long regard; et dans ce regard il y avait des larmes pour un rêve de bonheur prêt à s'évanouir. Ses cheveux noirs ruisselaient en flots d'ébène sur ses épaules de neige; — sa taille s'inclinait comme un lis qui va se briser;... Krespel pleurait en la voyant si belle; car un instinct fatal venait de lui révéler l'avenir. Antonia pâlissait, et sur son visage le conseiller avait surpris un signe de mort. Il contemplait avec effroi ce germe que chaque heure allait développer.

« Non, non, mon ami, disait plus tard le conseiller au docteur R***, un fameux médecin; non, ces taches d'un rouge vif qui colorent, dès qu'elle chante, les pommettes de ses joues, ne sont pas de l'animation!... Non, c'est ce que je craignais!

— Eh bien, donc, reprit le docteur, je n'ai plus à vous dissimuler ma propre inquiétude; soit que cette jeune fille ait fait pour chanter des efforts prématurés, soit que la nature ait laissé dans une si belle œuvre un défaut organique, je crois que cette sonorité de la voix, qui dépasse les facultés ordinaires de son âge, est un indice de danger, et je ne lui donne pas six mois à vivre, si vous lui permettez de chanter. »

Le conseiller tressaillit; il lui semblait voir un bel arbuste tout couvert de ses premières fleurs, et qu'une main sans pitié va couper à la racine. Sa résolution fut rapide; il ouvrit à Antonia les deux routes de l'avenir : l'une, passant par le mariage et les séductions de la vie d'artiste, irait dans peu de jours s'abîmer dans la tombe; l'autre conserverait à son vieux père une enfant chérie, son unique joie et son dernier bonheur. Antonia comprit le sacrifice que son père implorait. Elle se jeta dans ses bras sans trouver une seule parole. Krespel congédia le fiancé, et deux jours après il arrivait à H*** avec sa fille, son trésor. Mais le jeune homme ne pouvait ainsi renoncer à la félicité qu'il s'était promise. Il partit sur les traces de Krespel et le rejoignit à sa porte. Le conseiller le repoussa durement.

« Oh! s'écria la pauvre Antonia, le voir, l'entendre encore une fois, et puis mourir! — Mourir!... mourir!... répétait le conseiller avec égarement; te voir mourir, ô mon enfant! toi, le seul être qui m'attache au monde! Eh bien, qu'il soit donc fait selon ta volonté; et, si tu meurs, ne maudis pas ton malheureux père!... »

Le sacrifice était décidé. Il fallut que le musicien prît place au clavecin. Antonia chanta; Krespel prit son violon et ne cessa de jouer, l'œil fixé sur sa fille, jusqu'à ce qu'il vit apparaître les taches pourpres sur ses joues pâles. Alors il interrompit violemment le concert, et fit signe au musicien de se retirer. Antonia poussa un cri déchirant et tomba évanouie.

« Je crus un moment, me disait Krespel en achevant de me conter cette triste histoire, que ma pauvre enfant était morte. Je saisis le maudit fiancé par les épaules : « Partez, « lui criai-je, partez vite ! car ma fille est si pâle, que je vous « plongerais peut-être un couteau dans le cœur, pour la ré- « chauffer et pour colorer ses joues avec votre sang !... » J'avais sans doute, en lui jetant ces mots, un terrible aspect; car le misérable se jeta comme un fou à travers les escaliers, et je ne l'ai jamais revu. »

Quand le conseiller releva sa fille, elle ouvrit les yeux et les referma presque aussitôt. Le médecin qu'on courut chercher dit que l'accident, bien que grave, n'aurait probablement aucune suite fâcheuse. Quelques jours après, elle sembla même presque rétablie. Son amour filial offrait le tableau le plus touchant; elle s'était dévouée, avec la plus admirable résignation, à ses manies et à ses caprices; elle l'aidait avec une patience angélique à démonter les vieux violons qu'il achetait et à en fabriquer de neufs. « Non, cher père, lui disait-elle souvent avec un mélancolique sourire, je ne chanterai plus, puisque cela t'afflige; je ne veux plus vivre et respirer que pour toi ! » Et Krespel, en l'écoutant, se sentait heureux.

Quand il eut fait emplette du fameux violon qu'il renferma dans le cercueil d'Antonia, la jeune fille, voyant qu'il allait aussi le démonter, le regarda tristement : « Quoi! celui-là aussi? » disait-elle. Krespel sentit au dedans de lui je ne sais quelle voix qui l'engageait à épargner et même à essayer cet instrument. A peine eut-il préludé, que la jeune fille s'écria en battant des mains : « C'est ma voix, c'est ma voix ! Je chante encore ! »

Elle disait vrai; les notes perlées du merveilleux instrument semblaient tomber du ciel. Krespel était tout ému; l'archet, sous ses doigts, créait des prodiges. Quelquefois Antonia lui disait, avec un doux sourire : « Père, je voudrais bien chanter. » Krespel prenait le violon, et chaque fois il en tirait des variations délicieuses.

Peu de jours avant mon second voyage à H***, le conseiller

crut entendre, pendant une nuit calme, le clavecin s'animer dans la chambre voisine; il crut entendre les doigts du fiancé d'Antonia parcourir rapidement les touches d'ivoire. Il voulut se lever; mais une main de fer semblait l'enchaîner... Puis il lui sembla que la voix de sa fille murmurait faiblement, comme dans un lointain; peu à peu les modulations se rapprochèrent, c'était un *crescendo* fantastique, dont chaque vibration lui perçait le cœur comme une flèche. Tout à coup une auréole bleuâtre effaça les ténèbres au fond de la chambre; il vit Antonia dans les bras de son fiancé. Leurs lèvres se touchaient, et pourtant le chant céleste continuait toujours... Frappé d'un effroi surnaturel, le conseiller Krespel resta là, jusqu'à l'aube, dans un état d'angoisse indéfinissable. Une torpeur de plomb paralysait sa pensée...

Quand le premier rayon de l'aurore glissa ses teintes roses sous les rideaux de sa couche, il se leva comme d'un rêve pénible, et courut à la chambre d'Antonia. Elle était étendue sur le sofa, les yeux fermés, les mains jointes; un sourire doux, mais fixe, effleurait ses lèvres pâles. Elle semblait dormir et rêver du ciel.

On eût dit l'ange de la virginité.

Son âme était retournée à Dieu!...

SALVATOR ROSA

I

A l'époque où le pêcheur Masaniello faisait sonner le tocsin dans Naples et proclamait la liberté, le peintre Salvator, chassé de la ville par la terreur que répandit cette révolution de huit jours, suivait, seul et dénué de tout, le chemin de Rome. Il avait un costume assez humble, et deux pauvres sequins bien usés sonnaient tout bas dans sa bourse amaigrie quand il arriva, vers la brune, aux portes de Rome; le même jour Masaniello périssait, et Naples retombait sous le joug de l'Espagne. — Le peintre se glissa comme une ombre, à travers les rues désertes, jusqu'à la place Navona. En des temps plus heureux il avait habité là une délicieuse maison, près du palais de Pamfili. Ses regards se fixèrent avec angoisse sur les hautes fenêtres qui reflétaient l'éclat de la pleine lune. « Hélas! se dit-il, il me faudra dépenser bien de la toile et des couleurs pour racheter mon atelier favori! » Cette pensée l'agita d'un frémissement douloureux; puis la force lui manqua tout à coup, et, se laissant aller sur un banc de pierre, en face de sa maison regrettée, il s'écria : « Combien me faudra-t-il barbouiller, pour vivre, de tableaux au caprice des sots? Je ne me sens plus ni courage ni confiance dans l'avenir!... »

Une brise glacée tournoyait en sifflant à travers les rues désertes. Salvator sentit bientôt la nécessité de chercher un asile; et, se traînant jusqu'à l'angle de la rue Bergognona, près du Corso, il s'arrêta devant une maisonnette silencieuse, à deux fenêtres. Une pauvre veuve y logeait avec ses deux filles; cette famille lui avait donné asile à l'époque de son premier séjour à Rome, lorsqu'il n'était encore qu'un pauvre artiste ignoré. Salvator espéra que ce souvenir lui vaudrait un bon accueil. Il frappait depuis longtemps sans pouvoir se faire entendre; enfin la veuve, éveillée en sursaut, vint à tâtons entre-bâiller la fenêtre, en maugréant de tout son cœur contre le rôdeur de nuit qui troublait son repos à pareille heure; mais, dès que Salvator, après de longs pourparlers, fut parvenu à se faire reconnaître : « Eh quoi! s'écria son ancienne hôtesse, quoi! c'est vous, maître Salvator? Soyez le bienvenu; votre petite chambre est restée vide, et le figuier qui grimpait le long des murs encadre à présent la fenêtre d'un treillage frais. Que mes filles vont être heureuses de vous revoir! Vous ne reconnaîtrez plus ma chère Margerita, tant elle est grande et jolie! et votre chatte favorite, hélas! voilà trois mois qu'elle s'est étranglée avec une arête de poisson... Nous sommes tous mortels! Et la grosse voisine, dont vous faisiez si bien la caricature, n'a-t-elle pas épousé le signor Luigi, un jeune homme!... Dieu soit loué en tout; mais il arrange là-haut de singuliers mariages....

— Pour Dieu, interrompit à grand'peine Salvator, dame Caterina, ouvrez-moi d'abord, puis vous parlerez tout à l'aise du figuier, de vos filles, de la chatte et de la voisine. Je meurs de fatigue et d'inanition...

— Bon! bon! dit la vieille en grommelant, patience, on y va. » Il fallut un gros quart d'heure pour trouver les clefs du logis, pour éveiller les filles, pour allumer le feu. La porte s'ouvrit enfin au pauvre voyageur, qui fit trois pas sous le porche, et s'évanouit d'épuisement. La chère dame Caterina aimait Salvator, et mettait son talent bien au-dessus de celui des autres peintres. L'état de son ancien locataire lui causa une peine extrême, et elle cria qu'on allât quérir vite un confesseur. Par bonheur, son fils, qui d'ordinaire travaillait à Tivoli, se trouvait à la maison cette nuit-là. Ce jeune homme pensa qu'un médecin vaudrait mieux qu'un confesseur, et il courut à la place d'Espagne prier le docteur Splendiano Accoramboni de se rendre sur-le-champ auprès de l'artiste, qu'on avait emmailloté dans un lit bien chaud. La dame Caterina l'aspergeait d'eau bénite et l'entourait de saintes reliques, tandis que les jeunes filles, éplorées, s'efforçaient de glisser entre les lèvres du malade quelques gouttes d'un vieux cordial. Le jour commençait à paraître lorsque la porte s'ouvrit à deux battants pour laisser passer le fameux docteur. Les jeunes filles se retirèrent discrètement, non sans jeter à la dérobée sur le pauvre Salvator des regards inquiets.

Il n'est pas inutile de dépeindre le nouveau personnage qui entrait en scène dans la petite maison de la rue Bergognona. — Malgré toutes ses dispositions naturelles au développement physique le plus parfait, le docteur Splendiano Accoramboni n'avait pu parvenir jusqu'à la taille respectable de quatre pieds. Enfant, il promettait de réaliser pourtant les plus belles proportions; avant que sa tête, devenue un peu difforme par je ne sais quel accident, eût acquis, grâce à ses joues bouffies et à son triple menton, un volume exagéré; avant que son nez fût devenu tout violacé par l'action corrosive du tabac d'Espagne; avant que sa panse gonflée de macaroni eût atteint des dimensions un peu gênantes, le célèbre docteur Splendiano portait fort avantageusement le costume d'*abbate*. C'était, à vrai dire, un si joli petit homme, que les vieilles dames romaines, qui en raffolaient, l'appelaient à l'envi *Caro puppazetto*, leur cher petit poupard. Ce sobriquet avait fait fortune, et un peintre allemand disait, d'un air narquois, en voyant signor Splendiano passer sur la place d'Espagne, qu'un Alcide de la plus fière encolure, et haut de six grands pieds, avait laissé tomber sa tête sur les épaules d'une marionnette. Ce bizarre personnage était roulé dans une immense pièce de damas de Venise à larges bigarrures; un ceinturon de buffle, bouclé sur sa poitrine, supportait une flamberge longue de trois aunes, et sur sa perruque poudrée à frimas surgissait un bonnet haut et pointu, qui ne ressemblait pas mal à l'obélisque de la place Saint-Pierre; cette perruque ébouriffée, qui, en raison de la taille exiguë du porteur, descendait au bas du dos, figurait à ravir une espèce de cocon, d'où sortait à demi cet énorme ver à soie.

Splendiano mit ses lunettes pour observer le malade, et tirant à l'écart la dame Caterina : « Ça va mal, dit-il à demi-voix; l'estimable peintre Salvator Rosa va rendre l'âme chez vous, si ma science ne le tire d'affaire. Depuis quand est-il arrivé ? Apporte-t-il de Naples quelques beaux tableaux ?...

— Hélas! mon digne seigneur, reprit la vieille, le pauvre enfant m'est tombé des nues cette nuit; quant aux tableaux dont vous parlez, je n'ai rien vu; mais il y a en bas une grande caisse que Salvator m'avait bien recommandée avant de tomber dans l'état où vous le voyez. » Caterina mentait, mais nous verrons plus tard pour quelle cause. « Ho! ho! » dit le docteur en faisant claquer ses lèvres et en riant dans sa barbe; puis, avec toute la gravité que lui permettait sa longue flamberge, qui s'accrochait à tous les meubles, il s'approcha du malade et lui serra le pouls d'un air capable, en respirant comme un soufflet de forge au milieu du silence qui l'entourait.

Après avoir décliné en grec et en latin les noms baroques de plus de cent maladies que le peintre n'avait pas, il ajouta qu'il ne pouvait, *ex abrupto*, dénommer celle dont souffrait Salvator, mais qu'il ne tarderait pas à lui trouver un nom fort remarquable, avec des remèdes très-efficaces. Cela dit, il s'en fut à pas comptés, comme il était venu; mais au bas de l'escalier la caisse lui revint en mémoire, et, pressée de questions, dame Caterina lui fit voir un vieux coffre où gisaient quelques défroques de son défunt mari. Le docteur frappa le coffre du pied et sortit en répétant : « Nous verrons, nous verrons! »

Lorsque la bonne veuve remonta dans la petite chambre, Salvator commençait à donner quelques signes de vie. Les deux jeunes filles étaient rentrées à petits pas, et se tenaient debout, comme deux anges gardiens, au chevet de son lit.

Il y avait une délicieuse poésie dans la joie de cette pauvre famille, quand la pâle figure de l'artiste parut se ranimer sous un tiède rayon du soleil levant.

« Mère, disaient les jeunes filles à demi-voix, Dieu sauvera notre bon ami Salvator; mais pourquoi donc avoir appelé ce vilain docteur dont la figure est si laide, et dont les paroles font peur? — Taisez-vous, jeunes folles, répondit Caterina, c'est une bonne fortune pour nous que le savant Splendiano n'ait pas dédaigné de monter dans notre humble logis, car c'est le médecin à la mode des grands seigneurs; et si, grâce à lui, maître Salvator recouvre la santé, il peindra quelque belle toile pour le payer; Splendiano est un homme généreux et qui traite les artistes en confrère. — Quand il ne les enterre pas! » dirent tout bas les jeunes filles; et leurs regards épièrent de nouveau sur les traits du peintre le réveil de ce funeste évanouissement. Quand Salvator ouvrit les yeux, un sourire presque imperceptible d'affectueuse reconnaissance pour les bons cœurs qui ne l'avaient pas abandonné plissa légèrement ses lèvres; il allait peut-être essayer de parler; mais une main blanche et fine se posa sur sa bouche, tandis qu'une douce voix lui disait tout bas : « Espoir et courage!... »

Quelques moments après, Splendiano reparut avec plusieurs fioles remplies d'une drogue détestable qu'il prescrivit d'administrer, bon gré mal gré, à son client; mais, soit que le mal fit des progrès, soit que le remède fût pire que le mal, le pauvre Salvator s'en allait à petits pas vers l'autre monde.

La pauvre Caterina passa toute la nuit à prier la Madone et tous les saints du ciel de venir en aide à son ancien locataire, et de ne pas le laisser mourir si jeune et si riche d'avenir. Les jeunes filles, désolées, accusaient les médicaments du docteur, et poussaient des cris plaintifs à chaque secousse du malade, que le délire avait saisi. Cette scène de terreur et de larmes dura jusqu'à l'aube.

Tout à coup, dans un accès de fièvre ardente, Salvator s'élança du lit comme un furieux, saisit l'une après l'autre toutes les fioles et les jeta par la fenêtre. Le savant Splendiano, qui entrait à cette heure dans la maison, fut largement inondé du fluide puant des flacons, qui se brisèrent sur sa tête. Il accourut braillant d'étrange sorte : « Maître Salvator est tombé en démence! dans dix minutes c'est un homme mort! A moi le tableau, dame Caterina! je le veux, à l'instant, pour payer mes visites! » La vieille dame ouvrit le coffre sans mot dire; mais, quand le docteur aperçut les loques dont il était garni, ses yeux, bordés d'écarlate, s'enflammèrent de rage : il frappa du pied, grinça des dents, et, vouant la maison de la rue Bergognona à tous les diables de l'enfer, il partit comme une bombe violemment chassée du mortier par l'explosion.

Lorsque la fièvre se dissipa, Salvator retomba dans un profond engourdissement. La bonne Caterina, croyant qu'il allait trépasser, courut au monastère voisin chercher le père Bonifazio. Mais, à l'aspect du malade, le révérend devina que son ministère n'était pas encore de saison, et que l'artiste, grâce à des soins judicieux, pouvait en réchapper, pourvu que tout d'abord la porte fût close au nez du docteur. Bientôt des remèdes plus sages rétablirent l'équilibre dans les organes du malade. Quand il rouvrit les yeux, son premier regard tomba sur un jeune homme d'un extérieur distingué qui se jeta à genoux au chevet du lit, en s'écriant avec des larmes de joie : « O mon excellent, mon illustre maître, vous êtes donc sauvé!... — Où suis-je? » murmura Salvator. Mais le jeune homme, le priant de ne point parler dans son état de faiblesse, se hâta de prévenir ses questions : « Vous étiez bien malade en arrivant de Naples ici ; mais, grâce à Dieu, des remèdes simples et des soins dévoués vous auraient vite remis sur pied, si le hasard ne vous eût livré au docteur Pyramide, qui prenait fort bien ses mesures pour vous envoyer en terre. — Qu'est-ce, dit Salvator, que ce docteur Pyramide? N'est-ce pas une espèce de singe que j'ai entrevu dans mon délire, et qui semblait coiffé de l'obélisque de la place Saint-Pierre?...

— Plût à Dieu, reprit le jeune homme, que le nom de Pyramide lui vînt de sa coiffure! Vous ne savez pas que ce docteur infernal a la monomanie des tableaux, et qu'il use, pour augmenter sa galerie, d'un procédé tout neuf? Malheur aux peintres, surtout aux étrangers, que la chance d'une mauvaise digestion ou bien la suite d'une orgie fait tomber entre ses mains; il les affuble d'une maladie de son invention, dont le danger est tout dans ses remèdes. Sous un bel air de désintéressement, il stipule un tableau pour prix de sa cure, et il expédie au cimetière qui avoisine la pyramide de Cestius les malheureux dont il hérite. Voilà le champ où sème et récolte le docteur Splendiano Accoramboni, surnommé Pyramide par ceux qui s'échappent de ses griffes. Dame Caterina, qui n'est pas riche, lui avait fait croire que vous apportiez de Naples une toile magnifique, et l'espoir d'en devenir possesseur stimulait le zèle de ce bourreau. Fort heureusement, dans un accès de fièvre, vous avez rompu sur sa tête ses fioles à poison, et, vous croyant à l'agonie, dame Caterina a fait appeler le père Bonifazio, à qui je dois le bonheur d'être près de vous. Nous avons combattu par une saignée modérée l'inflammation de votre sang, puis nous vous avons apporté dans cette petite chambre, la vôtre jadis. Tenez, voici votre chevalet, et plusieurs esquisses que dame Caterina gardait de vous comme des reliques. Vous allez renaître à la santé, à la gloire; c'est plus qu'il n'en faut au bonheur de votre pauvre serviteur Antonio Scacciati, qui désirait vivement voir une fois dans sa vie le célèbre Salvator Rosa! — D'où viennent, dit Salvator, les sentiments affectueux que vous me témoignez? — Permettez, poursuivit le jeune homme, que je me taise encore; mais, quand vous serez rétabli, je vous confierai un grand secret. — Disposez de moi, reprit Salvator, car je ne connais pas un visage d'homme que j'aie contemplé avec plus d'intérêt que le vôtre; plus je vous regarde, et plus il me semble trouver en vos traits des rapports avec ceux du divin Sanzio! »

À cette parole, le regard d'Antonio brilla comme un éclair... mais il ne répondit pas. La bonne Caterina entrait dans la petite chambre, suivie du père Bonifazio, qui offrit à Salvator une excellente potion fortifiante.

Peu de jours après, le grand artiste, parfaitement rétabli, reprenait ses crayons et dessinait quelques esquisses qu'il se proposait d'exécuter plus tard en peinture. Antonio ne le quittait presque pas; il assistait à ses travaux, et lui donnait sou-

PRÉFACE

A la première apparition en France des Contes fantastiques, l'étrangeté de cette œuvre fit une rapide fortune ; mais, comme une loi fatale veut qu'à chaque génie s'attache une persécution, ceux qui se disaient les interprètes d'Hoffmann le bafouèrent misérablement ; la caricature le cloua, comme un autre Silène, à cheval sur une tonne de bière ; elle l'enveloppa de la nauséabonde vapeur de l'estaminet, elle le couvrit de taches de vin, et, pour fermer à son livre l'accès de la bonne compagnie, elle en fit un produit d'ivresse et de déréglements. Il est temps de protester contre cet odieux mensonge, qui a séduit Walter Scott en même temps que tout un public trop facile à se laisser tromper. L'homme que des critiques ignorants ou jaloux ont si souvent calomnié mourait, le 25 juin 1822, à la fleur de l'âge, conseiller de justice à Berlin. Sa vie, dévorée par les longues souffrances d'une maladie aiguë, s'éteignait entre sa femme désolée et quelques amis qui vivent encore pour honorer la mémoire du magistrat, le génie du poëte et le souvenir des vertus de l'homme privé.

Hoffmann est un homme qui sait la vie par expérience : il a travaillé et souffert ; il a épuisé, comme tant d'autres, sa part de désillusions. A l'époque où il commence à écrire ses Contes, il touche aux trois quarts des jours que Dieu lui mesure : c'est en 1814 ; les orages sont passés, sa position s'est affermie, son rang est entouré d'honneur et de considération : l'Allemagne a consacré son génie d'écrivain ; la vogue vient à lui comme la gloire, toutes deux accaparent chèrement ses loisirs. Mais Hoffmann domine le monde, il dédaigne ses éloges, il prend en pitié ses séductions. Autrefois il l'avait en haine à cause de sa dureté, maintenant il le voit avec ses petitesses, avec ses ridicules, et il en rit. Retiré désormais dans le cercle de quelques hommes choisis dont le cœur n'a jamais trahi ses affections, entre Chamisso, Contessa, Hitzig et le docteur Koreff, il se fait un autre monde dont ils sont les élus.

Versez-lui du vin de prince, qu'un flot de johannisberg teigne son verre de reflets d'or, et l'imagination du poëte part au galop, comme le coursier qui emportait la Lénore de Bürger ; — puis s'élance à perdre haleine toute cette suite d'êtres étranges, enfants de sa pensée vagabonde, qui éclosent quand il les appelle, arrivent, grandissent et se rangent devant lui. C'est un drame qu'il élève entre ciel et terre : — c'est son monde, à lui, peuplé de personnages dont lui seul a le secret. Versez au poëte un flot de johannisberg, et sa pensée,

PRÉFACE.

tant de fois refoulée par les arides préoccupations du labeur quotidien, froissée tant de fois par le contact des croyances déçues, s'illumine d'un éclat magique : la scène s'élargit, tous les arts fournissent leur part à l'œuvre. La peinture apporte ses couleurs vives et tranchantes ; la musique, ses vibrations qui font tressaillir ; la poésie, ses plus intimes trésors. Versez du johannisberg, et la vie embrase le drame ! Avancez sur cette terre toute neuve, parmi ces personnages que vous n'avez vus nulle part, et qu'il vous semble pourtant reconnaître ; toutes les émotions les plus diverses vont vous surprendre et vous fasciner.

Écoutez l'écho mélancolique du *Chant d'Antonia*, tout à l'heure vous rirez aux larmes au récit du *Reflet perdu* ; — puis une délicieuse curiosité vous entraîne jusqu'à la dernière page de la *Porte murée* ; — la terrible Anne Radcliffe est effacée par les aventures prodigieuses du *Roi Trabacchio* ; — plus loin, tout l'esprit, toute l'élégance du siècle de Louis XIV rayonnent dans la peinture de mœurs qui sert de cadre à *Olivier Brusson* ; — voulez-vous du fantastique à sa plus haute puissance, prenez *Coppélius* ou *Berthold le Fou*, — la *Fascination*, — cette histoire inimitable du fameux ministre *Cinabre*, dont la vivante copie est à côté de nous… — A quelque page enfin qu'on ouvre le livre, il y a un enseignement pour les choses de la vie. A côté des écarts d'une imagination brûlante, on trouve à chaque ligne une observation du monde qui mêle toutes les délicatesses d'une critique de bon goût aux traits qui prouvent la plus intime science du cœur humain ; — l'induction morale n'est jamais séparée du merveilleux de la forme.

Hoffmann possède tour à tour la bizarrerie de Rabelais, le sarcasme adouci de Voltaire, la sensibilité exquise de Bernardin de Saint-Pierre. — Il y a dans ses *Contes* la variété piquante de le Sage unie à l'esprit de Molière, à la caustique naïveté de Cervantes, à la finesse de touche de l'abbé Prévost. C'est le livre de tout le monde.

vent des avis qui annonçaient des notions pratiques très-avancées.

« Écoutez, lui dit un jour Salvator, vous comprenez trop bien les règles de l'art pour n'avoir pas vous-même manié le pinceau. — Mon cher maître, répondit Antonio, je vous parlais, durant votre maladie, d'un secret qui me consume le cœur : l'heure me semble venue de vous ouvrir mon âme. Pourquoi vous cacherais-je qu'Antonio Scacciati, le pauvre chirurgien qui, Dieu aidant, vous a sauvé la vie, brûle comme vous du plus ardent amour de l'art? — Vraiment, songez-y bien, cher Antonio, d'habile chirurgien n'allez pas devenir peintre médiocre; n'êtes-vous pas un peu âgé pour une étude qui demanderait toute la vie?

— Dois-je vous dire, reprit Scacciati, que j'y travaille dès ma première jeunesse, et que, malgré l'opposition de mon père, j'ai déjà fréquenté plusieurs grands artistes? Annibal Caracci m'a donné des conseils, et je puis m'avouer l'élève de Guido Reni.

— En ce cas, s'écria Salvator d'une voix légèrement émue où perçait un peu d'ironie, si vous êtes, comme je le crois, le digne élève d'aussi grands maîtres, comment pouvez-vous trouver à mes humbles tableaux quelque mérite? »

Le visage d'Antonio devint pourpre, mais il continua d'un accent rapide : « Laissez-moi donc tout vous dire. Je n'ai jamais, je le jure, vénéré le talent d'aucun maître à l'égal du vôtre; j'admire l'élévation sublime des idées qui inspirent vos œuvres. Vous savez mettre au jour les plus secrètes beautés de la nature, vous lisez dans son livre mystérieux; vous comprenez sa voix, et vous la faites vivre sur la toile! — Mille grâces, interrompit Salvator, vous répétez ces belles choses d'après les dires des jaloux qui m'abandonnent le paysage pour se réserver le genre historique. En effet, sais-je le moins du monde esquisser une figure d'homme?... — Pour Dieu, maître, ne vous fâchez pas; les peintres actuels de Rome seraient trop heureux de vous copier!.... Non, le terme banal de paysages ne peut s'appliquer à vos tableaux; ce sont des scènes vivantes dont la pensée jaillit en traits lumineux; tout y atteste l'indépendance d'une création, lors même que vous semblez imiter la nature. Voilà le signe du vrai génie, disaient Guido Reni et Pietri le Calabrais, un peintre qui savait travailler. »

Salvator écoutait le jeune homme avec étonnement. Quand il eut achevé, il se jeta dans ses bras : « Vous venez, lui dit-il, de parler avec une intelligence bien supérieure à celle de tant de faux artistes que vante le vulgaire. En vous écoutant, il m'a semblé que mon génie se révélait à mes regards! Soyez mon ami, Scacciati, car mon âme s'ouvre à la vôtre. Venez de ce pas me montrer les œuvres auxquelles vous travaillez en secret. »

Antonio l'emmena dans son atelier. Salvator examina longtemps; puis il rompit le silence : « Jeune homme, il n'y a rien ici de médiocre, et vous avez reçu du ciel la vocation de l'artiste; mais il vous faut du temps et de la pratique pour atteindre à la perfection de vos maîtres. Je ne vous dirai pas que vous possédez la touche suave de Guido ni la vigueur d'Annibal; mais, certes, vous laissez bien loin nos vaniteux coloristes de l'académie de San-Luca, les Tiarini, les Gessi, les Sementa et tant d'autres, y compris Lanfranco, qui ne sait peindre que des fresques. Et cependant, cher Antonio, j'hésiterais encore, à votre place, entre la lancette et le pinceau. L'art, voyez-vous, devient chaque jour plus ingrat, et le diable nous fait la guerre; si vous n'êtes résolu à subir toute sorte d'avanies, d'injustices et de dégoûts (car plus vous aurez de talent, plus vous trouverez d'envieux et de faux amis); si vous n'avez pas la force des martyrs, croyez-moi, renoncez à l'art. Souvenez-vous du sort du grand Annibal, votre maître; la bassesse de ses envieux le priva toute sa vie de grands travaux, et il mourut de misère à la fleur de l'âge. Souvenez-vous de notre Dominiquin et de la coupole de Saint-Janvier! Deux lâches envieux, Belisario et Ribera, n'ont-ils pas payé son valet pour qu'il mêlât des cendres à sa chaux, afin que sa peinture, privée de liant, tombât par écailles sous sa main désespérée! Prenez garde, Antonio, mesurez vos forces; dès que le courage fléchit, le talent meurt.

— J'accepte la lutte! s'écria Scacciati d'un air inspiré; et, puisque vous m'avez proclamé peintre, je mets en vous mon espoir! Vous pouvez d'un mot me faire la place qui doit m'appartenir. — Vous avez foi en moi, dit Salvator; eh bien, je vous soutiendrai de tout mon cœur. » Et, parcourant une fois encore les toiles de Scacciati, il s'arrêta devant une *Magdeleine aux pieds du Christ* : « Ici, poursuivit-il, vous vous êtes écarté du sujet. Votre Magdeleine n'est pas la pécheresse pénitente, c'est plutôt une gracieuse enfant telle que Guido l'eût pu créer. Ce charmant visage respire toute la magie de l'inspiration, et je me trompe fort si l'original de cette Magdeleine ne se trouve point à Rome. Avouez, Antonio, que vous êtes amoureux! »

Le jeune homme baissa les yeux, et répondit en balbutiant : « Rien n'échappe donc à votre coup d'œil? Vous avez surpris mon secret, mais ne me condamnez pas! Oui, j'aime ce tableau par-dessus tout, et jusqu'à ce jour je le dérobais soigneusement à tous les regards. — Quoi! s'écria Salvator, aucun de nos peintres n'a vu cette toile? — Je vous le jure!

— En ce cas, vous serez bientôt vengé des jaloux qui veulent vous décourager. Voulez-vous porter tout de suite cette toile chez moi? le reste me regarde. — Je le ferai, maître; plus tard vous écouterez l'histoire de mon amour, et vous me donnerez encore vos conseils et votre appui. — Maintenant et toujours, dit Salvator. » Et, prenant congé d'Antonio, il ajouta : « Écoutez, jeune homme, lorsque vous m'apprîtes que vous étiez peintre, je me souvins de la ressemblance que je vous avais trouvée avec Sanzio. Je croyais voir encore un de ces jeunes fous qui copient le costume, la barbe et les cheveux d'un maître illustre, et se font, sans vocation, singes d'un talent qu'ils n'auront jamais. Mais maintenant, je vous le répète, j'ai vu briller dans votre peinture l'étincelle du feu sacré qui animait les œuvres de Raphaël. »

A cette parole du maître, l'œil de l'artiste étincela. Le fantôme de la gloire lui apparaissait dans l'avenir entouré et suivi d'un cortége infini d'illusions. — Raphaël Sanzio!...

— L'écho de ce nom divin retentissait à son oreille, comme la voix de son bon génie, et la protection de Salvator allait enfin réaliser le vœu de toute sa vie.

Quand il sortit de la petite maison de la rue Bergognona,

sa joie éclatait dans tous ses mouvements; le radieux sourire de l'espérance animait ses traits; la gloire et l'amour, ces dieux de la jeunesse, venaient à lui pour l'emporter dans leur ciel; il y avait là de quoi faire délirer une tête moins ardente que celle d'Antonio Scacciati. Sa *Magdeleine aux pieds du Christ* paraissait à ses yeux d'un prix inestimable, depuis l'éloge de Salvator. Il se sentait fier et digne de l'original, puisque cette copie d'une angélique figure l'élevait au rang des maîtres. Il attendit avec anxiété le résultat des promesses de son ami.

A quelque temps de là vint le jour où l'académie de San-Luca ouvrait dans son église le concours annuel des ouvrages de peinture. Salvator y fit porter la *Magdeleine* de Scacciati; les maîtres de San-Luca furent étonnés de la vigueur du coloris et de la grâce du dessin, et, dès que Salvator ouvrit la bouche pour annoncer que cette merveilleuse figure était l'ouvrage d'un pauvre artiste mort à Naples, ces messieurs se mirent en frais d'éloges et d'admiration; bientôt Rome entière fut conviée à voir ce testament du génie. On s'accordait à dire que depuis Guido Reni rien de si beau n'avait paru; les plus enthousiastes allèrent jusqu'à mettre la belle *Magdeleine* au-dessus de tous les tableaux de Guido.

Au plus épais de la foule qui exaltait l'œuvre de Scacciati, Salvator aperçut un jour un homme d'étrange aspect; c'était un demi-vieillard, long et fluet, à la figure blême ornée de deux yeux roux, d'un long nez pointu, et d'un menton à l'avenant que terminait une longue houppe de poils gris. Cette étrange physionomie s'encadrait dans une sorte de perruque filandreuse, chargée d'un chapeau de haute forme avec panache; un mantelet brun fort étriqué et garni de boutons brillants, une veste espagnole à crevés d'azur, une rapière noblement rouillée, des bas gris clair qui dessinaient la rotule, et des souliers chargés de nœuds jonquille complétaient son accoutrement. Ce personnage peu commun semblait en extase devant la *Magdeleine*; tantôt s'exhaussant sur la pointe des pieds, puis se rapetissant, faisant aller ses jambes grêles de l'avant à l'arrière, poussant des soupirs étouffés, fermant ses paupières puis les rouvrant comme des télescopes, il dévorait du regard l'angélique peinture en gazouillant de son aigre fausset : « Ah ! carissima, benedettissima, ah ! Mariannina bellissima !... »

Salvator, curieux d'étudier de plus près cette momie vivante, se fit jour à travers la foule et vint se placer auprès de l'inconnu. Sans s'occuper de Salvator, notre homme maudissait sa pauvreté, qui le privait du bonheur d'acheter un tableau qu'il eût voulu, pour un million, soustraire à tout regard profane. Puis il se remit à sautiller, rendant grâces à la Madone et à tous les saints de la mort du peintre. — Salvator s'imagina que cet homme avait perdu l'esprit.

Cependant il n'était bruit dans Rome que de la fameuse *Magdeleine* ; et, quand les académiciens de San-Luca se réunirent de nouveau pour élire les candidats aux places vacantes, Salvator demanda si l'auteur du chef-d'œuvre qui occupait la ville était digne d'entrer dans l'illustre société. Tous, sans même excepter le hargneux Josepin, furent unanimes pour déplorer la perte d'un artiste si éminent, mais dont au fond du cœur ils s'estimaient heureux d'être débarrassés. Ils poussèrent l'hypocrisie jusqu'à décider que la palme de l'académie serait décernée au défunt, et qu'une messe solennelle aurait lieu tous les ans, en l'église de San-Luca, pour le repos de son âme. Cette décision prise, Salvator se leva au milieu de l'assemblée : « Eh ! messeigneurs, s'écria-t-il, consolez-vous ; le prix insigne dont vous allez honorer la cendre d'un mort, vous pouvez le remettre aux mains d'un vivant. Sachez que la *Magdeleine aux pieds du Sauveur*, cette peinture que vous élevez au-dessus de tous les prodiges de notre temps, n'est pas l'œuvre d'un peintre napolitain mort de misère dans l'obscurité ; son auteur vit à côté de vous, il est au milieu de Rome : c'est Antonio Scacciati, le chirurgien ! »

Les peintres de San-Luca regardèrent Salvator avec stupeur. Le grand artiste se divertit quelques moments de la situation critique où il les avait jetés ; puis il ajouta : « Jusqu'ici, mes maitres, vous aviez écarté Antonio de votre collège, à cause de son humble profession ; moi, je pense qu'un chirurgien sera fort bien placé dans la noble académie de

San-Luca; il rajustera les figures boiteuses qui sortent de temps à autre des mains de nos peintres. » — Les messieurs de San-Luca avalèrent doucement la pilule; ils feignirent de rendre justice au génie d'Antonio Scacciati, et procédèrent à sa réception avec le cérémonial usité.

Cette nouvelle fut à peine connue, que de toutes parts les félicitations, les offres de services et les commandes de grands ouvrages assiégèrent l'atelier d'Antonio. Un mot de Salvator l'avait tiré de son obscurité. La gloire et la fortune lui souriaient, — que pouvait-il manquer à son bonheur? Grande aussi fut la surprise de Salvator en le voyant un jour entrer chez lui, morne et défait. « Maître, lui dit Antonio, à quoi me sert le rang où vous m'avez élevé? à quoi bon ces honneurs, cette réputation qui viennent à moi, puisque le malheur ne quitte pas mon chevet? Ce tableau de la *Magdeleine*, qui a fait ma gloire, fait aussi tout mon désespoir. — Silence! répondit Salvator; n'insultez ni l'art ni votre ouvrage! Et quant à ce malheur inouï que vous déplorez, je n'y crois point. Vous êtes amoureux, et vos désirs vont plus vite que le temps; voilà tout. Les amoureux ressemblent aux enfants. Laissez là ces gémissements indignes d'un homme de cœur. Asseyez-vous et racontez-moi cette histoire, montrez-moi les obstacles qui vous arrêtent. Plus ces obstacles seront difficiles à surmonter, plus j'y prendrai d'intérêt. »

A ces mots, l'artiste reprit ses pinceaux, et Scacciati, assis près de son chevalet, commença ainsi:

« Dans la rue Ripetta s'élève une maison dont le balcon se remarque dès qu'on entre en ville par la porte del Popolo. C'est là qu'habite le personnage le plus étrange et le plus quinteux qui soit dans Rome: un vieux garçon, traqué par toutes les misères de l'âme, vaniteux comme un paon, avare comme un juif, se donnant des airs de jeune homme, fat comme un duc, et, qui pis est, amoureux: au physique, c'est un cep de vigne affublé d'un pourpoint espagnol, avec une perruque fade, un chapeau à plumes, des gants à revers et une flamberge...

— Halte-là! » s'écria Salvator. Et retournant la toile sur laquelle il travaillait, il prit un morceau de craie et traça en deux ou trois coups la silhouette du personnage que nous avons vu devant le tableau d'Antonio. « Par tous les saints, fit celui-ci en riant malgré sa peine, c'est vraiment lui, le signor Pasquale Capuzzi ! — Eh bien, donc, reprit Salvator, puisque je connais déjà votre rival... continuez.

— Le signor Pasquale Capuzzi, poursuivit Antonio, est aussi riche qu'avare et prétentieux. Il n'y a de bon en lui que sa passion pour les arts, surtout pour la musique et pour la peinture; mais il gâte ce goût par une si déplorable manie, que, même de ce côté, son cœur et sa bourse sont inaccessibles. Ajoutez qu'il se croit le premier compositeur du monde, et un chanteur comme n'en possède point la chapelle du pape. Aussi traite-t-il de haut en bas notre vieux Frescobaldi; et, quand Rome s'extasie aux concerts de Ceccarelli, Pasquale dit qu'il chante comme la botte d'un postillon; mais, comme le célèbre Ceccarelli, premier chanteur du pape, porte le nom d'Odoardo Ceccarelli di Merania, notre Capuzzi, pour le narguer, se fait appeler pompeusement signor Pasquale Capuzzi di Senigaglia : c'est le nom du village où, dit-on, sa mère le mit au monde avant terme; elle avait été saisie d'une peur subite, sur un bateau de pêche, à la vue d'un poisson monstrueux.

« Dans sa jeunesse, Capuzzi donna au théâtre un opéra qui fut hué sans pitié; cette chute ne le guérit pas de son penchant à écorcher les oreilles d'autrui, et il osa même dire de Francesco Cavalli, le célèbre auteur des *Noces de Thétis et de Pélée*, que ce maître de chapelle lui avait emprunté ses plus sublimes mélodies. Il joint à cela la manie de chanter, et s'accompagne d'une méchante guitare que traine partout à sa suite un misérable nain, son Pylade, que tout Rome connait sous le nom de Pitichinaccio. A ces deux personnages s'attelle encore ce damné docteur Pyramide, qui brait comme un âne éploré, tout en s'imaginant qu'il possède une basse rivale de Martinelli. Ces trois démons se perchent chaque soir sur le balcon de la rue Ripetta, au grand dépit du voisinage.

« Mon père avait jadis un libre accès près de ce fou, dont il ajustait la perruque et la barbe. Après sa mort, j'héritai de sa clientèle, et Capuzzi fut d'abord charmé de mes visites, car je savais mieux que nul autre donner à sa moustache un tour unique de coquetterie, et j'avais par-dessus tout l'honnêteté de recevoir, en saluant jusqu'à terre, un si mince salaire, que pas un apprenti n'eût voulu l'accepter. Il est vrai que maître Capuzzi pensait faire les choses libéralement en me déchirant chaque soir les oreilles avec une ariette nouvelle de sa composition. C'était la comédie; voici le drame.

« Un jour que j'arrivais chez mon client, une porte s'ouvre, et je me vois en face d'un ange; oui, un ange! c'était ma *Magdeleine*. Je m'arrête interdit, tremblant d'émotion; l'amour était entré dans mon cœur par un seul regard! Le vieux Capuzzi, ravi de ma surprise, me dit en souriant que cette belle fille était sa nièce, qu'elle s'appelait Marianna, et que la pauvre orpheline n'avait plus que lui au monde. Dès ce jour, la maison de Capuzzi devint pour moi le paradis; mais je cherchais vainement tous les moyens, toutes les occasions de rencontrer seule Marianna. Le diable s'en mêlait; quelques regards furtifs, quelques soupirs, quelques signes dérobés, me firent seuls espérer que je serais aimé. Le vieux singe s'en aperçut sans doute, car il me signifia assez clairement qu'il y prenait peu de goût. J'osai me jeter à ses genoux et lui confesser mon amour. Un éclat de rire fut sa réponse, et il me renvoya dédaigneusement à mes barbes. Dans mon désespoir, je m'écriai que je n'étais pas un vil racleur de mentons, que j'avais étudié la chirurgie avec distinction, et qu'en fait de peinture je suivais pour modèle Annibal Caracci et l'inimitable Guido Reni. Cette naïveté me valut un nouvel assaut de moqueries; et le vieux Cerbère, me poussant vers la porte, voulut me jeter dans l'escalier. Réduit à user du droit de légitime défense, je culbutai, avec tous les ménagements possibles, le féroce tuteur de Marianna; mais dès ce jour sa porte me fut fermée! Voilà où en étaient mes amours lors de votre arrivée à Rome. Depuis que, grâce à votre appui, j'ai pris place à l'académie de San-Luca, depuis que Rome applaudit à mes efforts, j'ai eu le courage d'aller trouver Capuzzi; j'ai produit sur lui l'effet d'un spectre. Profitant de sa stupeur, je lui demandai gravement si le chirurgien couronné des palmes de San-Luca était digne d'aspirer à la main de Marianna. Ce nom produisit sur lui l'effet d'un choc électrique.

« Il se mit à trépigner, à hurler comme un démoniaque, disant que j'étais un assassin, que je lui avais volé sa nièce en copiant ses traits sur la toile; qu'elle faisait ses délices, sa vie, son ciel; qu'il voudrait me brûler, moi, mon atelier maudit et mon tableau détestable!... — En présence de l'exaspération du bonhomme, qui criait au meurtre, au voleur, je craignis une esclandre, et je m'enfuis au plus vite, la rage dans le cœur et la mort dans l'âme! Le vieux Capuzzi est amoureux fou de sa nièce; il la garde avec les précautions d'une atroce jalousie, et, s'il obtient du pape une dispense, il l'épousera de force. Je suis le plus malheureux des hommes!

— Au contraire, dit Salvator, vous touchez au terme de vos vœux : Marianna vous aime, il ne s'agit que de la soustraire à la tyrannie de Capuzzi. Retournez chez vous, tenez-vous tranquille, et venez me voir demain, dès le jour, pour dresser nos plans d'attaque. »

II

Salvator employa si bien ses heures, que dès le jour suivant il mettait son ami Antonio au courant du genre de vie de Capuzzi. « La pauvre Marianna est au supplice; son argus s'exhale en soupirs, et du matin au soir il l'accable de fadeurs ou chante, pour l'attendrir, les airs ridicules qu'il a composés. De plus, il est si jaloux, qu'il ne permet à la pauvre enfant d'autre créature humaine pour la servir que ce hideux Pitichinaccio, déguisé en duègne. Si le barbon s'absente, grilles et verrous font leur office en dedans, tandis qu'une espèce de sacripant, vrai bravo réformé, garde la porte du logis. Entrer de force est donc peu praticable; et pourtant, dès la nuit prochaine, je veux, cher Antonio, vous placer en présence de Capuzzi et de votre belle Marianna. — Il se pourrait! par quel moyen? — Le hasard, poursuivit Salvator, m'avait déjà mis en rapport avec Pasquale Capuzzi. Tenez, cette épinette délabrée que les vers rongent dans un coin appartient au vieux fou; je lui dois encore le prix de dix ducats. Voulant distraire par un peu de musique les longs ennuis de ma convalescence, dame Caterina me procura ce piètre instrument, qui me fut apporté de la rue Ripetta. Je ne songeai d'abord ni au prix de la chose ni au propriétaire, et hier seulement, j'ai appris que l'honnête Capuzzi m'avait pris pour dupe... Prêtez-moi maintenant toute votre attention. Chaque jour, à la brune, quand l'avorton Pitichinaccio a fini ses fonctions de cameriste, le signor Pasquale le prend dans ses bras, et... »

En ce moment, la porte de Salvator s'ouvrit avec bruit, et le signor Pasquale Capuzzi parut en personne, et richement caparaçonné, aux yeux des deux amis. A la vue de Scacciati, une secousse pareille à celle que cause la torpille l'arrêta court, haletant et stupéfait. Salvator se leva, et, lui prenant les deux mains : « En vérité, mon digne seigneur, lui dit-il, votre visite me comble de joie; a-t-elle pour but de voir mes nouveaux ouvrages, ou de me faire quelque commande? En quoi pourrais-je vous servir? — Je viens exprès pour vous, balbutia Capuzzi d'une voix émue; mais, comme j'ai besoin de causer seul à seul, nous remettrons à un autre moment... — Dieu m'en garde! reprit Salvator; vous ne pouvez mieux choisir votre temps; et je me félicite de vous présenter le premier artiste de Rome, Antonio Scacciati, l'auteur de la fameuse *Magdeleine aux pieds du Sauveur*... » A ces mots, le vieillard frissonna de tous ses membres; son œil roux lançait des regards furieux au pauvre Antonio, qui, réunissant tout ce qui lui restait d'aplomb, fit néanmoins à Capuzzi le salut le plus dégagé; il ajouta, d'un ton de grand seigneur, et en appuyant sur chaque syllabe, qu'il se jugeait trop heureux à son tour de saluer l'homme qui, de toute l'Italie, possédait au plus haut degré l'amour et la science des arts.

Capuzzi, dévorant sa colère, tordit sa bouche pour sourire, frisa sa moustache, et, après quelques « Je vous rends grâce » presque inarticulés, il se hâta de rappeler à Salvator sa petite créance de dix ducats. « À vos ordres pour cette bagatelle, dit le peintre; mais vous plairait-il de jeter un coup d'œil sur ces croquis, et d'accepter un gobelet d'excellent syracuse? » Et, joignant le fait à la parole, Salvator plaçait son chevalet dans l'aspect le plus favorable à l'ébauche qu'il voulait montrer, puis, offrant une escabelle de chêne à Capuzzi, il s'empressa de remplir, devant lui, jusqu'aux bords, une coupe de fine agate, où étincelait la précieuse liqueur qu'il était fier d'offrir à son nouvel hôte.

Les yeux du tyran de Marianna brillèrent comme deux escarboucles à l'aspect du vin généreux que l'artiste lui versa. Il pencha lentement sa tête, comme pour se recueillir en dégustant ce breuvage exquis; puis, relevant ses regards fauves, longtemps voilés sous des paupières flétries, il caressa à plusieurs reprises sa longue moustache grisâtre, en murmurant à demi-voix : « Divin! parfait! admirable! » Les assistants ne purent deviner si ce bizarre personnage énonçait son avis sur le vin de Syracuse ou sur la toile de Salvator.

Salvator prit cet instant pour l'attaquer de front : « N'ai-je pas ouï dire, mon digne seigneur, que vous possédez une nièce adorable? Il n'est bruit, dans la rue Ripetta, que des charmes de Marianna... Tous ceux qui l'ont vue en perdent le sommeil; et je sais plus d'un jeune homme de noble race qui s'est morfondu à guetter, du regard, un sourire de cette délicieuse fille, à travers les vitres épaisses du balcon de votre maison. »

Le vieux fronça le sourcil; sa réponse fut brève et maussade : « En vérité, dit-il, les jeunes gens de notre époque sont bien pervers. Quand ils complotent le déshonneur d'une pauvre orpheline, il n'est aucune séduction dont ils ne se rendent coupables. Je ne dis point cela pour ma nièce, maître Salvator; Marianna est assurément fort jolie; mais, après tout, on ne doit la regarder encore que comme une enfant folâtre et insoucieuse. »

Salvator, pour ne pas perdre pied, changea de propos, et eut recours au flacon de syracuse avant de renouveler l'assaut. « Mais, du moins, mon cher seigneur Capuzzi, cette nièce, que vous tenez à si haut prix, cette ravissa Marianna, dont Rome entière fait à cette heure l'unique objet de ses entretiens, possède-t-elle une chevelure blonde ou brune, ou même noire? ne serait-elle point par hasard l'admirable original du tableau de la *Magdeleine aux pieds du Christ*, dont les académiciens de San-Luca ont porté un jugement si peu conforme aux règles ordinaires de l'équité?

« Eh! que sais-je, et que puis-je vous dire? répétait Capuzzi en accompagnant son langage de formes infiniment peu cordiales; voulez-vous bien permettre, ajoutait-il, que nous changions de conversation? Celle-ci agace mes nerfs... »

Ce manége fut répété tant et si bien, que le signor Capuzzi, poussé à bout par les questions de l'artiste, bondit comme un chat-tigre, et, repoussant sa coupe à demi pleine, s'écria d'une voix de chouette: « Par tous les diables de l'enfer, vous m'avez versé quelque poison pour me jouer un tour infâme avec ce maudit Antonio! Mais j'y mettrai bon ordre. Songez à payer sur l'heure les dix ducats qui me sont dus, et qu'ensuite Satan vous... »

— Comment, cria Salvator, osez-vous chez moi m'insulter de la sorte! Vous voulez dix ducats d'une épinette vermoulue? Dix ducats! non! pas même cinq, ni trois, pas seulement une obole de cuivre!... » Et, joignant l'action aux paroles, il fit voler à coups de pied par la chambre le malheureux instrument, dont chaque secousse emportait un éclat....

« Mais il y a des lois à Rome! il y a des juges! hurlait Capuzzi; vous pourrirez dans un cachot! Je... »

Comme il cherchait à gagner la porte, Salvator le saisit d'une main de fer, et, le clouant sur le siège qu'il venait de quitter: « Eh! mon très-cher seigneur Pasquale, lui dit-il avec l'accent le plus velouté qu'il sut prendre, c'était un jeu, ne le voyez-vous pas? Dix ducats pour votre épinette, pour un tel chef-d'œuvre? non pas, vous en aurez trente!... »

Cette promesse, lâchée du plus grand sérieux, eut un effet magique. Pasquale Capuzzi ne parlait plus de prison, et répétait tout bas: « Trente ducats! trente ducats pour un tel chef-d'œuvre! » Puis, regardant fixement l'artiste: « Mais savez-vous, maître Salvator, que vous m'avez cruellement blessé?.... — Trente ducats, répondit le peintre. — Mais, ajouta Capuzzi, vous m'avez outragé d'une indigne façon. — Quarante ducats, reprit Salvator, et je vous promets de n'y plus songer, pour peu qu'il vous convienne de souscrire à une petite condition... Vous êtes, maître Pasquale Capuzzi di Senigaglia, le premier compositeur de toute l'Italie, et, de plus, le chanteur le plus exquis de l'univers. J'ai entendu avec enthousiasme la grande scène de l'opéra *le Nozze di Teti et Peleo*, dont ce misérable Francesco Cavalli vous a volé la divine mélodie; voulez-vous, pendant que je vais remettre sur pied l'épinette, nous chanter cette scène? Je vous en garderai, pour ma part, une reconnaissance éternelle! »

Pasquale Capuzzi goûta si fort cet éloge étourdissant, que toute sa physionomie se tordit dans une ineffable grimace; les muscles de son visage décharné se gonflèrent de vent, et ses infiniment petits yeux roux scintillèrent sous une convulsion du nerf optique qui donnait à ses regards une expression de malice satisfaite que nulle parole ne saurait peindre. « Eh mais, je suis, dit-il à Salvator, votre très-humble serviteur, car vous me paraissez vous-même en possession d'un sens musical des plus exquis; votre tact en fait d'harmonie annonce les études les plus sérieuses, et l'art ferait d'énormes progrès, si les beaux esprits de Rome prenaient pour guide votre jugement. Écoutez, seigneur peintre, écoutez mon air favori; je ne prodigue pas mes compositions, mais vous êtes digne de les apprécier, et je veux vous traiter en ami... »

Salvator supplia Dieu dans son cœur de vouloir bien le rendre sourd au moins pour ce jour-là. « Vous me comblez de joie et d'honneur, » répondit-il. Il souffrait, mais son mensonge méritait bien cette punition.

Rien ne saurait traduire le monstrueux sourire du barbon; il se mit à jouer de sa prunelle grise, tout en essayant d'attraper la clef de son air; puis, il se leva sur la pointe du pied, agita ses bras malingres comme les ailes d'un vieux coq, et lâcha un beuglement si formidable, que les cloisons de l'atelier tremblèrent.

Dame Caterina et ses filles accoururent au bruit, pensant qu'un malheur venait d'arriver. Qu'on juge de leur stupeur à l'aspect de l'enragé virtuose, que leur présence ne déconcerta point. Salvator releva l'épinette boiteuse, et se mit à peindre la scène sur le couvercle. Capuzzi, Antonio, Caterina et ses filles étaient d'une ressemblance parfaite, et le docteur Pyramide, quoique absent, n'était pas oublié.

Cependant l'infatigable Capuzzi, jaloux de gagner ses quarante ducats, ne fit grâce à l'auditoire assourdi, d'aucune de ses ariettes infernales; au bout de deux grandes heures, épuisé, tout en nage, le visage pourpre et les veines injectées de violet, il retomba sans voix sur un siège. Salvator avait mis en face de lui son tableau, improvisé sur le panneau de l'épinette. Capuzzi le regarda longtemps en se frottant les yeux... Tout à coup il enfonça sur sa perruque son chapeau empanaché, il prit d'une main sa canne, et, de l'autre, arrachant de ses charnières l'esquisse de Salvator, il se précipita dans l'escalier, comme un voleur poursuivi.

« Va donc, vieux fou, lui cria Salvator, le comte Colonna ou mon ami Rossi te payeront cher ce caprice de mon pinceau! »

Quand Capuzzi se fut éloigné, Salvator et Antonio dressèrent leurs batteries avec un art infini contre ce terrible adversaire. Il fut décidé qu'on livrerait assaut, dès la nuit prochaine, à la forteresse de la rue Ripetta. Les deux amis se séparèrent pour vaquer, chacun de son côté, aux préparatifs les plus urgents.

Ce même soir, à la nuit close, le seigneur Pasquale ferma et verrouilla soigneusement toutes ses portes; puis, mettant sous son bras Pitichinaccio, il le reporta chez lui. Chemin faisant, l'avorton se plaignit fort (étant si mal payé pour chanter tous les jours les airs de Capuzzi, ou pour s'échauder les griffes à faire bouillir le macaroni) de joindre à cette besogne la tâche plus rude encore de servir la belle Marianna; il n'en obtenait que des soufflets et des coups de pied, chaque fois qu'il voulait remplir ses devoirs de valet de chambre. Le vieux lui bourra la bouche de friandises pour le faire taire; il lui promit même un habit d'*abbate* taillé dans le plus usé de ses hauts-de-chausses; Pitichinaccio exigea en outre, pour sceller la paix, une perruque et une rapière.

Ils arrivèrent dans la rue Bergognona, où demeurait le

nain, près de l'atelier de Salvator. Capuzzi posa son fardeau sur ses pieds tortus, ouvrit la porte, et tous deux gravirent, l'un derrière l'autre, une rampe étroite et roide comme l'échelle d'une cage à poules.

A moitié route, ils entendirent dans l'escalier un affreux tapage : un ivrogne demandait avec de gros jurements son chemin pour sortir de cette maison d'enfer. Pitichinaccio se colla près du mur et supplia Capuzzi de passer devant; mais à peine l'honorable citoyen de Senigaglia eut-il enjambé quelques degrés, que l'ivrogne, perdant l'équilibre, tomba sur lui, et l'entraîna comme une avalanche jusqu'au milieu du ruisseau.

Capuzzi s'était meurtri tous les os sur le pavé, et l'ivrogne, gonflé comme un sac, l'écrasait bravement, sans mot dire. A ses cris de détresse, deux passants accourent; on dégage Pasquale, qui se frottait les tibias, et l'ivrogne, un peu dégrisé, sans s'excuser, part en maugréant de tout son cœur.

« Bon Dieu! signor Pasquale, que faites-vous à une telle heure, en pareil équipage? que vous est-il arrivé? — Ah! mes nobles seigneurs, je suis mort! ce chien d'enfer m'a brisé les membres! — Voyons! s'écria Antonio (car les libérateurs de Capuzzi étaient nos deux artistes), voyons un peu! » Et, palpant la carcasse étique de son ennemi, il lui pinça si fort la jambe droite, que le patient poussa un cri terrible. « Ah! mon digne seigneur! vous avez la jambe gauche rompue; le cas est très-grave, et vous risquez d'en mourir ou de rester boiteux. — Hélas! mon doux Jésus! soupirait Capuzzi d'une voix dolente. — Courage! reprit Antonio, quoique peintre et académicien de San-Luca, je n'ai pas oublié la chirurgie. Nous allons vous transporter chez Salvator, et je me charge de vous bien soigner. — Mais, mon excellent monsieur Antonio, disait tristement Capuzzi, vous n'êtes guère de mes amis... — Certes, interrompit Salvator; mais, devant la souffrance, tout autre sentiment doit faire place à l'humanité. Allons, Antonio, remplissons ce devoir. »

Tous deux alors prirent le vieillard, l'un par la tête, l'autre par les jambes, et l'emportèrent, non sans rire sous cape de ses gémissements. Dame Caterina leur adressa un beau discours sur la charité, sans épargner les quolibets à Capuzzi. « Vous n'avez, lui dit-elle, que ce que vous méritez ; Dieu vous punit du tourment que vous causez à votre nièce : vous êtes un bourru, un jaloux, un vrai tyran ; et, si vous ne mourez pas des suites de cette culbute, fasse le ciel que la leçon vous profite ; ayez des amis, si vous pouvez, et tâchez de laisser voir un peu le soleil à votre petite Marianna. N'est-ce pas chose odieuse que de traiter à votre manière une si jolie fille, si douce et si aimante? N'avez-vous pas de honte de la séquestrer sous la garde d'un monstre comme Pitichinaccio? Ne craignez-vous pas que tous les jeunes gens de la ville ne se soulèvent quelque jour contre une pareille oppression? Et dites-moi donc, si vous l'osez, pourquoi vous affublez votre misérable nain d'une robe de duègne? Que faites-vous de ce cerbère qui ne vaut pas un coup de pied? Tenez, mon pauvre seigneur, en l'état où je vous vois, écoutez une bonne fois mes représentations, de peur qu'il ne vous en cuise bientôt davantage. Quand on a, comme vous, une si gentille colombe en cage, il ne faut pas la traiter en hibou. Si vous n'aviez pas le cœur sec et l'esprit mal fait, ne seriez-vous pas, tout le long du jour, à l'affût pour deviner et prévenir les moindres caprices de Marianna? Prenez garde à la justice de Dieu, mon très-honoré maître : s'il permet que vous guérissiez, offrez-lui, en expiation de vos indignes procédés, le mariage de votre nièce avec un jeune et beau cavalier qui semble tombé du ciel tout exprès pour son bonheur. »

Pendant ce long sermon, les deux peintres mettaient l'infortuné Capuzzi en chartre privée entre deux draps. Le pauvre diable était si convaincu de la dislocation totale de son individu, qu'il n'osait ni bouger, ni respirer. Antonio, qui lui défendait de parler, s'avisa tout à coup de demander à dame Caterina une bonne quantité d'eau glacée. Quant au mal, il n'y en avait guère, et le danger n'existait que dans le cerveau frappé de Capuzzi. Le personnage embusqué dans la maison de Pitichinaccio avait joué son rôle à merveille ; la culbute du sire n'avait eu d'autres suites qu'une série de contusions assez légères attestées suffisamment par quelques taches violacées sur la peau bistrée de Capuzzi.

Le malheureux était pris au trébuchet. Antonio serra la jambe du bonhomme dans des éclisses, de manière à l'empêcher de se mouvoir ; il l'enveloppa en outre de compresses imbibées d'eau glacée, qu'il renouvelait souvent, sous prétexte de prévenir l'inflammation. Le pauvre diable, ainsi garrotté, grelottait de tous ses membres. « Mon bon monsieur Antonio, disait-il de temps en temps, croyez-vous que j'en réchappe ? — Nous verrons, répliquait l'artiste ; je ferai tous mes efforts pour vous tirer de ce mauvais pas ; mais... — Ah ! mon cher, mon excellent ami, ne m'abandonnez pas !... — Vous dites cela, mais vous m'avez traité bien durement ! — Oubliez-le donc, je vous en prie ! — Je le veux bien, poursuivit Antonio ; mais votre nièce doit être bien inquiète de votre absence ; elle va mourir d'angoisse si elle ne vous revoit pas ; aussi bien, je crois qu'il serait convenable de vous faire transporter dans votre logis ; là je visiterai de nouveau l'appareil, et j'instruirai Marianna des soins qu'il faudra prendre pour hâter votre guérison. »

Au souvenir de Marianna, Capuzzi ferma les yeux et se recueillit un moment ; puis il tendit la main à Antonio, et, l'attirant près de lui : « Jurez-moi, mon brave monsieur, que vous n'avez nul projet contre le repos de ma nièce. — Je vous le jure ! reprit Antonio ; et fiez-vous à ma parole comme à mes soins ; je ne vous cache point que cette petite Marianna m'avait séduit la première fois que le hasard me la fit rencontrer ; j'ai même eu la faiblesse de reproduire, de souvenir, et trait pour trait, sa figure dans mon tableau de la *Magdeleine aux pieds du Sauveur* ; mais ce n'était, je le sens bien, qu'une passion d'artiste. Je rends justice à votre nièce, une assez piquante jeune fille que j'ai cru aimer un moment ; mais j'ai en tête, aujourd'hui, bien d'autres affaires. — Ah ! cher ami ! vous n'aimez point Marianna ? dites-le, répétez-le encore ! c'est un baume divin que vous versez sur ma douleur ! Je me sens guéri, parfaitement guéri !... — Eh ! mais, s'écria Salvator, si l'on ne vous connaissait pour un homme mûr et sensé, on vous croirait amoureux fou de votre nièce! »

A ces mots, Capuzzi ferma de nouveau les yeux; sa figure se contracta douloureusement, et il se plaignit de sentir son mal redoubler.

Cependant le jour commençait à poindre. Antonio et Salvator soulevèrent le matelas du malade, qui les suppliait en vain de lui ôter les compresses d'eau glacée et de rajuster sa perruque et sa moustache pour que son retour ne causât pas à Marianna trop d'effroi. Deux hommes de peine attendaient dans la rue avec un brancard sur lequel on emballa Capuzzi. Dame Caterina, qui n'était point dans le secret de nos artistes, voulut l'escorter jusqu'à son logis, afin de le sermonner de nouveau comme il le méritait. Elle étendit sur le brancard un vieux manteau râpé jusqu'à la corde, et le cortége prit le chemin de la rue Ripetta.

Marianna, voyant son oncle en ce piteux état, fondit en larmes et couvrit de baisers ses mains décharnées. C'était un touchant spectacle que cette jeune fille désolée du malheur arrivé à son bourreau; mais, grâce à la finesse ordinaire de la femme, un signe de Salvator suffit pour lui révéler la mystification. Marianna vit alors auprès d'elle son bien-aimé Antonio; une vive rougeur colora ses joues pâles, et un sourire adorablement malicieux brilla parmi ses larmes. Pasquale Capuzzi fut si ravi du tendre accueil de sa nièce, qu'il oublia son mal, et rien n'était plus grotesque à imaginer que ses soupirs et ses poses de chevalier amoureux. Mais Antonio ne lui laissa pas le temps de se reconnaître; les éclisses furent renouvelées et plus étroitement serrées; on emmaillota le malade imaginaire comme une poupée de bois, la tête noyée dans un amas de coussins, et Salvator se retira discrètement, pour laisser les deux amants au bonheur inespéré de se revoir. La jeune fille lui avait paru, dans cette entrevue, d'une admirable beauté. Cette ravissante figure était mille fois plus digne de retracer l'image de la mère de Dieu que la patronne des femmes pénitentes. L'artiste éprouva un mouvement de jalousie, mais ce fut une sensation rapide comme l'éclair, et la loyauté naturelle de son caractère dissipa aussitôt cette crise des sens. Salvator ne songea plus qu'à terminer son plus bel ouvrage, en délivrant Marianna des griffes de son tuteur. La bonne et douce enfant, oubliant les duretés de Capuzzi, courait à chaque instant près de son chevet pour lui demander comment il se sentait; elle se trouvait si heureuse de se dévouer au soulagement de sa souffrance, qu'elle abandonna plusieurs fois une petite main blanchette à ses baisers.

Le lendemain, de bonne heure, Antonio courut chez son ami, avec une mine désolée. « Hélas! s'écria-t-il, tout est perdu! tout est découvert!... — Tant mieux! dit Salvator; contez-moi cela.

— Figurez-vous qu'hier je quitte Capuzzi un moment pour aller chercher quelques bonnes drogues purgatives; à mon retour, j'aperçois le damné vieillard, costumé de pied en cap, à la porte de sa maison, et causant avec le docteur Pyramide. La fureur de Capuzzi ne saurait se décrire; il me menace du poing, me charge de malédictions, et jure qu'il me fera étrangler si je remets jamais le pied chez lui. « Et quant à votre patron Salvator, ajoute-t-il, j'ai assez de ducats pour régler son compte sans procès! » Pendant qu'il crie et se démène ainsi, secondé par le docteur Pyramide, qui fait avec lui chorus d'imprécations, les passants s'ameutent, et je me vois menacé de tous côtés; alors, ramassant, malgré mon émotion, tout ce qui me reste de courage et de force, j'ouvre le chemin en bousculant rudement ce damné Capuzzi. C'est la seconde fois que j'ai le chagrin d'en agir ainsi avec l'oncle et le tuteur de Marianna : vous le voyez bien, maître, tout est perdu!

— D'honneur, c'est tout à fait réjouissant! s'écria Salvator; mais je savais tout cela bien avant vous. Le docteur Splendiano Accoramboni, qui est à la piste de toutes les plaies et bosses, a trop vite su l'accident de son ami Capuzzi; son zèle s'est enflammé : il a voulu visiter l'appareil, et il ne fallait pas beaucoup de malice pour éventer la mèche.

— Mais comment savez-vous toutes ces choses? — Qu'importe? il suffit d'en profiter, et j'ai pris l'engagement de vous faire réussir. Je sais d'ailleurs que Marianna possède le génie que donne l'amour : elle a su persuader au vieux Capuzzi qu'elle ignorait notre ruse, et qu'elle la détestait si fort, qu'à aucun prix elle ne voudrait nous permettre de la revoir. Le vieil argus, ivre de joie, et se croyant à la veille d'un bonheur inespéré, jure d'obéir au premier souhait de Marianna ; celle-ci demande qu'il la conduise au théâtre de signor Formica, près de la porte del Popolo. Le bonhomme, surpris de ce désir, tient conseil avec le docteur Pyramide et Pitichinaccio ; leur avis est unanime, il faut que Capuzzi tienne sa parole. C'est demain que Marianna doit aller au théâtre ; Pitichinaccio la suivra, costumé en petite duègne... »

Antonio Scacciati marchait de surprise en surprise ; peu s'en fallut qu'il ne crût son ami en commerce avec le diable. Voici la clef que lui donna Salvator de cette omniscience. Dans la maison de la rue Ripetta logeait, porte à porte avec Capuzzi, une vieille amie de l'hôtesse de Salvator. La fille de cette femme, liée d'étroite affection avec Margerita, s'était éprise d'un tendre intérêt pour la nièce de Capuzzi, et le hasard servait à souhait leurs secrètes entrevues ; car l'amie de Margerita avait découvert dans sa chambre une ouverture pratiquée en forme de ventilateur, et qu'une mince planchette fermait depuis longtemps. Cette ouverture donnait sur un cabinet privé de jour, et attenant à la chambre de Marianna, qu'une simple cloison séparait du logement de sa voisine. Les deux jeunes filles faisaient par là de longues causeries confidentielles, pendant la sieste quotidienne du vieux Capuzzi : c'est par l'amie de Margerita que Salvator s'était procuré tous les renseignements désirables sur la vie du tyran de Marianna, et qu'il avait appris le projet d'excursion au théâtre de Formica.

Mais il est nécessaire, avant d'aller plus loin, que le lecteur fasse connaissance avec le fameux Formica et avec son théâtre de la porte del Popolo.

Un certain Nicolo Musso faisait jouer, au temps du carnaval, des bouffonneries improvisées. Le local qui servait à l'exercice de son industrie n'annonçait pas une situation financière bien brillante : il n'y avait, au lieu de loges et d'orchestre, qu'une galerie circulaire qui portait à l'extérieur les armes du comte Colonna, protecteur de Nicolo Musso. La scène était figurée par une espèce d'échafaudage revêtu de planches et décoré de vieux tapis. Les parois se décoraient, tour à tour, de loques de papier peint qui représentaient, selon l'occurrence, une forêt, un appartement ou une rue. Pour tout siége, les assistants devaient se contenter de banquettes dures et étroites ; aussi le public de ce théâtre apportait-il beaucoup plus de bruit que d'argent. Du reste, rien de plus amusant que ces parades joyeuses, dont l'esprit de Nicolo Musso faisait presque tous les frais ; c'était un feu roulant, bien nourri, d'épigrammes contre tous les vices, tous les défauts, tous les travers et les ridicules de la société. Chaque acteur donnait à son personnage la plus piquante physionomie. Mais le Pasquarello, bouffon d'office, enlevait tous les applaudissements par sa verve caustique et par l'originalité de sa pantomime ; il reproduisait à s'y méprendre la voix, la taille et les mouvements des gens les plus connus de toute la ville. L'individu chargé de ce rôle de critique, et qu'on appelait dans le peuple signor Formica, était un véritable phénomène. Il y avait dans son talent de mime une telle élasticité, sa voix prenait parfois de si étranges inflexions, qu'on ne pouvait se défendre du frisson tout en cédant aux accès d'un fou rire. A côté de ce personnage figurait, comme interlocuteur habituel, un certain docteur Graziano, dont le rôle était tenu par un vieux saltimbanque de Bologne nommé Maria Agli.

Le beau monde de Rome ne dédaignait pas les représentations comiques de Nicolo Musso. Le théâtre de la porte del Popolo faisait toujours chambrée complète, et le nom de Formica circulait dans toutes les bouches. Ce qui augmentait encore la réputation de ses pensionnaires, c'est que Nicolo Musso ne se montrait nulle part hors de son théâtre ; un secret fort bien gardé murait sa vie, et nul ne savait même au juste où ce bizarre directeur de spectacle pouvait loger habituellement. Voilà le théâtre où la jolie Marianna voulait aller.

« Le meilleur plan, disait Salvator, est d'attaquer de face notre ennemi ; j'ai en tête un projet qu'il faut accomplir pendant le trajet qui sépare le théâtre de la rue Ripetta. » Ce projet, communiqué à l'oreille d'Antonio, le fit bondir de joie et d'impatience : on allait enlever Marianna à son persécuteur, et châtier un peu rudement ce docteur Pyramide, qui s'avisait de jeter des pierres dans le jardin des amoureux !

Quand le soir fut venu, Salvator et Antonio prirent chacun une guitare, et se rendirent sous le balcon de la rue Ripetta, pour irriter le vieux Capuzzi en donnant à sa jolie nièce une brillante sérénade que tout le voisinage entendrait. Salvator avait une voix fort remarquable, et Antonio n'eût point mal figuré dans un duo avec le maître Odoardo Ceccarelli. Dès le prélude de nos troubadours improvisés, le signor Pasquale parut sur la terrasse pour imposer silence aux vagabonds qui s'avisaient de troubler son repos. Mais les voisins, attirés par la mélodie des premiers accords, lui crièrent, avec force huées, que la jalousie seule excitait son humeur, et qu'il eût à rentrer bien vite dans son trou, pour y chanter faux tout à son aise et pour écorcher le tympan des malheureux forcés de vivre et de souffrir sous sa clef. Salvator et son compagnon passèrent ainsi presque toute la nuit à roucouler des airs amoureux ; ils les interrompaient de temps à autre pour entonner des chansonnettes satiriques contre les vieillards ridicules, dont Capuzzi se montrait le type le plus achevé. Marianna se glissa plusieurs fois derrière les vitres, et, malgré les signes mécontents de son tuteur, elle échangea quelques muettes œillades avec son bien-aimé Antonio.

Le lendemain était jour de carnaval. La foule affluait aux promenades et se pressait du côté de la porte del Popolo, aux abords du théâtre de Nicolo Musso. La jolie Marianna avait forcé Capuzzi à tenir sa promesse. Le barbon, parfumé, bichonné, emprisonné dans son pourpoint d'Espagne, le chapeau pointu penché sur l'oreille et garni d'une plume jaune toute neuve, marchait avec une anxiété visible dans des souliers trop étroits, traînant à sa remorque Marianna, qui cachait ses traits sous des voiles redoublés pour obéir à son argus. Du côté opposé cheminait le docteur Splendiano Accoramboni, presque dissimulé par sa perruque gigantesque. Derrière eux, et sur les talons de Marianna, qu'il ne quittait pas des yeux, piétinait l'avorton Pitichinaccio, affublé d'un cotillon couleur de feu et la tête hérissée de fleurs de toutes les nuances.

Signor Formica fut, ce soir-là, d'une gaieté tout à fait désopilante; c'était plaisir de l'entendre mêler à ses scènes comiques des couplets qu'il chantait en imitant la voix des artistes les plus en vogue. Le vieux Capuzzi frémissait d'aise; sa passion pour le théâtre lui revint en mémoire; dans son exaltation, il meurtrissait de baisers les mains de Marianna et jurait que chaque soir il voulait la ramener chez Nicolo Musso. Ses bravos, ses trépignements, attiraient sur lui les regards de tout le monde; signor Splendiano gardait seul sa gravité doctorale, et, des yeux et du geste, il gourmandait les éclats de rire de Capuzzi et de Marianna, déclinant en pure perte les noms de vingt maladies que pouvait causer une trop vive dilatation de la rate. Mais ses clients riaient de sa figure morose autant que du signor Formica. Quant à l'infiniment petit Pitichinaccio, il s'était juché tristement derrière la perruque du docteur Pyramide, et se donnait au diable entre deux femmes du peuple, qui s'amusaient fort de sa grotesque personne. Une sueur glacée coulait de son front sur ses joues livides, et des sons aigres, mal articulés, exprimaient assez le désagrément qu'il ressentait de sa situation.

La comédie achevée, Pasquale Capuzzi laissa prudemment sortir tous les spectateurs et éteindre l'une après l'autre toutes les lampes; à la dernière, il alluma un rat-de-cave pour s'éclairer, avec Marianna et ses deux compagnons, jusqu'à la rue Ripetta. Pitichinaccio recommençait à geindre et à se lamenter. Capuzzi le prit sous son bras gauche pour l'apaiser, tandis que, de l'autre, il entraînait sa jolie nièce. Splendiano marchait en avant, armé du lumignon, qui donnait presque assez de clarté pour faire ressortir toute l'épaisseur des ténèbres.

A quelque distance de la porte del Popolo, quatre individus, drapés dans d'immenses manteaux couleur de muraille, barrèrent tout à coup le passage à la compagnie. D'un revers de main, le lumignon du docteur fut mouché et jeté à tous les diables; puis une clarté blafarde, venue je ne sais d'où, illumina quatre têtes de mort, dont les yeux creux fixaient Capuzzi et le docteur pétrifiés par la terreur. « Malheur, malheur, malheur à toi, Splendiano Accoramboni! » disaient les quatre fantômes. Puis le premier reprit, avec un ricanement plaintif : « Me connais-tu, Splendiano? Je suis Cordier, le peintre français que tu as mis en terre, la semaine passée, avec tes drogues de démon! » Le second s'avança, et dit : « Me connais-tu, Splendiano? Je suis Küfner, le peintre allemand tué par tes opiats! » Le troisième cria, d'une voix rauque : « Me connais-tu, Splendiano? Je suis Liers de Flandre, que tu as empoisonné par tes pilules, pour faire main-basse sur mes tableaux! » Enfin, le quatrième lui dit : « Me connais-tu, Splendiano? Je suis Ghigi le Napolitain, que tes poudres ont expédié en purgatoire. » Et tous quatre s'écrièrent en chœur : « Malheur, malheur, malheur à toi, Splendiano Accoramboni! le diable nous envoie te chercher, illustre docteur Pyramide! halloh! halloh!... » Et, s'emparant de lui avec la vitesse de l'éclair, ils disparurent dans les ténèbres, en hurlant comme le vent d'orage.

Pasquale Capuzzi s'était un peu remis de son effroi en voyant son ami Splendiano traqué seul par les suppôts de l'enfer. Le hideux Pitichinaccio, transi de peur, avait caché sa tête sous le manteau de son patron et s'accrochait à son haut-de-chausses avec la ténacité d'un homme qui se noie. La belle Marianna était évanouie. « Reviens à toi, ma chérie, ma douce colombe, lui disait Capuzzi après l'enlèvement du docteur; hélas! le diable emporte mon illustre ami Splendiano sous la pyramide de Cestius! Que saint Bernard, grand médecin des âmes, ait pitié de la sienne et la défende contre les ennemis qu'elle va trouver dans l'autre monde! Hélas! hélas! qui maintenant pourra faire la basse dans mes concerts du soir? quand pourrai-je moi-même, après un tel accident, tirer de mon gosier une seule octave claire et pure? Enfin, tout va pour le mieux, car Dieu nous a épargnés. Reviens à toi, Marianna, ma poulette, tout est fini!... » La jeune fille reprit peu à peu ses sens, et pria Capuzzi de lui permettre de marcher seule, pendant qu'il se débarrasserait de l'étreinte désespérée de Pitichinaccio ; mais l'oncle ne voulut jamais y consentir, et serra son bras plus étroitement sous le sien, pour la protéger contre toute espèce de danger à venir. Comme il reprenait le chemin de sa maison, quatre démons horribles apparurent tout à coup à ses côtés, comme si la terre les eût vomis ; ces quatre démons, affublés de manteaux couleur de feu, lançaient par la bouche et par les yeux des flammes bleuâtres ; ils dansèrent une ronde satanique autour de Capuzzi, en criant : « Hui ! hui ! Pasquale Capuzzi ! vieux diable amoureux, fou maudit ! Nous sommes tes compagnons d'enfer, les diables des laides amours, nous allons t'emporter dans nos fournaises avec ce petit monstre de Pitichinaccio ! » Au milieu de ces hurlements, qui faisaient trembler le voisinage, les quatre énergumènes se ruèrent sur Capuzzi et Pitichinaccio, et leur firent subir une si épouvantable culbute, que les malheureux argus de la belle Marianna se mirent à braire comme des ânes roués de coups.

À la vue des diables, la jeune fille avait dégagé son bras de l'étreinte de Capuzzi ; mais elle n'avait plus ni force pour fuir, ni voix pour demander grâce ; quelle fut sa surprise quand le plus laid des diables, tombant à ses genoux et les embrassant avec amour, lui dit de l'accent le plus doux : « Mon ange, ma bien-aimée Marianna, Dieu est pour nous ! Oh ! dis-moi que tu m'aimes, pendant que mes amis retiennent ton geôlier ! Viens avec moi, je connais un asile où nul ne pourra nous atteindre !...

— Antonio !... » s'écria Marianna, prête à défaillir.

Tout à coup des flambeaux inondent de clarté la rue Ripetta, et Antonio sent à l'épaule le froid aigu d'une lame qui l'effleure. Il bondit, se retourne, et, l'épée haute, fond sur son adversaire, tandis que ses trois amis ferraillent avec une escouade de sbires. Leur bravoure va céder au nombre des assaillants ; mais deux inconnus s'élancent au milieu des spadassins en poussant des cris de menace, et l'un d'eux jette à ses pieds, d'un coup furieux, le sbire qui lutte contre Antonio. Ce secours inespéré met fin au combat, et les sbires se dispersent du côté de la porte del Popolo.

Salvator Rosa, car c'était lui qui venait de délivrer si énergiquement son ami Antonio, proposa de rentrer en ville sur les traces des sbires. Mais les jeunes peintres qui avaient aidé Antonio dans son expédition nocturne, et le comédien Maria Agli, qui ne s'était pas montré le moins brave, firent observer que ce parti serait peu sage ; les sentinelles de la porte del Popolo, prévenues par les sbires, les arrêteraient sans aucun doute. Ils convinrent de demander asile pour cette nuit à Nicolo Musso, qui les accueillit avec toute sorte de prévenances. Les peintres déposèrent leurs masques de carton et leurs manteaux frottés de phosphore ; puis ils s'occupèrent à faire disparaître les contusions légères et à panser les écorniflures qu'ils avaient reçues dans le combat. Quand nos amis se racontèrent les événements de cette nuit, on reconnut que l'expédition n'avait manqué que par l'oubli qu'ils avaient fait d'un personnage très-important, Michele, l'ancien bravo qui servait à Capuzzi de chien de garde, et qui l'avait suivi de loin, par ordre, de la rue Ripetta au théâtre de Formica, et pendant le retour. Michele, que son métier d'autrefois rendait peu superstitieux, voyant apparaître les fantômes et les diables, avait couru chercher les sbires de garde à la porte del Popolo ; mais il n'était revenu qu'après l'enlèvement de Splendiano. L'un des jeunes peintres avait vu Michele emportant dans ses bras Marianna évanouie ; et Pasquale Capuzzi, profitant de la bagarre, les suivait d'un pas aussi leste que pouvaient le permettre ses jambes qui flageolaient et le poids du malheureux Pitichinaccio, qui s'était pendu à son cou, en véritable désespéré.

Le lendemain, on trouva près de la pyramide de Cestius le docteur Splendiano, roulé en boule comme un porc-épic, et ronflant au fond de sa perruque comme dans un nid de fin duvet ; il fallut le pincer et le piquer pour qu'il sortît de sa torpeur. A son réveil, il délirait, et l'on eut bien de la peine à lui prouver qu'il n'avait pas quitté notre humble planète, et que Rome jouissait encore de la faveur de le posséder. Rapporté chez lui avec beaucoup de ménagements, il rendit grâce à tous les saints de sa délivrance des griffes du diable ; puis, jetant par la fenêtre onguents, pilules, opiats, élixirs, fioles et boîtes à tout usage, il mit au feu ses ordonnances avec ses livres de médecine, et jura qu'il ne traiterait plus ses malades que par des frictions magnétiques; — c'était le secret d'un médecin du vieux temps qui était mort en odeur de sainteté, et qui, s'il ne guérissait jamais ses clients, leur offrait du moins, avant de les envoyer au ciel, un avant-goût des joies du paradis, dans une extase qu'il savait leur procurer au lieu d'agonie.

« Salvator, dit Antonio à son ami, quand ils furent, le lendemain, retirés dans l'atelier de la rue Bergognona; Salvator, je n'ai plus de patience ni d'égards à garder. Il faut que j'entre de vive force chez ce damné Capuzzi, que je le tue s'il me résiste, et que j'enlève Marianna!...

— Heureuse idée! s'écria Salvator en riant de toutes ses forces; il ne faut plus qu'un peu d'adresse pour n'être pas pris et pendu après cette belle équipée; ce serait donner au diable le gain de la partie. Mieux vaut la ruse que la force; d'ailleurs, Capuzzi, j'en suis sûr, se tient en garde contre toute agression, et la justice nous prépare un plat de sa façon. Usons de ruse, si vous m'en croyez; c'est l'avis de dame Caterina, dont je prise le bon sens. Nous avons, l'autre nuit, joué au seigneur Capuzzi un tour de francs écervelés; tout le monde en parle; et moi, votre aîné, et par état homme grave, je serais très-fâché qu'on sût les noms des acteurs. Je ne veux pas néanmoins vous abandonner à moitié chemin du succès. Nous enlèverons Marianna, j'y tiens, et le temps presse; Nicolo Musso et le comédien Formica me viendront en aide pour ce projet. — Nicolo Musso, Formica? dit Antonio d'un air peu confiant; et que puis-je attendre de ces saltimbanques? — Tout doux, mon maître, je vous prie, continua Salvator; Nicolo est la crème des bonnes gens; et quant à Formica, c'est, ne vous déplaise, une espèce de sorcier qui sait plus d'un secret merveilleux. Reposez-vous sur moi. Maria Agli et le cher docteur Graziano de Bologne m'ont promis leur complicité. C'est au théâtre de Musso que je veux vous faire enlever votre Marianna. — Salvator, reprit Antonio d'un air triste, vous me donnez là un espoir trompeur; car, si, selon toute apparence, Capuzzi se tient en garde contre une nouvelle aventure, comment supposer qu'il retourne au théâtre de Musso?

— C'est plus facile que vous ne pensez, répliqua Salvator. Le plus important sera de l'y attirer sans ses compagnons et sans escorte. Tenez-vous toujours prêt à fuir de Rome avec Marianna. Vous irez à Florence, où votre réputation vous précède; et je me charge de vous y assurer un travail honorable et des protections puissantes. Encore un coup, cher Antonio, Formica le saltimbanque tient dans ses mains votre bonheur!... »

III

Pasquale Capuzzi n'avait pas longtemps cherché les auteurs du mauvais tour qui l'avait si bien bouleversé près de la porte del Popolo. Il avait voué une haine mortelle à Antonio et à Salvator, qu'il regardait comme le chef du complot. La pauvre Marianna était malade, non, comme il le croyait, du saisissement que lui avait causé la peur, mais de la douleur que lui causait le mauvais succès d'Antonio. Elle osait à peine espérer que son ami osât tenter de nouveau sa délivrance. Dans sa douleur, elle accablait Capuzzi de caprices et de tracasseries. Le pauvre vieux souffrait sans se plaindre, et se morfondait d'amour quand, après des scènes de reproches et de boutades qui auraient mis en feu cent ménages, Marianna daignait lui permettre de poser ses lèvres ridées et sèches sur sa délicieuse petite main pâlie par la fièvre. Capuzzi tombait en extase, il se roulait aux pieds de la belle jeune fille, protestant qu'il dévorerait de baisers la mule du pape jusqu'à ce qu'il eût obtenu la dispense nécessaire à son union avec une si adorable personne. Marianna l'entretenait doucement dans cette pensée; elle comprenait qu'en le berçant d'une croyance si chère, elle s'assurait les uniques chances de salut qui pussent lui rester.

Quelques jours après l'aventure nocturne que nous avons racontée, Michele vint frapper à la porte de la chambre où Capuzzi dînait en compagnie de Marianna, et dit qu'un étranger insistait pour parler au maître du logis. « Par tous les saints, s'écria le barbon, ne sait-on pas que je n'ouvre ma porte à qui que ce soit ? — Mais, monsieur, ajouta Michele, cet étranger paraît être un homme comme il faut ; il est âgé, de bonne mine, et se nomme Nicolo Musso.

— Quoi ! fit Capuzzi, ce serait le directeur du spectacle de la porte del Popolo ? Que peut-il me vouloir ?... »

La curiosité fut si forte, que l'argus, après avoir poussé les verrous, descendit sous le péristyle de sa maison.

« Mon vénérable seigneur, dit Nicolo en s'inclinant humblement, je ne sais comment reconnaître l'honneur que vous me faites en m'accordant cette entrevue ; j'ai mille grâces à vous rendre, et j'ai hâte de vous exprimer toute la sincérité de mon admiration. Depuis que vous avez paru à mon théâtre, vous dont Rome entière connaît la science et le goût exquis comme virtuose, la réputation de mes pièces et le chiffre de mes bénéfices ont doublé. Je me désole de savoir que d'effrontés bandits vous ont assailli au retour de votre précieuse visite ; mais je vous supplie, seigneur, de ne pas me faire porter la peine de ce déplorable accident, en privant mon théâtre de la présence de l'homme le plus distingué que Rome s'honore de posséder. »

A ces mots, le vieux Capuzzi ne se sentait pas de joie : « Votre théâtre, s'écria-t-il ; oui, certes, je l'aime, et je rends justice au talent de vos comédiens. Mais savez-vous, maître Nicolo, que j'ai couru risque de la vie, avec mon illustre ami, le docteur Splendiano ? Oui, certes, votre théâtre m'amuse infiniment ; mais maudit soit mille fois le chemin qui y mène ! Que ne changez-vous de place ? Si vous alliez vous établir sur la place del Popolo, dans la rue Babuina ou dans la rue Ripetta, je deviendrais de grand cœur votre habitué ; mais tous les diables de l'enfer ne parviendraient pas à me ramener, de nuit, dans les parages de la porte del Popolo !

— Hélas ! vous me ruinerez donc, seigneur Capuzzi ? répliqua Nicolo du ton d'un homme découragé ; tout mon espoir reposait sur vous, et je venais solliciter... — Solliciter ? eh ! que puis-je pour vous ? — Vous pouvez me rendre l'homme le plus heureux de toute l'Italie. Vous savez combien plaisent au public les petites pièces entremêlées d'ariettes; eh bien, j'avais songé à faire les frais d'un orchestre, et à créer ainsi, malgré les rigoureuses limites de mon privilége, une espèce d'Opéra. Or vous êtes, en vérité, seigneur Capuzzi, le premier compositeur de toute l'Italie; il faut que le beau monde de Rome ait perdu l'esprit, ou que vos envieux soient bien puissants, pour qu'on représente sur nos théâtres d'autres œuvres que les vôtres. Et moi, seigneur, j'osais prendre la liberté de vous supplier de m'accorder le droit de les représenter, avec tout le soin possible, sur mon humble théâtre. »

Maître Pasquale, tout bouffi d'orgueil en écoutant le beau discours de Nicolo, lui adressa mille excuses de l'avoir si longtemps entretenu dans la rue, et le pria d'entrer dans sa maison, pour y continuer plus à l'aise une conversation aussi agréable. Lorsqu'ils se furent enfermés avec soin dans un cabinet reculé, le vieux tira d'une armoire vermoulue un énorme paquet de musique étrangement griffonnée, et, décrochant une guitare criarde, se mit à étourdir le pauvre Nicolo de ses beuglements épouvantables. Le malheureux directeur de théâtre se dévoua bravement; il trépignait, frappait du pied, battait des mains, et se démenait comme un exorcisé, en criant à tue-tête : « Bravo, bravissimo! benedettissimo Capuzzi! » Il poussa si loin les démonstrations de son magnifique enthousiasme, que, se roulant par terre comme un ver, il se prit à pincer et à mordre les jambes de l'infortuné Capuzzi, qui bondissait de douleur en hurlant : « Par tous les saints du ciel, laissez-moi, maître Nicolo, vous me faites un mal horrible! — Non, seigneur Pasquale, criait Nicolo, je ne vous lâcherai point que vous ne m'ayez accordé cet air divin qui m'enchante; je veux le faire apprendre à Formica, mon meilleur artiste, pour la représentation de demain! — J'ai donc trouvé un homme capable de m'apprécier! disait Pasquale en s'efforçant de sauver ses jambes du supplice que Nicolo leur infligeait. Mais, pour l'amour de Dieu, lâchez-moi, maître Nicolo, et emportez avec vous tous mes chefs-d'œuvre!...

— Non! criait toujours l'enragé directeur, je ne vous laisse pas aller que vous ne m'ayez promis et juré d'honorer demain mon spectacle de votre présence! Ne craignez rien pour votre sûreté; je suis sûr que tout l'auditoire, après avoir entendu votre admirable musique, vous ramènera en triomphe jusqu'à votre maison; moi-même, avec mes fidèles camarades, je veux vous escorter aux flambeaux, et gare aux malins diables qui oseraient nous forcer à dérouiller nos rapières! — Vous feriez cela! grommelait Capuzzi, prêt à crever dans sa peau; et j'entendrais Formica, qui a une si belle voix, chanter mes meilleurs morceaux? Eh bien, maître Nicolo, je vous promets d'aller demain à votre théâtre! »

Nicolo se releva lestement, comme un athlète victorieux, et serra la carcasse de Capuzzi dans ses bras nerveux avec une telle vigueur, qu'il faillit l'étouffer. Au même instant parut Marianna. Le barbon jaloux lui lança un coup d'œil rapide pour la chasser, mais la jeune fille avait reconnu le directeur du théâtre de la porte del Popolo. « C'est en vain, monsieur, lui dit-elle d'un accent bref et qui feignait la colère, c'est en vain que vous prétendez attirer mon excellent oncle à votre baraque; je ne souffrirai pas qu'il s'expose de nouveau à une attaque nocturne; la première a presque coûté la vie à notre savant ami Splendiano, et a manqué rendre ce cher oncle victime de son dévouement pour sauver mon honneur et mes jours! N'espérez pas mon consentement, maître Nicolo; et vous, cher oncle, ne me donnez pas le chagrin de vous savoir menacé encore de quelque embûche diabolique. »

Capuzzi fixa sur sa nièce ses grands yeux roux, d'un air tout effaré; mais il eut beau lui détailler toutes les précautions que l'obligeant Nicolo lui offrait de prendre pour sa sûreté, Marianna se montrait inflexible. « Je ne veux pas, disait-elle, me voir contrariée; je suis encore toute malade de frayeur; et à aucun prix je ne vous laisserai sortir pour aller entendre les plus belles roulades de Formica. Il se peut très-bien que maître Nicolo soit d'accord avec ce bandit de Salvator et avec ce mauvais sujet d'Antonio Scacciati; et je soupçonne fort... »

— Grand Dieu! quelle idée! reprit Nicolo avec une vivacité qui n'admettait nulle réplique; pourriez-vous supposer, signora, que je sois capable d'un si lâche complot? Mais, si ma parole ne peut suffire pour vous tranquilliser, que ne vous faites-vous accompagner de Michele et d'une bonne poignée de shires, qui veilleront aux abords du théâtre? — Cette proposition me réconcilie avec vous, dit Marianna; excusez-moi d'avoir douté de vos loyales intentions; mais il est bien permis à une nièce affectionnée de trembler pour la sûreté d'un parent aussi cher; et, malgré la possibilité de se procurer une escorte, je le supplie encore de rester prudemment chez lui... »

Pasquale avait écouté ce colloque avec hésitation. Quand Marianna eut fini de parler, il se jeta à son cou avec une effusion vraiment pittoresque, et s'écria, les larmes aux yeux : « Divine, adorable créature! ce soin que tu prends de tout ce qui me touche est pour mon cœur le plus doux aveu des sentiments secrets que la pudeur cache dans ton sein! Bannis toute crainte, chère ange, et ne te refuse pas à la joie d'ouïr les applaudissements qui couvriront les chefs-d'œuvre de ton oncle bien-aimé; son nom glorieux volera demain, de bouche en bouche, jusqu'à la postérité la plus reculée! »

Grâce aux instances de Nicolo, Marianna finit par céder, en promettant d'aller elle-même à la brillante représentation de Formica. L'âme de Pasquale Capuzzi nageait dans les splendeurs des cieux; mais il lui fallait, pour compléter son bonheur, d'autres témoins que Marianna; il voulait amener de gré ou de force le docteur Pyramide et Pitichinaccio. La chose n'était pas des plus aisées.

Splendiano avait eu d'étranges rêves, pendant son sommeil léthargique au pied de la pyramide de Cestius. Tous les cadavres de ses clients s'étaient levés de leur fosse pour le tourmenter, et, depuis cette nuit funeste, il avait gardé une tristesse superstitieuse que rien ne pouvait dissiper. Quant à Pitichinaccio, ce malheureux avorton restait bien convaincu que des diables très-réels avaient assailli son patron, et, au seul souvenir de cet événement, il poussait des cris aigus. Capuzzi s'était vainement efforcé de lui prouver que les diables n'étaient autres que de maudits chrétiens, tels que Salvator, Antonio et leurs amis : Pitichinaccio s'irritait jusqu'aux larmes en se voyant ainsi contrarié; il jurait ses grands dieux que le diable Fanfarell l'avait frappé de ses cornes; il l'avait fort bien reconnu : et, pour preuve de son dire, il montrait son ventre marqué de taches livides.

Splendiano, qui se piquait de raisonner et d'être un esprit fort, se décida le premier à retourner au théâtre; il se munit pieusement d'une relique que lui avait donnée un moine bernardin. Pitichinaccio se laissa séduire, bien moins par l'exemple du docteur que par la promesse d'une boîte de raisins confits dans le sucre; mais il fallut encore que Capuzzi lui permît de s'affranchir pour ce soir-là de son cotillon de camériste, et de revêtir son habit neuf d'*abbate*, taillé dans le plus râpé des hauts-de-chausses de son honoré maître.

La réussite du projet de Salvator dépendait tout entière de la possibilité qu'il trouverait d'isoler au théâtre Capuzzi et Marianna. Les deux amis s'évertuaient à chercher un moyen d'éviter la rencontre de Splendiano et de Pitichinaccio. Le ciel, qui tant de fois reste sourd à nos vœux les plus chers, sembla cette fois se mettre de complicité avec Salvator et Antonio, et l'homme dont se servit la Providence fut précisément celui dont on avait tout à craindre, Michele, le bravo.

La nuit suivante, un bruit épouvantable éveilla en sursaut les habitants de la rue Ripetta. Une escouade de sbires, qui battaient le pavé à la poursuite d'un malfaiteur évadé, arrivèrent avec des flambeaux sur le théâtre du désordre. On y reconnut l'infortuné Pitichinaccio, gisant à terre parmi des violons brisés et ne donnant plus signe de vie, tandis que Michele faisait pleuvoir une grêle de coups de bâton sur les épaules du docteur Pyramide. Au milieu de cette bagarre, Pasquale Capuzzi avait dégainé sa longue rapière; il allait, d'un coup furieux, percer de part en part le redoutable Michele, si quelques-uns des sbires ne s'étaient jetés à temps entre eux. L'éclat des torches éclairant alors la scène, le vieux Capuzzi resta cloué sur place, dans un stupide étonnement, l'œil égaré, le front livide et la moustache hérissée. Splendiano et l'avorton Pitichinaccio étaient si maltraités, qu'il fallut les relever tout meurtris et les transporter chez eux à demi morts.

Voici ce qui avait donné lieu à cette aventure. J'ai raconté ailleurs que Salvator et Antonio s'étaient avisés de donner à Marianna une brillante sérénade sous le balcon de la rue Ripetta. Leur succès et le bon accueil du voisinage leur ayant inspiré l'idée de renouveler chaque nuit ce concert galant, maître Capuzzi, désespéré de leur audace, qui ne lui permettait plus un seul instant de tranquillité, courut se plaindre aux magistrats de la ville et les supplia d'interdire aux deux artistes de troubler davantage son repos. Les magistrats, après avoir mûrement pesé l'affaire, décidèrent qu'il n'était pas possible d'empêcher les habitants de se livrer à l'exercice d'un art aussi agréable que la musique; d'ailleurs, une pareille défense, inouïe jusqu'alors, indisposerait au plus haut degré la population. Capuzzi, furieux du peu d'appui que lui accordait l'autorité, n'imagina rien de plus expéditif que de se charger lui-même de sa vengeance. Il prit à part l'ex-bravo Michele, homme à tout oser, comme je l'ai dit, et lui proposa de servir son ressentiment, moyennant une somme assez ronde.

Le spadassin, ravi d'une telle aubaine, se munit d'une branche de chêne assez solide pour expédier, au besoin, plusieurs individus. Notre homme, alléché par l'appât des sequins, se mit à faire le guet. Mais son attente se trouva déçue; car, dès sa première faction, nul ne parut à portée de ses coups. Salvator et Antonio, tout occupés de leur prochaine expédition au théâtre de la porte del Popolo, avaient supprimé les sérénades sous le balcon de Capuzzi. Marianna, qui ne se doutait de rien, se plaignit de cette privation; elle avoua gracieusement à son oncle que, si elle n'éprouvait pour Salvator et pour Antonio qu'une véritable antipathie, elle ne se croyait pas pour cela condamnée à renoncer à son goût pour la musique, et qu'elle regrettait fort les symphonies que les deux artistes exécutaient si bien. L'infortuné Capuzzi crut cette fois sa conquête assurée s'il parvenait à rendre à sa pille les concerts nocturnes qu'elle daignait aimer, et courut chercher ses deux acolytes, afin d'organiser, avec leur secours, une sérénade de sa composition pour la nuit suivante.

Cette nuit, qui devait si bien avancer ses affaires, précédait le jour où il devait offrir à Marianna une nouvelle preuve de dévouement à ses moindres désirs en la conduisant au spectacle de Nicolo Musso. Tout semblait aller au mieux ; hélas ! trop étourdi par son bonheur, Capuzzi déjà ne se souvenait plus de l'effroyable consigne donnée à maître Michele. Sorti de chez lui à la dérobée, il prend place, avec Splendiano et avec le nain, sous l'auvent de la maison qui fait face à la sienne ; un premier et fatal prélude trouble le silence de la nuit ; le bravo, qui rôde à quelques pas de là en maugréant contre la fortune qui semble lui refuser ses victimes, tombe alors comme la foudre sur nos virtuoses, qui ne pensaient guère à lui ; nous avons vu la fin de la scène.

Cette méprise délivrait les artistes de deux grands obstacles. Le docteur Accoramboni rêvait dans son lit à la pyramide de Cestius, et Pitichinaccio se croyait à l'agonie. Capuzzi voulut seul faire contre fortune bon cœur ; il répugnait excessivement à sa vanité de laisser croire qu'il eût reçu sa bonne part des horions si libéralement distribués par Michele ; d'ailleurs, on devait représenter son plus bel opéra sur le théâtre de Nicolo, — il n'en fallait pas davantage pour le rappeler de l'autre monde.

Pendant qu'il se préparait à cette ovation, Salvator et Antonio prenaient leurs mesures pour mener à heureuse fin l'enlèvement de Marianna. « Vous réussirez, j'en suis sûr et j'en réponds sur ma tête, disait Salvator à son ami ; recevez donc mes vœux les plus sincères pour votre félicité, malgré le vague instinct de frayeur qui me saisit à la pensée de ce mariage...

— Eh quoi ! s'écria Antonio, que dites-vous, cher maître ?

— Je ne devrais point vous troubler par la confidence de mes idées personnelles à propos de cette union ; et d'ailleurs n'êtes-vous pas libre de traiter ces idées de chimères ou de folles rêveries ? J'aime les femmes, cher Antonio ; mais en vérité, je vous le dis, la plus séduisante, celle pour qui j'éprouverais la passion la plus exaltée, ne saurait éloigner de mon esprit craintif ces doutes, ces appréhensions dont s'enveloppe à mes yeux le contrat conjugal. Il y a, voyez-vous, dans la nature de toute femme, je ne sais quelle rouerie mystérieuse dont toute la science de l'homme le plus habile ne pénétrerait pas les secrets. Celle aux charmes de laquelle nous nous sommes laissé prendre, celle qui semble s'être donnée à nous avec la passion la plus vraie, la plus dévouée, est trop souvent la première à trahir la foi jurée et à déchirer, sans scrupule, le pacte d'une union qui devrait durer éternellement. Ma triste expérience me fait redouter pour vous, ami, quelque malheur qu'il serait peut-être encore temps d'éviter.

— Je ne veux pas vous écouter davantage, reprit Antonio. Qui donc oserait soupçonner ma belle, ma pure Marianna?...

— Personne, assurément, poursuivit Salvator; votre Marianna est un ange de beauté et de vertu; mais c'est précisément le charme ineffable répandu dans toute sa personne qui me fait trembler pour l'avenir de votre amour. Encore une fois, cher ami, défiez-vous de la nature capricieuse des femmes; et, puisque vous me forcez à m'expliquer, n'avez-vous pas jusqu'ici réfléchi à la conduite de Marianna elle-même? Avez-vous oublié la finesse de cette jolie enfant, dont vous admirez la naïveté? Souvenez-vous de cette nuit où nous rapportâmes chez lui le vieux Capuzzi : la tendre pupille ne joua-t-elle pas son rôle auprès de lui en comédienne consommée? Et, plus tard, ignorez-vous l'art qu'elle déploya dans toute sa conduite, lors de la visite de Nicolo Musso? Dites et soutenez tout ce qu'il vous plaira, et vous n'en resterez pas moins convaincu que l'adresse de cette petite Marianna, pour cajoler son oncle et pour détourner ses soupçons, dépasse toute finesse imaginable dans un âge si tendre. Elle a réellement aplani tous les obstacles qui pouvaient retarder le succès de nos projets. Je ne prétends pas dire qu'auprès de ce vieux barbon de Capuzzi toutes les ruses n'étaient pas fort légitimes. A la guerre comme à la guerre, dit le proverbe; mais il n'en reste pas moins possible que... Tenez, Antonio, brisons là, je vous en prie; je ne sais peut-être pas bien ce que je dis; ne m'en veuillez donc pas, car je ne voudrais que votre bonheur avec la jeune fille que vous aimez... Ne songeons plus qu'au succès de notre plan. »

Le soir où Pasquale Capuzzi s'achemina, pour la seconde fois, avec Marianna vers le théâtre de Formica, les feux du soleil couchant semblaient éclairer la marche d'un condamné à mort. Devant eux marchait gravement, d'un air ultra-rébarbatif, le terrible Michele, armé de toutes pièces comme un paladin du vieux temps. Derrière eux s'échelonnaient quinze à vingt sbires qui avaient reçu une sévère consigne.

Maître Nicolo Musso attendait son illustre maestro à la porte de son théâtre. L'enceinte était garnie de spectateurs; il s'empressa de conduire Capuzzi et sa charmante nièce aux places d'honneur réservées. Le signor Pasquale se montra fort touché des égards particuliers dont il était l'objet; ses yeux roux se braquaient de côté et d'autre avec une fierté radieuse; et sa joie ne connut plus de bornes, quand, après une inspection minutieuse de toutes les parties de la salle, il reconnut que toutes les banquettes voisines de la place de Marianna n'étaient occupées que par des femmes.

Un orchestre, composé de cinq ou six violons et d'une basse, était caché derrière les lambeaux de tapisserie qui figuraient le décor de la scène. Maître Capuzzi frémissait d'espoir en entendant les virtuoses forains tourmenter leurs instruments pour se mettre d'accord; quand, après une heure d'attente, un formidable coup d'archet annonça que le spectacle allait commencer, toute sa vieille personne s'agita d'un tremblement galvanique.

Signor Formica parut d'abord costumé en Pasquarello. Dès qu'il ouvrit la bouche, Capuzzi se frotta les yeux pour s'assurer qu'il ne rêvait point. L'histrion copiait avec une désolante exactitude les traits et la tournure de l'habitant de la rue Ripetta, si connu de toute la ville; un rire homérique, inextinguible, éclata dans toute la salle. On se roulait sur les banquettes avec des cris de délire; c'étaient des bravos à rompre la tête. Malheureusement l'objet de cette fougueuse hilarité, loin de s'esquiver prudemment, prit cette parade pour une attention délicate de son ami Nicolo. Il se

4

trouva charmant, adorable ; il écouta chanter Formica avec des transports de plaisir difficiles à décrire.

Le silence et le calme se rétablirent quand le Pasquarello eut achevé son grand air ; et l'on vit sortir de derrière les décors le docteur Graziano, dont, pour cette fois, Nicolo lui-même avait pris le rôle. Ce personnage accourait en se bouchant les oreilles et faisait une grimace désespérée. « Coquin ! criait-il au valet de Capuzzi, finiras-tu de beugler ? — Tout beau, mon maître, reprit le Pasquarello, je vois que vous ne valez pas mieux que le reste des habitants de mon quartier, têtes dures qui n'entendent rien en mélodie, et qui flétrissent de leur ignare critique les talents les plus distingués de l'Italie ! L'air que je viens de chanter est du plus célèbre compositeur de notre époque, que j'ai l'honneur de servir, en qualité de valet, et qui me paye généreusement par des leçons de solfège et de chant ! »

A ces mots, Graziano se mit à énumérer tous les artistes connus ; mais, à chaque nom célèbre, le Pasquarello secouait la tête d'un air dédaigneux : « Sot animal ! disait-il en se rengorgeant ; faut-il subir le jugement de pareils appréciateurs ? Eh quoi ! vous ne savez même pas ce que tout le monde proclame : le plus admirable musicien de notre temps n'est autre que le seigneur Pasquale Capuzzi di Senigaglia, qui a daigné me faire l'honneur de m'accepter pour son très-humble valet. »

Graziano se prit à rire aux éclats de l'outrecuidance de son interlocuteur : « Ingrat ! fainéant ! s'écria-t-il, ne rougis-tu pas d'avoir quitté mon service, qui te valait du pain, des gages honnêtes et des tours de bâton, pour aller battre l'estrade chez l'avare le plus fieffé de tout le pays romain, chez une espèce de sac à macaroni, chez un âne renforcé qui voudrait se donner des airs de virtuose et ne sait que braire jour et nuit, à la grande désolation de toute la rue Ripetta !... — Misérable envieux ! » reprit le Pasquarello. Et, tournant le dos à son insolent adversaire, il se lança à corps perdu dans un interminable panégyrique de Capuzzi ; il n'eut garde d'oublier la description de ses avantages physiques, description assaisonnée de traits si burlesques, que l'hilarité des spectateurs fut au comble. Capuzzi seul ne comprenait rien à cette parodie. Il se pâmait d'aise, et se sentait vengé de ce qu'il appelait, *in petto*, l'injustice de ses contemporains.

En ce moment le rideau du fond livra passage à une caricature de Capuzzi en personne, copié, masqué et costumé, avec la plus minutieuse fidélité. C'était son port, son regard, sa démarche; le véritable Capuzzi, glacé d'épouvante par cette apparition inattendue, laissa échapper la main de Marianna, dont jusqu'alors il ne s'était pas dessaisi, et se palpa depuis la perruque jusqu'à la cheville, pour voir s'il faisait encore partie du monde des vivants, et si le personnage qui s'avançait sur les planches était un spectre ou son Sosie.

Le faux Capuzzi débuta par embrasser tendrement Graziano sur les deux joues, puis il lui demanda comment il se portait. Le docteur sourit, et, prenant une pose de vainqueur, répondit que sa santé était parfaite, mais que sa bourse était à l'extrémité; il avait, la veille, acheté, pour la reine de ses pensées, une magnifique paire de bas couleur de feu, dont le prix l'avait ruiné; s'il ne trouvait, ce jour même, quelque juif qui lui prêtât trente ducats, c'en était fait de sa réputation d'homme à bonnes fortunes, et sa belle lui échappait.

« Trente ducats, cher ami ! s'écria l'inconnu qui figurait si bien la mine étique de Capuzzi, trente ducats! Eh ! mais n'est-ce que cela? et faut-il ainsi vous troubler pour une pareille misère? Tenez, mon estimable ami, en voilà cinquante; je vous supplie de les accepter pour l'amour de moi !

—Pasquale! Pasquale! que fais-tu là? tu te ruines!... » murmurait à voix basse le véritable Capuzzi, en s'agitant sur sa banquette.

Maître Graziano, le docteur à la mode, tirait de sa poche un parchemin pour écrire son reçu; mais le Capuzzi se récria et ne voulut entendre parler ni de reçu ni d'intérêts pour un prêt qui ne valait pas, disait-il, la peine d'y penser.

« Pasquale, mon ami, tu perds la tête ! » reprit Capuzzi à demi-voix.

Cependant le docteur Graziano payait son emprunt avec force embrassades, dont il paraissait vouloir étouffer le faux Capuzzi. Alors le Pasquarello, s'approchant d'un air fort humble, et se confondant en salutations, allongea une main timide comme pour solliciter les termes arriérés de ses gages. Le faux Capuzzi, en veine de bonne humeur, lui jeta quelques ducats et force belles promesses pour l'avenir.

« Pasquale ! Pasquale ! tu te livres au démon de la prodigalité ! » cria si haut le véritable Capuzzi, que la salle se leva tout entière pour lui imposer silence, avec menace de le jeter dehors, s'il s'avisait de troubler de nouveau la représentation.

Le Pasquarello reprit gravement l'éloge des belles qualités de son patron, et jugea que le moment était bien choisi pour annoncer au public un nouvel air du grand maestro. Le faux Capuzzi, frappant alors sur l'épaule de son comparse, lui dit, d'un air narquois à faire pâmer de rire les momies d'Égypte, que chanter la musique du signor Pasquale Capuzzi di Senigaglia convenait parfaitement à un valet; car le prétendu virtuose Capuzzi trouvait infiniment commode de se parer des plumes du paon, et copiait tout au long, dans les œuvres de Frescobaldi et de Carissimi, les morceaux qu'il s'attribuait ensuite avec une effronterie sans pareille.

La sortie était rude : son effet fut irrésistible. « Tu as menti, par tous les saints ! » hurla le véritable Capuzzi en bondissant de fureur sur sa banquette; ses voisins eurent besoin de toute leur vigueur pour le contenir et pour l'empêcher de s'élancer sur le théâtre.

« Parlons d'autre chose, reprit sans se déconcerter le Capuzzi de la scène. Je veux demain offrir à mes nombreux amis et à mes admirateurs un festin royal; et je t'ordonne, ô Pasquarello ! de mettre en frais ton imagination, tes jambes et tes bras, pour que rien ne manque à cette solennité. »

Puis, tirant de sa poche une liste des mets les plus exquis, il les nommait l'un après l'autre; le fidèle valet proclamait le prix, le maître lui remettait l'argent sans discuter. Quand le menu du gala fut arrêté, Pasquarello pria son maître de lui apprendre pour quelle circonstance il ordonnait une fête aussi splendide.

« Demain, répondit son interlocuteur, demain est le plus fortuné jour de ma vie ! Demain, Pasquarello, je donne en mariage ma belle Marianna au peintre le plus célèbre de Rome, après le grand Salvator, au bon et digne Antonio Scacciati, qu'elle aime de tout son cœur. »

A ces mots, le vrai Capuzzi se démène comme un possédé et fait retentir la salle de clameurs si furieuses, que quatre ou cinq femmes s'évanouissent d'effroi. Il se dresse de toute sa hauteur en face du comédien qui le traite de la sorte.

« Vil imposteur! lui crie-t-il, tu mens comme un damné coquin! Antonio Scacciati est un gueux, qui n'aura jamais ma douce Marianna! Et tu peux lui dire, de ma part, que si jamais il se montre à ma porte, je l'écorche vif et je le donne à manger aux chiens!

— Qu'est-ce à dire, vieux fou! vieux pensionnaire du diable! interrompt du haut de ses planches le faux Capuzzi. Est-il permis à un honnête homme de troubler ainsi la joie des gens paisibles qui ont payé à la porte du théâtre pour entendre l'éloge du vénérable Pasquale Capuzzi di Senigaglia? N'y a-t-il pas céans quelque brave archer de police qui nous délivre de ta sotte personne, vieux faussaire, qui voudrais te faire passer pour l'homme le plus illustre de la rue Ripetta? Ose donc t'opposer à la félicité de ces deux chers enfants, que le ciel semble avoir fait naître l'un pour l'autre... »

En même temps on vit Marianna et Antonio s'avancer sur le théâtre, les mains enlacées, le sourire sur les lèvres, et les yeux animés de la joie qu'inspire un amour heureux.

A cet aspect, Capuzzi sentit la rage décupler ses forces; d'un saut plus vigoureux qu'on n'eût dû l'attendre d'un homme de son âge, il se trouva debout sur la scène, et, tirant sa rapière, il allait pourfendre le personnage d'Antonio Scacciati, quand une main nerveuse le saisit par derrière et lui évita un meurtre inutile. Un officier des gardes du pape l'arrêta, et, dressant procès-verbal de l'affaire, lui dit d'un ton rude : « Vous n'oublierez de votre vie le rôle malencontreux que vous avez joué ce soir au théâtre de Nicolo Musso. »

Les deux acteurs qu'il avait pris pour Antonio et Marianna, quittant alors leurs masques, lui montrèrent des visages totalement inconnus. L'épée tomba de ses mains, une sueur froide mouilla ses joues ridées, et il porta les mains à son front, comme pour arracher de son cerveau la dernière impression d'un affreux cauchemar. Un douloureux pressentiment fit frémir tout son être lorsque, sortant de cette espèce d'hallucination, il chercha sa nièce à ses côtés et ne l'y trouva plus. Son désespoir alors eût fait pitié aux cœurs les plus insensibles.

Pendant que cette comédie, tristement burlesque, terminait le spectacle, un autre drame touchait à son dénoûment dans un coin de la salle.

Le véritable Antonio, profitant du démêlé qu'il avait si bien su faire naître entre Capuzzi et les acteurs, s'était glissé fort adroitement derrière les spectateurs jusqu'auprès de Marianna, et lui avait raconté en peu de mots, pour la tranquilliser, la ruse dont il s'était avisé, de concert avec Salvator, pour triompher de l'obstination du tuteur jaloux. L'heure pressait, et les instances d'Antonio jetaient la pauvre fille dans une cruelle perplexité. La pensée de fuir avec son bien-aimé, sans être unie à lui par les liens sacrés du mariage, l'effrayait. Puis, malgré la rigueur de Capuzzi, elle respectait en lui l'homme à qui son père mourant l'avait confiée. Elle ne pouvait, croyait-elle, sans une odieuse ingratitude, abandonner ainsi ce pauvre vieillard, qui n'avait, après tout, d'autre faute à se reprocher envers elle qu'un ridicule amour, et une jalousie dont elle s'était d'ailleurs assez jouée. Antonio avait toutes les peines du monde à combattre son hésitation; chaque minute perdue pouvait à jamais les séparer. Marianna le comprenait comme lui. Elle pleurait en silence; un tremblement convulsif agitait ses membres; un nuage passa devant ses yeux : l'artiste la sentit chanceler, défaillir; profitant aussitôt du tumulte et de la confusion qui remplissaient la salle, il emporta la jeune fille dans ses bras en la couvrant de baisers... Une voiture, qui attendait à deux pas du théâtre de Nicolo, reçut les deux amants, et les emporta, avec la rapidité de l'éclair, sur la route de Florence.

Aucune parole ne saurait rendre l'exaspération du pauvre Capuzzi. Il voulait s'élancer à la poursuite de l'odieux ravisseur de sa nièce. Mais l'officier des gardes, qui s'était assuré de sa personne, le fit entourer de sbires, et lui dit froidement : « La justice informera sur le fait de rapt et de séduction dont vous vous plaignez. Quant à vous, je ne puis, de mon autorité privée, vous remettre en liberté ; vous devez tout à l'heure rendre compte aux magistrats de votre tentative de meurtre sur la personne du jeune comédien que sans moi vous alliez si vivement expédier. Marchons, s'il vous plait, et vivement. »

IV

Tout ici-bas n'est qu'incertitude et changements perpétuels ; mais rien ne varie autant que le cœur de l'homme. Tel se voit aujourd'hui l'objet des sympathies et de la vénération générales, qui, un instant après, peut tomber dans l'abime de l'adversité et du mépris, et nul de ses flatteurs ne daignera lui tendre la main pour le secourir.

Tant que le vieux Capuzzi ne s'était montré que ridicule, il n'y avait pas dans Rome entière une seule personne, de quelque âge et de quelque rang qu'elle fût, qui ne prît un malin plaisir à se moquer de son avarice, de ses ridicules et de sa vie excentrique. Mais, dès que le malheur l'eut frappé, dès que la nouvelle de l'enlèvement de Marianna se fut répandue de proche en proche, on ne songea plus qu'à plaindre sincèrement le pauvre vieillard. Quand on le voyait, morne et pensif, s'en aller, tout courbé par le chagrin, le long des rues les plus solitaires de la ville, chacun compatissait à une douleur aussi légitime, et maudissait cordialement l'auteur d'un rapt qui soulevait l'indignation de toutes les familles.

Jamais peut-être il ne fut plus vrai de dire qu'un malheur arrive rarement seul. Capuzzi eut à déplorer, quelques jours après ce fatal événement, la perte de ses deux plus intimes connaissances : l'avorton Pitichinaccio fut victime d'une indigestion, et le docteur Splendiano Accoramboni mourut d'une faute d'orthographe. Pendant qu'il était si grièvement malade des suites de la volée qu'il avait reçue de l'ex-bravo Michele, il avait voulu écrire lui-même, entre ses rideaux, une ordonnance pour lui; mais sa main tremblait fort, un trait de plume exagéré, allongeant outre mesure la queue d'un chiffre important, porta à un degré fatal une dose de sublimé qui entrait dans la composition du remède. A peine le docteur l'eut-il avalé, qu'il poussa un cri déchirant et se tordit dans d'atroces convulsions. On le porta sous la pyramide de Cestius, au milieu de la nombreuse clientèle qui, par ses soins, l'y avait depuis longtemps précédé.

Il est assez curieux de remarquer que le blâme le plus sévère qui s'attachait à l'enlèvement de Marianna ne tomba point directement sur Antonio Scacciati. Tout le monde savait quelle part active Salvator avait prise au succès de cette aventure. Cette accusation le rendait, aux yeux des familles, d'un commerce fort dangereux, et devait lui interdire l'accès des meilleures maisons de la ville. Ses ennemis, et son talent lui en créait une foule, ne laissèrent pas échapper cette occasion de le décrier hautement. Ils allèrent jusqu'à lui imputer les faits les plus odieux : on prétendit qu'il s'était sauvé de Naples pour se soustraire au juste châtiment des excès les plus révoltants; si l'autorité n'y prenait garde, il se ferait incessamment le complice des gens les plus mal famés.

Tous ces bruits accumulés, toutes ces inculpations d'autant plus perfides qu'elles ne vivaient que d'hypothèses, se propagèrent assez rapidement pour préjudicier gravement aux intérêts et à la renommée du grand artiste. Salvator, qui depuis le départ d'Antonio se renfermait dans son atelier, produisit plusieurs toiles d'un rare mérite, et qui devaient mettre le sceau de la gloire à son génie. Mais, grâce aux calomnies que ses envieux ne cessaient de colporter dans l'ombre, la mode vint de décrier ses œuvres, comme on flétrissait sa réputation; et, dans les expositions publiques de peinture, les prétendus rivaux de Salvator, les gens de l'académie de San-Luca, aussi bien que les simples amateurs, prirent l'habitude de ne plus examiner ses tableaux sans hausser les épaules et sans secouer la tête d'un air dédaigneux. A entendre ces messieurs, les ciels étaient trop bleus ou les arbres trop verts, les figures se posaient mal, les plans manquaient de perspective. Chacun enfin plaçait son mot, et nul ne ménageait sa critique.

Les vaniteux adeptes du collège de San-Luca n'étaient pas les moins acharnés à la perte de Salvator; ils ne pouvaient lui pardonner le triomphe qu'il avait fait décerner à la *Magdeleine* d'Antonio Scacciati. On ne s'attaqua pas seulement au peintre : Salvator écrivait des sonnets d'une admirable poésie; ils ne rougirent point de le traiter de plagiaire, et de s'attribuer lâchement l'original de ses œuvres. Et nul ne songeait à éclaircir tous ces griefs, tant était forte la prévention déplorable qui s'attachait au nom de Salvator, depuis les aventures de la rue Ripetta. Sa position devenait chaque jour plus précaire.

Confiné dans le modeste logis que lui gardait l'amitié dévouée de la veuve Caterina, sous le poids de cet anathème, l'artiste se sentit dépérir; en proie à un affreux découragement, il acheva deux toiles de grande dimension, dont Rome entière se préoccupa. L'un de ces tableaux retraçait l'emblème de la fragilité des choses humaines; la figure principale, type de l'inconstance et de la luxure, reproduisait manifestement les traits de la maîtresse d'un prince de l'Église. L'autre tableau avait pour sujet la Fortune semant ses dons au hasard; sa main laissait pleuvoir à profusion des barrettes de cardinal, des mitres d'évêque, des bourses gonflées d'or et des insignes d'honneurs publics; toutes ces distinctions tombaient sur des ânes renforcés, sur des moutons stupides; à côté de ces vils animaux, des hommes dont le front rayonnait de génie attendaient vainement la moindre part à ces faveurs. L'œuvre de Salvator exprimait une ironie amère, et chacune de ces figures d'animaux représentait, en charge, quelques traits frappants de la physionomie de ses ennemis. Je vous laisse à penser de quelle rage se sentirent animés, à cet aspect, les praticiens du collège académique de San-Luca. Non contents de dénigrer partout son talent, ils tendirent des pièges à sa vie. Salvator se fût réjoui de quitter Rome, sans l'affection qu'il portait à la bonne Caterina et à ses deux filles.

Forcé de céder à une dure nécessité, il partit pour Florence, où le grand-duc rendit justice à l'éclat de son génie. Ses tableaux y obtinrent une faveur rapide, et il se trouva bientôt à même de rétablir ses affaires sur leur ancien pied de splendeur. Sa maison devint le rendez-vous des personnages les plus célèbres de l'époque; on y voyait ensemble Evangelista Coricelli, Valerio Chimentelli, Battista Ricciardi, Andrea Cavalcanti, Pietro Salvati, Philippo Apolloni, Volumnio Bandelli et Francesco Rovai, tous poëtes et artistes dont la réputation se couronnait de l'amitié de Salvator.

A peu de distance du palais de son ami, maître Antonio Scacciati faisait fortune sous les auspices de l'amour. Tous deux aimaient à passer ensemble, avec la jolie Marianna, de longues heures à se souvenir des aventures du théâtre de Nicolo. Marianna seule ne partageait pas toujours leur joie; son cœur aimant se brisait à l'idée que le vieux Capuzzi, le frère de son père, délaissé par elle, poussé par le chagrin vers la tombe, la maudirait à ses derniers moments. Antonio ne pouvait voir les larmes de sa bien-aimée sans appeler de tous ses vœux quelque moyen de réconciliation avec son bizarre parent. Salvator les berçait depuis longtemps de l'espoir qu'une circonstance heureuse s'offrirait bientôt pour les réunir, lorsqu'un matin Scacciati se précipita dans l'atelier comme un fou, en criant : « Mon ami, mon ange sauveur, que ferai-je si vous m'abandonnez? Pasquale Capuzzi vient d'arriver à Florence avec un ordre d'arrestation contre moi, comme ravisseur de sa nièce!... — Il est trop tard, dit Salvator; l'Église n'a-t-elle pas béni votre mariage? — L'Église elle-même ne peut me sauver. Ce vieux diable s'est jeté aux genoux du pape; et il se flatte hautement d'obtenir la nullité de mon mariage, avec une bonne dispense pour assurer le sien. — Je reconnais la vengeance de Rome! Ce pauvre pontife est entouré de flatteurs qui font tout pour l'aveugler; j'ai fait figurer dans ma satire de la Fortune leurs ignobles faces, sous les traits d'animaux qui leur ressemblent; ne pouvant me déchirer moi-même, leur impuissance cherche à m'atteindre dans la personne de mes amis. Voilà le secret de la persécution qui vous inquiète. Mais calmez-vous, rassurez-vous, Salvator vous reste dévoué, et... signor Formica se chargera encore de vous tirer de ce mauvais pas ! Retournez près de Marianna, portez-lui de ma part des paroles d'amitié qui soutiennent son courage, et attendez en paix le résultat de mes efforts. »

Antonio, subjugué par l'ascendant de Salvator, obéit sans répliquer. Le même jour Pasquale Capuzzi recevait une invitation cérémonieuse au nom de l'*Academia de' Percossi*. « Vive Dieu ! s'écria-t-il dans une extase d'orgueil, Florence est une ville savante où chaque talent trouve sa place, et des juges dignes de l'apprécier; Florence a donc rendu justice aux œuvres du maestro Capuzzi di Senigaglia ! » L'amour-propre du barbon se trouvait si flatté d'une distinction qu'il prenait au sérieux, que, sans se soucier davantage de sa rancune contre Salvator, président de l'*Academia de' Percossi*, il se mit en devoir de courir, en grande tenue, au-devant des honneurs qui l'attendaient. Le pourpoint d'Espagne fut brossé jusqu'à la corde, la plume jaune du chapeau fut rafraîchie, les souliers s'embellirent de rosettes neuves, et l'homme de la rue Ripetta, suivi de sa rapière, ne fit qu'un saut de son hôtellerie au palais de Salvator Rosa, devant qui sa reconnaissance dépensa mille courbettes des plus révérencieuses. L'accueil qu'il reçut fut si bien combiné, qu'il se crut à l'apogée de la gloire. Après la séance académique, pendant laquelle chacun se récriait à l'envi sur l'exquise finesse de ses jugements, sur l'esprit qui brillait, disait-on, dans ses moindres paroles, il fut convié à un banquet splendide, où quelques verres de vin généreux lui firent noyer dans une douce ivresse et ses chagrins domestiques et l'affaire importante qui l'avait amené à Florence. Profitant de cet état de béatitude, Salvator s'empressa de disposer, avec ses amis, une petite pièce improvisée dont il se proposait de régaler son hôte. A un signal donné, les draperies qui fermaient au fond la salle du festin s'écartèrent lentement, et l'on vit apparaître, comme par magie, un bocage naturel tout embaumé de fleurs.

« Bonté divine ! s'écria Capuzzi. Que vois-je? le théâtre de Nicolo Musso !... » Sans lui répondre, deux des convives,

Évangelista Coricelli et Andrea Cavalcanti, le prirent sous les bras et l'entraînèrent doucement jusqu'à un fauteuil disposé pour lui en face de la scène. Presque aussitôt parut signor Formica, sous l'habit de Pasquarello. « Damné Formica! » s'écria Capuzzi en s'élançant de sa place, le poing fermé. Mais ses deux voisins, qui ne l'avaient pas quitté, le forcèrent à se rasseoir. Le Pasquarello pleurait à chaudes larmes et parlait de se couper la gorge ou de se noyer dans le Tibre; mais, par malheur, la vue du sang lui causait des crispations nerveuses, et, d'un autre côté, il se croyait incapable de se jeter à l'eau sans se mettre aussitôt à nager.

Alors entra en scène le docteur Graziano, qui lui demanda le sujet de son chagrin. « Hélas! dit Pasquarello, ignorez-vous donc qu'un vil scélérat a enlevé la nièce de l'honnête seigneur Pasquale Capuzzi di Senigaglia? — Mais, reprit Graziano, la justice n'a-t-elle pas déjà mis la main sur le coupable?... — Oui, certes, répliqua Pasquarello; tout fin qu'il puisse être, Antonio Scacciati ne saurait échapper au châtiment que lui prépare le digne seigneur Capuzzi. Antonio est arrêté, son mariage secret avec la jolie Marianna est déclaré nul par le saint-père, et la colombe fugitive se retrouve dans la cage de Capuzzi. — Serait-il vrai? s'écria Pasquale en cherchant à se défaire de l'étreinte de ses voisins; ce gueux d'Antonio serait sous clef? O Formica! je te bénis...

— Veuillez donc ne pas vous émouvoir ainsi, dit gravement un des gardiens du pauvre fou; vos cris empêchent les autres spectateurs de jouir du spectacle. »

Le docteur Graziano poursuivit ses questions. « Le pape, répondit Pasquarello, a donné la dispense nécessaire au mariage de Capuzzi avec Marianna. Tout est fini! Mais la pauvre enfant n'a fait que dépérir depuis ce fatal mariage, et Capuzzi la tue tout doucement par sa jalousie. » En l'écoutant parler, Pasquale Capuzzi se démenait comme un énergumène; mais ses deux voisins tenaient bon et ne le laissaient pas échapper. Tout à coup Pasquarello s'écria d'une voix lamentable que Marianna était morte de langueur. En même temps des voix funèbres entonnèrent dans le lointain un formidable *De profundis*, puis des pénitents noirs firent le tour du théâtre portant une bière ouverte, où gisaient sous un blanc linceul les restes de l'infortunée Marianna. Un acteur, déguisé sous le costume et le masque de Capuzzi, suivait, en pleurant, ce triste convoi. Le véritable Capuzzi ne put résister à ce spectacle, et ses lamentations se mêlèrent aux gémissements des comédiens. Tout à coup le théâtre se voila de ténèbres, le tonnerre gronda, la terre s'entr'ouvrit, et l'on vit s'élever un spectre au visage pâle, le père de Marianna. « Misérable frère! murmura lentement le citoyen de l'autre monde; qu'as-tu fait de mon enfant? Dieu te maudit, meurtrier de Marianna! L'enfer t'attend!... » Sous le coup de cette menace terrible, le faux Capuzzi tomba le nez contre terre et le véritable Capuzzi s'évanouit très-réellement. Quand il revint à lui, son désespoir faisait pitié; il se tordait les bras et déchirait ses vêtements. « Ah! ma pauvre enfant! s'écriait-il, ma bien-aimée Marianna! je t'ai tuée! Je suis un malheureux! un infâme!... »

Le bonhomme allait perdre la raison. Sur un signe de Salvator, Antonio et Marianna, qui s'étaient avancés derrière le fauteuil, se jetèrent aux genoux de Capuzzi. Marianna, couvrant ses mains de baisers et de pleurs, implorait son pardon et celui d'Antonio, qui lui appartenait devant Dieu. A cette vue, la pâleur du front de Capuzzi fit place à une teinte écarlate, ses yeux flamboyèrent comme l'éclair, et sa bouche fut prête à maudire. Mais Marianna, d'un regard céleste, arrêta la foudre : « Mon oncle, dit-elle, les mains jointes, grâce pour lui, grâce pour moi, ne nous séparez plus, si vous ne voulez pas que je meure!... » Et, sans lui donner le temps de répondre, tous les assistants s'écrièrent : « Comment l'illustre seigneur Pasquale Capuzzi di Senigaglia, le grand maestro dont l'Italie entière s'enorgueillit, pourrait-il résister aux larmes, aux prières de la plus belle des femmes qui l'implore comme un père? Comment refuserait-il d'accorder sa nièce au peintre Antonio Scacciati, dont la gloire égale déjà le génie?... » Un combat violent se livrait dans l'âme de Capuzzi. Enfin l'attendrissement triompha de la colère. Il ouvrit ses bras à Antonio et à sa nièce, qui embrassaient ses genoux. Quand ils se relevèrent, il n'y avait plus devant eux ni Pasquarello, ni Formica; l'acteur qui avait rempli ce rôle aux applaudissements unanimes venait de jeter à ses pieds son masque et son déguisement, désormais inutiles...

« Quoi, Salvator! c'était vous!... s'écrièrent à la fois Capuzzi, Antonio et Marianna. — Oui, mes amis, dit le grand artiste, oui, c'est moi qui ai joué ce rôle pour votre bonheur! Depuis un an les Romains, qui dépréciaient mes tableaux et mes poésies, me couvrent chaque soir d'applaudissements frénétiques au théâtre de la porte del Popolo; sous le masque du pauvre Formica se cachait l'artiste dédaigné dont la vengeance flagellait leurs ridicules. Mais je pardonne aux Romains, à cause de vous!

— Maître Salvator, dit Capuzzi, tous les Romains ne furent pas injustes à votre égard; car moi, j'ai toujours admiré votre génie, en détestant jusqu'ici votre personne. Obtenez donc pour moi de votre ami Antonio qu'il me permette d'achever mes jours sous le même toit que ma chère Marianna. Je ne crois pas qu'il puisse jamais être jaloux de moi, quand même il me verrait parfois aventurer quelque furtif baiser sur la jolie petite main de ma nièce. Un oncle est presque un père, surtout à mon âge; et nous serons, à jamais, les meilleurs amis du monde, si Antonio promet en outre de friser lui-même, chaque dimanche, ma moustache grise; c'est une petite déférence à laquelle je tiens, et qui, j'espère, ne l'humiliera pas. »

Mille baisers de la jolie Marianna scellèrent aussitôt ce pacte d'heureux oubli du passé.

Salvator Rosa, dans une attitude mélancolique, semblait rêver en contemplant son ouvrage. Dieu seul sait quelle mystérieuse pensée amena un moment ce nuage sur les traits du grand artiste.

Capuzzi rayonna lorsque Antonio prit l'engagement d'ajuster au dernier goût sa moustache vénérable; mais il ne voulut jamais remettre le pied dans sa maison de la rue Ripetta.

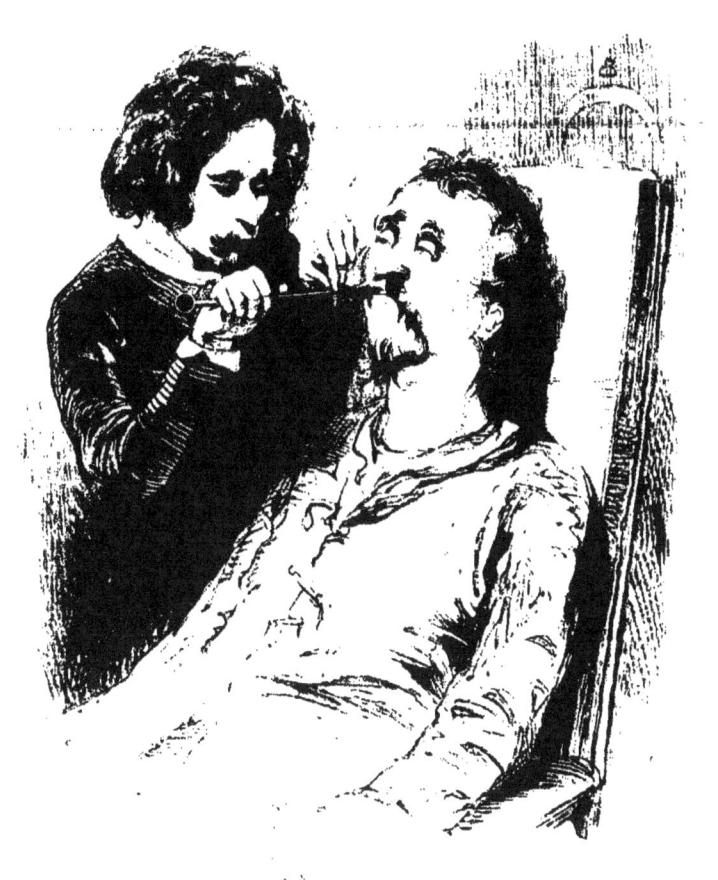

Antonio ajusta au dernier goût la moustache vénérable de Capuzzi.

LES AVENTURES
DU JEUNE TRAUGOTT

Une des curiosités les plus remarquables de la vieille ville de Dantzig est la vaste salle nommée la Cour d'Artus. On y voit, dès le matin, une affluence de gens de tout pays qui viennent parler de leurs affaires. Mais, l'heure des rendez-vous du commerce passée, cette enceinte, qui joint deux rues parallèles, n'offre plus que de rares promeneurs, et l'étranger peut la visiter.

Un demi-jour, doux et velouté, se glissait parmi les peintures des vitraux coloriés; une multitude de figurines, sculptées capricieusement du haut en bas de la Cour d'Artus, s'animaient sous les reflets mobiles de la lumière. Des animaux fantastiques, déployant au plafond leur immense ramure, semblaient prêts à fuir dans l'ombre prochaine, comme une chasse infernale. A mesure que le jour arrivait à son déclin, la statue du vieux roi, qui se dresse au milieu de la salle, prenait l'apparence d'un fantôme immobile; les fresques où sont peints les Vices et les Vertus perdaient, grâce à l'effet magique d'une clarté changeante, le caractère propre aux sujets qu'elles retracent; les Vertus s'évanouissaient dans les teintes incertaines du crépuscule qui brunissait la voûte ; et les Vices, figurés sous les traits de femmes délicieusement belles, se détachaient de leur encadrement comme des apparitions d'anges ; c'était à tromper toute une confrérie de saintes gens.

Ami lecteur, toi qui me suis en ce fantastique pèlerinage, tes yeux s'arrêtent plus curieusement sur une fresque circulaire, où le caprice d'un artiste du vieux temps a représenté l'ancienne bourgeoisie de Dantzig dans toute la splendeur de ses costumes de cérémonie. On y voit les imposants *Burgmeisters* hissés sur de grands chevaux caparaçonnés de la tête aux pieds, et marchant d'un air grave ; un long cortége d'arquebusiers les précède, conduit par des musiciens si bien faits, qu'on croirait ouïr leurs fanfares.

Et véritablement, cher lecteur, pour peu que tu saches esquisser sur toile la moindre physionomie, tu voudrais crayonner la charge du plus huppé de ces burgmeisters escorté d'un page dont la grâce efface celle du célèbre Chérubin. Jadis, on trouvait sur des tablettes tout ce qu'il faut pour écrire, et certes il y avait là de quoi se passer le caprice de quelques dessins à la plume : fantaisie fort innocente, mais qui entraîna le jeune négociant Traugott dans un abîme de tribulations.

« Donnez donc avis, cher monsieur Traugott, à notre ami de Hambourg de la conclusion de cette affaire. » Ainsi parlait maître Élias Roos, assis dans le cercle des commerçants, près de l'estimable Traugott, qui devait prochainement épouser sa fille Christiana. Le jeune homme se plaça au coin d'une table, plia une feuille de papier et s'arma d'une plume d'oie toute neuve ; il allait couler d'un trait une formidable preuve de son talent calligraphique, lorsque, cherchant dans sa pensée le premier mot de sa phrase, il leva le nez en l'air, et fixa, par un singulier hasard, deux des figures du tableau des burgmeisters, dont l'aspect lui causait, chaque fois qu'il les voyait, une tristesse indéfinissable.

Un homme au front sévère, dont le costume sombre et la barbe noire rendaient la physionomie assez dure, était à cheval, un petit page le menait ; à la finesse de ses traits et à sa chevelure gracieusement bouclée, on eût pris volontiers cet enfant pour une jeune fille. A côté de la figure imposante du vieillard, celle de l'adolescent se détachait de la fresque avec un charme divin.

Traugott ne pouvait entrer dans la Cour d'Artus sans chercher aussitôt du regard ces deux types qui exerçaient sur lui une espèce de fascination magnétique ; quand, au moment d'écrire sa lettre, il se retrouva en face d'eux, la plume glissa de ses mains, et il resta immobile devant sa feuille de papier, l'âme égarée dans des régions fantastiques.

Une main qui vint tomber lourdement sur son épaule le tira de sa rêverie, et il entendit ces mots prononcés d'une voix creuse : « Bien, fort bien, jeune homme ! Je crois que vous ferez un parfait négociant !... »

Traugott bondit sur sa chaise et se retourna... Mais il resta presque foudroyé : derrière lui se tenait debout le sombre personnage du cortége des burgmeisters, et le beau jeune homme qui semblait à Traugott une délicieuse jeune fille déguisée lui souriait avec un charme enivrant. « Ciel ! se dit Traugott, ce sont eux !... » Mais le bruit de la foule, qui se pressait en ce moment pour sortir, mit fin à l'hallucination du pauvre négociant en herbe ; la vision s'évanouit ; il resta seul en face de sa lettre oubliée. Maître Elias Roos sortit le dernier de la Cour d'Artus, accompagné de deux personnes inconnues. Il aborda Traugott : « Eh quoi, très-cher, qu'avez-vous donc à rêver ainsi, comme un saint de pierre dans sa niche ? Avez-vous expédié l'avis en question ? » Pour toute réponse, Traugott lui montra la feuille de papier. Maître Elias, furieux, frappa du pied à terre, en s'écriant d'une voix qui fit vibrer les échos de la salle : « Vous ne serez donc jamais qu'un fou et un songe-creux ! Voilà l'heure du courrier passée ; je manque une affaire capitale ! »

Il paraît que le jeune Traugott avait essayé de lutter contre son rêve, car il était parvenu à tracer quelques mots ; mais, le magnétisme devenant plus fort, sa plume égarée avait esquissé les traits du vieillard et du jeune homme de la fresque. Les deux inconnus s'efforcèrent de calmer la colère de maître Elias. Mais le gros et positif négociant, tirant avec angoisse les crins de sa perruque et faisant sonner sur les dalles sa canne à bec de corbin, ne cessait de grommeler : « Maudite jeunesse ! race de fous ! dix mille florins perdus ! dix mille florins !... J'en mourrai !

— Eh ! cher monsieur Roos, dit enfin le plus âgé de ses compagnons, ne vous désolez point de la sorte. Le courrier de commerce est parti ; mais, dans une heure, j'expédie à Hambourg un messager qui se chargera de porter votre lettre d'avis. Une heure de retard ne mérite pas tant de courroux. — Ah ! mon digne ami, vous me sauvez ! » s'écria le négociant, dont le visage se calma comme par enchantement.

Traugott, tout confus, s'était remis à écrire pour réparer sa faute ; mais Élias Roos l'arrêta d'un geste ironique : « C'est inutile, mon jeune rêveur ! » Et, prenant lui-même la plume, il formula rapidement sa correspondance, tandis que le plus âgé des deux inconnus, s'approchant de Traugott avec bienveillance, lui disait à demi-voix : « Qu'avez-vous donc éprouvé, cher monsieur, et à quoi pensiez-vous ? En pareil lieu, et dans une affaire aussi importante, il ne serait venu à l'idée d'aucun négociant d'user du papier à crayonner des bonshommes. — Mon Dieu ! répondit Traugott, que cette observation mortifiait plus que l'explosion de son futur beau-père, j'ai aussi bien que qui que ce soit l'habitude des lettres d'affaires ; mais je ne sais ce qui m'a surpris tout à coup ; une bizarre fantaisie... — Fantaisie ! mais nullement, s'il vous plaît, mon cher monsieur, reprit l'inconnu ; et je parierais que vos meilleures lettres de commerce ne valent pas, à beaucoup près, ces deux figures si finement esquissées. »

A ces mots, Traugott sentit au dedans de lui quelque chose d'inexplicable ; il lui sembla qu'un bandeau tombait de ses yeux ; il regarda la feuille de papier qui venait de lui attirer une si chaude mercuriale, et se dit tout bas qu'il avait peut-être mieux à tenter qu'une fortune gagnée dans la vente des draps et autres marchandises du meilleur cours. Maître Élias, qui avait achevé sa lettre, répétait entre ses dents : « Dix mille florins ! dix mille florins ! Quel franc étourneau ! »

Cette dernière sortie piqua au vif l'exalté Traugott, qui sentait se révéler en lui une vocation nouvelle. « En vérité, dit-il à maître Élias Roos, je vous prie, monsieur, d'avoir à l'avenir infiniment plus d'égards pour moi, ou j'enverrai à tous les diables vos lettres et vos registres, et je renoncerai, sans grands regrets, à devenir jamais votre associé. » Maître Élias, ramenant d'un geste fébrile sa perruque sur son front, le regarda fixement, comme pour s'assurer qu'il n'avait pas perdu l'esprit. Cette querelle allait les brouiller à tout jamais sans l'amicale intervention des deux inconnus ; la paix se rétablit grâce à de mutuelles concessions ; et nos quatre personnages, oubliant cette algarade, prirent de concert le chemin de la maison de maître Roos, où le dîner les attendait. La jolie Christiana, parée de ses plus frais atours, fit elle-même à table les honneurs du festin. Je te tracerais volontiers, cher lecteur, le portrait des cinq convives ; mais je craindrais de rester trop au-dessous du talent de Traugott ; et, d'ailleurs, j'ai hâte de poursuivre les aventures de mon héros.

Maître Élias Roos était un gros petit homme empaqueté dans un habit puce, avec une veste et des chausses de velours, le tout brodé d'or. La physionomie de Traugott était plus animée que remarquable ; les traits saillants de son caractère, que nous allons voir se développer, nous donneront de son physique une idée vague qu'il me semble plus agréable d'imaginer que de fixer en silhouette. — Les autres convives de maître Roos, retirés des affaires avec une fortune assez ronde, faisaient valoir leurs capitaux : c'étaient des banquiers de Kœnigsberg, l'oncle et le neveu, qui traitaient fréquemment avec Élias. Du reste, ils avaient une figure anglaise et la manie des arts. Le neveu aimait les tire-bottes d'acajou ; l'oncle adorait les collections de dessins, et s'était emparé fort avidement de l'esquisse de Traugott. Quant à la fille du maître de la maison, il faut me hâter de la dépeindre, car nous allons bientôt la perdre de vue.

Christiana était une personne de vingt ans, potelée et rondelette ; elle avait un nez court et tant soit peu retroussé, l'œil doux et bleu comme l'azur, une peau blanche comme la neige, et les cheveux dorés ; sa bouche un peu grande, mais souriant toujours, laissait voir deux rangées d'admirables dents perlées, et tout son être semblait dire : « Telle que vous me voyez, jeune, fraîche et joliette, je vais, grâce à Dieu, me marier bientôt. » Du reste, Christiana était la fille la plus calme du monde; le feu eût pris à la maison voisine, qu'elle n'aurait pas fait un pas de plus pour avertir son honoré père. Elle joignait à ce caractère paisible un art exquis pour la pâtisserie; nulle ne savait mieux qu'elle composer des confitures de mirabelles, ou des flacons d'eau de cerise dont maître Élias se montrait fort avare. Je ne dois pas oublier de dire qu'elle éprouvait pour Traugott une tendresse tout à fait raisonnable, et dans la mesure qu'autorisait la perspective de son prochain mariage avec lui. Somme toute, mademoiselle Christiana était une fille sage et rangée.

Le dîner achevé, maître Élias offrit à ses hôtes une promenade sur les remparts. Traugott, initié aux ennuis de ces pérégrinations vulgaires, eût donné tout au monde pour s'y soustraire, tout, excepté sa future; mais, au moment où il allait s'esquiver, après avoir glissé un baiser furtif sur une main que Christiana lui retira bien vite, maître Élias le saisit par un pan de son habit, et lui dit de l'air le plus aimable qu'il sut prendre : « Comment donc, mon cher gendre, mon cher associé, voudriez-vous nous quitter si vite? »

Il n'y avait pas moyen de fuir; le futur successeur de la maison Roos resta pris au trébuchet; mais, cette fois, il parut plus grave qu'à l'ordinaire; une préoccupation sérieuse accaparait toutes ses facultés; égaré dans un monde de rêves, il apercevait sans cesse les deux figures qui ressemblaient si fort aux personnages de la fresque.

Cette apparition bizarre se revêtait pour lui d'une existence réelle, et, en même temps, ses idées se modifiaient singulièrement. Les détails du commerce lui causaient des nausées, et son imagination, galvanisée par des révélations auxquelles il ajoutait la plus grande foi, donnait la vie aux songes qui jusque-là ne l'avaient que vaguement bercé. Un nouvel être semblait créé dans ce jeune homme; à sa timidité naturelle succédait tout à coup un aplomb qui tenait déjà de l'impatience et qui touchait au dédain.

Chemin faisant, le banquier de Kœnigsberg s'étant mis à

critiquer, pour étaler sa science d'amateur, les peintures à fresque de la Cour d'Artus, Traugott prit leur défense avec une énergie fébrile, et soutint cette thèse avec des arguments qui fermèrent la bouche à son adversaire. Maître Élias n'avait jamais entendu son futur gendre et associé discourir si résolûment sur des points qu'il n'avait guère étudiés; sa surprise fut grande lorsque Traugott ajouta qu'il se sentait capable de devenir lui-même, quelque jour, un grand artiste dont toute l'Allemagne parlerait. A ces mots, le collectionneur de dessins l'interrompit malicieusement pour lui dire qu'il ne comprenait pas comment, doué d'une si sublime vocation pour les arts, il avait pu s'abaisser à l'humble profession de teneur de livres chez un obscur drapier de Dantzig. L'air moqueur de ce personnage échauffait peu à peu la bile de Traugott. Au lieu de lui répondre, il se mit à causer avec le neveu, l'homme aux tire-bottes d'acajou. Celui-ci, fort simple, ou plus poli, ne cessait de s'extasier à toutes ses paroles ou de le combler d'éloges.

« Que vous êtes heureux, lui disait-il, d'aimer les arts avec une telle passion, et d'être assez jeune pour suivre cette route glorieuse! J'avais aussi de magnifiques dispositions; j'ai crayonné jadis une infinité d'yeux, de bouches et d'oreilles; mais les affaires! mais le positif de la vie! Ah! vous ne savez pas combien j'ai souffert de prostituer ma vocation aux viles nécessités de gagner un peu d'or! Et pourtant, croyez-moi, mon cher monsieur, lorsque l'âge est venu, et que la réflexion a peu à peu calmé l'effervescence de mes jeunes années, j'ai compris graduellement les réalités de l'existence, et j'ai vu que les voies communes sont les plus sûres pour nous conduire au bonheur. Tenez, j'enviais tout à l'heure votre jeunesse et votre amour brûlant pour l'art; mais il faut une force surhumaine pour résister aux épreuves qui flagellent l'artiste, et la gloire avec sa décevante auréole ne les fait pas toujours oublier! Prenez garde, mon cher ami, la vie d'artiste est un long martyre, entre l'envie qui à chaque pas oppose une barrière au génie, et la misère qui veille à son chevet. Croyez-moi, le bonheur mondain est plus facile à trouver, plus sûr et tout aussi durable. Vive l'aisance avec une bonne table, une jolie femme et une nichée de blonds enfants tout barbouillés de tartines de beurre! »

Traugott, en écoutant l'homme aux tire-bottes d'acajou, était tombé de Charybde en Scylla; il n'avait échappé aux critiques de l'oncle que pour se sentir écrasé sous le prosaïsme du neveu. Son cœur se serra, son front se rembrunit plus que jamais, et il n'ouvrit plus la bouche tant que dura la promenade. Le soir, dans sa petite chambre sous les toits, il se mit à réfléchir sur sa position. « Quelle vie est la mienne! se disait-il en marchant dans l'étroit espace qu'il habitait; combien mon sort diffère de cette vie libre de poëte et d'artiste dont chaque heure est un admirable trésor! Le génie écoute l'harmonie des grands bois, ou contemple les magiques spectacles du soleil couchant, et je me vois confiné dans la boutique obscure de maître Élias, le front courbé sur des chiffres; au lieu des beautés de la nature, je n'ai devant les yeux que des bureaux noircis de taches d'encre; au lieu des frais visages qui s'encadrent si bien dans les scènes de la vie des champs, je n'aperçois tout le long du jour que des mines blêmes débarquées de l'autre monde; au lieu de ces soupirs poétiques du vent dans les feuilles, de ces mélancoliques plaintes que jettent les cloches de la prière à travers les brises embaumées de senteurs, je n'entends que le cliquetis aigu des piles d'argent qui roulent dans la caisse, ou les discussions criardes qui s'engagent entre la pratique et les commis, à propos du prix ou de l'aunage. Eh! mon Dieu! que font, pour le bonheur, tant de soucis et de tracas? La fortune arrive toujours si tard, à l'heure où l'homme n'a plus le temps ni la force de jouir!... — Mais l'artiste! mais le poëte! de quelles ineffables richesses s'embellissent leurs jours! Sans cesse en face de Dieu et de ses œuvres, leur âme s'agrandit, leur génie rayonne de toutes les splendeurs qui se multiplient à chaque pas autour d'eux! Puisque je sens en moi les effluves de cette puissance irrésistible qui m'entraîne vers des routes inconnues, pourquoi ne briserais-je pas d'un seul coup la chaîne qui me retient ici? Oui, je le comprends à cette heure plus que jamais, ce vieillard mystérieux que j'ai vu m'apparaître, et ce sourire enivrant dont son jeune compagnon m'a salué, tout m'appelle. J'ai lu dans leurs regards ma vocation d'artiste... *Ed'io anchi son'pittore!...* »

Et, tout en discourant à haute voix, sans se soucier d'être surpris, Traugott éparpillait dans sa petite chambre tous les anciens croquis que jusqu'alors sa modestie avait gardés dans un coin. Son exaltation du moment prêtait aux objets les couleurs les plus flatteuses; il retrouva parmi ces coups de crayon, pour la plupart informes, et tous inachevés, une ébauche grossière du fameux burgmeister avec son joli page : car, depuis un temps déjà fort éloigné, ces deux personnages, qui avaient frappé son imagination, exerçaient sur sa destinée une influence occulte dont l'avenir couvrait le secret. Il se souvint vaguement qu'un soir, dans son enfance, il avait, poussé par une influence secrète, quitté tout à coup les jeux de ses camarades pour se glisser, à la faveur du clair de lune, dans la Cour d'Artus, dont par hasard la porte se trouvait entr'ouverte. Arrivé là, et dominé par l'apparition de ces deux figures, il s'était senti comme forcé de les copier; et, depuis, il avait conservé cette esquisse avec un soin superstitieux.

Peu à peu, l'exaltation du pauvre Traugott s'apaisa. Une douce mélancolie lui succéda, et, ne pouvant trouver le repos sur sa couche, il sortit sans bruit de la maison, et s'en alla gravir le Karlsberg.

Tout reposait à cette heure, aux champs comme à la ville; seulement, au loin, les vagues de la mer clapotaient sur les rochers, et les nuages de la nuit, glissant sur la lune et chassés par le vent du nord, allaient s'amonceler sur le promontoire de Héla. Traugott resta longtemps à suivre des yeux leurs formes fantastiques, caressées par les teintes bleuâtres du crépuscule. Il cherchait à deviner, à travers ce beau ciel de nuit, quelque présage de sa destinée.

Le lendemain, la vie positive retomba sur lui de tout le poids de sa vulgarité. Il se sentit redevenu si petit, après ses rêves de la veille, son impuissance lui paraissait tellement démontrée, que le découragement s'empara de lui; et, repoussant du pied ces mêmes croquis dans lesquels il cherchait, quelques heures plus tôt, les indices d'une vocation, il se souvint avec amertume des paroles d'un de ses amis, qui lui disait, un jour : « Il y a peu de profit pour l'art et beaucoup de malheur réel dans ces crises romanesques qui détournent tant de jeunes gens des voies utiles pour les abuser par de folles illusions et par des désirs de gloire irréalisables. » Traitant d'hallucination fiévreuse l'apparition des deux personnages vivants qui ressemblaient si fort aux peintures de la Cour d'Artus, il se gourmanda lui-même sévèrement, et prit bravement le parti de reprendre avec résignation sa place au comptoir de maître Élias, et de se laisser aller à un amour plus ardent que jamais pour les cheveux d'or de la bonne Christiana.

Maître Élias continuait à le traiter avec une sollicitude toute paternelle; en le voyant si pâle et si défait, il attribuait ses bizarreries à quelque état maladif, et se gardait de lui causer la plus légère contrariété. Quelques mois s'écoulèrent ainsi, sans aucun incident remarquable. La foire de Saint-Dominique arriva, époque fixée par maître Élias pour conclure le mariage de Traugott et son admission, comme associé, dans les intérêts de la maison Elias Roos et Cie. Traugott ne pouvait se dissimuler que cet avenir qu'il avait d'abord tant désiré ne pouvait plus suffire à son bonheur. Les préparatifs de la noce, dont Christiana s'occupait avec le zèle le plus louable, lui causaient une gêne mortelle qu'il s'efforçait néanmoins de dissimuler de son mieux. Quelques jours avant le mariage, Traugott, errant dans la Cour d'Artus, parmi les faiseurs d'affaires, entendit une voix comme s'écrier tout près de lui, dans la foule : « Eh quoi! ce papier serait-il déjà tellement discrédité?... » Traugott se retourna vivement, et reconnut le vieillard mystérieux qui ressemblait aux portraits de la fresque. L'inconnu discutait, avec un agent d'affaires, l'escompte de quelques effets auxquels son interlocuteur paraissait accorder peu d'accueil. Derrière lui était le jeune page, dont le regard doux et mélancolique souffrait de voir le front chagrin du vieillard.

« Monsieur, dit Traugott avec une vivacité qu'il ne put maîtriser, ce papier est en baisse dans le commerce; mais il peut d'un jour à l'autre reprendre sa valeur; vous feriez mieux d'attendre un peu que de le livrer à perte. — Pardien, mon petit monsieur, reprit l'inconnu, de quoi vous mêlez-vous? Savez-vous ce que valent pour moi ces chiffons, et si je n'ai pas un pressant besoin d'argent? — Eh bien, répliqua Traugott encore plus ému, je ne puis souffrir que vous perdiez sur ces valeurs une somme qui dépasse l'escompte courant. Je suis prêt à vous compter des fonds, à condition que dans quelques jours, dès que ce papier aura repris la hausse, comme je n'en doute pas, vous me permettiez de vous reporter le bénéfice dont le hasard seul me ferait profiter. — Vous êtes un fou! s'écria le vieillard; et à la façon dont vous menez vos affaires, vous ne serez pas riche de longtemps. » A ces mots, il jeta les yeux sur son compagnon, qui baissa les siens en rougissant.

Tous deux suivirent Traugott chez maître Élias. Pendant que le vieillard recomptait avec soin ses piles d'écus, le jeune homme dit à demi-voix à Traugott : « N'est-ce point vous qui faisiez un si joli dessin sur le bout d'une table, dans la Cour d'Artus, il y a quelques mois? » Traugott se mordit les lèvres et crut qu'on se moquait de lui. La scène de la lettre d'avis lui revint en mémoire, sa confusion fut extrême, et il ne répondit que par un signe timide. « En ce cas, dit un peu plus haut le jeune page, je ne m'étonne plus de la délicatesse de votre procédé. » Le vieillard arrêta d'un regard son compagnon, et tous deux sortirent, sans que Traugott eût pu hasarder une question. Dès qu'ils eurent franchi le seuil de la boutique, les commis chuchotèrent, à qui mieux mieux, sur la physionomie de ces singuliers visiteurs. Un teneur de livres, original qui se piquait de bel esprit, ficha sa plume derrière l'oreille, et, le menton posé sur sa main crochue, les suivit de l'œil, tant qu'il put les voir. « Dieu me protège! s'écria-t-il d'un air satisfait d'avance de ce qu'il allait dire, ce bonhomme à barbe grise, avec son manteau en manière de linceul, me fait l'effet d'un vieux tableau *de anno* 1400, décroché de la plus vieille chapelle de l'église de Saint-Jean! »

Maître Élias, qui ne connaissait que ses chiffres, et dont les prétentions n'allaient pas au delà, décida en vrai commerçant que l'inconnu était un juif polonais fort peu madré, puisqu'il cédait à un énorme rabais des valeurs dont l'intérêt pouvait se décupler en huit jours. » L'honnête drapier ne savait rien de la convention secrète que Traugott voulait exécuter, et qu'il exécuta, dès la semaine suivante, à la nouvelle rencontre qu'il fit des deux inconnus dans la Cour d'Artus.

« J'accepte ce remboursement, dit le vieillard à Traugott; car j'ai appris que vous étiez artiste, et je veux vous traiter comme tel. » Traugott l'arrêta précisément devant la peinture des burgmeisters, et témoigna, sans plus de cérémonie, la surprise que lui avait fait éprouver sa ressemblance frappante avec une de ces figures. Un sourire étrange glissa sur les lèvres du vieillard; il posa sa main sur celle de Traugott et lui dit : « Vous ne savez donc pas, mon ami, que je suis le peintre allemand Berklinger? ces fresques sont mon ouvrage, ce burgmeister est réellement mon portrait, et j'ai pris mon fils pour modèle de ce page dont la gracieuse physionomie vous a plu; je suis vraiment charmé de votre pénétration. »

Traugott regarda le vieillard avec un sourire d'incrédulité. « Comment, pensait-il, ce bonhomme pourrait-il être l'auteur de ces peintures qui paraissent âgées de deux siècles au moins?... » Une pareille prétention était, à coup sûr, l'indice de quelque aliénation mentale, ou tout au moins d'une singulière manie.

« Époque glorieuse! poursuivait Berklinger en secouant ses cheveux blancs; les apprentis passaient maîtres grâce à des travaux de cette force! Le personnage d'Artus et les chevaliers de la Table Ronde me faisaient bouillonner d'enthousiasme, et plus d'une fois mon imagination évoqua autour de moi leurs fantômes, pour copier leurs traits sur ces murailles. »

Pendant ce monologue du vieil artiste, l'adolescent qui paraissait son fils disait tout bas à Traugott : « Vous seriez saisi d'étonnement, mon cher monsieur, si mon père consentait à vous recevoir dans son atelier. »

Traugott, au sortir de la Cour d'Artus, sollicita de Berklinger cette précieuse faveur. Celui-ci, fixant sur lui un regard incisif, parut hésiter quelque temps : « Vous avez là, disait-il, une prétention bien grande ; savez-vous si vos yeux sont dignes de pénétrer sitôt dans le sanctuaire de l'art ?... Venez, pourtant, venez... L'inspiration pourra naître de cette visite... Je vous attendrai chez moi, demain, de très-bonne heure. »

Traugott attendit ce rendez-vous avec impatience. A l'heure dite, il courut au logis que Berklinger lui avait indiqué, dans une des rues les plus solitaires de la ville.

Le jeune homme, vêtu de l'ancien costume national allemand, vint lui ouvrir la porte extérieure, et l'introduisit dans un vaste atelier, largement éclairé ; le vieillard en occupait le centre, assis sur une sellette en face d'une toile de la plus grande dimension, que recouvrait une couche uniforme de couleur grise. « Soyez le bienvenu, dit-il à Traugott ; je viens de donner le dernier coup de pinceau à ce tableau, dont la composition m'a coûté un travail et des peines infinies. C'est le pendant d'une œuvre représentant le *Paradis perdu*, que j'ai terminée l'an passé ; ceci est le *Paradis retrouvé*. Que dites-vous de cette conception ? Que vous semble de ces groupes de figures, empruntées à tous les règnes de la nature ? N'éprouve-t-on pas, en face de cette poétique magnificence, une vague révélation des splendeurs éternelles qui attendent les élus ? »

En parlant ainsi, Berklinger marquait du doigt, tour à tour, les diverses parties de sa toile ; il priait Traugott d'admirer avec quelle science les ombres et la lumière s'harmoniaient autour de chaque objet. Il désignait, çà et là, des fleurs, des fruits, des pierres précieuses, des animaux étranges errant au sein d'une végétation merveilleuse ; et parmi cette brillante fantasmagorie, des hommes d'un aspect grave et majestueux dont il semblait écouter les paroles avec ravissement.

La voix du vieillard s'élevait de plus en plus, son émotion devenait plus vive. « Oh ! s'écriait-il, laisse toujours étinceler les feux de ta couronne de diamant, ô le Sage des sages ! laisse tomber devant moi le bandeau sacré d'Isis, dont tu voilais ton front divin lorsque les impies voulaient s'approcher de toi! Pourquoi presses-tu sur ta poitrine les plis de ta robe sombre? Je veux lire dans ton cœur; c'est là qu'est la pierre de la sagesse et de la science, devant laquelle tous les mystères s'évanouissent! N'es-tu donc pas ce que je suis moi-même? Pourquoi marches-tu au-devant de moi d'un pas si brusque? Veux-tu combattre avec ton maître? Crois-tu que ce rubis qui rayonne sur ton cœur comme une égide magique puisse d'un choc briser ma poitrine? Ah! viens, obéis, hâte-toi donc : c'est moi qui t'ai créé, moi qui suis! »

Arrivé là de cette divagation, le vieillard défaillit comme frappé de la foudre; mais Traugott le soutint. Le jeune homme ayant vite approché une escabelle, tous deux l'y firent asseoir, et il parut alors plongé dans un paisible sommeil.

« Vous savez, à cette heure, mon cher monsieur, dit le jeune homme d'une voix douce et basse, la triste situation de mon bon vieux père. Une fatale destinée a flétri les fleurs de sa vie, et, depuis quelques années, l'amour de l'art pour lequel il vivait a brisé les ressorts de sa pensée. Il reste assis des jours entiers en face de cette toile, et, dans un étrange délire, son regard fixe y cherche des traits et des couleurs qui n'existent que dans son imagination; il appelle cela peindre, et vous avez vu avec quelle exaltation il décrit les merveilles fantastiques qu'il croit avoir créées. Cette idée fixe le poursuit partout, et me condamne à une vie de douleurs. Je suis forcé de me soumettre à cet avenir qui m'accable. Mais pourquoi vous attrister de mes souffrances, qui doivent vous rester étrangères? Suivez-moi, je vous prie, dans la chambre voisine : vous y verrez plusieurs ouvrages de mon père, exécutés à l'époque où son talent brillait du plus vif éclat. »

Traugott resta en extase lorsque son jeune compagnon l'introduisit dans une galerie de tableaux dont chacun eût pu faire honneur aux plus célèbres maîtres de l'école flamande. La plupart de ces toiles représentaient des scènes d'intérieur, un retour de chasse, une partie de jeu, un concert; mais ces petits sujets se distinguaient par une finesse d'exécution et un cachet de vérité fort remarquables; le caractère des physionomies offrait surtout une animation vraiment extraordinaire. Traugott allait se retirer, lorsqu'il découvrit auprès de la porte un tableau dont l'aspect le cloua sur place, immobile d'admiration.

C'était une jeune fille d'une merveilleuse beauté, revêtue du costume poétique de la vieille Allemagne; cette figure céleste offrait une si exacte ressemblance avec les traits du fils de Berklinger, que Traugott ne put se défendre d'un frisson. Ce portrait, pour l'éclat du coloris et la perfection du dessin, n'eût point déparé les meilleures toiles de Van Dyck. Ses yeux, brillant d'un feu mélancolique, semblaient se fixer sur Traugott avec une ineffable suavité d'expression, et l'on eût dit que ses lèvres à demi closes allaient laisser échapper des sons divins.

« Retirons-nous, dit le jeune homme à Traugott; voici le moment où mon père pourrait se réveiller. — Oui, s'écria Traugott, c'est bien elle, la bien-aimée de mon âme, celle que ma pensée cherche depuis si longtemps, que mes adorations appellent dans le silence de mes nuits sans sommeil! Mais où la retrouverai-je, ô mon Dieu!... »

En l'écoutant, le jeune Berklinger sentit des larmes brûlantes s'échapper de ses yeux; mais il se contraignit aussitôt, et s'efforça de reprendre un calme apparent. « Venez, dit-il de nouveau à Traugott; venez, le portrait que vous admirez est celui de ma malheureuse sœur Félizita. Mais vous ne la verrez jamais; Dieu nous l'a enlevée! » A ces mots, un nuage passa sur les yeux de Traugott; il se laissa entraîner sans résistance, mais en chancelant. Lorsqu'ils rentrèrent dans l'atelier, le vieillard s'éveilla en sursaut, et cria d'une voix tonnante : « Que voulez-vous? que cherchez-vous ici, monsieur? » Le jeune homme prit aussitôt la parole, et dit au vieillard qu'il venait d'expliquer lui-même à Traugott le sujet de son nouveau tableau du *Paradis retrouvé*. Berklinger parut se recueillir et interrogea ses souvenirs, puis, d'une voix fort adoucie, il dit à Traugott : « Pardonnez-moi, mon cher monsieur, cette vivacité; les vieillards ont parfois des moments d'oubli. — Votre nouveau tableau, maître Berklinger, répondit Traugott avec effusion, est véritablement un chef-d'œuvre; j'admire combien il vous a fallu de profondes études, de méditations et de patience pour arriver à créer de si grandes choses. Votre génie m'inspire un ardent désir de me dévouer aux mêmes travaux, et je serais trop heureux, cher maître, de devenir votre élève. »

Berklinger parut touché des éloges et de la prière de Traugott. Il le serra dans ses bras, et lui promit de l'initier à tous les secrets de l'art. Notre ami Traugott ne passa plus un seul jour sans visiter l'atelier du vieillard; grâce aux soins du maître et aux dispositions naturelles du disciple, ces leçons produisirent en peu de temps des résultats assez notables. Mais, à mesure qu'il avançait sur les traces de Michel-Ange et de Raphaël, Traugott prenait en singulier mépris la modeste boutique d'Élias Roos; un beau jour son patron, n'y tenant plus, s'avisa de le gourmander un peu vertement. La réponse de son futur associé fut très-calme; Traugott prétexta une maladie de langueur pour laquelle les soins les plus minutieux, et surtout l'abstention de tout travail, lui étaient expressément recommandés. Il ajouta, avec les apparences du plus vif regret, que sa situation présente l'obligeait à retarder indéfiniment son mariage avec Christiana.

« Votre M. Traugott, disait un jour à Élias Roos un de ses confrères, votre M. Traugott paraît sous l'influence d'une peine secrète; n'aurait-il pas, au fond du cœur, quelque reliquat d'amourettes de jeune homme? quelque liaison qu'il craint de voir se terminer par une catastrophe au moment de son mariage? Voyez donc, je vous en prie, comme il est pâle, et comme il a l'air effaré!... — Christiana, disait le drapier, lui aurait-elle montré quelque rancune? Depuis quelque temps il la néglige fort; au point que le teneur de livres oublie sa caisse pour roucouler autour d'elle, et qu'elle ne lui fait plus trop mauvais accueil. Voilà ce que c'est que les jeunes gens! Pourtant, malgré ses bizarreries, Traugott est fou de ma fille; je suis sûr qu'il est jaloux, et j'en saurai bientôt quelque chose... » Quelques soins que prit maître Élias, il ne put arriver à rien saisir, et, quelques jours plus tard, il disait à son confrère : « En vérité, c'est un singulier homme que ce Traugott; mais, ma foi, je le laisse faire, car il a cinquante mille thalers placés dans ma maison; sans cela, je vous prie de croire qu'il changerait de façons et qu'il s'occuperait autrement. »

La mélancolie de Traugott avait pour cause son amour fantastique pour la belle Félizita, dont les traits chéris, gravés au fond de son cœur, le poursuivaient dans tous ses rêves. Le tableau disparut tout à coup de la galerie. Traugott n'osa questionner le vieillard, tant il craignait qu'une demande imprudente ne brisât leurs relations. Maître Berklinger se montrait d'ailleurs plus affectueux chaque jour; il accepta même, à plusieurs reprises, quelques objets fort utiles pour son modeste intérieur. Il en vint à lui confier que le peu qu'il possédait avait été considérablement ébréché par suite d'une escroquerie lors de la vente de plusieurs tableaux; les papiers de commerce dont il avait si difficilement trouvé l'escompte étaient le reste de la somme qu'il avait pu sauver. Mais Traugott trouvait peu d'occasions de causer seul à seul avec le jeune homme; l'artiste semblait éviter avec soin de les laisser ensemble, et, s'il les voyait prêts à s'entretenir un peu intimement, il se hâtait de les séparer. Traugott souffrait extrêmement de cette surveillance, car le jeune homme avait une telle ressemblance avec le portrait de Félizita, qu'il lui prenait à chaque instant l'envie de le serrer dans ses bras, comme il eût pu faire de la jeune fille.

L'hiver s'écoula ainsi.

Lorsque le doux printemps vint soulever le voile de neige qui couvrait les champs et ranimer la nature, Élias Roos engagea Traugott à prendre le petit-lait ou les eaux minérales pour accélérer sa guérison. Christiana se réjouit, en songeant que la belle saison allait rendre la santé à son fiancé, et que l'on pourrait enfin fixer l'époque de son mariage. La pauvre enfant n'avait pas encore compris qu'une passion étrangère entraînait Traugott loin d'elle.

Des opérations de tenue de livres en partie double avaient retenu un jour Traugott au comptoir d'Élias Roos un peu plus tard que de coutume. Dès qu'il lui fut possible de prendre la clef des champs, c'est-à-dire à la tombée de la nuit, notre amoureux courut chez son ami Berklinger, dont le logis était situé à l'autre bout de la ville. La porte était entr'ouverte, personne ne paraissait pour le recevoir; et, d'une chambre plus éloignée, les sons d'une harpe, doucement modulés, arrivaient à son oreille. C'était la première fois qu'un accord de musique se faisait entendre chez le vieil artiste. Traugott s'arrêta sur la pointe du pied, pour écouter; des accents mélancoliques s'unissaient aux vibrations de l'instrument : la curiosité s'empara de tous les sens du jeune homme.

Il s'avança, ouvrit une porte avec précaution, et resta muet de surprise et de saisissement, à l'aspect d'une femme assise, vêtue du costume national de la vieille Allemagne, et parée comme celle de la galerie. Cette femme avait tous les traits de la belle Félizita !...

Au bruit que fit l'artiste en s'appuyant au lambris de chêne pour contenir son émotion, la femme se leva et laissa échapper sa harpe. « Grand Dieu ! s'écria Traugott ; c'est elle ! Félizita !... » Il allait se jeter aux pieds de cette merveilleuse apparition ; une main sèche et osseuse tomba tout à coup sur son épaule et lui imprima un mouvement de rotation qui le lança comme une toupie hors de l'appartement. « Malheureux ! maudite soit ta curiosité ! exclama Berklinger d'une voix tonnante ; voilà donc le beau secret de ta passion pour mon art ! tu te glissais chez moi, comme un serpent, pour y porter la honte et le désespoir ! Il te fallait ma vie, mon bonheur !... » A ces mots, il s'était armé d'un poignard et menaçait Traugott ; le pauvre gendre futur d'Élias Roos, tout effrayé, fit deux ou trois culbutes à travers l'escalier, gagna la porte par une espèce de miracle, et s'enfuit comme un fou jusqu'à sa maison.

Enfermé dans sa chambre, sans vouloir ni prendre aucun aliment ni répondre aux questions, il livrait son imagination aux suppositions et aux rêves les plus extraordinaires. « Félizita ! Félizita ! s'écriait-il dans une exaltation qui touchait au délire, tu existes, je viens de te voir, et un tyran barbare m'interdit de t'adorer ; je n'ai pu te presser sur mon sein en te disant mille fois que je t'aime ! car je t'aime ; toi aussi, tu m'aimes, je le sens là, aux battements convulsifs de mon cœur. Mais je te reverrai à tout prix, je triompherai des obstacles qui nous séparent!... »

Après une nuit de délire et de projets tous plus extravagants les uns que les autres, le jeune Traugott se calma un peu quand les premiers rayons du soleil levant vinrent rasséréner ses esprits. Il se leva, tout brisé d'émotions et de fatigues nerveuses, et prit le chemin de la maison de Berklinger pour tâcher de découvrir le mystère qu'elle lui cachait. Quelle fut sa surprise, en trouvant les fenêtres ouvertes et les chambres vides, enfin tout le désordre qui précède ou qui suit un départ! Traugott comprit d'un regard toute la fatale vérité. Maître Berklinger était parti, déménagé cette nuit-là même avec son fils. Une berline à deux chevaux avait emmené une caisse de tableaux et deux petits coffres contenant les hardes et les menus objets. Nul ne put indiquer à Traugott la route suivie par les deux fugitifs, aucun loueur de voitures ne put donner de renseignements, et personne ne les avait remarqués aux portes de la ville. Berklinger avait disparu comme si Méphistophélès se fût chargé de l'enlèvement; le fiancé de Christiana s'en retourna désespéré. « Partie! pour toujours! s'écriait-il en courant parmi les rues; jamais je ne la reverrai! J'ai perdu la bien-aimée de mon âme!... » Ces paroles s'échappèrent de sa bouche à l'entrée de la maison d'Élias Roos, qui fumait sa pipe dès le matin, enveloppé dans une robe de chambre à ramages.

« Dieu du ciel et de la terre! se mit à hurler l'honnête drapier. Christiana! Christiana! petite capricieuse; tête sans cervelle!... » A la voix du patron, les commis accoururent; le teneur de livres dont nous avons déjà parlé planta, comme à l'ordinaire, sa plume derrière l'oreille. « Mais, monsieur Roos, qu'avez-vous donc? » répétait-il sur tous les tons. Et maître Élias, sans lui répondre, criait à tue-tête : « Christiana! Christiana!... » La jeune personne parut enfin dans l'éclat piquant de son négligé matinal. « Sachez, mademoiselle, lui dit sévèrement le drapier, qu'une fois pour toutes, je suis las de vos façons. Notre ami Traugott est atteint, grâce à vous, d'une tristesse qui le tuera; mon gendre est jaloux, et vous ne cessez de le tourmenter! J'entends qu'on garde le logis, et que dorénavant on lui fasse meilleure mine ; un homme qui a cinquante mille thalers placés dans ma maison et que vous réduisez à se lamenter là-haut comme une Magdeleine, c'est à n'y pas tenir !... Vous me rendrez fou tous deux !... »

Christiana ne comprit rien à l'exaspération de son père ; elle jeta un regard furtif sur la figure du teneur de livres, qui ne paraissait pas mieux instruit ; seulement il tourna son regard vers une petite armoire pratiquée derrière le comptoir, et dans laquelle maître Élias serrait son flacon de kirschenwasser. Mademoiselle Christiana, sans répliquer, rentra dans la maison pour donner quelques ordres, et bientôt elle eut fait toilette pour aller dans le voisinage aux informations.

Quant à Traugott, il avait traversé en très-peu de temps toutes les phases qui accompagnent et qui suivent une forte excitation. Aux premières crises d'une violente douleur succède ordinairement une morne apathie ; puis, il se fait peu à peu dans l'âme un certain calme ; la douleur la plus vive s'adoucit par degrés et devient supportable. Traugott, quelques jours après le départ de Berklinger, sentit la raison reprendre son empire ; il n'avait plus ni larmes ni agitations : une mélancolie paisible s'était emparée de ses pensées, et un soir il retourna tout seul, en rêvant, sur les hauteurs du Karlsberg, d'où son regard se promena de nouveau parmi les nuages argentés qu'attire la cime d'Héla. Mais, cette fois, il ne cherchait plus au ciel un présage de sa destinée ; tout s'était effacé de son âme, illusions et espérances ! « Hélas ! se disait-il en gémissant, quel mauvais génie m'a inspiré cette maudite passion pour l'art qui cause aujourd'hui le malheur de ma vie ? Pourquoi ai-je vu cette fatale image de Félizita qui m'a troublé l'esprit, au point de m'exposer à mille folies et de me faire oublier mes intérêts et tous mes devoirs ! Allons, pauvre Traugott, résigne-toi ; le bonheur est comme la gloire, un beau fantôme qui se rit de toi !... rien de plus ! Rentre dans la vie commune, et tâche d'oublier ! »

A la suite de ces sages réflexions, notre héros reprit courageusement le soin de ses affaires, et le jour de son mariage avec Christiana fut fixé de nouveau. La veille, il se rendit tout seul, vers la brume, dans la Cour d'Artus, et il alla s'asseoir, silencieux et triste, en face des deux figures du tableau des burgmeisters, les premières causes de sa bizarre aventure; il était là depuis quelques minutes, lorsque l'homme d'affaires qui avait refusé d'escompter les valeurs de Berklinger vint à passer à deux pas de lui. « Monsieur, lui dit Traugott, ne pourriez-vous, par hasard, me donner quelques nouvelles de ce singulier vieillard à barbe noire, qui venait dernièrement ici, presque tous les jours? — Eh quoi ! répondit l'homme d'affaires, ne connaissez-vous donc pas le vieux peintre fou qui se nomme Gotofredus Berklinger? — Qu'est-il donc devenu? demanda Traugott. — J'ai ouï dire, reprit l'autre, qu'il s'est retiré à Sorrente avec sa fille. — Sa fille ! s'écria Traugott; sa fille Félizita!... — Sans doute; elle le suit partout déguisée en beau Chérubin. Je ne sais personne à Dantzig qui ne connaisse ce mystère. Un tireur d'horoscopes avait prédit à Berklinger que le premier amour de sa fille la tuerait; pour la soustraire à cette fatale destinée, le vieux superstitieux l'a déguisée en garçon. » Traugott, en écoutant cette révélation, ne se possédait plus; il se mit à courir comme un fou bien loin de la ville, s'enfonça dans les bois, et fit retentir les airs de cris lamentables : « Malheureux que je suis! ne cessait-il de se dire ; c'était elle! elle que je voyais chaque jour, à toute heure, et je ne l'ai pas devinée; aujourd'hui la destinée nous sépare à jamais! Non, par le ciel, il n'en sera pas ainsi! j'irai la chercher par toute la terre... Partons! partons pour Sorrente!... Dieu et l'amour me la rendront!... »

Comme il rentrait chez lui pour faire ses apprêts de voyage, il rencontra maître Élias Roos, et l'entraîna dans sa chambre sans lui donner le temps de se reconnaître. « C'en est fait, lui dit-il avec une fougue délirante, je ne puis épouser votre Christiana, elle ressemble à *Voluptas*, à *Luxuries*, à *Ira*, à tous les vices peints sur les fresques de la Cour d'Artus!... Je n'en veux plus! qu'on ne m'en parle jamais!... O Félizita! Félizita! ange de mes rêves, je te vois, tu m'ouvres tes bras avec amour! Attends! attends! me voici!... Et écoutez-moi bien, poursuivit-il en tenaillant son associé de ses doigts nerveux, jamais vous ne me reverrez stupidement accroupi devant vos livres de caisse et tous vos grimoires de marchand! Je suis peintre, entendez-vous! je suis l'élève du célèbre Gotofredus Berklinger; et vous, vous, je ne vous connais plus!... »

Maître Élias avait écouté d'abord d'un air consterné ce discours sans suite et privé de raison. Mais, quand il sentit Traugott le secouer avec une violence irrésistible, il se mit à crier au secours. Tous les commis du drapier furent bientôt rassemblés devant cette scène incroyable. Traugott, épuisé par le violent accès qui venait de troubler sa tête, avait lâché son futur beau-père, et était tombé, pâle, sans voix, l'œil hagard, les traits bouleversés, sur un escabeau. On s'empressa de le secourir; mais, dès qu'on voulut le toucher, il bondit comme un chat-tigre, et poussa un cri de menace; tous les assistants prirent la fuite, et l'enfermèrent prudemment. Quelques moments après, une petite voix douce vint gazouiller au trou de la serrure. « Mon bon monsieur Traugott, dit la voix, serait-il donc vrai que vous avez perdu l'esprit? ou bien tout cela n'est-il qu'une comédie? Vous avez fait à mon père une peur horrible!... »

Cette petite voix douce et flûtée était celle de Christiana. « Non, cher ange, répondit Traugott, je ne suis point fou, et je ne me soucie guère de plaisanter. Quant à notre mariage, il n'y faut plus penser. Je ne vous rendrais pas heureuse, car je ne puis plus vous aimer. — Oh! mon Dieu, cher monsieur Traugott, ne vous gênez pas; car aussi bien, depuis quelque temps, moi-même je ne vous aimais plus guère; il ne manquera pas, Dieu merci, d'époux galants et constants fort empressés à solliciter la main de la riche et jolie mademoiselle Christiana Roos. A l'honneur de vous revoir, cher monsieur Traugott!.. »

A ces mots, la petite voix s'évanouit. Une heure après, Traugott, assis dans le cabinet de maître Élias, réglait ses comptes avec lui; tous deux, bientôt d'accord, se séparèrent sans attendrissement, et, tandis que Traugott roulait en poste hors de Dantzig, le drapier réunissait ses commis pour se féliciter devant eux, et surtout devant le teneur de livres, qu'il commençait à regarder de meilleur œil, d'être enfin débarrassé de son gendre : « Vraiment, disait-il, par son excentricité et sa fainéantise, il ne me convenait en aucune façon. »

Traugott, en brûlant les chemins, faisait dans sa tête le roman le plus fantastique qu'il soit possible d'imaginer. A Rome, les peintres l'accueillirent avec le plus cordial empressement ; la joie de se voir, pour la première fois de sa vie, traité en artiste, lui fit oublier quelques jours le but principal de son voyage ; son amour pour la belle Félizita luttait contre une rivalité puissante, l'ambition : Traugott sentait sa passion s'envelopper d'une suave rêverie ; son pèlerinage à la recherche d'une beauté que le hasard pouvait ne jamais ramener au-devant de lui lui semblait un épisode assez piquant du commencement de sa vie d'artiste ; l'imagination, chez ce jeune homme inexpérimenté, allait tuer le cœur. Il parlait de Félizita, sa bien-aimée, comme Pétrarque eût pu parler de Laure, ou Dante de Béatrix ; les peintres ses amis admiraient les figures idéales auxquelles il donnait le nom de Félizita. Nulle femme dans Rome et dans toute l'Italie n'eût été comparable à cette création poétique d'un esprit frappé d'hallucination. Chacun demandait à Traugott l'histoire de son amour ; mais notre héros n'osait faire ce bizarre récit.

Un beau jour, une de ses anciennes connaissances de Kœnigsberg, le peintre Matuszewski, vint annoncer, à l'heure où les artistes se réunissaient, qu'il avait rencontré dans une rue de Rome l'original des portraits que Traugott ne se lassait pas de multiplier. A cette nouvelle, l'amant de Félizita fut saisi d'une vive émotion. Il ne put garder davantage le secret des circonstances qui avaient fait naître et alimenté sa passion. Son histoire fut trouvée si curieuse, que tous ses confrères se promirent de se mettre à l'œuvre pour découvrir la belle inconnue. Matuszewski, plus habile ou plus infatigable, eut l'honneur du succès. Il apprit que la sylphide tant rêvée était la fille d'un pauvre peintre occupé alors à blanchir les murailles de l'église, *Trinita del Monte*. Traugott court avec son ami, et s'imagine tout d'abord reconnaître au faîte d'un échafaudage son vieux maître Berklinger. Les deux compagnons ne font qu'un saut de l'église au logis du peintre. Traugott s'élance comme un fou dans la chambre où la jeune fille s'occupe des soins du ménage en attendant le retour de son père. « Félizita! Félizita! » s'écrie-t-il avec ivresse. La belle jeune fille lève les yeux : voilà bien le port, la taille, les traits de Félizita, mais ce n'est pas elle!... Traugott pensa tomber de son haut. Cette déception ralluma tous les feux de son amour; il se mit à gémir, et ses plaintes ressemblaient tellement à du délire, que la jeune fille l'aurait pris pour un fou échappé, si Matuszewski ne s'était hâté de la rassurer en lui expliquant, en deux mots, la situation de son ami.

Traugott finit pourtant par se calmer; ses regards se fixèrent de nouveau sur la jolie inconnue pour admirer sa fatale ressemblance avec Félizita; bientôt l'enthousiasme lui rendit toute son énergie. Matuszewski ne perdit pas de temps en si belle occasion. Il sut adresser à la belle Dorina les plus tendres cajoleries. Celle-ci, peu habituée sans doute à de telles gracieusetés, leva ses grands yeux voilés de cils d'ébène, et répondit aux avances de Matuszewski que son père ne tarderait pas à revenir de son travail, et qu'il aurait grand plaisir à recevoir la visite des peintres allemands, dont il estimait le talent et le caractère. Traugott la contemplait toujours avec ravissement. C'était, à s'y méprendre, l'image vivante de Félizita. Seulement les traits de la jeune Romaine paraissaient un peu plus prononcés; il y avait entre elle et Félizita la différence d'une tête de Raphaël à une tête de Rubens.

Lorsque le peintre de l'église *Trinita del Monte* ouvrit la porte, Traugott reconnut bien vite qu'il n'avait pas affaire à son ancien maître. Ce petit homme, grêle et chétif, étiolé par l'indigence, ne pouvait soutenir aucune comparaison avec le majestueux Berklinger. Du reste, sa causerie révélait des connaissances fort distinguées en peinture, et, sans se rendre compte de l'instinct secret qui le ramenait vers cet humble logis, Traugott songea tout d'abord à lier avec lui des rapports suivis; il pensait d'ailleurs tirer profit de cette connaissance pour perfectionner son coloris.

Dorina ne fut pas longtemps à s'avouer qu'elle éprouvait pour le jeune peintre allemand une inclination qui deviendrait facilement de l'amour. Traugott se laissa séduire par la poésie de cette rencontre. Il devint peu à peu le commensal du pauvre peintre; une chambre voisine s'étant trouvée vacante, il y établit son atelier, et sut trouver mille honnêtes prétextes pour venir en aide à son nouvel ami, tout en ménageant sa fierté. Le pauvre peintre de *Trinita del Monte*, touché de ces démonstrations d'intérêt, crut naturellement que Traugott désirait épouser sa fille, et rien ne lui sembla plus simple que d'aller au-devant des vœux du jeune artiste. Cette déclaration fut un coup de foudre pour Traugott. Malgré le penchant qu'il se sentait pour Dorina, le but de son voyage lui revint en mémoire, et le tourmenta comme l'accomplissement d'un devoir. La pensée de Félizita s'embellit dans son âme d'un attrait nouveau; une lutte ardente s'engagea au dedans de lui-même, et la victoire resta longtemps indécise; Félizita était un rêve délicieux, mais Dorina offrait une bien douce réalité; Félizita, être idéal, création fantastique, ange aux ailes blanches et diaphanes, quelque chose d'aérien, de pur, d'insaisissable, il ne fallait qu'un souffle pour en ternir l'éclat ou pour faire évanouir la vision céleste; Dorina, grâce toujours présente, sans cesse ornée des plus piquantes séductions; femme créée pour aimer et pour être aimée, pour donner et pour éprouver toutes les joies de la vie. En face d'elle, Traugott sentait frissonner tout son être; une flamme mystérieuse brûlait son sang; le désir du bonheur réel l'attirait avec mille charmes; mais le souvenir de son premier amour le retenait et sollicitait son cœur.

Depuis l'ouverture tentée par le peintre de *Trinita del Monte*, Traugott évitait sa rencontre. Celui-ci, blessé du mauvais succès de sa tentative, ne tarda guère à se persuader que le jeune artiste allemand avait seulement en vue la séduction de sa fille. La crainte du ridicule se joignait à son mécontentement. L'idée que la beauté de sa fille devait rendre tout homme fort heureux d'obtenir sa main lui avait fait regarder son prochain mariage avec Traugott comme un projet dont le succès était incontestable, et il avait eu l'imprudence d'en parler en ce sens à ses amis du voisinage. Aussi, de peur que Traugott ne vînt à lui échapper plus tard, s'avisa-t-il de lui signifier un beau matin que sa fille était compromise par ses assiduités; il le somma de l'épouser, s'il n'aimait mieux sortir du logis pour n'y jamais remettre le pied. L'attaque était trop grossière pour réussir. Traugott, piqué au vif, ne vit plus en lui qu'un marchand prêt à vendre sa fille à qui voudrait l'en débarrasser. Il se reprocha de rester chez un être capable de tels sentiments. Dorina perdit à ses yeux cette puissance de fascination qui l'avait retenu jusque-là; l'image de Félizita reparut dans un doux lointain, comme l'unique objet digne de ses vœux. Son cœur fut déchiré d'angoisse au moment de la séparation; mais cette blessure devait se guérir vite. Le remède était à Sorrente. Il partit.

Une année tout entière s'écoula en recherches. Nulle part on ne savait même les noms de Berklinger et de Félizita. Le seul renseignement qu'il parvint à recueillir fut qu'un vieux peintre, dont le portrait se rapportait assez à celui qu'il faisait, avait quitté Sorrente depuis plusieurs années. Découragé par l'insuccès de ses efforts, Traugott vint se fixer à Naples, où il chercha dans le travail quelques adoucissements à l'amertume de ses regrets. Il vécut dans la retraite, fuyant les hommes et le bruit. Il épiait de loin les traits des jeunes filles qui avaient, dans la taille ou la physionomie, quelque ressemblance avec Dorina; mais il ne restait dans le cœur de Traugott qu'un sentiment de curiosité; il revenait toujours à son être idéal, à Félizita.

L'année qui suivit son départ de Dantzig, il reçut une lettre qui lui annonçait la mort d'Élias Roos. Le teneur de livres avait obtenu la main de Christiana, et la présence de Traugott était indispensable pour régler les intérêts de la succession, sur laquelle il lui restait certains droits à faire valoir, en sa qualité d'ancien associé. Traugott ne vit dans ce voyage qu'une occasion de se distraire. Il se mit en route. Son premier soin, dès qu'il arriva dans sa ville natale, fut d'aller visiter la Cour d'Artus; il s'assit à l'ancienne place qu'il affectionnait, vis-à-vis de la fresque des Burgmeisters; sa pensée mélancolique évoquait un à un tous ses souvenirs ; de temps en temps, il attachait ses regards sur les deux figures qui rappelaient avec tant d'exactitude les traits de Berklinger et de Félizita dans son costume de page.

« Eh ! mais n'est-ce pas un songe ? Est-ce bien vous que je vois, si frais et si dispos, vous qui passiez naguère pour la tristesse incarnée ? »

A ces mots, prononcés d'une voix criarde qu'on ne pouvait oublier, Traugott leva la tête et reconnut l'homme d'affaires qui lui avait conseillé le voyage à Sorrente. — Hélas ! lui dit-il, je ne les ai pas retrouvés ! — Eh ! qui donc, s'il vous plaît ? reprit l'interlocuteur. — Le vieux Gotofredus Berklinger et sa fille Félizita, dit Traugott en soupirant ; j'ai fouillé toute l'Italie, et à Sorrente même je n'ai pu rien apprendre. »

L'homme d'affaires regarda Traugott comme s'il arrivait de l'autre monde. « Ah çà ! s'écria-t-il, veuillez me répéter ce que vous disiez. Vous avez cherché Berklinger en Italie, à Naples, à Sorrente ?... — Sans doute ! » répondit Traugott avec un nouveau soupir. L'homme d'affaires joignit les mains et leva les yeux au ciel. « Bonté divine ! mon cher monsieur Traugott, vous avez pu.... Oh !... oh !... — Et qu'y a-t-il donc de si étrange ? répliqua le peintre ; ne peut-on faire le voyage de Sorrente pour chercher une femme adorée ?... — Mais c'est incroyable ! hurla l'homme d'affaires en frappant du pied les dalles de la Cour d'Artus; vous venez de Sorrente ? Eh quoi ! ne savez-vous donc pas que maître Aloysius Brandstetter, notre honorable conseiller de justice et doyen des corps de métiers de Dantzig, possède, au milieu de la forêt voisine du *Karlsberg* et du *Conradhammer*, une délicieuse maison de campagne à laquelle il a donné le nom de Sorrente ?... Aloysius Brandstetter a fait l'acquisition des tableaux de Berklinger, et, depuis cette époque, il a donné asile chez lui au vieil artiste infirme et à sa charmante fille. En vérité, cher monsieur Traugott, si vous aviez pris la peine d'aller une fois ou deux vous promener, en plein jour, sur le Karlsberg, vous auriez, de cette hauteur, dominé tout à votre aise les jardins de la villa de maître Aloysius, et vous auriez vu votre Félizita gambader joyeusement sur la bruyère fleurie. Ce n'était pas

6.

la peine de faire le voyage d'Italie. Depuis votre départ, le vieux Berklinger... Mais c'est une histoire bien triste... — Racontez, je vous prie... interrompit Traugott d'une voix haletante; racontez, j'ai hâte de tout savoir!... — Écoutez donc, si vous en avez le courage. Le jeune fils d'Aloysius, à son retour d'Angleterre, devint amoureux de Félizita. Un jour, la trouvant seule sous un bosquet du jardin, il se jeta à ses genoux et lui promit de l'épouser. Mais Berklinger, caché par une charmille, avait tout entendu; au moment où Félizita se laissait dérober un baiser, il fut saisi d'un si violent accès de colère, que le sang l'étouffa sans qu'il eût le temps de pousser un seul cri. On le trouva roide mort. Depuis cette affreuse catastrophe, la pauvre Félizita prit en aversion l'homme qui avait causé involontairement la mort de son père; et, plus tard, elle a épousé par résignation le conseiller de justice Mathesius, qui siège à Marienwerder. Vous pourriez bien vous présenter chez madame la conseillère, à titre d'ancien ami. Il y a moins loin d'ici à Marienwerder qu'à Sorrente. Vous trouverez la vénérable dame entourée de plusieurs petits enfants.... »

L'homme d'affaires parlait encore, que déjà Traugott s'était enfui comme un fou. « Félizita! s'écriait-il, Félizita! Non, tu n'es plus la femme que j'avais rêvée, et parée de tant de grâces et de perfections! Félizita, qu'es-tu devenue?... La femme du conseiller de justice Mathesius! O mon Dieu! mon Dieu!... »

Et, prenant sa course en désespéré, il s'en allait, criant au vent le nom de Félizita, et mêlant à ses plaintes de rauques éclats de rire. Il franchit la porte des Oliviers, et courut tout d'une haleine de Langfuhr au Karlsberg. Arrivé là, il tomba à genoux et plongea ses regards enflammés sur les jardins de Sorrente; puis il éclata en sanglots et versa des larmes amères.

« Hélas! se disait-il, je suis victime de la fatalité! Mais pourquoi me plaindre? Ai-je le droit d'accuser le ciel? J'ai méconnu les voies simples de la Providence; je me suis créé un brillant fantôme, et mon amour crédule espérait que Dieu lui donnerait la vie! Mais, au sortir du rêve de l'artiste, j'ai trouvé la réalité avec toutes ses misères, avec tous ses désenchantements. Retournons au ciel, ô mon âme! là-haut est le modèle de la beauté impérissable que j'avais appelée! Non, Félizita, je ne t'ai point perdue. Car tu n'es pas une femme, tu es le génie, tu es l'inspiration! Qu'y a-t-il de commun entre mon céleste amour et la femme du conseiller Mathesius?...

— Je ne le sais vraiment pas plus que vous, respectable monsieur Traugott, » dit une voix dont l'accent réveilla les sens de l'amant de Félizita. Il se trouvait, sans savoir comment, dans la Cour d'Artus et en face du tableau des Burgmeisters. La voix qui l'avait galvanisé était celle du mari de Christiana Roos, qui remit à Traugott une lettre arrivant de Rome; elle était de Matusewski.

« Dorina, écrivait ce peintre à son ami, devient chaque jour plus belle. Mais sa beauté est empreinte d'une pâleur fatale, elle pleure ton départ. Si tu ne reviens pas, elle mourra... »

« Je suis bien aise, en vérité, dit Traugott au gendre de maître Élias, en serrant soigneusement la lettre, que nos affaires soient réglées dès aujourd'hui; car demain je retourne à Rome, où m'attend le bonheur. »

ANNUNZIATA

Paganino Doria, l'un des meilleurs capitaines génois, venait de remporter sur les Vénitiens une sanglante victoire, au mois d'août 1354, et de leur enlever la ville de Parenzo. Ses galères triomphantes croisaient dans le golfe, en face de Venise, comme ces oiseaux de proie qu'on voit d'une aile rapide fendre l'air, raser les vagues, et poursuivre tout ce qui s'offre à leur voracité.

La reine de l'Adriatique était plongée dans le deuil; la noblesse et le peuple, consternés, s'attendaient aux plus grands désastres. Un prodige seul semblait capable de sauver la république. Tout ce qui pouvait porter les armes fut convoqué sur le port de San-Nicolo. Des navires hors de service, des arbres séculaires, furent abattus et engrevés; on doubla les chaînes qui fermaient l'entrée des lagunes, afin d'arrêter la flotte ennemie. On entendait retentir le cliquetis des armes qu'on rassemblait à la hâte, et le sourd fracas des blocs de pierres et des charpentes qui s'entassaient dans les bas-fonds de la rade; les agents de la Seigneurie, réunis sur le Rialto, s'épuisaient en efforts pour négocier à tout prix des emprunts, car l'épuisement du trésor public allait rendre toute résistance impossible. Au milieu de cette calamité générale, un nouveau malheur arriva comme un présage de perte. Le doge Andréa Dandulo mourait accablé de chagrin devant les maux de la patrie. Quand la cloche de Saint-Marc annonça cette lugubre nouvelle, le découragement fut à son comble dans toute la ville; tout espoir de salut semblait échapper aux assiégés, comme si le vieux souverain emportait dans sa tombe le Palladium des libertés et de la puissance de Venise; et, pourtant, la perte de Dandulo n'était pas irréparable; ce doge, ami de la paix et d'un âge d'ailleurs avancé, ne pouvait présider efficacement aux opérations difficiles d'un siège. C'était un homme né pour faire le bien, mais peu capable de grandes choses; il s'entendait mieux à étudier le cours des astres que les ressources de la politique, et à régler l'ordre d'une procession pascale que les mouvements d'une armée. Il fallait donc, pour le salut de tous, choisir un doge qui fût à la fois homme de conseil et homme d'action, et qui pût opposer aux menaces des ennemis du dehors l'autorité d'un nom redoutable. Les patriciens s'assemblèrent à Saint-Marc pour procéder à cette élection. Après une longue et triste discussion sur les malheurs du temps, le plus âgé des patriciens, Marino Bodoeri, se leva.

« Ne cherchez pas ici, dit-il à ses collègues, le sauveur de la république. Il est en ce moment en France, à Avignon; c'est Marino Falieri, notre ambassadeur auprès du pape Innocent, que je vous propose d'élever au souverain pouvoir; en lui seul réside notre espoir; habile pour le conseil et fort pour l'action, il nous sauvera des périls qui nous assiégent. Malgré ses quatre-vingts ans, malgré ses cheveux blanchis dans de rudes travaux, souvenez-vous de la belle conduite qu'il déployait naguère sur la mer Noire lorsqu'il était *provediteur* des galères de Venise; souvenez-vous des services éminents qui lui valurent, de la part des *procurateurs* de Saint-Marc, la donation du riche comté de Valdemarino! »

Ce discours de Bodoeri produisit une vive impression sur l'assemblée; il sut vaincre habilement l'opposition de quelques patriciens; Falieri fut nommé à l'unanimité. Les acclamations qui saluèrent l'élection du nouveau doge la firent regarder comme un gage de succès pour l'avenir, comme une véritable inspiration du ciel. Bientôt le règne si paternel du doge décédé fut oublié de ceux-là même qui avaient plus vivement déploré sa perte. « Si nous avions eu Marino pour souverain, disaient les uns, les vaisseaux de Paganino Doria n'insulteraient pas nos rivages! » Des soldats mutilés s'en allaient criant par la ville : « Vive Marino Falieri, le vainqueur du Morbassan! » Chacun racontait à l'envi quelque anecdote de la vie ou des exploits militaires du nouveau doge. L'enthousiasme arriva bientôt à son comble ; ce n'était partout que cris de joie et chants de triomphe, comme si la flotte génoise avait déjà jonché de ses débris la plage de l'Adriatique.

Bientôt le retour des galères vénitiennes, que Nicolo Pisani ramenait des côtes de la Sardaigne, contraignit Doria à quitter sa position pour éviter une surprise. Cet incident releva les courages, et parut d'un heureux augure pour le règne du nouveau doge. — Douze patriciens, escortés d'une suite imposante, furent aussitôt députés à Vérone, où Falieri fut par eux, dès son arrivée, revêtu de la pourpre ducale. Quinze gondoles de l'État, commandées par le podestat de Chioggia, et par son fils Taddeo Giustiniani, allèrent à la rencontre du doge jusqu'à Chiozzo, et le conduisirent solennellement à Saint-Clément, où l'attendait le *Bucentoro*.

Au moment où Marino Falieri montait sur le vaisseau de cérémonie, le soir du troisième jour d'octobre 1354, un pauvre jeune homme gisait sous les piliers de marbre qui soutiennent le fronton de la Dogana. Quelques haillons de toile, semblant provenir d'une casaque de matelot, le couvraient à peine; mais, à travers les déchirures de ce triste accoutrement, on devinait à la blanche poitrine du jeune homme, comme à ses mains délicates, qu'il pouvait appartenir à quelque noble famille. Sa maigreur dessinait plus vivement la régularité de ses formes; une chevelure d'un brun châtain ruisselait en boucles autour de son front; son nez aquilin et sa bouche finement dessinée annonçaient que sa misère actuelle devait être le résultat de quelque malheur. — Ce jeune homme était couché sur les dalles de la Dogana, la tête soutenue par son bras droit; ses yeux fixés vers la mer exprimaient une sombre préoccupation, des bandelettes tachées de sang enveloppaient son bras gauche.

C'était l'heure où cesse tout travail; le bruit du port, les cris des mariniers, s'éteignaient; on n'entendait, au loin, glisser sur les lagunes que les mille gondoles aux doux mystères qui promènent chaque nuit en tout sens les amours de Venise. Le pauvre jeune homme restait seul, avec sa douleur et sa souffrance; ses forces s'épuisaient, et il allait s'évanouir quand une voix grêle et plaintive appela plusieurs fois tout près de lui : « Antonio! mon cher Antonio!... » Antonio souleva péniblement sa tête pâle, et, tournant son regard avec effort du côté de la Dogana, répondit d'un accent presque éteint : « Qui est là? Qui m'appelle? Est-ce un être assez charitable pour jeter mon corps à la mer, car je vais mourir! »

Une petite vieille s'avança, clopin-clopant, jusqu'auprès du blessé, et se penchant sur lui : « Jeune fou, lui dit-elle avec un rire sauvage, tu veux mourir, quand le bonheur t'arrive? Vois-tu là-bas, vois-tu à l'horizon ces flots d'or qui brillantent la pourpre du soir? c'est le signe de la fortune qui vient te visiter. Courage donc, Antonio; l'inanition te fait croire que tu vas mourir sur ces pierres; il faut boire, manger, et prendre du courage! » Antonio reconnut dans cette vieille femme une mendiante à moitié folle qu'il voyait souvent accroupie à la porte du cloître des Franciscains, toujours le sarcasme ou le rire sur les lèvres, et à qui lui-même avait plus d'une fois jeté l'aumône d'un quattrino. « Laisse-moi en repos, vieille sorcière! lui cria-t-il avec impatience; oui, certes, c'est la faim, plus que ma blessure, qui m'a jeté sur ce pavé comme un chien; depuis trois jours je n'ai pas gagné de quoi acheter une bouchée de pain. Je voulais me traîner jusqu'au monastère pour y demander quelques cuillerées de la soupe des pauvres; mais l'heure de la distribution est passée, et les camarades sont partis sans qu'un seul ait eu l'humanité de me prendre dans sa barque. Autant vaut mourir que souffrir davantage. — Hi hi hi hi! ricana la vieille, pourquoi donc perdre l'espérance? Tu as soif, tu as faim, n'est-ce pas? Eh bien, voici de quoi y pourvoir. Croque ces petits poissons secs que j'ai achetés tout à l'heure à la Zecca; voici de la limonade sans pareille, et un petit pain tout frais; mange, mon petit, mange et bois tout ce que tu voudras, et ensuite nous verrons à guérir ton bras blessé. » Tout en parlant de la sorte, la vieille tira de sa besace les provisions qu'elle offrait si libéralement. Dès qu'Antonio eut rafraîchi ses lèvres brûlantes et fait honneur au frugal repas de la vieille, celle-ci s'occupa de visiter sa plaie avec une tendre sollicitude. Le bras était grièvement meurtri, mais en pleine voie de guérison. Elle y étendit un onguent qu'elle gardait dans une petite boîte et le frictionna doucement en continuant de causer avec Antonio. « Eh! qui donc, lui disait-elle, qui donc, mon pauvre enfant, t'a frappé si rudement? »

Antonio, que la nourriture avait réconforté, se leva, et, l'œil ardent, la main droite crispée, il s'écria : « C'est Nicolo le marinier; il m'envie chaque quattrino que me jette une main bienfaisante! Tu sais, bonne femme, que je gagnais ma vie à décharger des ballots sur le port, et à les rouler au magasin des Allemands, dans le *Fontego*... » A ce mot de Fontego, la vieille se prit à ricaner en grommelant avec une étrange volubilité : « Fontego, Fontego, Fontego! — Tais-toi donc avec ton rire stupide, si tu veux que je parle, » dit Antonio en frappant du pied. La vieille se tut, il poursuivit : « J'avais amassé quelques quattrini, et acheté une casaque neuve; puis, tout heureux de me voir un peu mieux habillé, je m'étais engagé dans le corps des gondoliers. Comme j'étais toujours gai, dispos, robuste et actif, et que je savais une foule de chansonnettes pour amuser mes passagers, je récoltais tous les jours quelques quattrini de plus que mes camarades. Mais bientôt, envieux de mon bien-être, ceux-ci parvinrent à me brouiller avec le patron de ma gondole. Je fus chassé, et réduit à reprendre mon triste état de portefaix. Or, il y a trois jours qu'auprès de San-Sebastian je fus assailli à coups de pierre et à coups d'avirons par ces misérables, tandis que je déchargeais un bateau. Je me défendais comme un lion, mais le lâche Nicolo m'asséna par derrière un coup de rame qui ne fit heureusement que meurtrir mon bras gauche... Le baume dont tu m'as si bien frotté me cause déjà un soulagement infini; j'aurai bientôt, s'il plaît à Dieu, rerouvré ma vigueur; et l'aviron ne pèsera guère dans ma main! » Et, comme Antonio joyeux agitait son bras en l'air, comme un homme qui veut ramer, la vieille lui cria d'une voix satanique : « Rame donc, rame encore; rame à tour de bras, mon enfant; voici ta fortune qui vient, l'or étincelle au milieu des flammes du soleil couchant! Rame, ô mon fils! encore une fois : c'est la dernière!... »

Antonio n'écoutait plus les exclamations de la vieille; un magnifique spectacle venait de lui apparaître. De Saint-Clément s'avançait majestueusement, comme un cygne doré, le *Bucentoro*, pavoisé du lion adriatique, et fendant les eaux sous l'effort des rameurs. Autour de lui, dans le remous des vagues, bondissaient mille gondoles parées de flammes de toutes couleurs; l'horizon des lagunes, embrasé des splendeurs du soleil couchant, projetait sur ce cortége et sur les édifices de Venise des gerbes de rayons. Mais, tandis qu'Antonio, sous le charme de cette vision merveilleuse, oubliait ses chagrins dans une muette contemplation, le fond du ciel rougissait de plus en plus, le vent s'élevait, et le grondement sourd d'un orage prochain roulait au loin sur la mer. Bientôt une sombre nuée s'étendit comme un rideau de plomb; le golfe, devenu houleux, fouetta d'écume les flancs de l'escadre triomphale. Le *Bucentoro*, gémissant sous les chocs redoublés de la tempête, semblait à chaque minute près d'être englouti. Aux fanfares joyeuses avaient succédé les cris d'effroi des mariniers et du peuple accouru en foule sur la grève.

Antonio suivait de l'œil ce désordre toujours croissant; tout à coup un bruit de chaînes frappe son oreille; il regarde : — l'ouragan tourmente un batelet amarré au mur. Détacher cet esquif, prendre les rames et s'élancer sur les vagues au-devant du *Bucentoro*, c'est pour le jeune marinier l'affaire d'un moment. Les cris de détresse arrivent à son oreille plus déchirants et plus forts : « Sauvez le doge! sauvez le doge! » Et déjà de toutes parts arrivent de nombreux batelets; mais l'homme qui, selon toute apparence, devait échouer, réussit, tandis que les efforts combinés de la foule restent sans fruit. C'était le pauvre Antonio que le sort avait choisi pour sauver

7

le doge; sa nacelle bien gouvernée parvint seule, malgré les coups de mer qui l'assaillaient, à gagner la proue du *Bucentoro*. Marino Falieri, debout sur le pont du navire dans une attitude calme et majestueuse, contemplait avec résignation le danger qui grandissait de minute en minute; mais, lorsque la barque d'Antonio eut jeté son grappin pour s'accrocher au navire, il sembla retrouver la vigueur de sa jeunesse et s'y élança avec autant d'adresse que le matelot le plus expérimenté. Antonio, fier d'un si noble poids, prit le chemin de la terre et conduisit Marino Falieri sain et sauf jusqu'à la place Saint-Marc. Le doge, encore tout ruisselant de l'eau de la mer, se rendit à l'église, où s'achevèrent les cérémonies du couronnement. Le peuple, comme la Seigneurie, se sentait saisi d'effroi; tout le monde cherchait de vagues présages dans les incidents de cette journée; on remarqua surtout que, dans la précipitation inséparable du désordre d'un pareil moment, le doge était passé entre les deux colonnes qui marquent le lieu des exécutions sanglantes.

Personne ne semblait s'occuper du sauveur du doge; Antonio lui-même, brisé de fatigue et souffrant plus que jamais de sa blessure mal cicatrisée, s'était retiré à l'écart, sans songer au prix que méritait son dévouement; il gisait mourant sur les marches du palais ducal. Grande aussi fut sa surprise, quand, vers la brune, un garde-noble vint l'éveiller et l'entraîner tout chancelant jusqu'au fond des appartements du doge. Marino Falieri fit quelques pas à sa rencontre, et, lui remettant deux bourses bien garnies : « Mon bon ami, lui dit-il, tu as montré aujourd'hui du courage et du cœur; toute vertu doit trouver sa récompense; accepte donc ces trois mille sequins; si tu en veux davantage, parle sans crainte, je n'ai rien à te refuser; mais ne reparais plus jamais devant mes yeux. » En achevant cette phrase, le vieillard changea de visage; ses yeux lançaient des éclairs et son nez devint tout rouge. Antonio ne prit pas garde à cette bizarrerie, tout entier à la joie d'avoir acquis une petite fortune qui lui semblait fort bien gagnée au péril de sa vie.

Le jour suivant, Marino Falieri, revêtu de la pourpre souveraine, et penché sur les balcons du palais, regardait d'un il rêveur le peuple qui se livrait aux divertissements de toute sorte. Bodoeri, son ami d'enfance, étudiait avec anxiété sur sa physionomie les signes d'une tristesse secrète; tous deux étaient seuls. « Eh bien, Falieri, lui dit-il en souriant pour faire diversion aux pensées qui l'absorbaient, quelle sombre mélancolie vous assiège? La couronne ducale aurait-elle déjà meurtri votre front? » Cette interpellation déplut au doge; mais il savait qu'il devait son élection à Bodoeri; l'influence de ce patricien était immense; Falieri dévora sa mauvaise humeur, et répondit que sa préoccupation n'avait pour cause que les mesures nécessitées par les approches de l'ennemi. « De tels détails, reprit Bodoeri, ne devraient point troubler la sécurité de votre âme; le plan de défense de Venise se discutera tout à l'heure dans le sénat. Je ne suis pas venu vous visiter de si grand matin pour parler de guerre. Non; le sujet qui m'amène n'intéresse que vous; ne le devinez-vous pas?... Je viens vous proposer un mariage... — Un mariage? quelle idée! s'écria le doge en tournant le dos à son ami, un mariage! mais le jour de l'Ascension n'est pas encore si près de nous, et, d'ici là, j'espère, avec l'aide de Dieu, que l'Adriatique, illustrée par mes victoires, pourra recevoir avec orgueil mon anneau de fiançailles. — Eh! qui vous parle, répliqua Bodoeri avec impatience, des fêtes de l'Ascension et du mystérieux mariage des doges avec l'Adriatique? La mer est-elle une épouse si fidèle que vous puissiez en faire l'unique objet d'éternelles amours? Ne connaissez-vous point ses perfidies? Elle reçoit à chaque nouveau règne un nouvel anneau, comme un tribut d'esclaves que lui payent tour à tour les souverains de Venise. Je croyais, Falieri, qu'une fois élevé à l'apogée du pouvoir, vous voudriez choisir la plus belle des filles de la terre. — A mon âge? murmura Falieri; mais ne suis-je pas brisé par les travaux de la vie? et comment pourrais-je aimer si tard?... — Eh quoi! faut-il mesurer la vie à la somme des années, à la grandeur des labeurs accomplis? Aujourd'hui, doge de Venise, sentez-vous l'épée peser trop à votre main; et, quand vous montiez les marches du palais ducal, avez-vous senti fléchir vos genoux sous le manteau de pourpre?... — Qui dit cela? s'écria Falieri d'une voix tonnante ; non, par saint Marc, je n'ai ni le bras plus faible, ni le pas moins assuré que dans mes meilleurs jours !... — En ce cas, dit Bodoeri, il est encore temps de cueillir les plus belles roses de la vie. Élevez au rang suprême la femme que je vais vous proposer, et Venise entière approuvera votre choix... » Et, profitant de cette exaltation qui venait de galvaniser les quatre-vingts ans du doge, Bodoeri fit le tableau le plus séduisant de toutes les perfections que réunissait la jeune fille dont il n'aurait plus tout à l'heure à lui apprendre que le nom. Chaque mot produisait son effet ; les traits flétris de Marino s'épanouissaient de nouveau, et ses lèvres claquaient comme s'il eût en ce moment dégusté quelque flacon de délicieux syracuse. « Hé ! hé ! se prit-il à dire, quel est donc ce trésor de beauté ? — C'est de ma petite nièce, reprit Bodoeri, que j'ai l'honneur d'entretenir Votre Grâce. — Votre nièce, Bodoeri ? mais je la croyais mariée, mariée de vieille date à Bertuccio Nenolo ; j'étais alors podestat de Trévise. — Votre Grâce veut parler de ma nièce Francesca, mais c'est sa fille que je vous propose. Nenolo a péri dans un combat naval ; sa veuve désolée s'est retirée dans un cloître à Rome, et j'ai fait élever leur fille Annunziata dans ma villa de Trévise, cachée à tous les yeux, au sein de la retraite la plus absolue. C'est une belle personne qui compte dix-neuf ans à peine, elle unit à toutes les séductions de la beauté la plus parfaite le charme des plus douces vertus ; elle vous sera soumise comme une enfant, et dévouée comme une épouse reconnaissante. — Je veux la voir ! je veux la voir ! » interrompit le doge, dont l'imagination se retraça aussitôt sous les plus vives couleurs le portrait de la belle Annunziata.

Quelques heures plus tard, à la sortie du conseil, Marino Falieri rencontra sur son passage la merveilleuse jeune fille sur laquelle Bodoeri fondait l'espoir de sa puissance prochaine. A l'aspect d'une si enivrante personne, il sentit glisser dans ses veines un trouble inconnu, et ses lèvres ne purent laisser échapper que des mots sans suite. Annunziata, prévenue sans doute à l'avance du cérémonial qu'elle devait observer en face du souverain, s'agenouilla en rougissant, et baisa la main que le doge lui offrait. « Monseigneur, lui dit-elle d'une voix si émue qu'on l'entendit à peine, Votre Grâce daignerait-elle m'appeler à l'insigne honneur de m'asseoir à côté d'elle sur le trône ducal? Toute la vie de votre humble servante ne suffirait pas à acquitter une telle faveur. » Marino Falieri frissonnait de plaisir en écoutant cette voix céleste. Le contact de la main d'Annunziata produisit sur ses nerfs un choc électrique; ses yeux se voilèrent d'un nuage, ses jambes fléchirent; il recula de quelques pas en chancelant comme un homme ivre, et se laissa presque tomber dans un grand fauteuil. Bodoeri, l'œil attaché sur lui, riait dans sa barbe de l'état pitoyable de son vieil ami. Il comprenait tout ce qu'il pouvait espérer de ce premier succès. L'innocente Annunziata ne soupçonnait pas qu'elle allait être vendue au vieillard couronné. Cette scène n'avait d'ailleurs aucun témoin. Falieri était redevenu rêveur; il songeait au ridicule qui couvrirait peut-être aux yeux du peuple son union avec une fille de dix-neuf ans; mais l'adroit Bodoeri vint à son aide, et tous deux résolurent, d'un commun accord, que le mariage s'accomplirait dans le plus grand secret, et que la dogaresse serait, quelque temps après, présentée à la noblesse et au peuple comme épouse de Falieri depuis plusieurs années; elle arriverait de Trévise, où elle avait passé le temps de l'ambassade du doge à Avignon.

Jetons un regard sur ce beau jeune homme, richement costumé, qui se promène sur le Rialto, causant avec des Juifs, des Turcs, des Arméniens et des Grecs. Dans sa main résonne une bourse gonflée de sequins d'or; mais son front est couvert de rides précoces, la douleur a déjà flétri son existence; il va, il vient, il s'arrête; ses pas sont saccadés, sa démarche est inquiète. Tout à coup il se décide, se jette dans une gondole et fait signe aux mariniers de le conduire à la place de Saint-Marc. Arrivé là, il recommence sa promenade, les bras croisés sur sa poitrine, les yeux fixés à terre. Vainement sur son passage les stores se lèvent, vainement de douces paroles murmurent à son oreille, il ne voit rien, n'entend rien, il va toujours. Qui pourrait reconnaître dans ce jeune homme le pauvre Antonio que nous avons vu, pour la première fois, gisant sur les dalles de la Dogana? Une voix bien connue le salue au moment où il passe devant le parvis de l'église Saint-Marc. Il se retourne, c'est la vieille femme qui lui prédisait, la veille, son heureuse aventure. Antonio fouille dans sa bourse pour lui jeter l'aumône de quelques sequins.

« Garde ton or ! s'écrie la mendiante, je suis plus riche que toi, mon enfant ; mais, si tu veux m'obliger, me faire quelque gracieuseté, donne-moi une cape neuve pour me préserver du vent ou de la pluie, et que Dieu te garde ! Souviens-toi seulement d'éviter le *fontego*, souviens-t'en ! »

Antonio regardait avec pitié la pauvre femme ; sa recommandation lui paraissait dénuée de sens ; et, pour se débarrasser de son insistance, il se remit à traiter la bonne vieille de sorcière et de folle. A ces mots, la malheureuse créature roula comme foudroyée sur les marches du parvis ; Antonio courut à elle pour la relever... « O mon fils ! disait-elle d'une voix étouffée, quel mal t'ai-je fait pour me traiter de la sorte ? Si tu savais... » Mais la parole expira sur ses lèvres, elle cacha ses traits flétris sous les haillons qui l'affublaient tant bien que mal, et se mit à gémir. Antonio souffrait de la voir ainsi ; il la fit asseoir sous le portail de Saint-Marc ; puis, s'asseyant auprès d'elle : « Bonne femme, mon bonheur me vient de toi ; car, sans ton secours, je n'aurais pas sauvé le doge, ni gagné trois mille sequins ; mais, sans parler de ce service, j'éprouve pour toi un intérêt irrésistible ; quand je travaillais sur le port en gagnant à grand'peine le pain de chaque jour, je croyais commettre une faute si je ne te jetais chaque soir quelques quattrini. — O mon enfant ! mon Tonino ! s'écria la vieille, je sais bien, moi, pourquoi tu éprouves cette affection contre laquelle tu lutterais en vain. Et dis-moi, maintenant, n'as-tu aucun souvenir d'une vie plus heureuse ? Dans ton enfance, exerçais-tu l'état de portefaix ?...

— Pourquoi, reprit Antonio, rappeler le passé ? Mes parents étaient riches, mais je ne me souviens guère de leurs visages, ni de l'événement qui nous a séparés. Ils me parlaient une langue étrangère que j'ai aussi oubliée. Quand j'étais marinier sur les lagunes, mes camarades de travail disaient, pour se moquer de moi, que j'avais l'air d'un Allemand. Que m'importe, après tout, le pays qui m'a vu naître, puisque j'ai perdu tout espoir de retrouver ma famille! J'ai un vague souvenir du moment où je lui fus enlevé. La nuit était orageuse et sombre, un cri de désespoir et d'atroce douleur m'éveilla en sursaut, toute la maison était bouleversée; les portes s'ouvraient et se fermaient avec fracas; une femme qui veillait près de mon berceau m'emporta roulé dans un drap et s'enfuit; depuis ce moment une immense lacune existe dans mes souvenirs. Plus tard, je me retrouvai dans un brillant palais, au sein d'une contrée nouvelle. L'homme qu'on me fit appeler du nom de père avait l'air majestueux comme un prince; il parlait italien; j'appris à bégayer cette langue. Un jour qu'il s'était absenté, des gens de mauvaise mine pénétrèrent jusqu'auprès de moi. « Que fais-tu dans cette maison? me dit l'un d'eux. — Je suis Antonio, leur dis-je, le fils du seigneur à qui appartient ce palais. » Ces bandits me dépouillèrent de mes riches habits, et me jetèrent dans la rue, avec menace de me rouer de coups si jamais je reparaissais devant eux. A peu de distance du palais je rencontrai un de nos domestiques. « Viens, pauvre enfant! viens, me « dit ce brave homme en me prenant dans ses bras; il n'y a « plus pour toi sur la terre de bonheur ni d'aisance à espérer. « Je vais tâcher de travailler quelque part pour gagner un « peu de pain que nous partagerons! » Il m'emmena chez lui; mais je m'aperçus bientôt qu'il n'était pas aussi pauvre qu'il voulait le paraître, car ses habits déchirés cachaient dans leur doublure plus d'un sequin de bon or, et, au lieu de travailler de ses bras comme un misérable journalier, il allait chaque jour au Rialto brocanter des affaires avec les Juifs et les autres marchands étrangers. Je le suivais dans ses courses, car il m'avait prescrit de le suivre comme son ombre; chaque fois qu'il avait terminé un marché il demandait une gratification pour son *figliuolo*, comme il m'appelait. Ma gentillesse décidait souvent les acheteurs à lâcher quelques quattrini que le vieux mettait joyeusement dans son escarcelle, en me disant, du ton le plus affectueux, qu'il voulait m'habiller à neuf de pied en cap. L'habit neuf n'arrivait guère, mais je ne me trouvais pas trop malheureux en compagnie du vieux Blaunas; le ciel me réservait de nouveaux malheurs. Te souviens-tu, bonne femme, de cet affreux tremblement de terre qui faillit, il y a sept ans, renverser Venise de fond en comble? nous eûmes à peine le temps, Blaunas et moi, de fuir de notre logis, qui s'écroula derrière nous. Cette catastrophe tua le commerce, les marchands disparurent, la ville resta plongée dans la consternation; cette rude secousse n'était pourtant que l'avant-coureur d'un fléau plus redoutable. La peste accourait de l'Orient en Sicile avec une désastreuse rapidité, et dévorait déjà la Toscane. Un jour que le vieux Blaunas venait de conclure à grand'peine une affaire avec un Arménien, il demanda, selon son habitude, la petite gratification *per il figliuolo*; l'Arménien, espèce d'Hercule, velu comme un ours, me lança un coup d'œil inquisiteur, m'embrassa, et me glissa dans la main deux sequins que je serrai soigneusement. Chemin faisant, comme nous regagnions la place Saint-Marc, le vieux Blaunas me demanda les sequins. Je lui prouvai très-logiquement que je les garderais, car l'Arménien, en me les donnant à moi-même, avait sans doute voulu m'en rendre propriétaire. Blaunas se fâcha; à mesure qu'il s'animait, son visage se jaspait de larges taches d'un jaune livide, et sa langue embarrassée ne proférait plus que des mots sans suite. A peine fûmes-nous arrivés sur la place Saint-Marc, qu'un vertige le saisit; ses jambes vacillèrent, ses yeux se renversèrent dans leur orbite, et il tomba mort au pied de l'escalier du palais ducal. Je me jetai avec désespoir sur ses restes inanimés, les passants s'arrêtèrent à mes cris; mais une voix s'étant écriée dans la foule : « C'est un pestiféré! » tout le monde s'enfuit avec épouvante, me laissant seul évanoui sur ce cadavre que je tenais embrassé. Quand je repris mes sens, je me trouvai gisant, dans une grande salle voûtée, étendu sur des nattes de jonc, à peine couvert d'un lambeau de laine. Une trentaine de moribonds jonchaient çà et là le pavé. Je demandai où j'étais et ce qu'on voulait faire de moi; on m'apprit que des moines charitables qui sortaient de Saint-Marc, m'ayant trouvé respirant encore, m'avaient transporté en gondole au couvent de San-Giorgio-Maggiore, où les bénédictins desservent un hospice. Ma situation était déplorable, j'eus une peine infinie à recueillir mes pensées une à une. Depuis cette époque je ne sais plus rien, soit qu'en effet je n'aie rien connu de positif sur mon origine, soit que la peste ait paralysé ma mémoire.

— Pauvre Tonino, dit la vieille tout émue, ne songe plus au passé; contente-toi, si tu le peux, du bien-être que le hasard te donne. — Hélas! reprit Antonio, je le voudrais en vain; quelque chose s'agite en moi, qui tôt ou tard aura sur ma destinée une influence fatale. Je me sens consumé par un désir immense qui emporte mon âme à travers des espaces inconnus; ce désir, je ne puis ni l'expliquer ni m'y soustraire. Quand je vivais du labeur pénible de chaque journée, le sommeil me visitait le soir, je m'endormais après avoir prié Dieu, et mes songes étaient calmes. Depuis que l'oisiveté m'est permise, je sens avec plus d'âpreté le supplice d'une vie isolée; je me souviens vaguement de la félicité qui entourait mon berceau, et je me désole de l'impuissance où je suis d'en ressaisir aujourd'hui la moindre trace!... »

Antonio se tut, un soupir étouffé souleva sa poitrine, et il pencha sa tête pour cacher une larme brûlante. La vieille mendiante de Saint-Marc avait écouté son récit avec des marques d'une violente agitation : « Fol enfant! s'écria-t-elle quand il eut cessé de parler, prends garde de laisser le bonheur pour le rêve!... Malheur à qui trop désire!... » Puis, se livrant à des accès de ricanements frénétiques, elle se mit à gambader sous le portail de l'église, et à pousser des petits cris aigus. Quelques dévotes qui venaient de prier lui jetèrent quelque monnaie; mais elle ne prit pas la peine de ramasser ces aumônes : « Tonino, s'écria-t-elle de nouveau, emmène-moi là-bas, vers la mer! »

Le jeune homme obéit machinalement à ce désir; il prit la vieille par le bras et tous deux traversèrent la place à pas lents. « Tonino, disait-elle de temps en temps d'une voix grave et rauque, regarde, Tonino, n'y a-t-il pas des taches de sang sur le pavé?... Oui, c'est du sang, vois-tu?... du sang noir, là, partout!... N'aie pas peur, Tonino! hi, hi! hi, hi! de ce sang vont éclore des roses rouges pour te faire

7.

une couronne, une couronne de fiançailles!... Vois-tu, vois-tu là-bas, venir sur les sentiers du ciel, cette blanche vision d'amour qui te sourit, et qui t'ouvre ses bras pour t'enlacer comme une guirlande de lis? Espoir et courage, mon Tonino! Tu cueilleras, au soleil couchant des myrtes embaumés pour en parer le sein de ta fiancée! Mais les myrtes cueillis à cette heure ne fleurissent qu'à minuit!... Écoute, écoute, n'est-ce pas déjà le vent du soir, la brise nocturne qui caresse l'air à l'heure de la veillée d'amour, au bord des flots endormis?... Courage, mon Tonino... courage!... »

En psalmodiant ainsi, la vieille avait repris une force surnaturelle, elle entraînait Antonio d'un pas rapide vers la mer. Quand ils furent arrivés près de la colonne qui porte le lion adriatique, Antonio, fatigué de l'exaltation toujours croissante de sa singulière compagne, et voyant qu'elle attirait la curiosité des passants, s'arrêta brusquement. « C'est assez écouter tes folies et tes songes creux, lui dit-il; je t'ai promis une cape neuve et assez de sequins pour vivre longtemps sans mendier; je tiendrai ma promesse, mais laisse-moi! » Il allait s'éloigner d'un pas rapide, mais la vieille le retint par son manteau. « Encore un moment, s'écria-t-elle d'une voix suppliante, encore un regard, si tu ne veux que sous tes yeux je me jette dans la mer! » Antonio s'arrêta, le dédain sur les lèvres, la lassitude peinte dans tous ses traits.

« Assieds-toi là, près de moi, poursuivit la vieille; j'ai un mystère à te révéler. » Antonio s'assit en lui tournant le dos. « Tonino, dit la vieille, quand tu me regardes fixement, ne sens-tu renaître dans ta mémoire aucune vague réminiscence d'autrefois? — Je t'ai cent fois répété, interrompit le jeune homme, que, malgré moi, je me sentais attiré vers toi par un pouvoir irrésistible; mais, à tes yeux effarés, à ton nez crochu, à tes joues violacées, à toute ta personne hideuse et décrépite, je te croirais un mauvais génie attaché à ma poursuite. — Grand Dieu! d'où peut te venir une pensée aussi atroce?... Mais, Tonino, cette femme qui veillait près de ton berceau, cette femme qui t'a emporté dans ses bras pendant cette nuit terrible, cette femme qui te sauvait la vie au péril de la sienne, c'était moi, Tonino!

— Vous? s'écria Antonio; croyez-vous, maudite folle, vous jouer sans cesse de ma crédulité? cette femme dont j'ai gardé un vague souvenir était belle et jeune... ce ne peut être vous! — Dieu du ciel, suis-je assez malheureuse pour me voir ainsi repoussée! Sainte madone! ne ferez-vous pas un miracle pour que mon Tonino croie aux paroles de la fidèle Margaretha? — Margaretha! redit Antonio en portant la main à son front, comme pour y chercher un souvenir, Margaretha! ce nom caresse mon oreille comme l'écho d'un chant perdu dans l'espace... Margaretha!... mais non, c'est impossible ! »

La vieille n'opposa cette fois que du calme à l'anxiété d'Antonio. Elle continua de parler, les yeux baissés, les mains croisées sur sa béquille. « Tonino, tu n'es pas de Venise; ta mère mourut en te donnant la vie; ton père, riche marchand d'Augsbourg, quitta sa patrie, qu'il ne pouvait habiter après la perte de sa femme adorée ; il vint se fixer à Venise, où je fus ta nourrice. Après l'événement de cette nuit fatale qui te ravit ton père, j'eus le bonheur de te sauver. Un patricien de Venise te recueillit. Quant à moi, je restai seule et sans ressources. Je tenais de mon père, qui avait passé sa vie dans l'étude des sciences occultes, la connaissance des propriétés secrètes des plantes et des breuvages merveilleux. Le ciel, qui me destinait peut-être à devenir quelque jour l'instrument de décrets que j'ignore, ajouta à ces connaissances merveilleuses le don de lire dans l'avenir; je vois souvent, comme dans un clair-obscur, s'agiter les images du temps futur, et la puissance surnaturelle qui me domine en ces instants me fait parler un langage étrange dont je ne puis toujours comprendre moi-même le sens. Obéissant à la volonté mystérieuse qui me poussait, j'exerçai mon art dans un quartier retiré de Venise. Des cures extraordinaires me créèrent en peu de temps une réputation fameuse, et me gagnèrent autant de jaloux que d'admirateurs. Les charlatans qui vendaient leurs drogues sur la place Saint-Marc, au Rialto, à la Zecca, prétendirent que j'étais en commerce avec le diable, et le peuple, prêt à tout croire, se souleva contre moi. L'inquisition s'en mêla. On me soumit aux plus épouvantables tortures pour m'arracher l'aveu de crimes dont j'étais innocente; tout mon corps fut disloqué avec des raffinements inouïs de cruauté. Mes cheveux ont blanchi, mon corps a perdu presque toute forme humaine; ces monstres m'ont rendue folle, au nom du Dieu qu'ils prétendaient venger; puis, quand je n'ai plus été, dans leurs mains, qu'un squelette vivant, quand ils m'ont eu, à leur aise, réduite à l'état de cadavre ambulant, ils m'ont condamnée au feu; la veille même du supplice, le tremblement de terre a brisé mon cachot; je me suis enfuie comme un spectre à travers mille ruines de palais écroulés. Ce n'est donc pas la vieillesse et la décrépitude qui m'ont faite ce que je parais à cette heure; c'est la torture qui m'a défigurée; c'est la torture qui m'a laissé ces accès de folie qui inspirent plus d'horreur que de pitié... Et maintenant, Tonino, maintenant, refuseras-tu de me croire? N'auras-tu pas une parole de commisération pour la pauvre Margaretha?...

— Pauvre femme! s'écria Antonio; oui, je sens en moi que tu dis la vérité. Mais il faut que tu m'apprennes ce que tu sais de mon père;... qui était-il? dis-moi son nom; quels événements nous ont séparés? et, puisque tu sais lire dans le secret des destinées, je veux encore que tu me fasses connaître cette influence mystérieuse qui domine ma vie, et qui m'écrase sans cesse... Parle donc, Margaretha! J'ai hâte de tout savoir... — Plus tard, mon Tonino, plus tard, murmura la vieille; mais, si tu crois à ma parole, et si tu veux éviter un malheur irréparable, ne va pas au *fontego*... » Mais, à ces mots, le jeune homme impatienté se leva tout à coup. « Je vois bien, s'écria-t-il, que tu as perdu le sens, et je suis moi-même un vrai fou d'écouter ainsi ton bavardage. Je te donnerai une cape neuve, et j'emplirai de sequins d'or tes deux mains; — quant au surplus, fais-moi grâce de tes contes... »

A quelque temps de là, le mariage du doge avec la belle Annunziata fut publié dans toute la ville. Ce vieillard flétri sous sa couronne offrait un étrange contraste avec la suave jeune fille que l'ambition de Bodoeri lui avait livrée. Toutes les séductions de la magnificence entouraient Annunziata. Mais, au delà de ces splendeurs qui caressaient doucement ses frais désirs d'enfant, le mariage restait pour elle voilé d'un mystère pudique; elle aimait le doge avec respect, avec reconnaissance, et ne soupçonnait pas encore qu'il pût exister dans le monde un autre sentiment. Les jeunes patriciens de Venise, conviés aux fêtes du palais ducal, se disputaient ses regards et son sourire; c'étaient chaque jour nouveaux hommages. Annunziata regardait, souriait, mais son cœur restait muet. Cependant ces nobles oisifs ne se désespéraient point; ils espéraient que le temps triompherait de cette froideur. Du reste, aucun d'eux n'aima la belle dogaresse avec l'enthousiasme passionné de Michaele Steno, le plus puissant de tous; car, malgré son âge, il était investi des hautes fonctions de membre du conseil des Quarante, et son emploi lui donnait beaucoup d'orgueil et d'espérance. Marino Falieri ne se montrait point jaloux, et même depuis son mariage il semblait avoir perdu quelque chose de ses formes rudes et austères d'autrefois. On le voyait souvent assis près de la belle Annunziata, paré de ses vêtements les plus coquets; le sourire glissait toujours sur ses lèvres, chacune de ses paroles était affable, et il accordait avec une étrange facilité toutes les grâces qu'on lui demandait. Ce vieillard sans force ne ressemblait guère au vainqueur du Morbassan, qui dans un accès de colère n'avait pas craint de frapper au visage l'évêque de Trévise. Ce changement subit de caractère servait les projets de Michaele Steno. Annunziata ne comprenait rien aux assauts galants que lui livrait ce jeune et brillant seigneur; elle restait froide et impassible. Michaele Steno, désespérant du succès de son intrigue par les voies ordinaires, résolut d'assurer sa victoire au prix des plus coupables artifices. Il corrompit, à force d'or, une camériste qui ne quittait jamais Annunziata, et obtint une clef des appartements secrets de la dogaresse. Mais Dieu veillait sur la jeune fille.

Une nuit, le doge venait d'ouvrir une dépêche; Nicolo Pisani avait perdu une bataille, près de Portolongo, contre Doria; le doge, en proie à de sinistres appréhensions, errait tristement sans pouvoir trouver le sommeil, quand il aperçut tout à coup une ombre se glisser du côté du palais qu'habitait Annunziata. C'était Michaele Steno qui sortait furtivement de chez la dogaresse. Une affreuse pensée traversa l'esprit de Falieri. Il s'élança au-devant de Steno, le poignard levé. Mais Steno, plus fort et plus leste qu'un vieillard, renversa le doge, et disparut dans l'ombre. Falieri marcha droit à la chambre d'Annunziata. Tout était calme, — le silence d'un tombeau. Il frappe rudement. Une femme ouvre la porte, et Falieri voit une figure étrangère ; cette femme n'est point attachée au service particulier de la dogaresse. Annunziata s'éveille et dit : « Que vient si tard ordonner mon redoutable époux?... »

Cette voix n'est pas émue ; Falieri s'approche, regarde la dogaresse, et, levant ses mains au ciel, il s'écrie : « Non, non, ce n'est pas possible ! — Qu'est-ce à dire? quel trouble vous agite? » reprend Annunziata, que ces mots font trembler.

Falieri, sans répondre, se tourne du côté de la camériste : « Par quel ordre êtes-vous ici, lui dit-il, et pourquoi Luigia n'occupe-t-elle point cette nuit son poste accoutumé? — Monseigneur, dit cette fille, Luigia m'a priée de prendre sa place pour cette nuit; elle doit être couchée dans la chambre qui avoisine l'escalier. — Près de l'escalier? » s'écrie avec joie Falieri, et d'un pas rapide il en prend le chemin. Luigia, forcée d'ouvrir à ses coups redoublés, tombe à genoux et confesse sa faute, que trahit d'ailleurs une paire de gants d'homme parfumés d'ambre, brodés aux armes de Michaele Steno. Le doge, mécontent d'avoir compromis sa gravité par un trait d'inutile jalousie, écrivit à l'impudent patricien pour lui interdire, sous peine d'exil, de reparaître en sa présence, ni aux abords du palais ducal.

Michaele Steno, se voyant découvert et frappé d'une telle disgrâce, jura d'en tirer une terrible vengeance ; et, pour commencer, il ne craignit pas de faire circuler des bruits injurieux pour la vertu de la dogaresse. Marino Falieri apprit ces calomnies. L'impuissance où il se trouvait de châtier le misérable qui souillait dans l'ombre l'honneur de sa couronne, le chagrin que lui inspirait sa position critique en face du peuple toujours prêt à se moquer des ridicules, la jalousie enfin, aigrirent le caractère de Falieri. Il relégua sa jeune femme dans les appartements les plus reculés du palais, l'entoura d'espions et de surveillants, et la priva de toutes relations avec le dehors. Bodoeri seul, informé de ces rigoureuses mesures, voulut en vain rappeler le doge à des sentiments plus humains; Marino Falieri se montrait inflexible.

Cependant l'époque du carnaval approchait. Au milieu de ces fêtes populaires, le doge et son épouse viennent, de temps immémorial, présider aux plaisirs de la foule. Bodoeri voulut profiter de cette circonstance, et représenta à Falieri le ridicule dont il se couvrait aux yeux de tout le monde, si sa jalousie insensée privait Venise de la présence d'Annunziata. « Eh! mais pensez-vous donc, dit gravement le doge, que j'en sois réduit à cacher ma femme, et que je ne puisse, quand il me plaira, la défendre au grand jour avec ma vieille épée? Je veux dès demain la montrer en public sur la place Saint-Marc, je veux que Venise tout entière salue avec applaudissement sa belle souveraine, je veux qu'Annunziata reçoive elle-même le bouquet de l'intrépide matelot qui doit s'élancer vers elle du haut des airs, au milieu de la fête du jeudi gras! »

Le doge voulait parler d'une vieille coutume nationale. Il est d'usage que, le jeudi gras, le plus hardi des gens du peuple s'embarque dans une espèce de nacelle suspendue à un câble; un bout s'attache au beffroi de Saint-Marc, et l'autre plonge dans la mer. L'audacieux glisse de cette hauteur, comme une flèche, jusqu'à la place où sont assis le doge et la dogaresse au bord de la mer, et vient offrir à la dogaresse un magnifique bouquet de fleurs. — Le jour suivant, Marino Falieri voulut tenir la promesse qu'il avait faite à Bodoeri. Le cortège souverain se rendit en pompe à la place Saint-Marc au milieu d'une foule immense. Les beaux esprits de la ville aiguisaient mille mots piquants à l'adresse des illustres époux; les courtisans ne furent pas les derniers à se permettre la critique; mais le doge ferma l'oreille à tout et sut rester impassible.

Au moment où Annunziata franchissait la porte du palais, un jeune homme qui se tenait debout, appuyé contre une colonne, poussa un cri et tomba évanoui sur les dalles de marbre. La foule se pressa autour de lui, et la dogaresse ne le vit point; mais ce cri avait traversé son cœur comme un fer ardent, elle pâlit et chancela. Le doge fronça le sourcil, et, refusant les secours qu'on voulait prodiguer à la jeune femme, il l'emporta dans ses bras jusqu'au fond de ses appartements.

Une autre scène se passait aux portes du palais. Les gens du peuple se préparaient à transporter le jeune homme qui semblait privé de vie, lorsqu'une vieille femme, se faisant jour avec effort parmi les groupes de curieux, parvint jusqu'auprès de lui. « Seigneur Dieu ! s'écria-t-elle, laissez donc là cet enfant; laissez-le, vous dis-je; il n'est point mort ! » Et, se jetant à genoux à ses côtés, elle attira sa tête sur son sein, et se mit à le frictionner en l'appelant des noms les plus tendres. On ne pouvait se défendre d'une horreur singulière à l'aspect de cette créature hideuse courbée amoureusement sur le pâle visage du beau jeune homme. A entendre le frôlement de ses haillons contre le riche costume de l'inconnu, à voir l'activité de ces bras de squelette, livides, osseux et tout cicatrisés qui palpaient la poitrine et le front si blancs du malade, on eût dit que la mort en personne venait s'emparer d'une proie. — Quand le jeune homme rouvrit les yeux, quelques passants aidèrent à le porter jusqu'à une gondole; la vieille prit place auprès de lui et ordonna aux mariniers de se diriger vers la demeure d'Antonio (car le lecteur aura déjà reconnu notre héros, et la vieille n'était autre que la mendiante du parvis des Franciscains).

Lorsque Antonio reprit ses sens, il reconnut au pied de son lit la vieille Margaretha, qui venait de glisser entre ses lèvres quelques gouttes d'un précieux élixir ; il attacha longtemps sur elle un morne regard, et murmura enfin d'une voix lente et entrecoupée : « Merci, Margaretha ! merci, fidèle amie; je sens, au dévouement que tu me témoignes, la vérité de ce que tu m'as dit. Je sais tout maintenant. Je l'ai vue ! c'était elle ! Le passé de ma vie s'est tout à l'heure levé devant moi dans un songe. Dis-moi, Margaretha, n'est-ce point Bertuccio Nenolo, le célèbre marin, qui m'élevait comme son fils adoptif dans sa villa de Trévise? — Hélas! oui, dit la vieille, c'était bien Bertuccio Nenolo, que la mer a englouti dans une bataille où il s'était couvert de gloire... — Écoute, reprit Antonio, et ne m'interromps pas. J'étais bien chez Bertuccio Nenolo, qui avait pour moi tous les soins d'un père. Il y avait derrière la maison une forêt de pins, dont j'aimais à respirer les senteurs sauvages. Un soir, las de sauter et de courir sur les bruyères fleuries, je m'étais étendu à l'ombre d'un grand arbre et j'admirais, dans une douce rêverie, les magnificences du soleil couchant. Peu à peu, la puissance des parfums me plongea dans un profond engourdissement; je fus réveillé par un bruit qui se fit dans l'herbe. D'un bond, je fus debout. Un ange se tenait devant moi qui me dit avec une voix céleste : « Cher enfant, tu dormais bien calme et bien insouciant, quand la mort était à côté de toi! » J'aperçus alors à terre un petit serpent noir, dont le messager céleste avait brisé la tête avec une branche de noyer. Je me jetai à genoux devant l'ange, qui souriait toujours, et je lui dis : « Béni sois-tu, esprit du ciel, que Dieu a envoyé pour me sauver! — Non, cher enfant, reprit l'être adorable, je ne suis point un ange; je suis une jeune fille, un enfant comme toi. » Mon respect se changea en émotion; un feu secret parcourut mes veines; je me relevai, nos bras s'ouvrirent, et dans l'ivresse d'un long baiser nos âmes se mélèrent au milieu des pleurs et des soupirs! Tout à coup une voix argentine résonna dans la forêt : « Annunziata! Annunziata! » La jeune fille tressaillit. « Il faut, dit-elle, que je te quitte, cher enfant, ma mère m'appelle!... » A ces mots, une angoisse ineffable me serra le cœur. J'allais me jeter encore une fois dans ses bras, mais la voix argentine cria de nouveau : « Annunziata! » et la jeune fille disparut. De ce jour, ô Margaretha! l'amour jeta son premier germe au fond de mon cœur. C'est un feu qui se nourrissait en secret, et qui maintenant me dévore comme un incendie! Peu de jours après cette rencontre, je fus arraché de la maison de Bertuccio Nenolo. Le vieux Blaumas m'affirmait que cette angélique vision était la fille de Nenolo, Annunziata, conduite un jour à la villa de Trévise par sa mère Francesca, et repartie le jour suivant. O Margaretha! que Dieu me protége : cette Annunziata, que j'aime avec délire, c'est la femme du doge! »

Ici l'émotion brisa la voix d'Antonio, il retomba sur son lit, gémissant et pleurant. « Pauvre Tonino, reprit la vieille, aie donc courage, il faut lutter contre cette folle douleur. Et d'ailleurs, pourquoi désespérer? N'est-ce pas pour les amants qu'éclosent à l'infini les fleurs d'or de l'espérance? qui peut savoir le soir ce qu'apportera l'aube suivante? Que de fois les illusions du rêve sont devenues des réalités! que de fois le château fantastique, bercé par les nuages, a pris terre et s'est fait granit! Écoute-moi, Tonino, et souviens-toi de ma prédiction : la blanche bannière de l'amour s'est déployée sur les flots et s'avance à ta rencontre; patience, mon enfant, patience!... »

La bonne Margaretha s'efforçait ainsi de ramener un peu de calme dans l'âme désolée du pauvre Antonio. Ses affectueuses paroles étaient pour lui comme une douce musique. Il ne voulut plus qu'elle se séparât de lui.

La mendiante du parvis des Franciscains devint, à dater de ce jour, la gouvernante du seigneur Antonio. L'habit de matrone remplaça les haillons, et elle se pavanait avec orgueil chaque fois qu'elle traversait la place Saint-Marc pour vaquer aux soins de ses nouvelles fonctions.

Le jeudi gras arriva enfin, le dernier et le plus beau jour du carnaval de Venise. Un feu d'artifice avait été disposé au milieu de la place Saint-Marc par un Grec savant dans l'art encore si peu connu de la pyrotechnie. Vers le soir, Falieri conduisit la dogaresse au trône qui lui avait été préparé sur une des terrasses du palais ducal. La beauté merveilleuse d'Annunziata charmait tous les yeux et défrayait tous les entretiens. Au moment où le doge allait s'asseoir, il aperçut Michaele Steno debout contre une colonne, à quelques pas de lui, le front haut et fier, et le regard fixé sur Annunziata avec une singulière expression de haine et de désir. Falieri ordonna de lui faire quitter cette place. Steno lui lança un coup d'œil menaçant; mais les gardes l'entraînèrent aussitôt, et le poussèrent hors du palais.

Revenons à Antonio. Le pauvre jeune homme s'était sauvé

de la foule, et parcourait tristement le rivage de la mer; il se demandait à chaque pas s'il ne serait pas plus heureux de terminer ses jours que de vivre ainsi sans consolation et sans espérance. Il était arrivé au bord du quai, près d'un lieu où l'eau était profonde et noire, quand une voix lui cria joyeusement : « Sois le bienvenu, maître Antonio ! »

C'était Pietro le marinier, un des anciens camarades d'Antonio. Ce personnage était tout pimpant sous une casaque neuve ornée de tresses de toutes couleurs; il portait un bonnet tout étincelant d'oripeaux, et tenait à la main un gros bouquet de fleurs. « Quelle bonne fortune t'arrive? lui demanda Antonio. Aurais-tu ce soir quelque riche seigneur étranger à conduire en partie fine sur les lagunes? » Pour toute réponse, Pietro fit une cabriole dans l'esquif : « C'est moi, s'écria-t-il, qui fais ce soir le voyage périlleux sur le câble qui descend de la tour de Saint-Marc; c'est moi qui offrirai tout à l'heure le bouquet de fleurs à la belle dogaresse !

Ah bah! fit Antonio, quelle idée! Pourquoi chercher une telle occasion de se rompre les reins? » Comme il disait ces mots, l'esquif avait dérivé jusqu'au-dessous de la machine, devant le câble qui plongeait dans l'eau. « Camarade, reprit Antonio d'un air pensif, ne serais-tu pas plus heureux de gagner une bonne poignée de sequins sans risquer tes os dans une folle aventure?... — Oui, certes, mille fois! s'écria Pietro; mais ne faut-il pas gagner son pain? — Eh bien, poursuivit Antonio en lui jetant sa bourse, prends cet or, donne-moi tes habits de marinier, et va-t'en. C'est moi qui veux faire à ta place l'excursion fantastique. — Grand merci! répliqua le gondolier; vous êtes devenu un riche seigneur, et votre générosité me touche. J'aime l'or, et celui-ci me semble de fort bon aloi; mais croyez-vous qu'aucun prix puisse valoir la joie d'offrir à la dogaresse le bouquet fleuri, de contempler de près tous ses charmes et d'entendre le son divin de sa voix si douce? Qui ne risquerait mille fois sa vie pour cela? Il faut que ce soit vous, Antonio, pour que je consente à vous céder ce plaisir. — Hâtons-nous donc! » interrompit Antonio. L'échange des vêtements se fit aussitôt; comme il s'achevait, le signal de l'ascension partit de la tour de Saint-Marc. « En route, et bonne chance! » cria Pietro à son ancien ami, qui allait prendre place dans la nacelle suspendue. Au même instant, la mer étincela d'une myriade d'éclairs de toutes couleurs; des détonations répétées éveillèrent tous les échos d'alentour. L'intrépide Antonio traversa le déluge de flammes. Arrivé au faîte de la tour, il monta dans la nacelle, fit jouer un ressort, et descendit comme la foudre au niveau de la terrasse, à deux pas de la dogaresse. Aucune parole ne saurait décrire ce qui se passa dans son âme en ce moment. Il offrit le bouquet à la dogaresse, qui se leva en lui murmurant quelques douces paroles; mais la nacelle reprit sa course glissante le long du câble, et vint déposer notre héros, plus mort que vif, dans la barque de Pietro.

Pendant que le feu d'artifice s'achevait, le doge Falieri, s'étant penché sur son fauteuil, avait ramassé à ses pieds un billet sans nom, sur lequel étaient écrits ces mots : « Le doge Falieri a épousé une belle femme, mais d'autres que lui la possèdent. » Le visage du vieillard s'empourpra de colère à cette lecture, et il jura tout haut de découvrir, de châtier sans nulle pitié l'audacieux auteur de cette sanglante injure. Comme il jetait autour de lui des regards rapides et furieux, il aperçut de nouveau Michaele Steno, qui semblait le narguer au milieu de la foule. « Qu'on arrête cet homme, s'écriat-il, lui seul doit être coupable! » Un murmure de mécontentement gronda parmi la foule quand les sbires exécutèrent cet ordre; le peuple et les patriciens se soulevèrent contre cet acte de despotisme qui frappait un homme sur un simple soupçon. Les sénateurs quittèrent leurs places; le vieux Marino Bodoeri se mit seul à parcourir les groupes du peuple, cherchant à expliquer l'ordre qu'avait donné le souverain et à faire tomber tout le blâme sur Michaele Steno. C'était effectivement Michaele Steno qui avait écrit le billet anonyme, et qui l'avait, à dessein, laissé tomber auprès du fauteuil ducal. Le Conseil des Dix, investi de la mission de poursuivre cet attentat, en déféra le jugement au Conseil des Quarante, auquel appartenait Steno. L'arrêt de ce tribunal condamna Michaele à un mois d'exil. Cette punition, d'une indulgence presque dérisoire en présence d'un fait grave, dut faire présager à Marino Falieri que la noblesse peu à peu porterait ses prétentions et son audace à l'extrême.

À quelques jours de là, Antonio rêvait tristement à son fatal amour pour Annunziata. La vieille Margaretha faisait d'inutiles efforts pour le distraire de cette pensée fixe qui dévorait sa vie comme la fièvre. Un jour, elle rentra au logis dans un de ces accès auxquels elle était sujette; elle raviva quelques débris de tisons éteints dans l'âtre, plaça sur un trépied un petit vase d'airain rempli de toute sorte de compositions végétales, et se mit à en activer la cuisson, elle mêlait à cette besogne ses ricanements ordinaires. « Tonino, mon cher Tonino, s'écria-t-elle enfin quand ses forces épuisées lui manquèrent tout à coup, pourrais-tu deviner d'où je viens? » Antonio la regarda fixement sans répondre. « Tonino, poursuivit la vieille, je viens de la voir; j'étais tout à l'heure auprès d'elle comme me voilà près de toi; j'ai parlé à la belle Annunziata! — Tu veux donc m'ôter ce qui me reste de raison? s'écria Antonio. — Je t'apporte, au contraire, le bonheur et l'espérance, reprit Margaretha. Écoute, cher enfant : tout à l'heure j'achetais des fruits sur la Piazetta, quand j'entendis des voix confuses raconter qu'un accident venait d'arriver à la dogaresse. Une de ces voix disait : « Un scorpion « l'a blessée au bras droit, et la plaie ne doit pas être sans « danger. Mon maître, le savant docteur Giovanni Basseggio, « s'est rendu près de la dogaresse, et il a déjà pratiqué sans « doute l'amputation du membre malade. » Un vacarme effroyable se fit entendre dans l'intérieur du palais; une porte s'ouvrit, et on passa de main en main une espèce de petit nain de la plus bizarre laideur, que les gardes lancèrent comme une quille au bas du grand escalier. Les passants, attirés par cette scène, firent un cercle de rieurs autour de cette pauvre créature toute couverte de contusions et tout étourdie de sa culbute. Au même instant, et d'un mouvement rapide comme la pensée, l'homme qui venait d'expliquer l'accident se précipite sur l'avorton, le ramasse, l'entortille dans un coin de son manteau, et se dirige en courant vers la mer, où l'attendait une gondole, qui s'éloigna aussitôt du rivage. Le nain si rudement éconduit, n'était autre, en vérité, que le petit docteur Giovanni Basseggio, dont le doge, à ce qu'il paraît, n'avait pas goûté la consultation. Quant à moi, cher Tonino, j'ai regagné ce logis sans perdre une minute; et, vite, j'ai fait bouillir les drogues dont j'ai le secret, et porté au palais ducal la guérison d'Annunziata. J'arrive, on m'introduit auprès de la belle malade. La charmante enfant, couchée sur des coussins, ne faisait que répéter de sa douce voix : « Je suis empoisonnée, je vais mourir!... » Je la console, je l'encourage, j'applique sur la plaie mon onguent miraculeux, et le soulagement se manifeste aussitôt. Le doge, transporté de joie, me jette dans les mains des poignées de beaux sequins d'or. « Ta fortune est faite, me dit-il, si tu sauves la dogaresse! » Puis il sort de l'appartement et nous laisse seules toutes deux. Annunziata cède peu à peu à l'influence d'un sommeil doux et réparateur; elle dort pendant trois heures avec un calme parfait. A son réveil, j'applique de nouveau le remède. La jeune femme me regarde avec des yeux où brille la joie. « Chère princesse, « lui dis-je, Dieu devait vous sauver, car il ne laisse jamais « sans récompense une bonne action, et je sais qu'autrefois « vous avez préservé un pauvre enfant de la piqûre mortelle « d'un serpent! » A ces mots, son visage s'illumine d'un éclat céleste : « Bonne vieille, me dit-elle, comment pouvez-« vous savoir?... Je me souviens... c'était un bien joli en-« fant! — Et cet enfant, m'écriai-je aussitôt sans pouvoir ré-« sister à ce premier mouvement, cet enfant existe, il est à « Venise, il est près d'ici, il ne songe qu'à vous, il n'aime « que vous, dont il parle sans cesse! C'est lui qui, pour vous « revoir une fois de près, a exécuté l'ascension périlleuse du « jeudi gras; c'est lui qui vous a offert le bouquet... — Ah! « s'écrie la dogaresse, mes pressentiments ne m'avaient donc « pas trompée! Je l'avais deviné à mon trouble lorsque, s'in-« clinant devant moi, il prononça mon nom si bas, que per-« sonne ne put l'entendre! Bonne vieille, tu sais où est ce « jeune homme? il faut que je le voie, que je lui parle; va, « cours, amène-le-moi... »

Aux derniers mots prononcés par la bonne Margaretha,

Antonio tressaillit; un frisson électrique parcourut tous ses membres : « Seigneur! s'écria-t-il en levant les mains au ciel, Seigneur, protégez-moi de tout mal jusqu'à ce que je l'aie revue, une seule fois revue et pressée sur mon cœur! La mort après me sera plus douce! J'aurai assez vécu, puisque la destinée nous sépare à jamais! » Le pauvre jeune homme, tout éperdu de bonheur et d'impatience, voulait que la vieille Margaretha le conduisît sur l'heure au palais ducal; celle-ci eut beaucoup de peine à lui faire comprendre que cette visite était impossible, car le doge entrait d'heure en heure dans l'appartement d'Annunziata, pour observer avec la plus touchante sollicitude les progrès de sa guérison.

Plusieurs jours s'écoulèrent encore pendant lesquels l'état de la dogaresse continua de s'améliorer; la vieille femme se rendait chaque matin au palais, mais elle n'y pouvait introduire Antonio. Notre héros se consolait en lui faisant répéter cent fois les entretiens qu'elle avait avec Annunziata, causeries dont il était l'unique objet. Puis il s'en allait errer seul sur les lagunes, dévorant sa peine et ses ennuis; mais ces courses solitaires fatiguaient son corps sans calmer la fougue de sa passion, et sans diminuer sa souffrance inquiète; il revenait chaque jour passer de longues heures à rêver sur les marches du palais ducal, qui renfermait l'unique objet de toutes ses pensées.

Un soir, à l'heure où le soleil couchant verse à flots ses rayons d'or sur la pourpre du ciel, Pietro le gondolier chantait, debout contre les piliers du Pont des Soupirs. Sa gondole, amarrée à un anneau de fer, se balançait coquettement, et livrait aux brises ses banderoles éclatantes. Ce charmant esquif, paré avec un soin tout particulier, semblait une copie, en petit, du fameux *Bucentoro*, le vaisseau d'honneur. Or donc, Pietro chantait en regardant couler l'eau, quand il aperçut, à quelques pas de lui, son camarade d'autrefois, Antonio, triste et sombre plus que jamais. « Holà, maître Antonio, lui cria le gondolier, Dieu veuille vous mettre en joie, car les sequins que vous m'avez donnés m'ont mené bonne chance, comme vous voyez! »

Antonio lui demanda par quel heureux sort il se trouvait

si pimpant, et propriétaire d'un esquif dont la possession eût fait envie aux plus opulentes dames de Venise. Pietro s'empressa d'apprendre à son ancien ami qu'il avait l'honneur de conduire, presque chaque soir, le doge et la dogaresse à la Giudecca, où Falieri avait fait construire une splendide habitation de plaisance. « Camarade, dit Antonio, encore un service, et je te donne autant d'or que la première fois; pour cela, laisse-moi conduire ce soir, à ta place, le doge à la Giudecca. — Impossible! objecta Pietro; le doge me connaît, et ne le permettrait pas. » Et comme Antonio, dominé par sa passion, insistait avec une persévérance inouïe, Pietro se prit à rire : « Ah ! maître Antonio, lui disait-il, vous êtes amoureux des yeux d'ange de la dogaresse ! » Enfin, pour concilier son devoir avec l'intérêt qu'il trouvait à ne point désobliger Antonio, il consentit à le garder, pour ce soir-là, en qualité de rameur ; il fut convenu qu'il prétexterait, auprès de Falieri, une indisposition subite pour expliquer la présence d'un étranger. La toilette marine d'Antonio fut bientôt faite. Il courut changer d'habit, et déguisa ses traits sous d'énormes moustaches postiches. A peine avait-il reparu près de son ami Pietro, qu'il vit arriver le doge avec Annunziata. « Quel est cet étranger? » demanda Falieri. Pietro s'excusa du mieux qu'il put de ne pouvoir, à cause d'un malaise subit, conduire lui-même la gondole; et le doge, certain que l'aide marinier était bien connu de son gondolier favori, consentit à l'admettre.

Antonio se croyait aux portes du ciel. Il sentait avec ivresse le frôlement de la robe d'Annunziata. Il respirait le même air, il la voyait, il l'entendait ; mais il maîtrisait ses sensations, et tenait presque constamment ses yeux baissés. Il ramait avec une vigueur désespérée, pour se distraire par la fatigue physique des périls d'une exaltation à laquelle il craignait de ne pouvoir toujours résister. Le vieux doge, assis près d'Annunziata, lui prodiguait les plus tendres caresses. Quand la gondole fut arrivée au milieu du port, à un endroit d'où l'on voyait se développer en panorama les plus magnifiques édifices de Venise, Falieri, relevant avec orgueil sa tête blanchie par les ans, dit à la dogaresse : « Vois, m

Camarade, laisse-moi conduire ce soir à la place, le Doge à la Giudecca.

bien-aimée, toutes ces splendeurs m'appartiennent! N'est-il
pas doux d'errer ainsi sur les flots calmes avec le maître de
la mer? Écoute ce doux murmure des vagues qui s'endorment; n'est-ce pas comme un chant d'amour dont l'Adriatique salue le passage de son fiancé? Oui, ma bien charmante,
tu portes au doigt mon anneau de mariage; mais la mer qui
nous porte à cette heure garde en son sein un autre anneau,
gage des fiançailles de ma puissance! »

Et, comme le doge achevait ces mots, une voix lointaine
chanta :

> Ah! senza amare,
> Andare sul mare,
> Col sposo del mare,
> Non può consolare.

« Ah! voguer sur les flots, avec le fiancé de la mer, ne
peut consoler un cœur sans amour! »

D'autres voix s'unirent en chœur avec la première, puis le
chant s'éteignit peu à peu et se mêla aux soupirs du vent
nocturne. Le vieux Falieri ne parut pas comprendre les paroles de ce chant ; il expliquait à la dogaresse l'origine et
les détails de la cérémonie du jour de l'Ascension.

Il énumérait les victoires de la république vénitienne; il
racontait la conquête de l'Istrie et de la Dalmatie par Pierre
Orseolo II, à laquelle se rattache la cérémonie des fiançailles
de la mer. Annunziata ne l'écoutait point; son regard, fixé
sur les vagues, semblait chercher quelque chose à l'horizon; elle prêtait l'oreille aux clapotements des flots, qui
semblaient répéter le refrain mystérieux du chant des gondoliers. Elle murmurait tout bas : « *Senza amare — senza
amare — non può consolare;* » et des larmes roulaient sous
ses paupières voilées, son beau sein se soulevait avec une
émotion inexplicable. Falieri poursuivait ses récits sans rien
voir; ils arrivèrent ainsi sous la terrasse de sa villa de Giudecca; Annunziata, tout en larmes, n'avait plus ni regards
ni pensée. A ce moment, une autre gondole vint toucher
le rivage. Elle portait Bodoeri; les autres passagers étaient
des marchands, des artistes et des gens du peuple; tout ce
cortège monta vers le palais à la suite du doge.

8

Le jour suivant parut à Antonio d'une longueur infinie ; il avait appris de Margaretha que la dogaresse était triste, et qu'ayant appris la veille son déguisement, elle le suppliait de ne plus chercher à la revoir, et de quitter Venise. Cette nouvelle fut un coup de foudre pour notre héros. Sa tête s'exalta; tout danger, toute crainte, s'effacèrent de son esprit. Il voulait voir Annunziata, lui parler, tout avouer et mourir à ses pieds. Vers la brune, il quitta son logis, et parvint à se glisser dans le palais ducal. Comme il montait sans bruit les degrés du grand escalier, une vive clarté parut tout à coup devant lui, et, avant qu'il eût pu fuir ou se cacher, il vit s'avancer Marino Bodoeri, suivi de quelques valets qui portaient des flambeaux.

Bodoeri regarda Antonio et lui fit signe de le suivre. Celui-ci, croyant tout découvert, se laissa conduire en respirant à peine. Arrivé dans une salle écartée, Bodoeri s'arrêta, l'embrassa, le remercia de son exactitude, et lui parla d'un poste périlleux qu'il aurait à défendre cette nuit même. Antonio crut rêver; mais, quand sa première surprise se fut dissipée, les paroles de Bodoeri l'initièrent au secret d'une vaste conjuration dont le chef était le doge en personne, et qui allait éclater dans quelques heures, selon les plans arrêtés par Falieri lui-même. Le but de ce complot était la destruction de la noblesse, et le doge devait changer son titre contre celui de capitaine général de la république de Venise. Antonio regardait fixement Bodoeri; comme il ne répondait rien à toutes ces révélations, Bodoeri, furieux, s'écria : « Lâche ou insensé, qui que tu sois, tu ne sortiras plus d'ici que je ne sache ta résolution. Prépare-toi à mourir pour notre sûreté, ou à prendre les armes pour nous servir. Mais, avant tout, regarde cet homme... »

Sur un signe de Bodoeri, Antonio regarda au fond de la chambre. Dans la partie la plus obscure se tenait debout un homme aux traits sombres, mais pleins de noblesse. Antonio ne l'eut pas plutôt aperçu, qu'il tomba à genoux, et lui tendit les bras en criant : « Mais vous êtes mon père adoptif! vous êtes Bertuccio Nenolo, mon bienfaiteur!... — Oui, répondit Nenolo en pressant sur son cœur Antonio; oui, je suis Bertuccio, que tu croyais perdu pour toujours. Je viens d'échapper aux chaînes du Morbassan, et je viens consacrer ce qui me reste de forces à l'affranchissement de ma patrie. Antonio, tu ne veux pas prendre les armes contre la noblesse qui opprime Venise par ses exactions de tout genre? Va dans la cour du Fontego : tu y verras, écrit en taches de sang, le meurtre de ton père, que les nobles ont égorgé. Quand la seigneurie donnait à loyer à des marchands d'Allemagne l'emplacement qui porte le nom de Fontego, les locataires ne pouvaient emporter dans leurs voyages les clefs de leurs magasins. Ton père avait encouru une forte amende pour transgression de cette loi. Mais là ne se borna point la persécution dont il fut l'objet de la part du *fondegaro*; à son retour, une descente de justice eut lieu; on visita ses dépôts, et on y trouva une caisse remplie de fausse monnaie de Venise, cachée par trahison pendant son absence. Ce seul fait, dont ton malheureux père ne put se justifier que par des serments inutiles, parut suffisant pour lui infliger la peine capitale. Cette sentence inique s'exécuta au milieu du Fontego. Et moi, le dernier ami de ton père, le seul qui soit resté fidèle au culte de sa mémoire, je t'ai recueilli et j'ai caché jusqu'ici le nom de ta famille. Lève-toi maintenant, Antonio Dalburger! Lève-toi, et viens venger le sang de ton père!... »

Antonio jura que sa vengeance serait inexorable.

Au milieu d'une querelle, le chef de la marine Dandulo avait levé la main sur Bertuccio Nenolo; il s'en vengeait en entrant avec son gendre dans un complot qui s'organisait secrètement contre les nobles. Nenolo et Bodoeri usaient de leur crédit pour élever Falieri au pouvoir absolu, espérant une large part dans les bénéfices. Tout était prévu dans le plan d'attaque. Une fausse alarme devait faire croire un moment que la flotte génoise entrait dans les lagunes : à la faveur du désordre qui naîtrait de cette nouvelle répandue de nuit par toute la ville, les conjurés devaient s'emparer de la cloche de Saint-Marc, et sonner le tocsin. Le combat s'engageait sur tous les points; les postes étaient enlevés, les soldats égorgés; pas un noble ne devait échapper au massacre, et le doge s'élevait au pouvoir absolu sur un pavois de cadavres.

Mais, comme il arrive presque toujours, des traîtres s'étaient glissés parmi les conjurés, et le conseil des Dix, prévenu à temps, surveillait leurs conciliabules. Un marchand de peaux de Pise, Bentian, voulant sauver son ami Nicolo Leoni, membre du conseil des Dix, avait livré le plan de la conspiration. Le conseil s'était assemblé à San-Salvator, et avait pris toutes les mesures nécessaires à la sûreté de la ville.

Antonio s'était chargé de faire sonner les cloches de Saint-Marc. En arrivant il trouva la tour gardée par des troupes qui mirent en fuite ses compagnons. Lui-même ne put s'échapper qu'à la faveur de l'obscurité. Derrière lui courait à perdre haleine un homme qu'il prit d'abord pour un ennemi. C'était l'honnête Pietro. « Ami, lui dit le gondolier, tu n'as pas une minute à perdre si tu veux te sauver ! Saute dans ma gondole, tout est perdu ! Bodoeri, Nenolo, sont enchaînés; le palais ducal est bloqué, et le doge prisonnier de ses propres gardes ! »

Antonio se laissa entraîner. Quelques cris lointains et des bruits d'armures, puis un silence morne, voilà toute cette révolution d'une heure. Quand l'aurore parut, le peuple à son réveil fut frappé d'un spectacle lugubre.

Le conseil des Dix avait jugé et fait exécuter ses arrêts dans la nuit même. Les chefs des conjurés étaient pendus, et leurs cadavres se balançaient au fer des balcons de la Piazetta, en face du palais ducal. Parmi eux on pouvait reconnaître Bertuccio Nenolo et Marino Bodoeri.

. . . .

Deux jours plus tard, le doge Marino Falieri était décapité sur la plus haute marche de l'escalier des Géants...

. . . .

Antonio Dalburger avait échappé par miracle à ces terribles représailles. Il erra longtemps dans la ville consternée, comme un être privé de raison. Il ne retrouva son intelligence et le sentiment de sa situation qu'en voyant bondir sur les dalles de marbre la tête du vieux doge.

« Annunziata ! » s'écria-t-il dans un transport d'effroi ; et, courant au palais, il franchit les galeries comme un fou et ouvrit toutes les portes sans rencontrer d'obstacle. La vieille Margaretha se retrouva, clopin-clopant et tout éplorée, sur son chemin, comme un présage fatal. Quand ils arrivèrent à l'appartement de la dogaresse, ils trouvèrent Annunziata évanouie sur le plancher. Antonio lui prodigua les plus tendres soins ; quand elle rouvrit les yeux, son premier regard était plein d'amour et d'épouvante... « Oh ! fuyons, ma bien-aimée ! s'écria Antonio, fuyons cette ville sanglante !... » Margaretha proposait de chercher un asile à Chiozza, où l'on changerait de route pour regagner l'Allemagne, la patrie d'Antonio. Le bon Pietro lui procura une barque.

A la tombée de la nuit, Annunziata voilée se glissa hors du palais avec son amant et la fidèle Margaretha, qui portait roulée dans sa cape une cassette pleine d'or et de bijoux. Ils arrivèrent sans encombre jusqu'au bateau ; Antonio prit les rames et poussa au large d'un bras vigoureux. La lune, écartant les nuages, argentait de ses reflets amoureux l'écume des vagues que fendaient les rames.

L'esquif arrivait en pleine mer, quand tout à coup le ciel se couvrit de teintes plombées. La bise soufflant du nord chassait avec furie les nuages à travers l'espace, et dans l'horreur des ténèbres, au milieu des grondements de l'orage, les fugitifs couraient d'abîme en abîme. La vieille Margaretha priait Dieu. Antonio, ne pouvant plus résister à l'effort des flots, laissa tomber les rames ; il prit dans ses bras sa bien-aimée, pâle et mourante, et la serra sur son cœur avec désespoir.

« Antonio !...

— Annunziata !... »

Ce furent les derniers cris humains qui se mêlèrent aux échos de la tempête.

La mer, grandissant toujours, bondissait jusqu'au ciel, et, tout à coup, écartant ses plus hautes vagues, elle étouffa dans son étreinte de géant les deux amants qu'elle ne pouvait séparer. Le gouffre se referma comme un grand tombeau, et pendant toute cette nuit les voix de l'orage saluèrent de leur glas lugubre les funérailles du doge décapité.

8.

Parmi les tableaux les plus remarquables exposés en 1816 dans le musée de Berlin, tous les regards se fixaient avec enthousiasme sur une magnifique toile du peintre C. Kolbe, membre de l'Académie des beaux-arts.

Ce tableau représentait un doge et une dogaresse, pompeusement vêtus et debout sur un balcon du palais ducal. Les traits du vieillard, encadrés par une barbe argentée, accusaient un mélange d'orgueil et de bonté, d'énergie et de pusillanimité; — une suave mélancolie était empreinte sur le visage rêveur de la jeune princesse. Derrière ces deux personnages, un homme et une femme déployaient un parasol. Un peu de côté, un jeune homme, appuyé contre la balustrade, soufflait dans une conque marine; sur la mer qui baignait le pied du balcon, se balançait coquettement une gondole dont la tente de velours portait les armoiries de Venise, brodées en or. Au fond de la scène les édifices de la ville se groupaient dans une riche perspective. Sur le cadre doré du tableau étaient gravés ces mots :

> Ah! senza amare,
> Andare sul mare,
> Col sposo del mare,
> Non può consolare.

Les curieux qui se pressaient devant cette peinture se demandaient si l'artiste avait voulu reproduire des personnages et un fait historiques, ou si sa belle création n'était qu'une œuvre de fantaisie. Un homme d'un aspect imposant s'approcha d'un groupe où la discussion s'animait : « Messieurs, dit-il d'une voix grave, il arrive quelquefois qu'un artiste jette sur la toile son inspiration telle que le ciel la lui envoie; puis, quand sa page est achevée, le sujet qu'elle représente peut, aux yeux des uns, n'offrir qu'une vague conception poétique, et, pour d'autres, retracer un fait, une scène de la vie ou de l'histoire. Kolbe lui-même ignore peut-être que ce tableau rappelle avec une frappante exactitude le doge Marino Falieri et son épouse, la malheureuse Annunziata. »

A ces mots, l'étranger se tut; mais ceux qui l'écoutaient le prièrent avec instance de leur raconter quelque chose de cette histoire. — Il reprit la parole et raconta les événements qu'on vient de lire.

Quand son récit fut achevé, ceux qui l'avaient écouté restèrent longtemps immobiles devant le chef-d'œuvre de Kolbe. La pensée du peintre s'était révélée dans toute sa puissance. Ce tableau est une page d'histoire qui lègue aux temps à venir, mieux que n'eût fait un poëme, le mélancolique souvenir d'Annunziata.

LE TONNELIER DE NUREMBERG

I

Au commencement du mois de mai 1580, le respectable corps de métier des tonneliers de la cité libre de Nuremberg célébrait, selon ses vieux usages, la fête annuelle de son institution. Peu de temps avant cette solennité, un des chefs d'état, revêtu de la qualité de *maître des cierges*, avait quitté cette vie, et l'on s'occupait de lui choisir un successeur. Toutes les voix s'unirent en faveur de maître Martin.

Maître Martin ne le cédait à nul autre pour tout ce qui concernait sa profession. Il savait fabriquer à merveille des tonnes aussi solides qu'élégantes, et s'entendait mieux que personne à organiser une cave selon les meilleures règles. Sa réputation bien connue grossissait chaque jour sa riche clientèle ; et, grâce au bonheur qui avait favorisé toutes ses entreprises, il jouissait d'une fortune fort considérable pour un homme de son état.

Lorsque l'élection de maître Martin fut connue et proclamée, le conseiller Jacobus Paumgartner, qui présidait l'assemblée, se leva et dit : « Vous avez eu raison, mes chers amis, de choisir maître Martin pour un de vos chefs d'état, car cette dignité ne pouvait être confiée à un homme plus capable de l'exercer. Maître Martin jouit de l'estime générale, et tous ceux qui le connaissent rendent témoignage à son habileté. Malgré sa richesse, il a conservé les habitudes et le goût du travail. Sa conduite est digne d'éloge. Saluons donc notre cher maître Martin, et félicitons-le du choix unanime qui honore et récompense dans sa personne toute une vie de probité et de travail. » En achevant ce discours, Paumgartner se leva pour faire quelques pas au-devant du récipiendaire, les bras tendus comme pour y recevoir et presser maître Martin. Mais celui-ci, se levant par pure bienséance, et très-embarrassé de sa corpulence, rendit au conseiller sa révérence assez peu cérémonieusement, et retomba dans son fauteuil, sans paraître se soucier beaucoup des embrassements fraternels de M. Jacobus Paumgartner. « Ah çà, maître Martin, reprit le conseiller, seriez-vous donc peu satisfait d'être élu par nous maître des cierges? »

Le tonnelier, rejetant sa tête en arrière et frappant des deux mains à petits coups mesurés sa panse rebondie, parut se recueillir au milieu du silence de l'auditoire, puis s'emparant de la parole : « Eh! mon digne monsieur, dit-il à Paumgartner, comment pourrais-je ne pas être satisfait de la justice qui m'est rendue? Quel est l'homme assez ennemi de soi-même pour dédaigner le prix légitime des peines qu'il s'est données? Chasse-t-on du logis le débiteur attardé qui s'avise de venir un jour solder tout ou partie d'un compte arriéré? Quel a été, mes chers confrères, poursuivit-il en se tournant vers l'assemblée, le motif qui vous a inspiré l'idée de me choisir? Quelles obligations aurai-je à remplir? faut-il, pour justifier l'honneur de votre choix, savoir pertinemment chaque détail de son métier? je me flatte d'avoir fait mes preuves en construisant, sans l'aide du feu, ma tonne de deux foudres, un chef-d'œuvre connu de vous tous! Faut-il, pour vous plaire davantage, réunir des biens et des écus? venez dans ma maison, je veux vous ouvrir mes coffres et mes armoires; je veux rassasier vos regards de sacs d'or et de vaisselle d'argent. Si, pour flatter votre vanité, le nouvel élu *maître des cierges* doit attirer sur lui l'humble respect des petites gens et la considération des gros seigueurs, demandez à l'élite des citoyens de notre bonne ville de Nuremberg, demandez au noble évêque de Bamberg quelle opinion ils ont de maître Martin. Je ne crains, Dieu merci, ni comparaison ni critique. »

Là-dessus, maître Martin, satisfait du discours qu'il venait d'improviser, se rejeta en arrière au fond de son fauteuil, et, frappant de nouveau son gros ventre, il roula autour de lui des regards qui appelaient des applaudissements ; puis, l'auditoire restant muet, sauf quelques accès de toux qui signifiaient assez distinctement le mécontentement de quelques-uns de ses confrères, il ajouta quelques mots pour ramener à lui les esprits que sa fierté venait de blesser. « Recevez, leur dit-il, mes remerciments bien sincères pour un choix qui vous honore : car vous avez tous senti que la dignité de *maître des cierges* devait récompenser à juste titre l'homme qui a rehaussé de tant d'éclat la respectable corporation des tonneliers. Vous savez tous que je remplirai avec zèle les devoirs qui me sont prescrits. Chacun de vous trouvera sans cesse auprès de moi conseils et assistance. Je défendrai comme miens les priviléges de tous ; et, pour sceller le pacte de dévouement qui doit nous unir, je vous convie à un banquet d'amitié qui aura lieu dimanche. C'est en sablant joyeusement quelques vieux flacons de johannisberg que nous conviendrons des mesures à prendre, d'un commun accord, dans l'intérêt général. »

Cette gracieuse improvisation produisit un effet merveilleux. Tous les visages rayonnèrent, toutes les voix entonnèrent de bruyantes acclamations ; on éleva aux nues la capacité, le mérite et la libéralité de maître Martin. Chacun vint à son tour embrasser le nouveau maître des cierges, qui se laissa faire sans trop grimacer, et qui daigna même accorder à quelques-uns la faveur de toucher sa main calleuse.

II

Il fallait que le digne conseiller Jacobus Paumgartner passât devant le logis de maître Martin, pour retourner chez lui. En arrivant devant la porte du tonnelier, Jacobus, après un signe d'adieu, allait continuer son chemin; maître Martin tira son bonnet de peau, s'inclina aussi bas que pouvait le lui permettre son énorme obésité, et lui adressa ces paroles : « Ne pourrais-je avoir l'honneur de recevoir pour quelques moments, dans mon humble demeure, ce cher monsieur le conseiller? Je serais trop heureux qu'il voulût bien entrer sous mon toit.

— Ma foi, maître Martin, répondit Paumgartner, je ferai très-volontiers un petit relais sous votre toit; mais, en vérité, vous êtes trop modeste en parlant de ce qui est à vous; votre *humble* domicile est garni, on le sait, de meubles et d'objets de prix, dont la rareté et l'élégance font envie aux plus riches bourgeois de Nuremberg; et je gage que plus d'un grand seigneur serait bien aise de posséder un tel bijou. »

Il n'y avait pas d'exagération dans les louanges que le conseiller donnait à l'habitation du tonnelier; dès que la porte s'ouvrait, le péristyle offrait déjà le gracieux aspect d'un petit salon de fantaisie. Le plancher figurait une mosaïque en bois fort artistement combinée; les panneaux de la boiserie encadraient des peintures qui n'étaient pas sans mérite, et des bahuts, sculptés par les meilleurs ouvriers de l'époque, se dressaient le long des murailles.

Il faisait une chaleur étouffante; un air tiède et lourd oppressait la poitrine. Maître Martin conduisit son hôte dans une petite pièce disposée de telle sorte, qu'un courant d'air frais y circulait sans cesse; cette pièce paraissait servir de salle à manger, elle était garnie des meubles et de la vaisselle nécessaires à de splendides festins. En entrant, la voix sonore de maître Martin appela Rosa, sa fille unique.

Mademoiselle Rosa parut sur-le-champ.

Les plus belles créations du grand Albert Dürer ne sauraient donner l'idée d'un aussi parfait ensemble des grâces féminines. Figurez-vous une taille souple et frêle comme la tige d'un lis; — des joues où les roses se mêlaient à l'albâtre; — une bouche ornée de toutes les séductions; — un regard empreint d'une mélancolie mystérieuse qui s'abritait sous de longues paupières couronnées de sourcils d'ébène, et chatoyait comme un doux reflet de la lune de mai; — des cheveux ruisselants à flots de soie sur des épaules de vierge, — et vous n'aurez encore qu'une faible idée de tous les attraits de cette enfant, qui tenait de l'ange plus que de la femme. On eût cru voir vivre la belle Marguerite de Faust, dont le peintre Cornélius a si bien saisi la figure idéale.

La charmante Rosa fit à son père une révérence enfantine, lui prit les mains, et les baisa avec un respect plein de tendresse. A l'aspect de cette suave créature, le visage du vieux Jacobus se couvrit d'une chaude rougeur, et le feu presque éteint de son antique jeunesse fit jaillir quelques étincelles. L'honorable conseiller se ranima pour un instant; ainsi un pâle rayon du soleil couchant colore, avant de s'évanouir, d'une dernière teinte de flamme, les feuillages brunis d'un paysage d'automne. « Certes, s'écria-t-il, maître Martin, vous avez là un trésor qui vaut à lui seul tous ceux que renferme votre logis; et, si nos vieilles barbes s'agitent de plaisir quand nous regardons de si doux attraits, quel effet doivent-ils produire sur la jeunesse! Je suis sûr que votre Rosa cause bien des distractions à l'église aux jouvenceaux du voisinage, et que, dans les réunions où folâtrent les jeunes filles, les galanteries et les bouquets sont pour elle seule!... Vous n'aurez, cher maître Martin, que l'embarras du choix pour la marier à tout ce qu'il y a de mieux dans Nuremberg. »

Au lieu d'écouter avec plaisir les louanges du conseiller, maître Martin fronça le sourcil d'un air mécontent; il ordonna à sa fille d'apporter un flacon de son meilleur vin du Rhin, et, pendant que Rosa se retirait rouge comme une cerise et les yeux pudiquement baissés, il dit à Jacobus : « Vous avez raison, monsieur le conseiller; ma fille est douée d'une beauté remarquable, et j'ajoute qu'elle possède en outre de précieuses qualités. Mais il ne faut point parler de ces choses-là devant une jeune fille; et quant à ce qu'il y a de mieux dans la ville de Nuremberg, je n'y pense guère, en vérité, pour me choisir un gendre. »

Rosa rentra et déposa sur la table un flacon avec deux verres de cristal superbement taillés. Les deux vieillards prirent place l'un en face de l'autre ; maître Martin versait dans les verres sa liqueur de prédilection, lorsque le pas d'un cheval retentit sur le pavé, à la porte. Rosa courut, et revint annoncer à son père qu'un vieux gentilhomme, nommé Heinrich de Spangenberg, désirait lui parler.

« Bénie soit cette journée! s'écria le tonnelier, puisqu'elle m'amène la plus noble et la plus libérale de mes pratiques. Il s'agit sans doute de quelque commande importante. Monsieur de Spangenberg est un homme à bien recevoir! » Maître Martin courut au-devant du nouveau venu, aussi vite que le lui permettaient ses vieilles jambes.

III

Le vin de Hochheim étincelait dans le cristal de Bohême à facettes, et les trois personnages sentaient s'épanouir en eux une vie nouvelle ; mainte histoire égrillarde fut par eux débitée sans trop de scrupule; le buste de maître Martin flottait sur son énorme ventre, de ci, de là, en laissant échapper d'énormes éclats de rire. Le conseiller Jacobus lui-même sentit se dérider sa face de parchemin.

Rosa ne tarda guère à rentrer dans la chambre avec une corbeille d'osier élégante et proprette, d'où elle tira une nappe blanche comme la neige; le couvert fut mis en un clin d'œil, et le dîner servi. Paumgartner et Spangenberg ne pouvaient détacher leurs yeux de cette admirable jeune fille, qui les invitait de sa plus douce voix à partager le repas de son père, qu'elle avait apprêté elle-même ; maître Martin, abîmé dans son fauteuil et les mains jointes, la contemplait avec l'orgueil d'un père idolâtre. Comme elle allait se retirer discrètement, le vieux Spangenberg s'élança de son siége avec la vivacité d'un jeune homme, et, saisissant la jeune fille par sa taille, il s'écria, les yeux tout humides de larmes : « O cher ange! ô enfant du ciel! » Puis il pressa sous ses lèvres, à deux ou trois reprises, le front de la belle vierge, et retomba sur son siége, en proie à une triste préoccupation.

Le conseiller Jacobus proposa de vider un plein verre en l'honneur de Rosa. « Je vous dis, maître Martin, s'écria-t-il, et le digne seigneur Spangenberg est sûrement de mon avis, je vous dis que le ciel vous a fait un cadeau inappréciable en vous donnant cette jolie fille ; je la vois déjà, dans un avenir prochain, femme de quelque haut personnage, avec un bandeau de perles sur le front et avec un carrosse des plus coquets, chargé des plus illustres blasons !

— En vérité, messieurs, reprit maître Martin, je ne comprends guère l'empressement que vous mettez à parler d'une chose qui ne m'occupe pas moi-même. Rosa compte à peine dix-huit ans, et, à cet âge, une fille ne doit pas encore songer à quitter son père pour un époux. Dieu sait ce qui l'attend plus tard; mais ce dont je puis répondre, c'est que nul noble ou bourgeois, fût-il riche à monts d'or, n'aura droit à la main de ma fille, s'il n'a fait preuve auparavant de l'adresse la plus consommée dans les travaux de la profession que j'honore et que je cultive depuis un demi-siècle. Tout ce que je lui demande, après cela, c'est d'obtenir l'amour de ma fille, dont je ne forcerai jamais l'inclination. »

Spangenberg et le conseiller fixèrent sur maître Martin des regards ébahis. « Ainsi donc, dit l'un d'eux après une pause, votre fille est condamnée à n'épouser jamais qu'un artisan, un ouvrier tonnelier?

— Dieu le veuille! reprit maître Martin.

— Mais, poursuivit Spangenberg, si un artiste déjà célèbre par ses œuvres vous demandait sa main, et si votre fille l'aimait, que décideriez-vous?

— Mon jeune ami, dirais-je à ce godelureau, répliqua maître Martin en se renversant au fond de son fauteuil, montrez-moi pour chef-d'œuvre une belle tonne de deux foudres pareille à celle que j'ai fabriquée moi-même dans mon jeune temps. Et, s'il ne pouvait satisfaire à un désir aussi légitime, je ne le jetterais pas positivement hors de chez moi, mais je le prierais, avec toute sorte d'égards, de n'y jamais remettre le pied.

— Pourtant, reprit Spangenberg, si le jeune amoureux

vous répondait humblement qu'il ne peut vous offrir un pareil travail, mais qu'on a élevé d'après ses plans la magnifique maison du marché, certes, un pareil travail vaudrait bien l'œuvre de maîtrise de toute autre profession.

— Eh! pour Dieu, mon digne hôte, s'écria de nouveau le tonnelier, ne prenez donc pas tant de peine pour évoquer des idées qui ne sont guère utiles en ce moment, et auxquelles j'accorderais, dans tous les cas, peu de crédit. Je veux que l'époux de ma fille exerce ma profession et l'honore comme moi, car je maintiens que c'est le premier métier du monde. Il ne suffit pas de cercler un tonneau, l'esprit de l'état consiste à gouverner et à bonifier les vins généreux. Pour faire un tonneau régulier, on doit savoir calculer et jauger; puis il faut une main bien habile pour assembler les douves et pour les lier solidement. Je suis le plus heureux homme du monde quand j'entends, du matin au soir, les klipp, klapp, klipp, klapp, du marteau de mes joyeux compagnons; et, quand l'ouvrage se termine, se polit, se complète, quand je n'ai plus qu'à y appliquer le signe du maître, en vérité je suis fier de mon travail, comme Dieu dut l'être de la création. Vous parlez du métier d'architecte; mais, la maison bâtie, le premier rustre qui dormait sur des écus peut l'acheter, s'y établir, et du haut de ses balcons se moquer de l'artiste qui passe à pied dans la rue. Et que répondre au rustre?... Au lieu qu'en notre état nous logeons la plus généreuse, la plus noble des créatures. Vive le vin et les tonneaux, je ne vois rien au delà!

— Approuvé! fit Spangenberg en vidant son verre. Mais toutes les belles et bonnes choses que vous venez de dire ne démontrent pas que j'aie si grand tort, ni que vous ayez tout à fait raison. Je suppose à présent qu'un homme de race illustre et de noblesse princière vienne vous demander votre fille... Il y a des heures dans cette vie, maître Martin, où les esprits les plus entêtés réfléchissent plusieurs fois avant de laisser échapper certaines occasions...

— Eh bien, cria maître Martin en se levant à demi, l'œil en feu, le cou tendu, la voix brève, eh bien, je dirais à ce gaillard-là, de race illustre et de noblesse princière : — Mon brave monsieur, si vous étiez tonnelier, on pourrait en causer ; mais...

— Mais, interrompit le vieux gentilhomme, qui s'obstinait à ne pas perdre le fil de son idée, mais, si, quelque jour, un jeune et brillant seigneur venait à vous, entouré de tout l'éclat que pourraient lui donner sa richesse et son rang, et s'il vous priait avec instance de lui donner votre petite Rosa?

— Je lui fermerais au nez portes et fenêtres, je triplerais les verrous! hurla maître Martin ; et je lui dirais par le trou de la serrure : — Allez plus loin, mon beau seigneur ; les roses de mon jardin ne fleurissent pas pour vous. Ma cave et mes ducats sont fort de votre goût, j'en suis sûr, et vous feriez à ma fillette l'honneur de l'accepter par-dessus le marché? Filez, filez, mon gentil maître !... »

Le vieux gentilhomme s'accouda sur la table, parut méditer quelques instants, puis il ajouta, les yeux baissés et d'une voix grave, mais émue : « Maître Martin, vous êtes dur en affaires ; mais voyons votre dernier mot. Je suppose que le jeune seigneur dont je viens de vous parler soit mon fils, et que je l'accompagne auprès de vous pour appuyer sa demande ; nous fermeriez-vous au nez votre porte, et penseriez-vous que nous sommes attirés par l'appât de votre cave et de vos ducats?

— A Dieu ne plaise que j'aie jamais une pareille idée de vous, mon digne seigneur! reprit le tonnelier ; je vous accueillerais comme vous le méritez, et je me mettrais moi-même aux ordres de si respectables visiteurs. Quant à ma fille, je vous le répète... Mais, en vérité, je vous le demande, à quoi bon tuer le temps à résoudre de si singulières questions? Nous oublions nos verres pleins, en discutant des choses qui ne sont ni du moment, ni de notre âge. Laissons là, je vous prie, les gendres imaginaires et le mariage futur de Rosa, et buvons à la santé de votre fils, le plus galant jouvencel de Nuremberg. »

Les deux interlocuteurs trinquèrent avec le conseiller Jacobus Paumgartner, qui depuis longtemps écoutait leur conversation sans y mêler un mot. Spangenberg ajouta d'un air contraint : « Ne croyez pas, maître Martin, qu'il y ait rien de sérieux dans tout ce que nous venons de dire ; c'est de ma part une plaisanterie ; vous comprenez bien que mon fils, à moins qu'il ne devienne fou d'amour de quelque fillette, ne peut et ne doit choisir son épouse qu'au sein des plus nobles familles. Il n'était pas besoin de prouver si chaudement que votre Rosa ne saurait lui convenir, et vous auriez pu, ce me semble, mettre moins d'aigreur dans vos réponses...

— Je me hâte de vous en dire tout autant, répliqua vivement le tonnelier ; je plaisantais ainsi que vous. Quant à l'aigreur que vous me reprochez, elle n'existe nullement ; et, si j'ai quelque fierté, pardonnez-la, je vous prie, à ma position. C'est orgueil de métier. Vous ne trouverez pas dans toute la contrée un tonnelier de ma force ; j'exerce ma profession sans charlatanisme et sans souci de la critique ; et ce flacon que nous venons de vider et que je suis prêt à faire remplacer est le meilleur garant de mon savoir-faire. »

Spangenberg ne répondit plus ; il paraissait blessé. Le docte conseiller Paumgartner essaya d'amener l'entretien sur un autre terrain. Mais, comme il arrive après une ardente préoccupation, les esprits trop tendus s'étaient relâchés tout à coup ; quelque chose de fiévreux courait à leur insu dans les veines de ces trois hommes. Tout à coup le vieux Spangenberg quitta la table, appela ses valets, et sortit de chez maître Martin sans dire adieu et sans parler de revenir.

IV

Maître Martin le regarda partir avec quelque regret ; et, comme Paumgartner allait également se retirer : « Savez-vous, lui dit-il, que je ne puis m'expliquer l'air chagrin de ce digne M. Heinrich Spangenberg ?

— Cher Martin, répondit le conseiller, vous êtes le meilleur homme que je connaisse, et vous devez certainement tenir à l'état qui vous a procuré honneur et richesse. Mais prenez garde, ce sentiment-là vous égare quelquefois. Déjà, ce matin, dans l'assemblée des maîtres de la corporation, vous avez parlé de manière à vous aliéner plus d'un confrère; quelque indépendant que vous puissiez être, devez-vous abaisser les autres? Voyez encore ce qui vient de vous arriver. Vous ne pensiez guère, sans doute, à voir autre chose qu'une plaisanterie dans les paroles de Spangenberg; et pourtant souvenez-vous avec quelle amertume vous avez presque traité de cupides et d'aigrefins les gens de noblesse qui pourraient songer à la main de votre fille. Ne pouviez-vous lui répondre, ce qui eût été plus convenable et plus vrai, qu'une pareille proposition, venant de sa part, vous eût fait revenir de vos préjugés les plus enracinés? Vous vous seriez séparés d'une façon beaucoup plus agréable, et rien n'aurait blessé, un jour ou l'autre, ce que vous appelez vos principes.

— À votre aise, mon cher conseiller, répondit maître Martin. Je conviens que j'ai pu avoir tort; mais aussi pourquoi ce diable d'homme me tirait-il ainsi les paroles du gosier?

— Mais encore, reprit Paumgartner, quelle mouche vous pique de faire épouser de force un tonnelier à votre fille? N'est-ce pas blesser les plus saintes lois de la Providence que de vouloir limiter le cercle des affections d'une jeune fille? et ne craignez-vous pas pour vous et pour votre enfant quelque déplorable résultat?

— Oui, repartit le tonnelier en hochant la tête, j'aurais dû vous dire tout de suite la vérité. Vous croyez que ma résolution de n'accepter pour gendre qu'un tonnelier vient d'un amour exagéré pour ma profession? Il n'en est rien; j'ai un motif caché. Asseyez-vous là, mon cher Jacobus, et écoutez-moi en buvant à petits coups ce flacon, que, dans sa mauvaise humeur, Spangenberg a laissé plein. Trinquons, je vous prie, faites-moi ce plaisir. »

Paumgartner ne comprenait rien aux bonnes grâces dont le comblait maître Martin : c'était une chose si contraire à ses habitudes, qu'il avait en vérité tout lieu de s'en étonner. Maître Martin ne lui laissa pas le temps d'y songer beaucoup, et commença le récit suivant :

« Je vous ai conté quelquefois que ma pauvre femme

mourut en donnant le jour à ma Rosa. Près d'elle vivait encore, si c'est exister que de vivre ainsi, une vieille aïeule couverte d'infirmités, et, par-dessus tout, paralytique. Un jour, Rosa dormait, bercée par sa nourrice dans la chambre de l'aïeule ; moi, je contemplais tantôt cette chère enfant, tantôt la pauvre malade ; mais, voyant cette dernière calme, immobile, je me prenais à penser qu'elle n'était peut-être pas trop à plaindre. Tout à coup je vis son visage blême et ridé se colorer d'une teinte légèrement pourprée. Elle se souleva, étendit ses bras avec autant de facilité que si un miracle l'eût guérie, puis elle articula ces mots : « Rosa, ma bonne Rosa ! » La nourrice lui présenta l'enfant, et figurez-vous ce que je dus éprouver de surprise mêlée d'effroi, lorsque la vieille aïeule entonna, d'une voix claire et vibrante, un *lied* à la façon de Hans Berchler, l'aubergiste de l'*Esprit*, à Strasbourg :

« Tendre fillette aux joues si roses, Rosa, écoute mon
« conseil. Veux-tu te préserver des souffrances et d'ennuis ?
« N'aie point d'orgueil, ne critique personne, et garde-toi des
« vains désirs. Prête l'oreille à mes paroles, si tu veux que
« la fleur du bonheur s'épanouisse sur tes jours, et que
« Dieu t'accorde sa bénédiction ! »

« Après avoir chanté plusieurs couplets du même genre, l'aïeule déposa l'enfant sur la couverture, et, passant sur sa petite tête d'ange sa main osseuse et toute ridée, elle murmura quelques mots que je n'entendis pas ; mais son attitude annonçait qu'elle priait. Puis elle retomba dans sa torpeur, et, au moment où la nourrice sortait de la chambre avec l'enfant, elle rendit le dernier soupir sans agonie.

— C'est une bizarre histoire, dit Paumgartner, après avoir écouté l'anecdote de maître Martin. Mais expliquez-moi, je vous prie, quels rapports peuvent exister entre la chanson de votre aïeule et l'avenir de Rosa, dont vous tenez si exclusivement à faire la femme d'un tonnelier.

— Comment ne comprenez-vous pas, s'écria maître Martin, que les vertus modestes recommandées à Rosa ne peuvent se rencontrer sûrement que dans un ménage de bons et honnêtes travailleurs ? La vieille parlait aussi de maison proprette, de flots parfumés et de petits anges aux ailes de feu ; la maison proprette ne saurait avoir plus d'élégance que le chef-d'œuvre d'un compagnon tonnelier passé maître ; — les flots parfumés sont les vins généreux dont s'emplit le tonneau ; et, quand le vin bouillonne et fermente, les bulles qui montent du fond à la surface ne vous semblent-elles pas les petits anges aux ailes vermeilles? C'est bien là, je vous assure, le sens des paroles mystérieuses que marmottait la vieille aïeule ; et, comme cette explication me convient, j'ai décidé que Rosa n'épouserait qu'un tonnelier.

— Mais, reprit le conseiller, croyez-vous qu'il suffise d'interpréter ainsi de vaines paroles, au lieu de vous laisser guider par les inspirations de la Providence? elle sait toujours bien mieux que nous ce qui convient à notre bonheur ; et j'ajoute qu'il me paraîtrait juste et sage de laisser au cœur de votre fille le soin de chercher un époux digne d'elle...

— Sornettes que tout cela! s'écria maître Martin en frappant du poing la table. Je dis et je répète que Rosa sera la femme du meilleur tonnelier que je pourrai découvrir. »

Le docteur Jacobus Paumgartner se serait volontiers emporté contre la singulière obstination de maître Martin, mais il eut le bon esprit de se contenir, et se levant pour prendre congé : « Les heures galopent, dit-il à son hôte ; laissons là nos verres vides et nos discussions qui ne le sont guère moins. »

Comme ils sortaient de la maison, l'un pour se retirer, l'autre pour le reconduire, ils aperçurent une jeune femme accompagnée de cinq petits garçons. « Ah! mon Dieu! s'écria Rosa, Valentin est mort, voilà sa femme et ses enfants! — Qu'entends-je? dit maître Martin, Valentin serait mort? Ah! quel affreux malheur! c'était le plus habile de mes compagnons, et le plus probe que j'aie jamais connu! Il s'est blessé avec sa doloire il y a quelques jours. La gangrène s'est mise dans la plaie, et le pauvre diable meurt à la fleur de ses années. » La jeune femme tout éplorée se plaignit de voir ses enfants voués à la misère. « Comment donc? s'écria de nouveau maître Martin, pouvez-vous penser que je vous abandonne quand votre mari est mort à mon service ? Non pas, bonne femme, il n'en sera pas ainsi tant que vivra maître Martin, et aussi longtemps que Dieu lui conservera sa fortune. Vous appartenez tous à ma famille à dater d'aujourd'hui. Demain, vous irez vous établir avec ces enfants-là dans ma métairie au dehors du *Frauenthor*, et j'irai vous y voir tous les jours. Vous prendrez le gouvernement de mon ménage, et j'élèverai vos garçons, qui deviendront de braves et de solides ouvriers. Vous avez encore un vieux père qui travaillait fort bien dans son temps ; si ses forces ne lui permettent plus de faire beaucoup de besogne, je pourrai toujours l'utiliser de quelque manière. Amenez-le donc aussi ; vous serez tous les bienvenus. »

La pauvre veuve faillit s'évanouir de joie. Maître Martin lui serra les mains affectueusement, pendant que les petits enfants, que Rosa comblait de caresses, s'accrochaient de tous côtés à ses habits. Le conseiller Jacobus Paumgartner ne put retenir une grosse larme. « Maître Martin, s'écria-t-il, vous êtes un homme unique ; et, de quelque humeur qu'on vous trouve, il n'y a pas moyen de se fâcher avec vous ! »

Et tous deux se séparèrent.

V

Sur un plateau de verdure, d'où le regard se perd au loin parmi des horizons fleuris, voyez-vous ce beau jeune homme assis, dans un simple costume d'ouvrier qui n'ôte rien à sa bonne mine ? Friedrich est son nom.

Le soleil est à demi plongé dans la pourpre du soir, et ses derniers rayons jaspent de flammes roses le fond du ciel. Au loin s'élancent dans les airs les flèches dentelées de la ville royale de Nuremberg ; le silence règne dans la campagne déserte ; l'ombre s'allonge et gagne de proche en proche. Le jeune ouvrier est accoudé sur son sac de voyage, et semble interroger du regard les profondeurs de la vallée. Sa main distraite effeuille les pétales de quelques marguerites et les laisse emporter au souffle de la brise. Puis ses yeux se voilent et s'assombrissent peu à peu, sa poitrine se soulève gonflée par une secrète émotion, et des larmes s'échappent une à une de ses paupières à demi closes. Mais une pensée soudaine semble lui rendre le courage et la force ; il relève le front, ouvre les bras comme pour étreindre un être chéri, et sa voix fraîche et pure improvise une de ces chansonnettes naïves que les enfants de la vieille Allemagne imaginent si bien :

« Je te revois, ô douce patrie! Loin de toi, mon cœur fidèle ne t'a pas oubliée! — Nuages de pourpre qui voilez les horizons de ma patrie, de votre sein semblent pleuvoir des roses! — O mon cœur! bondis de joie dans ma poitrine : chaque pas me rapproche de la rose qui a mes amours! — Crépuscule d'or, manteau du ciel, douces clartés du soir, servez de messagers à mon amour; portez à celle que je chéris les larmes de la joie et le baiser du retour. — Et, si je mourais avant de la revoir, si ma petite rose aimée vous demandait ce que je suis devenu, dites-lui que mon cœur s'est enseveli dans son amour. »

Quand Friedrich eut chanté, il tira de son bissac un petit morceau de cire, l'amollit à la chaleur de sa poitrine, et modela sous ses doigts une jolie rose à cent feuilles; tout en se livrant à ce travail délicat, il redisait à demi-voix les couplets de sa chansonnette. Un autre jeune homme debout devant lui examinait attentivement son travail. « Eh! mais, vraiment, mon ami, dit le nouveau venu, vous faites là un charmant ouvrage. » Friedrich tout surpris leva les yeux : « Comment pouvez-vous, lui dit-il, mon cher monsieur, trouver quelque mérite à ce qui n'est pour moi qu'une distraction passagère? — Diable! reprit l'inconnu, si vous traitez de distraction l'œuvre que vous faites à cette heure, il faut que vous soyez quelque artiste de haut renom. Je suis doublement charmé du hasard qui cause notre rencontre; j'ai écouté avec émotion la délicieuse chanson que vous gazouilliez si bien à la manière de Martin Hæscher, et j'admire votre habileté comme sculpteur. Où pensez-vous aller ce soir? — Je retourne dans ma patrie, répondit Friedrich, je reviens à Nuremberg. Mais le soleil se couche, la nuit tombe, et je vais chercher un asile au prochain village. Demain l'aurore me trouvera sur la route de Nuremberg. — Achevons donc ensemble le voyage, s'écria l'inconnu ; nous partagerons ce soir le même gîte, et demain nous entrerons ensemble dans la ville. » A ces mots, Reinhold, c'était le nom du jeune homme, se jeta sur l'herbe à côté de Friedrich, et continuant ses questions : « N'êtes-vous pas, lui dit-il, un artiste fondeur ? Je suppose, d'après ce que je vous ai vu modeler, que vous travaillez d'ordinaire les matières d'or et d'argent ? — Hélas ! mon cher monsieur, répondit Friedrich, sans lever ses regards, qui depuis un moment étaient fixés sur la terre, je ne suis pas digne du beau nom d'artiste, ni capable d'exécuter tout ce que vous supposez. Je ne suis, il faut vous le dire, qu'un pauvre ouvrier tonnelier, et je vais à Nuremberg avec l'espoir de travailler chez un maître dont la renommée est répandue dans toute l'Allemagne. Au lieu de jeter au moule ou de ciseler des figures, je fais tout simplement des cercles de tonneaux. — Eh ! pardieu ! s'écria Reinhold, me croyez-vous assez stupide pour dédaigner votre profession ? Une confidence en vaut bien une autre : moi aussi, je suis tonnelier ! »

Friedrich parcourut le personnage d'un coup d'œil ; car l'équipage de Reinhold ne ressemblait guère à la mise d'un ouvrier tonnelier. Son haut-de-chausses noir était de fine étoffe, avec des crevés en velours ; une large et courte dague pendait à son côté, et pour coiffure il avait une barrette ornée d'une longue plume tombante ; on eût dit, à le voir, quelque riche marchand ; et pourtant il y avait dans toute sa personne je ne sais quoi d'excentrique et de dégagé qui démentait une pareille supposition. Reinhold, comprenant le doute de Friedrich, tira de son sac de voyage un tablier de tonnelier et une doloire : « Vois donc, ami, dit-il à Friedrich ; penses-tu encore que j'aie menti, et que je ne sois pas un simple ouvrier comme toi ? Je conçois ta surprise de me voir aussi splendidement accoutré ; mais je viens de Strasbourg, où les plus modestes compagnons tonneliers sont mis comme des princes. Autrefois j'avais bien cherché à sortir de l'ornière pour me lancer dans la carrière aventureuse des arts ; mais je suis bien guéri de cette fantaisie ; aujourd'hui je ne vois rien au-dessus de mon état de tonnelier, et j'y ai même attaché des espérances d'avenir. Mais toi, camarade, à quoi penses-tu? ton visage est triste, et ton regard semble redouter d'entrevoir l'avenir! Tout à l'heure tu chantais avec mélancolie, et je croyais, sous l'empire d'une bizarre fascination, que tes suaves accents sortaient de ma poitrine pour passer dans la tienne ; — on dirait que ton cœur s'ouvre devant moi comme un livre. Donne-moi ta confiance entière ; et, puisque nous allons, l'un et l'autre, nous fixer à Nuremberg, établissons entre nous, dès ce moment, un lien de solide amitié »

Friedrich jeta ses bras au cou de son nouvel ami. « Oui, poursuivit-il, plus je te regarde, et plus je sens s'accroître ma sympathie. Au fond de mon cœur vibre une voix secrète qui semble répondre au doux appel de l'amitié. Je veux que mon âme se mêle à la tienne ; car il y a dans la vie des choses que le cœur seul sait comprendre, des douleurs qu'il a seul le secret d'adoucir ; écoute donc l'histoire de mon existence. Dès mon enfance, je rêvais pour moi la gloire de l'artiste. J'aspirais au bonheur d'égaler dans l'art de fondre et de ciseler le métal maître Peter Fischer ou Benvenuto Cellini. J'ai fait mes premiers essais sous les yeux de Johannes Holzschuer, le plus célèbre graveur d'argent de ma patrie. Chez ce maître venait souvent M. Tobias Martin, le tonnelier, qui menait avec lui sa fille, la délicieuse Rosa. Je devins amoureux de cette jeune fille. Je quittai mon pays, et je vins à Augsbourg pour accélérer les progrès de mon apprentissage ; mais, à peine éloigné de celle qui possédait mon cœur et toutes mes pensées, je n'eus plus devant les yeux que la céleste image de Rosa. Le travail me devint pénible, fastidieux ; je n'avais qu'une seule étude, arriver à la félicité que je rêvais. J'appris que maître Martin avait déclaré à tout le monde qu'il ne donnerait sa fille qu'au plus habile tonnelier de la ville, et je renonçai sur-le-champ à ma vocation d'artiste pour devenir ouvrier. Aujourd'hui je reviens à Nuremberg prier maître Martin de me recevoir parmi ses compagnons. Mais, à mesure que j'approche du terme de mes vœux et que je pense à Rosa, que les années ont dû bien embellir, la timidité et la crainte d'être éconduit se disputent mon âme; car j'ignore si je suis aimé, si je puis jamais espérer de l'être! »

Reinhold avait écouté l'histoire de Friedrich avec une attention muette. Quand cette confidence fut achevée, il reprit la parole; mais ses traits exprimaient une anxiété douloureuse qu'il s'efforçait en vain de combattre. « Est-il bien vrai, dit-il enfin, que Rosa ne vous a jamais donné de gages d'affection? — Jamais! s'écria Friedrich; Rosa n'était qu'une enfant lorsque je partis de Nuremberg. Je puis supposer sans vanité que je ne lui étais pas désagréable; quand je cueillais pour elle les plus belles fleurs du jardin de M. Holzschuer, elle me remerciait toujours par un angélique sourire; mais...

— Il me reste donc encore une lueur d'espoir! » s'écria Reinhold avec une explosion de vivacité qui fit tressaillir son ami. Sa haute taille venait de se dresser, sa large dague résonnait, et son regard lançait des flammes... « Pour Dieu! demanda Friedrich, que se passe-t-il en toi? » Et devant cette figure tout à l'heure si douce, maintenant si violemment agitée, il ne put se défendre d'un frisson; reculant d'un pas, il heurta du pied le sac de voyage de Reinhold. Ce choc fit résonner une mandoline attachée au bagage. « Maudit compagnon, cria Reinhold en lui lançant un coup d'œil fauve et menaçant, n'écrase point ma mandoline! » Et, prenant aussitôt l'instrument, il en pinça les cordes avec brusquerie, comme s'il allait les briser; puis tout à coup il redevint calme, et, rejetant la mandoline derrière son dos, il tendit sa main à Friedrich : « Allons, cher frère, lui dit-il avec affection, allons au village voisin. J'ai un remède sûr pour chasser les fantômes qui pourraient nous attaquer sur la route. — Eh! mon ami, de quels fantômes pourrions-nous avoir peur? Descendons dans la vallée, et chante, chante toujours! J'éprouve à t'écouter un ineffable plaisir... »

Des myriades d'étoiles d'or parsemaient le sombre azur du ciel; le vent du soir bruissait sous les hautes herbes; les ruisseaux s'enfuyaient en murmurant le long de leurs rives, et les voix de la solitude se prolongeaient comme des soupirs d'orgues sous le dôme des forêts.

Friedrich et Reinhold descendirent lentement le chemin qui conduisait au village. Quand ils atteignirent l'auberge, Reinhold, jetant de côté son attirail de voyageur, pressa Friedrich sur son cœur, et versa longtemps des larmes ardentes.

VI

Le jour suivant, Friedrich, à son réveil, ne trouva plus son nouvel ami couché sur la paille à ses côtés; il s'imaginait qu'il avait peut-être changé de route, lorsque Reinhold reparut tout à coup devant lui, le sac au dos, mais dans un costume différent de celui qu'il portait la veille. Il avait détaché de sa barrette la longue plume flottante, ne portait plus sa dague courte et large, et une casaque de bourgeois fort commune d'étoffe et de couleur remplaçait le haut-de-chausses élégant qui faisait ressortir les avantages de sa taille. « Eh! eh! frère, s'écria-t-il, me prendras-tu maintenant pour un bon et franc compagnon d'atelier, tel que je veux être? Mais, pour un amoureux, tu as, ce me semble, dormi d'un fameux sommeil. Regarde comme le soleil a déjà fait du chemin; allons, vite, du cœur et des jambes! »

Friedrich, absorbé dans la pensée de l'avenir, répondit à peine aux paroles de Reinhold, qui, livré à une joie singulière, parlait sans cesse, jetait sa barrette en l'air et cabriolait comme un fou. Quand ils approchèrent de la ville, Friedrich devint encore plus rêveur; il s'arrêta tout court, et s'écria : « Non, je ne saurais, en vérité, faire un pas de plus! La tristesse me serre le cœur, et je n'y puis plus tenir; laisse-moi chercher un moment de repos sous ces arbres. » En disant cela, il se laissa tomber sur la mousse, comme un homme anéanti. Reinhold s'assit à ses côtés, et reprit la parole pour lui parler de leur rencontre de la veille. « Hier soir, lui dit-il, j'ai dû te causer une étrange surprise. Lorsque tu me racontais ton amour et que tu déplorais les incertitudes de l'avenir, je me sentais moi-même en proie à une agitation que je ne pouvais m'expliquer; mon cerveau fermentait; j'aurais pu devenir fou si, quand je te rencontrai, ta douce chanson de patrie ne m'avait calmé comme par miracle. Ce matin, je me suis éveillé joyeux et dispos; les fantômes qui m'obsédaient hier se sont évanouis, et j'ai retrouvé le calme et la sérénité. Je ne me suis plus souvenu que du hasard heureux qui a produit notre union, et je ne songe désormais qu'à obéir à la sympathie que j'ai conçue pour toi dès l'abord. L'amitié est un don du ciel dont les fruits sont inappréciables. Je veux, à ce propos, te dire une touchante histoire qui s'est passée, il y a plusieurs années, en Italie, à une époque où j'y fis moi-même quelque séjour. Écoute bien.

« Il se trouva qu'un noble prince, ami des arts et protecteur éclairé du véritable talent, avait offert un prix considérable pour la meilleure exécution en peinture d'un sujet fort intéressant, mais dont les détails étaient hérissés de difficultés. Deux jeunes artistes qu'unissait la plus tendre affection, et qui vivaient et travaillaient ensemble, se présentèrent pour concourir. Ils mettaient en commun, pour tenter le succès, tout ce qu'ils possédaient d'imagination et de science pratique. Le plus âgé, doué d'une plus grande habitude du dessin et de la composition, crayonna l'esquisse en un clin d'œil. Devant ce jet hardi d'un esprit puissant à créer, le plus jeune sentit le découragement s'emparer de lui; il jetait là ses pinceaux si son ami ne l'eût soutenu par des conseils énergiques. Quand ils commencèrent à peindre, le plus jeune prit sa revanche dès le premier jour par la finesse de la touche et par la science du coloris, qu'il portait aussi loin qu'on eût pu l'attendre de l'artiste le plus expérimenté. Grâce à cette association, le plus jeune des deux amis présenta au concours un tableau d'une exquise perfection de dessin, et l'aîné n'avait encore rien produit de plus suavement exécuté. Quand l'ouvrage fut achevé, les deux maîtres se jetèrent dans les bras l'un de l'autre et se félicitèrent à l'envi du succès qu'ils se

promettaient l'un à l'autre. Le plus jeune obtint le prix. « Oh!
« s'écria-t-il, comment puis-je accepter le laurier d'or? que
« serait mon œuvre isolée sans les conseils et sans les re-
« touches de mon ami? » Et le plus âgé lui répondit : « Ne
« m'as-tu pas aussi aidé de tes conseils? Nous avons réuni
« dans chacun de nos ouvrages tout ce que nous possédions
« l'un et l'autre d'expérience et d'imagination pour arriver
« à un commun succès. Le triomphe de l'un de nous n'est
« point pour l'autre une défaite. La gloire couvre toujours
« deux amis comme nous de la même couronne. » — Le
peintre avait raison, n'est-ce pas, Friedrich? La jalousie peut-
elle jamais trouver accès dans de nobles âmes?

— Oh! non, s'écria Friedrich, notre amitié date de notre
première rencontre; dans quelques jours, les mêmes travaux
vont nous occuper dans la même ville : qui sait si bientôt nous
ne rivaliserons pas à qui fera le mieux, sans feu, une belle
tonne de deux foudres pour chef-d'œuvre de compagnon passé
maître? Que Dieu préserve de toute basse envie celui de nous
deux dont l'œuvre obtiendra le plus de suffrages!

— Comment donc! reprit Reinhold avec une vivacité
joyeuse, mais je veux que chacun de nous vienne en aide à
l'autre. Et vraiment je t'avertis que pour tout ce qui touche au
dessin, à la science des mesures et du jaugeage, tu trouveras
près de moi des avis tout à fait positifs; de plus, en fait de
bois à choisir, tu peux te reposer sur moi. Je te guiderai
dans ton travail avec un zèle dévoué, sans craindre que mon
chef-d'œuvre puisse être moins parfait parce que j'aurai
communiqué à un ami les secrets de mon art.

— Eh! cher Reinhold, interrompit Friedrich, que parlons-
nous à cette heure de chef-d'œuvre et de rivalités! Sommes-
nous au moment de nous disputer la belle Rosa?... En vérité,
toutes mes idées se brouillent dans ma pauvre tête!...

— Et qui donc te parle de Rosa? dit Reinhold en écla-
tant de rire, je crois que tu rêves les yeux ouverts; allons,
viens! nous ne sommes pas au bout du chemin! » Friedrich
se remit en route, et ils gagnèrent la plus prochaine auberge, à l'entrée des faubourgs de la ville. « A qui vais-je offrir mes bras? dit Reinhold, je n'y connais personne, à

moins, cher frère, que tu ne veuilles bien me conduire chez maître Martin.

— Oh! merci de cette pensée, répondit Friedrich avec empressement, oui, nous irons ensemble trouver maître Martin; avec toi j'aurai moins peur, et je serai moins troublé en rentrant dans cette maison. »

Les deux amis, après s'être équipés en compagnons aisés, sortirent de l'auberge pour aller visiter maître Martin. Ce jour-là était précisément le dimanche fixé par le riche tonnelier pour célébrer par un banquet sa nomination à l'emploi respectable de maître des cierges. Il était environ midi quand nos jeunes voyageurs entrèrent dans sa maison, qui retentissait du cliquetis des verres et des joyeux propos des convives.

« Fâcheux moment! s'écria Friedrich. — Au contraire, dit Reinhold, c'est au milieu de la joie qu'excite le vin généreux que les hommes sont le plus accessibles, et je gage que maître Martin va bien nous accueillir. » En ce moment, maître Martin, qu'ils avaient fait avertir, vint au-devant d'eux, la démarche un peu avinée et les joues suffisamment rubicondes. Il reconnut aussitôt Friedrich : « C'est toi, mon brave garçon, s'écria-t-il, te voilà de retour? C'est bien, c'est bien! Est-ce que tu as appris la noble profession de tonnelier? Je me souviens que ce fou de M. Holzschuer prétendait, quand je lui parlais de toi, que tu étais fait pour ciseler des figures et des balustrades comme on en voit ici dans l'église de Saint-Sebald, et à Augsbourg dans la maison de Fugger. Mais tous ces contes-là me touchaient fort peu, et je te félicite d'avoir choisi toi-même le bon parti. Sois donc mille fois le bienvenu chez nous! » Et, en parlant ainsi, maître Martin l'embrassa très-étroitement. Le pauvre Friedrich sentit son courage renaître dans les bras du tonnelier; il se hâta de mettre à profit ce bon moment pour solliciter son admission et celle de son camarade dans les ateliers de maître Martin. « Soyez donc encore une fois, et tous deux, les bienvenus, ajouta le tonnelier, car en ce moment l'ouvrage me tombe de tous côtés sur les bras, et les bons ouvriers sont rares! Jetez là vos sacs de voyage, et entrez avec nous; le dîner touche à sa fin, mais il se trouvera bien encore pour vous quelques ragatons, et Rosa se chargera de vous bien traiter. » Et tous trois entrèrent dans la salle à manger.

Tous les vénérables maîtres de la corporation des tonneliers étaient joyeusement attablés, sous la présidence du digne chef d'état Jacobus Paumgartner. Ces messieurs étaient au dessert, et le vin du Rhin pétillait à flots dorés dans des gobelets de grande mesure. La conversation, fort animée et tout entrecoupée de gros éclats de rire, faisait trembler les vitres ; mais, quand maître Martin reparut entre les deux compagnons qu'il voulait présenter, tous les regards se tournèrent sur les nouveaux venus, et le silence se rétablit comme par enchantement. Reinhold promenait autour de lui un regard assuré ; mais Friedrich, les yeux baissés, sentait son cœur prêt à défaillir. Maître Martin fit placer les deux amis au bas de la table; et cette place, la plus humble il n'y a qu'un moment, devint tout à coup la plus digne d'envie, lorsque la jolie Rosa vint s'asseoir entre les deux convives, pour s'occuper de leur offrir les meilleurs vins et les morceaux les plus délicats.

A côté de cette délicieuse créature, Friedrich pouvait à peine contenir son émotion, et, les yeux baissés sur son assiette toute pleine, car il était trop amoureux pour avaler une seule bouchée, il adressait intérieurement une foule de tendresses à sa bien-aimée. Quant à Reinhold, c'était un franc viveur, fort attentif aux gentillesses de la jeune fille et très-prompt à s'enflammer. Rosa ne put se défendre d'un secret plaisir en l'écoutant détailler les particularités de ses voyages; il lui semblait assister à tous les événements qu'il lui racontait ; son cœur se laissa séduire involontairement par le charme de ce caractère excentrique, et elle ne trouva pas la force de retirer sa main, que Reinhold avait saisie à plusieurs reprises, et serrait d'une manière très-significative.

Cependant Friedrich, excité par son ami, finit par vider un plein gobelet de vin du Rhin. La chaleur de ce liquide lui monta au cerveau et délia sa langue; son visage s'anima et son sang coula plus vite. « Dieu! que je me sens heureux! s'écria-t-il tout à coup, j'éprouve un bien-être ineffable! » La fille de maître Martin ne put retenir, à ces mots, un malicieux sourire. « Rosa! continua Friedrich, oserai-je croire que vous vous êtes souvenue de moi? — Eh! comment aurais-je pu vous oublier? répondit la jeune fille, je me rappelle les jours si chers de ma première enfance, alors que vous aimiez à jouer avec moi; et j'ai gardé avec un grand soin ce corbillon de fil d'argent que vous m'aviez donné à la *Weinacht*.

— O Rosa, ma bien-aimée! s'écria Friedrich hors de lui, la poitrine oppressée, l'œil en feu.

— J'attendais votre retour avec bien de l'impatience, poursuivit Rosa; mais, quand je pense aux jolis ouvrages que vous exécutiez autrefois sous les auspices de maître Holzschuer, je ne puis comprendre que vous ayez quitté la carrière d'artiste pour devenir un simple compagnon tonnelier dans les ateliers de mon père.

— Mais c'est à cause de vous, interrompit Friedrich avec enthousiasme, c'est pour vous uniquement que j'ai fait ce sacrifice!... » A peine avait-il achevé ces mots, qu'il rougit et se troubla, comme s'il lui était échappé quelque chose de déplacé. Il y avait, certes, un peu d'imprudence au fond de cet aveu décoché à bout portant. Rosa, qui l'avait fort bien compris, baissa les yeux en rougissant, et resta muette; heureusement, M. Jacobus Paumgartner, frappant de son couteau sur la table de chêne pour faire taire les conversations, annonça que maître Vollrad, le plus notable *meistersinger* de la ville, allait chanter un *lied*.

Maître Vollrad, se levant aussitôt, toussa, cracha, se moucha, fit le beau, puis entonna d'une voix pleine et sonore un chant national composé par Hans Vogelgesang. Tous les conviés se sentirent électrisés, et Friedrich lui-même reprit son assurance de jeune homme. Le meistersinger chanta plusieurs morceaux de genres variés, puis il invita quelqu'un des assistants à l'imiter. Reinhold alla prendre sa mandoline, et, après avoir prélude par de suaves accords, il chanta le *lied* suivant :

« Où coule la petite source d'où jaillit le vin généreux? — Dans un sombre tonneau. C'est de là que la jolie petite source répand ses vagues d'or qui se changent dans nos gobelets en vin pétillant et doré. Qui donc a fait le réservoir précieux de la petite source chérie? C'est l'art du tonnelier. Le tonnelier s'égaye en buvant son vin; il fait l'amour en vidant son gobelet. Le vin généreux, l'amour chaste et pur, sont les compagnons du tonnelier! »

De vifs applaudissements couvrirent la voix du chanteur; mais nul dans l'auditoire ne parut plus charmé que maître Martin; sans écouter les observations jalouses de Vollrad, qui s'évertuait à prouver que la méthode de Reinhold tenait quelque peu des imperfections de Hans Muller, il emplit et leva de toute sa hauteur le plus grand gobelet du festin, en s'écriant : « Viens ici, bon compagnon et joyeux meistersinger, viens boire un coup dans la coupe de maître Martin! » Reinhold obéit; puis il reprit sa place et dit tout bas à Friedrich de payer son écot en chantant son *lied* de la veille. « Au diable l'enragé! » murmura Friedrich avec un geste d'impatience. Mais Reinhold, sans en tenir compte, se leva et dit tout haut : « Mes vénérables maîtres et seigneurs, voilà mon cher frère Friedrich qui sait bien mieux que moi une foule de ballades et de chansons dont il vous régalerait, si son gosier n'était un peu éraillé par la poussière de la route que nous venons de faire; ce sera donc, si vous le permettez, pour votre prochaine réunion... » A ces mots, chacun de complimenter Friedrich; il y eut même de ces braves gens qui s'avisèrent, sans l'avoir entendu, de mettre sa voix bien au-dessus de celle de son ami Reinhold. Maître Vollrad, qui venait d'engouffrer un énorme gobelet, prétendait que la méthode de Reinhold ressemblait trop au genre fade italien, et que celle de Friedrich conservait seule le type national allemand. Quant à maître Martin, il se renversa en arrière dans son fauteuil, selon sa vieille coutume, et, frappant à petits coups secs et mesurés son ventre gonflé comme un ballon, il s'écria : « Voilà, messeigneurs, voilà, en vérité, mes compagnons, les joyeux compagnons de table et de travail de maître Tobias Martin, le tonnelier le plus renommé de Nuremberg! »

Les assistants ne trouvèrent rien à objecter à cette déclaration ; et, après avoir noyé au fond de leurs gobelets le peu qui leur restait encore de raison et de solidité sur leurs jambes, ils se séparèrent en chancelant pour gagner chacun leur lit. Quant à Friedrich et à Reinhold, maître Martin leur ouvrit une chambrette fort gaie dans sa maison.

VII

Après quelques semaines d'épreuve et de travail, maître Martin remarqua chez Reinhold une habileté peu commune dans l'art de mesurer et de calculer à l'aide du compas et de la ligne ; mais c'était un faible ouvrier quant à la besogne d'atelier, tandis que Friedrich s'y montrait infatigable. Du reste, ils étaient tous deux également recommandables par leur bonne conduite ; du matin au soir, ils charmaient les heures par de joyeuses chansons dont Reinhold possédait un riche répertoire ; et, lorsque Friedrich, apercevant à la dérobée la gentille Rosa, prenait tout à coup un accent mélancolique, Reinhold aussitôt chantait ce refrain moqueur : « Le tonneau n'est pas un luth, — le luth n'est pas un tonneau ! » Le vieux maître Martin, qui n'y voyait point malice, restait souvent le bras en l'air, le marteau levé, sans frapper sa douve, et riait de son gros rire. Mais la petite Rosa, qui comprenait davantage, savait fort bien faire naître mille et une occasions de venir rôder dans l'atelier.

Un beau jour, maître Martin entra d'un air soucieux dans son atelier de *Frauenthor*. Ses deux compagnons favoris ajustaient une futaille. Il s'arrêta devant eux les bras croisés : « Mes bons amis, leur dit-il, je suis fort content de vous et de votre travail ; et pourtant me voici fort embarrassé. On m'écrit que la récolte du vin du Rhin doit dépasser cette année tous les résultats obtenus jusqu'à ce jour ; un fameux astrologue a prédit l'apparition d'une comète dont la chaleur doit occasionner une fertilité merveilleuse ; les fruits de la vigne seront centuplés, et cet admirable météore ne reparaîtra plus que dans trois cents ans. Vous concevez quelle énorme quantité d'ouvrage va affluer dans mes ateliers. Et voilà déjà que le vénérable évêque de Bamberg, le plus fin gourmet de l'Allemagne, m'adresse la commande d'une tonne immense. Nous ne serions jamais en mesure, à nous seuls, d'exécuter toute la besogne qui va nous être proposée ; j'ai absolument besoin d'engager un compagnon de plus, adroit, zélé et actif comme vous. Dieu me garde d'amener ici quelque gaillard dont je ne sois pas bien sûr ; comment donc faire quand le temps presse et qu'on veut être bien servi ? Ne sauriez-vous m'indiquer quelque brave garçon de votre connaissance ? De quelque part qu'il faille le faire venir, et quelque somme qu'il m'en coûte, je suis prêt. »

Maître Martin finissait à peine ce discours, que la porte de l'atelier s'ouvrit avec fracas, et un jeune homme de haute taille et de large encolure cria d'une voix de stentor :

« Hé là ! est-ce ici l'atelier de maître Martin ?

— Sans doute, répondit maître Martin lui-même en venant au-devant de l'étranger, c'est bien ici ; mais vous auriez pu, mon garçon, n'y pas entrer comme un diable qui va tout rompre, et surtout crier moins fort. On n'entre pas ainsi chez les gens.

— Ha, ha, ha ! reprit le jeune homme en riant de tout son cœur, vous êtes peut-être maître Martin en personne : panse rebondie et menton à triple étage, prunelle vive et nez bourgeonné, c'est cela même ; le signalement qu'on m'a donné est des plus exacts. Maître Martin, je vous salue avec vénération !...

— Et que diable voulez-vous de maître Martin ? demanda le tonnelier de fort mauvaise grâce.

— Je suis, reprit le jeune homme, un compagnon tonnelier de quelque mérite, et je voudrais du travail. »

Maître Martin recula frappé de surprise en voyant un gaillard aussi bien découplé se présenter chez lui à l'heure précise où il manquait d'ouvriers ; il toisa le nouveau venu, et, ravi de le trouver si vigoureusement constitué, il se hâta de lui demander les certificats des maîtres chez lesquels il avait travaillé.

« Je n'ai rien de cela pour le moment, répliqua le jeune

homme; mais, dans peu de jours, je les ferai venir, et, pour le moment, je crois suffisant d'engager avec vous ma parole d'honnête et de bon ouvrier. » Et, sans donner à maître Martin le temps d'arranger sa réponse, le jeune compagnon, se dirigeant au fond de l'atelier, jeta dans un coin sa barrette et son sac de voyage, quitta son haut-de-chausses, et ceignit son tablier de travail en s'écriant d'un air tout à fait décidé : « Voyons, maître Martin, par quelle besogne dois-je commencer? »

Maître Martin, fort surpris de cette brusque entrée en matière qui semblait ne pas admettre la possibilité d'un refus, réfléchit pendant quelques minutes; puis, s'adressant de nouveau à l'étranger : « Compagnon, lui dit-il, puisque vous êtes si sûr de vous-même, donnez-moi sur l'heure la preuve de votre savoir-faire. Armez-vous d'une doloire, et achevez de me polir sur l'établi les cercles qui doivent maintenir cette barrique. »

Le compagnon étranger ne se le fit pas dire deux fois, et en un clin d'œil il acheva sa besogne d'essai. « Eh bien, dit-il alors avec son joyeux rire ; eh bien, maître Martin, doutez-vous encore, à cette heure, de mon habileté? Or çà, je voudrais bien examiner un peu la qualité des outils dont on se sert par ici. » En parlant de la sorte, il remuait tout et examinait chaque objet à son tour en connaisseur. « Maître, disait-il de temps en temps, qu'est-ce que ce marteau, je vous prie? n'est-ce pas un jouet de vos enfants? et cette petite doloire, n'est-elle pas à l'usage des apprentis? » En même temps il brandit d'une main puissante un énorme marteau dont Reinhold n'eût pu se servir, et que Friedrich ne pouvait soulever qu'avec peine ; il mania avec la même aisance la doloire de maître Martin; puis, continuant ses prouesses, il fit pirouetter une paire de grosses tonnes avec la facilité qu'il eût mise à remuer de simples barriques; enfin, prenant à deux mains une douve massive que le rabot n'avait pas encore amincie : « Eh! mais, s'écria-t-il, voilà de bon bois de chêne, et cela doit éclater comme du verre ! » Et, joignant l'effet au geste, il brisa la douve comme une humble planchette, sur le tranchant d'une pierre de meule.

« Par les reliques de saint Sebald, restons-en là, s'il vous plaît, cher compagnon! s'écria maître Martin; vous allez, si je vous laisse faire, me rompre les fonds de cette tonne de deux muids, et mettre en pièces tout mon atelier. Que n'empoignez-vous cette solive pour démolir toute la maison! Et ne voulez-vous pas que j'aille vous quérir, en guise de doloire, le glaive de Roland le paladin que l'on garde à l'hôtel de ville de Nuremberg?

— Vraiment oui, s'il vous plaisait, » répondit le jeune homme en lançant à maître Martin un regard plein de feu; mais il baissa aussitôt les yeux, et reprit d'une voix plus douce : « Je pensais seulement, cher maître, que vous pouviez avoir besoin, pour vos plus gros travaux, d'un ouvrier vigoureux, et j'ai peut-être dépassé à vos yeux les limites de ce qu'il était convenable de faire. Je vous prie de me pardonner, et de permettre que je reste chez vous, pour y travailler aussi rudement qu'il vous plaira de l'exiger. »

Maître Martin passait de surprise en surprise. Le calme subit du jeune compagnon produisait sur lui une sensation indéfinissable. Il ne pouvait se lasser de contempler ses traits régulièrement beaux et qui peignaient une âme de la plus pure honnêteté. Il croyait démêler dans sa physionomie quelque ressemblance avec celle d'un homme qu'il avait jadis connu et vénéré, mais dont ses souvenirs ne lui retraçaient qu'une lointaine image; il accueillit enfin la prière du jeune compagnon, sous la seule condition qu'il produirait incessamment les attestations des maîtres chez lesquels il avait appris l'état de tonnelier et reçu le premier grade.

Pendant que cette affaire s'arrangeait, Reinhold et Friedrich terminaient leur futaille, et commençaient à la cercler, en même temps que, pour se donner du cœur à l'ouvrage, ils entonnaient un *lied* d'Adam Puschmann. Mais aussitôt Conrad, ainsi s'appelait le nouveau compagnon, s'élança de l'établi en criant : « Qu'est-ce que c'est que ce charivari? On dirait qu'un millier de souris prennent d'assaut l'atelier! Si vous voulez vous mêler de chanter, tâchez au moins que ce soit de façon à nous donner du cœur à la besogne! Je pourrais vous donner l'exemple de ce qu'il faudrait pour cela. » Et de sa voix tonnante, Conrad se mit à hurler une chanson de chasseurs, toute hérissée de refrains qui finissaient par *halloh* et *hussah*; tantôt il imitait, à s'y méprendre, les aboiements d'une meute lancée ventre à terre, tantôt les cris de chasseurs, avec une telle force, que la maison tremblait. Maître Martin se bouchait les oreilles, et les enfants de dame Marthe (la veuve de Valentin), qui jouaient dans l'atelier, couraient se blottir sous un amas de copeaux. Au même instant arrivait Rosa, tout éperdue, et ne sachant quel malheur avait pu occasionner ces beuglements inouïs.

Dès que Conrad aperçut la belle jeune fille de maître Martin, il resta court au milieu de son chant, et, venant au-devant d'elle, il lui dit de l'air le plus noble et du ton le plus doux : « Charmante enfant, quelle clarté céleste a illuminé cette pauvre cabane d'ouvriers quand vous êtes entrée! Oh! si j'avais su que vous fussiez si près d'ici, je me serais bien gardé de blesser vos oreilles délicates par ma chanson sauvage !... Holà, vous autres, poursuivit-il en s'adressant à maître Martin et aux deux compagnons, ne sauriez-vous imposer un moment de silence à vos marteaux, tandis que cette chère jeune fille est au milieu de nous? On ne devrait entendre ici que sa douce voix, et ne songer qu'à écouter ses moindres volontés, pour obéir humblement !... »

Reinhold et Friedrich échangèrent entre eux un regard qui témoignait assez le mécontentement que leur causait cette apostrophe. Quant à maître Martin, il éclata de rire selon sa louable habitude, et il répondit : « Pardieu, Conrad, vous me faites l'effet du plus singulier chat-huant qui ait jamais fourré sa patte dans mon logis. Vous commencez ici par faire mine de tout mettre en poudre sous votre pied de géant mal élevé, puis vous nous rompez la tête avec vos aboiements, et, pour mettre le comble à toutes vos folies, vous traitez Rosa comme une princesse, vous prenez avec elle des airs et des beaux mots de grand seigneur! Je crois, en vérité, qu'un cabanon de fou vous conviendrait mieux que mon atelier.

— Votre chère Rosa, reprit Conrad sans paraître offensé de ce reproche un peu vif, est, mon digne maître, je puis vous le dire, la plus gracieuse et la plus noble créature de l'univers; fasse le ciel qu'elle daigne ne pas rester insensible aux hommages du galant héritier de noble race qui mettra quelque jour à ses pieds son tendre amour et ses armoiries ! »

Maître Martin se tenait les flancs à deux mains pour ne pas éclater; mais, malgré ses efforts, un rire homérique s'empara de lui, et il se roula sur l'établi comme un possédé; puis, quand il put retrouver la force d'articuler une parole : « A ton aise, bon compagnon, s'écria-t-il; donne à ma Rosa les noms les plus beaux que tu pourras imaginer; je n'y mets nul obstacle, au contraire ; mais je t'engage à n'en pas perdre un coup de marteau, car ici l'ouvrage passe avant la galanterie. »

Conrad sentit cette mercuriale traverser son cœur comme un fer rouge; son regard brilla comme un éclair; mais il se contint et répondit froidement : « C'est vrai! » Puis il se remit à son travail.

Rosa s'était assise à côté de son père sur un petit baril que Reinhold avait passé fraîchement à la doloire pour lui donner une mine plus avantageuse, et que Friedrich venait d'approcher galamment. Maître Martin pria ses deux compagnons favoris de reprendre en faveur de Rosa la chansonnette que Conrad avait si brutalement interrompue. Celui-ci restait muet, et ne paraissait plus avoir des yeux que pour son ouvrage.

La chanson achevée, maître Martin reprit la parole et dit : « Le ciel vous a donné un beau talent, mes chers compagnons; vous ne sauriez vous imaginer à quel point je porte la passion du chant. J'éprouvais autrefois quelque vocation pour la profession de *meistersinger*, mais rien ne pouvait me réussir, et je n'obtenais pour tout fruit de mes efforts que des quolibets et des moqueries ; tantôt il m'arrivait de fausser les clefs ou la mesure; tantôt, en chantant juste, par hasard, je brouillais toutes les mélodies. Or çà, je suis bien aise de vous voir marcher mieux que votre patron, et je serais bien aise de dire que les braves compagnons de Tobias Martin ont su réussir là où le maître avait échoué. Dimanche prochain, les *meistersingers* donneront un concert dans l'église de Sainte-

Catherine. Vous seriez tous deux à même d'y coopérer d'une manière brillante; car une partie de la séance sera consacrée aux chanteurs étrangers qui voudraient se faire entendre devant un public d'élite. Ainsi donc, messire Conrad, poursuivit maître Martin en se tournant du côté de son troisième compagnon, si vous désirez gratifier l'assistance de votre chanson de sauvage, vous le ferez à votre aise.

— Pourquoi vous railler de moi, cher maître? répondit Conrad sans lever les yeux; chaque chose a son temps, et je compte passer à m'ébattre sur le gazon fleuri tout le temps que vous consacrerez à l'audition des *meistersingers*. »

Il arriva ce que maître Martin avait prévu. Reinhold monta sur l'estrade, et chanta plusieurs morceaux à la satisfaction générale. Lorsque Friedrich lui succéda, il promena pendant quelques minutes sur l'assemblée un long regard voilé de mélancolie qui alla jusqu'au cœur de Rosa. Puis il entonna d'une voix gracieusement modulée un *lied* de Heinrich Frauenlob, qui fut couvert d'applaudissements, car tous les maîtres du chant reconnaissaient hautement que ce jeune étranger l'emportait sur eux.

Quand le soir fut venu et que le concert eut cessé, maître Martin, ravi du succès qu'avaient remporté ses deux compagnons favoris, leur permit de l'accompagner avec sa fille sur une pelouse fleurie qui s'étendait aux abords de la ville. Rosa cheminait leste et pimpante entre les deux jeunes gens. Friedrich, tout fier des éloges que lui avaient prodigués devant elle les maîtres chanteurs, s'enhardit à lui glisser à l'oreille quelques douceurs dont l'intention amoureuse était facile à saisir, mais dont, par modestie, la jeune fille paraissait ne pas comprendre le vrai sens. Au lieu d'écouter Friedrich, elle s'occupait en apparence de Reinhold, qui poussa l'audace ou le laisser-aller jusqu'à s'emparer sans façon du plus joli petit bras que jamais créature féminine eût possédé. En arrivant sur la pelouse qui servait ce jour-là de but à la promenade, ils trouvèrent des groupes de jeunes gens livrés à toute sorte de jeux et d'exercices où la force du corps décidait de la victoire. Des salves de bravos sortaient à chaque instant de la foule des curieux. Maître Martin, curieux comme les autres, fendit la presse à coups de coudes pour voir de plus près l'heureux vainqueur qui recevait les ovations. Son ouvrier Conrad remportait tous les prix, à la course, à la lutte et au trait. Au moment où maître Martin s'approchait, Conrad, élevant la voix, défiait au combat de la rapière les plus habiles de ses rivaux. Plusieurs passes d'armes eurent lieu, dans lesquelles l'avantage resta toujours à Conrad; il remporta, sans partage, tous les honneurs de cette journée.

Le soleil se coucha; les flammes rosées du crépuscule naissant s'étendirent comme une barre d'or à l'horizon. Maître Martin, Rosa et les deux compagnons tonneliers s'étaient assis auprès d'une fontaine jaillissante qui répandait sur la pelouse la fraîcheur et la fertilité. Reinhold évoquait mille souvenirs de la brillante Italie; Friedrich, recueilli en lui-même, tenait son regard attaché sur les yeux de Rosa. Conrad s'approcha d'eux, à pas lents, comme un homme qui hésite et qui couve un projet. « Eh bien, Conrad, arrivez donc! lui cria maître Martin du plus loin qu'il l'aperçut. Vous avez eu de beaux et de francs succès dans tous les exercices du corps, et je vous en félicite sincèrement; j'aime à voir mes compagnons se distinguer en tout. Venez donc vous mettre là, tout près de nous... »

Conrad, au lieu d'être touché de cette cordialité, laissa tomber sur son patron un regard fier et dédaigneux, en disant : « Ce n'est point vous que je cherche ici, et je n'aurais pas besoin de permission pour m'asseoir à vos côtés si la fantaisie m'en venait. J'ai vaincu aujourd'hui tous ceux qui se sont avisés de lutter avec moi, et je voulais supplier votre belle jeune fille de m'accorder pour prix de ma victoire le bouquet parfumé qui orne son sein. » En disant cela, il fléchit le genou très-humblement devant Rosa, qu'il couvrait d'un regard enflammé. « Belle Rosa, lui disait-il, ne me refusez pas cette légère mais précieuse faveur. »

La fille de maître Martin ne put résister à une prière faite avec tant de courtoisie. « Un chevalier de votre mérite doit bien, répondit-elle, obtenir quelque souvenir de la dame de ses pensées. Je vous laisserai prendre ce bouquet, mais voyez comme les fleurs en sont déjà fanées! »

Conrad couvrit les fleurs de baisers brûlants, et les attacha à sa barrette ; maître Martin ne paraissait guère se soucier de ce début familier : « Voyons, voyons ! s'écriait-il, laissons là ces folies, car il est bien temps, à la nuit, de regagner nos demeures. »

Maître Martin prit les devants. Conrad s'empara du bras de la jeune fille avec une galanterie empressée qui contrastait singulièrement avec les façons grotesques de sa manière d'être habituelle. Reinhold et Friedrich fermaient la marche d'un air froid et empreint de maussaderie. Chacun, en les regardant passer ainsi, se disait : « Voilà le riche tonnelier Tobias Martin et ses braves compagnons !... »

VIII

Le lendemain, dès l'aube, la jolie Rosa, seulette, assise près de la fenêtre de sa petite chambre, rêvait doucement à la soirée de la veille. Son ouvrage de tapisserie avait glissé de ses genoux à terre ; ses mains blanches veinées d'azur se joignaient comme pour prier, et sa tête charmante s'inclinait sur son sein. Qui pourrait dire où ses souvenirs voyageaient à cette heure ? Peut-être croyait-elle, dans un songe innocent, écouter encore les tendres chansonnettes de Reinhold et de Friedrich, ou peut-être aimait-elle mieux revoir à ses pieds le beau Conrad agenouillé, et demandant avec un regard si ardent, avec une voix si caressante, le prix des victoires qu'il avait remportées dans les jeux de la veille. Tantôt les lèvres de la fillette balbutiaient quelques notes d'une chanson, tantôt elles laissaient échapper par syllabes qu'un demi-sommeil entrecoupait : « Voulez-vous mon bouquet ? » A ce moment, un œil exercé eût surpris sur ses joues un reflet plus rose que d'ordinaire ; sous ses paupières presque fermées, il eût vu un rapide éclair faire palpiter ses cils d'ébène ; il eût deviné le secret du soupir qui gonflait son léger corsage.

Tout à coup la dame Marthe (la veuve de Valentin) entra dans la chambrette, et Rosa, réveillée en sursaut et toute à ses souvenirs, s'empara d'elle pour lui raconter avec des détails infinis la fête de Sainte-Catherine, et la promenade du soir sur la bruyère fleurie. Quand elle eut achevé ce récit, dame Marthe lui dit en souriant : « J'espère que vous êtes heureuse, ma chère Rosa; voilà trois beaux galants parmi lesquels vous êtes libre de choisir.

— Pour Dieu! s'écria la jeune fille en rougissant de frayeur, pour Dieu! que me dites-vous là? Moi, trois galants!...

— Et pourquoi pas? reprit Marthe; est-ce avec moi qu'il faut faire tant de mystères à propos d'une chose qui saute aux yeux de tout le monde? Croyez-vous qu'on ne sache pas fort bien, à présent, que les trois compagnons de maître Martin sont épris pour vous d'une violente passion?...

— Ah! que dites-vous là? interrompit Rosa en cachant de ses deux mains ses yeux, où roulaient des larmes.

— Voyons, chère enfant, reprit Marthe en attirant Rosa dans ses bras, voyons, ma bonne Rosa, ne me cache point la vérité; tu as dû t'apercevoir que ces trois jeunes gens oublient leur ouvrage dès que tu es là, et que leurs marteaux frappent à faux parce que leurs yeux ne peuvent plus te quitter. Est-ce que les jeunes filles ne devinent pas tout de suite ces choses-là? Ne vois-tu pas bien que Reinhold et Friedrich gardent leurs plus belles chansons pour les heures où tu viens travailler à côté de ton père? N'as-tu pas remarqué le changement subit qui s'opère dans les façons brusques et sauvages de Conrad? Chacun de tes regards fait un heureux et trois jaloux. Et puis, n'est-il pas bien doux de se sentir aimée par trois beaux jeunes gens? Et si tu venais un jour me cajoler et me dire : « Dame Marthe, conseillez-moi; lequel « de ces gentils épouseurs mérite le mieux mon cœur et ma « main? » sais-tu, chère Rosa, ce que je te répondrais? Je répondrais : « Choisis celui que tu aimes, le bonheur est là. » Du reste, si j'avais à discuter leur mérite, Reinhold me plaît assez, Friedrich aussi, Conrad également; et chez l'un ou l'autre des trois, néanmoins, je trouve des défauts. Quand je vois ces trois braves compagnons travailler de si bon cœur du matin au soir, je pense malgré moi à mon pauvre défunt Valentin, et je me dis que s'il n'était pas plus habile à son métier, il s'y livrait bien plus sérieusement. Ce n'est pas lui qu'on eût jamais vu s'occuper d'autre chose que de mener la doloire et d'ajuster de bonnes douves; tandis que les trois nouveaux compagnons de maître Martin m'ont tout l'air de gens qui se sont imposé une tâche volontaire, et qui couvent avec patience un projet que je ne devine pas encore. Au reste, mon enfant, si tu m'en croyais, Friedrich serait ton préféré. Je le crois généreux et franc comme l'or; et puis, il me paraît le plus simple; son langage, ses façons, sa tournure, le rapprochent davantage des gens de notre état. Et puis, j'aime à suivre en lui le progrès lent, silencieux, de son timide amour; il y a en lui la candeur et la timidité d'un enfant. Son regard ose à peine rencontrer le tien; dès que tu lui parles, il rougit. Ces qualités-là, ma chère, valent mieux que d'autres plus brillantes; et voilà pourquoi je me sens de l'attrait pour ce jeune homme. »

Pendant que dame Marthe parlait, Rosa ne put retenir les grosses larmes qui depuis quelques moments roulaient dans ses yeux. Elle se leva, et lui tournant le dos pour aller s'accouder sur la margelle de la fenêtre : « J'aime certainement Friedrich, dit-elle avec une petite moue; mais est-ce que Reinhold vous semble si peu digne qu'on le remarque?

— Ah! certes, s'écria dame Marthe, il faut avouer que c'est le plus beau des trois. Je n'ai jamais vu des yeux étinceler comme les siens quand il te regarde; mais il y a dans toute sa personne je ne sais quoi d'étrange et d'affecté qui me cause un malaise indéfinissable. Je me dis qu'un pareil compagnon fait trop d'honneur à l'atelier de maître Martin. Quand il parle, on croirait entendre une suave musique, et chacune de ses paroles vous transporte hors de la vie réelle; mais, si l'on s'avise de réfléchir à ce qu'il vient de dire, on est forcé de s'avouer tout aussitôt qu'on n'en a rien compris. Pour ma part, je le considère, malgré moi, comme un être d'une nature différente de la nôtre, et fait en quelque sorte pour exister d'une autre vie. Quant au troisième compagnon, le sauvage Conrad est un mélange de prétentions et d'orgueil qui jurent singulièrement avec le tablier de peau d'un simple ouvrier. Chacun de ses gestes est impérieux comme s'il avait ici le droit de commander ; et, de fait, maître Martin, depuis qu'il est ici, n'a pu s'empêcher de subir son ascendant et de plier devant lui sa volonté de fer. Toutefois, malgré ce caractère peu commode, il n'y a pas d'homme meilleur ou plus honnête que Conrad ; j'irai jusqu'à dire que je préférerais cette rudesse et cette sauvagerie à l'exquise élégance des façons de Reinhold. Ce garçon-là doit avoir été soldat, car il sait trop bien manier les armes et faire une foule d'exercices difficiles pour n'avoir été jusqu'ici qu'un obscur ouvrier... Eh! mais, chère Rosa, te voilà tout à fait distraite et à cent lieues de ce que je te dis. Voyons donc, encore une fois, lequel de ces trois galants préférerais-tu pour fiancé?

— Oh! ne me demandez point cela, répondit la jeune fille. Tout ce que je puis vous dire, c'est que je ne juge point Reinhold comme vous... »

A ces mots, dame Marthe se leva, et, faisant de la main à Rosa un signe amical : « C'est tout dire, reprit-elle. Ainsi c'est Reinhold qui sera l'épouseur : cela change toutes mes idées...

— Mais, je vous en prie, s'écria Rosa en la reconduisant jusqu'à la porte, je vous supplie de ne rien croire, de ne rien supposer ; qui peut savoir ce que sera l'avenir ? Laissons-en le soin à la Providence. »

Depuis quelques jours, une activité toute nouvelle animait l'atelier de maître Martin. Pour satisfaire à toutes les demandes qui survenaient, il avait fallu recruter des apprentis et des journaliers, et, dès l'aurore jusqu'au soleil couché, les coups de marteau faisaient un vacarme étourdissant. Reinhold avait été chargé du calcul de jaugeage de la grande tonne commandée par monseigneur le prince-évêque de Bamberg. Après ce travail d'intelligence et de réflexion, Friedrich et Conrad lui avaient prêté le secours de leurs bras ; et l'œuvre, grâce à leur zèle, était arrivée à un degré d'exécution si parfait, que maître Martin ne se sentait pas de joie. Les trois compagnons s'occupaient sous ses yeux à cercler le tonneau ; les marteaux se levaient et retombaient en mesure. Le vieux Valentin, le grand-père des petits orphelins, aplanissait les douves, et la bonne Marthe, assise derrière Conrad, partageait ses heures entre les soins du ménage et la surveillance de ses bambins.

L'ouvrage allait si bruyamment, qu'on n'entendit pas entrer le vieux monsieur Johannes Holzschuer.

Maître Martin l'aperçut le premier, vint à sa rencontre, et lui demanda ce qu'il désirait. « Deux choses, répondit Holzschuer, et d'abord revoir mon ancien élève Friedrich, que je vois là travailler si bravement; ensuite, je venais vous prier, cher maître Martin, de me faire construire, pour mon cellier, une tonne de la plus grande mesure. Mais justement vous en terminez une qui me conviendrait fort; dites-moi votre prix. »

Reinhold, qui allait se remettre à l'œuvre après quelques moments de repos, entendit les paroles de M. Holzschuer, et répondit aussitôt pour maître Martin : « N'y songez pas, mon cher monsieur; ce tonneau que nous achevons est commandé et acheté par le respectable prince-évêque de Bamberg. — En vérité, je ne puis vous le céder, ajouta maître Martin; rien qu'au choix du bois et au fini d'un pareil travail vous auriez dû deviner qu'un tel ouvrage ne peut descendre que dans une cave de prince. Ainsi, comme dit mon compagnon Reinhold, ne pensez plus à ce tonneau. Quand la vendange sera faite, je promets de vous en fabriquer un plus simple, mais qui vous fera le même usage. »

Le vieux Holzschuer, piqué des façons de maître Martin, riposta aussitôt que son argent valait bien l'or du prince-évêque de Bamberg, et qu'il saurait bien prendre ailleurs, et même à meilleur compte, des tonnes aussi bien fabriquées. Maître Martin avait peine à contenir sa colère ; forcé de se taire en présence de M. Holzschuer, qui jouissait dans toute la ville d'une grande autorité, il dévorait son dépit et cherchait autour de lui un prétexte pour éclater, lorsque Conrad, qui prêtait peu d'attention à la conversation, se mit à marteler de nouveau à tour de bras pour serrer les cercles sur les douves. Le maître tonnelier se tourna vers lui, et, frappant du pied : « Stupide animal ! s'écria-t-il, deviens-tu fou? Ne vois-tu pas que tu vas fracasser la plus belle tonne qui soit jamais sortie des ateliers de Nuremberg!

— Oh! oh! dit Conrad, mon petit maître se fâche; et pourquoi ne briserais-je pas cette fameuse tonne, s'il me plaisait? » Et il se mit à frapper de plus belle, si bien que, le cercle principal ayant éclaté sous un coup porté à faux, toute la machine se trouva désajustée...

« Chien damné! » hurla maître Martin écumant de rage, et, arrachant des mains du vieux Valentin une douve qu'il ratissait, il en déchargea un rude coup sur les épaules de Conrad. Le compagnon resta un moment presque étourdi, puis ses yeux flamboyèrent; il grinça des dents... « Frappé! » s'écria-t-il d'une voix rauque; et, saisissant la plus grosse doloire de l'atelier, il la lança de toutes ses forces contre maître Martin; Friedrich n'eut que le temps de pousser celui-ci de côté; le fer tranchant, dont le choc aurait fendu la tête du vieillard, n'atteignit que le bras. Le sang jaillit de la blessure; maître Martin perdit l'équilibre, et culbuta par-dessus le banc d'un apprenti.

Tout le monde se jeta au-devant de Conrad, dont la fureur s'était exaspérée devant le mal qu'il venait de faire. Sa force, décuplée par la colère, écartait toute résistance; relevant la doloire sanglante, il allait porter un second coup, lorsque Rosa, pâle comme la mort, accourut au bruit qu'elle entendait. Conrad fut désarmé par son apparition : jetant loin de lui l'arme homicide, il croisa les bras sur sa poitrine, et resta là un moment, immobile comme une statue. Puis, rappelé à lui par une secousse intérieure, il poussa tout à coup un hurlement de douleur, et s'enfuit.

Personne ne songea à le poursuivre.

Les témoins de cette scène relevèrent maître Martin couvert de sang; on reconnut heureusement que la blessure n'avait qu'effleuré les chairs. Le vieux Holzschuer, qui s'était réfugié derrière un amas de planches, put alors se décider à reparaître; il commença une rude sortie contre les métiers qui mettaient à la main des gens du peuple des instruments aussi meurtriers, et supplia Friedrich de quitter cet atelier pour revenir à son premier état, l'art de fondre et de ciseler les métaux. Quant à maître Martin, dès qu'il reprit connaissance et qu'il se vit quitte pour la peur, il n'eut de paroles que pour regretter le dommage causé à la tonne de monseigneur le prince-évêque de Bamberg.

Après cet événement, on ramena maître Martin et M. Holzchuer dans des chaises à porteurs. Friedrich et Reinhold revinrent ensemble à pied jusqu'à la ville. Chemin faisant, comme la nuit tombait, ils entendirent, en passant près d'une haie, les gémissements d'une voix qu'il leur sembla reconnaître. Tout à coup un grand spectre se leva d'un fossé si brusquement, que les deux amis reculèrent tout saisis. C'était Conrad qu'ils retrouvaient ainsi, Conrad désolé de son action et des résultats irréparables qu'elle avait pour son avenir. « Adieu, mes amis, leur dit-il, adieu! nous ne nous reverrons jamais! Dites seulement à Rosa que je l'aime, et conjurez-la de ne pas maudire mon souvenir! Dites-lui que tant que je vivrai son bouquet ne quittera jamais la place où je l'ai mis sur mon cœur!... Adieu, adieu, mes bons camarades!... »

Il disparut à travers champs.

Reinhold dit à son ami : « Ce pauvre Conrad n'est pas un malfaiteur. Mais il y a dans ce jeune homme quelque chose d'étrange et de mystérieux. On ne peut juger son action d'après les règles de la morale ordinaire. Peut-être saurons-nous plus tard le secret qu'il nous a caché. »

IX

L'isolement et la tristesse régnaient depuis ce jour-là dans l'atelier de maître Martin. Reinhold, dégoûté du travail, restait des heures entières enfermé dans sa chambre. Martin, qui portait en écharpe son bras blessé, n'ouvrait plus la bouche que pour maudire le méchant compagnon étranger. Rosa, la dame Marthe elle-même et ses bambins n'osaient plus aller sous le hangar qui avait été témoin de cette scène sanglante; Friedrich achevait seul et lentement la tonne de l'évêque de Bamberg, et son marteau résonnait seul tout le long du jour; ainsi on entend parfois, aux approches de l'hiver, la cognée d'un bûcheron solitaire tourmenter le silence des forêts.

Peu à peu la mélancolie et le découragement se glissèrent dans son âme. Rosa ne paraissait plus à l'atelier depuis que Reinhold, sous prétexte de maladie, restait chez lui. Friedrich en conclut que la jeune fille aimait son ami. Il avait bien déjà remarqué qu'elle réservait pour Reinhold ses plus gracieux sourires et ses meilleures paroles. Mais, cette fois, il ne pouvait plus douter de ses véritables sentiments. Le dimanche suivant, au lieu d'accepter l'invitation de maître Martin, qui, presque entièrement guéri de sa blessure, voulait aller avec Rosa se promener hors de la ville, il se dirigea tout seul, en proie à un profond chagrin, vers le coteau où il avait vu Reinhold pour la première fois. Arrivé là, il se jeta sur l'herbe et se mit à rêver aux déceptions de sa vie, dont chaque espérance s'effaçait, comme une étoile qui file et disparaît au ciel ; il pleura sur les fleurs cachées dans la bruyère, et les fleurs inclinèrent leurs têtes sous la rosée de ses larmes, comme si elles eussent compris sa douleur. Puis, sans qu'il pût s'expliquer comment cela se faisait, ses soupirs, qui s'en allaient emportés par la brise, s'articulèrent peu à peu et devinrent des mots ; puis les mots se modulèrent doucement, et il chanta sa tristesse comme il eût pu chanter sa joie :

« Où es-tu allée, ô mon étoile d'espérance ? Hélas ! tu es loin de moi ; ton doux éclat s'est effacé. Tu es allée réjouir d'autres regards qui t'appelaient. — Levez-vous, orages du soir, vous êtes moins terribles que les orages de mon cœur. Semez autour de vous la tristesse et le deuil ! — Mes yeux sont noyés de larmes, et mon pauvre cœur saigne. Pourquoi donc, ô forêts embaumées ! murmurez-vous si doucement ? Nuages d'or, voiles du ciel, pourquoi brillez-vous de reflets joyeux ? Hélas ! vous secouerez sur ma tombe vos senteurs et vos clartés. La tombe est ma dernière espérance : j'y trouverai un sommeil paisible, éternel ! »

La voix de Friedrich se ranimait peu à peu ; son cœur oppressé ressentit quelque soulagement, et ses pleurs coulèrent avec moins d'amertume. Le vent du soir bruissant dans le feuillage des jeunes tilleuls, les échos mystérieux qui courent sous les grands bois, apportaient à son oreille des accents doux comme des paroles aimées, et l'horizon frangé de brumes d'or et de pourpre semblait l'inviter à s'élancer vers les sentiers d'un avenir meilleur.

Friedrich, un peu consolé, se leva et redescendit la pente fleurie du côté qui menait au village. Il rappelait dans sa pensée cette soirée où il suivait avec Reinhold le même chemin ; il se souvenait de ses promesses d'éternelle amitié. Mais, quand il repassa l'histoire que Reinhold lui avait contée des deux peintres italiens, ses yeux se dessillèrent comme par enchantement. Le passé s'éclaira pour lui d'une douloureuse certitude. Il se persuada que Reinhold avait aimé autrefois Rosa ; que cet amour l'avait ramené à Nuremberg dans la maison de maître Martin ; et le récit de la rivalité amicale des deux peintres au sujet du laurier d'or lui parut un emblème de leur rivalité d'amour. Toutes les paroles de Reinhold lui revinrent en mémoire et prirent un sens qu'il ne s'était jamais expliqué ainsi. « Entre deux amis, s'écria-t-il alors, il ne peut naître ni haine ni envie ! C'est donc à toi, mon ami de cœur, à toi-même que je veux aller demander si l'heure est déjà venue pour moi de renoncer à toute espérance. »

Cette rêverie conduisit Friedrich jusqu'à la porte de Reinhold. Le soleil levant éclairait la petite chambre de joyeux rayons ; un profond silence y régnait. Le jeune homme poussa la porte, qui n'était point fermée, et entra doucement ; mais à peine eut-il fait deux pas, qu'il resta cloué au plancher dans l'immobilité d'une statue. Rosa, dans tout l'éclat de ses charmes, lui apparut admirablement peinte sur une toile de grandeur naturelle. Près du chevalet, l'appuie-main de l'artiste et sa palette toute préparée annonçaient un travail récent.

« Ô Rosa, Rosa ! ô Dieu du ciel ! » soupira Friedrich. En ce moment, Reinhold lui frappa sur l'épaule et lui dit doucement, avec un sourire heureux : « Que penses-tu de ce tableau ? — Oh ! tu es un homme bien supérieur à moi, tu es un grand artiste ! répondit Friedrich en pressant Reinhold sur sa poitrine ; maintenant pour moi tout est clair ! tu as bien mérité le prix que j'étais assez fou pour t'envier. Et pourtant, cher ami, j'avais aussi en tête un beau projet d'artiste ! Je rêvais qu'il serait beau de couler une statuette d'argent fin

11

à la divine ressemblance de Rosa ; mais je sens que c'était là le rêve d'un orgueil insensé ! c'est toi seul qui es heureux ! toi seul qui as créé le chef-d'œuvre ! Regarde comme son sourire s'anime d'une vie céleste! et quel regard angélique !... Ah ! nous avons lutté tous deux pour la même victoire ! mais à toi, Reinhold, à toi le triomphe et l'amour ! Moi, je dois quitter cette maison, cette patrie. Je sens que je ne puis revoir Rosa : ce serait au-dessus de mes forces ! Pardonne-moi, cher ami, pardonne-moi ! car aujourd'hui même je vais recommencer mon triste pèlerinage à travers le monde, et je n'emporterai avec moi que mon amour et ma misère ! »

A ces mots, Friedrich voulait s'éloigner, mais Reinhold le retint par une douce violence : « Tu ne nous quitteras point, lui disait-il avec une affectueuse instance ; car tout peut aller ici bien autrement que tu ne penses, et je ne veux plus te cacher davantage le secret de ma vie. Tu vois déjà que je n'étais pas né tonnelier, et la vue de ce tableau peut te prouver que je n'occupe pas le dernier rang parmi les peintres. Dans ma plus tendre jeunesse, j'ai parcouru l'Italie pour étudier les chefs-d'œuvre des grands maîtres. Mon talent, développé par une vocation naturelle, fit des progrès rapides. Bientôt la fortune vint à moi, comme la gloire, et le duc de Florence m'appela près de lui. J'ignorais à cette époque tout ce qu'a produit le génie de l'art allemand, et je parlais, sans connaissance de cause, des défauts, de la froideur, de la sécheresse de vos Dürer et de vos Cranach, lorsqu'un jour un marchand de tableaux me fit voir une petite toile du vieil Albert : c'était un portrait de la Vierge, dont le caractère sublime et le fini d'exécution me transportèrent d'enthousiasme. Je compris sur-le-champ qu'il y avait quelque chose de mieux que la grâce maniérée du genre italien, et je résolus aussitôt d'aller parcourir les ateliers des peintres célèbres de l'Allemagne pour m'initier aux secrets de leurs créations. En arrivant à Nuremberg, le premier objet qui frappa mes regards, ce fut Rosa : je crus voir apparaître la belle madone d'Albert Dürer. Un amour immense éclata dans mon âme comme un incendie. Tout le reste du monde s'effaça de ma pensée, et l'art qui m'avait jusqu'alors occupé si exclusivement ne me semblait plus avoir d'autre mission que de reproduire à l'infini les traits de Rosa. Je cherchai les moyens de m'introduire dans la maison de maître Martin ; mais rien n'était plus difficile. Les ruses ordinaires qu'emploient les amoureux devenaient impraticables. J'allais donc m'annoncer ouvertement auprès de Tobias Martin, et lui demander la main de sa fille ; mais le hasard m'apprit que ce digne homme avait formellement résolu de n'accepter pour gendre que le plus habile tonnelier de la contrée. Loin de me décourager, je partis pour Strasbourg, où j'appris secrètement ce pénible métier, laissant à la Providence le soin de récompenser mes efforts. Tu sais le reste, et je n'ai plus à te révéler qu'une chose : tout récemment maître Martin, dans un accès de belle humeur, m'a prédit que je deviendrais, sous ses auspices, un fameux tonnelier ; il me verrait avec plaisir devenir un jour l'époux de sa jolie fille, qui, disait-il, ne me regardait pas avec trop d'indifférence...

— Oh! oui, je le sens bien, c'est toi qu'elle aime, interrompit Friedrich. Je ne suis pour elle qu'un misérable ouvrier ; mais en toi elle a deviné l'artiste !...

— Allons donc ! reprit Reinhold, tu extravagues, et tu ne songes seulement pas, cher frère, que la petite Rosa ne s'est pas du tout prononcée. Je sais bien que jusqu'ici elle s'est montrée pour moi pleine de grâce et d'aménité ; mais, de là à l'amour, il y a loin ! Promets-moi, cher frère, de passer encore ici trois jours, dans un calme parfait. Il y a longtemps que je néglige nos futailles ; mais, vois-tu, depuis que je m'occupe de ce tableau, tout ce qui pouvait m'en distraire me semblait fastidieux à l'excès ; et plus je vais, moins je me sens fait pour continuer notre métier de stupide ouvrier. Je suis décidé à donner à tous les diables la doloire et le maillet. Dans trois jours, je te révélerai sincèrement les dispositions de Rosa. Si elle m'aime, tu partiras, et tu verras bientôt que le temps guérit toutes les douleurs, même celles qui brisent le cœur (style vulgaire) ! » Friedrich promit qu'il attendrait.

A trois jours de là, vers le soir, Friedrich, après avoir achevé son travail, revenait lentement à la ville ; il songeait avec inquiétude à certaines maladresses qui lui avaient valu, de la part de maître Martin, des semonces un peu vives; il avait aussi remarqué que le maître semblait fortement préoccupé; il avait saisi quelques phrases entrecoupées, les mots de *lâche intrigue*, de *bonté méconnue*. Maître Martin n'avait pas jugé à propos de s'en expliquer, et Friedrich ne savait que penser, lorsqu'il rencontra, aux portes de Nuremberg, un homme à cheval; c'était Reinhold : « Ah! s'écria celui-ci, tu arrives à propos. J'ai bien des choses à te dire! » Et, mettant pied à terre, Reinhold passa autour de son bras la bride du cheval, serra la main de son ami, et tous deux se mirent à cheminer dans la campagne. Friedrich avait remarqué tout d'abord que Reinhold s'était revêtu du même costume qu'il portait lors de leur première rencontre. Le cheval, équipé comme pour une route, avait en croupe un portemanteau.

« Sois heureux, mon ami, dit Reinhold d'une voix qui prit tout à coup quelque chose de rude et d'amer, sois heureux! et manie à ton aise, et désormais sans rival, la varlope et le marteau. J'abandonne, à cette heure, le royaume des futailles; je viens de faire mes adieux à la belle Rosa et au respectable maître Martin... — Comment? s'écria Friedrich en tressaillant comme si la foudre eût passé sur sa tête, tu pars, quand maître Martin t'accepte pour gendre, et quand Rosa t'aime?

— Voilà encore, dit Reinhold, une fantasmagorie de ta cervelle jalouse. Je sais, mon cher frère, que Rosa m'eût accepté pour époux par obéissance ou par crainte de son père; mais on ne prend pas les cœurs par la force, et le sien ne se soucie pas de moi. Eh! mais, sans cela, j'aurais pu vraiment devenir tonnelier, tout comme un autre, racler, cercler, jauger pendant six jours, et, le septième, étaler ma dignité avec les grâces de madame Reinhold, sur un banc de l'église de Sainte-Catherine ou de Saint-Sébald, puis le soir me promener vertueusement sur la pelouse fleurie...

— Oh! ne te moque pas, dit Friedrich, de ces mœurs simples et paisibles! Le bonheur se cache dans la médiocrité.

— Tu as mille fois raison, reprit Reinhold; mais laisse-moi continuer. J'ai trouvé le moment de dire à Rosa que je l'aimais et que son père consentirait à nous unir. A ces mots, j'ai vu des larmes dans ses yeux, sa main a tremblé dans la mienne, et elle m'a répondu en détournant la tête : « Monsieur Reinhold, j'obéirai aux ordres de mon père. » Je me suis bien gardé d'en demander davantage : une clarté subite a illuminé mon âme, et j'ai fort heureusement reconnu que mon amour pour la fille du tonnelier n'était qu'un rêve enthousiaste. Ce n'est point Rosa que j'aimais, c'était un être idéal que je ne cessais de retracer avec une passion d'artiste. J'étais amoureux du portrait, d'un songe, d'une beauté fantastique; et j'ai entrevu, avec un saisissement de dégoût, le pauvre avenir qui m'attendait quand je serais affublé de la maîtrise et d'un ménage. Ce que j'aimais dans la petite Rosa, c'était une céleste image qui s'est parée dans mon cœur d'un éclat divin, et que mon art doit faire vivre dans les créations que je répandrai autour de moi. La destinée de l'artiste, c'est d'aller sans cesse au-devant de l'avenir, sans s'arrêter à cueillir les fleurs de la route. Comment aurais-pu renoncer aux triomphes de l'art et fouler aux pieds les couronnes qu'il promet? Je te salue de loin, terre de la peinture et du génie antique! ô Rome! bientôt je te reverrai!... »

Les deux amis arrivèrent ainsi à un endroit où le chemin se bifurque; Reinhold prit à gauche. « Adieu! dit-il à Friedrich en le pressant étroitement sur son cœur. Adieu, mon ami, séparons-nous! qui sait si nous nous reverrons! »

Il s'élança sur son cheval, et piqua des deux, sans regarder derrière lui. Friedrich resta longtemps à cette place, les yeux fixés sur la route déserte. Puis il revint à la maison le cœur serré; de sombres pressentiments agitaient son âme. Il songeait que la séparation ressemble à la mort!...

X

A quelque temps de là, maître Martin, morne et pensif, terminait la tonne de l'évêque de Bamberg. Friedrich, qui travaillait à ses côtés, ne disait pas un mot; le départ de Reinhold lui avait ôté toute joie. Enfin maître Martin, jetant loin de lui son maillet, croisa ses bras avec humeur, et dit à demi-voix : « Voilà Conrad parti, puis Reinhold. Celui-ci est un peintre comme il y en a peu, mais il croyait me prendre pour dupe ! Imagine-t-on une telle fourberie cachée sous des traits si distingués, avec des manières si franches, si honnêtes ! Enfin, le voilà déniché ; et Friedrich au moins me restera fidèlement attaché, car c'est un brave et un simple travailleur. Et qui sait ce qui pourrait arriver ? Si tu devenais, mon cher garçon, un maître habile, et si tu savais plaire à ma petite Rosa... je verrais, je verrais !... » Et, en disant cela, maître Martin ramassa son maillet et se remit à travailler. Friedrich, en l'écoutant, avait senti une émotion fébrile parcourir tout son être ; mais un découragement indéfinissable succéda bientôt à cette impression première. Rosa parut dans l'atelier, où elle n'avait pas mis le pied depuis bien des jours ; son visage portait l'empreinte d'une tristesse mal déguisée ; on y voyait des traces de larmes. « Le départ de Reinhold est la cause de ses pleurs ; elle l'aime donc ! » se dit Friedrich. Cette pensée lui brisait le cœur, et il n'osait plus lever les yeux sur elle.

Cependant la grande tonne était achevée. Maître Martin, devant son œuvre, sentit revenir sa gaieté d'autrefois. « Oui, mon enfant, dit-il à Friedrich en lui frappant sur l'épaule avec amitié, si tu parviens à faire un morceau pareil, et si tu plais à ma Rosa, tu seras mon gendre ; ce qui ne t'empêchera pas de cultiver ton art de *minnesinger* et d'acquérir double renommée. »

Comme le travail arrivait de tous côtés dans ses ateliers, maître Martin fut obligé d'engager deux nouveaux compagnons, gens fort adroits, mais francs vauriens, buveurs et tapageurs fieffés. L'atelier du maître ne résonna bientôt plus que de plaisanteries ou de chansons si grossières, que Rosa dut s'abstenir d'y descendre, et Friedrich resta dans l'isolement. Lorsque parfois il surprenait un peu à l'écart sa bien-aimée, il soupirait en attachant sur elle un regard de feu qui semblait lui dire : « Ma Rosa chérie, vous n'êtes plus bonne et charmante pour moi, comme aux jours où Reinhold se trouvait ici ! » A quoi la fillette, baissant les yeux, répondait par son pudique embarras : « Monsieur Friedrich, avez-vous quelque chose à me dire?... » Mais, dans ces instants fort rares, le pauvre jeune homme restait sans voix et comme pétrifié ; et Rosa disparaissait comme ces doux éclairs des tièdes nuits d'été, que l'œil admire sans pouvoir les saisir.

Maître Martin ne cessait d'insister pour que Friedrich se mît en devoir de préparer son chef-d'œuvre de maîtrise. Il avait lui-même fait choix d'une quantité suffisante de planches de chêne sans veines et sans nœuds, et qui comptaient cinq bonnes années de magasin, à l'abri de la sécheresse et de l'humidité. Personne ne devait prêter la main à Friedrich, excepté le vieux Valentin. Le pauvre garçon, déjà dégoûté du métier par le voisinage de ses nouveaux compagnons d'atelier, n'avait guère de cœur à l'ouvrage ; il se sentait manquer d'assurance devant une entreprise dont l'insuccès devait faire évanouir tous ses rêves de bonheur. Un vague instinct qu'il ne pouvait définir lui répétait sans cesse qu'il allait succomber sous le poids de sa tâche, et il eut honte tout à coup de s'être condamné à une besogne manuelle qui répugnait si fort à ses délicatesses d'artiste. Le malheur de Reinhold était toujours présent à sa mémoire. De temps en temps, pour se soustraire à l'obsession douloureuse de ses craintes, il prétextait une maladie pour s'absenter de l'atelier, et il courait passer des heures entières à l'église de Saint-Sébald ; en face des chefs-d'œuvre de ciselure de Peter Fischer, il s'écriait avec exaltation : « O Dieu du ciel ! imaginer de telles choses, et avoir en soi la puissance de les exécuter, n'est-ce pas le plus grand bonheur de la terre? » Et quand, au sortir de ces extases, la réalité le clouait en face des douves et des cerceaux de l'atelier de maître Martin, quand il pensait que Rosa serait le prix d'une misérable tonne fabriquée avec plus ou moins d'art, il sentait le désespoir brûler son sang et sa tête s'égarer. La nuit, Reinhold apparaissait dans ses rêves, et lui montrait des modèles inimitables dont la réalisation eût immortalisé le fondeur. Et, dans ces dessins merveilleux, la figure de Rosa était toujours le sujet principal, encadré dans les plus capricieux mélanges de feuillages et de fleurs. Tout cela semblait s'animer, verdir et fleurir ; le métal, comme un brillant miroir, reflétait l'image de la jeune fille adorée; Friedrich lui tendait les bras en l'appelant des noms les plus doux; mais, quand il croyait la saisir, le tableau fantastique s'évaporait comme une brume fugitive. A son réveil, le pauvre artiste maudissait un peu plus le triste avenir qui lui était réservé. L'idée lui vint d'aller confier ses chagrins à son ancien maître Johannes Holzschuer. Ravi de revoir son élève favori, celui-ci permit à Friedrich de venir chez lui ciseler un petit ouvrage pour l'exécution duquel il avait peu à peu, et depuis longtemps, réuni les matières d'or et d'argent nécessaires. Friedrich s'éprit si bien de ce travail, qu'il négligea presque entièrement sa besogne d'atelier chez maître Martin, et de plusieurs mois il ne fut plus question de sa pièce de maîtrise, qui devait rivaliser avec la tonne de Bamberg. Mais, un beau jour, maître Martin le pressa si vivement, qu'il fallut, bon gré, mal gré, reprendre la doloire et le maillet. Quand l'ouvrage fut en train, le maître vint examiner le début; mais, à la vue des planches déjà débitées, il entra dans une violente colère et s'écria : « Qu'est-ce que cela? quelle piètre besogne fais-tu, mon pauvre Friedrich! Un apprenti de trois jours taillerait-il du bois de cette façon? Friedrich, quel démon t'a poussé la main pour gâter ainsi le meilleur bois de chêne que j'aie vu depuis longtemps? Et c'est là ton chef-d'œuvre?... »

Friedrich ne put tenir davantage contre les reproches peu mesurés de maître Martin, et, jetant ses outils à l'autre bout de l'atelier : « Eh bien, maître, s'écria-t-il, c'en est fait! Non, dût-il m'en coûter la vie, dussé-je tomber dans la plus profonde misère, non, je ne travaillerai plus! Je renonce à ce métier que j'abhorre et pour lequel je n'étais point fait. Car moi aussi, je suis artiste! moi aussi, j'aime votre fille avec passion, avec délire; c'est mon amour qui m'avait fait tenter cette odieuse épreuve. Je vois que maintenant tout bonheur, tout espoir, sont perdus pour moi! J'en mourrai, mais je mourrai artiste, et je laisserai après moi quelque souvenir! Je retourne de ce pas chez mon premier et digne maître Johannes Holzschuer, que j'avais abandonné! »

Quand maître Martin entendit Friedrich regimber si vivement, ses yeux lancèrent des flammes. « Toi aussi, s'écria-t-il, toi aussi tu me trompais! Ah! l'état de tonnelier est odieux pour toi! tant mieux, tant mieux mille fois, vaurien! Hors d'ici! hors d'ici! » Et, sans donner le temps à Friedrich de se reconnaître, il le prit par les épaules et le poussa dehors, au grand applaudissement des compagnons et des apprentis, témoins de cette scène. Le vieux Valentin, les mains jointes et le front pensif, dit à demi-voix : « Je m'étais bien douté qu'il y avait dans ce compagnon quelque chose de mieux qu'un ouvrier vulgaire. »

La dame Marthe, qui aimait Friedrich, et les petits bambins, qu'il régalait souvent de friandises, étaient inconsolables de son départ.

XI

L'atelier de maître Martin devenait de plus en plus triste. Les compagnons nouveau-venus ne lui donnaient que du souci. Forcé de veiller aux moindres détails, il passait ses jours dans des fatigues accablantes, et, la nuit, tourmenté par de cruelles insomnies, il répétait sans cesse : « Ah! Reinhold, ah! Friedrich, pourquoi m'avez-vous trompé ainsi? Pourquoi n'étiez-vous pas tout simplement d'honnêtes et laborieux ouvriers!... » Le pauvre homme dépérissait à vue d'œil; il faillit plusieurs fois sacrifier cette profession qu'il aimait tant.

Il était assis, un soir, devant la porte de sa maison, en proie à de pénibles rêveries, lorsqu'il vit arriver M. Jacobus Paumgartner en compagnie de maître Johannes Holzschuer; il pensa bien qu'on allait lui parler de Friedrich. En effet, Paumgartner amena l'entretien sur ce chapitre, et Holzschuer se répandit en éloges sur le jeune artiste; et tous deux, renchérissant à l'envi sur les excellentes qualités de Friedrich et sur l'avenir réservé à son talent, supplièrent maître Martin de se désister en sa faveur de ses préjugés, et d'accorder la main de sa fille à un jeune homme qui, après tout, la rendrait heureuse et ferait quelque jour honneur à son beau-père. Maître Martin les laissa dire; puis il ôta lentement son bonnet de fourrure, et leur répondit avec un grand calme : « Mes chers messieurs, vous prenez un intérêt si pressant à ce qui touche ce compagnon, qu'il me faut bien lui pardonner quelque chose à votre sollicitation. Mais je resterai fidèle à ma parole; il n'y aura jamais plus rien de commun entre lui et ma fille. »

Comme il disait cela en appuyant sur chaque syllabe, Rosa entra dans la chambre, toute pâle et toute tremblante, et posa sur la table un flacon du fameux vin de Hochheim et trois verres. « Il me faut donc, reprit alors maître Holzschuer, laisser partir ce pauvre Friedrich, qui a résolu, dans son chagrin, de s'expatrier? Et pourtant, voyez, cher maître, voyez donc ce petit travail de ciselure qu'il a fait, chez moi, sous mes yeux; n'y avait-il pas dans ce jeune homme l'étoffe d'un grand artiste? C'est un souvenir d'adieu qu'il vous supplie de laisser accepter à votre fille. Mais voyez donc le joli travail ! » Et M. Holzschuer tira de sa poche un gobelet d'argent fin délicieusement ouvragé; maître Martin, qui se piquait de bon goût, se mit à l'examiner en tout sens. C'était, en vérité, un petit chef-d'œuvre. Tout autour courait un feuillage de vigne et de rosier, et de chaque rose épanouie sortait une petite figure d'ange ciselée avec une grâce parfaite. L'intérieur, doublé d'or, était orné de figurines semblables; et, quand on versait dans le gobelet un flot de vin doré, ces petits anges tout souriants semblaient s'agiter comme pour monter du fond à la surface. « J'avoue que c'est un travail exquis, dit maître Martin, et je garde cette coupe si Friedrich en accepte deux fois la valeur en bons ducats tout neufs. » En disant cela, maître Martin remplit le gobelet et le vida d'un trait... La porte s'ouvrit tout doucement, et Friedrich, presque défiguré par la douleur et les larmes, parut immobile au seuil de la chambre, dans l'attitude d'un condamné qui va entendre son arrêt. Rosa l'aperçut la première, poussa un cri déchirant, et tomba, presque morte, dans ses bras.

Maître Martin laissa échapper le gobelet, et, regardant Friedrich d'un œil fixe, comme s'il eût vu apparaître un spectre, il se souleva et dit d'une voix émue : « Rosa, Rosa, aimes-tu donc ce Friedrich?... — Plus que ma vie ! répondit la pauvre enfant d'une voix brisée. — Eh bien, reprit maître

Martin avec effort, eh bien, mon garçon, je te pardonne... embrasse ta fiancée... oui, oui, ta fiancée! »

Paumgartner et le vieil Holzschuer se regardèrent avec étonnement, et maître Martin poursuivit tout haut, mais en se parlant à lui-même : « Dieu du ciel! c'était donc ainsi que devait s'accomplir la prophétie de la vieille grand'mère! Ne voilà-t-il pas, en effet, la maison proprette, les petits anges aux ailes vermeilles? Le gobelet n'est d'ailleurs autre chose qu'un tonneau infiniment petit; tout est pour le mieux, car ainsi je puis consentir sans revenir sur ma résolution. J'aurais dû deviner cela plus tôt! »

Friedrich, foudroyé par la joie, avait à peine assez de force pour serrer étroitement la jolie Rosa sur son cœur. « O mon cher maître! s'écria-t-il quand il eut un peu repris ses sens, quoi! vous daignez m'accepter pour gendre et me permettre d'exercer mon art? — Oui, oui, reprit maître Martin; tu as accompli la prédiction de la vieille grand'mère; ta pièce de maîtrise n'est plus à faire. — Non, cher maître, répliqua Friedrich, permettez que je n'y renonce pas encore; je veux, au contraire, achever ma tonne de deux foudres; je vous la laisserai comme un témoignage de mon respect pour la profession que vous illustrez, et je retournerai ensuite à mes creusets. — Honneur à toi pour cette bonne pensée! dit maître Martin en se levant avec enthousiasme; achève donc ta pièce de maîtrise. Le jour où tu lui donneras le dernier coup de maillet sera ton jour de noces. »

Friedrich se mit à l'œuvre avec un zèle extrême, et tous les maîtres de la corporation admirèrent la tonne immense qui sortit de ses mains.

Maître Martin était au comble de la joie. Le jour de la noce fut fixé, et on plaça à l'entrée de la maison la pièce de maîtrise, remplie d'un vin généreux et parée de guirlandes fleuries. Les maîtres tonneliers avec leurs familles, conduits par le digne conseiller Jacobus Paumgartner, et les maîtres en orfèvrerie, se réunirent en brillant cortège pour aller à l'église de Saint-Sébald. Au moment de partir, on entendit devant la maison de maître Martin un bruit de chevaux et de fanfares. Celui-ci courut à son balcon et reconnut d'abord le seigneur Heinrich de Spangenberg; à ses côtés chevauchait un jeune et brillant cavalier portant dague à la ceinture et toque ornée de plumes flottantes et de pierres précieuses. Près du jeune homme se tenait une dame admirablement belle, et derrière ces trois personnages caracolait une suite nombreuse de valets en costumes de toutes couleurs. Les fanfares cessèrent, et le vieux Spangenberg s'écria en levant la tête : « Hé! hé! maître Martin, ce n'est ni pour votre cave ni pour vos ducats que je passe par ici, j'y viens pour le mariage de votre jolie fille. Voulez-vous bien me recevoir, cher maître? »

Maître Martin, un peu confus du souvenir que réveillaient ces paroles, descendit aussi vite que ses jambes le permettaient, pour recevoir, avec toute sorte de salutations, son ancienne et noble pratique. La belle dame et le cavalier quittèrent aussi leur monture et entrèrent dans la maison. Mais à peine le brave tonnelier eut-il regardé le jeune cavalier qu'il recula de trois pas en chancelant : « Bonté du ciel! s'écria-t-il en joignant les mains, c'est Conrad!...

— Vraiment, oui, dit en souriant le jeune homme; Conrad, votre compagnon d'autrefois. Pardonnez-moi, cher maître, certaine blessure dont j'ai gardé un triste souvenir. J'aurais fort bien pu vous tuer ce jour-là, car vous m'aviez traité un peu vertement! Mais tout est pour le mieux, n'y pensons plus. » Maître Martin l'assura qu'il se trouvait fort bien; la maudite doloire l'avait seulement effleuré ; puis il pria ses hôtes d'entrer dans la grande chambre, où les fiancés et les amis de la maison s'étaient réunis pour la cérémonie. L'apparition de la belle dame fut saluée par un murmure des plus flatteurs; tout le monde remarqua sa ressemblance frappante avec la jeune mariée ; on eût pu les prendre pour deux sœurs jumelles.

Conrad s'approcha galamment de la fille du tonnelier, et lui dit avec une grâce exquise : « Permettez, ma belle demoiselle, que Conrad partage aujourd'hui votre félicité ; daignez lui dire que vous oubliez ses emportements d'autrefois, et pardonnez-lui comme a fait votre père. » Rosa restait interdite; maître Martin et tous les conviés se regardaient tout ébahis ; M. de Spangenberg prit alors la parole pour mettre fin à cet embarras. « Eh mais, dit-il, croyez-vous rêver?... C'est ici mon fils Conrad, et voilà sa ravissante fiancée, qui se nomme Rosa, comme la jolie fille de maître Martin. Rappelez-vous, cher maître, ce jour où, causant avec vous à côté d'un flacon de votre vieux vin, je vous demandais si vous refuseriez votre fille à tout le monde, même à mon fils. J'avais, pour parler ainsi, de bonnes raisons. Mon étourdi raffolait d'amour pour elle ; je dus, pour ne pas le désespérer, prendre sur moi d'entamer cette affaire. Quand je lui racontai, pour le guérir, la réception que vous m'aviez faite, Conrad n'imagina rien de mieux que de se glisser chez vous comme ouvrier pour voir de plus près Rosa, avec le dessein de l'enlever quelque jour à votre surveillance. Heureusement pour vous, le coup de douve sur les épaules a brisé les ailes de cet amour. Je m'en félicite, et mon fils, pour rester fidèle par quelque point à sa première inclination, s'est épris d'une noble héritière qui porte le nom de Rosa comme votre fille, et qui lui ressemble assez bien. »

La jeune dame, s'approchant alors de Rosa, lui jeta autour du cou un collier de perles d'un grand prix, et tira de son sein un petit sachet de fleurs fanées : « Tenez, lui dit-elle, voilà le bouquet que vous aviez donné à Conrad, et qu'il a soigneusement gardé. N'êtes-vous point fâchée qu'il me l'ait donné? c'était, m'a-t-il dit, ce qu'il possédait de plus précieux. » Un vif incarnat colora les joues pâles de la fille du tonnelier. « Ah ! noble dame, dit-elle à demi-voix, c'est vous seule que ce jeune seigneur devait aimer. Il vous connaissait, j'en suis sûre, avant de penser à moi. La ressemblance des noms et le rapport de quelques traits a pu me valoir pendant quelques jours son attention. C'était votre souvenir qu'il cherchait en moi. Mais je ne lui en veux pas. »

Comme le cortège s'apprêtait pour la seconde fois à quitter la maison de maître Martin, un beau jeune homme, qui portait avec une rare élégance un riche costume italien, vint se jeter dans les bras de Friedrich. « Reinhold! mon cher Reinhold! » s'écria le fiancé ; et les deux amis s'embrassèrent étroitement. Maître Martin et Rosa partageaient leur joie. « Ne t'avais-je pas bien dit, s'écria l'artiste, que le bonheur te viendrait au bruit de tes maillets? J'arrive à temps pour prendre la moitié de ta joie, et je t'apporte mon cadeau de noces. »

Deux valets entrèrent alors, et découvrirent aux yeux émerveillés des assistants une magnifique toile où étaient peints maître Martin, avec Reinhold, Friedrich et Conrad travaillant à la tonne du prince-évêque de Bamberg, au moment où Rosa paraît au milieu d'eux. « C'est là, dit en souriant Friedrich, ta pièce de maîtrise; la mienne est en bas, pleine de vin; mais patience, j'en saurai faire une autre. — Je sais tout, reprit Reinhold, et je te trouve plus heureux que moi. Sois fidèle à ton art, qui, mieux que le mien, peut s'accorder avec la vie calme et avec les habitudes sédentaires d'un bon ménage. Le bonheur, ami, n'est que dans les voies communes ! »

Au festin nuptial, Friedrich s'assit entre les deux Rosa, et, vis-à-vis de lui, maître Martin se plaça entre Conrad et Reinhold. Au dessert, le conseiller Jacobus Paumgartner remplit le gobelet d'argent ciselé par Friedrich et but le premier coup en l'honneur de maître Martin et de ses joyeux compagnons. Puis le gobelet fit le tour de la table, et tous les convives fêtèrent jusqu'au lendemain la bonne cave du Maître des Cierges.

OLIVIER BRUSSON

I

Dans la rue Saint-Honoré s'élevait jadis la petite maison qu'habita Madeleine de Scudéri, si célèbre par ses vers, par ses romans de chevalerie, et par la faveur de Louis XIV et de madame de Maintenon.

A minuit, dans un des mois d'automne de l'an 1680, plusieurs coups frappés rudement à la porte réveillèrent en sursaut les paisibles habitants de cette demeure. Baptiste, qui remplissait tout à la fois les emplois de cuisinier, de valet de chambre et de portier, était allé, avec la permission de sa maîtresse, assister aux noces de sa sœur. Il n'y avait d'éveillé au logis qu'une femme de charge appelée la Martinière. En entendant frapper aussi fort, la pauvre femme songea que le départ de Baptiste l'avait laissée sans défense avec sa maîtresse dans une maison exposée à tout venant. Tous les souvenirs des vols et des meurtres auxquels Paris était en proie à cette époque vinrent en foule assaillir son imagination. Elle se persuada bien vite que le visiteur nocturne ne pouvait être qu'un bandit bien informé de l'état des lieux et de la solitude du logis; frissonnant de peur et se croyant à chaque minute sous le couteau des assassins, elle resta plus morte que vive dans sa petite chambre, maugréant de toute son âme contre Baptiste et contre le malencontreux mariage de sa sœur. Cependant les coups redoublaient à la porte, et une voix se mit à crier : « Pour l'amour du Christ, ouvrez donc! » La Martinière, infiniment peu rassurée, prit un flambeau allumé et s'avança sous le porche de la maison. La même voix cria de nouveau : « Ouvrez, pour l'amour du Christ, ouvrez donc!... — Ma foi, se dit la Martinière, un voleur ne s'exprimerait pas aussi honnêtement. C'est peut-être quelque seigneur qui connaît ma maîtresse, et qui, poursuivi par le guet, s'avise de lui demander asile jusqu'au jour. Voyons, et soyons prudente! » Elle entr'ouvrit une fenêtre avec précaution, et demanda d'une voix qu'elle croyait assurée quel vaurien faisait tapage à cette porte à une heure si avancée. Un rayon de lune perça en ce moment les nuages et lui laissa distinguer une longue figure drapée dans un manteau couleur de muraille, le front couvert d'un large feutre à bords rabattus. Saisie d'un nouvel effroi, elle se mit à crier de tous ses poumons : « Holà! Baptiste, Claude, Pierre, holà, debout! venez donc examiner de près le coureur de nuit qui secoue si bien la porte de céans! » Mais aux cris de la servante une voix douce et presque gémissante répondit d'en bas : « Ah! la Martinière, c'est vous, ma bonne dame; ne cherchez pas à grossir votre voix. Baptiste est allé aux champs, et vous êtes seule au logis avec votre maîtresse; ouvrez donc et ne craignez rien, il faut qu'à la minute je voie mademoiselle de Scudéri. — A quoi pensez-vous donc? reprit la Martinière; est-ce une heure honnête pour parler aux femmes? Vous qui savez si bien ce qui se passe ici, savez-vous que ma maîtresse dort depuis longtemps; pour tout l'or du monde je ne troublerais pas ce premier sommeil, dont son âge et sa santé ont si grand besoin! — Je sais, poursuivit l'inconnu, qu'elle vient de mettre à côté d'elle son roman de *Clélie*; elle compose à cette heure des vers qui seront lus demain à la marquise de Maintenon. Oh! je vous en prie encore une fois, dame Martinière, ayez compassion de moi et venez m'ouvrir la porte; il y va de l'honneur, de la liberté, de la vie peut-être d'un homme; votre maîtresse ne vous pardonnerait jamais d'avoir refusé un asile chez elle à un malheureux qui implorait son secours ! — Mais, encore une fois, dit la Martinière, ce n'est guère l'heure de venir chez les gens. Repassez demain, et l'on verra. » L'inconnu ne se décourageait point.

Eh quoi! s'écria-t-il, le sort compte-t-il les heures quand il veut nous frapper? chacun de ses coups est aveugle comme les faveurs de la fortune; doit-on refuser aide et secours, quand le salut d'un homme peut dépendre d'un instant? Ouvrez-moi la porte; vous n'avez rien à redouter d'un malheureux dénué de tout, persécuté par tous, et qui n'a plus d'espoir qu'en la puissante intervention de votre maîtresse!... » La Martinière entendait l'inconnu gémir et pleurer en lui adressant ces dernières supplications; la voix de ce jeune homme avait un accent mélancolique et doux, auquel les femmes ne savent jamais résister; la servante alla chercher les clefs pour l'introduire.

Aussitôt que la porte s'entr'ouvrit, l'homme au manteau se jeta dans la maison avec une colère impatiente, et, poussant devant lui la Martinière, il lui dit d'une voix farouche : « Conduisez-moi près de votre demoiselle! » La Martinière, tremblante, leva son flambeau à la hauteur du visage de l'inconnu, dont une affreuse pâleur couvrait les traits décomposés; elle fut près de s'évanouir quand, sous le manteau gris, elle vit scintiller la poignée d'une dague passée dans la ceinture; l'inconnu fixa sur elle un regard perçant et réitéra son injonction d'un ton bref. L'honnête servante pensa qu'un grand péril menaçait les jours de sa maîtresse. Son dévouement s'exalta, et, fermant d'une main la porte de sa chambre, elle se plaça devant, le front haut, la voix ferme : « Voilà, dit-elle, une étrange façon de demander l'hospitalité. J'ai eu la sottise de vous ouvrir, mais ni Dieu ni diable ne me feraient à présent vous introduire chez ma maîtresse. Puisque vous êtes si bien armé, vous n'avez guère à craindre; et si vous n'êtes pas un malfaiteur, vous pouvez attendre le jour et revenir. Sortez, je vous prie, de la maison!... »

L'homme au manteau soupira, et, fixant de nouveau la fidèle Martinière, serra convulsivement le manche de sa dague. La pauvre femme recommanda son âme à Dieu; mais elle eut assez d'énergie pour tenir tête à l'inconnu, et, sans bouger d'un pas, elle le tenait en respect. « Laissez-moi passer, vous dis-je. — Faites ce que vous voudrez, reprit-elle, tuez-moi; mais prenez garde au lendemain, et songez à la place de Grève! — Ah! dit l'inconnu, vous avez raison, la Martinière. Vous me prenez pour un voleur ou pour un meurtrier; mais je n'en suis pas encore où vous pensez!... » En même temps il tira sa dague, et fit un geste menaçant pour écarter la servante et pour s'ouvrir un passage... « Jésus! s'écria-t-elle, je suis morte!... »

Un bruit d'armes et les pas mesurés d'une patrouille à cheval éveillèrent le silence de la rue déserte. « C'est le guet! la maréchaussée! au secours! au secours! cria la Martinière — Maudite créature, tu veux me perdre!... Ah! ils sont passés, c'est fini! oui, c'est fini! Tiens, carogne, prends cela, et, sur ta vie, porte-le cette nuit même, à ta maîtresse!... » En murmurant ces mots, l'inconnu jeta dans les mains de la Martinière une cassette de fer; puis, éteignant le flambeau pour que sa clarté ne pût trahir la direction qu'il avait prise, il s'élança hors de la maison.

La Martinière était tombée la face contre terre. Quand elle se releva, longtemps après, elle eut beaucoup de peine à regagner sa chambre; et, ne trouvant plus la force ni le courage de se mettre au lit, elle s'affaissa dans un fauteuil. Bientôt un bruit de clefs dans la serrure se fit entendre. Elle tressaillit de nouveau; elle vit entrer Baptiste, pâle et blême comme un revenant de l'autre monde. « Par tous les saints, qu'y a-t-il encore! balbutia la Martinière. — Ce qu'il y a? Figurez-vous qu'une inquiétude dont je ne pouvais me rendre compte m'a chassé de la noce un peu tard, et je m'en revenais cette nuit poussé par je ne sais quel instinct. J'arrive dans cette rue. Dame Martinière, me disais-je, ne dort que d'un œil; elle m'entendra bien frapper un petit coup à la porte, et elle m'ouvrira. Mais j'avais compté sans les tribulations de la nuit. Un détachement du guet à pied, à cheval, doublé de fer jusqu'aux dents, arrive je ne sais d'où, et me barre le chemin. Par bonheur, Desgrais, le lieutenant de maréchaussée, qui me connaît bien, conduit l'escouade. Ou me met une lanterne sous le nez : « Eh! Baptiste, me dit le chef, tu fais le coureur de nuit, mon garçon? Rentre vite au logis et garde-le bien; nous battons le pavé pour nous emparer de quelqu'un qui nous donne du fil à retordre. » Vous n'imaginez point, dame Martinière, l'effet que produisirent sur moi ces paroles. La patrouille continue son chemin et disparait; au moment où je levais le bras pour frapper à notre porte, elle s'ouvre, un homme se jette dans la rue, la dague nue, et me renverse en courant... Je me relève... Cette maison ouverte... ces clefs sur la serrure... dites-moi, que veut dire tout cela?... »

La Martinière, à moitié guérie de sa frayeur, raconta ce qui venait de se passer; puis ils descendirent ensemble sous le porche de la maison et ramassèrent le flambeau que l'inconnu avait éteint pour cacher sa fuite. « Certes, disait Baptiste, sans une manifeste protection du ciel, notre pauvre maîtresse devait être cette nuit volée et coupée en morceaux; cet homme savait que vous n'étiez que deux femmes; c'est un de ces coquins madrés presque toujours bien informés pour commettre, à coup sûr, leurs scélératesses. Quant à la petite cassette, dame Martinière, nous irons, si vous m'en croyez, la jeter au plus profond de la Seine; qui pourrait nous assurer que quelque misérable n'en veut pas à la vie de notre bonne demoiselle; en ouvrant cette cassette elle tomberait peut-être morte, comme le vieux marquis de Tournay en brisant le cachet d'une lettre anonyme?... » Après s'être longtemps concertés, les deux fidèles serviteurs décidèrent enfin qu'il fallait avertir, à son lever, mademoiselle de Scudéri, et remettre entre ses mains la cassette; on pourrait peut-être en pénétrer le mystère; mais il fallait s'entourer, pour l'ouvrir, de toutes sortes de précautions.

II

Les inquiétudes de Baptiste n'étaient pas sans fondement. A cette époque, Paris était le théâtre des plus odieux attentats, tous commis à l'aide d'un moyen que l'enfer seul avait pu créer. Glaser, apothicaire allemand, le meilleur chimiste de son temps, s'occupait d'alchimie. C'était la mode du jour. Il croyait arriver à la découverte de la *pierre philosophale*. Il avait pour aide et pour confident un Italien, nommé Exili. Mais celui-ci n'étudiait l'art de faire de l'or que pour mieux cacher ses desseins secrets. Tandis que Glaser cherchait la fortune au fond de ses expériences, Exili acquérait lentement la science cruelle de mélanger, de cuire et de sublimer des substances vénéneuses; il composa un poison subtil dont les doses graduées tuaient sur-le-champ ou faisaient mourir d'une langueur inconnue. Ce poison n'avait ni saveur ni odeur; il ne laissait nulle trace sur les organes, et déroutait si bien toute analyse et toute investigation de la médecine que ses victimes paraissaient toutes frappées de mort naturelle. Quelque prudent et dissimulé que fût Exili, on le soupçonna d'avoir vendu des poisons, et il fut jeté à la Bastille, où bientôt on lui donna pour compagnon de captivité le capitaine Godin de Sainte-Croix. Celui-ci connaissait la marquise de Brinvilliers, et ses rapports avec cette dame avaient soulevé tant de scandale que le père de celle-ci, Dreux d'Aubray, lieutenant civil de Paris, irrité de voir le marquis indifférent à cette honte, avait pris sur lui d'y mettre fin en obtenant contre le capitaine un arrêt de prise de corps. Homme capable de toutes les violences, sans caractère, hypocrite et débauché, rongé d'envie et de passions féroces, le capitaine ne pouvait rencontrer une nature plus sympathique à la sienne que celle d'Exili. Les secrets de cet Italien lui promettaient un immense pouvoir de faire le mal; il devint son disciple assidu; bientôt il l'égala en savoir, et, au sortir de la Bastille, il était capable de continuer seul son affreux apprentissage.

La Brinvilliers était une femme perdue de mœurs; Sainte-Croix en fit un monstre infernal. Elle empoisonna successivement son père, dont la présence condamnait ses vices, puis ses deux frères, enfin sa sœur. La vengeance avait motivé le premier crime; elle commit les autres par cupidité. L'histoire de plusieurs empoisonneurs a démontré que ce genre de meurtre devenait parfois chez eux une manie irrésistible. On en a vu tuer, sans but, des êtres indifférents, avec le sang-froid d'un chimiste qui opère sur des animaux. La mort subite, à l'Hôtel-Dieu, de plusieurs indigents auxquels la Brinvilliers distribuait du pain toutes les semaines éveilla l'attention des médecins et mit sur la voie des attentats auxquels elle se livrait. On acquit plus tard la certitude qu'elle avait plus d'une fois servi à ses convives des pâtés de pigeons empoisonnés. Le chevalier du guet et plusieurs autres personnes avaient ainsi trouvé la mort à la table de cette odieuse femme. Sainte-Croix, son complice la Chaussée et la Brinvilliers surent longtemps cacher leurs abominations; mais le jour marqué par la Providence approchait pour punir les uns et pour démasquer les autres. Sainte-Croix fabriquait une poudre si subtile (les Parisiens l'appelaient *poudre de succession*), que la moindre aspiration suffisait pour causer l'asphyxie : aussi l'inventeur se couvrait-il, pour travailler, d'un masque de verre. Un jour, tandis qu'il recueillait sa poudre dans un flacon, le masque tomba, et l'opérateur tomba mort dans son laboratoire. Comme il n'avait point d'héritiers, la justice vint mettre les scellés sur tout ce qui lui appartenait, et découvrit dans un coffre tous les ingrédients dont ce misérable possédait le secret. On trouva également des lettres de la Brinvilliers qui prouvaient sa complicité. Prévenue à temps par son affidé, la marquise s'était réfugiée à Liége, dans un cloître. Desgrais, le plus fin limier de la maréchaussée, partit à sa poursuite. Il s'introduisit, déguisé en prêtre, dans le couvent où elle s'était cachée, parvint à nouer une intrigue d'amour avec cette femme exécrable, et obtint un rendez-vous dans un jardin solitaire à quelques lieues de la ville. En y arrivant, elle fut cernée par les agents de Desgrais. L'abbé galant se métamorphosa tout à coup en officier de la maréchaussée, et la fit porter dans un carrosse qu'on tenait préparé pour cet enlèvement, et qui prit au grand galop, sous bonne escorte, la route de Paris.

La Chaussée avait eu la tête tranchée; la Brinvilliers fut condamnée au même supplice; le bourreau brûla son cadavre et jeta ses cendres au vent.

Les Parisiens commençaient à respirer depuis le châtiment de cette célèbre empoisonneuse. Tout à coup le bruit se répandit que le secret de Sainte-Croix n'était pas mort avec lui. De nouveaux malheurs vinrent désoler la ville. Le meurtre invisible décimait les familles, et nul art ne pouvait combattre les atteintes fatales de ce fléau dont ne préservaient ni la richesse, ni l'âge, ni la position sociale. La méfiance brisait les liens d'affection les plus sacrés. Le mari tremblait auprès de sa femme, le père devant le fils, la sœur en face du frère. Dans les rencontres de l'amitié, on n'osait plus rompre le pain, ni boire à la santé de son ami; l'œil était toujours au guet, la pensée toujours en garde contre des ennemis cachés. Des pères fuyaient avec horreur le foyer domestique et allaient chercher au loin des aliments qu'ils préparaient eux-mêmes en se cachant avec soin, tant ils redoutaient la perfidie de leurs propres enfants; et, malgré tant de défiance et tant de précautions le fléau portait çà et là ses coups mystérieux. Le roi de France, affligé de ces attentats qui menaçaient jusqu'à sa personne, créa un tribunal spécial dont la mission était de rechercher et de punir sans pitié ces crimes secrets. Cette cour de justice, appelée chambre ardente, s'assemblait auprès de la Bastille; elle avait pour président la Reynie. Longtemps ce magistrat vit toute son expérience, tous ses efforts, déjoués par les redoutables malfaiteurs qui désolaient le pays; mais, après bien des tentatives avortées, ce Desgrais, que nous avons déjà vu si habilement remplir ses difficiles fonctions, vint à son secours.

Dans un taudis du faubourg Saint-Germain, vivait une vieille femme, nommée la Voisin, qui s'occupait de prétendues sciences occultes, et qui dévoilait l'avenir aux gens crédules. Deux compères, portant les sobriquets, de le Sage et le Vigoureux, soutenaient de leur brutalité bien redoutée sa misérable industrie. Elle connaissait aussi bien qu'Exili l'art de préparer ces terribles poisons qui assassinaient sûrement et sans laisser de traces; elle avait aidé maint fils de famille à hâter l'échéance d'un riche héritage, mainte femme jeune et jolie à se débarrasser d'un vieux barbon pour convoler à de secondes noces. Desgrais parvint à découvrir cette créature et la livra à la Chambre Ardente; le feu en fit justice en place de Grève. Les perquisitions pratiquées chez elle amenèrent la saisie de listes importantes où se trouvaient les noms de toutes les personnes qui avaient eu recours à ses produits; la Chambre Ardente déploya ses rigueurs contre une foule d'individus qui s'étaient crus jusque-là à l'abri de toute poursuite, et des personnages de la plus haute distinction ne purent se soustraire aux arrêts sans appel du tribunal vengeur. Il résultait des notes de la Voisin que, par son secours, le cardinal Bonzy avait trouvé le moyen le plus court de se défaire des gens auxquels, en sa qualité d'archevêque de Narbonne, il payait des pensions. La duchesse de Bouillon et la comtesse de Soissons avaient entretenu avec l'empoisonneuse des relations très-suivies. François-Henri de Montmorency-Boudebelle, duc de Luxembourg, pair et maréchal du royaume, ne fut pas à l'abri des soupçons les plus odieux. Une enquête eut lieu. Il se rendit volontairement à la Bastille, où la haine de Louvois et de la Reynie le séquestra dans un cul-de-basse-fosse. Après une longue et cruelle captivité, on eut à reconnaître que ses prétendus crimes se bornaient à une visite chez le Sage pour se faire tirer son horoscope.

On ne saurait se dissimuler que, par un zèle mal éclairé, la Reynie se laissa entraîner à des atrocités sans nom. Son tribunal se revêtait des odieux caractères de l'inquisition; le soupçon ouvrait les cachots; le hasard dressait l'échafaud, allumait les bûchers, ou dictait les arrêts de non-lieu. Le farouche président était en outre si laid, que les gens même dont il vengeait les malheurs ne pouvaient se défendre d'un sentiment d'aversion pour lui. Comme il demandait à la duchesse de Bouillon si elle avait vu le diable; elle lui répondit, en pleine audience, qu'elle l'avait devant les yeux.

Pendant que, sur la place de Grève, coulait le sang des coupables et des victimes du tribunal, les empoisonnements devenaient plus rares; mais un autre fléau s'abattait sur Paris : une bande de voleurs, parfaitement organisée, jeta son dévolu sur les plus riches hôtels. Nul soin ne pouvait sauver de leurs mains les objets les plus précieux; quiconque osait s'aventurer, la nuit close, dans les rues de Paris, rencontrait à chaque pas des pillards qui ne reculaient point devant le meurtre pour s'assurer l'impunité. Tous ceux dont on relevait chaque matin les cadavres portaient une blessure semblable, un coup de poignard au cœur, donné avec une telle adresse, qu'au dire des médecins la mort ne devait pas laisser à la victime le temps de pousser un seul cri. Les bandits savaient fort exactement l'heure à laquelle tel grand seigneur se rendait à quelque rendez-vous galant ou s'échappait discrètement d'une maison de plaisir. L'égorgeur en vedette manquait rarement sa proie et la laissait dépouillée.

Vainement d'Argenson, ministre de la police, couvrait Paris d'un réseau d'espions; vainement la Reynie infligeait des tortures à tous les suspects qu'on livrait à son inquisition; vainement on doublait le guet, on ne pouvait parvenir à faire main-basse sur les auteurs de ces crimes. Bourgeois et nobles ne sortaient plus du logis qu'armés de fer jusqu'aux dents, et en se faisant précéder d'une lanterne; mais bien souvent le valet était roué de coups, et le cadavre du maître se trouvait, au jour, tout sanglant et meurtri à côté de la lanterne brisée. Aucune enquête ne put faire retrouver la moindre partie des bijoux volés. Les scélérats avaient autant d'adresse que d'audace. Desgrais, furieux de se voir joué, ne savait plus à quelle ruse recourir; on flairait son approche et les coups de main s'exécutaient toujours à la plus grande distance possible du quartier de Paris où l'attirait une fausse alarme. De guerre lasse, il imagina de s'adjoindre quelques sosies. Il chercha un certain nombre d'individus qui, par les traits, la taille, la tournure et l'aspect, lui ressemblaient assez pour faire prendre le change aux malins filous qui lui échappaient sans cesse. Il y parvint si bien que les soldats du guet s'y trompaient eux-mêmes, et ne savaient guère souvent où se trouvait pour l'heure le véritable Desgrais. Cependant, toujours actif et payant de sa personne, il explorait lui-même les mauvais lieux les plus ignorés, au risque d'y laisser sa peau. Plus d'une fois, pour tenter la cupidité des malfaiteurs, il s'aventurait dans les quartiers mal famés en compagnie d'agents chargés de clinquant et de faux bijoux; mais les bandits savaient à quoi s'en tenir. Desgrais se donnait au diable sans profit.

Un matin, le pauvre agent accourt, tout effaré, chez le président la Reynie. « Eh bien ! dit le magistrat, quelle nouvelle? — Hélas ! monseigneur, répond Desgrais, cette nuit, à dix pas du Louvre, le marquis de la Fare a failli périr sous mes yeux ! — Ciel et terre ! s'écria la Reynie avec un transport de joie, nous les tenons ! — Écoutez d'abord, reprit Desgrais, comment ce malheur est arrivé. Je rôdais près du Louvre sur la piste de ces démons d'enfer, qui depuis si longtemps se rient de moi. Un homme à la démarche indécise, à l'œil inquiet, passe tout près de moi sans me voir ; un rayon de lune crève un nuage, et je reconnais le marquis de la Fare. Je pouvais l'attendre, car je savais fort bien où il allait. A peine a-t-il fait dix ou douze pas qu'un homme semble sortir de terre à ses côtés, le terrasse et roule avec lui sur le pavé. Je m'élance aussitôt pour saisir l'assassin ; mes jambes s'embarrassent dans mon manteau, je tombe ; l'homme fuit au bruit de ma chute ; je me relève, je le poursuis, je gagne du terrain ; je donne un coup de cornet auquel répondent les sifflets de mes agents ; le cliquetis des armes, le piétinement des chevaux annoncent l'arrivée du guet ; je crois ma capture faite ; je crie à pleine voix : « Par ici, par ici ! Desgrais, Desgrais !... » La lune inonde le ciel des plus vives clartés ; au détour de la rue Saint-Nicaise, mon homme s'épuise et n'a plus que quinze pas d'avance ; mon courage et mes forces se doublent par la certitude du succès... — Vous le saisissez, vous le garrottez, vous le... s'écrie la Reynie l'œil en feu, en serrant le bras de Desgrais avec une vigueur convulsive. — Hélas ! monseigneur, à quinze pas, ce diable d'homme saute de côté dans l'ombre de la rue, et disparait à travers la muraille !... — A travers la muraille ! Êtes-vous fou ? s'écria la Reynie en frappant du pied. — Non, monseigneur, accablez-moi de reproches, mais je viens de vous dire la vérité. Je reste ébahi devant cette muraille, qui n'offre pas une issue, pas un trou. Mes archers arrivent tout essoufflés, et avec eux le marquis de la Fare, l'épée nue... On allume des flambeaux, on inspecte, on examine pierre à pierre, mais tout est peine perdue. Le mur de solide épaisseur ferme la cour d'un hôtel dont les habitants sont à l'abri du plus léger soupçon. Vous me voyez désolé et démoralisé. Le diable en personne s'est moqué de nous. »

La bizarre aventure du pauvre Desgrais fut bientôt l'histoire de tout Paris. Les esprits étaient encore frappés des révélations soulevées par le procès de la Voisin, et chacun pensait que maître Desgrais avait bien eu affaire avec le diable. On imprima et on vendit une relation amplifiée de cet événement. Les gens du peuple ajoutèrent foi entière à cette merveille, et les archers du guet sentirent leur courage se refroidir; ils ne couraient plus les rues pour leur service nocturne que bien munis d'eau bénite et d'amulettes.

D'Argenson, voyant la Chambre Ardente tomber en discrédit, alla proposer au roi la création d'un autre tribunal, armé de pouvoirs encore plus redoutables. Mais Louis XIV, persuadé, à tort ou à raison, que la sévérité de la Reynie avait produit plus de mal que de bien, repoussa l'idée du ministre de la police.

Il restait un moyen à tenter pour vaincre la résistance du monarque.

On lui fit présenter dans la chambre de madame de Maintenon, où il passait chaque jour quelques heures de l'après-dîner, et où souvent il travaillait avec ses ministres bien avant dans la nuit, un petit poëme écrit au nom des *amants réunis*. Ces messieurs de la cour et de la ville se plaignaient en vers d'avoir des dangers à courir toutes les fois qu'il leur prenait fantaisie d'aller voir à heure indue la dame de leurs pensées. Ils suppliaient Sa Majesté de poursuivre les malfaiteurs qui désolaient la capitale du plus beau royaume du monde. Comparant Louis XIV à Hercule vainqueur de l'hydre de Lerne, ou à Thésée triomphant du Minotaure, ils invoquaient sa protection en faveur de leurs amours. Comme ce poëme se terminait par les adulations les plus exagérées prodiguées à sa royale personne, Louis XIV le lut jusqu'au bout avec une secrète complaisance. Quand il eut achevé, il se tourna vers madame de Maintenon et la pria de lui donner son avis. La favorite, qui se laissait aller de jour en jour, et de plus en plus, à la dévotion, répondit sans lever les yeux que des intrigues coupables et réprouvées par la morale ne pouvaient mériter que le roi les couvrit de sa protection, mais que d'un autre côté les attentats d'une troupe de malfaiteurs réclamaient de sa part une justice sans merci. Le roi, sans répondre, plia le poëme; il s'apprêtait à passer dans un cabinet voisin où l'attendait le secrétaire d'État, lorsque ses yeux tombèrent sur Madeleine de Scudéri, assise sur un tabouret à quelques pas de madame de Maintenon. Il s'approcha d'elle, et, le sourire sur les lèvres, il déplia de nouveau la poétique prière. « La marquise, lui dit-il à demi-voix, condamne bien durement les galanteries de nos jeunes seigneurs; mais vous, mademoiselle, que pensez-vous de cette épître? » Madeleine de Scudéri se leva; une rougeur fugitive glissa comme la pourpre du soir sur les joues pâles de la vieille dame, et elle répondit en s'inclinant à demi :

« Un amant qui craint les voleurs n'est point digne d'amour! »

Louis XIV sourit à cet esprit chevaleresque qui réfutait d'un mot tout l'amphigouri des *amants réunis*. « Par saint Denis! s'écria-t-il, vous avez raison, mademoiselle. Je ne veux plus de cet aveugle niveau qui pèse autant sur l'innocent que sur le coupable, et qui ne sert qu'à protéger la couardise. Que d'Argenson et la Reynie fassent leur devoir! »

III

Lorsque la Martinière vint au point du jour raconter à sa maîtresse les événements de la nuit précédente, et remettre dans ses mains le mystérieux dépôt qu'elle avait reçu, elle lui traça un tableau énergique de toutes les perversités du siècle. Baptiste se joignit à elle pour supplier mademoiselle de Scudéri de n'ouvrir la maudite cassette qu'avec les précautions les plus minutieuses.

Rien de plus curieux à voir que la physionomie de ces bonnes gens; ils s'attendaient à voir une légion de diables armés de pied en cap sortir de ce petit réceptacle de maléfices, et occuper en vrais garnisaires de Satan la tranquille habitation de leur chère maîtresse. La fameuse boîte de Pandore n'avait pas excité une curiosité plus palpitante. Mademoiselle de Scudéri restait seule impassible.

La bonne dame, pesant dans sa main ce petit meuble, comme si elle eût cherché à en deviner le contenu, leur dit en souriant qu'ils étaient deux songe-creux qui ne voyaient partout que fantômes et maléfices. « Ces brigands que vous redoutez, ces meurtriers qui ne font nulle grâce, savent aussi bien que vous et moi qu'il n'y a ici ni or ni bijoux qui vaillent la peine de verser du sang. Et qui pourrait donc en vouloir à mes jours? à qui pourrait servir la mort d'une femme de soixante-treize ans qui n'a jamais fait de mal à personne? j'ai passé toute ma vie à écrire des romans ou des vers dont nul n'envie la gloire, et je ne laisserai pour succession que les oripeaux de quelques robes de cour, et quelques livres passablement reliés? Tu as beau, ma bonne Martinière, me faire des récits à dormir debout, je ne crois pas à tous les périls qui n'existent que dans ton imagination; et comme je ne puis soupçonner aucun motif de malveillance personnelle chez l'individu qui t'a si fort effrayée cette nuit, je vais... »

Comme elle disait ces mots, la Martinière fit un saut en arrière, et Baptiste, plus pâle qu'elle, tomba sur ses genoux en poussant un cri sourd; Madeleine de Scudéri avait touché un bouton d'acier caché dans la garniture du coffret, et le couvercle s'était levé avec bruit.

La surprise de la dame fut extrême quand elle tira de la cassette un collier d'or enrichi de pierres précieuses, et deux bracelets de prix. La servante, émerveillée de cette trouvaille, ouvrait de grands yeux, et s'écriait que la Montespan ne possédait pas un écrin de plus haute valeur. « Qu'est-ce que cela? qu'en penser?... s'écriait mademoiselle de Scudéri. » Elle aperçoit au fond de la cassette un billet cacheté; elle l'ouvre en toute hâte, espérant y trouver le mot de l'énigme; à peine en a-t-elle parcouru les premières lignes, qu'un tremblement nerveux s'empare de sa personne; la lettre tombe de ses mains, elle lève les yeux au ciel, et se laisse aller près que évanouie sur un siége. Ses deux fidèles serviteurs s'empressent autour d'elle... « O mon Dieu! balbutie la pauvre femme, devais-je m'attendre, à mon âge, à cette humiliation? Quelle faute ai-je donc commise? faut-il que des paroles jetées sans mauvaise intention soient interprétées d'une façon aussi odieuse?... »

La Martinière et Baptiste, témoins de cette douleur, ne savaient comment consoler leur maîtresse. La servante avait ramassé le billet; voici ce qu'on y lisait :

« Un amant qui craint les voleurs n'est point digne d'amour. »

« Votre esprit, très-gracieuse dame, a préservé d'une persécution terrible des gens qui exercent contre les lâches la raison du plus fort, et qui dépouillent les riches égoïstes de trésors que dévore la débauche. Acceptez donc cette parure, la plus brillante qui depuis longtemps soit tombée en notre pouvoir. Vous êtes digne de posséder ce chef-d'œuvre de l'art dont vous doublerez l'éclat. Nous vous prions de nous garder votre amitié et votre bon souvenir.

« LES INVISIBLES. »

« Est-il bien possible, s'écria de nouveau Madeleine de Scudéri, que des misérables osent pousser aussi loin l'audace et l'ironie!... »

Le soleil perçait les draperies de soie écarlate qui décoraient les fenêtres et faisait chatoyer des reflets rouges sur les brillants éparpillés à côté de la cassette. On eût dit qu'ils étaient tous tachés encore du sang de leur propriétaire. Mademoiselle de Scudéri détourna ses regards avec horreur, et ordonna qu'on lui ôtât cet objet odieux. La Martinière dit, en replaçant bracelets et collier dans le coffret, que le meilleur usage à en faire serait de les remettre aux mains du ministre de la police, en lui donnant avis de tout ce qui s'était passé.

Mademoiselle de Scudéri se promenait de long en large avec les signes d'une violente agitation. Enfin elle envoya chercher une chaise à porteurs; tandis que Baptiste s'acquittait de cette

12.

commission, la Martinière aida sa maîtresse à faire sa toilette pour aller chez madame de Maintenon.

La favorite fut bien surprise de voir entrer chez elle mademoiselle de Scudéri, pâle, effarée, tremblante. « Au nom du ciel, qu'avez-vous ? » dit-elle à la pauvre affligée, en lui avançant elle-même un fauteuil. Quand elle eut bien écouté les plaintes de la pauvre demoiselle, elle lui dit que tant d'inquiétudes étaient superflues, et que l'impudence de quelques malfaiteurs obscurs ne devait, en aucune sorte, altérer la sérénité d'une si belle âme ; — elle finit par demander à voir la mystérieuse cassette.

A peine ce désir fut-il satisfait, que madame de Maintenon s'écria : « Savez-vous bien, mademoiselle, que ces bracelets et ce collier sortent sans aucun doute des ateliers de René Cardillac ? »

René Cardillac était, en ce temps-là, le bijoutier le plus en vogue de Paris, et l'ouvrier le plus habile à travailler l'or et les pierreries. C'était un homme d'une taille au-dessous de la moyenne, mais fortement constitué. Quoiqu'il approchât de la cinquantaine, il était encore leste et fringant comme un vrai jeune homme ; ses cheveux roux, épais et crépus, ses traits injectés de sang chaud et sa physionomie énergique auraient pu, de prime abord, le faire soupçonner de méchanceté s'il n'eût joui dans toute la ville de la réputation d'honnêteté et de bonne conscience la mieux établie. Maître Cardillac, malgré sa renommée d'orfèvre, ne semblait pas se soucier de la fortune. Il acceptait des commandes de toutes mains, et les accueillait avec un humble empressement ; mais il mettait en même temps à son travail un prix si minime qu'on ne pouvait concevoir un désintéressement qui devait préjudicier à ses propres intérêts. Cardillac exécutait sa besogne avec patience ; et quand il l'avait achevée, s'il arrivait que, par hasard, quelque partie ne fût pas, à ses yeux, assez parfaite, il rejetait le tout au creuset, et ne craignait pas de recommencer. Aussi tout le monde était-il avide de posséder des bijoux travaillés par ce fameux ouvrier. Mais on avait beaucoup de peine à obtenir la livraison des commandes qu'il exécutait. Cardillac renvoyait ses clients de mois en mois sous mille prétextes. Vainement lui offrait-on le double du prix stipulé; il repoussait l'or avec dédain; et quand enfin, ne pouvant plus temporiser, il livrait une parure, alors on pouvait lire sur son visage l'expression d'un vrai chagrin, et dans ses gestes l'animation d'une secrète colère. On le voyait alors parcourir son atelier comme un énergumène, criant, jurant, bouleversant tout, maudissant son art, ses clients, ses outils, et jusqu'à lui-même. Mais quelqu'un s'avisait-il de courir après lui, en lui disant : « René Cardillac, ne pourriez-vous me faire un collier pour ma femme... des bracelets pour ma fille?... » le bonhomme s'arrêtait court au milieu de sa crise; ses petits yeux gris scintillaient comme deux escarboucles; il se frottait les mains comme un homme qui va conclure une excellente affaire : « Voyons, disait-il, que m'apportez-vous? » Le client s'empressait de tirer de sa poche les matériaux nécessaires, or, argent ou pierreries. Oh! c'est, lui disait-on, de la marchandise commune; mais avec le secours de votre art, il se pourrait... — Qu'appelez-vous matière, marchandise commune? s'écriait Cardillac; mais en vérité, vous avez là des pierres magnifiques! Laissez-moi faire, je vous prie; et si vous ne tenez pas à quelques pièces d'or, je compléterai cette parure avec quelques pierres de choix dont vous serez ravi! — Faites, faites comme il vous plaira, maître René; et je payerai ce qu'il faudra. » Alors, sans s'inquiéter si son visiteur était noble ou bourgeois, Cardillac lui sautait au cou, l'étouffait dans ses bras, et lui jurait que dans huit jours il recevrait un travail exquis. — Soudain notre homme s'enferme en son laboratoire, et dans la semaine il produit un chef-d'œuvre. Quand au terme fixé la pratique arrive, argent en poche, pour payer son acquisition, l'orfèvre grogne, et finit par se fâcher tout rouge. « Mais, lui dit-on, maître Cardillac, je me marie demain. — Tant pis, monseigneur; tant pis; que me fait votre mariage? revenez, s'il vous plaît, dans quinze jours. — Mais voici votre argent, et voilà l'ouvrage terminé... — Je vous dis, moi, que rien n'est achevé, que je ne suis content de rien, et que je ne puis vous livrer aujourd'hui cette parure! — Et moi je dis que si vous vous obstinez, je reviens dans une heure, escorté des gardes du corps de mon ami d'Argenson. — Que le diable alors étrangle votre femme ou votre fille avec ce collier, ou que ces bracelets leur rongent le poignet comme des tenailles ardentes, et puisse-t-il vous emporter vous-même le plus loin possible!... » En maugréant ainsi, maître Cardillac jetait au nez de la pratique exigeante les bijoux dont il se séparait avec tant de regrets; mais cette livraison forcée était accompagnée de quelque bonne bourrade qui faisait trébucher le seigneur ou le bourgeois, de marche en marche, jusqu'au bas de l'escalier. Puis Cardillac fourrait son nez à la fenêtre, et riait comme un butor de son impertinence. — D'autres fois Cardillac, moins belliqueux, au lieu de se porter aux voies de fait, suppliait humblement qu'on lui laissât l'ouvrage qu'il avait exécuté, offrant de rembourser le prix des matières premières. Quelquefois il refusait de travailler pour certains grands seigneurs, et la favorite de Louis XIV elle-même n'avait pu apprivoiser ses répugnances.

« Je gage, dit madame de Maintenon, que Cardillac, si je l'envoyais querir pour savoir à qui cette parure doit appartenir, fera mille façons avant de m'obéir; cependant je crois qu'il se relâche un peu de ses bizarres caprices, et qu'il commence à traiter ses clients avec plus d'humanité. » Mademoiselle de Scudéri, impatiente d'arriver à la découverte de ce mystère, pensa qu'il fallait faire avertir Cardillac du motif pour lequel on le demandait. Madame de Maintenon trouva cette idée toute simple, et donna ses ordres. Presque au même instant Cardillac parut sur le seuil de l'appartement.

Après maintes révérences dont la gaucherie fit sourire les deux dames, l'orfèvre, interrogé sur l'origine des bijoux qu'on lui présentait, les reconnut tout d'abord, et d'un second mouvement les rejeta sur la table, en disant avec un sourire amer : « Il faudrait ne guère connaître l'ouvrage de René Cardillac pour supposer un seul instant qu'un autre joaillier ait pu monter une semblable parure. Oui, madame la marquise, je reconnais ce travail. — Dites-moi donc, ajouta la marquise, pour qui vous l'aviez fait? — Pour moi seul, » reprit Cardillac.

Les deux dames fixèrent les yeux sur la figure impassible

du bijoutier. Madame de Maintenon interrogeait sa physionomie avec défiance, Madeleine de Scudéri attendait avec anxiété l'issue de cette investigation. « Je vous dis, mesdames, l'exacte vérité, poursuivit Cardillac. Pour exécuter ce petit chef-d'œuvre de patience, j'avais réservé les pierres les plus fines, et mis à contribution tous les secrets de mon art; mais il y a quelque temps que cette parure a disparu de chez moi. — Que le ciel soit béni! » s'écria mademoiselle de Scudéri; et, se levant avec la vivacité d'une jeune fille, elle prit les bijoux, la cassette, et remit le tout aux mains de l'orfèvre en disant : « Reprenez, maître René, ces objets, dont vous avez été dépouillé par des filous maudits. » Elle lui raconta en peu de mots l'aventure de la nuit passée; Cardillac parut l'écouter avec une profonde attention, n'exprimant sa surprise que par des monosyllabes. Il pressait son front d'une main convulsive, comme pour comprimer une douleur; puis il cachait ses yeux pour dérober une larme furtive aux regards qui l'observaient. Enfin, il prit la cassette, et, fléchissant le genou devant mademoiselle de Scudéri : « Noble dame, lui dit-il, c'est pour vous que le sort m'avait fait préparer ces bijoux. Je me souviens qu'en les travaillant mon esprit s'occupait de vous. Veuillez donc les accepter avec autant de plaisir que j'en trouve à vous les offrir, et daignez les porter quelquefois. — Pour Dieu, maître René, y pensez-vous? s'écria mademoiselle de Scudéri; convient-il à ma vieillesse de se parer de si précieux bijoux? A quel titre, je vous prie, m'offrez-vous un pareil présent? Allez, allez, maître René, si j'étais belle comme mademoiselle de Fontanges, je pourrais acquérir au poids de l'or une si belle parure! Mais siérait-elle aujourd'hui à ces bras amaigris, à cette gorge qu'il me faut voiler? »

Cardillac s'était relevé, et, sans cesser de tendre la cassette à mademoiselle de Scudéri, il reprit d'une voix rauque et farouche : « Faites-moi cette grâce, mademoiselle; ne me refusez point. Vous ne savez pas combien j'honore votre caractère et vos vertus. Acceptez! acceptez!... » Et comme la noble demoiselle hésitait toujours, madame de Maintenon prit le coffret des mains de Cardillac, et joignit ses instances à celles du joaillier. Cardillac se mit à supplier avec des sanglots et des larmes ; puis, se relevant brusquement, il s'enfuit en courant comme un fou et en renversant les meubles sur son passage.

Mademoiselle de Scudéri s'écria, toute pâle de terreur : « Par tous les saints, madame la marquise, qu'arrive-t-il à cet homme ? » Et celle-ci, riant aux éclats, lui répondit : « Ne voyez-vous pas, ma chère, que maître René est épris pour vous d'un fatal amour, et que, suivant les règles de la galanterie chevaleresque, il commence le siége de votre cœur en vous offrant des présents ? Ne soyez donc pas trop cruelle envers lui. » Mademoiselle de Scudéri rit du meilleur cœur, et enchérit encore sur les joyeux propos de la favorite. Quand vint l'heure de se retirer, son caractère grave et sérieux reprit le dessus. « En vérité, dit-elle, je ne me résoudrai jamais à me servir de ces bijoux. La manière dont ils sont arrivés entre mes mains a quelque chose de trop odieux pour que la donation de Cardillac les purifie à mes yeux de toute souillure. Je ne puis m'empêcher de les voir tachés de sang, et d'ailleurs la conduite de maître René lui-même a quelque chose d'étrange ; il me semble au fond de l'âme que tout ceci couvre un mystère d'iniquité. — Eh ! pourquoi donc pousser si loin les soupçons ? reprit la marquise. — Non, jamais je ne me parerai de ces bijoux ! » Ce furent les dernières paroles de la célèbre femme-auteur dont Louis XIV disait, en riant de tout son cœur, qu'elle avait muselé le mordant Despréaux et mis en défaut tous les limiers de la satire.

Plusieurs mois après, mademoiselle de Scudéri traversait le pont Neuf dans le carrosse de la duchesse de Montausier. Ce carrosse, d'une invention nouvelle, et l'un des premiers qu'on ait ornés de glaces, attirait les regards curieux de la foule qui l'empêchait d'avancer. Tout à coup un murmure mêlé de jurements s'éleva des groupes qui se pressaient et se coudoyaient ; un jeune homme pâle se frayait un passage avec efforts ; arrivé près du carrosse, il ouvrit brusquement la portière, jeta une lettre sur les genoux de mademoiselle de Scudéri, et, avant qu'elle eût le temps de se reconnaître, il disparut de nouveau dans la foule. La pauvre Martinière, qui ne quittait guère sa maîtresse, s'était évanouie de frayeur; mademoiselle de Scudéri criait vainement au cocher de s'arrêter; le drôle fouettait ses chevaux et brûlait le pavé. Quand on fut au bout du pont et dégagé de la presse, mademoiselle de Scudéri, qui avait inondé d'eau de senteur la figure de sa camériste pour lui faire reprendre ses sens, déplia la lettre; voici ce qu'elle déchiffra :

« Un sort malheureux que vous auriez pu conjurer m'entraîne au fond d'un abîme! Je vous supplie, comme un fils invoquerait sa mère, de renvoyer chez maître René Cardillac le collier et les bracelets que vous avez reçus de moi; vous trouverez pour cela quelque prétexte, faire modifier, par exemple, quelque partie du travail; votre tranquillité, votre vie peut-être, dépendent de la prompte exécution de ce que je vous demande. Si vous n'avez pas exaucé ma prière demain, je pénétrerai dans votre demeure pour me tuer sous vos yeux! »

« Je suis sûre, à présent, dit mademoiselle de Scudéri, que ce mystérieux inconnu, fût-il affilié aux scélérats dont les pillages désolent Paris, n'a contre moi nul mauvais dessein. S'il avait pu me parler lors de sa première visite, je saurais peut-être des choses extrêmement curieuses. Je vais faire ce qu'il me demande, et me débarrasser de ce diabolique dépôt. Cardillac veillera sans doute avec soin à ne plus s'en dessaisir. »

Le jour suivant, de bonne heure, mademoiselle de Scudéri se préparait à rendre elle-même visite à l'orfèvre. Mais, par une bizarre fatalité, tous les beaux esprits de la ville affluèrent chez elle : c'était une procession perpétuelle, c'étaient des lectures interminables de poésies, de pièces de théâtre, ou des récits d'anecdotes ne finissant pas : aussi la journée était-elle déjà fort avancée lorsque la maîtresse du logis se souvint de la démarche importante qu'elle devait faire. Force fut de la remettre au lendemain.

Cependant elle se reprochait sa négligence involontaire. Des rêves pénibles assiégèrent son sommeil; elle tremblait de se voir la cause de quelque malheur; le jour se levait à peine qu'elle se fit conduire chez Cardillac.

La rue Nicaise, où demeurait l'orfèvre, était encombrée de monde, et la porte de Cardillac se trouvait gardée par la maréchaussée, qui avait beaucoup de peine à contenir les assaillants. Des cris sauvages se mêlaient au tumulte toujours croissant : « A mort, à mort le meurtrier! » hurlait la foule exaspérée. Enfin parut Desgrais à la tête d'une troupe imposante, qui parvint à refouler cette espèce d'émeute. La porte de la maison de Cardillac s'entr'ouvrit alors, et des soldats en sortirent, traînant avec eux un homme enchaîné que les huées de la foule poursuivirent de rue en rue. A cet aspect, mademoiselle de Scudéri resta demi-morte d'effroi. Tout à coup un cri de désespoir vient frapper son oreille : « Avancez, avancez! » dit-elle à son cocher; et bientôt elle voit aux genoux de Desgrais une jeune fille admirablement belle et tout éplorée, qui répétait à l'impassible officier du guet : « Mais il est innocent, vous dis-je, il est innocent! » En vain Desgrais et les soldats s'efforcent de l'éloigner; elle résiste, elle se cramponne à leurs vêtements. Enfin le plus robuste des archers passe un bras autour de sa taille frêle et l'enlève de terre; mais, embarrassé par sa longue rapière, il trébuche et laisse tomber la pauvre enfant toute meurtrie sur le pavé, que sa chute rougit de sang. Mademoiselle de Scudéri, témoin de cette scène douloureuse, se jette hors de son carrosse et court à la jeune fille. Le peuple et les soldats s'écartent devant elle, saisis de respect; elle relève la jeune fille dans ses bras, la soutient, mouille son front d'eau de senteur pour ranimer ses sens, et demande à Desgrais une rapide explication de ce qui vient de se passer. « Un crime à ajouter à ceux qui s'accumulent chaque jour, dit Desgrais : René Cardillac a été poignardé chez lui ce matin. Son apprenti, Olivier Brusson, qui est le meurtrier, vient d'être conduit en prison. — Et cette jeune fille? interrompit vivement mademoiselle de Scudéri. — C'est Madelon, répond Desgrais, la fille de Cardillac. L'assassin était son amoureux. Maintenant elle pleure, elle crie, à qui veut l'entendre, que son Olivier est innocent; elle sait, à coup sûr, les détails de l'affaire; et je dois l'envoyer à la Conciergerie, à la disposition de la Chambre Ardente. » Pendant ce beau discours, que Desgrais articulait avec une certaine satisfaction de lui-même, la pauvre jeune fille restait sans mouvement, les yeux fermés et les membres roidis. Mademoiselle de Scudéri ne savait comment la secourir. Cette situation lui faisait horreur. Une longue clameur s'éleva de la foule lorsque les soldats emportèrent sur une civière le cadavre de Cardillac. Mademoiselle de Scudéri, élevant la voix, s'écria d'un ton ferme : « Desgrais, j'emmène cette jeune fille et j'en répondrai. Le reste vous regarde. » Un murmure d'approbation salua la bonne dame, dont on connaissait le crédit et la faveur. Des femmes du peuple soulevèrent Madelon dans leurs bras et la portèrent dans le carrosse au milieu d'unanimes acclamations.

Le plus fameux médecin de Paris, Séron, fut appelé auprès de la jeune fille; mais ses soins ne parvinrent à la rendre à la vie qu'après plusieurs heures d'évanouissement. Les consolations prodiguées par mademoiselle de Scudéri achevèrent l'œuvre du médecin en éveillant dans le cœur de la pauvre enfant quelques pensées d'espérance; les larmes qu'elle versa soulagèrent son cœur; elle retrouva la parole pour raconter à sa protectrice les déplorables détails de l'événement.

Vers minuit, disait-elle, elle avait été réveillée en sursaut par plusieurs coups frappés à la porte de sa chambre; Olivier la suppliait de se lever et de venir au plus vite : son père se trouvait à l'agonie. Elle s'était jetée hors du lit avec terreur et avait ouvert la porte. Olivier, l'œil hagard, le front ruisselant d'une sueur froide, l'avait précédée, une torche à la main, jusqu'à l'atelier, où ils avaient trouvé Cardillac exhalant son dernier râle. Elle s'était jetée en pleurant sur son corps, d'où s'échappaient des flots de sang. Olivier déchirait les vêtements du vieillard et appliquait un appareil sur la plaie terrible qu'il portait sous le sein gauche. Ces soins avaient un moment ranimé Cardillac; il avait ouvert les yeux, jeté sur sa fille et sur Olivier un long regard de tendresse, et uni leurs mains dans la sienne. Les deux jeunes gens, désolés, étaient tombés à genoux près du mourant.

Pendant cette nuit de deuil et de larmes, Olivier avait raconté à Madelon comment René Cardillac avait été frappé

15

par des meurtriers inconnus pendant une course nocturne; il n'avait pu qu'avec peine ramener son malheureux maître jusqu'au logis. Le lendemain de cette nuit de larmes, les voisins étaient accourus pour s'informer de la cause des bruits étranges qu'ils avaient entendus; à l'aspect du cadavre de Cardillac, saisis de terreur et d'étonnement, ils avaient appelé la maréchaussée pour conduire dans les prisons de la ville Olivier Brusson et la jeune fille, qu'ils supposaient, malgré leur désolation, les auteurs ou les complices du meurtre.

Madelon défendait avec énergie l'innocence d'Olivier; elle parlait des derniers moments de son père avec une effusion qui attestait la vérité de ses paroles; eût-elle vu de ses propres yeux Olivier plonger un poignard dans le sein de son père, elle aimerait mieux, disait-elle, se croire sous l'empire d'une fascination diabolique que de supposer l'homme qu'elle aimait coupable d'un crime aussi odieux. Profondément émue de tout ce qu'elle avait vu et entendu, mademoiselle de Scudéri croyait volontiers aux protestations naïves de la jeune fille; d'ailleurs, les informations qu'elle fit prendre lui furent toutes favorables; Olivier était généralement aimé dans le quartier; du reste, l'affection la plus sincère semblait avoir toujours existé entre le maître et l'apprenti. Chacun disait qu'un pareil crime cachait quelque mystère que toute l'habileté de la justice parviendrait seule à découvrir tôt ou tard. Olivier, conduit devant la chambre Ardente, nia le crime qu'on lui reprochait, et jura que son maître avait péri victime d'une attaque nocturne. Son récit concordait parfaitement avec la déposition de la jeune fille. Mademoiselle de Scudéri acquit bientôt la certitude qu'Olivier était innocent; d'ailleurs, le jeune apprenti n'eût pu trouver le moindre intérêt à commettre un crime si odieux. Quelle était sa position dans la maison de René Cardillac? Olivier pauvre, mais doué des plus heureuses dispositions, il avait mérité de la part du maître le traitement le plus affectueux; il aimait la fille de l'orfèvre, et l'aveu du père favorisait leur amour: tout leur souriait dans l'avenir; félicité et fortune, tout leur venait sans effort. Quelle cause fatale aurait donc entraîné

Olivier Brusson à se souiller du crime le plus détestable et le plus inutile? Mademoiselle de Scudéri résolut de sauver le pauvre jeune homme des arrêts inévitables que la chambre Ardente prononçait avec une aveugle rigueur contre tout accusé. Mais, avant d'invoquer le pouvoir royal, elle pensa qu'il fallait d'abord exciter en faveur d'Olivier la bienveillance du président la Reynie, et combattre les charges de l'accusation.

Le redoutable juge reçut la visite de mademoiselle de Scudéri avec la cérémonieuse politesse dont il ne s'écartait jamais vis-à-vis des gens bien en cour. Il prêta une oreille attentive aux détails qui lui étaient communiqués et aux protestations mêlées de quelques larmes par lesquelles la noble demoiselle s'efforçait d'émouvoir son cœur desséché; un sourire mêlé d'une nuance d'ironie presque imperceptible était sa réponse muette à tout ce qu'il entendait. Lorsque mademoiselle de Scudéri eut achevé son chaleureux plaidoyer, il lui parla en ces termes : « J'admire, en vérité, mademoiselle, votre excellent cœur; il vous fait prendre bien vivement la défense d'une jeune fille qui sait jouer les larmes et s'évanouir à propos; je ne suis point surpris de vous voir repousser comme chose impossible l'idée seule d'un crime aussi odieux que le meurtre de René Cardillac; mais un juge, mademoiselle, un magistrat que les rigoureux devoirs de sa charge mettent sans cesse en face de tout ce que la société produit d'êtres dépravés, se trouve forcé d'arracher à l'hypocrisie son masque d'innocence. Je ne crois devoir à personne aucun compte de la direction que j'imprime à la marche d'un procès criminel. Je juge selon ma conscience et sans nul souci des murmures ou de l'approbation du public. La chambre Ardente est un tribunal d'exception; il n'a d'autres moyens d'action que la hache ou le bûcher contre les malfaiteurs qui désolent Paris. Je ne veux pourtant point passer à vos yeux pour un tigre altéré de sang : voici les preuves que je possède du crime d'Olivier Brusson. J'espère qu'après cela votre noble compassion se réservera pour des sujets plus dignes de votre bonté.

« René Cardillac est trouvé dans sa chambre, un matin,

percé de coups de poignard. Il n'y a près de lui que sa fille et son apprenti Olivier Brusson. Dans la chambre d'Olivier on découvre un poignard taché de sang et dont la lame s'applique aux dimensions de la blessure. — Cardillac, dit Olivier, a été tué cette nuit sous mes yeux. — Voulait-on le voler? — Je l'ignore. — Comment! vous étiez avec lui, et vous n'avez pu ni le défendre, ni appeler au secours? — Mon maître me précédait de quinze ou vingt pas. — Pourquoi cette distance? — Mon maître le voulait ainsi. — Quelle cause extraordinaire retenait si tard dans la rue, contre ses habitudes, le malheureux Cardillac? — Je ne saurais le dire. A cette question si simple, Olivier s'arrête interdit; des soupirs et des larmes, voilà tout ce qu'on peut obtenir de lui; s'il retrouve quelques paroles, c'est pour attester que cette nuit-là Cardillac était réellement sorti de sa maison, et qu'il avait reçu dehors le coup fatal. Or, mademoiselle, j'ai la preuve irrécusable que Cardillac n'est point sorti de nuit, et qu'Olivier se défend par un mensonge maladroit. La porte massive du logis de Cardillac est garnie de lourdes ferrures; elle roule avec un bruit si aigu sur ses gonds rouillés, que de l'étage supérieur on entend l'orfèvre sortir ou rentrer. J'ai, de plus, interrogé son proche voisin, maître Claude Patru, qui habite porte à porte avec lui, et sa gouvernante, bonne femme de quatre-vingts ans, mais encore leste et vive. Ces deux personnes, assurément dignes de foi, ont entendu ce soir-là Cardillac fermer lui-même sa porte à neuf heures, et tirer les verrous; puis il remonta, dit à haute voix ses prières du soir et se coucha tranquillement, comme peut le faire présumer le silence qui régna bientôt après. Maître Claude Patru est sujet à de fréquentes insomnies. Cette nuit-là, plus tourmenté qu'à l'ordinaire et ne pouvant fermer l'œil, il se leva et fit rallumer du feu; sa gouvernante vint s'asseoir auprès de la table pour lui faire lecture d'une vieille chronique, tandis que le vieillard, livré à une agitation pénible, tantôt se démenait sur son fauteuil, tantôt marchait à grands pas dans sa chambre. Vers minuit ils entendirent un bruit sourd au-dessus de leurs têtes. Le poids d'une chute pesante fit gémir les solives qui portent l'étage supérieur, et des cris étouffés se prolongèrent pendant quelques instants. Claude Patru et sa vieille ménagère, saisis d'une secrète frayeur, n'osaient s'enquérir de ce qui venait de se passer. Quand le jour vint éclairer l'œuvre des ténèbres, une affreuse révélation épouvanta les habitants de la rue Nicaise...

— Mais, s'écria mademoiselle de Scudéri, rien ne prouve que ce jeune homme et cette pauvre fille soient les auteurs du meurtre!

— Pardonnez-moi, reprit le président. Cardillac était riche; il possédait une belle quantité de pierres d'un grand prix. Olivier Brusson, l'apprenti, son futur gendre, a pu le frapper pour hériter plus tôt. Qui sait même s'il n'a pas agi pour le compte d'un autre scélérat, et si le partage des profits du crime n'était pas chose convenue entre eux?...

— Égorger pour un autre, et partager le prix du sang! Est-ce possible? interrompit la protectrice d'Olivier.

— Vous le saurez bientôt, poursuivit froidement la Reynie. L'affaire d'Olivier Brusson se rattache à l'histoire des crimes secrets qui, depuis trop longtemps, mettent en défaut la justice. La blessure qui a causé la mort de Cardillac ressemble à toutes celles qu'on remarque chaque jour sur les personnes assassinées sur le pavé de Paris ou dans les maisons peu gardées. Un fait non moins grave à mes yeux, c'est que, depuis l'arrestation d'Olivier, les attentats ont cessé comme par enchantement; j'en conclus, jusqu'à preuve contraire, qu'il était, malgré sa jeunesse, l'instigateur et le complice d'une partie des désordres qui ont affligé la ville. Jusqu'ici il a répondu par des dénégations imperturbables à toutes les questions qui lui ont été faites; mais il y a des moyens efficaces pour le faire parler...

Et Madelon? » dit mademoiselle de Scudéri. Un sourire méchant plissa les lèvres du juge; il répondit en regardant fixement son interlocutrice : « Pourquoi serait-elle plus innocente qu'Olivier? Ses larmes ne coulent pas pour son père, mais pour son amant qu'on vient de lui ravir. Souvenez-vous donc, mademoiselle, de la Brinvilliers, et ne m'accusez pas de désobligeance à votre égard si un austère devoir me contraint d'envoyer cette fille à la Conciergerie. »

A ces mots, le président se leva et offrit galamment sa main à mademoiselle de Scudéri pour la reconduire jusqu'à sa voiture. « Me sera-t-il du moins permis, demanda-t-elle en hésitant, de visiter dans sa prison le malheureux Olivier? — Puisque vous y tenez, répondit la Reynie avec ce sourire disgracieux qui lui était habituel; puisque vous croyez déchiffrer mieux que nous les mystères d'une âme criminelle, et qu'il ne vous répugne point de descendre dans l'antre où la justice parque ses proies, dans deux heures la Conciergerie vous sera ouverte, et vous verrez Olivier. »

Dès qu'elle fut arrivée à la prison, mademoiselle de Scudéri fut conduite dans un grand parloir très-éclairé. Quelques moments après, un cliquetis de chaînes traînant sur les dalles la fit tressaillir. Une porte s'ouvrit, et Olivier Brusson parut devant elle. A son aspect, elle tomba évanouie; quand elle reprit ses sens, Olivier avait disparu. Elle demanda d'une voix brisée qu'on la reportât dans sa voiture, qu'on l'emmenât bien loin de ce séjour d'horreur. Elle avait reconnu dans Olivier Brusson le jeune homme qui lui avait jeté une lettre dans son carrosse en traversant le pont Neuf. Le doute s'était évanoui : la fatale prévision du président la Reynie se trouvait justifiée. Olivier Brusson était affilié à la troupe de malfaiteurs qui ravageaient la capitale. On pouvait le supposer capable de tout. La pauvre Madelon perdit aussi, par contrecoup, sa part du touchant intérêt que mademoiselle de Scudéri avait d'abord ressenti pour son malheur; comme il arrive toujours en pareil cas, cette impression défavorable prit peu à peu plus de consistance et arriva, de réflexion en réflexion, jusqu'à la certitude de la culpabilité de Madelon et d'Olivier. Les larmes de la jeune fille ne semblaient plus à mademoiselle de Scudéri que les signes d'une hypocrisie raffinée et d'une dépravation révoltante dans un âge si tendre; c'était un serpent qu'elle avait réchauffé dans son sein et qu'il fallait rejeter et écraser au plus vite... Telles étaient les douloureuses pensées qui affectaient la noble et vertueuse demoiselle, lorsqu'en rentrant chez elle elle vit Madelon se jeter à ses genoux les mains jointes, le visage défiguré par les larmes et la voix brisée comme le cœur. « Allez, allez!

lui dit-elle en détournant les yeux, consolez-vous plutôt que de pleurer ainsi sur un vil meurtrier qui va subir la peine due à son crime ; et que Dieu vous garde d'être appelée par la justice à partager son châtiment !

— Ah ! mon Dieu ! tout est donc fini ! s'écria Madelon, qui tomba évanouie sur le plancher. Mademoiselle de Scudéri la laissa aux soins de la Martinière, et se retira au fond de son appartement pour y déplorer la perversité des êtres qui savent si bien surprendre les plus généreux instincts des nobles cœurs. Comme elle songeait avec tristesse à cette dernière déception, les plaintes lamentables de Madelon parvinrent jusqu'à son oreille ; il y avait quelque chose de si naïf, de si vrai dans cette douleur violente, qu'une nouvelle pensée de doute s'éleva dans son esprit ; elle se reprit à croire qu'Olivier pouvait être faussement accusé du meurtre de Cardillac.

Comme elle rêvait à toutes ces choses, Baptiste, son fidèle serviteur, accourut tout troublé pour lui dire que Desgrais venait d'arriver. Depuis le terrible procès de la Voisin, l'apparition de Desgrais dans une maison présageait quelque persécution judiciaire. Mademoiselle de Scudéri ordonna qu'on le fît entrer.

« Noble dame, dit l'agent, monseigneur la Reynie vous fait prier d'accorder à la chambre Ardente une démarche qu'il n'a point le droit d'exiger de vous, mais qu'il vous demande au nom du pays. Olivier Brusson paraît en proie à des accès de folie. Il prend Dieu et les saints à témoin de son innocence, quoique, ne cesse-t-il de dire en même temps, il ait bien mérité le dernier supplice. Ces paroles prouvent que le meurtre de l'orfèvre n'est pas son seul crime ; mais nulle influence n'a pu arracher à cet homme le moindre aveu ; les menaces de la torture le laissent impassible, et il répète qu'il ne parlera qu'à une condition : il sollicite la faveur de vous voir quelques instants sans témoin.

— Moi ! s'écria mademoiselle de Scudéri, je servirais d'instrument à votre tribunal de sang et je m'associerais aux actes d'inexorable rigueur qui envoient à la mort tant de malheureux !... Non, Desgrais, je n'y consentirai jamais ; et cet Olivier fût-il mille fois meurtrier, je ne lui tendrai pas ce piége!

— Sur votre refus, mademoiselle, il ne reste plus à la chambre Ardente qu'un seul recours, la torture... »

Mademoiselle de Scudéri se sentit défaillir sous cette fatale parole que l'officier de maréchaussée laissait tomber avec l'insouciance ordinaire aux hommes de son état. Desgrais poursuivit froidement : « Ne craignez pas, mademoiselle, qu'on vous reconduise au fond de ces affreux cachots qu'il vous a fallu visiter une fois. On conduira Olivier Brusson chez vous pendant la nuit, sans aucun appareil, mais sous bonne garde. Il pourra vous faire ainsi les aveux les plus circonstanciés, et vous seule aussi resterez maîtresse de révéler les secrets qu'il vous aura confiés, ou de les ensevelir à jamais. Nul ne songe à vous imposer aucune obligation à cet égard. Vous voyez bien, mademoiselle, que cette démarche vous laisse une entière liberté de conscience et d'action. »

En écoutant ces paroles de Desgrais, mademoiselle de Scudéri se mit à réfléchir profondément. Une sorte de fascination semblait s'emparer de toutes ses facultés et dominer son imagination; elle crut un moment que des mystères de la plus haute importance allaient lui être révélés. « Dieu, dit-elle, me donnera la force et le courage nécessaires; amenez-moi Olivier Brusson, je suis prête à l'écouter. »

Vers minuit, des coups saccadés furent frappés à la porte de la maison, comme pendant cette nuit fatale qui avait signalé la remise de la cassette. Le fidèle Baptiste avait reçu ses instructions; il alla ouvrir la porte de la maison. Mademoiselle de Scudéri, agitée d'un frisson subit, comprit, au bruit qui se faisait entendre au dehors, que les archers de la maréchaussée cernaient sa maison, et que la garde des postes supposés dangereux était doublée. La porte de l'appartement s'ouvrit doucement, et la bonne dame vit entrer avec précaution maître Desgrais; Olivier Brusson le suivait, vêtu d'un costume sombre, et les mains libres de chaînes. « Voici l'accusé, » dit Desgrais d'une voix grave et solennelle; puis il se retira discrètement pour laisser les deux personnes causer librement.

Olivier Brusson se mit à genoux devant mademoiselle de

Scudéri, éleva vers elle des mains suppliantes, et se mit à verser un torrent de larmes. « Eh bien, lui dit-elle, malheureux, vous avez voulu être amené devant moi ; qu'avez-vous à me révéler ? »

Sans quitter son attitude, le jeune homme répondit en soupirant : « Avez-vous donc perdu mon souvenir ? »

Mademoiselle de Scudéri le regarda de nouveau plus attentivement ; il lui sembla retrouver dans les traits de son visage une ressemblance lointaine avec une personne dont la pensée lui était restée chère ; cette bizarre ressemblance excitait en elle un intérêt dont elle ne pouvait se défendre, et pouvait excuser en apparence la sympathie qu'elle voulait accorder au récit d'Olivier.

Celui-ci se releva lentement, et, les yeux baissés, le front assombri, il murmura d'une voix sourde : « Ne vous souvenez-vous donc plus d'une femme qui s'appelait Anne Guiot ? Cette femme avait un fils que vous avez connu, que vous avez souvent caressé dans son enfance ; ce fils, c'est moi !...

— Ciel ! » s'écria mademoiselle de Scudéri, et, cachant son front dans ses mains, elle se laissa tomber, frappée de stupeur et d'effroi, dans son vieux fauteuil de chêne. Cette femme, dont le nom seul avait excité en elle une si puissante émotion, Anne Guiot, la pauvre fille d'un homme du peuple, devait au noble cœur de mademoiselle de Scudéri ces soins qu'une mère seule sait donner, et qui avaient entouré son berceau et sa jeunesse ; plus tard, elle avait rencontré et aimé un jeune horloger fort habile dans son art : mademoiselle de Scudéri avait favorisé leur union. Le ciel bénit ces jeunes époux et leur accorda un enfant qui vint resserrer les liens de leur mutuelle affection. Olivier, tout enfant, ne quittait son berceau que pour aller presque chaque jour recueillir les tendres caresses de la femme célèbre dont le dévouement protégeait ses jeunes années ; plus tard, l'envie, qui flétrit tout, s'attaqua à Claude Brusson ; le malheureux ouvrier, perdant peu à peu son travail, tomba dans la misère et ne put bientôt plus procurer à sa triste famille le morceau de pain de chaque jour. Chassé de la ville par le funeste abandon auquel il se voyait condamné, Claude Brusson partit pour

Genève, où il espérait refaire, à force de labeurs, l'humble fortune qui suffisait à ses modestes désirs. Mademoiselle de Scudéri ne voulait pas abandonner cette famille intéressante, dont jusque-là le bonheur avait été son ouvrage. Anne Guiot lui écrivit plusieurs fois; puis ses lettres, devenues plus rares, cessèrent tout à fait; sa noble protectrice pensa qu'une fortune rétablie par un travail persévérant dans une ville étrangère avait seule fait oublier ses bienfaits. Il y avait, à l'époque de cette scène, environ vingt-trois ans que Claude Brusson avait quitté Paris pour aller s'établir à Genève avec sa femme et son enfant...

« Or, aujourd'hui, ma chère protectrice, voudrez-vous reconnaître dans l'homme qui se débat sous une accusation capitale ce même enfant auquel vous prodiguiez dans des temps plus heureux tant de témoignages d'une si pure affection? Oh! croyez-moi, je vous en supplie; la chambre Ardente dût-elle m'accabler de toute la rigueur qui dicte ses arrêts, je protesterai contre la responsabilité sanglante du malheur qui a frappé l'infortuné Cardillac! »

En achevant ces mots, Olivier Brusson, saisi d'un tremblement nerveux, paraissait près de succomber aux impressions violentes qui l'agitaient. Mademoiselle de Scudéri, non moins émue, l'invita par un signe à prendre place à ses côtés et à continuer son récit avec confiance.

« Je ne dois pas hésiter, poursuivit le jeune homme, à vous confier comme à ma véritable providence les détails lugubres de ma triste histoire. Quelque chose que vous entendiez, quelque surprise que vous fasse éprouver la découverte d'un mystère qui aurait dû vous rester à jamais ignoré, promettez-moi, je vous en conjure, de m'écouter jusqu'à la fin sans me condamner. J'avais hérité, dès ma plus tendre jeunesse, de toutes les misères qui accablaient mes malheureux parents; quelques années s'écoulèrent ainsi pour moi au milieu d'une foule de luttes et de combats dont j'espérais néanmoins triompher. Mon père, homme froid et peu communicatif, avait perdu une à une toutes ses espérances; épuisé par des efforts pénibles et sans fruits, il mourut au moment même où il venait d'obtenir mon admission comme apprenti chez un orfèvre en renom. Ma mère parlait de vous tous les jours; son dernier espoir était de vous faire connaître par quelque moyen sa situation et les vicissitudes qui l'avaient accablée; mais à ses élans de courage succédait bientôt le désespoir le plus poignant. Sa vie fut rongée peu à peu par une maladie de langueur, et elle ne tarda pas à suivre mon père au tombeau.

— Ma pauvre Anne!... » s'écria mademoiselle de Scudéri, en proie aux angoisses les plus douloureuses. Olivier fixa sur elle un long regard, et ajouta d'une voix farouche : « Béni soit Dieu, qui n'a pas voulu que cette pauvre mère fût témoin du supplice que la destinée réservait à son malheureux fils ! »

En ce moment, un bruit singulier éclata dans la rue et amenta la foule des curieux. « Entendez-vous ? s'écria Olivier, c'est Desgrais qui donne l'éveil à ses hommes de la maréchaussée, pour fermer toutes les issues, comme si je pouvais jamais songer à me soustraire au sort qui m'attend ! »

Puis il continua en ces termes : « J'étais, dit-il, rudement mené chez mon maître : à force de travail j'étais en peu de temps devenu plus habile que lui et que les autres ouvriers, et je n'en étais pas mieux récompensé. Certain jour un inconnu entra dans la boutique pour y marchander quelques bijoux de prix. A la vue d'un collier que je venais d'achever, il me frappa sur l'épaule et me dit d'un air affectueux, en examinant mon travail : —Vive Dieu, mon jeune compagnon, voilà une besogne qui vous fait honneur, et je ne sais en vérité qui pourrait mieux réussir, excepté maître Cardillac, le premier orfèvre du temps. Vous devriez aller le trouver; il vous recevrait avec plaisir dans son atelier, car vous lui seriez d'un grand secours pour l'aider en mille occasions, et lui, à son tour, vous révélerait les admirables secrets de son art. Ces paroles du bienveillant inconnu m'avaient singulièrement ému. Dès ce moment le séjour de Genève me devint insupportable. Je me hâtai de briser tous les liens qui me retenaient, et de venir tenter la fortune à Paris. Maître Cardillac me fit d'abord un accueil sec et froid; pourtant je parvins à obtenir de l'emploi dans son atelier. Le premier ouvrage qu'il me confia fut la monture d'une petite bague de haut prix. Il en fut si satisfait, que, fixant sur moi des regards enflammés, comme s'il eût voulu pénétrer le secret de ma pensée : — Olivier, me dit-il, je reconnais en toi les qualités d'un brave et habile ouvrier. Je te reçois parmi mes compagnons, et tu seras content du salaire que je te donnerai. » Quelques semaines se passèrent ainsi; je travaillais avec assiduité du matin au soir, sans penser à autre chose qu'à devenir un homme distingué dans mon état... Je n'avais pas encore vu la fille de Cardillac.

« Un jour cette céleste apparition vint éclairer ma vie isolée. Dieu seul sait ce qui se passa en moi dans ce moment. Il n'y a pas d'homme au monde capable d'éprouver l'amour immense qui s'empara de moi. Et maintenant, hélas!.. pauvre Madelon!... »

Ici le jeune prisonnier ne put retenir ses sanglots, il couvrit son visage de ses deux mains, et éclata en gémissements; puis, faisant sur lui-même une sorte d'effort surhumain, il releva lentement la tête, et poursuivit son récit.

« La fille de René Cardillac me regardait d'un air bienveillant, et souvent elle venait visiter l'atelier pour y rencontrer le jeune ouvrier. L'amour qui nous lia bientôt fit de rapides progrès et l'orfèvre fut longtemps sans en deviner l'existence. Je n'avais plus qu'un désir et qu'une pensée, je ne rêvais qu'aux moyens de mériter Madelon par les services que je rendrais à son père. Mais, un matin, comme j'entrais dans l'atelier vers l'heure ordinaire, Cardillac vint au-devant de moi, les traits contractés par la colère, et l'œil animé d'une expression de mépris : —Jeune homme, me dit-il avec brusquerie, tu vas quitter tout à l'heure cette maison, et je te défends d'en repasser jamais le seuil. Quant aux motifs du parti que je prends à ton égard, je n'ai nul besoin de t'en faire part. Qu'il te suffise de bien savoir que le fruit que recherchait ta convoitise ne mûrira jamais pour tes pareils. Je voulais répondre, mais d'un geste plein d'autorité il me montra la porte; j'hésitais à obéir, il me saisit par le bras et me poussa dehors avec une telle rudesse, que j'allai tomber presque évanoui sur les marches de pierre de la maison voisine. Égaré par le désespoir, je courus droit devant moi, parmi les rues, aussi loin qu'il me fut possible d'aller; à l'extrémité du faubourg Saint-Martin je rencontrai un ami qui s'empressa de m'offrir tout à la fois de l'argent, des conseils et un asile au fond d'un galetas qu'il possédait. A dater de ce moment, je ne pris plus un seul jour de repos; à toute heure on pouvait me voir rôdant autour de la maison de Cardillac, gémissant et pleurant de tout mon cœur, comme si Madelon avait pu entendre mes plaintes et y répondre sans être observée par les yeux d'Argus de son père. Mille projets plus extravagants les uns que les autres se croisaient dans ma tête.

« La demeure de Cardillac, dans la rue Nicaise, est adossée à une vieille et haute muraille dans laquelle sont pratiquées des niches garnies de statues de pierre toutes rongées par le temps. Une nuit que j'étais tout près de cette muraille, regardant avec anxiété les fenêtres de la maison de l'orfévre, je crus apercevoir une lumière trembloter dans l'atelier. C'était l'heure de minuit, heure à laquelle la boutique de Cardillac est depuis longtemps fermée, car il se couche d'ordinaire bien avant le signal du couvre-feu. Je sentis mon cœur palpiter d'inquiétude, mes regards épièrent avec fixité le moindre mouvement qui pourrait dessiner une ombre à travers les vitres. « Qui sait, me disais-je tout bas, si mon étoile heureuse ne m'a pas amené là tout à point pour me donner une occasion bien légitime de reparaître avec honneur dans la maison de maître Cardillac? » Tandis que je me livre à ce doux espoir, la lumière s'évanouit, sans qu'il paraisse qu'on l'ait transportée ailleurs. Un léger saisissement me donne le frisson; par un mouvement involontaire je me serre contre une des statues de pierre qui décorent les niches de la vieille muraille, et, chose étrange, bien capable d'effrayer les plus braves, je me sens repousser, comme si la statue venait de s'animer. En ce moment, l'effroi trouble mon regard; mais je vois la pierre tourner lentement comme sur un pivot, et de la cavité qu'elle découvre s'élancer une ombre dont, malgré le clair de lune, je ne puis distinguer les traits. Cette ombre disparait comme une flèche à travers la rue... Je me jette sur la statue, je cherche à la faire mouvoir, à l'ébranler sur sa base : vain effort! elle reste immobile et comme rivée à la muraille mystérieuse. Curieux pourtant de poursuivre ma recherche, je pars dans la direction que l'ombre a paru prendre; je gagne du terrain, je suis près de rejoindre l'inconnu. Arrivé près d'une image de la sainte Vierge éclairée par une lampe, il se retourne au bruit de mes pas; la clarté fugitive qui brille aux pieds de la sainte image illumine son visage, et je reconnais Cardillac. Vous dirai-je, mademoiselle, toute l'horreur qui s'empara de mes sens, tous les pressentiments sinistres qui tourmentèrent ma pensée? Une sorte de fascination m'entrainait sur les pas de Cardillac. Après quelques centaines de pas, maître René fait un brusque détour et se perd dans une profonde obscurité; je le suis encore, guidé par le bruit d'une petite toux sèche qui ne le quitte jamais. Enfin, il s'arrête sous l'auvent d'une vieille maison; je surveille avec inquiétude, mais d'un peu loin, ses moindres mouvements, et je reste moi-même caché dans la partie de la rue que la lune n'éclaire pas de ses fugitives lueurs. Bientôt parait un gentilhomme richement vêtu, chantant et marchant d'un pas aviné sur les pavés, qui résonnent sous ses éperons d'argent. Au moment où il passe devant la cachette de Cardillac, l'orfèvre bondit comme un tigre sur cette proie livrée sans défense à ses coups. Le malheureux gentilhomme est terrassé avec la rapidité de l'éclair. Je pousse un cri d'horreur et d'alarme; Cardillac, penché sur le corps de sa victime, semble fouiller ses entrailles. — Cardillac! Cardillac! m'écriai-je, au nom du ciel, que faites-vous? L'orfèvre se relève avec un mouvement de rage, prend de nouveau sa course, m'échappe et me laisse atterré. Cependant la victime du meurtre gisait à terre sans mouvement; je me traîne, en frissonnant de terreur, jusqu'auprès de lui; peut-être est-il temps encore de lui porter quelque secours; mais, hélas! il ne donne plus signe de vie.

« Dans ma stupeur, je ne m'aperçus pas qu'une patrouille du guet venait de m'entourer. — Hola, vaurien, que fais-tu là? cria le chef d'une voix tonnante. — Voyez, monsieur, lui dis-je, c'est une nouvelle victime des meurtriers qui désolent Paris; ce malheureux vient de tomber sous mes yeux, et je m'efforce de le secourir. — Allons donc, allons! marche! ton compte sera bientôt réglé! reprit le chef du guet. Et, sans me donner le temps de me justifier, les soldats me garrottent et m'entraînent brutalement. L'un d'eux approche sa lanterne de mon visage, et s'écrie : — Pardieu, c'est Olivier Brusson, l'ouvrier du brave orfèvre Cardillac! Qui l'aurait cru capable de se mêler à pareille aventure? Eh bien, jeune homme, as-tu vu comment les choses se sont passées? Parle, on verra ce qu'il faut faire de toi. Je me hâtai de raconter toute la scène dont j'avais été témoin, mais sans révéler le nom de Cardillac, mon bienfaiteur. Quelques minutes après, j'étais plongé dans un cachot, et mes yeux accablés se fermaient sur un misérable grabat.

« Au point du jour, je suis réveillé en sursaut. La porte vient de s'ouvrir, et Cardillac en personne est devant mes yeux. — Grand Dieu! lui dis-je, que venez-vous faire ici? L'orfèvre, sans paraître ému, s'approche de moi, le sourire sur les lèvres; il s'assied sur une escabelle boiteuse, et me parle avec un sang-froid, avec une bienveillance qui bouleversent toutes mes idées. — Mon pauvre enfant, me dit-il, j'ai été un peu dur à ton égard; il faut que je le confesse, je me suis privé ainsi de mon meilleur ouvrier. Mais que veux-tu? ton amour pour Madelon, que tu cachais si bien, m'avait donné de la défiance, et de la défiance à la colère, il n'y a qu'un pas. Dans un premier mouvement, je devais te chasser; je l'ai fait. Depuis ce temps j'ai réfléchi : je me suis rappelé tes bonnes qualités, ton zèle, ta probité; somme toute, je ne saurais trouver ailleurs un mari qui convînt mieux à ma fille. Veux-tu revenir près de moi? nous verrons quelque jour à te fiancer avec Madelon. Je ne trouvais pas un mot à lui répondre, tant la perversité de cet homme jetait de désordre dans ma tête; il poursuivit : — Eh bien, tu ne dis mot, tu hésites? Tu préfères sans doute à ma protection une visite chez la Reynie? Prends garde à toi : qui touche au feu s'y brûle souvent. A cette menace, je ne pus me contenir davantage. — C'est à d'autres consciences que la mienne, m'écriai-je, qu'il faut faire un épouvantail du nom de la Reynie.

Je n'ai, grâce à Dieu, rien à craindre de ce côté. — Prends-y garde, interrompit de nouveau Cardillac, je ne te dis que cela, et je sais à quoi m'en tenir sur toutes choses. La calomnie tombera devant ma vieille réputation; si Madelon ne t'aimait pas comme une folle, et si sa vie ne m'était pas plus chère que la mienne, tu ne me verrais pas ici à cette heure. Mais elle t'aime, elle se mourait... J'ai consenti à vous unir pour la conserver à son vieux père... Elle t'attend...

« Que vous dirai-je, mademoiselle? l'émotion, la surprise, une joie douloureuse où se mêlait à tant d'amour la pensée des crimes du père, la frayeur que m'inspirait l'avenir, et les inquiétudes du présent, tout cela se heurtait dans ma tête: je perdis connaissance. Je rouvris les yeux dans la maison de Cardillac. Madelon, à genoux à mon chevet, se jeta dans mes bras en me prodiguant les noms les plus tendres. Ce fut une heure de félicité suprême... »

Le pauvre Olivier ne put continuer; les sanglots et les larmes étouffaient sa voix. Mademoiselle de Scudéri l'avait écouté avec une religieuse attention. Lorsque Olivier eut repris un peu de calme, elle le pria de continuer, et lui demanda s'il avait quelques détails sur la bande d'égorgeurs qui désolait Paris.

« Il n'a jamais existé à Paris d'assassins organisés, reprit le jeune homme; Cardillac suffisait à cette sanglante besogne, et c'est là ce qui assurait son impunité. Mais écoutez la fin de mon récit, et vous connaîtrez le plus coupable et le plus malheureux des hommes. Dépositaire de l'odieux secret de Cardillac, je me sentais déchiré par les remords. Parfois je m'imaginais que j'étais le complice de ses scélératesses. L'amour de Madelon avait seul le pouvoir de faire retomber le bandeau sur mes yeux et d'adoucir l'horreur des souvenirs. Pendant nos heures de travail, dans l'atelier, j'osais à peine jeter un regard sur Cardillac; je ne pouvais comprendre la double vie de cet homme: père tendre, artiste admiré, bourgeois environné d'estime, il cachait sous ses vertus la conduite la plus affreuse. Mon cœur se brisait à l'idée que Madelon, cette enfant pure comme les anges, pouvait, d'un jour à l'autre, tomber avilie sous le déshonneur de son père. Cette crainte, qui me déchirait, était pour Cardillac le plus sûr garant de ma discrétion; dans mes longues insomnies, tourmenté du besoin de trouver une excuse à une conduite dont le secret m'échappait, je me perdais en conjectures. Une circonstance, en apparence fort indifférente, me mit sur la voie de cette découverte. Un jour, Cardillac entra dans l'atelier, plus sombre et plus préoccupé que jamais; il passa quelques minutes à remuer et changer de place des bijoux et des pierres, puis il jeta tout à coup loin de lui une parure qu'il contemplait depuis un moment; enfin, venant à moi brusquement : — Olivier, me dit-il, cette position n'est plus tenable. Tu es maître d'un secret que la police de Paris n'a jamais pu découvrir. Tu as vu de tes yeux à quoi m'entraîne presque chaque nuit mon mauvais génie. C'est la mauvaise étoile qui t'a amené là pour faire de toi mon complice forcé. — Monstre abominable! m'écriai-je, moi, ton complice! non jamais! plutôt mourir mille fois!

« Cardillac s'assit; il étancha la sueur froide qui mouillait son front; et reprenant son calme ordinaire : — Écoute, me dit-il, j'ai bien des choses à t'apprendre; quand tu me connaîtras mieux, au lieu de me maudire, tu me plaindras. Des médecins fameux ont écrit dans leurs livres que les impressions ressenties par des femmes enceintes exercent une profonde influence sur le moral des enfants, et produisent parfois des effets contre lesquels tous les efforts de l'éducation ne peuvent rien dans l'avenir. On m'a raconté que ma mère, étant grosse de moi, avait accompagné plusieurs autres dames invitées à Trianon. Elle y rencontra un jeune seigneur, en costume espagnol, qui portait en sautoir un collier de brillants magnifiques. Posséder un tel trésor devint aussitôt l'idée fixe de ma mère. Elle se souvint tout à coup que ce jeune seigneur lui avait, quelques années avant cette rencontre, parlé d'amour. Tous deux se reconnurent presque au même instant; ma mère, qui ne lui avait résisté que par vertu, le trouva d'une beauté ravissante sous son costume de bal. L'éclat du collier, le feu des pierreries, faisaient jaillir de son visage des reflets étincelants. Tous deux se sentirent attirés l'un vers l'autre par une influence irrésistible. Le jeune seigneur amena doucement ma mère jusque dans un salon écarté et désert ; là, comme il la pressait dans ses bras avec transport, elle porta vivement ses mains sur le collier ; au même instant, soit apoplexie, soit je ne sais toute autre cause, le jeune seigneur tomba mort et l'entraîna dans sa chute. Ma mère s'épuisait en efforts pour se dégager de l'étreinte de ce cadavre ; dans cette lutte horrible, elle ne pouvait détourner ses regards de ce visage décomposé par la mort et qui semblait, par une étrange fascination, attacher sur elle ses yeux vitreux. A la fin, ses cris de détresse attirèrent du monde ; on la dégagea, on l'emporta dans sa litière jusque chez elle, mais une longue et douloureuse maladie fut le fruit de cette émotion. Sa guérison resta longtemps incertaine, on craignit pour elle et pour l'enfant qu'elle portait dans son sein. Le sort en décida autrement ; sa santé se rétablit, et je vins au monde sans lui coûter de grandes souffrances. Mais la scène de Trianon avait eu sur mon organisation une influence déplorable ; j'avais reçu le germe de la passion la plus funeste. Dès ma plus tendre enfance, j'avais un amour étrange pour l'or, pour les diamants, pour les joyaux. Plus tard, quand j'atteignis l'adolescence, ce qui avait pu ne paraître qu'un caprice d'enfance devint un goût prononcé, et je commençai à céder à l'instinct du vol. J'avais un instinct naturel pour reconnaître sans étude les bijoux fins et les faux ; mon père, qui s'aperçut plus d'une fois de mes vils penchants, me châtiait rudement à chaque nouvelle faute ; sa sévérité parvint à combattre durant quelques années la destinée qui me menaçait ; mais la nature triomphe toujours, tôt ou tard. Je voulus apprendre le métier d'orfèvre, pensant que ce genre de travail, mettant à ma disposition de riches matières de toute sorte, calmerait peu à peu ma passion. J'acquis promptement un des plus beaux talents de l'époque, et la fortune vint en aide à mes progrès rapides. Le monde affluait chez moi pour me commander du travail ; bientôt je me sentis tourmenté de nouveau par l'affreux besoin de m'approprier tout ce qui chaque jour était confié à mes soins. Je commençai par l'escroquerie ; je finis par le meurtre. Ma profession me donnait accès chez les grands ; ma richesse connue m'assurait leur confiance aveugle ; mon talent m'attirait leurs cajoleries. Je sus mettre à profit ces facilités : nul meuble, nulle serrure ne pouvait résister à mon adresse infernale. Je dérobai ainsi d'énormes valeurs. Ma cupidité grandit avec le succès; je sentis au fond de moi-même une haine inconcevable contre tous ceux qui possédaient de l'or ou des pierreries. J'eus soif de leur sang. C'est à cette époque que j'achetai cette maison. Le jour où je signai le contrat qui la faisait passer dans mes mains, le vendeur me dit : « Maître René, je vous ai vendu ma maison, et vous me l'avez payée sans marchander. Je veux vous donner, par-dessus le marché, connaissance d'un secret qui pourra vous servir. » Alors il me conduisit à une armoire pratiquée dans le mur, déplaça le panneau du fond qui fermait un cabinet, et souleva une trappe. Au bas d'un escalier roide et obscur fuyait un couloir étroit aboutissant à un guichet qui ouvrait sur la cour de la maison. Au bout de la cour, la muraille d'enceinte haute et épaisse n'offrait rien d'extraordinaire ; mais dans la rainure d'une pierre de taille se dérobait un petit bouton d'acier; mon vendeur pressa ce bouton, et aussitôt une porte secrète tourna dans la muraille, et offrit une sortie sur la rue : c'était une porte de chêne, recouverte extérieurement d'une couche de mortier habilement ajustée. Du côté de la rue, une statue de bois fortement assujettie à la porte par des liens de fer, et couverte d'un enduit qui lui donnait les apparences de la pierre, cachait le mystère de cette sortie. Elle avait été pratiquée probablement par les moines qui occupaient jadis cette maison; ils se procuraient ainsi le moyen d'échapper de temps en temps aux ennuis du cloître, à la faveur d'un déguisement. Quoi qu'il en fût, cette découverte devait avoir pour moi d'affreux résultats. Possesseur du secret de ce mécanisme, je compris bien vite tout le parti que j'en pourrais tirer pour l'exécution de mes projets. Je venais de livrer à un seigneur de la cour un superbe écrin qu'il destinait à une danseuse de l'Opéra. Le démon du vol et du meurtre revint me livrer un nouvel assaut. Une nuit, je vis en songe ce seigneur se glisser chez sa maîtresse avec le précieux cadeau qui devait payer ses bonnes grâces. La fièvre brûlait mon sang dans mes veines; je m'éveille en sursaut, je me lève en bondissant comme un tigre, je jette un manteau sur moi, et je sors de la maison par la porte secrète. Me voilà dans la rue Nicaise. Un homme passe richement vêtu : c'est lui; je le saisis par derrière, je lui plonge un poignard dans le cœur... et l'écrin m'appartient!... Alors, par une étrange permission de l'enfer, au lieu de me sentir effrayé du crime que je venais de commettre, un calme étrange s'empare de mes sens. Le contentement du désir satisfait régnait seul dans mon âme... Ma fatale destinée s'accomplissait. Et maintenant, Olivier, que puis-je te dire de plus? Tu comprends toute ma situation. Suis-je un monstre féroce? Non : tu sais avec quelle répugnance j'accepte l'ouvrage qu'on vient m'apporter; tu sais qu'il y a certaines personnes pour lesquelles j'aimerais mieux mourir que de travailler, tu sais aussi que quelquefois, grâce à ma force athlétique, je me contente d'étourdir d'un coup de poing ceux qu'une irrésistible passion me force à dépouiller. »

« Après ce long et terrible récit, continua Olivier Brusson, Cardillac me conduisit dans un caveau où se trouvaient entassées plus de richesses qu'on n'en trouverait dans le trésor d'un roi. Un bulletin placé près de chaque objet d'orfévrerie indiquait le nom de son premier propriétaire, et le moyen qui l'avait fait retomber au pouvoir de Cardillac. — Le jour où tu épouseras Madelon, me dit Cardillac d'une voix sombre, tu me jureras sur le Christ de détruire après ma mort toutes ces richesses; je ne veux pas que le prix du sang versé reste comme une malédiction entre ma fille et toi...

« Partagé entre l'amour de Madelon, sans lequel je ne pouvais vivre, et l'horreur que m'inspirait son père, j'hésitai bien longtemps entre la fuite ou le suicide... Mais Madelon! Madelon était toujours là!... Plaignez-moi, mademoiselle, d'avoir été si faible! Le supplice qui m'attend ne sera-t-il pas une assez terrible expiation?...

« Un soir, Cardillac rentra chez lui l'humeur gaie; il prodiguait à sa fille des caresses inaccoutumées. Au souper, il dégusta quelques flacons de vin exquis, ce qu'il ne se permettait qu'à certains jours de fête. Après le souper, Madelon se retira; j'allais m'éloigner aussi pour éviter un nouvel entretien confidentiel; mais Cardillac me retint joyeusement; et, remplissant nos gobelets jusqu'au bord : — Reste là, me dit-il, reste là, mon garçon; buvons à la santé de la plus digne femme de Paris; et puis dis-moi comment tu trouves cette phrase :

« Un amant qui craint les voleurs n'est pas digne d'amour. »

« Il me raconta aussitôt ce qui s'était passé chez madame de Maintenon entre vous, mademoiselle, et le roi. Grâce à vous, dont il vénérait les hautes vertus, il pensait, disait-il, que sa mauvaise étoile allait s'éteindre, et que vous pourriez porter le plus précieux ouvrage sorti de ses mains sans que son démon lui inspirât l'atroce pensée d'aller vous le ravir par le meurtre ou par le vol. — Écoute, Olivier, me dit-il encore, il y a bien longtemps que je fus chargé de fabriquer, pour la princesse Henriette d'Angleterre, un collier et des bracelets. Tu sais avec quel amour je me livrai à ce travail; je n'épargnai ni soins, ni temps, ni étude. La fin malheureuse de cette princesse, victime d'une infâme trahison, laissa dans mes mains cette parure, dont j'avais moi-même fourni la matière. Eh bien! je veux offrir cet ouvrage vraiment royal à mademoiselle de Scudéri, au nom des meurtriers invisibles. Ce sera tout ensemble un hommage que j'aime à rendre à cette noble et illustre femme, et une bonne mystification pour Desgrais, d'Argenson, la Reynie et consorts.

« En entendant votre nom prononcé par Cardillac, je sentis dans mon âme une indéfinissable impression de bonheur; un doux espoir dissipa comme un nuage tous les sombres présages qui l'assiégeaient. Cardillac s'aperçut de l'effet que votre nom venait de produire. — Mon idée, reprit-il, te paraît bonne à exécuter; c'est une raison de plus pour m'y arrêter, et un moyen de conjurer en quelque sorte la mauvaise étoile qui a plané jusqu'à cette heure sur ma destinée; ce sera le commencement de l'expiation dont j'ai besoin pour rendre à mon être sa pureté. Il y a peu de temps, j'avais imaginé de faire une couronne de pierreries pour orner la statue de la Vierge de Saint-Eustache; mais, chaque fois que je voulais me mettre à cette besogne, une force invincible m'arrêtait, et les plus bizarres terreurs venaient m'assaillir. J'y ai renoncé; mais je pense que si mademoiselle de Scudèri acceptait l'hommage que je lui prépare, l'intercession d'une personne si noblement vertueuse me serait d'un grand secours pour me réconcilier avec le ciel. Cardillac décida lui-même le moment que je devais choisir pour vous remettre le collier et les bracelets. La conviction que vous pourriez sauver Cardillac de l'abîme où il courait, et protéger l'innocente Madelon contre les terribles représailles que la justice exercerait tôt ou tard contre la famille de l'orfévre, m'avait fait embrasser avec ardeur le projet de pénétrer jusqu'à vous; je voulais m'annoncer comme le fils d'Anne Brusson, et vous confesser à genoux tout ce que je savais. Vous avez appris, mademoiselle, comment le stupide effroi de vos serviteurs a fait manquer le succès de ma démarche. J'espérais bien saisir une meilleure et prochaine occasion d'approcher de vous. Mais, dans l'insuccès de ma première tentative, Cardillac avait cru voir un fatal présage; il devint dès ce jour-là plus sombre et plus concentré que jamais. Une sorte d'irritation nerveuse le galvanisait nuit et jour; son regard égaré lançait des feux sanglants; sa bouche crispée par une fièvre lente qui le consumait, laissait échapper des phrases sans liaison; je ne parvenais à saisir que des mots qui me bourrelaient d'inquiétude. Je n'ignorais pas où pouvait le conduire l'influence de son démon, et je tremblais pour votre vie.

« Vous n'avez pas encore oublié le jour où je vous rencontrai sur le pont Neuf, et ce billet par lequel je vous suppliais de renvoyer la parure à Cardillac, afin que son odieuse passion ne devînt pas le prétexte d'un attentat contre vous. Le lendemain de notre rencontre vous n'aviez pas renvoyé l'écrin, et j'entendais Cardillac, se parlant à lui-même, regretter l'absence de ses maudits joyaux, et caresser ses anciennes idées de meurtre. Je voulais vous sauver à tout prix, fallût-il pour cela perdre Cardillac...

« Lorsqu'il se fut enfermé chez lui pour faire, disait-il, sa prière du soir, et chercher un repos dont il éprouvait le plus grand besoin, je sortis de la maison par l'issue serrête, et j'allai me cacher en face dans un angle de muraille où nul reflet de lumière ne pouvait trahir ma présence. Je n'y restai pas longtemps sans voir sortir Cardillac. Je le suivis à distance avec précaution : au détour de la rue Saint-Honoré il disparut comme un spectre. Mon unique but étant dès lors de vous protéger et de vous couvrir de mon corps, j'allai me poster au seuil de votre demeure. Presque aussitôt passe devant moi sans me voir un officier en riche costume qui s'en allait je ne sais où en fredonnant une ariette. Il avançait le cœur joyeux ; tout à coup une ombre noire s'élance derrière lui. La lutte est rapide comme l'éclair ; mais cette fois la Providence veille, et c'est le meurtrier, c'est Cardillac qui tombe frappé. J'accours en poussant un cri d'horreur ; l'officier me prend pour le complice de son assaillant, fait bonne contenance, et se retire l'épée en main et abandonnant son poignard sur le terrain. Je ne m'occupe que de mon malheureux maître. Tremblant qu'une escouade de maréchaussée nous surprenne en pareille aventure, je charge sur mes épaules le corps presque inanimé de Cardillac, et, sous le poids de ce triste fardeau, sans oublier le poignard qui pourrait, au jour, porter témoignage du meurtre, je regagne à grand'peine, par la porte secrète, notre atelier... Vous savez le reste... Je suis innocent de tout crime, mais aucune torture ne me forcera jamais à confesser l'horrible mystère. Il ne faut pas que la pauvre Madelon ait à rougir des crimes de son père. Je ne veux pas que la main du bourreau traine sur la claie les dépouilles de l'homme à qui cette pauvre enfant doit la vie. Que la chambre Ardente fasse de moi ce qu'elle voudra, je suis prêt à tout souffrir, et je ne vous demande à deux genoux qu'une seule grâce : promettez-moi, je vous en conjure, de ne pas abandonner Madelon, orpheline, quand j'aurai subi le dernier supplice. »

Mademoiselle de Scudéri, touchée jusqu'aux larmes, fit venir aussitôt Madelon. La jeune fille, accablée par le chagrin, se présenta toute tremblante, toute éplorée ; mais, en apercevant Olivier, une flamme céleste brilla dans ses yeux, elle se jeta dans ses bras en s'écriant : « Je savais bien que tu ne pouvais être coupable ; mais j'en suis sûre puisque je te revois, puisque la plus noble des femmes t'a sauvé pour te rendre à mon amour!... »

Olivier sentit dans ce rapide instant un immense bonheur. Il était innocent, aimé et libre!... Les angoisses du passé s'oubliaient dans l'extase des deux amants...

Mais Desgrais frappa discrètement à la porte de l'appartement, et annonça qu'il était temps de se séparer; Olivier Brusson devait rentrer dans son cachot avant le lever du soleil.

Mademoiselle de Scudéri déplorait le sort affreux qui menaçait ce pauvre jeune homme, dont la parfaite innocence lui semblait si bien prouvée, et mettait son esprit à la torture pour découvrir un moyen de le servir. Elle écrivit d'abord au président la Reynie pour lui raconter tous les détails de son entretien avec Olivier Brusson. Elle mit dans cette lettre toute la chaleur, toute l'éloquence que prête au style une conviction inébranlable. Le président s'empressa de lui mander qu'il se réjouissait sincèrement de l'innocence de son jeune protégé, mais il fallait que la justice eût son cours; si Olivier persistait à refuser de dire ce qu'il savait, le tribunal se verrait réduit à triompher de sa résistance par les moyens extrêmes.

Dans l'anxiété où cette parole jeta mademoiselle de Scudéri, qui connaissait bien les sanglantes rigueurs de la Reynie, elle courut chez Pierre Arnaud d'Andilly, le plus célèbre avocat de Paris. Elle espérait, avec son appui, faire surseoir à l'exécution de l'arrêt de la chambre Ardente. L'homme de loi, après avoir écouté poliment sa requête, lui répondit en souriant par ce vers de Despréaux :

Le vrai peut quelquefois n'être pas vraisemblable.

Il prouva clairement à mademoiselle de Scudéri que toutes les apparences se réunissaient contre la véracité possible de la confession d'Olivier, et que, dans tous les cas, les mesures que proposait la Reynie pour arriver à la découverte de la vérité lui paraissaient infaillibles. « Eh bien! s'écria mademoiselle de Scudéri, j'irai me jeter aux pieds du roi! — Gardez-vous-en bien, madame, répondit le jurisconsulte, roi ne graciera jamais un homme qui refuse de dévoiler aux tribunaux un semblable mystère, la sécurité publique y est engagée. Le peuple entier se révolterait contre un pareil abus de la clémence. Que votre jeune homme parle avec franchise, qu'il réponde à toutes les questions; et s'il ne parvient pas à prouver son innocence et à se faire absoudre, il vous restera toujours, comme dernière ressource, le droit de recourir à la miséricorde royale. »

Ce sage avis méritait d'être suivi. Mademoiselle de Scudéri se retira chez elle fort affligée, mais priant Dieu de vaincre l'opiniâtreté d'Olivier Brusson, qui pouvait échapper par un seul mot au déshonneur et au supplice. Vers le soir sa fidèle Martinière ouvrit à demi la porte du boudoir où elle s'était enfermée tout le jour, et annonça presque à voix basse que le comte de Miossens, colonel des gardes du roi, sollicitait l'honneur d'être admis sans retard auprès d'elle.

« Madame, lui dit-il aussitôt qu'ils furent seuls, vous m'excuserez, je l'espère, de me présenter chez vous si tard quand vous saurez que j'y viens pour Olivier Brusson. — Parlez! oh! parlez vite, monsieur, je vous en conjure! s'écria mademoiselle de Scudéri. — Tout Paris, poursuivit le colonel, est persuadé de la culpabilité d'Olivier. Votre excellent cœur vous a, je le sais, fortifiée dans une croyance tout opposée; eh bien en vérité, madame, nul ne peut savoir mieux que moi combien ce jeune homme est innocent du meurtre de Cardillac... car c'est moi, madame, qui ai tué l'orfèvre dans la rue Saint-Honoré, tout près de cette maison. Il faut qu'on connaisse aujourd'hui Cardillac pour le seul auteur des attaques nocturnes qui ont coûté la vie à tant de braves gens. Je conçus un premier soupçon quand ce misérable, en remettant pour moi une parure à mon valet de chambre, le pressa de questions pour connaître l'heure de nuit où j'irais chez certaine dame. Cette question, qui me fut aussitôt rapportée par un serviteur dévoué, me parut cacher quelque mystère d'iniquité. J'avais ouï dire que toutes les victimes frappées portaient une même blessure; l'on pouvait déjà en conclure que la même main frappait tous les coups, et que le meurtrier mettait toute sa confiance dans une seule manière d'employer

14

la dague. J'eus l'idée de me prémunir contre ses atteintes, en portant sous mes vêtements une légère cuirasse. Je fus attaqué par un seul homme, par Cardillac. Son poignard, comme je l'avais prévu, glissa sur la plaque d'acier qui couvrait ma poitrine; profitant de sa surprise, je l'étendis à mes pieds d'un coup sûr, auquel n'eût pas résisté un géant. — Et vous avez gardé le silence au risque de laisser tomber la tête d'un innocent! Est-ce noble, est-ce courageux, monsieur le comte? s'écria mademoiselle de Scudéri. — Mais, madame, reprit le colonel, avez-vous déjà oublié que le maréchal de Luxembourg fut mis à la Bastille pour s'être fait dire sa bonne aventure? Ne savez-vous pas que la Reynie, dont le métier est de flairer de la chair à jeter au bourreau, aurait pu, dans un accès de beau zèle, me traiter comme tant de gens dont il a la prétention de faire justice? Oui, certes, je me garderai bien de me livrer en pâture aux vautours de maître la Reynie. Je désirais seulement, en venant ici, madame, vous offrir une certitude de plus de l'innocence du pauvre diable qui n'a plus d'espoir qu'en vous. Profitez de ma confidence sans en abuser contre moi. Cardillac était un misérable, Olivier Brusson ne vaut peut-être pas mieux que lui; mais c'est un parallèle que nous n'avons, ni vous, ni moi, grand intérêt à établir. »

Mademoiselle de Scudéri décida, non sans peine, M. de Miossens à l'accompagner chez Arnaud d'Andilly, afin de lui donner les détails de cette funeste histoire, et de s'y concerter sur les mesures à prendre pour parer les coups de la Reynie.

Le célèbre avocat se fit répéter à plusieurs reprises une partie des circonstances les plus délicates de l'affaire; il s'assura que le comte de Miossens pourrait, le cas échéant, établir l'identité de Cardillac, et reconnaître dans Olivier Brusson l'homme qui avait emporté le cadavre. « Il y a mieux, répondit le colonel des gardes: parmi les pièces de conviction déposées au greffe du président la Reynie, se trouve mon poignard; il porte sur le manche un chiffre que je puis indiquer; quant à Olivier Brusson, je le reconnaîtrais entre mille.

— Tous nos efforts, reprit M. d'Andilly, ne doivent aboutir qu'à obtenir un délai; les aveux d'Olivier ne suffiraient pas pour le sauver. Le soupçon de complicité lui fait encourir la peine capitale. Toutefois, il faut que M. de Miossens se présente chez la Reynie et lui dise : « Tel jour, à telle heure de nuit, j'ai vu assassiner un homme dans la rue Saint-Honoré ; un autre homme, accourant au cri de la victime, s'est précipité sur son cadavre, a cru y trouver un reste de vie et l'a emporté dans ses bras. Cet homme, c'est Olivier Brusson. » Un nouvel interrogatoire sera immédiatement ordonné ; au lieu de la torture on procédera à une enquête juridique. Quel qu'en soit le résultat, il vous restera, madame, une ressource à peu près infaillible dans la clémence du roi. Selon moi, le plus court et le plus sage serait d'en obtenir une audience, et de lui raconter tout ce que vous savez. Toutes les perquisitions auxquelles se livrera la justice n'amèneront probablement que des découvertes bien insuffisantes pour motiver un arrêt. La chambre Ardente, dans les circonstances critiques où nous nous sommes trouvés, juge et condamne un peu sur le soupçon ; mais au roi appartient le droit de grâce, et il en usera, surtout si sa conscience n'y met pas obstacle. »

Le conseil d'Arnaud d'Andilly fut suivi de point en point. Le plus difficile était d'aborder Louis XIV ; madame de Maintenon refusait son entremise, persuadée qu'Olivier Brusson était le chef des bandits dont la poursuite avait déjà coûté tant de peine.

Mademoiselle de Scudéri, réduite à ses propres inspirations, prit un parti courageux : elle s'habilla de noir, se para du collier et des bracelets de Cardillac, et se présenta couverte d'un long voile chez la favorite, à l'heure où le roi s'y trouvait. Chacun se rangeait sur son passage avec respect, et le roi lui-même, en la voyant paraître, se leva et vint au-devant d'elle. Lorsqu'il vit rayonner le feu des pierreries, il s'écria : « Mon Dieu ! mais ne portez-vous point la parure de ce pauvre Cardillac ? »

La conversation ainsi engagée, mademoiselle de Scudéri profita de tous ses avantages pour raconter tout ce qu'elle savait ; elle peignit sous les plus vives couleurs le désespoir de Madelon, et ne cacha point la protection qu'elle avait cru devoir accorder à cette pauvre jeune fille contre la brutalité des gens de justice. Elle raconta aussi ses entrevues avec la Reynie, avec Desgrais et avec Olivier Brusson lui-même.

Louis XIV écoutait avec attention, et l'intérêt le gagnait. Avant qu'il eût trouvé le temps de faire la moindre réflexion, mademoiselle de Scudéri tombait à ses pieds en lui demandant la grâce d'Olivier.

« Pour Dieu, madame, s'écria-t-il, que faites-vous, et que puis-je faire moi-même? Ma clémence ne serait-elle pas ici un acte d'aveugle faiblesse?...

— Mais, sire, les déclarations du comte de Miossens, l'enquête judiciaire qui peut et qui doit fouiller de fond en comble la maison de Cardillac, le cri du cœur, ce cri auquel le vôtre a déjà répondu, les larmes de Madelon qui aime Olivier, tout cela ne peut-il faire naître en votre âme des convictions moins défavorables au jeune accusé dont je voudrais prouver l'innocence au monde entier? »

Louis XIV, profondément ému, allait répliquer, quand un léger bruit attira son regard vers le cabinet voisin, où travaillait le ministre Louvois. Il y entra aussitôt. Madame de Maintenon et mademoiselle de Scudéri, restées seules, se regardèrent avec anxiété; cette brusque sortie du roi leur paraissait d'un mauvais augure pour la cause dont on avait osé l'entretenir à l'improviste. Cependant, après quelques minutes, le monarque rentra chez madame de Maintenon, et, s'approchant de mademoiselle de Scudéri, avec un sourire plein d'exquise galanterie, il lui dit à demi-voix : « Je serais curieux de voir cette petite Madelon. »

— Sire, s'écria l'auteur de *Clélie*, vos moindres désirs sont des ordres du ciel! » Et, se levant aussitôt, elle courut aussi vite que le lui permettait son âge au salon d'attente qui précédait le boudoir de la favorite. « Madelon Cardillac! venez tomber aux pieds du roi de France!... »

Lorsque Louis XIV vit courbée devant lui, dans une posture désolée, la pauvre fille de l'orfèvre, il admira d'abord la délicieuse beauté de cette jeune personne; puis il lui prit les mains, et, la relevant doucement, il attacha sur elle un long regard, pâlit légèrement et la laissa retomber sur ses genoux... Madame de Maintenon fronça le sourcil et se pencha vers mademoiselle de Scudéri : « Je voudrais, lui dit-elle tout bas, que cette petite fût bien loin d'ici! Elle ressemble, trait pour trait, à mademoiselle de la Vallière. Ce souvenir vient de causer au roi une douloureuse émotion. Mais votre cause est gagnée!... »

Le roi avait-il entendu quelque chose des derniers mots de madame de Maintenon, on ne saurait le dire. Il jeta un regard sur la supplique que lui présentait Madelon Cardillac, et ne prononça que ces mots : « Vous aurez ma réponse après l'arrêt de la chambre Ardente. » Et, d'un signe de la main, il congédia la pauvre suppliante, qui sortit tout en larmes.

Quelques jours après, la nouvelle des dépositions du comte de Miossens devant la chambre Ardente circulait dans tou Paris; à l'horreur qu'avait d'abord inspirée Olivier Brusson succédait un mouvement de pitié. Quelques démonstrations eurent lieu sous les fenêtres du président la Reynie : « Rendez-nous Olivier Brusson, criait la foule; il est innocent de tout crime!... » Il fallut que le chef du tribunal de sang fît garder sa maison par un fort détachement de maréchaussée, pour se soustraire à des voies de fait redoutables.

Cependant le procès d'Olivier s'instruisait avec un soin des plus actifs et avec une religieuse sévérité d'investigation. Le roi n'en parlait point; mais on sut qu'il avait eu avec M. de Miossens une entrevue secrète; par ses ordres on avait, de nuit, fouillé de fond en comble la vieille maison de l'orfèvre. Le travail achevé et tous les actes réunis, Louis XIV fit appeler auprès de lui mademoiselle de Scudéri dans les appartements de madame de Maintenon; il vint au-devant d'elle avec la grâce qu'il savait mettre dans les moindres choses. « Je vous félicite, mademoiselle, lui dit-il, votre protégé est libre; mais vous ne devez pas au roi la grâce d'Olivier Brusson : son innocence est proclamée par arrêt de la chambre Ardente. On vous remettra de ma part mille louis que je donne en dot à Madelon Cardillac. Qu'ils s'épousent, puisqu'ils s'aiment; mais qu'ils s'éloignent à jamais de Paris et de la France... Je le veux! »

Olivier Brusson et la fille de Cardillac se retirèrent à

14.

Genève ; ils y finirent leurs jours dans une paisible obscurité, gardant jusqu'à la mort un doux souvenir du noble dévouement de mademoiselle de Scudéri.

———

Un an après ces événements, une notification publique fut affichée dans toutes les villes du royaume, sous le seing de messire de Harlay de Champvalon, archevêque de Paris, et de Pierre Arnaud d'Andilly, avocat au parlement ; on faisait savoir à tous qu'un pêcheur mourant avait légué à l'Église, sous le sceau de la confession, un riche trésor composé de joyaux acquis par le vol. En conséquence, on donnait avis à tous ceux qui avaient perdu, pendant l'année 1680, par suite de larcins ou d'attaques nocturnes, quelques objets de prix, diamants, bijoux et pierreries, que, sur leur désignation exacte, accompagnée de leurs preuves de propriété ou d'héritage, ils seraient immédiatement réintégrés en possession desdits objets, meubles, joyaux et ornements.

Tout ce qui ne fut pas réclamé fut versé dans le trésor de la paroisse de Saint-Eustache.

COPPÉLIUS

NATHANAEL A LOTHAR.

Vous êtes sans doute tous inquiets de rester si longtemps sans nouvelles de moi. Ma mère s'afflige; Clara s'imagine peut-être que je mène ici une vie folle et que je l'oublie. Pourtant chaque jour, à toutes les heures, je pense à vous, et la nuit, dans un doux rêve, je vois sourire la figure d'ange de ma jolie Claerchen. Mais quelque chose de terrible vient d'empoisonner le repos de ma vie.

Hélas! mon pauvre Lothar, comment vais-je te raconter cet effroyable événement? C'était le 20 octobre, vers midi. Je vis entrer chez moi un colporteur qui venait m'offrir des baromètres. L'envoyer au diable avec sa marchandise fut toute ma réponse; comme je faisais mine de le vouloir jeter au bas des escaliers, il s'esquiva prudemment. Mais, avant de te faire toucher au doigt les rapports funestes que la fatalité devait créer entre moi et ce maudit marchand forain, je veux te raconter quelques détails de ma première enfance.

En ce temps-là, ma sœur et moi, nous ne voyions guère notre père qu'à l'heure des repas. Ses affaires semblaient absorber toute son activité. Mais après souper, chaque soir, nous allions avec notre mère nous asseoir autour d'une table ronde dans sa chambre de travail. Mon père allumait sa pipe, emplissait jusqu'au bord un immense verre de bière, et nous racontait une foule d'histoires merveilleuses, pendant lesquelles sa pipe s'éteignait, à ma grande joie, car j'avais la fonction de la rallumer chaque fois. Souvent, quand il était de moins bonne humeur, il nous mettait entre les mains de beaux livres remplis d'estampes merveilleuses ; pendant que nous regardions curieusement leurs riches enluminures, il se jetait au fond de son fauteuil de chêne, et, chassant avec une activité fébrile les bouffées de sa pipe, il disparaissait dans un épais brouillard de fumée. Ces soirs-là, ma mère était triste ; et quand l'horloge sonnait neuf heures : « Allez, nous disait-elle, allez vite au lit, voici *l'homme au sable !*... » Aussitôt, en effet, j'entendais dans l'escalier un bruit de pas pesants : ce devait être le mystérieux homme au sable.

Un soir ce bruit fantastique m'avait plus effrayé qu'à l'ordinaire ; je demandai à ma mère quel était ce vilain personnage dont elle nous menaçait, et qui nous chassait toujours de la chambre de notre père : « Il n'y a point d'homme au sable, cher enfant, répondit ma mère ; quand je dis : Voici l'homme au sable ! cela veut dire seulement : vous avez sommeil, et vous fermez les yeux comme si l'on vous y avait jeté du sable. » La réponse de ma mère ne me satisfit pas, et dans mon esprit d'enfant s'enracina la conviction que ma mère ne niait l'existence de l'homme au sable que pour nous empêcher d'en avoir peur ; car je l'entendais toujours monter l'escalier. Plein de curiosité d'apprendre quelque chose de plus précis sur cet homme au sable et sur ses rapports avec nous autres enfants, je demandai enfin à la vieille femme qui avait soin de ma petite sœur quel homme c'était que l'homme au sable. « Ah ! Thanelchen, répondit celle-ci, tu ne le sais pas encore ? C'est un méchant homme qui vient trouver les enfants quand ils refusent d'aller au lit ; alors il leur jette de grosses poignées de sable dans les yeux, puis il les enferme dans un sac et les emporte dans la lune pour servir de pâture à ses petits. Ceux-ci ont, comme les hiboux, des becs crochus, avec lesquels ils mangent les yeux aux petits enfants qui ne sont pas sages. »

Dès ce moment, l'image du cruel homme au sable se peignit en moi sous un aspect horrible. Quand j'entendais, le soir, le bruit qu'il faisait en montant, je frissonnais de peur. Ma mère ne pouvait tirer de moi que ce cri balbutié entre mes sanglots : « L'homme au sable! l'homme au sable!... » Je courais me réfugier dans la chambre à coucher, et, durant toute la nuit, j'étais tourmenté par la terrible apparition. Je concevais que le conte de la vieille bonne sur l'homme au sable et sur son nid d'enfants dans la lune pouvait bien n'être pas tout à fait fondé; mais l'homme au sable restait pour moi un terrible fantôme, et j'étais saisi d'effroi quand je l'entendais monter dans l'escalier, ouvrir brusquement la porte du cabinet de mon père et la refermer. Quelquefois il restait plusieurs jours sans venir, et puis ses visites se succédaient sans interruption. Cela dura pendant plusieurs années, et je ne pus m'accoutumer à l'idée de cet odieux spectre; ses relations avec mon père vinrent occuper de plus en plus mon imagination. L'homme au sable m'avait entraîné dans la sphère du merveilleux, du fantastique, dont l'idée germe si facilement dans le cerveau des enfants. Rien ne me plaisait plus que d'entendre ou de lire des histoires d'esprits, de sorcières, de nains; mais au-dessus de tout dominait l'homme au sable, que je dessinais avec de la craie ou du charbon sur les tables, sur les armoires, sur les murs, partout, sous les figures les plus singulières et les plus horribles.

Lorsque j'atteignis l'âge de dix ans, ma mère me retira de la chambre des enfants et m'installa dans une petite pièce qui donnait sur un corridor, non loin du cabinet de mon père. Nous étions toujours tenus de nous retirer quand, au coup de neuf heures, l'inconnu se faisait entendre dans la maison. Je reconnaissais de ma petite chambre quand il entrait chez mon père, et bientôt après il me semblait qu'une vapeur d'une odeur singulière se répandait dans les appartements. Avec la curiosité, je sentais s'accroître aussi en moi le courage de faire, d'une manière ou d'autre, la connaissance de l'homme au sable. Souvent je me glissai rapidement de ma chambre dans le corridor après que ma mère s'était éloignée, mais sans rien découvrir; car toujours l'homme au sable était entré lorsque j'atteignais la place d'où j'aurais pu le voir au passage. Enfin, cédant à une impulsion irrésistible, je résolus de me cacher dans la chambre même de mon père, et d'y attendre l'arrivée de l'homme au sable. Un jour, au silence de mon père et à la tristesse de ma mère, je pressentis que l'homme au sable viendrait; je prétextai une grande lassitude pour quitter la chambre un peu avant neuf heures, et je me cachai dans un coin. Peu après, la porte de la maison s'ouvrit en craquant, puis se referma. Un pas lourd, lent et sonore, traversa le vestibule, se dirigeant vers l'escalier. Ma mère passa rapidement avec ma sœur devant moi. J'ouvris tout doucement la porte du cabinet de mon père. Il était assis comme d'habitude, silencieux et immobile, le dos tourné à la porte, et ne me remarqua pas. Je fus bientôt caché dans une armoire à porte-manteau fermée par un rideau seulement. Le bruit de pas se rapprochait de plus en plus. On entendait au dehors tousser, murmurer et traîner les pieds d'une façon étrange. Mon cœur palpitait de crainte : la sonnette est ébranlée violemment, la porte brusquement ouverte. Je m'enhardis non sans peine, et j'entr'ouvre le rideau avec précaution. L'homme au sable est devant mon père, au milieu de la chambre; la clarté des flambeaux se projette sur son visage; l'homme au sable, le terrible homme au sable, c'est... le vieil avocat Coppélius, qui dîne quelquefois chez nous. Mais la figure la plus abominable n'aurait pu me causer une horreur plus profonde que celle de Coppélius.

Figure-toi un grand homme à larges épaules, avec une tête difforme, un visage d'un jaune terreux, des sourcils gris très-épais sous lesquels brillent deux yeux de chat, un long nez recourbé sur la lèvre supérieure. Sa bouche de travers se contracte souvent d'un rire sardonique; alors apparaissent sur les pommettes de ses joues deux taches d'un rouge foncé, et un sifflement extraordinaire passe à travers ses dents serrées. Coppélius portait constamment un habit gris cendré, coupé à l'antique mode, la veste et la culotte pareilles, des bas noirs et des petites boucles à pierreries sur ses souliers. Sa petite perruque lui couvrait à peine le sommet de la tête, les rouleaux étaient loin d'atteindre à ses grandes oreilles rouges, une large bourse cousue se détachait de sa nuque et laissait à découvert la boucle d'argent qui assujettissait sa cravate chiffonnée. Toute sa personne, en un mot, était affreuse et repoussante. Mais ce qui nous déplaisait le plus en lui, c'étaient ses gros doigts osseux et velus, au point que nous ne voulions plus de ce qu'il avait touché. Il s'en était aperçu, et il aimait, quand notre bonne mère nous mettait à la dérobée sur notre assiette un morceau de gâteau ou quelque fruit confit, à y porter la main sous quelque prétexte, de sorte que, les larmes aux yeux, nous rejetions avec dégoût les friandises qui devaient nous combler d'aise. Il en faisait autant lorsque notre père, aux jours de fête, nous avait versé un petit verre de vin sucré; il passait vite sa main par-dessus, ou même il portait parfois le verre à ses lèvres bleuâtres, et riait d'un air vraiment diabolique en voyant notre répugnance muette et les sanglots étouffés qui manifestaient notre dégoût. Il ne nous appelait jamais que *ses petites bêtes*, et il nous était défendu de nous plaindre ou même d'ouvrir la bouche devant lui pour quelque motif que ce fût. Notre mère paraissait redouter autant que nous cet affreux Coppélius. Quant à mon père, il se conduisait en sa présence avec les signes de la plus grande humilité. L'idée me vint tout d'abord que l'*homme au sable* ne pouvait être une autre créature que cet odieux Coppélius; et au lieu du personnage bizarre des contes de notre bonne mère, je voyais en lui quelque chose de satanique et d'infernal qui devait attirer sur nous quelque affreux malheur.

Cependant la crainte d'être surpris me fit réprimer l'expression de ma frayeur, et je me blottis mieux que jamais au fond de l'armoire, ne laissant d'espace que ce qu'il en fallait pour voir la scène.

Mon père fit à Coppélius un accueil des plus cérémonieux. « Allons, s'écria celui-ci d'une voix rauque, allons, à l'œuvre! » En même temps il se dépouilla de son habit. Mon père suivit son exemple : tous deux se revêtirent de blouses d'une étoffe sombre qu'ils tirèrent d'un enfoncement pratiqué dans la muraille, et dans lequel j'aperçus un fourneau. Coppélius s'en approcha, et presque aussitôt une flamme bleuâtre, qui jaillit sous ses doigts, éclaira la chambre d'un reflet diabolique. Des instruments de chimie étaient épars çà et là sur les dalles. Lorsque mon père se pencha sur le creuset en fusion, sa figure prit tout à coup une étrange expression ; ses traits, crispés par une douleur intime, avaient quelque chose du masque odieux de Coppélius. Celui-ci fouillait avec des pinces la matière ardente, et il en retirait des lingots de métal étincelant qu'il battait sur l'enclume. Je croyais à tout moment voir sautiller des têtes humaines, mais privées de leurs yeux. « Des yeux ! des yeux ! » hurlait Coppélius. Je ne pus en ouïr davantage ; mon émotion était si forte que, perdant connaissance, je tombai sur le plancher. Le bruit de ma chute fit tressaillir mon père. Coppélius se jeta sur moi, m'enleva de terre en grinçant des dents, et me suspendit au-dessus de la flamme du creuset, qui déjà commençait à me brûler les cheveux. « Ah ! voilà donc des yeux, des yeux d'enfant ! » s'écriait Coppélius en tirant du foyer des charbons ardents qu'il voulait mettre sur mes paupières. Mon père s'efforçait de le retenir. « Maître ! maître ! s'écriait-il, épargne mon Nathanaël ! — Soit, dit Coppélius, je vais alors étudier la nervure de ses pieds et de ses mains. » Il se mit alors à me faire craquer si rudement les jointures des membres, qu'il me semblait être déjà tout disloqué. Puis tout devint autour de moi silencieux et obscur, et je ne sentis plus rien. Au sortir de ce second évanouissement, la douce haleine de ma mère réchauffait mes lèvres glacées. « L'homme au sable est-il encore là ? demandai-je en balbutiant. — Non, cher petit ange, dit ma mère, il est parti, et il ne te fera jamais de mal ; ne le redoute point, car à présent je ne te quitterai plus ! » Et la bonne, l'excellente femme me pressait sur son sein avec des convulsions de tendresse mêlées d'effroi.

T'expliques-tu, Lothar, le secret de cette aventure ? Une fièvre ardente me saisit, et je restai près de six semaines entre la vie et la mort ; dans mes accès de délire, je croyais toujours revoir l'homme au sable sous les traits de Coppélius. Mais ce n'est point là le plus terrible de mon histoire. Écoute encore. Depuis un an on ne voyait plus Coppélius, et des gens prétendaient qu'il avait quitté la ville. Mon père avait repris peu à peu sa vive gaieté et ses habitudes de calme et de tendresse paternelle. Mais un soir, comme neuf heures sonnaient au beffroi voisin, nous entendons la porte de la maison crier sur ses gonds rouillés; des pas lourds comme des coups de marteau sur une enclume de fer se mettent à gravir l'escalier. « C'est Coppélius ! s'écrie ma mère en pâlissant. — Oui, c'est Coppélius, murmure mon père d'une voix brisée ; mais c'est la dernière fois que nous devons nous voir, je vous le promets. Mère, va coucher tes enfants, et bonne nuit. » Je me laissai conduire par ma mère, je me couchai ; mais, à peine fus-je au lit sans lumière, que ma respiration s'oppressa, et des visions sinistres accoururent de toutes parts m'assiéger. J'étais depuis longtemps dans cet état d'angoisse et d'hallucination lorsque, minuit sonnant, un bruit pareil à la détonation d'une arme à feu fit trembler la maison. Quelqu'un passa en courant devant ma chambre, puis j'entendis se refermer avec fracas la porte extérieure de la maison. Je saute hors du lit, je m'élance dans le corridor ; des cris déchirants partent de la chambre de mon père, d'où s'échappe par tourbillons une fumée noire et infecte; la servante crie : « Ah! mon maître, mon pauvre maître ! »

Devant l'âtre enflammé gît le cadavre de mon père, noirci et mutilé d'une manière affreuse. Ma mère et ma sœur, penchées sur lui, poussent des cris lamentables. « Coppélius ! Coppélius ! m'écriai-je, tu as tué mon père ! » et je tombai presque sans vie.

Deux jours après, quand on déposa mon pauvre père dans le cercueil, ses traits avaient repris, malgré les ravages de la mort, le calme et la paix qu'ils avaient autrefois ; nous espérâmes que Dieu avait pardonné à son âme, et l'avait appelée à lui, malgré ses rapports avec Coppélius.

L'explosion avait éveillé le voisinage; l'événement de cette nuit fut dès le lendemain l'objet des conversations de toute la ville. Les juges lancèrent un ordre d'arrestation contre Coppélius, que la voix publique accusait de meurtre; mais le misérable avait disparu sans qu'on pût savoir quelle route il avait prise.

Et maintenant, cher Lothar, quand tu sauras que le marchand de baromètres qui me rendit visite n'était autre que ce maudit Coppélius, tu ne diras sans doute plus que je me torture l'esprit pour chercher dans les incidents les plus ordinaires des présages de malheur. J'ai bien reconnu les traits, la taille et la voix de Coppélius; il se fait passer pour un mécanicien piémontais, et s'est donné le nom de Giuseppe Coppola; mais je l'ai bien reconnu, et je vengerai la mort de mon père.

CLARA A NATHANAEL.

Bien que depuis longtemps tu ne m'aies pas écrit, je crois, mon bien-aimé, que tu n'as pas encore banni mon souvenir de ton cœur et de ta pensée; car l'autre jour, en écrivant à mon frère, tu mis sur l'enveloppe mon adresse et mon nom. Grâce à cette distraction, j'ai ouvert ta lettre la première: en lisant les premières lignes, j'ai reconnu ton erreur. J'aurais dû ne pas lire un mot de plus, et porter ta lettre à mon frère. Mais le début de l'histoire que tu lui racontais m'avait saisie d'une telle curiosité que j'en avais des éblouissements. Ce Coppélius est un personnage épouvantable. J'ignorais jusqu'à ce jour l'affreux accident qui t'a privé de ton père chéri. Ce maudit marchand de baromètres que tu appelles Giuseppe Coppola, et qui, dis-tu, ressemble si fatalement à Coppélius, m'a poursuivie tout un jour comme un spectre menaçant. J'en ai rêvé dans mon sommeil, et je me suis réveillée plusieurs fois en poussant des cris de frayeur. Pourtant ne te fâche pas, mon ami, si tu apprends par la réponse de Lothar que, dès le lendemain, j'avais retrouvé ma sérénité d'esprit et chassé les fantômes de mon imagination. Je t'avoue que le surnaturel ne me paraît guère admissible dans cette histoire. Coppélius pouvait être la plus repoussante des créatures, et je conçois ton aversion d'enfant pour sa figure sauvage. Tu en as fait la personnification de l'homme au sable. C'est le jeu d'un esprit jeune frappé par des contes de nourrice. Les entrevues nocturnes de Coppélius avec ton père n'avaient sûrement pour but que des opérations d'alchimie. Ta mère s'en affligeait, parce que ce travail devait occasionner beaucoup de dépense, sans jamais rien produire ; d'ailleurs ton père, absorbé par cette passion de faire de l'or et de chercher la pierre philosophale, négligeait les affaires de sa maison et ses affections de famille. La mort de ton père me paraît le résultat d'une imprudence. Certaines combinaisons de matières mises en fusion peuvent déterminer une explosion plus ou moins redoutable ; je tiens cette particularité d'un chimiste qui m'a nommé à cette occasion une foule de substances ornées de noms bizarres dont je te fais grâce, car je les ai moi-même oubliés.

Je sais que tu vas prendre en pitié ta pauvre Clara, qui ne croit pas au fantastique, et qui ne voit le monde qu'avec des yeux fort ordinaires. Ah ! mon cher Nathanaël, existe-t-il donc une puissance occulte douée d'un tel ascendant sur notre nature qu'elle puisse nous entraîner dans une voie de désastres et de malheur ! Non, Dieu nous a donné la lumière de l'esprit et la pierre de touche de la conscience, afin que leur secours nous fasse reconnaître partout, et, quelque forme qu'il revête, l'ennemi qui rôde autour de notre destinée. Si nous marchons d'un pas ferme, et les yeux vers le ciel, dans la voie de la vertu, la puissance occulte cherche vainement à nous attirer dans ses pièges. Il peut arriver que, par moments, notre imagination se laisse fasciner par des fantômes trompeurs qui prennent à nos sens les apparences d'une réalité menaçante ; mais ces fantômes ne sont que nos pensées altérées par une espèce de fièvre, qui leur prête des formes bizarres empruntées, selon nos dispositions du moment, aux notions que nous nous sommes faites du ciel ou de l'enfer. Voilà, mon bon Nathanaël, comment mon frère et moi nous traitons ces hautes questions de puissances occultes. Tu vois que les mystères ne font pas peur à tout le monde, et qu'il y a même des jeunes filles assez hardies pour raisonner au lieu de trembler. Chasse donc, je t'en supplie, de ta mémoire les vilaines figures de Coppélius et du marchand de baromètres Giuseppe Coppola. Si ta lettre ne portait à chaque ligne le cachet d'une grande exaltation, je me réjouirais bien de te dire tout ce qui m'est venu de drôle à l'esprit à propos de l'homme au sable et de Coppélius, l'avocat-brocanteur de baromètres. Mais ce sera pour une autre fois.

Si tes frayeurs te reprennent, viens te cacher sous mes ailes; je serai ton bon génie; je ne sais rien de plus efficace qu'un joyeux éclat de rire pour chasser à jamais les monstres fantastiques. A toi toujours, l'unique aimé de mon cœur!

NATHANAEL A LOTHAR.

Je suis fort contrarié, cher ami, que, grâce à ma sotte distraction, Clara ait lu la lettre que je t'écrivais. La malicieuse jeune fille s'est moquée de moi de toutes ses forces; pourtant, malgré ses beaux raisonnements contre ce qu'elle appelle ma fascination, je suis sûr de ce que mes yeux ont vu.

Du reste, j'ai reconnu que le marchand de baromètres et l'avocat Coppélius sont deux êtres tout à fait distincts. Je prends ici des leçons d'un célèbre physicien qui se nomme Spalanzani, et qui est d'origine italienne. Cet homme connaît depuis longtemps Giuseppe Coppola, qui a d'ailleurs l'accent piémontais. Coppélius était Allemand, très-Allemand. Et maintenant regardez-moi, la sœur et toi, mon ami, comme un songe-creux; je ne puis effacer de mon esprit l'impression de la fatale ressemblance qui m'avait frappé d'abord. Spalanzani est un personnage assez extraordinaire. Figure-toi un petit homme tourné en boule, les os de la face très-saillants, le nez fin comme une lame de rasoir, les lèvres un peu contournées, les yeux luisants comme une paire d'escarboucles. Dernièrement je montais chez lui pour assister à quelques expériences; en passant sous le vestibule, je m'aperçois que le rideau vert d'une cloison vitrée n'est pas fermé avec le soin ordinaire. Je m'approche machinalement, je regarde : une femme magnifique est assise dans la chambre et appuie ses bras charmants sur une petite table. Elle est tournée vers moi, et mes yeux peuvent rencontrer les siens; je remarque avec une surprise mêlée d'un secret effroi que ses prunelles sont sans regard. On dirait, à la voir ainsi, qu'elle dort les yeux ouverts. Je me glissai, le cœur serré et la tête en feu, dans la salle où un nombreux auditoire attendait déjà les leçons du professeur. Quelqu'un m'apprit que la femme mystérieuse était Olympia, la fille de Spalanzani, qu'il tient presque séquestrée chez lui. Peut-être cette belle fille est-elle idiote, ou Spalanzani a-t-il quelque autre motif très-légitime d'en agir ainsi; c'est ce dont je veux m'informer. Mais à quoi bon te fatiguer davantage de toutes mes billevesées? nous causerons bientôt de vive voix et plus à l'aise. Dans quinze jours, au plus tard, cher ami, je serai près de toi, près de Clara, et ma pauvre imagination se calmera sous l'influence heureuse de son doux regard.

Au revoir, ami...

I

L'histoire des merveilleuses aventures de l'étudiant Nathanaël pourrait bien commencer à l'endroit où il donne au diable le marchand de baromètres. Les trois lettres que mon ami Lothar a bien voulu me communiquer sont comme trois coups de pinceau jetés au hasard sur la toile. Il s'agit d'esquisser des traits, et de faire ensuite du coloris. Entrons en matière.

Peu de temps après la mort du père de Nathanaël, Clara et Lothar, deux enfants d'un parent éloigné, furent recueillis dans la maison de la mère de notre héros. Clara et Nathanaël s'éprirent d'un mutuel et doux penchant. Ils étaient fiancés lorsque Nathanaël partit pour la ville de G***, où il devait finir ses études, et nous venons de le voir assistant au cours de physique du professeur Spalanzani.

Clara n'était point belle dans l'acception vulgaire de ce mot. Un peintre n'eût trouvé dans les contours de sa taille, de ses épaules et de sa poitrine, qu'un excès de chasteté; mais il fallait admirer sa magnifique chevelure de Madeleine dont elle s'enveloppait comme d'un voile, et l'éclat de sa peau satinée effaçait la blancheur de la neige. Un fanatique de beauté s'était avisé de comparer les yeux de Clara aux lacs bleus de Ruysdaël, dont le miroir limpide reflète avec un charme si pur les bois, les prés et les fleurs, tous les poétiques aspects du plus riche paysage. A ces grâces naturelles, la jeune fille joignait une imagination vive et brillante, un cœur sensible et affectueux qui n'excluait pas le positif de la raison ; sa lettre nous en a fourni la preuve. Les esprits romanesques ne parvenaient pas à lui plaire; elle discutait peu avec les phraseurs, mais son regard plein de malice leur disait fort éloquemment : Mes chers amis, vous faites des frais bien superflus pour m'entraîner dans votre monde imaginaire. — Cette manière d'être et de raisonner les choses de la vie faisait juger diversement le caractère de Clara. Les uns l'accusaient d'insensibilité et de prosaïsme ; mais les âmes d'élite admiraient sous cette froide enveloppe un sens exquis de délicatesse et de pureté. Nul n'aimait Clara comme l'aimait Nathanaël, en dépit de son exaltation avide du merveilleux. La jeune fille payait son affection du plus tendre retour. Lorsque Nathanaël arriva de G***, à l'époque qu'il avait annoncée à Lothar, elle vola dans ses bras avec une joie ineffable; ce jour-là, le jeune homme chassa de son souvenir sans nulle peine et Coppélius et Coppola.

Nathanaël avait pourtant raison quand il écrivait à son ami Lothar que l'apparition du maudit brocanteur Giuseppe Coppola avait jeté un sort fatal sur sa destinée. Son caractère s'était empreint d'une sombre rêverie, et son humeur, jusque-là si joyeuse, avait fait place à la mélancolie. Ses méditations mystiques, dont rien ne parvenait plus à le faire sortir, causaient de grands ennuis à la pauvre Clara; toute la sagesse de ses raisonnements ne suffisait plus à lutter contre le mal moral qui tuait son bien-aimé. Un jour que Nathanaël se plaignait très-sérieusement de voir sans cesse le monstrueux Coppélius se dresser entre lui et ses espérances de bonheur à venir, elle lui dit tristement : « Mon ami, je crois en effet que ce vilain original est devenu ton mauvais génie; mais il ne faut t'en prendre qu'à toi-même; sa puissance n'existe que par ta crédulité. » Cette lutte d'esprit contrariait Nathanaël sans le guérir de ses lugubres préoccupations; peu à peu, dans son dépit, il mit Clara au rang de ces créatures inférieures dont le regard, privé de *seconde vue*, ne sait pas pénétrer les arcanes de la nature invisible. Dès le matin, il s'efforçait de la convertir à ses idées, et lui lisait des traités de philosophie occulte pendant qu'elle s'occupait des prosaïques apprêts du déjeuner. « Mais, lui disait la bonne Clara, je crois en vérité que tu es le mauvais génie de mon café; car s'il faut que j'abandonne tous les soins du ménage pour passer mon temps à t'écouter discourir, l'eau va bouillir, le café s'en ira dans les cendres, et alors adieu le déjeuner! » Nathanaël, furieux de se voir si mal compris, fermait ses livres avec colère; il allait s'enfermer dans sa chambre, et on ne le revoyait plus de tout le jour. L'ennui s'emparait des réunions de famille, et le désaccord se mettait entre les cœurs de deux êtres qui avaient été si bien créés pour s'adorer et pour se donner un mutuel bonheur. Cependant le temps marchait, marchait toujours, et il emportait avec lui quelques-unes des excentricités du pauvre Nathanaël, qui voyait l'image odieuse de Coppélius fuir graduellement dans un vague lointain. Notre jeune malade chercha dans la poésie une distraction à ses pensées fatales. Un jour il courut vers Clara, un gros manuscrit à la main : c'était un vrai poëme où il avait versé à flots toutes ses impressions, tous ses rêves, toutes les souffrances de sa pensée fiévreuse. Il commença sa lecture sous la tonnelle du jardin; l'air était embaumé des tièdes senteurs du soir; le soleil couchant dorait la cime des arbres de ses rayons adoucis. Nathanaël ouvrit son cahier, Clara tricotait, en se promettant bien de fermer l'oreille à une œuvre qu'elle présumait fort ennuyeuse. Mais, quand les premières pages furent achevées, elle sentit en elle-même une agitation singulière; son ouvrage lui tomba des mains; elle resta l'œil fixe, tout absorbée dans la contemplation de Nathanaël, que dominait l'entraînement d'une poésie délirante. Sa lecture achevée, le jeune homme jeta loin de lui son manuscrit, et, les yeux pleins de larmes, la poitrine gonflée de sanglots, il se pencha vers Clara, dont il pressa les mains dans une étreinte convulsive en s'écriant d'une voix désespérée : « Ah ! Clara, Clara ! » La bonne jeune fille le regarda avec une tendre pitié : « Mon bien-aimé, lui dit-elle, ton poëme est absurde, jette au feu cette œuvre maudite ! » Nathanaël se leva d'un bond : « Folle créature, lui dit-il en la couvant d'un regard sombre, automate sans puissance et sans âme !... » Et il se sauva en courant. Clara resta tout éplorée : « Hélas ! se disait-elle, il ne m'a jamais aimée, car il ne sait pas me comprendre, et il me méprise ! »

En ce moment, Lothar parut sous la tonnelle ; il força sa sœur désolée à lui dire la cause de ses larmes, car il l'aimait d'une tendresse infinie. Deux minutes après, il était à la poursuite de Nathanaël, le rejoignait et lui adressait des reproches amers ; celui-ci répondit avec violence. Ils échangèrent tous deux des provocations terribles et se donnèrent rendez-vous pour le lendemain, dès l'aube, derrière le mur du jardin. Le reste du jour ils restèrent sombres et muets l'un devant l'autre. Mais Clara avait tout deviné, elle avait aperçu préparer les épées de combat ; elle tremblait en face du danger qui allait lui ravir son frère et son fiancé. A l'heure dite, les épées nues étaient jetées sur le gazon qu'elles allaient abreuver de sang. Lothar et Nathanaël avaient déjà jeté bas leurs habits ; ils avaient tous deux l'œil en feu et la menace sur les lèvres ; ils allaient se mettre en garde lorsque Clara, tout échevelée, se précipita au milieu d'eux en criant : « Tuez-moi donc, car c'est pour moi que vous allez vous égorger ; et, quel que soit celui des deux qui succombe dans cet atroce duel, je jure de ne pas lui survivre ! » Son frère jeta loin de lui son épée, et Nathanaël tomba aux pieds de Clara : « Pardonne-moi, cher ange, lui disait-il en pleurant ; pardonnez-moi aussi, Lothar ; je suis coupable envers vous deux ! Mais vous savez si je vous aime, mes pleurs et mon repentir le prouvent assez ! » Le frère et la sœur le relevèrent, et ils mêlèrent ensemble leurs larmes et leurs serments nouveaux d'éternelle affection.

A partir de ce jour, Nathanaël sentit son cœur un peu soulagé. La tendresse des êtres qu'il aimait avait chassé de son cerveau une partie des vapeurs qui le troublaient. Il passa encore trois jours au milieu d'eux avant de retourner à G***, où le rappelait sa dernière année d'études universitaires ; après quoi il devait se fixer pour toujours dans sa ville natale auprès de sa bien-aimée.

La mère de Nathanaël ignorait le désordre que le souvenir de Coppélius avait jeté dans l'esprit de son fils. On lui avait caché avec soin ce triste secret pour ne pas l'affliger, car elle ne cessait de pleurer la mort de son mari ; et le nom seul de Coppélius, prononcé devant elle, lui aurait causé des accès de désespoir.

II

Nathanaël, de retour à G***, trouva la maison qu'il avait habitée brûlée de fond en comble ; il n'en restait plus que deux ou trois pans de mur tout noircis et calcinés par la flamme. L'incendie s'était déclaré dans l'officine d'un apothicaire. Plusieurs amis de Nathanaël, voisins de ce lieu de désastre, avaient sauvé ses hardes, ses instruments de physique, des papiers et serré ce dépôt dans une autre chambre qu'ils avaient louée au nom de l'étudiant. Cette chambre était située en face de l'appartement du professeur Spalanzani. De la fenêtre le regard plongeait à l'aise dans le cabinet où souvent, quand les rideaux étaient ouverts, on pouvait remarquer Olympia muette et assise dans une attitude immobile. Nathanaël s'étonna d'abord de cette immobilité qu'elle gardait durant des heures entières devant la petite table. La contemplation de cette magnifique créature produisit sur Nathanaël un effet électrique. Mais l'amour fidèle de Clara remplissait son âme et le préservait des séductions de l'austère Olympia ; aussi notre ami ne jetait-il qu'à de longs intervalles quelques regards presque distraits vers l'asile qu'habitait cette belle statue. Il écrivait une longue lettre à sa fiancée, lorsqu'il vit apparaître tout à coup la figure désagréable de Coppola. Un frémissement nerveux parcourut tous ses sens ; mais bientôt, se rappelant les arguments de Clara et les renseignements qu'il tenait du professeur Spalanzani au sujet de Coppola, il eut presque honte de son premier mouvement d'effroi; et d'une voix aussi calme qu'il put la faire : « Mon ami, dit-il à l'importun visiteur, je n'achète point de baromètres; allez au diable, s'il vous plaît. » Mais Coppola, sans tenir compte de ce congé, entra dans la chambre, et, fixant sur l'étudiant des regards pleins d'un feu sinistre, il répondit : « Je n'ai pas seulement des baromètres, j'ai aussi des yeux, de beaux yeux! — Comment, des yeux! s'écria Nathanaël; fou maudit, comment peux-tu avoir des yeux!... — Voilà, reprit le colporteur en ouvrant son ballot dont il fit sortir une collection de lunettes de toutes grandeurs et de toutes couleurs. Il en tirait, tirait toujours, la table s'en couvrait. Le pauvre Nathanaël crut voir des milliers de regards fantastiques se croiser en tous sens contre lui; plus Coppola étalait de nouvelles lunettes, comme s'il les eût tirées d'un sac inépuisable, plus notre pauvre étudiant sentait croître son malaise. Tout à coup, n'y pouvant plus tenir, il sauta à la gorge du brocanteur, qui, reculant tout effrayé, rengaîna ses lunettes en lui criant : « Miséricorde! mon cher monsieur, comme vous y allez! Si ces verres ne vous vont pas, ce n'est pas une raison pour m'étrangler. Peut-être aimeriez-vous mieux des lorgnettes. En voici pour tous les goûts. » Dès que les lunettes furent rentrées dans le sac, Nathanaël redevint calme comme par enchantement. Les nouveaux objets que Coppola lui montrait n'exerçaient plus sur lui aucune fascination. Confus de son emportement, il résolut d'acheter quelque chose au marchand pour réparer sa violence; il choisit une très-petite lorgnette dont la monture était d'un travail exquis, et alla, pour en faire l'essai, la braquer sur la chambre où mademoiselle Olympia Spalanzani était assise à sa place ordinaire : il voyait pour la première fois ses traits à une distance aussi rapprochée; cette contemplation le jeta dans un long ravissement; il n'en fut tiré qu'à grand'peine par le bruit que faisait Coppola en battant la mesure sur le plancher. « Tre zecchini, » trois ducats, disait à satiété le prosaïque mécanicien. Nathanaël se hâta de le payer. Coppola sortit à reculons en multipliant les saluts et les remercîments; mais à peine fut-il dans l'escalier qu'il laissa échapper un ignoble éclat de rire. « Ce chien de voleur, se dit

Nathanaël, m'a fait payer dix fois le prix de sa lorgnette, et rit de sa dupe. » Il jeta l'instrument de côté pour achever sa lettre à Clara; mais à peine avait-il repris la plume que l'image d'Olympia vint lui causer de fortes distractions; il se leva de nouveau et alla coller ses yeux à la fenêtre de la chambre. Il resta en extase jusqu'au moment où son camarade Siegmund vint le chercher pour aller à la leçon du professeur Spalanzani.

A partir de ce moment, les rideaux de la chambre d'Olympia restèrent hermétiquement fermés : l'amoureux étudiant perdit son temps et sa peine dans une faction de deux jours, lorgnette en main, à sa fenêtre. Le troisième jour, sa tête était en feu. Emporté par une espèce de délire, il courut hors de la ville; la figure d'Olympia se multipliait autour de lui comme par enchantement; il la voyait flotter dans les airs comme une brume de neige, scintiller à travers les haies fleuries et se reproduire dans le cristal des ruisseaux. La pauvre Clara était bien oubliée! Nathanaël s'en allait au hasard, les yeux au ciel, et, avec des sanglots dans la voix, il s'écriait : « O mon étoile d'amour, pourquoi me laisses-tu seul ainsi sur la terre? Loin de toi mes jours se décolorent, et ma vie se flétrit comme une fleur sous le soleil du désert!... »

Lorsque Nathanaël retourna dans sa demeure, un grand bruit se faisait chez Spalanzani. Les portes s'ouvraient, les fenêtres étaient enlevées de leurs gonds; de nombreux ouvriers allaient et venaient, portant des meubles, clouant des tapisseries et faisant jouer le marteau avec une activité extraordinaire. L'ami Siegmund apprit à notre héros que le professeur Spalanzani offrait le lendemain un grand bal à tout ce que l'université comptait de plus distingué, et qu'à cette occasion mademoiselle Olympia ferait sa première entrée dans le monde.

Nathanaël trouva chez lui une lettre d'invitation, et Dieu sait la joie dont il était rempli quand, à l'heure dite, il pénétra dans le salon splendidement éclairé où la plus belle société de la petite ville était déjà réunie autour du savant professeur. Olympia était parée avec une recherche et un goût exquis. Tout le monde admirait sa beauté, et l'on ne trouvait à reprendre dans ses admirables proportions qu'une certaine cambrure exagérée de la taille, qui semblait résulter d'un excès de pression occasionné par le corset. Cette belle personne marchait avec majesté; mais il se mêlait à sa démarche je ne sais quelle roideur qu'on attribuait à sa timidité naturelle. Elle se mit au clavecin, et chanta un air national fort en vogue, avec un accent sonore et vibrant comme un harmonica. Nathanaël la considérait dans une sorte d'extase; mais comme il était arrivé un peu tard et n'avait pu se placer au premier rang de la foule, il tira de sa poche la petite lorgnette de Coppola et la dirigea discrètement sur les traits charmants d'Olympia. Aussitôt l'incendie se déclara avec une force irrésistible. Il lui sembla que la belle fille de Spalanzani fixait sur lui des regards pleins d'une voluptueuse langueur; son chant prit à son oreille toutes les sublimes inflexions d'un écho du ciel; puis un nuage passa devant ses yeux; son imagination s'égara dans les sphères les plus lointaines de l'idéal; un moment il crut sentir autour de son cou la chaude étreinte de deux bras amoureux, et s'écria : « Olympia! Olympia! » Quelques personnes voisines de Nathanaël se retournèrent et lui rirent au nez; mais il n'y prit pas garde. Après le concert venait le bal. Danser avec ce chef-d'œuvre de beauté, n'était-ce pas le comble du bonheur possible! Mais comment oser l'inviter? Comment? je ne sais, mais le fait est qu'au bout de bien peu d'instants, on vit Nathanaël profondément incliné devant mademoiselle Olympia. Une sueur froide inonda son front lorsque de l'extrémité de ses doigts il effleura ceux d'Olympia. La main de la jeune fille était glacée comme celle d'une morte. Nathanaël leva son regard sur les siens, il y trouva la même fixité langoureuse; il oublia son mouvement de surprise craintive, et, enlaçant d'un bras souple la taille de la reine de la fête, il s'élança en tournoyant avec une grâce infinie parmi la foule des valseurs. Mademoiselle Olympia valsait avec une mesure et une précision qui faisaient honte à toutes les demoiselles de la petite ville. Après l'avoir reconduite à sa place, Nathanaël, en vrai lion amoureux, aurait de grand cœur cherché querelle à quiconque se fût avisé de l'inviter; mais la gravité du lieu et des personnes le retint heureusement. Il s'était assis auprès d'Olympia, et, prenant sa main dans la sienne, il lui parlait de son amour en termes délicats mais brûlants. La vertueuse fille ne lui répondait que par un monosyllabe guttural assez difficile à rendre : « Ach! ach! ach! » faisait-elle. Et Nathanaël, perdant la tête, lui disait : « O femme digne de l'amour des anges! chaste reflet du bonheur des élus! laisse tomber sur moi ton doux regard! » Mais à tout cela mademoiselle Olympia ne répondait que par son perpétuel : « Ach! ach! ach!... »

Pendant cette conversation remarquable, le professeur Spalanzani passa plusieurs fois devant nos amoureux en leur adressant un sourire étrange. Peu à peu Nathanaël, malgré sa préoccupation, s'aperçut que l'éclat des lumières diminuait. Les bougies du salon s'éteignaient successivement; la musique et la danse avaient cessé depuis longtemps; les convies étaient partis. « Oh! mon Dieu! disait Nathanaël, faut-il déjà nous séparer, et me sera-t-il permis de te revoir, ô mon ange? » Il se pencha sur les mains d'Olympia pour les couvrir de baisers. Mais le froid de la mort se retrouva sous ses lèvres; il frissonna de la tête aux pieds. « Olympia, disait-il d'une voix brisée; Olympia, m'aimes-tu? » Olympia se leva comme par l'effet d'un ressort, et répondit comme toujours : « Ach! ach! ach! » Et elle se mit à marcher, suivie par Nathanaël, qui répétait à l'infini ses déclarations emphatiques. Olympia s'arrêta devant Spalanzani, et celui-ci dit à l'étudiant : « Mon cher monsieur, puisque vous prenez tant de plaisir dans la conversation de ma fille, vos visites nous seront toujours fort agréables. » Nathanaël crut que le ciel s'ouvrait. Il partit fou de joie et d'amour. Le bal du docteur Spalanzani fut longtemps l'objet de toutes les causeries et surtout de vertes critiques. Les uns relevaient avec malice maintes maladresses qui ne leur avaient pas échappé, et qui témoignaient du peu d'usage du monde de M. le professeur; les autres, et c'était le grand nombre, discutaient les imperfections de mademoiselle Olympia; on s'accordait à la trouver stupide, ce qui justifiait suffisamment le soin que Spalanzani avait pris si longtemps de la dérober à tous les yeux.

Nathanaël écoutait ces propos avec colère ; mais il n'osait éclater, de peur de compromettre sa bien-aimée, et de se voir fermer au nez la porte du logis. Un jour Siegmund lui dit : « Frère, comment un homme raisonnable peut-il s'éprendre, ainsi que tu l'as fait, d'une poupée qui ne sait rien dire?... » Nathanaël répondit avec un calme apparent : « Comment un garçon qui a d'aussi beaux yeux n'a-t-il pas compris tout ce qu'il y a de charmes et de trésors visibles et cachés dans la personne d'Olympia? Tant mieux, frère, que tu n'aies pas vu tout cela, car tu aimerais cette fille avec une exaltation pareille à la mienne ; et je sens que je ne pourrais vivre à côté d'un rival, eût-il été mon meilleur ami!... »

Siegmund comprit que la tête de Nathanaël était fort malade ; aussi chercha-t-il à le ramener à des idées moins guerroyantes. « La beauté, lui dit-il, est une chose de convention ; le caprice y a souvent plus de part que la réalité. Mais ne te semble-t-il pas singulier que tous nos camarades portent le même jugement sur Olympia? S'il y a dans cette femme un ensemble de beaux traits et de formes séduisantes, peut-on disconvenir, après l'avoir examinée, que son œil est sans regard, que chaque mouvement semble l'effet d'un rouage? Elle chante, elle joue avec mesure ; mais c'est toujours le même air avec le même accompagnement ; sa danse est un mécanisme uniforme. Voilà ce que j'ai vu, ce que nous avons tous vu ; j'en conclus que ta belle Olympia est un être surnaturel dont le secret nous sera révélé quelque jour. » Nathanaël fit un nouvel effort pour se contenir : « Vous n'êtes tous, dit-il à Siegmund, que des êtres prosaïques ; tout ce qu'il y a d'amour et de séductions dans Olympia ne s'est révélé qu'à moi, parce que seul j'avais des facultés assez exquises pour apprécier le trésor que m'offrait la fortune. Je conçois qu'elle vous déplaise ; car elle n'a rien à mêler à vos fades conversations. Le peu de mots qu'elle laisse tomber de ses lèvres sont pour moi comme les hiéroglyphes du monde intime où vivent les âmes ; mais tu ne sais rien de tout cela... — C'est vrai, reprit Siegmund, aussi je te laisse à tes rêves ; mais si jamais, dans le monde réel où tu redescendras tôt ou tard, tu avais besoin d'un service d'ami, souviens-toi de moi... Adieu! » Nathanaël parut touché des derniers mots de son ami, et les deux jeunes gens échangèrent, avant de se séparer, une cordiale poignée de mains.

Clara, la bonne Clara, était aussi bien oubliée que si elle n'eût jamais existé. Lothar avait également disparu du souvenir de Nathanaël. Le pauvre garçon passait toutes ses journées à côté d'Olympia ; il venait lui lire des vers, des poëmes, des ballades, des traités de psychologie à perte de vue. La belle personne écoutait tout cela avec une patience, avec une impassibilité fantastiques. Elle regardait son amant avec ses deux yeux noirs éternellement fixes ; quand Nathanaël, emporté par la passion, tombait à ses genoux et baisait ses mains ou ses lèvres, elle disait toujours : « Ach! ach! ach! » et, quand il s'en retournait chez lui, elle ajoutait : « Bonne nuit, mon bien-aimé! » Ce peu de mots ouvraient à Nathanaël le monde infini des amours platoniques ; il s'imaginait penser, agir et sentir pour Olympia, et il admirait cette puissance d'amour qui avait attiré en lui-même l'âme et les facultés d'Olympia. Quelquefois il retrouvait des moments lucides : alors il songeait à l'immobilité étrange de la jeune fille ; mais il se disait aussitôt : « Qu'est-ce que des mots ? de vains sons qui éclatent et s'évanouissent ; le regard d'Olympia dit plus de choses que toute l'éloquence des hommes! »

Le professeur Spalanzani semblait prendre un singulier intérêt aux relations de sa fille avec Nathanaël ; il prodiguait à l'étudiant les témoignages de la plus cordiale bienveillance ; un jour, notre héros, armé de toute sa résolution pour frapper un grand coup, décida qu'il demanderait sans plus tarder, et avec toute la gravité convenable, l'honneur d'aspirer à la main d'Olympia. Pour être plus sûr de son fait, il crut nécessaire, avant tout, d'adresser à la dame de ses pensées une déclaration positive ; et pour lui donner un cachet plus solennel, il chercha dans une cassette un anneau d'or qu'il tenait de sa mère et qu'il voulait mettre au doigt d'Olympia comme gage de leurs fiançailles. Il rencontra d'abord dans la cassette les lettres de Lothar et de Clara, les éparpilla avec impatience, trouva l'anneau et courut chez le professeur.

Quand il fut arrivé au haut de l'escalier, il entendit un

vacarme épouvantable dans l'appartement de Spalanzani. A travers des piétinements, des cliquetis métalliques et des coups violemment heurtés contre les cloisons du logis, il discerna deux voix qui hurlaient d'atroces malédictions...

« Vas-tu lâcher, misérable ! — Oses-tu m'enlever mon sang et ma vie ? — C'est mon œuvre de prédilection ! — Moi, j'ai fait les yeux ! — Moi, les ressorts du mécanisme ! — Va au diable, maudit faiseur d'horloges ! — Satan ! arrête ! Animal d'enfer, rends-moi mon bien ! — Ah ! ah ! ah ! » Ces deux voix formidables appartenaient à Spalanzani et à Coppélius. Nathanaël, hors de lui, donna un coup de pied dans la porte, et s'élança dans la chambre au milieu des combattants. Le professeur tirait par les épaules, et l'Italien Coppola par les jambes, une femme qu'ils s'arrachaient avec rage.

« Horreur !... s'écria Nathanaël, c'est Olympia ! » Il allait sauter à la gorge de Coppola, lorsque celui-ci, doué d'une force d'Hercule, força, par une dernière secousse, son antagoniste à lâcher prise ; soulevant la femme de ses bras nerveux, il en déchargea un si rude coup sur la tête du professeur, que le pauvre homme, presque assommé, alla mesurer la terre à dix pas, en brisant dans sa chute une table couverte d'une foule de flacons, de cornues, d'alambics et d'instruments. Profitant de ce désordre, Coppola jeta Olympia sur ses épaules, et disparut en riant d'un rire de démon ; l'on entendit jusqu'au bas de l'escalier les jambes d'Olympia battre les marches avec un cliquetis de castagnettes.

La tête d'Olympia était restée sur le champ de bataille. Nathanaël reconnut avec effroi une figure de cire ; les yeux d'émail s'étaient brisés. Le malheureux Spalanzani gisait au milieu des éclats de verre qui avaient criblé de blessures saignantes ses bras, son visage et sa poitrine. « Coppélius ! Coppélius ! s'écriait-il d'une voix dolente. Maudit voleur ! tu m'enlèves le fruit de vingt ans d'études et de travail ! Mais, c'est égal, je lui ai pris les yeux ! Oui, les voilà ! » Nathanaël vit alors à ses pieds deux yeux sanglants qui le regardaient avec fixité. Spalanzani les ramassa et les lui jeta au milieu de la poitrine. Aussitôt, Nathanaël, saisi d'un accès de folie, se mit à crier les choses les plus incohérentes, et, se ruant sur le professeur, il allait l'étrangler si les voisins, accourus au bruit de la scène, ne s'étaient emparés de la personne de l'étudiant; il fallut le garrotter étroitement pour empêcher un malheur. On le porta à l'hôpital des fous, et son ami Siegmund le suivit en pleurant.

Le célèbre professeur Spalanzani se rétablit en peu de temps, car aucune de ses blessures n'offrait la moindre gravité. Mais aussitôt qu'il put supporter un déplacement, il lui fallut quitter la ville : tous les étudiants de l'Université qui avaient été témoins de la mystification jouée à Nathanaël avaient juré de tirer une vengeance terrible du mécanicien italien qui s'était permis d'abuser avec un mannequin des personnes naturelles aussi recommandables que les habitants et les écoliers de la ville de G***. Quelques légistes avaient proposé d'intenter un procès criminel à Spalanzani comme coupable de la folie qui venait de retrancher Nathanaël du sein de la société. Mais le professeur était parti à temps, et on ne revit pas davantage le marchand de baromètres, de lunettes et de lorgnettes, Giuseppe Coppola.

Quand, à force de soins, Nathanaël revint à la raison, il lui sembla qu'il sortait d'un long cauchemar; il se retrouva dans la maison paternelle : sa mère, la bonne Clara et Lothar pleuraient autour de son lit. Dès qu'il rouvrit les yeux, Clara lui parla la première : « Tu nous es rendu, lui dit-elle, ô mon bien-aimé! te voilà guéri par nos soins d'une cruelle maladie. — Clara! Clara! » murmura Nathanaël en promenant sur tous les objets qui l'environnaient un regard étonné, comme s'il cherchait à rappeler des souvenirs. Siegmund, qui n'avait pas voulu quitter son ami malade, entra dans la chambre et vint lui serrer la main. Quelques jours de douce convalescence achevèrent la guérison de l'étudiant. Quand il fut complétement rétabli, on lui apprit qu'un vieil oncle qui, de son vivant, avait toujours paru fort pauvre et très-avare, venait de mourir, laissant à ses héritiers une petite maison champêtre non loin de la ville, avec un coffre-fort assez bien garni. Toute la famille se proposait d'aller y vivre au sein d'une paisible retraite. On fixa le jour de l'installation, et avant le départ on alla dans toute la ville faire les dernières emplettes nécessaires afin de n'y pas revenir de longtemps. Comme on passait sur la place de l'église : « Cher bien-aimé, dit Clara, ne veux-tu pas que nous montions sur le beffroi pour contempler encore les montagnes et les forêts lointaines?... » Nathanaël trouva l'idée charmante, et ils montèrent seuls ; la vieille mère retourna à la maison, et Lothar, peu soucieux de grimper deux ou trois cents marches, voulut attendre au pied de la tour.

Les deux amants, appuyés sur la balustrade du beffroi, s'enivraient du poétique spectacle qui se déroulait sous leurs yeux. Les cimes des grands bois se courbaient comme des vagues d'eau verte, et les montagnes se découpaient comme des silhouettes de fantômes grisâtres sur l'azur foncé du ciel.

« Vois donc, s'écria la jeune fille, vois donc ce buisson gris là-bas; on dirait qu'il se remue, et qu'il vient vers nous! » Nathanaël, doué d'une vue moins perçante, chercha machinalement dans sa poche la lorgnette de Coppola. À peine l'eut-il braquée vers la plaine qu'il bondit comme un tigre, en poussant un cri rauque et féroce : Olympia s'était trouvée devant le verre de la fatale lorgnette. Nathanaël eut un transport au cerveau. Il regarda fixement Clara ; puis ses yeux roulèrent tout sanglants dans leurs orbites : « Mannequin! mannequin d'enfer! s'écria-t-il, retourne au diable qui t'a créé!... » Alors il étreignit Clara avec une force convulsive, et voulut la jeter en bas de la tour. La pauvre enfant, demi-morte d'effroi, se cramponnait à la balustrade avec l'énergie du désespoir. Lothar entendit heureusement les cris de détresse; soupçonnant un affreux malheur, il s'élança dans l'escalier tortueux de la tour; comme il arrivait sur la plate-forme, Clara évanouie était suspendue au-dessus de l'abîme. Lothar eut à peine le temps de retirer en arrière le corps de sa sœur, et, pour faire lâcher prise au malheureux Nathanaël, il lui asséna un coup furieux sur la tête : celui-ci chancela et tournoya comme une toupie. Lothar descendit les marches du beffroi avec son précieux fardeau, que la vie semblait avoir abandonné. Quant à Nathanaël, il se mit à courir comme un énergumène tout autour de la plate-forme, en faisant des sauts périlleux et en poussant des hurlements sauvages qui attirèrent la foule frappée d'un stupide effroi. Au milieu des curieux parut tout à coup l'avocat Coppélius, qui venait d'entrer dans la ville. Quelques gens du peuple voulaient monter dans la tour pour s'emparer du fou dont l'exaltation faisait trembler. « Bah! bah! dit Coppélius; laissez-le donc, il descendra bien tout seul! » Et comme il regardait, bouche béante, les évolutions de Nathanaël, celui-ci, qui venait de se pencher sur la balustrade, l'aperçut, le reconnut, et, en jetant un éclat de rire diabolique, il se précipita...

On le releva brisé. — Coppélius se perdit dans la foule. Quelques années après, Clara, qui avait quitté le pays après ce malheureux événement, fut rencontrée par Siegmund, l'ami de Nathanaël, dans une contrée lointaine. C'était une belle jeune femme; elle se tenait à la porte d'une jolie maison de campagne. Près d'elle, un homme d'une physionomie douce et grave tenait sa main serrée en la regardant avec amour. Deux jolis enfants jouaient à leurs pieds sur une pelouse émaillée de bruyère fleurie.

LE ROI TRABACCHIO

Sur les confins du domaine de Fulda vivait jadis, au bord d'un bois vieux comme le monde, un habile chasseur nommé Andrès. Cet homme, après avoir fait partie de la maison du comte Aloys de Bach, avait suivi son noble maître pendant ses longs voyages, et lui avait sauvé la vie lors d'une attaque de bandits sur la route de Naples. Dans une hôtellerie de cette ville, où ils firent quelque séjour, ils rencontrèrent une jeune fille de la plus rare beauté ; on l'employait aux travaux les plus grossiers, et le maître du logis paraissait la traiter avec une grande dureté. Andrès, qui se piquait de galanterie, tâcha, par ses égards, d'adoucir, autant qu'il était en lui, la situation de cette pauvre enfant, qui, par gratitude, conçut bientôt pour lui un vif attachement, et, pour ne pas en être séparée, elle consentit avec joie à l'accompagner en Allemagne ; le comte de Bach, par affection pour son fidèle domestique, permit à la jolie Giorgina de prendre place, à côté de son futur époux, sur le siège extérieur de sa chaise de poste.

Leur mariage fut même célébré avant de quitter l'Italie ; et, quand ils furent arrivés sur les domaines de leur seigneur, Andrès fut investi des fonctions de garde général des chasses dans les forêts de Fulda.

Le jeune ménage eut grand'peine à s'y arranger une existence supportable. Le pays était misérable, et, outre la difficulté de s'y procurer la plupart des choses nécessaires à la vie, il fallait continuellement veiller contre les braconniers et contre les voleurs. Le modique salaire du garde-chasse suffisait à peine aux premiers besoins, et les bénéfices que lui rapportaient ses droits sur les coupes annuelles de la forêt, joints au produit d'un petit jardin souvent dévasté par les incursions des loups et des sangliers, ne le préservaient pas toujours des rudes atteintes de la misère. Et pourtant, malgré tant de privations et de souffrances, l'honnête garde-chasse accomplissait ses devoirs avec une rigoureuse fidélité. Mais Giorgina, dont l'enfance s'était écoulée sous un ciel plus doux, tomba malade de langueur et d'épuisement. Sa beauté se flétrit peu à peu, et la charmante Napolitaine devint en peu de temps une créature chétive, amaigrie et souffreteuse à l'excès. Souvent, pendant la nuit, des coups de feu faisaient retentir les échos des bois. Les dogues du garde-chasse poussaient de sauvages aboiements, et Andrès quittait sa couche en maugréant contre sa pénible destinée. La naissance d'un fils acheva d'affaiblir la constitution de Giorgina, et chaque jour, à dater de cette époque, elle se sentait descendre vers la tombe. Tout espoir de bonheur s'était éloigné de la maisonnette du forestier. Le chagrin sombre qui le minait semblait l'avoir privé de ses facultés. Il passait la plus grande partie des nuits dans de cruelles insomnies; le jour, exténué par la fatigue et par l'anxiété, il sentait sa main trembler; le plomb de sa carabine n'atteignait plus, comme autrefois, le gibier aux plus lointaines distances, et les hôtes de la forêt traversaient les taillis sous ses yeux comme pour insulter, par leur sécurité, à son adresse déchue. Sans un vieux valet qui lui était fort attaché, il n'aurait pu fournir au comte les redevances de gibier qui lui étaient imposées.

Un soir d'automne, la bise gémissait dans les feuilles mortes; assis près du grabat où sa femme se sentait mourir, le pauvre Andrès rêvait tristement à son avenir. Le vieux valet n'était pas revenu de la ville prochaine, où il était allé chercher des remèdes pour la malade. L'ouragan grondait dans les profondeurs de la solitude, et les dogues, tourmentés par l'électricité de l'atmosphère, hurlaient par intervalles. Tout à coup un bruit de pas se fit entendre auprès de la cabane. Andrès crut que c'était son valet qui revenait; il se leva pour aller ouvrir. Un homme drapé dans les plis d'un grand manteau gris et les traits cachés sous un bonnet de fourrure, entra dans la chambre. « Je me suis perdu dans ces bois sans routes frayées, dit l'inconnu ; voici l'orage qui descend des roches, tout à l'heure les ravins seront noyés. Voulez-vous, mon brave homme, m'accorder un abri sous votre toit, pour attendre la fin de la tourmente? — Soyez le bienvenu, répondit le garde ; mais je n'ai à vous offrir qu'une triste hospitalité. Voyez, j'ai une femme malade, et je manque de tout. Mon valet, que j'avais envoyé chercher quelques provisions, n'est pas encore de retour. »

Cependant l'étranger s'était débarrassé de son manteau sous lequel il portait une petite cassette et une légère valise. Il déposa ces objets sur une table, et plaça auprès une paire de pistolets et un poignard. Andrès était retourné près du lit de Giorgina, qui restait immobile et comme privée de sentiment. « Hélas! s'écria-t-il en pleurant, voici la dernière heure de ma pauvre femme ! — Rassurez-vous, mon ami, dit l'étranger, qui venait de s'approcher du lit de douleur, et qui avait pris la main de la malade pour lui tâter le pouls, avec l'expression d'un vif intérêt. Votre femme est jeune, mais les privations la tuent; elle n'a besoin que de recouvrer ses forces par une nourriture vigoureuse. Je porte toujours avec moi une liqueur cordiale qui produit des effets merveilleux ; je suis arrivé à temps pour vous rendre un service signalé : laissez-moi faire. » A ces mots, il tira de sa cassette un flacon rempli d'une liqueur dorée et en versa quelques gouttes sur un morceau de sucre qu'il glissa entre les lèvres de la malade. Puis il tira d'un autre flacon deux ou trois cuillerées de vin du Rhin, les insinua délicatement de la même manière, et dit à Andrès de laisser reposer la mère et l'enfant, et d'attendre sans inquiétude le résultat de ce médicament. Andrès restait en extase devant le sauveur que le ciel venait d'envoyer dans son humble cabane. Dans l'effusion de sa reconnaissance, il se mit à lui raconter tous les détails de sa misère. L'étranger lui répondit que souvent la Providence venait au secours de ses créatures dans les moments les plus critiques, et qu'il ne fallait jamais désespérer de l'avenir. « Hélas! mon digne monsieur, reprit le garde, Dieu sait avec quel bonheur je saisirais une occasion de gagner quelque argent; mais que puis-je faire dans ce désert, abandonnés, comme nous le sommes, de tout le monde! » L'étranger sourit à ces paroles d'Andrès; il ouvrait la bouche, lorsque Giorgina sortit de son assoupissement. Elle paraissait avoir recouvré ses forces, et sa première parole fut pour son enfant qu'elle prit dans ses bras. Andrès, ravi jusqu'à l'enthousiasme, riait, pleurait, sautait, baisait les mains de l'étranger, et ne se sentait plus de joie. Le valet rentra chargé de provisions, que, sur l'ordre de son maître, il se mit à préparer pour l'étranger. Celui-ci, à son tour, composa de ses propres mains un bouillon pour Giorgina, y mêla diverses substances qui devaient, disait-il, achever sa guérison.

Cependant la nuit s'avançait, et, quoique la tempête se fût dissipée, Andrès insista pour que l'étranger consentît à se reposer sur un lit de mousse et de feuillage, couvert de peaux de chevreuil. Quand le jour parut, Giorgina était au mieux; elle rendit, avec son mari, les actions de grâces les plus touchantes au bienfaisant étranger; celui-ci recevait leurs remerciments avec une impatience visible, et, pressé de se retirer, il tira d'une bourse de cuir plusieurs pièces d'or qu'il voulut faire accepter à son hôte. « Ah! monsieur, s'écria le brave garde, je ne veux point de votre or; qu'est-ce que l'abri momentané que j'ai pu vous offrir, en échange du service inappréciable que vous nous avez rendu! Je n'oublierai jamais que ma chère femme vous doit la vie, et je ne demanderais au ciel que l'occasion de me dévouer corps et âme à votre service pour acquitter ma dette! Je ne veux point de cet argent qui ne m'est pas dû; mais, si vous daignez me laisser un souvenir de votre passage, je serais trop heureux d'obtenir de votre générosité quelques gouttes du précieux élixir que vous possédez, afin de préserver ma Giorgina de toute rechute...

— Eh bien, dit l'étranger, puisque vous refusez un peu d'or

que je suis assez riche pour vous donner sans qu'il m'en coûte rien, je veux en jeter le double sur les genoux de votre femme; elle achètera des nippes à son enfant pour le parer aux jours de fête. » Giorgina vit aussitôt pleuvoir sur son lit une poignée de jolies pièces d'or, toutes luisantes des reflets du soleil levant; elle les regardait avec des sourires joyeux, car elle n'avait jamais vu de si près pareille richesse.

« Vous serez peut-être surpris, reprit alors l'étranger, de trouver tant de libéralité dans un voyageur à pied dont l'humble extérieur annonce tout au plus un petit marchand forain. Mais il ne faut pas toujours juger les gens sur l'apparence. Je fais, tel que vous me voyez, depuis vingt ans, le commerce des bijoux; j'y ai gagné une immense fortune dont je pourrais jouir en grand seigneur, si une vie errante et toujours active ne m'était pas devenue indispensable. Cette cassette que vous voyez est pleine de joyaux du plus haut prix; il y a là dedans des marchandises pour des sommes énormes. J'arrive de Francfort, où j'ai fait des affaires magnifiques, et la poignée d'or que j'ai donnée à votre femme représente tout au plus la millième partie de mes bénéfices. Je vais en ce moment de Francfort à Cassel; mais depuis Schuchtern, j'ai voulu prendre des chemins de traverse et je me suis égaré. Cette forêt, que les voyageurs vulgaires redoutent beaucoup, m'a paru, à cause de cela même, infiniment moins périlleuse que la grande route, et désormais je compte y passer toujours; vous me reverrez, mes bons amis, deux fois par an : à Pâques, quand je vais de Francfort à Cassel; puis vers la fin de l'automne, quand je reviens après la foire de Saint-Michel, de Leipzig à Francfort; de là je continue mon pèlerinage industriel jusqu'en Suisse et même en Italie. Chaque fois que je passerai ici, je veux me reposer chez vous, et je payerai largement votre hospitalité. J'ai, avant de vous quitter, un service à vous demander. Il s'agirait de me garder cette cassette jusqu'à mon voyage d'automne. J'ai en vous la plus entière confiance, et je vous laisse ce dépôt comme à mon meilleur ami. Le garde-chasse du comte de Fulda ne peut être que le plus honnête homme du monde. Si vous êtes, en outre, disposé à me rendre un autre bon office, je vous prierai de me guider jusqu'à la sortie de la forêt, vers la route de Hirschfeld ; car je ne veux pas courir le risque de m'égarer une seconde fois : on ne trouve pas partout des gens aussi obligeants que vous; d'ailleurs, le pays n'étant pas très-sûr, il est agréable de se trouver en compagnie. Comme forestier, les braconniers et les voleurs ne vous menacent point, ils savent que vous êtes pauvre; mais un voyageur inconnu, et dont on peut facilement cacher la mort à tous les yeux, court d'assez gros risques. On me connaît en mille endroits pour un brocanteur en joaillerie, et j'ai ouï dire qu'une bande de brigands qui exploite les environs a mon signalement, et se ferait fête de ma capture. Voulez-vous donc m'accompagner jusqu'à la lisière des bois ?... »

Andrès s'empressa de se rendre aux désirs de l'étranger; il revêtit son uniforme de garde général, visita les amorces de son excellent fusil à deux coups, mit à sa ceinture un large coutelas bien aiguisé, et fit lâcher deux dogues de forte race pour compléter l'escorte. Pendant qu'il achevait ces préparatifs, l'étranger avait tiré de sa cassette un collier, des pendants d'oreilles et des bagues dont il engagea Giorgina à se parer devant lui. La jeune femme, rougissant de plaisir, s'admirait dans un miroir de poche que l'étranger avait placé devant sa jolie figure. « Ah! mon Dieu, monsieur, disait-elle, comment pouvez-vous tenter une pauvre forestière comme moi par l'appât de posséder de si belles choses? — Je suis ravi, dit l'étranger, que ces bagatelles vous causent quelque joie. Ces diamants sont purs comme votre beauté. Acceptez-les en souvenir de moi. Andrès, ajouta-t-il en se tournant vers le garde-chasse ébahi, s'il m'arrivait quelque malheur, et si vous ne me voyiez pas revenir à l'époque marquée, je vous constitue l'unique héritier des richesses que renferme cette cassette. Je n'ai ni femme ni enfants; il ne me reste que des parents éloignés dans le pays Valaisan, et dont je me soucie infiniment peu; car, au temps où j'étais malheureux, je n'ai trouvé près d'eux ni affection ni ressources. Si d'ici à trois années vous ne receviez pas de mes nouvelles, regardez cette cassette comme votre bien; c'est un don que je place sur la tête de votre enfant, auquel je vous prie de faire porter le

16

nom d'Ignace, en souvenir de moi, car je me nomme Ignace Denner. » Le garde-chasse ne savait comment témoigner sa reconnaissance pour les étranges libéralités de l'étranger. Giorgina lui promettait naïvement de ne jamais l'oublier dans ses prières; mais il répondit que si la protection du ciel était chose recommandable, il se fiait davantage en sa force et dans la bonté de ses pistolets.

Le pieux Andrès goûtait mal cette manière de voir; mais il ne laissa échapper aucune observation qui pût mécontenter son hôte; il se borna à lui faire observer que l'heure avançait, et qu'il était temps de se mettre en route, pour éviter à Giorgina des inquiétudes en attendant son retour.

Avant de quitter la maisonnette, Denner renouvela à Giorgina l'assurance qu'elle pouvait, sans aucun scrupule, user librement de ses bijoux. La jeune femme le remercia en rougissant de plaisir, et lui adressa ses adieux, accompagnés de mille vœux pour son heureux retour. Les deux hommes se mirent à marcher d'un pas rapide à travers les bois, qui devenaient de plus en plus fourrés et sombres. Les dogues aboyaient de temps à autre, couraient en avant, puis revenaient vers leur maître avec des signes de défiance et d'inquiétude. « Cette partie de la forêt n'est pas sûre, dit le garde; » il apprêta les deux coups de son fusil et doubla le pas pour éclairer la marche de son hôte. Il crut entendre plus d'une fois des bruissements à travers les taillis; à de longues distances il lui sembla voir des formes vagues, qui pouvaient aussi bien appartenir à des démons qu'à des brigands. Son compagnon ne cessait de le rassurer contre toute crainte de danger. Un homme d'un aspect sauvage et armé jusqu'aux dents s'étant levé tout à coup d'un buisson, Andrès allait tirer dessus; mais l'étranger retint son bras, et l'homme de mauvaise mine, après un signe d'intelligence, rentra dans les taillis. Aucun autre incident ne signala leur route jusqu'à la sortie du bois. « Je vous remercie de votre complaisance, dit alors Denner au garde-chasse; vous pouvez maintenant retourner chez vous sans crainte. Vous ne ferez aucune mauvaise rencontre; et si vous voyez surgir derrière les broussailles quelques figures rébarbatives, n'en prenez nul souci. »

Andrès ne savait que penser du pouvoir occulte que semblait exercer son hôte sur les malfaiteurs. Il se remit en route bravement, et arriva sain et sauf chez lui, où sa Giorgina l'accueillit avec toutes les expressions de la joie la plus vive.

Les libéralités du marchand étranger changèrent la physionomie du petit ménage d'Andrès. On se pourvut de bien des objets de première nécessité qui manquaient, et l'on y ajouta quelques objets d'agrément qui donnèrent à la maisonnette un aspect plus confortable. Les voleurs et les braconniers semblaient avoir abandonné le pays depuis le passage d'Ignace Denner; le garde-chasse, délivré de ses anxiétés continuelles, vaquait paisiblement à ses fonctions, et sa main était redevenue aussi sûre que son coup d'œil. L'étranger revint à la fête de Saint-Michel, ainsi qu'il l'avait promis. Il passa trois jours chez le garde, paya généreusement sa modeste dépense, et partit en témoignant le plus vif intérêt aux jeunes époux. Giorgina, grâce à ses petits cadeaux, pouvait se permettre certains airs de coquetterie. Elle confia à Andrès que l'étranger lui avait donné une broche d'or d'un fin travail d'orfèvrerie, comme en portent les jeunes filles d'Italie pour retenir les nattes de leur chevelure. Le garde, qui ne s'expliquait point quel motif caché pouvait faire agir ainsi l'étranger, fit quelques reproches à sa femme d'accepter de tels présents d'un inconnu. « Je ne sais, disait-il, mais il me semble qu'une malédiction mystérieuse s'attache aux cadeaux de cet homme. Depuis que nous le connaissons, nous jouissons d'un peu plus d'aisance, et je bois de temps en temps quelques gobelets de meilleure piquette; mais je n'en regrette pas moins, malgré moi, notre ancienne pauvreté. Il me semble qu'alors j'avais le cœur plus libre et la conscience plus légère. Je ne puis éprouver aucune sympathie pour ce singulier marchand de bijoux; son œil ne vous regarde jamais en face, et je me défie par instinct de celui qui n'a pas le regard franc. Dieu veuille que je me trompe, et qu'il n'y ait pas au fond de tout ceci quelque péril pour notre avenir et pour notre repos. »

Giorgina mit tout en œuvre pour dissiper les sinistres pressentiments de son mari, mais elle n'y réussit qu'à moitié.

Andrès ne parla plus de l'étranger; seulement il garda un air préoccupé, défiant et triste.

Ignace Denner reparut à l'époque où l'enfant d'Andrès venait d'atteindre neuf mois. Giorgina l'avait paré à la mode italienne, et l'enfant promenait autour de lui, pendant le repas, des regards animés d'une intelligence précoce. Ignace Denner le considérait avec complaisance. « Mes amis, dit-il à ses hôtes, votre enfant semble destiné à un bon avenir, et j'aurais à vous faire une proposition avantageuse pour lui comme pour vous. Je suis riche et je n'ai point d'enfants. Je me sens disposé à environner le vôtre d'une affection toute particulière. Confiez-le-moi. Je le ferai élever à Strasbourg chez une dame respectable. Sa fortune est peut-être attachée au parti que vous allez prendre; mais il faut vous décider promptement, car je pars ce soir; si vous y consentez, j'emporterai l'enfant jusqu'au prochain village, où je me procurerai une chaise de poste. » A ces mots, Giorgina s'empara de son enfant, et le serra dans ses bras, les larmes aux yeux. « Voyez, monsieur, dit Andrès, voyez comme ma femme accueille votre projet; je partage son avis, et, sans douter le moins du monde de vos bonnes intentions, je ne puis consentir à me séparer de notre bien le plus précieux; quelque grands que soient les services que vous nous avez rendus, ils ne peuvent diminuer dans nos cœurs la tendresse dévouée que Dieu nous ordonne de garder à notre enfant. Ne nous accusez point d'ingratitude si nous refusons vos offres généreuses; si vous étiez père vous-même, vous apprécieriez toute la vérité de ce que je viens de vous dire... — Comme il vous plaira, répliqua Ignace Denner en jetant sur ses hôtes et sur l'enfant un regard oblique et sinistre; je voulais faire quelque chose qui vous fût agréable; puisque vous y trouvez à redire, n'en parlons plus. »

Au lieu de quitter le même soir la maison du garde, Ignace Denner y passa trois autres jours; pendant tout ce temps, il s'abstint de ses galanteries ordinaires avec Giorgina, et suivit Andrès dans ses excursions, en ayant soin de se faire renseigner exactement au sujet de toutes les affaires du comte Aloys de Bach. Plus tard, dans ses nouvelles visites, il ne parla plus de son projet de prendre avec lui le fils d'Andrès, mais il revint à ses manières cordiales pour Giorgina. Quelquefois même il voulait jouer avec l'enfant; mais celui-ci poussait aussitôt les hauts cris, et paraissait éprouver pour l'étranger un sentiment d'invincible répugnance. Les visites d'Ignace Denner se succédèrent pendant deux années; Andrès perdit peu à peu sa défiance, et s'habitua facilement à des rapports qui lui valaient sans cesse quelque profit, sans lui causer aucun désagrément.

Une nuit d'automne de la troisième année, notre homme fut réveillé en sursaut par des coups violemment heurtés à sa porte; des voix inconnues l'appelaient rudement par son nom. Il se leva en tremblant, et se mit à la fenêtre pour demander ce qu'on lui voulait. « Ouvrez, Andrès, c'est un ami, » dit alors la voix d'Ignace Denner, que le garde reconnut aussitôt. Il ouvrit sa porte, et comme Denner entrait seul, il lui en exprima sa surprise. Denner répondit en ricanant qu'Andrès avait rêvé, ou qu'il avait pris pour des voix humaines les craquements des arbres de la forêt. Quand la torche de résine fixée à un crampon sous la haute cheminée éclaira toute la chambre, Andrès remarqua avec étonnement le singulier costume du marchand d'orfèvrerie. Ignace Denner portait, en place de son manteau gris, un pourpoint de velours brun serré par une large ceinture écarlate d'où sortaient un poignard et deux pistolets. A son côté traînait un grand sabre; sa figure avait quelque chose de plus repoussant qu'autrefois, elle s'encadrait d'une épaisse barbe noire avec de longues moustaches tombantes. « Andrès, dit Denner en fascinant le pauvre garde de ses yeux flamboyants, lorsque, il y a trois ans, je ramenai ta femme de l'agonie, tu me disais que ton seul vœu serait de me payer un jour ce service par ton dévouement. L'heure est venue d'acquitter ta dette. Prends tes habits, tes armes, et viens ! A quelques pas d'ici, tu sauras ce que j'exige de toi. » Le pauvre Andrès ne savait que penser d'une démarche aussi imprévue. Cependant il protesta qu'il était prêt à tout faire, excepté quelque chose de contraire à la probité et à la religion. « Marche toujours, imbécile, » reprit Denner; et comme Giorgina tout effrayée hasardait quelques timides paroles : « Allons, ma belle enfant, ajouta l'étranger, dormez sur les deux oreilles jusqu'à demain ; je vous rendrai votre mari dans quelques heures, sain et sauf, et il ne vous reviendra pas les mains vides. » Andrès s'habillait avec lenteur et indécision. « J'espère, poursuivit Denner, que tu vas tenir ta parole ; il ne s'agit pas de reculer : chose promise, chose due ; et je n'ai pas compté sur toi inutilement. » Le garde-chasse obéit en répétant toutefois qu'on n'obtiendrait rien de lui qui fût incompatible avec ses devoirs.

Ignace Denner l'entraîna par la main, sans répondre un seul mot ; ils s'enfoncèrent tous deux dans les taillis, et marchèrent d'un pas serré jusqu'à une éclaircie du bois. Là, Denner donna un coup de sifflet qui fut répété par tous les échos. On vit aussitôt sortir de toutes parts, comme par enchantement, une multitude de figures sauvages qui se formèrent en cercle à une certaine distance, à la lueur des flambeaux de résine dont la clarté rougeâtre faisait étinceler d'un éclat sinistre des canons de carabines.

Un de ces hommes, s'approchant d'Ignace Denner, désigna Andrès en disant : « N'est-ce point là, capitaine, le nouveau compagnon que vous vouliez nous amener ? — C'est lui-même, répondit Denner ; ne perdons pas une minute, et marchons ! » Rien ne saurait peindre la stupeur du pauvre garde-chasse ainsi pris au piége. Il éclata en reproches amers contre la trahison d'Ignace Denner. Le chef des bandits ne répondit à ses plaintes que par un éclat de rire et par la menace d'envoyer une partie de la troupe incendier sa maison et tuer sa femme et son enfant, s'il hésitait encore à obéir. Andrès, ne voyant d'autre parti possible que la soumission, se résigna, non sans se promettre d'épier la plus prochaine occasion de s'évader, et d'aller livrer à la justice les repaires de ces malfaiteurs. Denner lui dit d'ailleurs que sa participation aux opérations des bandits ne serait que momentanée, et qu'il fallait qu'il continuât ses fonctions de garde général des chasses du pays de Fulda, pour servir avec plus d'efficacité les intérêts de ses nouvelles connaissances.

Le projet du chef de la troupe était pour le moment de

cerner et de mettre au pillage la ferme d'un riche propriétaire, située à l'entrée de la forêt, à une assez grande distance du village. On se mit en marche avec ordre et sans bruit, en suivant des sentiers détournés où l'on n'avait nulle chance de rencontrer quelque obstacle. Arrivée au lieu désigné, la bande se partagea en deux moitiés; la première bloqua les issues de l'habitation, l'autre força les portes. Andrès, avec quelques hommes sûrs attachés à le surveiller, fut placé en vedette. Il entendit bientôt le bruit de la résistance désespérée que le brave fermier opposait aux assaillants; plusieurs coups de feu furent échangés, puis succéda un grand silence, interrompu seulement par le mouvement des meubles que l'on traînait dehors pour les briser et pour les piller à l'aise. Mais un des valets du fermier, profitant du premier désordre de l'attaque pour s'échapper, avait couru au bourg pour chercher la force armée; tout à coup le tocsin sonna, et les habitants de la contrée accoururent de toutes parts vers le lieu du désastre. Un combat terrible s'engagea entre les paysans et les bandits. A la lueur des coups de feu qui formaient un roulement lugubre, Andrès reconnut dans la mêlée des forestiers à la livrée du comte de Bach. Les brigands, serrés de près, durent songer à la retraite après une assez longue défense. Ils se replièrent du côté où Andrès faisait sentinelle. Denner combattait à leur tête avec un courage digne d'une meilleure cause; chaque coup de sa carabine couchait un homme dans la poussière; mais il finit par tomber lui-même. Les forestiers du comte de Bach allaient s'emparer de lui, lorsque Andrès s'élança comme entraîné par un pouvoir irrésistible, et l'emporta dans ses bras à travers la forêt. Lorsqu'ils furent assez loin pour ne pas craindre d'être poursuivis, Denner pria Andrès de le jeter à terre sur le gazon. Il se sentait blessé au pied; mais lorsque Andrès visita la plaie, il reconnut que ce n'était que l'égratignure produite par une balle morte. Un simple pansement suffit pour aider Denner à se soutenir, appuyé sur le bras d'Andrès dont il dirigeait la marche à travers les taillis, jusqu'à un carrefour désigné pour servir de point de ralliement en cas d'échec. Il fit entendre alors un sifflement prolongé auquel répondirent d'autres sifflets ; peu d'instants après, tous ceux qui n'avaient pas péri dans le combat se trouvèrent réunis autour de leur chef. En apprenant le dévouement d'Andrès, ils le comblèrent de félicitations ; celui-ci les reçut avec une morne stupeur, et comme un homme écrasé par le rôle qu'il venait de jouer.

Lorsque toute sa troupe fut ralliée, Ignace Denner procéda au partage du butin, puis il dit à Andrès : « Tu peux retourner auprès de ta femme et de ton enfant, puisque tu n'as pas assez de bon sens pour faire ta fortune en restant parmi nous. Dès demain nous aurons quitté la contrée, et tu ne seras pas inquiété à cause de nous ; mais il est juste qu'avant de nous séparer tu touches ta part des profits. Prends cette bourse et ne m'oublie pas, car l'an prochain nous nous reverrons. — Dieu me garde, s'écria Andrès, de prendre ton or maudit ; tu m'as entraîné par violence au milieu de tes complices, et je n'accepte pas la responsabilité de tes forfaits. Je pars, et je garderai le secret ; mais je te jure que si un seul meurtre, un seul vol se commet sur les terres de Fulda, je révélerai tes repaires à la justice du district. » En l'entendant parler ainsi, les bandits voulaient se jeter sur lui ; mais Denner les contint : « Laissez, leur dit-il, laissez en paix cet imbécile. Va-t'en, mauvais compagnon, et tâche de rester tranquille, si tu tiens au salut de ta femme et de ton enfant ; car je saurais tirer la plus cruelle vengeance de ta moindre indiscrétion ; si tu me trahissais, je pourrais te créer un compte difficile à régler avec la justice. Du reste, je veux bien ne pas te cacher que, faute d'y trouver un profit suffisant, je vais m'éloigner de ces forêts. »

A ces mots, et sur un signe du chef, deux brigands prirent Andrès par-dessous les bras, et le conduisirent assez loin, par des sentiers qui se croisaient en tout sens.

Il arriva chez lui fort tard, exténué de lassitude, et trouva sa femme en proie à la plus vive anxiété. Il se contenta de lui dire que, chemin faisant, Ignace Denner s'était dévoilé à lui comme un profond scélérat, et que toute relation était à jamais rompue entre eux. « Mais la cassette, qu'en ferons-nous ? » s'écria Giorgina. L'embarras d'Andrès fut extrême ; après avoir pesé tous les partis qu'il pouvait prendre, il s'arrêta à l'idée de garder fidèlement ce dépôt, jusqu'à ce que Denner le fit réclamer.

Le siège de la ferme avait répandu l'effroi dans la contrée. Au premier coup de tocsin, le neveu du comte de Bach, qui se trouvait par hasard avec une escorte de chasseurs au bourg de Fulda, s'était mis à la tête des paysans. Trois des bandits, grièvement blessés, avaient été transférés dans la prison; on espérait en obtenir des renseignements sur leurs complices; mais le matin du troisième jour, le geôlier, faisant sa ronde, les trouva percés de coups de poignard dans leurs cachots; nul ne put expliquer le mystère de ce tragique dénoûment. Du reste, la bande avait disparu sans laisser de trace. Cependant des piquets de cavaliers fouillaient dans toutes les directions la forêt de Fulda; leurs haltes avaient lieu chez le garde général. Andrès tremblait à chaque instant qu'on n'amenât Denner ou quelqu'un de ses compagnons, qui, se voyant pris, s'aviserait de l'accuser de complicité. Les alarmes d'une conscience troublée ne lui laissaient plus de repos ni jour ni nuit. Mais toutes les recherches furent sans résultats; on ne put se mettre sur la piste des hardis malfaiteurs qui avaient rançonné le pays, et Andrès resta bientôt convaincu que Denner avait tenu sa parole. Il serra avec soin l'aiguille d'or avec la cassette et l'argent qu'il avait reçu, ne voulant rien garder d'un bien dont la possession lui causait des remords cuisants. Mais la vertu ne se conserve presque toujours en cette vie qu'aux dépens du bonheur matériel, le pauvre Andrès vit revenir peu à peu l'indigence. Il lui fallut une âme fortement trempée pour résister à la tentation d'échapper aux privations en se servant de l'or de Denner. Deux ans après les événements que je viens de raconter, sa femme lui donna un second enfant; mais sa santé s'était affermie, et la maladie ne se joignit pas à cet accroissement de famille et de besoins.

Un soir, pour se reposer des fatigues de sa tournée quotidienne, Andrès causait avec sa femme au coin du foyer; le vieux valet vint annoncer d'un air inquiet qu'il voyait depuis quelque temps rôder autour de la maison un homme de fort mauvaise mine. Le garde prenait son fusil pour aller reconnaître ce visiteur importun, lorsqu'il s'entendit appeler par son nom. Il sortit et trouva Ignace Denner vêtu de son ancien costume gris et portant sous son bras sa valise, comme à l'époque de sa première apparition. « Andrès, lui dit Denner, j'ai besoin de l'hospitalité pour cette nuit. — Quoi, misérable ! s'écria le garde, tu oses, malgré ta parole, reparaître dans ce pays, et devant moi ? Mais tu viens sans doute chercher ton or et tes bijoux ? Attends, je vais te restituer cet infernal dépôt qui m'a porté malheur ; et puis, tu fuiras plus vite que tu n'es venu ; car, par le sang du Christ, je jure que si dans trois jours, à compter de cette heure, je te rencontre sur les terres de mon seigneur, je t'abats d'un coup de fusil, ou je te livre à la justice ! » En achevant ces mots, Andrès rentra chez lui pour chercher la cassette ; à son retour Denner avait disparu. On eut beau fouiller les environs, on ne put savoir ce qu'il était devenu. Le pauvre Andrès comprit qu'après ses menaces, trop imprudentes, il avait tout à redouter de la vengeance du bandit. Chaque nuit il veillait avec son valet, pour se préserver d'une surprise. Rien pourtant ne justifiait ses appréhensions : la contrée restait calme, aucun méfait ne se commettait.

Andrès, persuadé que Denner était revenu seul, crut néanmoins de son devoir d'aller faire une déclaration au tribunal siégeant à Fulda ; et quelque responsabilité que ses rapports forcés avec Ignace Denner pussent lui donner aux yeux des magistrats, il lui semblait que sa conscience serait plus tranquille lorsqu'il aurait raconté tout ce qui lui était arrivé. Mais, au moment de son départ, il reçut un courrier du comte de Bach qui le mandait auprès de lui dans le plus bref délai. Il partit sur-le-champ, fort inquiet de ce qui allait lui arriver. Dès qu'il fut introduit en présence de son maître : « Andrès, lui dit le comte, je t'ai fait appeler en toute hâte pour t'annoncer une bonne nouvelle. Tu te souviens de l'hôtelier chez qui ta femme Giorgina servait autrefois, à Naples, en qualité de fille de basse-cour. Cet homme est mort ; mais à ses derniers moments il a laissé à Giorgina un legs de deux mille ducats en réparation de ses grossiers traitements et de la vie dure qu'il avait imposée à la pauvre jeune fille. Je vais te donner un certificat pour que tu puisses aller, de ce pas, recevoir à Francfort, chez mon banquier, la somme qui te revient. »

Rien ne saurait peindre la joie du garde général; il partit aussitôt pour Francfort, toucha les deux mille ducats, et acheta quelques objets de parure pour sa femme, à laquelle il désirait causer à son retour une agréable surprise. Il acheta, entre autres choses, une aiguille d'or parfaitement semblable à celle que Denner lui avait donnée; puis il reprit à franc étrier le chemin de sa maisonnette, où il devait être si impatiemment attendu.

En arrivant, il trouva la porte principale fermée et barricadée. Il appela de toutes ses forces sa femme et son valet. Personne ne répondit, ses dogues seuls poussaient dans l'intérieur des hurlements lamentables. Andrès eut le pressentiment d'un affreux malheur. Il frappa à la porte à coups redoublés en criant : « Giorgina! Giorgina! » Une voix faible répondit à son appel et Giorgina montra sa tête à une étroite lucarne : « O mon Andrès, dit-elle, c'est toi, toi si tard! Oh! pourquoi m'avais-tu ainsi délaissée! Pendant ton absence, bien des malheurs nous sont arrivés!... »

Lorsque la porte s'ouvrit, Andrès reçut dans ses bras sa femme pâle et désolée; il fut obligé de l'emporter sur son lit, car on eût dit qu'elle allait expirer de terreur et de désespoir. Un spectacle affreux l'attendait dans la chambre. Les murs et le plancher étaient souillés de taches sanglantes, et son plus jeune fils était couché dans son berceau, le ventre ouvert!... Au même instant, Georges, son autre enfant, descendait l'escalier de l'étage supérieur en poussant des cris plaintifs. Les meubles étaient en désordre comme après un pillage; des débris de vaisselle jonchaient le sol; et, sur la grande table en bois de chêne qui occupait le milieu de la chambre, il y avait un réchaud, des flacons de diverses formes et un baquet à demi plein de sang.

Andrès prit dans ses bras son enfant assassiné; Giorgina lui apporta en pleurant une nappe de linge fin pour lui faire un linceul, et les malheureux parents allèrent tous deux creuser une fosse au fond du jardin; ils placèrent au-dessus de la terre une petite croix de bois. Quand ce triste devoir fut accompli, ils s'assirent en face l'un de l'autre, et pleurèrent longtemps sans pouvoir proférer une parole. Le jour suivant, Andrès eut enfin la force de demander le récit du cruel événement qui venait de porter le deuil dans sa pauvre demeure.

Giorgina lui apprit que, peu de temps après son départ pour la résidence du comte de Bach, on avait vu un grand nombre de figures sinistres rôder à travers la forêt. Une nuit, elle avait été réveillée en sursaut par des clameurs épouvantables; le valet, stupéfait de frayeur, était venu lui annoncer que la maison était entourée de brigands, et que toute résistance était impossible. Bientôt une voix brève et forte appela Andrès; on répondit qu'Andrès était absent, la même voix répondit: « Ouvrez toujours, car il faut que nous fassions halte ici, et Andrès ne tardera pas à revenir. » Le valet fut obligé de céder à la force. Les bandits se précipitèrent confusément dans la maison, et saluèrent Giorgina comme la femme du sauveur de leur chef; ils la pressèrent ensuite de leur apprêter un bon repas, attendu qu'ils arrivaient, tous harassés de fatigue, d'une expédition des plus difficiles. Pendant qu'ils soignaient leurs armes et leurs montures, le valet trouva le moment de s'approcher de Giorgina, et de l'informer, à voix basse, que les bandits venaient d'incendier le château du comte de Bach; ce seigneur avait péri lui-même avec presque tous ses serviteurs. Giorgina pleurait comme une folle en songeant que son mari était peut-être au nombre des malheureuses victimes de ces monstres. Cependant les brigands, qui s'étaient mis à table, ne tardèrent pas à s'enivrer; leur orgie dura toute la nuit. Vers l'aube parut Ignace Denner: en présence du chef on partagea le butin; puis la troupe se remit en marche par divers chemins, et Denner seul resta. « Je suis fâché, dit-il à Giorgina, que notre arrivée inattendue vous ait causé quelque épouvante. Votre mari ne vous avait sans doute pas dit qu'il appartient à ma compagnie d'Indépendants; il était avec nous à la prise du château de Bach, et il a tué de sa main, dans le combat, son ancien seigneur. Nous avons réalisé un riche butin, et nous allons nous séparer pour assez longtemps, afin de mettre en défaut les limiers de la justice. Dites à Andrès qu'il ne doit pas s'attendre à nous revoir de sitôt... Mais vous avez là, chère petite femme, un admirable enfant!... » Et à ces mots, Denner prit dans ses bras le plus jeune des fils du garde, et se mit à jouer quelques instants avec lui; puis il le rendit à sa mère en ajoutant : « Ce petit n'a-t-il pas tout juste neuf semaines accomplies? — Oui, monsieur, répondit Giorgina. — Eh bien, ma chère, reprit Denner, laissez-le-moi encore pendant que vous allez m'apprêter quelques rafraîchissements, car mes moments sont comptés, et il faut que je parte tout à l'heure. » A peine Giorgina s'était-elle éloignée pour exécuter les ordres du brigand, qu'elle sentit une odeur singulière se répandre autour d'elle. Elle se hâta de rentrer dans la chambre, mais la porte était barricadée en dedans : en prêtant l'oreille, elle crut ouïr des gémissements étouffés. « Ah! mon Dieu, s'écria-t-elle, on tue mon enfant. » Le valet accourut à sa voix, prit une hache et brisa la porte... : l'enfant, tout nu, était couché sur la table, la gorge au-dessus d'un baquet qui recevait son sang. La pauvre mère s'évanouit, tandis que le valet, la hache levée, assaillait l'odieux Denner. Quand elle reprit ses sens, la nuit était noire. Elle se souleva à tâtons; en cherchant à se reconnaître dans l'obscurité, elle trouva sous la table le corps de son enfant si cruellement mutilé, et un peu plus loin des touffes de cheveux arrachées dans la lutte des deux hommes, et la hache sanglante. Saisie d'horreur, elle retomba dans un évanouissement plus profond, dont elle ne sortit que vers le milieu du jour suivant. Un silence sinistre régnait autour d'elle; elle appela d'une voix faible son autre enfant, son petit Georges, qui lui répondit en tremblant, du fond d'une soupente à serrer le foin, où il s'était caché. Elle le pressa étroitement dans ses bras, et se traîna vers la porte de la maison, qu'elle ferma de son mieux, en attendant le retour de son mari. Le petit Georges lui raconta que, de la cachette où il s'était blotti, il avait vu, par un trou percé sur la cour de la maisonnette, Ignace Denner sortir chargé du cadavre d'un homme que plusieurs de ses compagnons avaient emporté dans la forêt...

Cette lugubre histoire achevée, Giorgina, voyant que son mari avait rapporté un gros sac d'argent, s'écria en reculant : « Ah ! mon Dieu, Andrès, le brigand disait donc vrai ? Tu es un de ses complices ?... » Mais le bon Andrès se hâta de la rassurer en lui racontant son voyage à Francfort.

Cependant le neveu du comte de Bach ayant hérité du domaine de Fulda, le garde général voulait se rendre auprès de lui pour l'informer de tout ce qui s'était passé, et pour lui donner sa démission. Mais, ne pouvant se résoudre à laisser sa femme et son dernier enfant à la merci d'une nouvelle attaque, il songea à faire ce voyage avec eux dans un petit chariot sur lequel il placerait ses meilleurs effets, afin de n'avoir plus à revenir dans cette habitation maudite. Trois jours après, comme il s'occupait des préparatifs de son prochain départ, il entendit un grand bruit de chevaux auprès de la maison. C'était le forestier du château de Bach, suivi d'une nombreuse escorte de cavalerie ; un juge du tribunal les accompagnait. « Nous arrivons à temps, dit le magistrat, pour saisir ce scélérat qui allait s'échapper avec le fruit de ses brigandages. » Andrès resta muet de surprise, et Giorgina devint presque folle. Mais, sans leur donner une minute pour se justifier, les soldats les chargèrent de liens et les jetèrent sur le chariot qu'Andrès destinait à son voyage. On priva Giorgina de son enfant, afin, disait le juge, qu'il ne fût pas élevé plus longtemps à une si coupable école. Le vieux forestier du château de Bach s'approcha d'Andrès qui ne cessait de protester de son innocence, et lui dit avec une rude expression de pitié : « Dieu veuille que tes protestations ne soient pas autant de mensonges. La justice aura bientôt mis au clair les charges qui pèsent contre toi ; tant mieux si tu peux sortir de là blanc comme neige. En attendant, quoi qu'il arrive, je veillerai moi-même sur ton enfant et sur tout ce qui t'appartient, jusqu'à ce que les magistrats aient décidé de ton sort ; le reste les regarde. »

Quand le cortège fut arrivé à Fulda, on déposa Andrès et sa femme dans des prisons séparées. Quelques jours après eut lieu le premier interrogatoire. Andrès fit une relation fidèle de ses rapports avec Ignace Denner. Sa seule faute était de n'avoir pas livré ce brigand à la justice; puis il prouva, par le certificat de son voyage de Francfort, qu'il n'avait pu faire partie de la troupe qui avait pillé et incendié le château de Bach. En ce moment, la porte de la salle de justice s'ouvrit à deux battants, et Ignace Denner fut amené par les gardes. En voyant le pauvre Andrès frappé de terreur, le chef de brigands poussa un rauque éclat de rire : « Te voilà donc aussi dans de beaux draps!... lui dit-il. Il paraît que la vertu de ta femme ne t'a guère protégé!... »

Les juges ordonnèrent à Denner de répéter sa déposition en présence du garde de Fulda. Denner jura que depuis cinq années Andrès était l'affilié de sa bande, et que sa maison lui avait servi d'asile dans toutes les circonstances où il s'était trouvé serré de trop près par les soldats de police. Il ajouta qu'Andrès avait toujours touché avec la plus grande régularité sa part des prises, quoiqu'il n'eût agi de sa personne que dans deux expéditions, dont la dernière était le pillage du château de Bach. Les énergiques dénégations du garde général ne purent triompher de l'effronterie de son accusateur; celui-ci lui reprochait avec une amère ironie de renier ses amis à l'heure du péril, après avoir trouvé si doux de partager leurs jours de prospérité. Les juges ne savaient que penser en face de la défense d'Andrès qui semblait si pleine de franchise, et du sang-froid du brigand qui persistait à l'accuser. La confrontation de Giorgina produisit une scène déchirante. Elle se jeta en pleurant dans les bras de son mari, et accusa hautement Denner du meurtre de son enfant; mais Denner eut la force de rester impassible devant elle ; il se borna à répéter qu'elle était innocente, et qu'elle avait toujours ignoré le motif des absences de son mari. Andrès fut ramené dans son cachot pour y attendre la fin des débats.

Quelques jours après, le geôlier lui annonça que sa femme avait été mise en liberté, faute de charges suffisantes; le neveu du comte de Bach avait bien voulu la recueillir et lui donner un asile dans son château. Cette nouvelle apporta quelque adoucissement au chagrin du malheureux garde. Cependant son affaire prenait une tournure de plus en plus alarmante; il n'avait pu opposer que des protestations d'innocence aux charges élevées contre lui par la déposition de Denner. Le jour du sac du château de Bach, il reconnaissait lui-même son absence de sa maison, mais le banquier de Francfort ne se souvenait pas d'avoir compté à Andrès personnellement les deux mille ducats dont la quittance était signée du défunt comte de Bach; le greffier de ce seigneur, qui avait écrit le certificat, était mort depuis cette époque, et aucun des serviteurs du comte n'avait eu connaissance de ce fait. Ainsi, ne pouvant prouver judiciairement son *alibi*, Andrès allait subir sans merci toutes les conséquences de sa fausse position. Un incident acheva de l'accabler; ce fut la déclaration sous serment de deux forestiers qui, à la lueur des coups de feu, avaient vu Andrès au milieu des brigands, la nuit où fut pris le château de Bach, et qui assurèrent que leur seigneur était tombé sous ses coups. La conviction des juges se trouva établie; mais il fallait obtenir un aveu du coupable, et le tribunal décida qu'il serait appliqué à la question. On le conduisit dans la salle destinée à ces cruelles épreuves, où les valets du bourreau préparaient les instruments du supplice; Andrès, déjà affaibli par le chagrin et les privations de la vie de prison qu'il menait depuis longtemps, renouvela ses serments; mais quand il se vit livré aux exécuteurs, et qu'il sentit les premières atteintes de la douleur, son courage s'éteignit, et il avoua tout ce qu'on voulut lui faire dire.

Ramené dans sa prison, on lui présenta, selon l'usage, un gobelet rempli d'un vin généreux pour le réconforter. La chaleur de ce breuvage lui porta à la tête, et il tomba dans une torpeur léthargique qui n'était ni la veille ni le sommeil, mais l'absence de toute faculté active.

Il lui sembla que des pierres se détachaient de la muraille de son cachot : une clarté rougeâtre étendit un reflet de sang parmi les ténèbres, et un fantôme qui offrait tout l'aspect d'Ignace Denner se montra debout dans le vide formé par la chute des pierres. Ce spectre avait des prunelles ardentes comme des charbons, des cheveux courts et hérissés sur le front comme des cornes; des sourcils noirs et épais formaient l'arc d'une caverne au-dessus de ses yeux, et son nez se recourbait comme un bec d'oiseau de proie. Roulé dans les plis d'un manteau couleur de feu, coiffé d'un *sombrero* espagnol orné d'une plume écarlate, il traînait à son côté une longue épée, et portait sous le bras gauche une cassette pareille à celle qu'Andrès avait jadis reçue en dépôt des mains d'Ignace Denner. « Eh bien, dit cet étrange personnage avec un accent lugubre et criard, que dis-tu de la torture? C'est la juste récompense de ta lâcheté; si tu n'avais pas trahi les secrets du chef des Indépendants, tu serais déjà hors d'ici, en lieu de sûreté. Aujourd'hui je viens, par pitié, t'offrir de te livrer à ma discrétion. Si tu y consens, et si tu veux avaler le contenu de ce flacon, plein d'un élixir composé avec le sang du cœur de ton enfant, tes plaies seront guéries sur-le-champ, et je te donnerai la liberté. »

Andrès restait muet d'effroi. Il se crut en présence de l'ange des ténèbres et pria Dieu intérieurement de le protéger contre les assauts de Satan. Le spectre, devinant sa pensée, s'évanouit avec un éclat de rire qui fit trembler la voûte du cachot, et Andrès ne vit plus nulle trace de cette apparition. Quand il fut à demi calmé, et qu'il chercha sur sa paille humide un peu de repos, il éprouva une surprise nouvelle en voyant la paille s'agiter à l'endroit du chevet; une pierre avait été détachée et tirée en dessous, et, par cette communication improvisée avec l'étage inférieur, il entendit bien réellement la voix d'Ignace Denner qui l'appelait. « Que me veux-tu encore, odieux démon qui m'as perdu? Tu ne peux plus rien pour achever ma ruine; laisse-moi mourir en paix! — Allons donc, s'écria Denner, du désespoir! c'est la dernière ressource des lâches. Plus habile et mieux résolu que toi, j'ai réussi à dérober ma tête au gibet, et j'ai traversé de nouveau mille dangers pour arriver jusqu'à toi; je viens t'offrir le salut, non pour toi que je méprise, mais pour ta pauvre femme, qui manquerait de pain et d'asile le jour où elle serait montrée au doigt comme veuve d'un supplicié. Prends cette lime et cette scie; avec la lime, tu useras tes fers en quelques heures; avec la scie, tu détacheras la serrure de ton cachot; il ouvre sur une galerie souterraine; tu trouveras à gauche une porte ouverte; elle te conduira sans encombre hors de la prison; un peu plus loin tu trouveras un de mes compagnons déguisé en mendiant qui te guidera en lieu sûr. Adieu, et bonne chance ! »

Andrès prit les instruments que l'ancien chef de bandits lui apportait, puis il remit la pierre à sa place, et attendit le jour. Quand le geôlier vint le visiter, il demanda avec instance qu'on le conduisît devant un juge pour y faire une révélation importante. En arrivant auprès du magistrat, Andrès lui remit la lime et la scie, et confessa la visite nocturne d'Ignace Denner. « Quelque innocent que je sois des crimes qu'on m'impute, ajouta-t-il, je n'ai pas voulu devoir mon salut à une fuite honteuse. Que la volonté de Dieu s'accomplisse ! »

Le tribunal, informé de ce qui venait de se passer, fut touché de compassion pour Andrès. On essaya de nouvelles enquêtes, et, en attendant leur résultat, le prisonnier fut transféré dans une chambre où on lui accorda tous les adoucissements compatibles avec la gravité de sa situation. Les délais nécessités par les dernières investigations de la justice durèrent encore près d'une année ; on apprit que la bande des Indépendants étendait ses ramifications jusqu'en Italie ; comme l'innocence d'Andrès ne put être clairement établie, il fut enveloppé dans l'arrêt qui condamnait Ignace Denner à la peine capitale ; mais, en considération de l'avis qu'il avait donné à temps du projet d'évasion de Denner, la sentence portait que son corps serait enseveli avec les prières de l'Église.

Le matin du supplice, Andrès, à genoux dans son cachot, priait Dieu de venir au secours de sa femme et de son enfant, lorsqu'il vit la porte du cachot s'ouvrir, et le neveu du comte de Bach parut devant lui. « Andrès, lui dit gravement le jeune seigneur, tu vas mourir ; c'est l'instant d'avouer franchement tes crimes, afin que Dieu te fasse miséricorde. Est-il vrai que tu as égorgé mon oncle et pris part au pillage de ses biens ? Je promets de te pardonner, et de faire dire des messes pour le repos de ton âme. »

Andrès se mit à pleurer amèrement, et répéta qu'il était victime d'une odieuse machination ; il jura qu'il était innocent, sur l'espoir qu'il avait d'aller droit en paradis, après une si cruelle expiation des imprudences de sa vie. « Mais, si tu es innocent, reprit le comte de Bach, il se passe donc ici je ne sais quoi de fantastique et d'épouvantable? Je croyais moi-même que tu ne pouvais t'être souillé du meurtre de mon oncle, que tu as servi si fidèlement pendant bien des années; et cependant, hier encore, Franz et Nikolaüs, les deux vieux chasseurs favoris de mon oncle, m'ont assuré qu'ils t'avaient reconnu parmi les brigands, et qu'ils t'avaient vu porter le coup mortel à ton malheureux maître... » Andrès ne savait que répondre; il ne trouvait qu'une seule chose à supposer : c'est que Satan lui-même avait revêtu sa forme pour le perdre; il finit par se soumettre au sort qui l'attendait, laissant à Dieu seul le soin de le justifier tôt ou tard. Le jeune comte se retira fort ému, après avoir promis au pauvre condamné que sa femme et son enfant trouveraient toute leur vie un asile auprès de lui. Bientôt les cloches de la ville annoncèrent le moment de l'exécution. Les soldats vinrent chercher Andrès pour le conduire sur la place où l'échafaud était dressé. Le pauvre diable récitait ses prières à haute voix, et attirait la commisération générale. Ignace Denner, dont la contenance orgueilleuse exprimait la profonde scélératesse, marchait au milieu des imprécations de la populace. Andrès, désigné pour être exécuté le premier, monta d'un pas ferme les degrés de l'échafaud. En ce moment une femme poussa un cri perçant, et tomba dans les bras des assistants. Le condamné tourna la tête, et reconnut Giorgina. « Dieu tout-puissant, s'écria-t-il, sers-lui de père ici-bas, et daigne un jour nous réunir là-haut! » Cependant le magistrat chargé de présider au supplice, craignant un mouvement parmi le peuple, fit signe au bourreau de se hâter; déjà la corde était passée au cou du patient, lorsqu'un homme à cheval accourut à franc étrier, agitant son chapeau et criant : « Arrêtez, arrêtez, vous allez faire mourir un innocent!... »

La foule répondit par un hourra d'applaudissements; force fut au bourreau de suspendre son œuvre, car le peuple allait escalader l'échafaud, et les gardes ne pouvaient plus résister au flot qui les pressait. Le cavalier dont la venue avait produit une si vive sensation était le banquier de Francfort qui avait payé les deux mille ducats légués à Giorgina par l'hôtelier napolitain. Il déclara au magistrat qu'Andrès se trouvait chez lui, à Francfort, le jour même du pillage du château de Bach, et qu'il existait des preuves de la vérité de ce fait.

Aussitôt le magistrat fit surseoir à l'exécution, et les deux condamnés furent reconduits à la prison. En y arrivant, Andrès trouva sa femme qui se livrait à une joie folle après tant de souffrances. Une heureuse providence avait ramené à Fulda, le jour même du supplice, le banquier de Francfort qui, pendant toute la durée du procès, n'avait pas cessé de voyager en France et en Italie. Il revenait chez lui par Vienne et Prague, lorsqu'il entendit raconter dans une auberge l'histoire du garde général du comte de Bach. Cette nouvelle l'avait frappé comme un coup de foudre, et il s'était hâté d'accourir pour empêcher, s'il en était temps encore, une déplorable erreur de la justice. Le procès d'Andrès fut révisé; Denner lui-même, frappé de stupeur, et croyant qu'un pouvoir surnaturel s'était mêlé de toute cette aventure, confessa la fausseté de ses accusations. Andrès fut donc mis en liberté; les juges pensèrent qu'il avait assez souffert pour expier sa présence au pillage de la ferme, et la faute qu'il avait commise en ne signalant pas Denner à la justice. Le comte de Bach, pour le dédommager de tant de peines, lui confia l'intendance de toutes ses chasses, avec un logement pour sa famille dans l'intérieur même de son château, qu'il avait fait splendidement reconstruire.

Pendant qu'Andrès oubliait dans les bras de sa femme, de son enfant et de ses amis la cruelle épreuve à laquelle il n'avait échappé que par une espèce de miracle, l'instruction judiciaire se poursuivait contre Ignace Denner. L'ancien chef de bandits n'ayant plus d'espoir de salut, tant les précautions étaient multipliées autour de lui pour empêcher la moindre tentative d'évasion, voulut, pour dernier coup de théâtre, effrayer le tribunal et les assistants par le détail circonstancié de toute sa vie. Il révéla que dès sa plus tendre jeunesse il s'était lié d'un pacte criminel avec le diable. Cet aveu fit intervenir au procès la juridiction ecclésiastique. Voici les faits les plus curieux que j'ai recueillis dans les archives du clergé de Fulda au sujet d'Ignace Denner.

Il y avait à Naples un vieux médecin nommé Trabacchio que le vulgaire appelait le docteur Miracle à cause des cures prodigieuses qu'on racontait de lui. Il semblait que cet homme étrange n'eût point d'âge; on le voyait toujours marcher d'un pas leste et jeune, quoique les gens de la ville lui donnassent au moins quatre-vingts ans. Sa figure était d'une inqualifiable laideur; il y avait dans son regard je ne sais quoi d'effrayant; rien dans tout son extérieur ne s'accordait avec le bien qu'il faisait, car il n'était bruit que de son habileté et de son dévouement. Il donnait à ses malades des remèdes inconnus, et quelquefois il lui était arrivé de guérir des maladies réputées incurables en fixant quelque temps son regard sur la partie du corps que le mal tenait envahie. Maître Trabacchio portait d'habitude par-dessus son costume noir un manteau rouge orné de broderies d'or, dans les plis duquel se glissait une longue rapière. Il parcourait ainsi vêtu les rues de Naples, tenant sous son bras une cassette pleine de remèdes; chacun sur son passage le saluait et se rangeait avec un respect craintif. On osait rarement recourir à lui, si ce n'est dans les cas extrêmes, et alors il allait gratis chez les plus pauvres gens. Le docteur avait eu plusieurs femmes, choisies parmi les plus belles filles des environs de Naples; elles étaient mortes successivement et à peu d'intervalle. De leur vivant il les tenait presque séquestrées, ne leur permettant d'aller à l'église que sous l'escorte d'une vieille duègne horriblement laide et rigoureusement incorruptible : aussi les don Juan les plus redoutés par les maris napolitains n'avaient jamais pu franchir le seuil de la maison de Trabacchio. Quoiqu'on l'appelât souvent auprès des personnages les plus opulents, il était cependant de notoriété publique que ses gains ordinaires n'étaient point en rapport avec l'opulence extraordinaire qui régnait dans sa demeure. Il se montrait généreux jusqu'à la plus insigne prodigalité, et chaque fois qu'une de ses femmes mourait, il donnait un festin funèbre dont le prix dépassait le double de ce qu'il pouvait gagner dans une année. Sa dernière femme lui avait donné un fils

17.

qu'il avait élevé dans le secret le plus absolu. On ne le vit qu'une seule fois, à l'âge de trois ans, assis à côté de son père, au festin qui suivit le décès de sa mère. Cette fois, Trabacchio annonça aux assistants que son vœu d'avoir un fils étant rempli, il ne se remarierait plus. Dès lors, il se mit à continuer son genre de vie mystérieux, qui donnait lieu aux plus étranges suppositions; mais il ne s'inquiétait en rien des propos.

Certain jour, une aventure singulière arrivée à quelques jeunes seigneurs au retour d'une orgie fit croire que le médecin Trabacchio avait des rapports avec Satan. Ces messieurs s'étant égarés aux environs de la ville, grâce aux fumées du vin qui les avaient passablement aveuglés, se trouvèrent tout à coup au milieu d'un carrefour isolé auquel aboutissaient plusieurs chemins. Un bruit infernal retentit à leurs oreilles; ils virent gambader un coq énorme, couleur de feu, portant, au lieu de crête, une ramure de cerf immense, et secouant avec colère ses ailes étincelantes. Derrière le coq courait un personnage drapé dans un manteau écarlate, et qui ressemblait au médecin Trabacchio. L'un des jeunes seigneurs dit à ses amis : « N'avez-vous pas reconnu le docteur Miracle? » Cette effroyable vision les avait dégrisés, et ils coururent sur les traces du coq et du docteur, qui laissaient derrière eux un sillage lumineux comme du phosphore. Ils virent ces deux êtres fantastiques s'arrêter devant la maison de Trabacchio. Le coq s'éleva dans les airs et frappa du bec la croisée de l'étage supérieur qui donnait sur un balcon. Une voix fêlée cria du dedans : « Entrez, entrez vite ; le lit est tiède et la bien-aimée s'impatiente ! » A ces mots, l'homme au manteau écarlate s'éleva en l'air en agitant ses jambes comme s'il eût gravi les barres d'une échelle invisible. A la hauteur de la fenêtre, il entra comme avait fait le coq, et la fenêtre se referma avec un bruit qu'on entendit d'un bout à l'autre de la rue ; puis tout rentra dans le silence et dans les ténèbres, et les jeunes gens s'en retournèrent saisis d'effroi. Leur récit éveilla les soupçons de l'Inquisition, qui exerçait déjà depuis longtemps une surveillance secrète sur les habitudes de maître Trabacchio. On découvrit que fort souvent, en effet, le docteur avait chez lui des conférences intimes avec un coq rouge; il y était question de sciences occultes; ils s'entretenaient dans un langage dont il n'existait point d'alphabet sur la terre.

Le Saint-Office allait ordonner de poursuivre le docteur Miracle comme sorcier, lorsque la justice séculière le prévint en le faisant arrêter au sortir d'une de ses visites médicales. On n'avait point trouvé son enfant chez lui; sa vieille servante fut mise au secret, et la maison étroitement gardée. Le motif de cette mesure de rigueur n'était rien moins que la nouvelle d'un grand nombre d'empoisonnements commis à Naples et dans les environs, et dont les médecins, jaloux des succès et de la clientèle de Trabacchio, n'avaient pas hésité à le soupçonner. Le soupçon se changea vite en certitude, lorsqu'un jeune homme, dont l'oncle venait de mourir empoisonné, se déclara l'auteur de cet attentat, en ajoutant à sa confession qu'il avait commis le crime au moyen d'une drogue vendue par le médecin Trabacchio. Les sbires de la police, qui, depuis quelque temps, observaient tout ce qui se passait aux alentours de la maison du docteur, surprirent un jour, dans les mains de sa vieille servante, un coffret où l'on trouva plusieurs fioles remplies de poisons. Cette femme, soumise à la torture, avoua que depuis nombre d'années son maître préparait un poison subtil sous le nom d'*aqua toffana*. Cette préparation agissait rapidement et sans laisser de traces. Les expériences faites avec le plus grand secret, au profit de personnages considérables, avaient en peu de temps donné au docteur une immense fortune. Elle révéla, en outre, que le docteur Trabacchio entretenait des relations suivies avec les esprits infernaux, et que Satan lui était apparu plusieurs fois sous différentes formes. Chacune de ses femmes lui avait donné un enfant, dont l'existence n'avait jamais été connue : dès que l'infortunée petite créature avait atteint sa neuvième semaine ou son neuvième mois, il l'égorgeait sans pitié; il lui ouvrait la poitrine pour en retirer le cœur; le sang distillé goutte à goutte avec des cérémonies magiques entrait dans la composition du fameux élixir, au moyen duquel Trabacchio guérissait toutes les maladies. Bientôt après, Trabacchio faisait périr ses épouses, grâce à des moyens secrets qui ne laissaient sur leurs corps aucune trace de mort violente. Sa dernière femme seule avait survécu, sans doute parce que son enfant avait échappé, par un singulier caprice, aux opérations hideuses de son père.

Le docteur Miracle, interrogé sur tous ces faits, loin de chercher à s'en défendre, dévoila aux juges, avec un cynisme épouvantable, une foule de mystères plus horribles les uns que les autres, et n'oublia pas le moindre détail de ses entrevues avec Satan. Les prêtres, qui composaient le tribunal, s'épuisèrent en vains efforts pour l'amener au repentir; à toutes leurs exhortations, Trabacchio ne répondait que par des ricanements et par d'insolentes moqueries. Il fut condamné au supplice du feu, avec sa vieille complice. Pendant leur procès, on avait visité de fond en comble l'habitation du docteur; ses richesses, placées sous les scellés, devaient être réparties entre les hospices. On s'étonna de ne trouver dans la bibliothèque aucun livre qui eût rapport aux sciences occultes, et, dans son laboratoire, aucun instrument dont l'usage ne fût point connu, et qui pût, à ce titre, être soupçonné d'avoir servi à des pratiques de sorcellerie. On ne remarqua de singulier qu'un caveau, dont la porte était si artistement fermée que les plus habiles serruriers qu'on chargea de l'ouvrir ne purent en venir à bout. Il fallut appeler, pour le démolir pierre à pierre, des maçons surveillés par des agents de justice. Mais, dès les premiers coups de pioche qui sapèrent la muraille, on entendit à l'intérieur du caveau un mélange confus de voix lamentables qui semblaient indiquer une lutte violente. Les maçons croyaient sentir des frôlements d'ailes fouetter leurs visages, et la galerie qui conduisait au caveau se remplit tout à coup d'un vent glacé qui tourbillonnait en sifflant. Ils s'enfuirent en tremblant, et nul n'osait plus s'exposer à retourner au funeste caveau. Quelques ecclésiastiques ayant voulu braver ce qu'ils affectaient d'appeler une terreur panique, furent rudement éconduits; on ne vit plus d'autre ressource que dans les exorcismes d'un vieux dominicain de Palerme que les autorités de Naples prièrent de venir conjurer les démons du docteur Trabacchio. — Lorsque ce religieux fut arrivé, il se rendit au caveau, suivi d'un petit nombre d'ecclésiastiques et de juges qui s'arrêtèrent par prudence à l'entrée de la galerie. Il s'avança vers la porte fatale en récitant une prière dont l'efficacité devait être immédiate. A son approche, le bruit intérieur redoubla de violence; cette fois, on put reconnaître que des voix infernales causaient cet étrange charivari. Le dominicain, sans s'effrayer, leva d'une main son crucifix, aspergea de l'autre d'eau bénite la porte du caveau, et s'écria : « Qu'on m'apporte un levier ! » Un ouvrier le lui tendit en frissonnant; à peine cet instrument fut-il appliqué au bas de la porte, qu'elle s'ouvrit toute seule avec fracas. Une flamme bleue et puante tapissait les parois du caveau, d'où s'échappait une vapeur brûlante; le moine voulut essayer d'y pénétrer; mais à peine eut-il posé le pied sur le seuil, que le sol s'enfonça avec une commotion terrible, et toute la maison faillit s'écrouler; des jets de flammes sanglantes jaillirent de ce gouffre comme d'une bouche de l'enfer, et, retombant en pluie de feu, forcèrent tous les assistants et même le vieux moine à fuir précipitamment pour n'être pas dévorés par cet incendie surnaturel. A peine eurent-ils gagné la rue, qu'ils virent la maison de Trabacchio toute en flammes. Une foule immense accourut à ce spectacle avec des cris de joie. Déjà le bâtiment ne reposait plus que sur les solives du premier étage, et toute cette masse embrasée menaçait de s'affaisser, lorsqu'on vit avec stupeur le fils de Trabacchio, enfant de douze ans à peine, traverser les flammes sur une poutre à demi calcinée, emportant sous son bras une petite cassette. Cette vision ne dura qu'un moment; le vent, qui chassait aux yeux du peuple d'énormes nuages de fumée noire, ne permit pas de savoir ce qu'était devenu le pauvre enfant.

Quelques jours après cet événement, Trabacchio fut conduit au bûcher; comme le bourreau s'apprêtait à le lier au poteau, il lui dit avec un diabolique éclat de rire : « Prends garde, ami, que ces cordes-là ne servent à te rôtir toi-même ! » Le dominicain s'étant approché pour lui inspirer de pieux sentiments de pénitence et de résignation : « Arrière, hypocrite, s'écria le condamné, arrière ! Crois-tu que je sois venu ici me faire griller pour l'édification de cette stupide populace? Mon heure n'a pas encore sonné. » Cependant le feu venait d'être mis au bûcher; à peine commençait-il à dévorer les matières inflammables amassées autour du patient, qu'il s'éteignit tout à coup sans qu'on pût en deviner la cause, car le temps était sec, et les bois résineux du bûcher lui offraient un vaste aliment. En même temps un cri moqueur éclata sur un tertre voisin du lieu de l'exécution; la foule tourna ses regards de ce côté et aperçut avec consternation Trabacchio lui-même, vêtu de son costume de médecin, avec son manteau écarlate frangé d'or, sa rapière au flanc, son chapeau à plumes couleur de feu, et sa fameuse cassette sous le bras. Les soldats coururent à sa poursuite, mais le docteur infernal disparut. Sa vieille servante fut ce jour-là la seule victime livrée à la vengeance populaire; elle périt au milieu des tourments en poussant d'horribles imprécations.

Or il est temps de te dire, cher lecteur, qu'Ignace Denner n'était autre que le fils du docteur, échappé par la puissance de son art magique à l'incendie de la maison. Élevé par son père dans l'étude des sciences occultes, il y avait fait de rapides progrès; c'était lui qui, par ses conjurations, avait produit le phénomène du caveau; et lorsque le moine dominicain détruisit le charme par la force de ses saintes prières, Ignace Denner avait mis le feu à la maison, et s'était enfui dans les bois, où Trabacchio ne tarda guère à le rejoindre; tous deux se retirèrent à quelques lieues de Naples, dans les ruines d'un vieux monastère dont les fondations reposaient sur d'immenses souterrains qui servaient de retraite à une formidable troupe de brigands. Ces malfaiteurs accueillirent avec empressement les deux fugitifs. Trabacchio les avait si souvent secondés par les secrets de son art merveilleux, qu'en récompense de ses services, ils voulurent lui décerner la dignité de roi des brigands de toute l'Italie, avec une autorité absolue sur toutes les affiliations que la bande principale s'était créées en Italie et jusque dans le midi de l'Allemagne.

Mais le docteur refusa cette brillante proposition; il lui eût fallu fixer sa résidence au chef-lieu des Indépendants, tandis qu'un horoscope savamment tiré lui imposait, sous peine des plus grands malheurs, une vie toujours errante. Il promit néanmoins aux brigands de les assister constamment de sa longue expérience dans les sciences magiques. Ceux-ci fixèrent alors leur choix sur le fils de Trabacchio, le jeune Ignace Denner; et cet enfant, à peine âgé de quinze ans et revêtu du titre de *roi* des Indépendants, prit part dès lors, avec un succès constant, à toutes leurs expéditions. La vie d'Ignace Denner, à dater de cette époque, fut une suite de maléfices, de sortiléges et de combinaisons sataniques auxquels son père Trabacchio, qui ne cessait d'exercer sur la bande une puissante influence, imprimait de jour en jour une activité plus redoutable. Cependant le roi de Naples ayant usé de moyens énergiques pour réprimer les excès de ces audacieux malfaiteurs, le roi Trabacchio, qui s'était fait détester de ses complices par de nombreux abus d'autorité, fut contraint de fuir pour se soustraire à leur vengeance. Il se réfugia dans les montagnes de la Suisse, où il adopta le nom d'Ignace Denner, et, sous le costume d'un humble colporteur, il se mit à parcourir les marchés et à faire toutes sortes de misérables trafics; puis, étant parvenu à se composer une bande particulière des déserteurs de la grande société des Indépendants, il recommença l'exploitation des contrées voisines. — A l'occasion du procès d'Andrès, Ignace Denner dit aux juges du tribunal de Fulda que son père Trabacchio l'avait visité dans son cachot, et lui avait promis de le soustraire à la peine capitale. Du reste, il ajouta que la Providence divine, en prenant Andrès sous sa protection spéciale, venait de déjouer victorieusement les artifices magiques de son père Trabacchio; et lui, Ignace Denner, se sentait tout disposé à se repentir et à faire amende honorable pour tous ses crimes passés.

Andrès, qui avait appris tous ces faits de la bouche du comte de Bach, ne douta plus un instant que ce ne fût le docteur Trabacchio lui-même qui lui était apparu dans sa prison pour lui faire contracter avec le diable en personne quelque engagement funeste. Cependant il ne pouvait encore s'expliquer clairement les motifs de la haine persévérante qu'Ignace Denner semblait vouer à sa pauvre famille, ni l'intérêt que ce bizarre personnage avait trouvé à choisir chaque année sa maison pour asile. — Quoi qu'il en fût, Andrès était rentré en paix avec lui-même; mais il avait été trop rudement secoué par les orages de sa vie depuis quelques années pour retrouver aisément sa force primitive. Sa santé, ruinée par de longues fatigues, par les angoisses de la captivité, et par les effroyables atteintes de la torture, ne lui permettait plus guère de se livrer, comme autrefois, à l'exercice de la chasse. Giorgina, elle aussi, se fanait comme une pauvre fleur des champs; sa nature méridionale se consumait de langueur et s'étiolait de jour en jour. Tous les secours qui lui furent prodigués restèrent sans résultat, et elle mourut peu de temps après la mise en liberté de son mari. Rien ne saurait peindre l'excès du chagrin que ressentit le pauvre garde-chasse; il ne fallut rien moins que les tendresses de l'amour paternel pour le rattacher à la vie. Peu à peu sa douleur devint moins cuisante, et, au bout de deux années, il se trouva à même de reprendre ses habitudes de forestier. Le procès de Trabacchio avait suivi le cours régulier de la justice; le brigand avait été condamné à subir le supplice du feu.

Certaine nuit Andrès regagnait sa maisonnette, accompagné de son fils; il entendit, chemin faisant, des plaintes lamentables qui semblaient venir d'un fossé voisin de la route. Il s'approcha du côté d'où partaient ces sanglots, et trouva une espèce de mendiant couché sur les ronces, et qui paraissait en proie aux souffrances les plus aiguës. Le garde-chasse jeta de côté sa carabine pour secourir le malheureux que le hasard lui recommandait de protéger; quel fut son effroi lorsqu'en examinant les traits de l'individu qu'il venait de tirer d'un si mauvais pas il reconnut Trabacchio lui-même. Son premier mouvement fut un acte de répulsion haineuse; mais Trabacchio lui dit d'un air contrit : « Andrès, quelle que soit ton aversion pour moi, voudras-tu livrer à une mort misérable le père de ta femme Giorgina, qui prie pour toi, à l'heure qu'il est, dans le ciel?... » Andrès frissonna en l'écoutant parler ainsi; cette révélation du brigand produisit sur son esprit l'impression la plus vive; un sentiment de pitié se glissa dans son âme, il oublia le meurtrier de son enfant pour ne plus voir que le père de la femme qu'il avait tant aimée : et, le chargeant avec effort sur ses épaules, il l'emporta dans son humble logis pour lui prodiguer tous les secours qui étaient en son pouvoir. Le terrible Trabacchio, dans la nuit qui précéda son exécution, avait été saisi d'un transport de rage si violent que, dans les accès de son désespoir, il avait brisé les barreaux de son cachot. Ce succès réveilla toute son énergie. On l'avait enfermé dans une tour qui dominait les fossés de la ville; il sonda du regard cette vaste profondeur, et, sans hésiter, il franchit cette hauteur d'un saut. La chute fut si lourde qu'il perdit connaissance. Quand il revint à lui, dans une profonde obscurité, il se trouva presque enseveli dans les broussailles et dans les hautes herbes; ses membres étaient meurtris et, pendant son évanouissement, des insectes s'étaient abattus sur lui, et l'avaient mis dans un état pitoyable. Lorsqu'après de longs efforts il parvint à se traîner assez loin du lieu de sa chute, il arriva près d'une mare creusée par les pluies, et trouva un ineffable bonheur à se désaltérer dans ce réservoir d'eau saumâtre. Ce secours lui permit d'aller plus loin, et de gagner la lisière du bois de Fulda, à une médiocre distance du château de Bach. Il était parvenu ainsi jusqu'au lieu où Andrès l'avait recueilli à demi mort. L'honnête garde-chasse ne négligea rien pour procurer un soulagement efficace à son dangereux hôte, et prit tant de précautions que nul ne put, aux environs de la maison de chasse, soupçonner la présence d'un étranger.

Lorsque Trabacchio eut recouvré des forces suffisantes pour supporter une sorte d'interrogatoire, Andrès voulut savoir comment il était père de Giorgina.

Le bandit lui raconta qu'il avait enlevé jadis, dans la campagne de Naples, une jeune fille dont il avait eu un enfant. « Aujourd'hui, poursuivit-il, tu dois savoir, mon bon Andrès, qu'un des secrets les plus puissants de l'art magique de mon père le docteur était la composition d'un élixir mystérieux dans lequel entrait comme ingrédient principal le sang distillé du cœur d'enfants âgés de neuf semaines, de neuf mois, ou de neuf années, et qui devaient être volontairement confiés à l'opérateur par leur famille. Plus ces enfants peuvent se rattacher par les liens de la nature au magicien qui prépare l'élixir, plus sa vertu est efficace pour rajeunir les individus qui en boivent quelques gouttes, et pour coopérer à la formation de l'or artificiel. Je voulais sacrifier à mes essais magiques la petite fille que ma femme m'avait donnée; mais ma femme eut quelque soupçon du projet infernal que je nourrissais; Giorgina me fut soustraite avant d'avoir accompli ses neuf semaines, et ma femme disparut avec elle; plusieurs années s'écoulèrent de la sorte, avant que j'apprisse, par hasard, que ma fille était au service d'un hôtelier napolitain, espèce de rustre avare et grossier. Plus tard, je fus informé de ton mariage avec Giorgina, et du lieu que tu avais choisi pour ton séjour. Tu peux à présent t'expliquer clairement mon dévouement pour ta femme d'une part, et de l'autre mes cruelles tentatives contre la vie de tes enfants. Depuis que je suis tombé sous la main de la justice, j'ai admiré la protection que Dieu avait daigné t'accorder; je suis arrivé à un repentir sincère de tout le mal que j'avais commis. Je dois te dire maintenant que la cassette précieuse dont tu as reçu le dépôt de mes mains, il y a plusieurs années, est celle que je sauvai de l'incendie qui dévora la maison de mon père; c'est un don que je te fais avec bonheur; garde cette richesse pour la dot à venir du fils qui te reste. »

La conduite de Trabacchio jetait le pauvre Andrès dans une étrange perplexité. Il se sentait ému de compassion pour un homme que le repentir semblait purifier peu à peu de ses souillures; cependant l'expérience du passé lui faisait un devoir de ne pas se livrer trop aisément à une aveugle confiance, et il résolut de raconter secrètement au neveu du comte de Bach ce dernier épisode de ses aventures.

Plusieurs mois s'étaient écoulés sans que la présence du fils de Trabacchio produisît la moindre gêne dans la maison du garde; un matin, le vieux domestique vint lui dire mystérieusement : « Mon cher maître, vous avez donné l'hospitalité à un mauvais compagnon, qui a commerce presque chaque jour avec l'esprit des ténèbres! Dieu nous garde! mais je vois cet étranger donner des audiences nocturnes à un personnage fantastique dont la laideur surpasse tout ce que l'imagination peut supposer. » Il raconta même qu'il avait vu voltiger par la fenêtre une figure de tout point ressemblante à Trabacchio, et vêtue d'un manteau couleur de feu. Andrès, en qui cette révélation éveillait une foule de souvenirs, renvoya le vieux forestier à son travail quotidien, et, courant à la chambre de Trabacchio, le menaça de le faire enfermer dans la prison du château s'il ne renonçait complètement à ses maléfices. « Eh! mon Dieu, répondit Trabacchio, c'est mon père qui me poursuit, et qui veut à toute force empêcher mon âme d'échapper à la damnation éternelle. J'ai résisté tant que j'ai pu, et je crois que son fatal empire sur ma destinée touche à sa fin. Je ne demande plus qu'à finir mes jours au sein d'une religieuse pénitence et à me réconcilier, par mes bonnes œuvres avec la justice du Très-Haut. »

Malgré les protestations de Trabacchio, Andrès ne pouvait chasser de son esprit de funestes appréhensions; souvent, tandis qu'il faisait à côté de son hôte la prière du soir, il se sentait pris d'un tremblement convulsif; parfois un vent violent ouvrait la fenêtre, tourbillonnait dans la chambre, roulait avec rapidité les feuillets du livre de prières, ou bien arrachait le rosaire des mains du pauvre Andrès, transi d'effroi. Des voix stridentes et moqueuses interrompaient la prière, et des battements d'ailes heurtaient les vitraux à les briser; mais Trabacchio prétendait que ces bruits étranges étaient les plaintes de la pluie fouettant les fenêtres, ou les sifflements du vent d'automne à travers les bois dépouillés.

« Sainte Vierge! s'écriait Andrès un soir que le vacarme avait redoublé, le docteur Trabacchio, votre père, ne nous tourmenterait pas de la sorte si vous aviez réellement renoncé à votre infâme commerce avec les esprits de l'abîme. Je ne veux plus vivre davantage avec vous sous le même toit. Il faut que vous alliez de ce pas établir domicile dans les plus solides cachots de ce château; vous y ferez de la sorcellerie tout à votre aise. » Trabacchio supplia si humblement et avec tant d'instances le brave garde-chasse, que celui-ci lui accorda vingt-quatre heures de répit.

Le lendemain de ce jour, le ciel était pur et sans nuages; Andrès passa tout son temps à chasser dans la forêt; il ne reprit qu'à la nuit tombante le chemin de sa maisonnette. A cette heure, un trouble indéfinissable attristait son âme. Les vicissitudes de sa destinée, la perte de sa femme, le souvenir de son enfant égorgé l'obsédaient, et, peu à peu, sans y prendre garde, il quitta les sentiers frayés, et s'égara dans les profondeurs les plus reculées de la forêt. Comme il cherchait à retrouver sa route, une lumière blafarde apparut non loin de lui; elle flamboyait à travers les massifs de verdure, et se développait en manière de foyer. Le premier mouvement du garde-chasse fut d'armer les deux coups de sa carabine et de se jeter dans le taillis pour aller reconnaître cette flamme étrange. En arrivant au lieu qu'elle éclairait, il reconnut la figure de Trabacchio, avec son manteau rouge frangé d'or, son feutre espagnol paré de plumes de coq, et sa cassette magique sous le bras. Tout auprès du maudit sorcier, Georges, l'autre fils d'Andrès, était attaché sur un gril, et Ignace Denner levait déjà un large coutelas pour l'égorger.

A ce spectacle, Andrès ne put retenir un cri d'horreur; la carabine s'abattit dans sa main, la balle siffla : Ignace tomba, le crâne brisé, sur le feu, que sa chute éteignit; quant à la figure du vieux docteur Trabacchio, elle avait disparu comme par enchantement. Le garde, sans perdre une minute, coupa les liens qui attachaient son enfant et l'emporta dans ses bras d'un pas rapide jusqu'à la maison de chasse. En arrivant, il réveilla son vieux domestique, et tous deux reprirent le chemin de la forêt pour aller enterrer le cadavre d'Ignace Denner.

« Que son sang, dit Andrès, ne retombe point sur ma tête; Dieu m'est témoin que je ne l'ai frappé de mort que pour venger le meurtre d'un de mes enfants et pour sauver les jours de l'autre. Maintenant, je prierai pour son âme, et je planterai sur sa fosse une croix, en signe de miséricorde. »

Mais le jour suivant, lorsque Andrès revint dans la forêt pour poser la croix de bois, il trouva la terre fouillée : le cadavre n'y était plus. Nul vestige ne laissait supposer ce qu'il avait pu devenir. Andrès se rendit aussitôt chez le comte de Bach, pour lui déclarer ce qui lui était arrivé ; ce noble seigneur le félicita d'avoir enfin délivré le pays d'un ennemi aussi dangereux et fit écrire l'histoire de sa vie et de sa mort dans les archives du château.

Depuis la mort d'Ignace Denner, Andrès ne pouvait plus fermer l'œil. Chaque nuit des bruits fantastiques épouvantaient ses longues insomnies; était-ce une influence occulte que le docteur Trabacchio exerçait encore sur sa destinée? nul ne saurait le dire. Mais un matin le garde des bois de Fulda se leva au chant du coq; il alla chercher la cassette qu'Ignace Denner lui avait remise en dépôt, et la jeta dans un torrent qui l'emporta dans son voile d'écume.

Après ce sacrifice d'un trésor maudit, il vécut heureux et paisible, et parvint doucement à la plus extrême vieillesse.

BERTHOLD LE FOU

Au terme d'un long voyage, cahoté dans une vieille berline où les vers ne trouvaient plus rien à ronger, j'arrivai devant l'unique hôtellerie de la bourgade de G***. Cette petite localité n'était pas sans charmes; j'y aurais séjourné avec plaisir sans la contrariété que m'imposait un retard nuisible à mes intérêts; la malheureuse berline en question était si délabrée, que les curieux de G***, accourus sur leurs portes, me criaient aux oreilles qu'il faudrait deux ou trois jours pour mettre mon piètre équipage en état de gagner du terrain. Comprenez-vous, ami lecteur, l'agrément d'un voyageur embourbé? J'étais, quant à moi, doué ce jour-là d'une détestable humeur, lorsque je me souvins tout à coup de certain personnage dont un de mes amis m'avait entretenu quelques années auparavant. Ce personnage se nommait Aloysius Walter; c'était un homme d'esprit et d'excellentes manières, professeur d'humanités au collége des jésuites de G***. Je m'avisai, pour tuer le temps, d'aller visiter monsieur le professeur; mais, à la porte du collège, j'appris qu'il était occupé à faire son cours de philosophie; il fallait revenir à une autre heure, ou attendre dans le parloir des étrangers. J'attendis. La galerie dont j'observai l'architecture, mélangée du style roman et de celui de la renaissance, n'offrait point à l'œil la sévère harmonie des constructions religieuses. Les portraits des dignitaires de la Société de Jésus, vêtus de leurs robes noires, contrastaient singulièrement avec les ornements grecs des pilastres et des lambris, où l'art du décorateur avait figuré des groupes de petits génies sautillants, des guirlandes de fleurs et des corbeilles de fruits.

Lorsque maître Aloysius vint au-devant de moi, je couvris l'indiscrétion de ma visite du droit d'intimité de mon ami, dont le révérend père voulut bien se rappeler le nom. Ce jésuite était un parleur élégant, prêtre sans façons austères, et qui avait dû regarder plus d'une fois passer la vie mondaine à travers la fenêtre de son couvent. Il me conduisit dans sa cellule, chambre coquette, qu'un abbé de la régence n'eût pas dédaignée; et comme il devinait ma surprise à la vue de ces petites recherches de l'existence agréable dans un lieu destiné à l'accomplissement de si graves devoirs, il se hâta de prendre la parole : « Monsieur, me dit-il avec un doux sourire, nous avons, comme vous le voyez, banni de nos maisons la sombre poésie du style gothique. Le gothique appliqué aux édifices religieux inspire à l'âme de mystérieuses terreurs, au lieu de l'élever à l'espérance. Dieu, qui a fait la nature si belle et si riche aux yeux de l'homme, veut qu'on aille à lui par des sentiers d'amour, au lieu de se courber sous les voûtes arides de ces forêts de pierre et de fer que représentent les cathédrales du Nord. Si la vraie patrie de l'homme est au ciel, et si Dieu a semé le ciel des merveilles de sa puissance, pourquoi ne nous serait-il pas permis de jouir en passant des fleurs qui naissent çà et là le long des routes de notre vallée d'exil? Au reste, ne croyez pas que cette richesse apparente de nos maisons puisse nous mériter une accusation de luxe et de prodigalité. Le marbre, en ce pays, coûterait des frais énormes : aussi avons-nous su nous contenter de revêtir de statues nos humbles murs de pierre, et c'est la brosse du badigeonneur qui crée le plus souvent ces marbrures variées dont un puritanisme ignorant pourrait se blesser. » Tout en causant ainsi, le père Aloysius m'avait conduit à la chapelle, dont la nef était soutenue par une magnifique colonnade d'ordre corinthien. A gauche du grand autel se dressait un vaste échafaudage sur lequel un peintre s'occupait à réparer des fresques en vieux style français.

« Eh bien! maître Berthold, fit Aloysius, comment va la besogne? » Le peintre tourna à peine un regard sur nous et se remit au travail en murmurant presque à voix basse : « Mauvaise besogne! des lignes confuses, un embrouillamini de figures d'hommes, d'animaux, de singes, de démons! Misérable fou que je suis!... » L'accent plaintif avec lequel le peintre laissait tomber ces paroles me causa un serrement de cœur; j'étais sans doute en face d'un pauvre artiste ignoré dont on exploitait le talent pour un morceau de pain à peine suffisant. Cet homme-là paraissait âgé de quarante ans; et, malgré le délabrement de son costume, il y avait dans toute sa physionomie une singulière noblesse d'expression que ni l'âge ni le chagrin n'avaient pu altérer. J'adressai sur son compte quelques questions à mon guide. « C'est, me répondit Aloysius, un peintre étranger qui se présenta chez nous au moment où nous songions à faire réparer notre église. Cette circonstance fut pour lui et pour nous une bonne fortune; car le pauvre diable était dénué de tout, et nous aurions difficilement trouvé, même à grands frais, un homme aussi capable que lui d'entreprendre avec succès un pareil travail. Aussi avons-nous pour lui des égards tout particuliers : outre son salaire, il a place à la table des supérieurs. C'est une faveur dont il n'abuse point. Je n'ai jamais vu un homme aussi sobre; c'est presque un anachorète. — Mais venez donc examiner un peu quelques tableaux de prix dont nous avons orné les bas-côtés de la nef; à l'exception d'une toile du Dominiquin, ce sont des chefs-d'œuvre de maîtres inconnus de l'école d'Italie; mais vous conviendrez, j'en suis sûr, que le nom n'a pas toujours besoin de signer une œuvre pour lui donner une grande valeur; nous possédons ici de quoi faire envie aux plus riches amateurs. » Le père avait raison; il me sembla même que la toile du Dominiquin était inférieure aux autres tableaux. L'un d'eux était soigneusement voilé. J'en demandai la raison. « C'est, me dit Aloysius, ce que nous avons de mieux; nous devons cet ouvrage à un jeune artiste qui peut-être n'en fera plus d'autres... » Et, sans me donner le temps d'insister, il m'entraîna comme pour éviter une nouvelle question sur le même sujet.

Nous rentrâmes dans les bâtiments du collège, et l'obligeant professeur me proposa d'aller visiter, ce même jour, la maison de plaisance des pères. Nous revînmes assez tard de cette excursion. Un orage allait éclater, et j'étais à peine de retour à mon hôtellerie que la pluie tomba comme un déluge. Vers minuit seulement le ciel redevint pur et les étoiles s'allumèrent dans l'azur humide. Penché sur la margelle de ma fenêtre, j'aspirais avec délices les émanations de la terre ; peu à peu mes sensations devinrent si vives, que je ne pus résister à l'envie d'aller me promener aux environs, en attendant le sommeil. Je repassai devant l'église des Jésuites : une clarté pâle tremblotait à travers les vitraux, je m'approchai ; la petite porte latérale n'était point fermée ; je me glissai derrière un pilier, et de là j'aperçus un cierge allumé devant une niche sur laquelle était tendu un filet ; dans l'ombre il y avait un homme occupé à monter et à descendre les degrés d'une échelle. Je reconnus Berthold, qui traçait en noir sur le mur intérieur de la niche toutes les lignes d'ombre projetées par le filet. Un peu plus loin, sur un grand chevalet, se trouvait le dessin d'un autel. Je compris aussitôt l'ingénieux procédé dont se servait Berthold. Ayant à peindre dans la niche un autel en saillie, sur une muraille cintrée au lieu d'une surface plane, il avait appliqué un filet dont les carrés uniformes portaient des ombres courbes sur la concavité de la muraille ; par ce moyen, l'autel dessiné dans la perspective s'offrait à l'œil en saillie.

Pendant ce travail, qui absorbait toutes ses facultés, Berthold paraissait tout autre que je ne l'avais vu. Son visage s'animait, ses regards exprimaient une satisfaction sans mélange ; quand il eut achevé de tracer sur le mur les ombres du filet, il s'arrêta quelques instants devant cette ébauche, et, malgré la sainteté du lieu, se mit à fredonner le refrain d'une chanson assez égrillarde ; puis, comme il se retournait pour détacher le filet, qui tomba à terre, il m'aperçut immobile à la place que je n'avais pas quittée. « Hé da ! hé da ! s'écria-t-il, est-ce vous, Christian?... » Je crus alors devoir m'approcher pour excuser mon indiscrétion, tout en adressant à Berthold mes compliments sur l'art exquis avec lequel il s'était servi du filet. Mais, sans répondre un seul mot à mes gracieusetés : « Christian, reprit-il avec maussaderie, est un mauvais paresseux dont je ne puis rien faire; il devait venir passer avec moi toute cette nuit, et je gagerais qu'il est allé se cacher dans quelque coin pour y dormir à l'aise, sans souci de la besogne. Demain, au jour, je ne pourrai guère peindre dans cette niche; et pourtant je ne puis plus travailler seul à présent... » J'offris alors mes services. « Pardieu! reprit Berthold en riant, et laissant rudement tomber ses deux mains sur mes épaules, c'est bien dit; et Christian, demain, fera une bizarre figure en voyant qu'on peut se passer de lui. A l'œuvre donc, beau compagnon que le hasard prête à l'artiste; à l'œuvre, et occupons-nous tout d'abord à dresser un échafaudage. » Aussitôt fut fait que dit, grâce à la dextérité de Berthold et au zèle que j'apportai dans mes fonctions d'aide improvisé. Je ne pouvais trop admirer la précision, la hardiesse de touche et la sûreté de main de l'artiste. « Maître, lui dis-je, on devine, à vous voir, que vous n'ignorez aucun des secrets de votre art; mais n'auriez-vous jamais exécuté des peintures d'un autre genre que les fresques? L'histoire et le paysage occupent le premier rang dans le domaine de la peinture; l'imagination les enrichit de tous ses prestiges, et la froide sévérité des lignes mathématiques n'arrête pas à chaque pas l'essor de l'artiste, comme dans cette animation factice que vous donnez à la pierre par les illusions de la perspective. »

Berthold, en m'écoutant, venait de quitter ses crayons; il appuya sur sa main son front brûlant, et me répondit d'une voix lente et grave : « Ne profanez point la sainteté de l'art, en établissant parmi ses œuvres ces degrés d'infériorité qui dégradent les humbles sujets d'un despote. Le véritable artiste n'est pas toujours celui qui, franchissant les limites que trace la règle, va se perdre dans les sphères de l'inconnu. Il est dangereux de tenter une lutte avec le Créateur. Souvenez-vous, mon jeune ami, de la fable de Prométhée. Ce grand artiste du monde ancien avait dérobé le feu du ciel pour animer des hommes d'argile; vous savez quel fut son châtiment. Dieu ne laisse pas impunément pénétrer le mystère de sa puissance. — Mais, Berthold, répliquai-je, quelle témérité si coupable pouvez-vous trouver dans la reproduction du beau et de la vie extérieure par la peinture ou par la sculpture? — Ce ne sont, en vérité, que des jeux d'enfant, reprit le peintre avec un sourire amer; c'est une niaiserie pitoyable que de s'imaginer que l'on crée quelque chose en barbouillant, avec des brosses trempées dans des godets à couleur, des carrés de toile de toute dimension. Pauvres fous ceux qu'absorbe un pareil travail! Mais quand l'âme de l'artiste quitte les régions terrestres pour s'élancer vers le monde idéal; lorsque, nouveau Prométhée, il tente d'emprisonner dans l'œuvre de ses mains quelque étincelle ravie au monde des esprits, alors une force irrésistible l'entraîne sur les écueils, et par un mirage funeste le démon de l'orgueil lui montre au fond d'un abîme le reflet trompeur de l'étoile que son œil imprudent cherchait au ciel. » Berthold fit une pause, passa sa main sur son front comme pour écarter un nuage; puis, relevant son regard, il reprit la parole : « A quoi vais-je penser! dit-il; ne ferais-je pas mieux de poursuivre ma tâche, au lieu de discuter à propos de subtilités? Voyez, mon ami, voyez ce travail; la règle a conduit chaque trait; aussi, quelle netteté! quelle exactitude! Tout cela rentre dans le calcul géométrique. Tout ce qui franchit cette mesure, tout ce qui s'élève au fantastique est un don spécial de Dieu ou une hallucination de l'enfer. Dieu nous a communiqué les secrets de l'art en proportion des besoins qu'éprouve notre pauvre humanité. Ainsi, la mécanique produit le mouvement et la vie pour créer des moulins et des horloges, ou des métiers à faire de la toile. Tout cela est dans la règle, parce que tout cela est utile. Ainsi, tout récemment, le professeur Aloysius soutenait que certains animaux avaient été créés pour en manger certains autres, et il prenait pour exemple le chat, dont l'appétit vorace pour la souris empêche celle-ci de ronger tout notre sucre et toute notre chandelle. Ma foi, le révérend père a raison. Les hommes sont, malgré leur vanité, des animaux plus habilement organisés que d'autres pour créer des produits variés dont la contemplation délecte le maître inconnu de tout ce qui existe. — Mais voilà bien assez de métaphysique. Holà! compagnon, passez-moi ces couleurs; j'ai mis hier bien du temps à combiner leurs nuances, et je les ai numérotées avec soin pour que la lumière des flambeaux ne me fît pas commettre quelque erreur. Donnez-moi le numéro un. »

Je m'empressai d'obéir. Berthold me demanda successivement tous ses godets, que je lui tendis l'un après l'autre; besogne assez fastidieuse, et qui ne m'eût guère préservé de l'envie de dormir si l'artiste n'avait entremêlé son travail d'une dissertation des plus originales, et dont lui seul faisait tous les frais, il traitait toute question et la noyait dans les paradoxes les plus étranges. Quand son bras fut lassé, plus tôt que sa langue, il descendit de son échafaudage.

L'aube du jour commençait à percer les ombres, et l'éclat des cierges pâlissait. Je jetai un dernier regard sur la peinture de Berthold; c'était, en vérité, quelque chose d'admirable : « Vous êtes, lui dis-je, un homme étrange; et votre travail d'une nuit est mille fois plus parfait que le fruit des longues séances de nos premiers maîtres. On sent, à regarder votre œuvre, qu'une fièvre ardente a mené votre pinceau; vous tuez vos forces... — Eh! bon Dieu, s'écria Berthold, ces heures de travail qui emportent mes jours sont les seules heureuses que je compte dans ma triste vie. — Quoi! repris-je, seriez-vous tourmenté par quelque chagrin, ou poursuivi par le souvenir de quelque malheur?... »

Berthold serra, sans mot dire, tous ses ustensiles; puis il éteignit les cierges; revenant alors à moi, il me serra la main fortement, et dit avec un regard fixe et d'une voix que l'émotion faisait grelotter : « Pourriez-vous vivre une seule heure sans souffrir si vous aviez l'âme chargée du souvenir d'un crime ineffaçable? » Je me sentis glacé d'effroi sous cette parole. Les premières lueurs du soleil levant animaient le visage de cet homme d'un reflet rougeâtre, qui en faisait ressortir avec plus de fascination la pâleur de spectre. Je n'osai le questionner davantage, et il sortit de l'église, en chancelant comme un homme ivre, par une petite porte qui communiquait avec les cours du collége.

Lorsque je retrouvai le professeur Aloysius Walter, je me hâtai de lui raconter mon aventure de la nuit passée. Il m'écouta d'un air froid, et finit par se moquer de ce qu'il appelait mon impressionabilité. Cependant, comme je le pressais vivement, car il me semblait plus instruit qu'il ne voulait le paraître de tout ce qui touchait Berthold : « Mon Dieu, me dit-il, cet homme qui vous paraît, à l'heure qu'il est, si mystérieux, est un être fort doux, bon travailleur et d'une conduite très-réglée; mais il se peut qu'à ses bonnes qualités il joigne un esprit faible. Autrefois il a joui d'une certaine réputation comme peintre d'histoire; mais, depuis qu'il s'est fourré dans la cervelle je ne sais combien de billevesées métaphysiques qui n'ont pas le sens commun, le voilà réduit au pauvre rôle de barbouilleur de fresques. Ainsi finissent, d'une manière ou d'une autre, tous ces esprits inquiets qui se perdent à mesurer les hauteurs de l'intelligence. Mais puisque vous tenez à savoir quelque chose de sa vie intime, venez à l'église pendant que Berthold se repose de sa nuit de travail; je veux, avant tout, vous montrer la préface de mon récit. »

Le professeur Aloysius me conduisit alors en face du tableau voilé que j'avais remarqué la veille; c'était une composition dans le genre de Raphaël : Marie la Vierge et Élisabeth assises dans un jardin, avec Jésus et Jean qui jouaient à leurs pieds avec des fleurs. Sur le second plan, de côté, on voyait Joseph en prières. Nulle parole ne saurait exprimer la grâce ravissante et le cachet tout céleste de cette peinture. Malheureusement l'œuvre était inachevée. La figure de la Vierge et celle des deux enfants étaient seules finies; celle d'Élisabeth semblait attendre le dernier coup de pinceau de l'artiste; l'homme en prières n'était qu'ébauché. « Ce tableau, me dit le père Aloysius, nous fut envoyé, il y a quelques années, de la haute Silésie; un de nos pères, qui voyageait dans cette contrée, l'avait acheté, par hasard, dans une vente à l'encan; quoiqu'il ne fût pas terminé, nous l'avons fait placer dans ce cadre, en place d'une toile assez médiocre qui le déparait. Lorsque Berthold vint ici pour travailler aux fresques, il aperçut ce tableau, poussa un cri et s'évanouit. Nous ne pûmes obtenir de lui aucune révélation. Mais, depuis lors, il ne passe jamais dans ce bas-côté, et je suis le seul à qui il ait confié que cette toile est son dernier ouvrage en peinture. J'ai plusieurs fois tenté, mais sans succès, de le décider à finir ce tableau; mais il a toujours repoussé mes instances avec des mouvements de répulsion singulière; et, pour l'arracher, pendant qu'il travaille ici, à une cruelle angoisse qui paraît ne le quitter jamais, il a fallu faire voiler ce cadre dont l'aspect lui causait, même de loin, des syncopes effrayantes. — L'infortuné! m'écriai-je avec un profond sentiment de pitié. — Je ne le crois guère à plaindre, reprit gravement le père Aloysius. Cet homme, j'en suis sûr, a été lui-même son propre démon; car l'histoire de sa vie ne l'excuse point. Berthold a fait ici la connaissance d'un jeune étudiant; et, dans un épanchement d'amitié, il lui a confié la plupart des secrets de sa vie. Ce jeune homme en avait rédigé une espèce de mémoire, que j'ai surpris en inspectant ses papiers; car dans nos maisons il n'est permis ni possible de rien cacher. J'ai gardé ce manuscrit, et ce soir, non-seulement je vous le confierai, mais je serai même enchanté de vous en faire don, quoique je ne suppose pas que vous y trouviez un intérêt bien puissant. »

Voici, cher lecteur, ce que contenait le manuscrit :

« ... Laissez votre fils suivre la fantaisie qui le pousse vers l'Italie. Sa main est assez exercée, son imagination assez ardente pour que l'étude des grands modèles de l'art lui soit profitable. Dresde a été le berceau du peintre, il est temps que Rome devienne l'école où s'épureront ses jeunes inspirations; il faut qu'il aille vivre de l'existence libre de l'artiste, au sein du pays où fleurissent toutes les conceptions du génie de l'homme. Il faut au peintre le sol classique des grands maîtres, comme à l'arbuste la chaude influence du soleil pour développer son feuillage et pour dorer ses fruits mûrs. Votre fils porte en lui le feu sacré; laissez-le prendre un noble essor vers l'avenir. »

Ainsi parlait un jour le vieux peintre Stéphan Birkner aux parents de Berthold. Ceux-ci vendirent tout ce qu'ils possédaient pour garnir la valise de leur fils d'un modeste bagage; et bientôt le Raphaël futur se vit au comble de ses vœux. Ses premiers essais avaient eu de préférence pour objet le paysage; mais quand il se trouva dans Rome, au milieu des réunions d'artistes et d'amateurs, il entendit répéter à satiété que le genre historique méritait seul le nom d'art, et que tout le reste ne signifiait rien. Ces opinions exaltées au milieu desquelles vivait le jeune Berthold, jointes à l'effet magique que produisait sur lui la contemplation des fresques du Vatican, chef-d'œuvre de Raphaël Sanzio, décidèrent sa nouvelle vocation. Il se mit à copier en petit les œuvres des meilleurs maîtres, et ne manqua point d'encouragements au milieu de ce travail aride; mais il était sans cesse poursuivi par cette pensée que l'artiste n'existe que par l'originalité et par la vie qu'il imprime à ses œuvres. Essayait-il d'ébaucher une création, il sentait sa force défaillir; l'idée, entrevue un instant, fuyait tout à coup dans un brouillard lointain, dès qu'il croyait la saisir, et il ne retrouvait sur ses toiles que des traits sans caractère et des scènes sans mouvement. Le résultat de ces luttes infructueuses fut de jeter Berthold dans une mélancolie sauvage; il s'en allait tout seul, chaque jour, loin de la ville, dans des lieux déserts, et là il se remettait, en cachette, à dessiner des points de vue; son chagrin s'accrut en voyant qu'il avait même perdu beaucoup de sa facilité en ce genre; il en vint à douter de sa vocation et à désespérer de son avenir. Il écrivit à Birkner une lettre fort triste; mais le vieil artiste se souvenait d'avoir traversé bien des jours d'angoisse et de découragement. « Prends patience, mon enfant, répondit-il à Berthold; celui qui, plein d'une aveugle présomption, s'imagine qu'on avance dans la carrière des arts de progrès en progrès, est un pauvre fou dont il n'y a rien à espérer. Laisse la routine aux timides, franchis d'un pas les voies communes, et quand tu te seras créé une route où nul ne te suivra, quand tu auras enfanté une œuvre libre, dégagée des entraves de la règle ordinaire, ta place sera fixée, et tu verras venir à toi, d'un pas égal, la gloire et la fortune. »

Lorsque Berthold reçut la lettre de Birkner, une idée soudaine traversa son esprit comme un éclair. La réputation du paysagiste allemand Philipp Hackert était à son apogée ; les peintres d'histoire eux-mêmes, tout envieux et exclusifs qu'ils pouvaient être, reconnaissaient sans hésitation la portée de son talent. Berthold résolut de se rendre à Naples pour y devenir l'élève d'un maître aussi distingué. Hackert l'accueillit avec cette bonté qui est le caractère du vrai génie, et son jeune compatriote profita si bien de ses leçons, qu'il ne tarda pas à rivaliser avec lui. Seulement le pauvre Berthold ne se dissimulait pas qu'il ne suffit point de rendre exactement des détails d'arbres, de feuillage et de perspective, ou de fondre avec science les teintes d'un ciel frangé de brumes chaudes et dorées ; il comprenait qu'à ses paysages manquait ce *je ne sais quoi* qu'on admire dans les scènes de Claude Lorrain et dans les déserts si beaux de Salvator Rosa. Berthold se demandait chaque jour si la réputation de maître Hackert n'était pas au-dessus de sa valeur, et si les leçons du maître ne feraient pas faire fausse route à l'élève. Cependant il combattait avec soin ces doutes, qui lui semblaient coupables, et se condamnait résolument à marcher sur les traces de son modèle. Il arriva qu'un jour Hackert exigea qu'au milieu de ses propres compositions Berthold fît exposer en public un paysage d'assez grande dimension, fidèlement copié d'après nature. Toutes les personnes qui visitèrent le musée furent d'un avis unanime sur l'exquise perfection des toiles exposées à leur critique. Seul, un homme entre deux âges, et singulièrement costumé, se distinguait par son silence de la foule des badauds qui distribuaient l'éloge à plein gosier. Berthold, qui le suivait du regard, remarqua qu'arrivé devant son paysage, l'inconnu avait secoué la tête d'un air peu flatteur et passé outre assez dédaigneusement. Blessé, malgré sa modestie naturelle, de cette sorte de dépréciation, Berthold alla se placer au devant de celui qu'il regardait comme un adversaire, et lui dit d'un ton où perçait sa mauvaise humeur : « Voudriez-vous, monsieur, m'indiquer ce qui vous choque dans cette composition, afin qu'à l'aide de vos avis je puisse la corriger? » L'inconnu fixa Berthold d'un œil pénétrant, et se contenta de lui répondre : « Jeune homme, il y avait en vous l'étoffe d'un grand artiste!... » Cette parole glaça le pauvre élève de Hackert; il ne trouva rien à répliquer, et resta longtemps cloué à la même place. Maître Hackert le retrouva encore tout étourdi de l'apostrophe. Mais, lorsque Berthold lui eut dépeint le personnage : « Ah! pardieu! s'écria le peintre, n'est-ce que cela qui te chagrine? eh bien, vite, console-toi ; l'homme qui vient de te parler est un vieux grondeur que nous sommes habitués à voir rôder périodiquement aux alentours. C'est un Grec né à Malte : il est aussi riche que bizarre, et se connaît passablement en peinture ; mais les œuvres qu'il s'est avisé de produire luimême ont un caractère si singulier, qu'on ne saurait l'attribuer qu'à sa manie de paradoxes. C'est un système déplorable qui lui a faussé le jugement et le goût. Mais je me soucie, en vérité, tout aussi peu de son blâme que de ses éloges. Ma réputation est trop vieille pour qu'il l'ébranle. »

Berthold oublia bientôt l'espèce d'avertissement du Maltais, il se remit au travail avec une ardeur nouvelle ; et, satisfait du succès qu'avait obtenu son grand paysage, il résolut d'en exécuter le pendant. Hackert lui fit choisir pour sujet de composition un des plus beaux sites de Naples, éclairé par le soleil levant, pour contraster avec le premier paysage, qui offrait une scène du soir. Un matin que Berthold, assis sur un chapiteau ruiné, terminait à larges traits son esquisse, il entendit une voix près de lui s'écrier : « C'est bien! c'est parfait de dessin ! » Il leva les yeux et rencontra ceux du Maltais. « Vous n'avez oublié qu'une seule chose, continua celui-ci ; tenez, ce mur, tapissé d'une vigne vierge, est percé d'une porte entr'ouverte ; il serait prodigieux de rendre habilement l'ombre de cette porte entr'ouverte. — Vous raillez, monsieur, je le vois fort bien, dit Berthold avec un accent de dépit ; mais sachez que les moindres détails ne sont pas à négliger dans un paysage soigneusement fait. Je sais, au reste, que c'est chez vous un parti pris de vous moquer de ce genre de composition ; ainsi, je vous prie, pour couper court à toute discussion inutile, de me laisser en paix à mon travail. — Jeune homme, reprit l'étranger, votre assurance me plaît et vous sied bien ; mais souvenez-vous de mes premières paroles : oui, il y avait en vous l'étoffe d'un grand artiste, mais vous faites complétement fausse route. Je ne suis l'ennemi d'aucune branche de l'art ; le paysage et l'histoire exigent à un égal degré des qualités spéciales. Le but du peintre est toujours le même : saisir la nature sur le fait pour la reproduire au moment où se manifeste le mieux sa corrélation avec le monde infini, telle est la mission de l'art ; mais l'imitation servile ne remplira jamais cette condition. Une peinture copiée ressemble à la transcription d'un texte en langue étrangère, pour laquelle un copiste ignorant se verrait obligé de calquer les caractères de mots qu'il ne saurait pas lire. Mais l'artiste véritable, l'homme qui sent, aspire le souffle divin, s'en pénètre par tous les pores, et donne une vie mystérieuse aux scènes qu'il étale sur la toile. Voyez les tableaux des vieux maîtres : certes, en les admirant, le spectateur n'examine pas servilement si les feuilles du pin ou du tilleul sont bien différenciées par tous les détails de leurs tissus ; c'est l'ensemble qui le touche et le séduit. Le détail, à ses yeux, n'est plus de l'art, c'est de l'imitation sans coloris, c'est du mécanisme privé de mouvement. Au reste, mon ami, je ne cherche pas à vous détourner de ce que vous croyez être votre vocation. J'ai deviné en vous le foyer du génie, et j'ai voulu l'embraser d'un feu réel... Adieu ! »

Une révolution subite s'opéra dans l'esprit de Berthold. Renonçant à la direction qu'il avait suivie jusqu'alors, il quitta son maître, et se livra sans réserve à toutes les habitudes vagabondes d'une vie sauvage. Cherchant à briser par la fatigue du corps les angoisses de son esprit, il errait du matin au soir à travers les plaines et les montagnes. Cet exercice forcé dissipant peu à peu les vapeurs qui l'obsédaient, il retrouva le calme qui l'avait fui depuis si longtemps.

Dans une de ses excursions, il se lia avec deux jeunes artistes venus de Dresde comme lui. L'un d'eux, qui se nommait Florentin, s'occupait beaucoup moins de faire des études sérieuses que d'enrichir son portefeuille d'une foule de croquis pleins d'esprit et de mouvement dramatique, malgré la rapidité de leur exécution. En parcourant ces dessins, Berthold sentit son âme s'illuminer d'une clarté qu'il n'avait jamais entrevue. Le *faire* pittoresque de Florentin plaisait singulièrement à son intelligence avide de connaître et de réaliser la vérité artistique. Il se mit à copier avec un vif attrait les esquisses de son ami, et réussit assez bien à les reproduire, quoiqu'il lui fût encore impossible de leur donner la vie et l'animation de l'original. Ce que lui avait dit le Maltais lui revint en mémoire, et il le raconta à Florentin. « Je suis de son avis, répondit Florentin ; je crois que, pour arriver à produire la ressemblance artistique, il faut d'abord se familiariser avec les types qui reviennent le plus fréquemment sous nos yeux. Résigne-toi à dessiner des figures, jusqu'à ce que tu aies acquis assez d'assurance pour saisir leurs traits au vol. Tu passeras de là plus aisément à la reproduction des autres objets, et les difficultés qui t'affligent maintenant s'évanouiront peu à peu. » Berthold profita des conseils de son nouvel ami, et ne tarda guère à s'en trouver bien. Mais l'ardeur qu'il apportait à son travail lui causa une exaltation fébrile au sein de laquelle il n'arrivait à enfanter que des figures bizarrement variées ; le type qui reposait au fond de sa pensée se traduisait sur la toile par une sorte de silhouette mouvante dont il ne pouvait parvenir à fixer les traits. Désespéré de ce surcroît d'activité, qui laissait courir ses mains malgré sa volonté, il jeta de côté crayons et pinceaux, et reprit sa vie errante.

Non loin de Naples s'élevait la maison de plaisance d'un riche seigneur qui se déclarait le Mécène des peintres étrangers, et surtout des paysagistes. Berthold était allé plusieurs fois visiter ce beau domaine, d'où le regard embrassait le magnifique panorama de la mer et du Vésuve. Un jour que, penché sur une balustrade de marbre au fond du parc, il se livrait à ses stériles aspirations vers la gloire, il entendit un léger frôlement parmi les feuillages, et presque en même temps une femme d'une admirable beauté parut devant lui comme par enchantement. Un frisson parcourut les veines de Berthold à cette apparition, qui réalisait pour lui l'idéal de beauté que ses rêves avaient jusque-là vainement poursuivi. Il tomba à genoux, les mains tendues vers l'être surnaturel qui venait de lui sourire : un nuage passa sur ses yeux... Quand il reprit ses sens, l'apparition, ange, femme ou démon, s'était évanouie. Mais, à sa place, Berthold aperçut Florentin. « Ah ! mon ami, s'écria-t-il, je l'ai trouvée enfin, je l'ai vue et presque touchée, la céleste inconnue qui faisait délirer ma pensée !... » A ces mots, il s'échappe, avant que Florentin ait pu lui faire une seule question, il court, il vole, et, rentré dans son atelier, il jette sur la toile les traits qui ont si fort ému son âme. Cette fois, guidé par l'enthousiasme, sa main ne s'égare point ; l'esquisse se complète, et Berthold reconnaît son idéal. Depuis ce jour il n'est plus le même homme. La joie du succès a éveillé dans tous ses sens une vie nouvelle. Son esprit, purifié de ses découragements, se rattache avec vigueur à l'étude des modèles ; de la copie des chefs-d'œuvre, il passe à l'invention, et les résultats qu'il obtient ne sont pas moins heureux : décidément il excelle à peindre la figure. Le paysage fut abandonné, et Hackert oublié fut lui-même obligé d'avouer que son élève avait enfin rencontré sa vocation. Dès lors la fortune vint au-devant de Berthold. On lui commanda des tableaux d'église, et les grands seigneurs se disputèrent ses ouvrages à prix d'or. Dans tous les sujets de fantaisie qu'il exécutait, Berthold reproduisait toujours sa merveilleuse apparition. On trouva que cette figure offrait la ressemblance frappante de la princesse Angiola T*** ; et les médisants ne se gênaient guère pour dire à qui voulait l'entendre que le jeune peintre à la mode était éperdument amoureux de cette belle dame. Berthold s'irritait souvent de ces plaisanteries, qui semblaient rabaisser son idéal aux mesquines proportions d'un être mortel. « Croyez-vous, disait-il, qu'il puisse exister sous le ciel une aussi parfaite créature? Non, c'est dans l'infini que mon regard a entrevu cet ange du monde ignoré, c'est de cette heure d'extase que date ma vocation de peintre ! »

Lorsque l'armée française, parcourant l'Italie, de victoire en victoire, sur les pas du général Bonaparte, arriva aux portes de Naples, un mouvement révolutionnaire, causé par l'imminence du danger, bouleversa toute la ville. Le roi et la reine se retirèrent devant la sédition. Le vicaire général du royaume conclut avec le général français une capitulation honteuse, à la suite de laquelle les commissaires de l'armée ennemie vinrent lever des contributions énormes. Le peuple se souleva, les maisons des nobles soupçonnés de trahison furent pillées aux cris de *Viva la santa fede!* Moliterno et Rocca Romana, qui dirigeaient la municipalité, firent de vains efforts pour s'opposer à l'anarchie. Le duc della Torre et Clemens Filomarino, deux patriciens détestés, servirent de victimes à l'insurrection, et rien ne permettait de prévoir la fin de cette réaction populaire. Berthold, échappé, presque nu, de sa maison livrée aux flammes, se trouva entraîné par une populace armée vers le palais du prince T***. Rien ne résistait à ces furieux. En peu d'instants, le prince, ses domestiques et quelques amis qui s'étaient joints à lui, furent égorgés sans pitié, et l'incendie acheva ce que le fer avait commencé.

Berthold, toujours entraîné par le flot des pillards, avait traversé plusieurs salles du palais, qu'une fumée noire emplissait déjà; il voulait fuir et ne trouvait point d'issue, lorsqu'un cri de détresse vint frapper son oreille. Il s'élance de ce côté, brise une porte, et voit une femme qui se débat sous le stylet d'un lazzarone. Grand Dieu! c'est la princesse! c'est la céleste apparition dont Berthold n'avait joui qu'une seule fois. Une force surhumaine exalte le courage de l'artiste épuisé; après une courte lutte, il terrasse le lazzarone et l'égorge avec son propre poignard; puis, enlevant d'un bras nerveux la belle Angiola, il traverse de nouveau toutes les salles du palais que le feu dévore, il arrive aux portes, il fend la foule, qui s'écarte devant son arme fumante, et, après avoir longtemps marché au hasard, il gagne un quartier de la ville que l'émeute a rendu désert; il dépose au coin d'une masure son précieux fardeau, et, brisé par tant d'émotions, tombe sans connaissance auprès d'Angiola.

Lorsqu'il rouvrit les yeux, la belle princesse, à genoux à ses côtés, baignait d'eau son front noirci par le feu et par une poussière sanglante. Berthold croyait rêver, mais Angiola lui dit : « Mon ami, mon sauveur, je te reconnais, tu es Berthold, le célèbre peintre allemand; tu ne m'avais vue qu'une fois, et tu m'as aimée de tant d'amour, que mes traits se reproduisaient sous tes pinceaux dans toutes tes œuvres. Alors une grande distance nous séparait, et je ne pouvais être à toi; mais aujourd'hui, dans Naples incendiée, il n'y a plus ni patriciens ni séparations commandées par l'orgueil du rang. Viens, Berthold, fuyons, allons chercher un asile dans ta patrie; je suis à toi pour toujours!... »

L'artiste était hors de lui; tant de bonheur dépassait ses forces; mais l'amour accomplit des miracles, et, après bien des peines, les deux fugitifs parvinrent à s'échapper de la ville sans être reconnus ni poursuivis. Ils gagnèrent, de proche en proche, le midi de l'Allemagne, où Berthold espérait créer pour Angiola, grâce à son talent, une vie heureuse et riche. Arrivé dans la ville de M***, il résolut d'établir d'un seul coup sa réputation par un grand tableau d'église. Il choisit pour sujet la vierge Marie et Élisabeth ayant à leurs pieds l'Enfant Jésus et saint Jean. Cette composition était fort simple; mais cette fois l'artiste ne retrouvait plus sa puissance. Ses idées étaient redevenues confuses; il ne faisait qu'effacer et recommencer sans réussir. La figure de la Vierge avait malgré lui les traits d'une beauté terrestre; c'était bien la figure d'Angiola, mais privée de toute sa poésie. La belle Napolitaine avait beau poser dans tout l'éclat de ses charmes, le peintre ne parvenait à fixer sur la toile qu'un teint de cire, avec des yeux mornes et vitreux. Alors sa mélancolie le reprit; la perte de son talent le plongea dans une affreuse misère, qui s'augmenta encore par la naissance d'un fils. La misère entraîne, par une pente fatale, au crime ou à la folie. Berthold prit en aversion sa pauvre femme, qui pourtant ne se plaignait jamais; et, comme la souffrance et les privations avaient fané ses attraits : « Non, se dit-il un jour, ce n'est point là l'être idéal que j'ai vu; cette maudite créature a pris un moment des formes célestes pour me séduire et pour m'entraîner dans ses pièges! Ce n'est pas une femme, c'est un démon! » Et le misérable, en proie à des accès de délire, se portait contre Angiola et contre son enfant à des traitements si cruels, que les voisins s'en indignèrent et le dénoncèrent au magistrat. Berthold, prévenu qu'on allait venir l'arrêter, disparut de son grenier avec sa femme et son fils. On ne put d'abord savoir ce qu'il était devenu. Quelque temps après, il vint à N***, dans la haute Silésie. Il était seul alors, et il entreprit de recommencer le tableau de la Vierge; mais il ne put parvenir à le terminer. Une maladie de langueur le conduisait au tombeau pas à pas. Il lui fallut, pour exister et pour payer quelques remèdes, vendre ses derniers débris et même son tableau commencé, qui fut acquis à l'encan par un brocanteur.

La mort ne voulait pas encore de Berthold. Quand il eut recouvré quelque force, il s'en alla mendiant son pain de porte en porte, en payant sa chétive dépense avec quelques barbouillages d'enseignes...

Ici finissait le manuscrit que m'avait remis le professeur Aloysius Walter. Je conclus que le malheureux Berthold, devenu fou de misère, avait assassiné sa femme et son enfant, pour se débarrasser de leur charge. Cependant, comme, après tout, rien n'autorisait une idée aussi affreuse, j'éprouvais une vive curiosité d'interroger adroitement le peintre pendant un des accès de bonne humeur auxquels il se livrait parfois quand sa besogne allait à souhait.

Je retournai dans l'église; il était, comme à l'ordinaire, perché sur son échafaudage, l'air sombre et préoccupé; il ébauchait sur la muraille des teintes de marbre rosé. Je montai à côté de lui, pour lui tendre officieusement les godets de couleurs; et, comme il me regardait avec surprise :

Ne suis-je pas, lui dis-je à demi-voix, votre compagnon de la nuit dernière, que vous avez accepté à la place de ce paresseux de Christian? » A ces mots, je le vis contracter ses lèvres comme pour sourire. Ceci me paraissant de bon augure, je hasardai la conversation sur le terrain des aventures de sa vie. J'arrivai, par de longs détours que je supposais fort adroits, jusqu'à la confidence si avidement espérée du fatal dénoûment, et, pour amener un aveu, je lui dis tout à coup : « C'est donc dans un accès de fièvre que vous avez tué votre femme et votre enfant?... »

La foudre tombant du ciel n'eût pas produit pareil effet. Berthold laissa tomber ses pinceaux, et, après m'avoir lancé un horrible regard, il leva les mains au ciel en criant : « Je suis pur du sang de ma femme et de mon enfant. Mais, si vous dites un mot de plus, je me jette avec vous sur le pavé de l'église!... »

A cette menace, me sentant fort peu rassuré, et craignant que dans un accès de remords il ne voulût se tuer et m'entraîner dans sa tombe, je détournai rapidement l'entretien... « Eh! mon Dieu, m'écriai-je avec toute l'assurance que je pus affecter, voyez donc, cher Berthold, comme cette vilaine couleur jaune découle le long du mur!... » Et, tandis que maître Berthold se retournait pour essuyer la couleur avec sa plus grosse brosse, je gagnai l'échelle, pour éviter les caprices périlleux du peintre des jésuites. Quelques heures après, je pris congé du professeur Aloysius Walter, en lui faisant promettre de me tenir au courant par lettres de ce qu'il pourrait apprendre de nouveau sur le compte de Berthold.

Six mois après mon voyage, il m'écrivit : « Notre étrange artiste a fini les réparations de l'église, et mis la dernière main au tableau de la vierge Marie, dont il a fait une œuvre accomplie. Puis il a disparu; et, comme deux jours après son départ on a trouvé son chapeau et son bâton sur les bords de la rivière d'O....., tout le monde croit ici que le pauvre diable a mis fin à sa misère par le suicide. Priez pour lui »

LE
MYSTÈRE DE LA MAISON DÉSERTE

L'aspect des nombreux et brillants édifices de la résidence de V***, le luxe des produits de l'art et de l'industrie de toute sorte dont elle s'enrichit chaque jour, en font les délices du flâneur, et la merveille admirée de tous les voyageurs. La rue bordée de splendides habitations qui conduit à la porte de *** sert de passage continuel à l'élite des sociétés qui vont tuer le temps les unes chez les autres. Le rez-de-chaussée des maisons est occupé par d'élégants magasins; les étages supérieurs se distribuent en appartements confortables. C'est le quartier des gens de haute volée.

J'avais déjà plus de mille fois arpenté cette promenade, lorsque mes yeux s'arrêtèrent par hasard sur un bâtiment dont la bizarre structure contrastait fortement avec son voisinage. Figurez-vous un carré de pierres percé de quatre fenêtres formant un premier et unique étage; sa hauteur ne dépassait guère l'élévation du rez-de-chaussée des magnifiques hôtels qui le flanquaient à droite et à gauche. Cette bâtisse, misérablement lézardée, était chargée d'un toit en fort mauvais état, et on avait remplacé presque toutes les vitres brisées par des carreaux de papier gris ou bleu. Les quatre fenêtres étaient fermées. Celles du rez-de-chaussée avaient été murées, et près de la porte d'entrée, étroite, basse et sans serrure, on eût vainement cherché la moindre sonnette. Ce délabrement annonçait une solitude complète; cette masure avait l'air d'être abandonnée depuis cent ans. Une maison déserte n'est pas, après tout, chose bien surprenante; mais dans un si riche quartier, sur un terrain qui pouvait rapporter à son propriétaire un revenu assez considérable, certes il y avait de quoi donner carrière aux suppositions, et je ne pouvais plus passer devant la masure sans bâtir mille châteaux en Espagne.

Un jour, à l'heure où les élégants se coudoyaient comme une fourmilière, je rêvais, debout, appuyé contre un perron qui faisait face à la maison déserte : un homme que j'avais perdu de vue depuis longtemps vint tout à coup s'arrêter auprès de moi, et me tirer de ma préoccupation. C'était le comte P..., un rêveur pour le moins aussi fantasque et aussi curieux que je pouvais l'être. Il avait, comme moi, énormément réfléchi au mystère de la maison déserte. Ses suppositions avaient dépassé les miennes, et il était parvenu à se créer lui-même là-dessus une histoire tellement extravagante, que l'imagination la plus hardie pouvait seule, à grand'peine, en admettre la réalité. Jugez du désappointement de ce pauvre comte, lorsqu'après avoir de son mieux dénoué son histoire, et de la façon la plus tragique, il apprit que la fameuse maison déserte était simplement l'officine d'un confiseur en vogue dont la boutique était contiguë. On avait muré les fenêtres du rez-de-chaussée pour cacher aux passants l'aspect des fourneaux et des creusets; et les fenêtres du premier étage avaient été calfeutrées, pour préserver du soleil et des insectes les sucreries qu'on y tenait en magasin. Ce maudit renseignement produisit sur moi l'effet d'une douche glacée; plus de rêve possible, plus de poésie! c'était à faire crever de dépit un cœur sensible et prompt à s'exalter. Pourtant, malgré l'explication toute matérielle qui m'avait été donnée, je ne pouvais me défendre de regarder l'ex-maison déserte avec un sentiment inexplicable qui me donnait le frisson. Mon esprit frappé repoussait avec colère cette idée de bonbons à la place des fantômes qui m'avaient si puissamment occupé ; et je ne désespérais pas de voir quelque jour le monde fantastique reprendre possession de cette habitation. Le hasard devait bientôt, d'ailleurs, me relancer sur la voie des suppositions.

Quelques jours après la rencontre du comte P..., je passais, vers l'heure de midi, devant la maison déserte; je vis s'agiter doucement un rideau de taffetas vert qui voilait la fenêtre la plus rapprochée de la boutique du confiseur. Une main blanche et délicieusement faite, dont le plus joli doigt portait un superbe diamant, se glissa sous le rideau ; puis je vis un bras d'albâtre orné d'un bracelet d'or. La main posa un flacon de cristal sur l'appui de la fenêtre et se retira.

Je restai là l'œil fixe, le nez au vent, les pieds cloués sur le pavé, montrant, il faut le croire, une figure si étrange, qu'en moins de dix minutes une foule innombrable de badauds, et des plus huppés, se pressait autour de moi et s'écarquillait les yeux pour regarder du même côté ; mais il n'y avait plus ni main rosée ni bras d'albâtre ; les curieux en furent pour leur impertinence ; ce peuple des villes me rappela ces niais de certaine bourgade qui s'attroupèrent un matin devant une maison en criant au miracle, parce qu'un bonnet de coton venait de choir du sixième étage sans se rompre une seule maille. Il y avait mille à parier que la main rosée et le bras d'albâtre appartenaient en légitime propriété à la femme, à la sœur ou à la fille du confiseur, et que le flacon de cristal contenait prosaïquement une mesure de sirop de groseille. Voyez comme un esprit inquiet, mais juste, sait arriver à son but par le chemin le plus court! L'idée me vint d'entrer chez le confiseur pour en tirer adroitement quelque confidence. Tout en prenant un sorbet au chocolat : « Monsieur, lui dis-je, vous avez fait choix d'une belle place pour votre établissement, et je trouve surtout fort commode pour vous la jouissance de cette maison voisine où vous avez disposé votre laboratoire... » A ces mots, l'honnête marchand me regarda d'un air surpris. « Qui diable a pu vous dire, s'écria-t-il, que la maison voisine fût à mon service? Je le voudrais, certes, de tout mon cœur; mais, en dépit de toutes mes démarches, l'affaire ne s'est point conclue. Au reste, et toute réflexion faite, je n'en suis pas trop mécontent, car il doit se passer dans cette maison une foule de choses extraordinaires qui gêneraient singulièrement un locataire ami du repos. » Dieu sait, cher lecteur, combien je fus intrigué de ces paroles. J'essayai de faire jaser mon homme; mais tout ce que je pus apprendre de lui, à force de questions, c'est que la maison déserte appartenait à la comtesse S***, qui vivait dans ses terres, et qu'on n'avait pas vue à la résidence depuis quelques années. La maison avait, du reste, depuis un temps immémorial, l'aspect qu'on lui trouvait aujourd'hui, et personne ne paraissait se soucier d'y faire la moindre réparation pour la préserver d'une ruine imminente. Deux êtres l'habitaient : un vieux domestique et un chien décrépit qui ne cessait d'aboyer. Les petites gens du quartier étaient convaincus que des revenants hantaient la masure; car à certaines époques, et surtout aux approches de la fête de Noël, on y entendait des bruits fantastiques troubler le silence de la nuit; parfois même le vacarme montait à un diapason étourdissant. Une fois la voix cassée d'une vieille femme avait essayé de glapir une espèce de chant de l'autre monde, où l'on distinguait à peine quelques monosyllabes français mêlés à une langue inconnue. « Tenez, monsieur, me dit encore le confiseur en me faisant passer dans son arrière-boutique, voyez ce tuyau de fer qui sort du mur mitoyen; j'ai vu quelquefois, au plus fort de l'été, une fumée énorme en sortir, comme si l'on faisait à l'intérieur de la maisonnette un feu d'enfer. Plus d'une fois j'ai tancé le vieux domestique, qui nous menace à chaque instant de quelque incendie; mais ce sournois prétend que c'est le feu de sa cuisine. Le diable seul doit savoir ce que mange un être pareil, car la fumée qui sort de son taudis répand de temps à autre une odeur qui n'est guère appétissante.

En ce moment, la porte de la boutique ébranla en s'ouvrant une clochette au timbre aigu. Le confiseur s'excusa du devoir qui l'appelait auprès d'une pratique; et, comme je rentrais derrière lui, je reconnus, à un signe de tête qu'il m'adressa à la dérobée, le personnage dont nous venions de parler. Figurez-vous, cher lecteur, un petit homme sec, avec une peau de parchemin jaune, au nez pointu comme une alêne, des lèvres tranchantes, des yeux vert-de-gris, un sourire niais, des cheveux poudrés et relevés en pyramide; son costume se composait d'un large habit râpé, dont la couleur avait jadis imité le café brûlé; sa culotte collante s'adaptait sur des bas gris, et le personnage se terminait dans des souliers carrés à boucles de similor. Du bout de ses manches sortaient deux poings robustes qui cadraient assez mal avec une voix grêle et pleureuse qui demanda des oranges confites, des marrons glacés, des massepains et d'autres friandises. Le confiseur s'empressa de le servir; le vieux prit dans sa poche une escarcelle de cuir rougeâtre et usé, et en tira une à une quelques pièces de monnaie très-rognées, à peu près hors de cours. Il paya en rechignant et en murmurant des débris de phrases dénués de sens. « Seriez-vous malade, mon cher voisin? lui dit le marchand; vous paraissez bien triste; c'est l'âge, n'est-ce pas? c'est l'âge... — Hoho! hoho! hoho! qui dit cela? » grommela d'un air courroucé le satanique vieillard en faisant une pirouette si lourde, que les vitraux du magasin tremblèrent dans leurs châssis; en retombant il faillit écraser la patte du chien noir qui l'avait accompagné, et qui poussa des cris aigus. « Maudite bête! reprit le vieillard en ouvrant son sac de bonbons pour jeter un massepain au toutou, qui se tut par gloutonnerie, et qui se posa sur son train de derrière avec la grâce d'un écureuil. « Bonne nuit, voisin, dit le vieux domestique après que son chien eut absorbé sa pitance, bonne nuit, voisin; le pauvre vieux que l'âge a tout cassé vous souhaite bonne chance et longue vie! » Et, en disant cela, il serra la main du marchand de sa griffe osseuse, et si fort, que celui-ci poussa un cri de douleur. « Vous voyez, monsieur, me dit le confiseur après le départ de son client, voilà l'espèce de factotum du comte de S***, et le gardien de la maison déserte. Je lui fais de temps en temps sommation de cesser son tapage nocturne; mais il a réponse à tout : il attend, dit-il, la famille de son maître, et cela depuis tant d'années, qu'il est à croire qu'elle n'arrivera jamais. Je n'en sais pas davantage, et j'ai bien l'honneur de vous saluer, car voici l'heure où nos belles dames assiègent ma boutique et se disputent les douceurs que j'invente chaque jour pour leurs jolies petites bouches. »

En quittant le confiseur, je me mis à chercher dans ma tête un rapport naturel entre le chant triste et singulier qui s'était fait entendre dans la maison déserte et le bras si charmant que j'avais entrevu sous le rideau de taffetas; je me persuadai que, par une illusion d'acoustique, le confiseur avait pris pour un glapissement de vieille femme le chant doux, mais plaintif, d'une belle créature persécutée et captive de quelque odieux tyran. Je songeai de nouveau à la fumée puante qui s'exhalait du tuyau, au flacon de cristal qui avait figuré sur l'appui de la fenêtre, et j'en conclus, sans plus chercher, que la belle inconnue était victime d'un abominable sortilège. Le vieux domestique se changea pour moi en magicien déguisé; mon cerveau s'exalta, et des figures diaboliques vinrent assiéger mes insomnies. Par un ineffable enchantement, le bras d'albâtre s'unit dans ma pensée à une épaule de neige que mes yeux croyaient voir; puis une figure d'adorable jeune fille surgit, blanche et voilée, de cette espèce d'hallucination; il me sembla que la brume argentée qui me dérobait à demi l'éclat des traits de ce bel ange s'échappait par ondées sans fin du flacon de cristal. Je formais pour la délivrance de cet être céleste les projets les plus fous; je me livrais tout seul aux exclamations les plus chevaleresques; tout à coup il me sembla qu'une main de squelette me frappait l'omoplate, brisait en mille pièces le flacon merveilleux, et l'apparition s'évanouit, en laissant après elle l'écho mourant d'une douce plainte.

Le jour suivant, je courus de bonne heure me poster en face de la maison déserte. On avait ajouté des persiennes aux fenêtres depuis la veille. La maison avait l'aspect d'un tombeau. Je rôdai aux environs pendant toute cette journée; le soir venu, je repassai; la petite porte sans serrure était entre-bâillée, l'homme à l'habit café brûlé avançait la tête au dehors. Je m'enhardis à lui parler. « Le conseiller des finances Binder ne demeure-t-il pas dans cette maison? lui demandai-je poliment. — Non, répondit le vieux avec un sourire défiant; il n'y a jamais mis le pied, il n'y viendra jamais; et tout le monde sait qu'il habite assez loin de ce quartier. » En achevant ces mots, il retira sa tête et me ferma la porte au nez. Je l'entendis tousser, puis traîner ses pas lourdement avec un bruit de clefs, et il me sembla qu'il descendait dans l'intérieur par un escalier. J'avais observé par la porte entr'ouverte que le vestibule était tendu de vieilles tapisseries décousues, et garni de fauteuils antiques en étoffe écarlate.

Le lendemain, vers midi, un pouvoir irrésistible me ramena au même lieu; je vis, ou je crus voir, par la fenêtre du premier étage, le rideau de taffetas vert à demi soulevé; un diamant scintilla, puis une ravissante personne, accoudée sur la saillie intérieure, me tendit les bras avec un air suppliant. Ne sachant si je veille, je cherche du regard un endroit d'où, sans attirer l'attention de la foule, je puisse continuer mes observations. Un banc de pierre se trouve de l'autre côté de la rue, juste en face de la maison : je vais m'y asseoir. Je lève les yeux, je contemple : c'est bien elle, c'est la ravissante jeune fille que mon imagination avait si bien devinée; seulement sa pose est immobile, et son regard égaré ne se fixe pas sur moi. Je suis tenté de croire que mes sens sont abusés par une belle peinture. Tout à coup passe à mes côtés un colporteur de bimbeloteries qui me supplie de lui acheter quelque objet pour lui porter bonheur, car il n'a rien vendu depuis le matin. Je le repousse d'abord avec dureté; mais il insiste, il étale à mes yeux sa marchandise; il m'offre un petit miroir de poche qu'il place devant moi à certaine distance et de telle manière, que j'y aperçois avec netteté la croisée de la maison déserte et l'angélique figure de la jeune fille. Cet objet me tente si fortement, que je l'achète sans discuter le prix. A peine me suis-je mis à en faire usage moi-même, qu'un accès de catalepsie semble attacher fatalement mes yeux au miroir sans qu'il me soit possible de les en détourner; je crois tout à coup voir les beaux yeux de ma divine inconnue s'interposer entre la glace et moi; un

sentiment de tendresse ineffable fait palpiter mon cœur...
« Vous avez là un charmant miroir de poche, » dit une voix tout près de moi. Je m'éveille comme d'un rêve ; grande est ma surprise de me voir entouré d'un cercle de gens que je ne connais nullement, et qui me sourient d'un air équivoque, comme s'ils regardaient un fou. Enfin la même voix répète : « Vous avez là un miroir tout à fait merveilleux ; mais pourrait-on savoir ce qui préoccupe si fort votre contemplation? seriez-vous en commerce avec les esprits?... » L'individu qui m'adressait cette question me parut être un homme comme il faut, vêtu avec une élégante simplicité ; sa physionomie douce et honnête provoquait la confiance. Je ne pus me défendre de lui avouer sans détour ce que j'éprouvais, et de lui demander s'il n'avait pas lui-même observé cette admirable figure. « Ma foi, monsieur, me dit-il, je crois avoir d'assez bons yeux, et Dieu veuille que j'use de lunettes le plus tard possible! J'ai vu comme vous la figure dont vous parlez, mais c'est, je crois, un portrait à l'huile exécuté par un excellent artiste... » Je me hâtai de regarder de nouveau, mais le rideau venait de retomber derrière la fenêtre. « Mon Dieu, monsieur, ajouta mon interlocuteur, le vieux domestique du comte S***, à qui appartient cette baraque, vient justement de décrocher ce portrait pour en essuyer la poussière, et puis il a refermé la fenêtre. — En êtes-vous bien sûr? m'écriai-je d'un air consterné. — Comme de ma vie, reprit-il ; en regardant l'objet dans votre miroir, vous avez été déçu par une illusion d'optique; moi-même, quand j'avais votre âge et votre ardente imagination, j'aurais pu m'y laisser prendre. — Mais j'ai vu remuer la main et le bras! m'écriai-je de nouveau dans un état de stupéfaction difficile à décrire. — Je ne dis pas non, » reprit mon voisin en se levant avec un sourire; et, fixant sur moi un regard d'ironique politesse, il s'éloigna en ajoutant : « Gardez-vous des miroirs que le diable a fabriqués. J'ai bien l'honneur de vous saluer. »

Comprenez-vous, cher lecteur, ce que je dus souffrir en me voyant ainsi mystifié et traité comme un visionnaire imbécile? Plein de colère et de honte, je courus m'enfermer chez moi, bien décidé à ne plus m'occuper de la maison déserte.

Quelques affaires à régler employèrent plusieurs de mes journées et contribuèrent assez à refroidir ma cervelle. Seulement, durant les nuits, j'éprouvais encore par instants des surexcitations fiévreuses ; mais j'y résistais sans trop de peine, et j'étais même parvenu à me servir du miroir qui m'avait si bien joué, lorsqu'un matin, comme j'allais m'en servir pour ma toilette, la glace me parut ternie : je soufflai dessus et l'essuyai ; quand je voulus m'y regarder... oh ! je frissonne encore à ce souvenir ! je vis à la place de mon visage celui de la mystérieuse inconnue de la maison déserte. Ses yeux étaient humides de pleurs, et me fixaient avec une expression plus déchirante que la première fois.

La sensation que j'éprouvai fut si violente, que les jours suivants je ne faisais plus que passer et repasser devant la maison déserte. L'image de la jeune fille merveilleuse s'était emparée de toutes mes pensées; je ne vivais plus que pour le fantôme; j'en vins à sentir des rapports physiques, mais invisibles, s'établir entre moi et cet être d'une nature inconnue. Je tombai peu à peu dans un état de langueur qui minait les organes de ma vie ; c'était un mélange de douleur et de volupté qui m'épuisait, et je ne pouvais opposer aucune force à cette influence surnaturelle. Craignant de devenir fou, et trouvant à peine la force de me traîner, je me rendis à grand'peine chez un célèbre médecin qui s'occupait spécialement du traitement préventif des maladies mentales ; je lui racontai tout ce qui se passait en moi depuis un certain temps, et je le suppliai de ne pas m'abandonner dans un état pire que la mort. « Tranquillisez-vous, me dit le docteur; vous avez l'esprit malade, mais vous connaissez parfaitement la cause de votre trouble; c'est déjà une bonne chance de guérison. Laissez-moi d'abord votre miroir; retournez chez vous : livrez-vous à une besogne qui absorbe toutes vos facultés, et, après avoir travaillé courageusement, fatiguez votre corps par une longue promenade; le soir, voyez vos amis et divertissez-vous avec eux. Joignez à ce régime une nourriture forte, et buvez des vins généreux. Tout votre mal n'est que dans une idée fixe; parvenons à la chasser, et vous serez radicalement guéri. »

J'hésitais à me séparer du miroir. Le docteur le prit, souffla dessus, l'essuya et me le présenta en disant : « Voyez-vous quelque chose? — Je vois mes traits, rien de plus, lui répondis-je. — C'est bien, fit le docteur; eh bien, recommencez vous-même l'expérience. » Un cri s'échappa de ma poitrine, et je devins très-pâle. « C'est elle! c'est elle! » m'écriai-je. Le docteur reprit le miroir : « Quant à moi, dit-il, je ne vois rien, absolument rien; mais je dois vous avouer qu'au moment de regarder j'ai senti un frisson involontaire. Ayez donc en moi pleine confiance. S'il y a un charme, il faut le rompre. Veuillez recommencer l'expérience. » Je soufflai de nouveau sur le miroir, tandis que le docteur plaçait sa main sur mon épine dorsale. La figure reparut; le docteur pâlit en observant l'effet que ce phénomène produisait sur mes organes. Il m'ôta le miroir, le serra dans une boîte, et me congédia en me renouvelant les avis qu'il m'avait donnés; il ajouta que nous verrions un peu plus tard ce qu'il y aurait à faire.

A partir de ce jour, je me livrai tout entier à une multitude de distractions, et je menai une vie bruyante, propre à dompter mon esprit à force de lassitude physique. A quelques soirs de là, me trouvant dans une réunion des plus joyeuses, on vint à causer de sciences occultes, de phénomènes magnétiques, et l'on raconta sur ce sujet les anecdotes les plus surprenantes. On passa en revue toutes les expériences recueillies sur les rêves, sur les hallucinations, sur les extases, et l'on se demanda très-sérieusement si une volonté existante en dehors de notre vie ne pouvait pas exercer, dans certaines conditions, une influence réelle sur nos facultés sans l'aide d'aucun contact matériel. « Admettre une semblable hypothèse, dit un des causeurs, nous conduirait tout droit à reconnaître comme vérités les sorcelleries du moyen âge, et toutes les superstitions dont une philosophie éclairée par le progrès des sciences a depuis longtemps fait justice. »

— Mais, dit à son tour un jeune médecin, faut-il, sous

prétexte de sagesse et de philosophie éclairée, nier l'existence de faits constatés? La nature n'a-t-elle pas des mystères qu'il est interdit à nos faibles organes de sonder et de comprendre? De même qu'un aveugle reconnaît au bruissement des feuilles, au murmure de la source qui fuit, le voisinage d'une forêt ou d'un ruisseau, ne pouvons-nous pressentir certaines choses de l'existence par la communication invisible de certains esprits avec le nôtre?... » A ces mots, j'entrai en lice. « Vous admettez donc, dis-je au jeune médecin, l'existence d'un principe immatériel doué d'une puissance qu'en certaines conditions notre volonté ne saurait repousser? — Oui, répondit-il, c'est un fait que prouvent les observations recueillies par les hommes les plus sérieux sur les sujets soumis au magnétisme. — En ce cas, repris-je, il faut aussi reconnaître comme possible l'existence de démons, d'êtres malfaisants, armés d'une nature supérieure à la nôtre? — Ce serait aller trop loin, répliqua le médecin en souriant. Je ne crois pas aux possédés. Mon opinion est uniquement qu'il peut exister dans la chaîne des êtres certains principes immatériels capables d'exercer sur d'autres une action irrésistible. Mais je ne fonde cette idée que sur de simples observations, et je crois que les organes faiblement constitués ou débilités par quelque excès de la vie sont seuls exposés à subir cette espèce de phénomène. — Monsieur, dit alors un homme d'âge mûr qui n'avait pas encore parlé, s'il existe, comme vous en convenez à peu près, des puissances occultes et ennemies de notre nature, j'en conclus, d'après vos explications, que ces puissances n'existent que par la faiblesse de notre esprit. Si des facultés débilitées par un excès ou par une souffrance ou si des organes incomplets peuvent seuls être assujettis à ce phénomène physiologique, j'en conclus que ce phénomène n'est autre chose qu'un accident maladif de notre esprit, et par conséquent il n'existe pas en dehors de nous des puissances douées d'une action réelle, intermédiaires entre Dieu et nous. Et maintenant voici mon opinion personnelle, relative aux maladies mentales qui nous soumettent à des hallucinations passagères. Je pense qu'en raison du trouble qu'elle exerce sur les plus délicates fibres de notre organisme, la passion ou plutôt le mal d'amour est la seule affection de notre âme qui puisse produire des désordres dans la vie réelle, et offrir l'exemple d'un pouvoir exercé d'une manière irrésistible par un individu sur un autre. J'ai fait à ce sujet dans ma propre maison une observation dont les détails sont tout un drame. Quand l'armée française désolait nos provinces, sous les ordres du général Bonaparte, je logeai chez moi un colonel des gardes du vice-roi de Naples ; c'était un officier d'une remarquable distinction ; mais tout, dans ses traits, décelait les ravages d'un profond chagrin ou d'une maladie récente. Peu de jours après son arrivée, je le surpris en proie à un paroxysme de douleur qui me fit pitié. Sa poitrine était suffoquée par des sanglots qui lui ôtaient l'usage de la parole ; il fut obligé de se jeter sur un lit de repos ; peu à peu ses yeux perdirent le regard et ses membres le mouvement ; il devint roide comme une statue. De temps en temps il éprouvait des spasmes convulsifs, mais sans bouger de place. Un médecin que je me hâtai d'appeler le soumit à l'influence magnétique, ce qui parut lui causer quelque soulagement ; mais il fut obligé d'y renoncer, car il ne pouvait assoupir le malade sans éprouver au dedans de lui-même une sensation de souffrance accablante et qu'il ne pouvait expliquer. Cependant, au sortir de son accès, l'officier, dont il avait par ses soins gagné la confiance, lui raconta qu'au milieu de ses crises il voyait apparaître l'image d'une femme qu'il avait connue à Pise ; ce fantôme était doué d'un regard qui pénétrait jusqu'à son cœur, comme la brûlure d'un fer rouge ; il n'échappait à cette douleur fantastique que pour tomber dans une espèce de léthargie, à la suite de laquelle il ressentait des migraines intolérables et une prostration complète de tous les organes, comme s'il eût abusé des voluptés sensuelles. Du reste, il ne voulut jamais raconter ce qui s'était passé autrefois entre lui et la femme de Pise. L'ordre ayant été donné à son régiment de se porter à l'avant-garde, il se fit servir à déjeuner pendant qu'on préparait ses bagages. A peine eut-il porté à ses lèvres un dernier verre de madère, qu'il tomba mort en poussant un cri étouffé. Le médecin jugea qu'il avait été frappé d'apoplexie.

Deux ou trois semaines après cet accident, je reçus une lettre à l'adresse du colonel. Je l'ouvris, dans l'espoir d'y trouver quelques renseignements sur la famille de mon hôte : la lettre venait de Pise, et ne contenait que ces mots, sans signature : « Pauvre ami, aujourd'hui, 7 J...., à midi, Antonia est morte en croyant embrasser ton ombre!... » C'était justement le jour et l'heure de la mort du colonel. Tâchez d'expliquer cela. »

Je ne saurais, cher lecteur, vous peindre l'effroi qui me saisit en reconnaissant tout à coup l'analogie qui existait entre mes sensations et celles qu'avait éprouvées le colonel. Un nuage passa sur mes yeux; un tintement d'oreilles, lugubre comme un son de cloche, m'empêcha d'entendre la fin du récit; mon imagination s'exaltant tout à coup jusqu'au délire, je sortis en courant de la chambre, pour aller à la maison déserte. Il me sembla, de loin, voir des clartés se jouer derrière les persiennes fermées; mais, quand je m'approchai, je ne vis plus rien. Mon hallucination croissant toujours, je me jette contre la porte, elle cède, et me voilà sous le vestibule, pris à la gorge par une vapeur chaude et âcre... Soudain j'entends un cri de femme à deux pas de moi, et je ne sais comment je me trouve subitement au milieu d'un salon resplendissant de lumières, et décoré dans le goût moyen âge avec un grand luxe. Des aromates brûlant dans des cassolettes embaumaient l'air de senteurs divines qui flottaient vers la voûte en nuages azurés. « Oh! sois le bienvenu, mon fiancé! car voici l'heure de l'amour!... » dit tout haut la voix de femme que j'avais déjà entendue ; et j'aperçois seulement alors une jeune femme en parure de mariée, qui venait à moi les bras ouverts; quand je la regardai de plus près, c'était une figure jaune et affreusement crispée par la démence. Je reculai saisi d'effroi, mais la femme s'approchait toujours, et je crus voir alors que ce visage si laid n'était qu'un masque de crêpe sous lequel se dessinaient, avec une ineffable suavité, les traits enchanteurs de mon idéal. Déjà ses mains touchaient les miennes, lorsqu'elle tomba par terre en gémissant, et j'entendis derrière moi grommeler : « Hu, hu! au lit, au lit, ma gracieuse, ou gare les verges! » et, le geste suivant la parole, j'aperçus en me retournant le vieux domestique, l'homme à l'habit café brûlé, qui faisait siffler de longues verges de bouleau dont il s'apprêtait à houspiller la pauvre femme étendue à terre tout éplorée. Je me jetai au-devant pour arrêter son bras; mais lui, me repoussant avec une force que je ne lui supposais pas, se contenta de me dire : « Eh! ne voyez-vous pas que sans moi cette folle vous aurait étranglé? Sortez! sortez d'ici plus vite que vous n'y êtes entré! »

A ces mots, le vertige me saisit de nouveau, je m'élançai hors du salon, cherchant à tâtons une issue pour sortir de cette fatale maison. J'entendis les cris de la folle se mêler au bruit des coups que le vieux ne lui épargnait pas. Je voulais revenir à son secours, lorsque le sol manqua sous moi, et je tombai de marche en marche au bas d'un escalier où j'enfonçai dans ma chute la porte d'un cabinet. Au lit défait, à l'habit café-brûlé qui traînait sur une chaise, je devinai le bouge où logeait le domestique. J'avais à peine repris mes sens, quand j'entendis des pas lourds faire de nouveau trembler l'escalier. C'était le vieux qui revenait de son exécution nocturne. « Monsieur, s'écria-t-il en se jetant à mes genoux, qui que vous soyez, gardez, je vous en conjure, un silence absolu sur tout ce que vous avez vu ici; la moindre indiscrétion me perdrait, moi, pauvre vieillard qui ne saurais plus où gagner le pain de mes derniers jours. La folle vient d'être châtiée d'importance, et je l'ai bien attachée dans son lit. Tout est calme à présent. Allez donc aussi vous reposer chez vous, mon brave monsieur! Dormez bien, et tâchez d'oublier cette nuit. »

Cela dit, le vieillard prit une bougie, et, m'invitant à passer devant lui, me fit remonter à pied l'escalier que j'avais descendu sur le dos, et me poussa hors de la maison, dont il ferma la porte au verrou. Je courus m'enfermer chez moi dans un état de stupeur difficile à décrire et rêvant à la singularité de la rencontre que j'avais faite; il me fallut des efforts presque surnaturels pour chasser de mon esprit les fatales hallucinations qu'y avait produites le maudit miroir enchanté.

A quelques temps de là, je rencontrai dans un salon le comte P***; il me prit à part et me dit en riant qu'il était sur la piste des mystères de la maison déserte. Le souper, qu'un domestique vint annoncer, ne me laissa pas le temps d'écouter la narration qu'il allait me faire. J'offris la main à une jeune fille pour nous rendre dans la salle à manger, avec le cérémonial à l'usage du grand monde. Jugez de ma surprise lorsqu'en fixant mes yeux sur ses traits, je reconnus la figure de l'être idéal que me présentait la glace de mon miroir. Comme je lui exprimais la pensée que je l'avais rencontrée quelque part, elle me répondit avec aisance que rien n'était plus invraisemblable; car elle venait d'arriver à W*** pour la première fois de sa vie. Elle avait accompagné sa réponse d'un coup d'œil si charmant, que j'en restai tout électrisé. Nous causâmes longuement; j'apportai dans notre entretien une certaine hardiesse d'expressions qui toutefois ne parut pas lui déplaire, et elle montra de son côté, un esprit exquis. Quand vint l'heure du champagne, je voulus remplir son verre; mais le cristal anglais, choqué par mégarde, rendit un son aigu et triste. Je vis aussitôt le front de ma jolie voisine se couvrir d'une pâleur mortelle, et il me sembla que je venais d'entendre le fausset criard de la mystérieuse vieille de la maison déserte. Dans le cours de la soirée, j'épiai l'occasion de rejoindre le comte P***. J'appris de lui que la belle personne qui m'avait si fortement occupé était la comtesse Edwine de S***, et que la tante de cette jeune femme était séquestrée comme folle dans la maison déserte. Ce jour-là même la mère et la fille avaient visité cette infortunée recluse. Le vieux domestique ayant été subitement frappé d'une grande indisposition, ces dames avaient admis dans leur triste secret le docteur K***, dont le talent renommé devait essayer la guérison de la pauvre malade. En ce moment le docteur K***, qui passait justement auprès de nous et que j'avais consulté sur les remèdes qui pouvaient combattre mes hallucinations, s'arrêta pour s'informer de ma santé, et j'en obtins, par mes instances, quelques renseignements sur l'histoire de la femme captive dans la maison déserte.

Angélika, comtesse de Z***, nous dit le docteur, était à trente ans dans tout l'éclat de sa beauté, lorsque le comte de S***, plus jeune qu'elle de plusieurs années, en devint éperdûment amoureux, et mit tout en œuvre pour se faire accueillir dans sa famille. Mais dans un voyage qu'il fit au château de Z*** pour demander en mariage l'objet de sa brûlante passion, il rencontra Gabrielle, la sœur d'Angélika. Cet incident bouleversa toutes ses sensations et changea subitement tous ses projets. Angélika, dès ce moment, perdit tous les charmes dont elle lui avait tout d'abord semblé revêtue, et Gabrielle, au contraire, s'embellit devant lui de tout ce que sa sœur ne possédait plus. Gabrielle fut demandée en mariage, au lieu d'Angélika. La pauvre délaissée ne se plaignit pas ; son orgueil lui faisait envisager sa position d'une façon très-consolante. « Ce n'est pas, se disait-elle, ce jeune godelureau qui me délaisse, c'est moi qui ne veux plus de lui. » Cependant elle avait cessé tout à coup de se montrer dans le monde, et on ne la rencontrait plus que rarement dans la partie la plus sombre et la moins fréquentée du parc de son père.

Un jour, les serviteurs du château de Z*** venaient de donner la chasse à une horde de bohémiens voleurs qui depuis quelque temps désolaient la contrée par le pillage et l'incendie ; ils ramenèrent avec eux dans la cour du manoir une charrette sur laquelle ils avaient soigneusement garrotté leurs prisonniers. Parmi ces bandits, la physionomie la plus remarquable était celle d'une vieille femme maigre et décrépite, affublée plutôt que vêtue de haillons de couleur écarlate, et qui, debout sur la charrette, criait impérieusement qu'elle voulait mettre pied à terre. On desserra les liens qui la retenaient, et on lui permit de descendre. Le comte de Z***, informé de cette capture, avait quitté ses appartements, et s'occupait de faire disposer les caves du château pour servir de prison aux maraudeurs que le sort avait fait tomber entre ses mains, lorsque tout à coup la comtesse Angélika s'élança dans la cour tout échevelée, et, tombant à ses genoux avec des prières et des sanglots, implora la grâce des bohémiens ; elle tira de sa robe un stylet, et déclara qu'elle se tuerait sur-le-champ s'il était fait le moindre mal à ces pauvres gens, dont elle soutenait l'innocence. « Vivat, ma toute belle, lui cria la vieille ; je savais bien que tu serais pour nous un avocat sûr d'être exaucé ! » Et comme Angélika, épuisée par cette explosion d'énergie qui venait de lui échapper, était tombée évanouie, la vieille brisa les liens qui la retenaient, et se jeta à genoux près d'elle, en lui prodiguant les soins les plus ardents. Elle tira de sa gibecière un flacon rempli d'une liqueur où semblait nager un poisson doré ; aussitôt que ce flacon fut posé sur le sein d'Angélika, la belle jeune fille rouvrit les yeux, se leva d'un bond comme si une vie nouvelle circulait dans ses veines, et, après avoir embrassé étroitement la vieille bohémienne, elle l'entraîna précipitamment dans l'intérieur du château. Le comte de Z***, que sa femme et sa fille Gabrielle avaient rejoint, contemplait cette scène étrange avec une sorte de surprise mêlée d'effroi. Les bohémiens étaient restés impassibles. Ils furent mis au secret dans les souterrains du château.

Le jour suivant, le conseil de justice fut assemblé, et les bohémiens, conduits en sa présence, subirent un sévère interrogatoire ; puis le comte de Z*** déclara lui-même à haute voix qu'il les reconnaissait innocents de tous méfaits et de tous brigandages commis sur son domaine. On leur rendit la liberté, et des passe-ports leur furent accordés pour continuer leur voyage. Quant à la vieille femme aux haillons d'écarlate, elle avait disparu sans qu'on pût savoir de quel côté elle s'était dirigée. Chacun fit ses réflexions et bâtit mille hypothèses sur la conduite du comte de Z***. On disait que le chef des bohémiens avait eu avec le comte un long entretien nocturne, dans lequel des révélations extraordinaires s'étaient mutuellement échangées.

Cependant le mariage de Gabrielle allait se conclure. La veille du jour fixé pour la cérémonie, Angélika fit charger sur une voiture tout ce qu'elle possédait, et quitta le château, accompagnée dans sa fuite d'une seule femme qu'on prétendait ressembler beaucoup à une bohémienne. Le comte de Z***, pour éviter un scandale, donna à cet événement un motif plausible, en publiant que sa fille, affligée d'un mariage qui excitait sa jalousie, avait sollicité de lui la donation d'une petite maison située à W...; elle avait déclaré vouloir s'y retirer et finir ses jours au sein de l'isolement le plus complet. Après les noces, le comte S*** se rendit avec sa jeune femme à D.... dans un domaine où, pendant une année, ils jouirent ensemble de la félicité la plus parfaite; tout à coup la santé du comte s'altéra sans qu'on pût en deviner la cause; une souffrance intime semblait user les organes de sa vie : il se refusait à tous les soins, et sa femme ne pouvait obtenir de lui l'aveu du mal caché sous lequel il s'épuisait de langueur. Enfin, après une longue résistance, il finit par céder à la volonté des médecins qui lui prescrivaient un voyage de distraction. Il se rendit à Pise. Gabrielle, qui était près de donner le jour à un enfant, ne put le suivre dans cette excursion. La petite fille qu'elle mit au monde disparut peu de temps après sa naissance sans laisser aucune trace, et sans qu'on pût faire planer sur qui que ce fût le soupçon du rapt. La désolation de la mère faisait pitié à voir, lorsque arriva, pour surcroît de douleur, un message de son père, le comte de Z***, qui l'informait que le comte S***, au lieu d'être à Pise, venait de mourir à W.... dans la petite maison solitaire où s'était retirée Angélika; celle-ci venait de tomber dans une démence effrayante, contre laquelle les médecins se déclaraient impuissants.

La pauvre Gabrielle revint auprès de son père. Une nuit qu'elle rêvait tristement à la double perte de son époux et de son enfant, des sanglots frappent son oreille. Elle écoute : ce faible bruit semble provenir d'une pièce contiguë à la chambre à coucher; elle se lève avec inquiétude, prend une veilleuse et ouvre doucement la porte... Que voit-elle! la bohémienne aux haillons d'écarlate assise à terre, l'œil terne et fixe; dans ses bras s'agite un enfant qui pousse de petits cris. L'instinct maternel ne trompe guère les femmes. La comtesse Gabrielle a aussitôt reconnu son enfant; elle s'élance avec énergie, et arrache l'enfant des bras de la vieille sauvage; celle-ci veut résister, mais cette violence achève de briser ce qui lui restait de forces, elle retombe lourdement pour ne plus se relever. La comtesse pousse des cris d'épouvante; les valets sont sur pied, tout le monde accourt, mais il n'y a plus qu'un cadavre à rendre à la terre. Le comte de Z*** se transporte à la petite maison de W.... pour questionner Angélika au sujet de l'enfant perdu et retrouvé. En présence de son père, la pauvre folle semble recouvrer quelques instants de lucidité; mais bientôt le mal reprend son funeste empire : Angélika recommence à divaguer, ses traits se déforment et prennent une odieuse ressemblance avec la figure de la vieille bohémienne. Elle pleure, elle sanglote; puis, avec des accents de voix rauque et frénétique, elle presse les assistants de s'éloigner et de la laisser seule.

Le malheureux père fait croire au monde que la folle est enfermée dans un de ses châteaux; mais la vérité est qu'Angélika n'a point voulu quitter sa retraite ; elle habite seule la petite maison où le comte S*** est venu mourir auprès d'elle. Le secret de ce qui s'est passé en dernier lieu entre ces deux êtres est resté impénétrable.

Le comte de Z*** est mort. Gabrielle est venue à W... avec Edwine, pour mettre ordre aux affaires de famille. Quant à la recluse de la maison déserte, elle se trouve à la discrétion brutale du vieux domestique devenu maniaque dans la solitude.

Le docteur K*** termina son récit en disant que ma présence inopinée dans la maison déserte avait produit sur les sens émoussés d'Angélika une crise dont le résultat pourrait bien rétablir l'équilibre de ses facultés. Du reste, l'image si délicieusement belle que j'avais vue se refléter dans mon miroir de poche était celle d'Edwine qui, au moment de ma contemplation curieuse, visitait l'asile d'Angélika. Peu de jours après ces événements, qui avaient failli déranger ma cervelle, un sentiment de noire tristesse m'obligea de quitter pour longtemps la résidence de W.... Cette bizarre influence ne se dissipa entièrement qu'après la mort de la folle.

LA PORTE MURÉE

Les ruines d'un vieux manoir qui porte le nom de R....sitten se voient encore sur les grèves solitaires d'un lac du Nord. Des bruyères arides l'entourent de toutes parts. L'horizon est fermé d'un côté par des eaux calmes, profondes, et d'une teinte plombée; de l'autre, s'élève un bois de pins séculaires qui allongent leurs bras noirs dans la brume, comme des spectres. Le ciel, toujours en deuil, n'abrite que des oiseaux funèbres. Mais, à un quart de lieue de ce morne paysage, l'aspect change : un gai village surgit tout à coup dans des prés fleuris. Au bout du village verdoie un bois d'aunes non loin duquel on montre les premières fondations d'un château qu'un des seigneurs de R....sitten se proposait d'ériger dans cette oasis; mais les héritiers de ce seigneur ont oublié l'édifice commencé, et le baron Roderich de R..., résigné à partager avec les chats-huants le donjon patrimonial, ne s'était nullement occupé de mener à fin l'habitation de plaisance projetée par ses ancêtres. Il s'était borné à faire réparer les parties les plus délabrées du vieux château, pour s'y claquemurer tant bien que mal, avec une poignée de domestiques aussi taciturnes et aussi peu communicatifs que leur maître. Il tuait le temps à chevaucher deçà et delà, sur les rives du lac, et se montrait bien rarement au village de ses vassaux, où son nom seul servait d'épouvantail aux enfants. Sur la tour d'observation, Roderich avait fait pratiquer une sorte de belvédère garni de tous les instruments d'astronomie connus alors. Il y passait souvent des jours et des nuits, en compagnie d'un vieil intendant qui partageait toutes ses bizarreries. On lui attribuait dans le pays des connaissances magiques fort étendues, et quelques-uns allaient jusqu'à dire qu'il avait été chassé de la Courlande pour s'être permis ouvertement des rapports illicites avec le malin esprit.

Roderich avait un amour superstitieux pour la masure seigneuriale de sa famille; il eut l'idée de constituer cette propriété en majorat, pour lui rendre son importance féodale. Mais ni Hubert, le fils de ce Roderich, ni le possesseur actuel de ce majorat, qui portait le même nom que son grand-père Roderich, ne voulurent suivre l'exemple de leur parent; au lieu de résider comme lui dans les ruines de R....sitten, ils s'étaient établis dans leurs domaines de Courlande, où la vie était plus facile et moins sombre. Le baron Roderich prenait soin de deux sœurs de son père auxquelles il donnait l'hospitalité. Ces deux dames n'avaient pour les servir qu'une domestique âgée; toutes trois occupaient une aile du château. Les cuisines occupaient le rez-de-chaussée; une espèce de pigeonnier délabré servait d'habitation à un chasseur infirme qui faisait les fonctions de gardien. Le reste des valets logeait au village avec M. l'intendant. Chaque année, vers les derniers jours d'automne, le château sortait du silence lugubre qui pesait sur lui comme un froid linceul. Les meutes de chiens ébranlaient ses vieux murs de longs aboiements, et les amis du baron Roderich fêtaient joyeusement les chasses de leur hôte, qui leur faisait abattre force loups et sangliers. Ces galas duraient six semaines, pendant lesquelles le majorat ressemblait à une hôtellerie ouverte à tout venant. Du reste, le baron Roderich ne négligeait pas ses devoirs de suzerain. Il rendait la justice à ses vassaux, secondé dans cette partie de ses attributions par l'avocat V***. La famille de ce dernier exerçait, de père en fils, et de temps presque immémorial, la charge de justicier de R....sitten.

En l'année 179., le digne avocat, dont la tête blanchie comptait déjà plus de soixante hivers, me dit un jour avec un sourire de fine bonhomie : « Cousin (j'étais son petit-neveu, mais il m'appelait cousin à cause de la conformité de nos noms de baptême), cousin, j'ai envie de te mener à R....sitten. Le vent du nord, le froid des eaux et les premières gelées donneront à tes organes un peu de vigueur. Tu me rendras, là-bas, plus d'un service en rédigeant les actes de justice qui foisonnent chaque année davantage ; et tu apprendras, pour ton agrément personnel, le métier de franc chasseur. »

Dieu sait si la proposition du grand-oncle me rendit joyeux! Dès le lendemain nous roulions dans une bonne berline, chaudement équipés d'amples fourrures, à travers une contrée qui devenait de plus en plus agreste, à mesure que nous avancions vers le nord, à travers les grandes neiges et les interminables forêts de pins. Chemin faisant, le grand-oncle me racontait des anecdotes de la vie du baron Roderich (le créateur du majorat). Il me disait les habitudes et les aventures du vieux suzerain de R....sitten ; et il se plaignait de voir ce goût de la vie sauvage s'emparer du titulaire actuel du majorat, jeune homme qui jusque-là s'était montré d'humeur fort douce et de santé frêle. Du reste, il me recommanda de prendre mes aises au château. Il finit par me décrire le logement que j'habiterais avec lui, qui touchait d'un côté à l'ancienne salle des audiences du seigneur, et de l'autre à l'habitation des deux dames dont j'ai déjà parlé. Nous arrivâmes ainsi, en pleine nuit, sur le territoire de R....sitten.

Le village était en fête. La maison de l'intendant, illuminée de bas en haut, retentissait du bruit des danses, et l'unique auberge de l'endroit était encombrée de gais convives. Bientôt nous nous retrouvâmes sur la route, déjà presque impraticable et noyée sous la neige. La bise faisait gémir les eaux du lac et craquer avec des bruits sinistres les branchages des pins ; au milieu d'une espèce de mer blanche se découpait la silhouette du manoir, dont les herses étaient baissées. Un silence de mort régnait au dedans ; pas une clarté ne s'échappait de ses croisées taillées en meurtrières.

« Holà ! Franz ! Franz ! criait mon grand-oncle, holà ! débout! La neige glace en tombant du ciel, et un feu d'enfer nous ferait grand bien!... » Un chien de garde répondit d'abord à cet appel; puis nous entendîmes un peu de mouvement; le reflet d'une torche agita les ombres, des clefs grincèrent lourdement dans les serrures, et le vieux Franz nous salua d'un : « Bonjour, monsieur le justicier; soyez le bienvenu par ce temps diabolique! » Franz, accoutré d'une livrée dans laquelle son corps chétif dansait trop à l'aise, faisait une figure des plus comiques en nous recevant. Une honnêteté niaise était empreinte sur ses traits ridés; mais, somme toute, sa laideur était presque compensée par l'empressement de son accueil. « Mon digne monsieur, dit Franz, rien n'est préparé pour vous recevoir : les chambres sont gelées et les lits ne sont pas garnis; le vent carillonne de tous côtés à travers les carreaux cassés : c'est à n'y pas tenir, même avec du feu!... — Comment, vieux maraud! s'écria mon grand-oncle en secouant le givre attaché au poil de ses fourrures, comment, toi le gardien de cette baraque, ne veilles-tu pas à la réparer en temps utile? Ainsi, ma chambre est inhabitable? — A peu près, reprit Franz en saluant jusqu'à terre, car je venais d'éternuer avec fracas; la chambre de monsieur le justicier se trouve, à l'heure qu'il est, jonchée de décombres. Il y a trois jours que le plancher de la salle d'audience s'est écroulé par suite d'une secousse épouvantable. » Mon grand-oncle allait jurer comme un damné, mais il se retint tout à coup, et, se tournant vers moi en renfonçant ses oreilles sous son bonnet de renard : « Cousin, dit-il, nous ferons comme nous pourrons; tâchons, avant tout, de ne plus risquer une seule question sur ce maudit château ; on serait capable de nous apprendre des choses mille fois plus décourageantes. — Or çà (poursuivit-il en s'adressant de nouveau à Franz), ne pouviez-vous nous tenir en état quelque autre chambre? — Vos désirs, monsieur, ont été prévenus, répliqua vivement le vieux serviteur; et, marchant aussitôt devant nous pour nous indiquer le chemin, il nous conduisit par un petit escalier roide dans une longue galerie où la clarté d'une seule torche prêtait aux moindres objets des formes fantastiques. Au bout de cette galerie, qui se contournait en formant des angles multipliés, il nous fit traverser plusieurs salles humides et démeublées; puis il ouvrit une dernière porte et nous introduisit dans un salon où pétillait un grand feu. Cette vue réjouissante me mit en belle humeur; mais mon grand-oncle s'arrêta au milieu de la pièce, et, promenant autour de lui un regard inquiet, il dit d'une voix grave et presque émue : « Est-ce donc cette salle qui doit servir désormais aux réceptions? » Franz fit plusieurs pas vers le fond de la pièce, et, aux lueurs du flambeau qu'il portait, je distinguai sur la muraille une haute et large place blanche qui offrait les dimensions d'une porte murée.

Cependant Franz se hâtait de préparer tout ce qui nous était nécessaire. Le couvert fut dressé diligemment, et, après un souper confortable, mon grand-oncle mit le feu à une jatte de punch dont le contenu devait nous procurer un paisible et long sommeil. Quand son service fut achevé, Franz nous quitta discrètement. Deux bougies et le feu mourant dans la cheminée faisaient chatoyer de mille capricieuses façons les ornements gothiques de la salle où nous nous trouvions. Des tableaux représentant des chasses et des scènes guerrières étaient appendus aux parois, et les crépitations vacillantes du feu semblaient faire mouvoir les personnages de ces peintures. Je remarquai des portraits de famille de grandeur naturelle, et qui représentaient sans doute les membres les plus notables de la lignée des féodaux de R.... sitten. Les vieux bahuts appuyés contre les lambris noircis par le temps faisaient ressortir la tache blanche dont l'aspect m'avait d'abord frappé. Je supposai tout simplement qu'il y avait eu là jadis une porte de communication, murée plus tard sans qu'on eût pris souci de cacher ce travail de maçon sous une couche de peinture analogue à la décoration de la chambre. Au reste, mon imagination s'occupait beaucoup plus de rêves que de réalités. Je peuplais le château d'apparitions surnaturelles dont je me prenais à avoir peur moi-même. Enfin le hasard ou l'à-propos voulut qu'à cette heure je trouvasse dans ma poche un livre dont les jeunes gens d'alors ne se séparaient pas : c'était le *Visionnaire* de Schiller. Cette lecture décupla l'activité de mon imagination. J'étais plongé déjà dans une demi-hallucination produite par les scènes qui passaient sous mes yeux, lorsque des pas légers, mais mesurés, me semblèrent traverser la salle. Je prête l'oreille, un gémissement sourd se fait entendre, se tait, puis recommence : je crois ouïr gratter derrière la tache blanche qui figure une porte murée... — Plus de doute, c'est quelque pauvre animal qui se trouve enfermé là. Je vais frapper du pied le plancher, et ce bruit cessera, ou bien l'animal captif poussera quelque aboiement... Mais, ô terreur! on continue de gratter comme avec une espèce de rage; nul autre signe de vie n'est donné; déjà mon sang se fige dans mes veines; les idées les plus incohérentes viennent m'assaillir, et me voilà cloué sur ma chaise, sans oser faire un mouvement, lorsque enfin la griffe mystérieuse cesse de gratter et les pas recommencent. Je me lève comme mû par un ressort, j'avance vers le fond de la chambre à peine éclairée par un flambeau mourant; tout à coup un courant d'air glacé passe sur mes joues, et dans le même instant la lune, perçant un nuage, éclaire d'un reflet qui tremble un portrait d'homme à face rébarbative : puis des voix qui n'ont rien de la terre murmurent autour de moi ces paroles pareilles à des sanglots : « Pas plus loin! tu vas tomber dans l'abîme du monde invisible! » Alors un bruit de porte qui se ferme avec violence fait tressaillir la salle où je suis; j'entends distinctement courir dans la galerie; le pas d'un cheval résonne sur les pavés de la cour; la herse se lève, et quelqu'un sort, puis rentre presque aussitôt... Tout cela est-il bien réel, ou n'est-ce qu'un rêve de mon esprit en délire? Pendant que je lutte contre mes doutes, j'entends mon grand-oncle soupirer dans la chambre voisine. S'éveille-t-il? Je prends la bougie et j'entre : il se débat contre l'angoisse d'un songe cruel. Je saisis sa main, je l'éveille : il pousse un cri étouffé, mais aussitôt, me reconnaissant : « Merci, cousin, dit-il. Je faisais un mauvais rêve à propos de ce logement et de certaines vieilles choses que j'ai vu s'y passer. Mais, bast! il vaut mieux se rendormir que d'y penser plus longtemps. » A ces mots, il s'enveloppa dans sa couverture, ramena le drap sur son visage et parut se rendormir. Mais, quand j'eus éteint le feu et gagné mon petit lit, j'entendis le digne grand-oncle murmurer tout bas des prières, et machinalement je fis comme lui.

Le lendemain, de bonne heure, nous entrâmes en fonctions. Vers midi mon grand-oncle se rendit avec moi chez les dames auxquelles Franz alla nous annoncer. Après une longue attente, une vieille femme bossue, en robe de soie couleur feuille-morte, vint nous introduire. Les deux châtelaines, vêtues à la mode du temps passé, me produisirent l'effet de deux pantins; elles me regardèrent avec une surprise qui m'eût fait éclater de rire, si mon grand-oncle ne s'était empressé de leur dire avec sa gaieté ordinaire que j'étais un jeune légiste de ses parents, venu pour faire son stage à R....sitten. La figure des deux antiquailles féminines s'allongea de manière à prouver qu'elles avaient peu de confiance dans mon avenir. Cette visite, en somme, me causait des nausées. Tout entier sous l'impression des incidents qui avaient agité ma nuit, j'étais on ne peut plus disposé à voir des sorcières sous les oripeaux dont les deux dames de R....sitten étaient pailletées comme des bannières d'église. Leurs figures fantasques, leurs petits yeux bordés de rouge sanglant, leur nez pointu et leur accent nasillard ne pouvaient appartenir légitimement qu'à des échappées de l'autre monde.

Le soir de ce premier jour, comme j'étais avec mon grand-oncle assis dans notre chambre, les pieds sur les chenets et le menton enfoncé dans ma poitrine : « Quel diable t'a donc ensorcelé depuis hier? s'écria l'excellent avocat. Tu ne bois ni ne manges, et tu as toute la mine d'un fossoyeur... » Je ne crus pas devoir cacher au grand-oncle ce qui causait mon malaise. En m'écoutant il devint très-sérieux. « C'est étrange, s'écria-t-il, j'ai vu en rêve tout ce que tu viens de me dire là. J'ai vu un hideux fantôme entrer dans la chambre, se traîner jusqu'à la porte murée, et gratter à cette porte avec une telle fureur que ses doigts étaient en lambeaux; puis il descendit, fit sortir un cheval et le ramena aussitôt... C'est alors que tu m'as éveillé, et, rendu à moi-même, j'ai surmonté l'horreur secrète qui naît toujours des rapports avec le monde invisible. » Je n'osai questionner le vieillard. Il s'en aperçut. « Cousin, me dit-il, as-tu le courage d'attendre à côté de moi, les yeux ouverts, la prochaine visite du fantôme? » J'acceptai résolûment cette proposition. « Eh bien donc, à cette nuit, poursuivit-il. J'ai confiance dans le pieux motif qui m'engage à lutter contre le mauvais génie de ce château. Quel que soit le résultat de mon projet, je veux que tu assistes à tout ce qui se passera, afin que tu puisses en rendre témoignage. J'espère, Dieu aidant, briser le charme qui tient éloignés de ce domaine les héritiers de R....sitten. Mais, si je succombe dans mon entreprise, je me serai du moins sacrifié à la plus sainte des causes. Quant à toi, cousin, tu seras présent, mais aucun péril ne te menace. L'esprit malin n'a pas de pouvoir sur toi. »

Franz nous servit, comme la veille, un excellent souper et un bol de punch; puis il se retira. Quand nous fûmes seuls, la pleine lune brillait du plus vif éclat; la bise sifflait en tourbillonnant dans les bois, et de minute en minute les vitraux criaient ébranlés dans leurs châssis de plomb. Mon grand-oncle avait posé sur la table sa montre à répétition. Elle sonna minuit. . Alors la porte s'ouvrit avec bruit, et les pas que j'avais entendus la nuit précédente recommencèrent à se traîner sur le plancher. Mon grand-oncle devint pâle, mais il se leva sans faiblir, et se tourna du côté d'où venait le bruit, le bras gauche appuyé sur la hanche, la main droite étendue, dans une attitude héroïque. Des sanglots se mêlèrent au bruit des pas, puis on entendit gratter avec force contre la porte murée. Alors mon grand-oncle s'avança jusque-là, et d'une voix haute il cria : « Daniel! Daniel! que fais-tu ici à cette heure ? » Un cri lamentable répondit à cette parole, et fut suivi du bruit d'une lourde chute. « Demande grâce, au pied du trône de Dieu, reprit mon grand-oncle d'une voix qui s'animait de plus en plus ; et si Dieu ne te pardonne point, va-t'en de ces lieux, où il n'y a plus de place pour toi !... »

Un long gémissement se perdit au dehors parmi les grondements de l'orage ; mon grand-oncle revint à pas lents jusqu'à son fauteuil. Il avait l'air inspiré ; ses yeux étincelaient comme des étoiles; il se rassit devant le feu, et, les mains jointes, le regard au ciel, il parut prier. Après quelques instants de silence : « Eh bien, cousin, me dit-il, que penses-tu de tout cela? » Saisi de crainte et de respect, je m'agenouillai devant le vieillard et je couvris ses mains de larmes. Mais lui me prit dans ses bras, me serra étroitement sur son cœur, et ajouta : « Allons nous reposer maintenant; le calme est désormais rétabli. » En effet, rien ne troubla plus mes songes, et dès le jour suivant je retrouvai ma gaieté, et plus d'une fois aux dépens des vieilles baronnes, qui, malgré leurs ridicules, n'en étaient pas moins d'assez bonnes créatures.

Peu de temps après notre installation, le baron Roderich arriva lui-même à R....sitten avec sa femme et avec ses équipages, pour l'époque des chasses. Les invités affluèrent de tous côtés au château : tout prit un air de fête. Lorsque le baron vint nous voir, il se montra d'abord contrarié du changement de logement que M. le justicier V*** avait subi. En regardant la porte murée, son regard devint sombre, et il passa la main sur son front, comme pour en écarter un souvenir pénible. Il gronda rudement le pauvre Franz de nous avoir choisi un domicile aussi délabré, et pria mon grand-oncle de se faire servir sans nulle gêne, et d'user de tout au château comme de son propre bien. Je remarquai que les procédés du baron avec son justicier n'étaient pas seulement fort polis, mais qu'il s'y mêlait quelques signes d'une sorte de respect filial, qui pouvait faire supposer entre eux des rapports plus intimes que le monde ne les voyait. Quant à moi, je n'étais nullement compris dans ces témoignages de cordialité. Le baron affectait de jour en jour à mon égard des manières plus hautaines, et, sans l'intervention protectrice de mon grand-oncle, notre mésintelligence aurait pu se traduire par quelque scène d'aigreur, ou même de violence.

La femme du baron Roderich de R....sitten avait produit sur moi, tout d'abord, une impression qui ne contribuait pas peu à me faire supporter avec patience les brusqueries du châtelain. Séraphine offrait un délicieux contraste avec ses vieilles parentes, dont j'avais les regards fatigués. Sa beauté, rehaussée par toutes les séductions de la jeunesse, avait un cachet d'idéalité surprenant. Elle m'apparut comme un ange de lumière, plus capable que tous les exorcismes possibles de chasser à jamais les mauvais génies qui hantaient le château. La première fois que cette adorable personne voulut bien m'adresser la parole pour me demander si je me plaisais dans la morne solitude du château de R....sitten, je fus saisi du charme de sa voix et de la céleste mélancolie de ses yeux ; je ne trouvai, pour lui répondre, que des monosyllabes sans suite qui durent me faire passer à ses yeux pour le plus timide ou le plus sot des adolescents. Les vieilles tantes de la baronne, me jugeant de fort peu d'importance, s'avisèrent de me recommander aux bontés de la jeune dame avec des airs de bienveillance si pleins d'orgueil, que je ne pus m'empêcher de leur décocher quelques compliments qui touchaient de fort près au sarcasme. Dès ce moment, à la douleur que m'avait fait ressentir ma position d'infériorité vis-à-vis de la baronne, je sentis qu'une passion brûlante s'animait dans mon cœur ; quelque persuadé que je fusse de la folie d'un pareil sentiment, il me fut impossible d'y résister ; ce devint bientôt une espèce de délire, et, durant mes longues insomnies, j'appelais Séraphine avec des transports de désespoir. Une belle nuit, mon grand-oncle, éveillé en sursaut par mes monologues extravagants, me cria de son lit : « Cousin, cousin, est-ce que tu perds le sens commun ? Sois amoureux tout le long du jour, si cela te plaît ; mais il y a temps pour tout, et la nuit est faite pour dormir !... » Je tremblais que mon oncle n'eût entendu le nom de Séraphine s'échapper de mes lèvres, et qu'il ne m'adressât quelque chaude mercuriale ; mais sa conduite en cette circonstance fut pleine de réserve et de discrétion. Le jour suivant, comme nous entrions dans la salle où tout le monde était réuni pour l'audience de justice, il dit à haute voix : « Plaise à Dieu que chacun ici agisse prudemment ! » Puis, comme je prenais place au bureau à ses côtés, il se pencha vers moi pour ajouter : « Cousin, tâche d'écrire sans frissonner, afin que je puisse déchiffrer, sans user mes yeux, ton griffonnage judiciaire. »

La place à table du grand-oncle était marquée chaque jour à la droite de la belle baronne, et cette faveur faisait bien des jaloux. Je me glissais ici et là, selon les occurrences, parmi les autres convives, qui se composaient fréquemment d'officiers de la garnison voisine, auxquels il fallait tenir tête pour boire et pour jaser. Un soir le hasard me rapprocha de Séraphine, dont j'étais toujours éloigné. Je venais d'offrir mon bras à sa dame de compagnie pour passer dans la salle à manger; quand nous nous retournâmes pour saluer, je remarquai en tressaillant que j'étais tout près de la baronne. Un doux regard me permit de m'asseoir; et tant que dura le repas, au lieu de manger, je causai avec la dame de compagnie, et tout ce que je trouvais à dire de tendre et de délicat s'adressait à la baronne, que mes regards ne quittaient pas.

Après le souper, Séraphine, en faisant les honneurs du salon, s'approcha de moi, et me demanda gracieusement, comme la première fois, si je me plaisais au château. Je répondis de mon mieux que, dès l'abord, ce sauvage domaine m'avait offert un séjour assez pénible, mais que, depuis l'arrivée de M. le baron, ce triste aspect avait bien changé, et, si j'avais un vœu à former, ce serait uniquement de me voir dispensé de suivre les chasses. « Mais, dit la baronne, n'ai-je pas entendu dire que vous étiez musicien et que vous faisiez des vers? J'aime les arts avec passion, et je suis d'une certaine force sur la harpe; c'est un plaisir dont il faut que je me prive ici, car mon mari déteste la musique. » Je me hâtai de répliquer que madame la baronne pourrait bien se procurer, durant les longues chasses de son mari, le plaisir de faire un peu de musique. Il était impossible qu'on ne trouvât pas au moins un clavecin dans le garde-meuble du château. Mademoiselle Adelheid, la dame de compagnie, eut beau se récrier et jurer que, de mémoire d'homme, on n'avait entendu à R....sitten que les fanfares du cor et les hurlements des meutes, je me faisais fort de réussir dans mon projet, lorsque nous vîmes passer Franz. « En vérité, s'écria mademoiselle Adelheid, voilà le seul homme que je sache capable de donner un bon avis dans les cas embarrassants ; je défie qu'on parvienne à lui faire prononcer le mot *impossible.* »

Nous appelâmes Franz. Le bonhomme, après avoir tourné mille fois son bonnet dans ses mains, finit par se souvenir que l'épouse de M. l'intendant, qui demeurait au village voisin, possédait un clavecin ; elle s'accompagnait autrefois pour chanter avec un accent si pathétique, qu'en l'écoutant chacun pleurait comme s'il se fût frotté les yeux avec une pelure d'oignon. « Un clavecin ! nous aurons un clavecin ! s'écria mademoiselle Adelheid. — Oui, dit Franz, mais il lui est arrivé un petit malheur : l'organiste du village, ayant voulu essayer dessus un cantique de son invention, a disloqué la machine en la touchant... — Ah ! mon Dieu ! s'écrièrent d'une commune voix la baronne et mademoiselle Adelheid... — De sorte, poursuivit Franz, qu'il a fallu faire porter le clavecin dans la ville prochaine pour le remettre sur pied. — Mais est-il de retour? interrompit vivement mademoiselle Adelheid. — Je n'en doute pas, ma gracieuse demoiselle, répliqua Franz, et l'épouse de M. l'intendant sera très-honorée, très-ravie... »

En ce moment le baron parut, s'arrêta devant notre groupe, et passa outre en disant à sa femme : « Eh bien, chère amie, le vieux Franz est-il toujours l'homme aux bons avis ? » La baronne resta interdite ; Franz était cloué à terre, les bras pendants le long du corps. Les vieilles tantes survinrent qui entraînèrent Séraphine. Mademoiselle Adelheid les suivit. Quant à moi, je restai longtemps à la même place, songeant à la bonne fortune qui m'avait procuré un si doux entretien, et maugréant contre le baron Roderich, qui ne me paraissait plus qu'un tyran brutal, indigne de posséder une aussi admirable femme. Je crois que je serais encore debout, si mon grand-oncle, qui me cherchait, ne m'avait frappé sur l'épaule en me disant de sa bonne voix amicale : « Cousin, ne te montre pas si assidu près de la baronne ; laisse jouer ce dangereux métier de soupirant aux écervelés qui n'ont rien de mieux à faire. » J'entamai un long discours pour prouver à mon grand-oncle que je ne m'étais rien permis qui ne fût très-convenable ; mais il haussa les épaules.

alla endosser sa robe de chambre, bourra sa pipe, et se mit à causer de la chasse de la veille.

Ce soir-là, il y avait bal au château. Mademoiselle Adelheid avait imaginé de retenir tout un orchestre d'artistes ambulants. Mon grand-oncle, fort ami de son repos, gagna son lit à l'heure accoutumée. Ma jeunesse et mon amour me faisaient adorer ce bal improvisé. J'achevais ma toilette, lorsque Franz vint frapper à la porte, et m'annoncer que le clavecin de madame l'intendante était arrivé sur un traîneau; que la baronne l'avait fait établir aussitôt dans sa chambre, où elle m'attendait sur-le-champ avec sa dame de compagnie. Jugez du frémissement de bonheur qui se glissa dans tous mes sens. J'étais ivre d'amour et de désirs; je courus chez Séraphine. Mademoiselle Adelheid ne se possédait pas de joie; mais la baronne, déjà toute parée pour le bal, se tenait debout, en silence et dans une attitude mélancolique, près de la caisse où reposaient les accords qu'en ma qualité de musicien et de poëte j'étais appelé à réveiller. « Théodore, me dit-elle en m'appelant par mon prénom, suivant l'usage du Nord, Théodore, voici l'instrument que nous attendions; tenez votre promesse... »

Je m'approchai aussitôt; mais à peine eus-je détaché le couvercle du clavecin, que plusieurs cordes se brisèrent avec fracas; celles qui restaient se trouvaient être en si mauvais état, qu'elles produisaient une cacophonie à écorcher les oreilles les plus fortes. « C'est sans doute l'organiste qui a voulu l'essayer de nouveau! » s'écria mademoiselle Adelheid avec un joyeux éclat de rire. Mais Séraphine n'était guère en train de gaieté. « Fatalité! dit-elle à demi-voix; je ne puis jamais ici me procurer un seul plaisir... » En visitant la boîte du clavecin, j'y trouvai heureusement un jeu de cordes de rechange. « Nous sommes sauvés! m'écriai-je aussitôt. Patience et courage! Aidez-moi : le dégât sera vite réparé! » La baronne aussitôt me seconde de ses jolis doigts, Adelheid déroule les cordes que j'appelle par les numéros du clavier. Après vingt essais infructueux, notre persévérance est couronnée d'un plein succès; l'harmonie se rétablit comme par enchantement. Encore un peu de travail, et l'instrument est d'accord ! Ce zèle, cet amour de l'art que nous avions mis en commun avait fait disparaître entre nous les distances. La belle baronne partageait naïvement avec moi le bonheur d'un succès qui lui promettait de douces distractions. Le clavecin était devenu entre nous une sorte de lien électrique; ma timidité, ma gaucherie, s'effacèrent, il ne resta que l'amour, l'amour qui embrasait tout mon être. Je préludai sur ce cher instrument par ces tendres symphonies qui peignent avec tant de poésie les passions des contrées méridionales. Séraphine, debout devant moi, m'écoutait de toute son âme; je voyais ses yeux rayonner, j'aspirais les frissons qui agitaient son sein; je sentais son haleine voltiger autour de moi comme un baiser d'ange, et mon âme s'en allait vers les cieux! Tout à coup sa physionomie parut s'enflammer, ses lèvres murmuraient en cadence des sons depuis longtemps éloignés de son souvenir; quelques notes échappées replacèrent mes doigts sur une mélodie connue, et la voix de Séraphine éclata comme un carillon de cristal.

C'était un luxe de divine poésie, un océan d'harmonie dans lequel mon cœur s'abîmait en criant à Dieu de nous appeler à lui... Quand je sortis de cette extase : « Merci, me dit Séraphine, merci de cette heure que je vous dois, je ne l'oublierai jamais ! » A ces mots, elle me tendit sa main; je tombai à genoux pour la baiser... Il me sembla que sous mes lèvres ses nerfs avaient tressailli... Cependant le bal nous appelait, la baronne avait disparu. Je ne sais comment je me retrouvai le soir dans la chambre du grand-oncle; ce soir-là il me dit d'un air sévère qu'il n'ignorait rien de mon entrevue avec la baronne : « Mais prends garde, ajouta-t-il; prends garde, cousin, tu cours sur une glace fragile qui cache un abîme sans fond. Que le diable emporte la musique, si elle ne doit servir qu'à te faire faire des sottises en jetant le trouble dans la vie d'une jeune femme romanesque! Prends garde à toi, rien n'est si près de la mort qu'un malade qui se croit bien portant...

— Mais, mon oncle, dis-je pour me justifier, me croiriez-vous capable de chercher à surprendre le cœur de la baronne?
— Magot que tu es ! s'écria mon grand-oncle en frappant du

pied; si je le croyais une minute, je te ferais sauter par la croisée!... » L'arrivée du baron coupa court à cette saillie, et de longtemps le travail du justicier ne me laissa le loisir de retourner auprès de Séraphine. Cependant nos liaisons se renouèrent peu à peu. Mademoiselle Adelheid était souvent chargée de m'apporter un message secret de sa maîtresse, et nous mettions à profit les fréquentes absences du baron. La présence de la dame de compagnie, dont le caractère était assez vulgaire, nous empêchait d'ailleurs de nous livrer à la moindre excursion dans le pays du sentiment. Mais je reconnus à des signes certains que Séraphine portait dans son cœur un fond de tristesse qui minait lentement sa vie.

Un jour elle ne parut pas au dîner. Les convives s'empressèrent de demander au baron si la souffrance de sa femme lui causait quelque inquiétude sérieuse. « Oh! nullement, répondit le seigneur; l'air vif de ce pays-ci, joint à l'enrouement que peut produire l'abus des séances musicales, a seul causé ce malaise passager. » En disant cela, le baron me lança un regard détourné qui signifiait bien des choses. Mademoiselle Adelheid en comprit assez le sens pour que le rouge lui montât au visage. Elle ne leva pas les yeux, mais sa pose semblait dire qu'il faudrait à l'avenir user de bonnes précautions pour ne pas exciter la jalousie du baron, dont nous aurions à redouter quelque mauvais tour. Une vive anxiété s'empara de mon esprit; je ne savais à quel parti m'arrêter; l'air menaçant que le baron prenait sournoisement m'irritait d'autant plus que je n'avais rien à me reprocher; mais je craignais d'exposer Séraphine à subir quelques emportements. Fallait-il quitter le château? renoncer à voir Séraphine me semblait un sacrifice au-dessus de mes forces. J'appris que toute la société allait partir pour la chasse après le dîner. J'annonçai à mon grand-oncle que je serais de la partie. « A la bonne heure, me dit le vieillard; c'est un exercice de ton âge, et je te lègue immédiatement ma carabine et mon couteau de chasse. »

On partit; on prit ses distances dans la forêt voisine pour cerner les loups. La neige tombait fort épaisse; quand le jour fut sur son déclin il tomba une brume qui cachait à six pas les objets. Le froid me gagnait; je cherchai un abri dans un fourré, et, après avoir appuyé ma carabine contre une branche de pin, je me remis de plus belle à rêver à Séraphine. Bientôt des coups de feu se succèdent de distance en distance; et, à dix pieds de l'endroit où je m'abrite, se dresse un loup énorme; je l'ajuste, je tire, je le manque; il fond sur moi; mais la présence d'esprit ne m'abandonne pas, je reçois l'animal furieux sur la pointe de mon couteau de chasse, et il s'enferre jusqu'à la garde. Un des forestiers accourt au bruit de ses hurlements; les chasseurs se replient de notre côté, et le baron s'élance vers moi. « Vous êtes blessé? dit-il. — Non, monsieur, lui répondis-je; ma main a été plus sûre que mon coup d'œil. » Dieu sait tous les éloges que me valut cet exploit. Le baron exigea que je m'appuyasse sur son bras pour retourner au château. Un forestier portait ma carabine. Ces égards que m'accordait le seigneur de R....sitten me touchèrent profondément. Je le jugeai dès lors tout autrement. Il me sembla un homme de cœur et d'énergie. Mais en même temps je songeai à Séraphine : je sentais que nous venions encore de nous rapprocher. Je conçus les espérances les plus hardies. Mais quand, le soir, tout rayonnant d'orgueil, je racontai mon aventure au grand-oncle, il se contenta de me rire au nez en disant : « Dieu montre son pouvoir par la main des faibles. »

L'heure du repos avait sonné depuis longtemps lorsque, passant dans la galerie pour aller me coucher, je rencontrai une figure blanche qui portait une veilleuse. C'était mademoiselle Adelheid. « Bonsoir, me dit-elle en riant, beau chasseur de loups. Pourquoi errez-vous ainsi tout seul, sans lumière, comme un vrai spectre?... » A ce mot de spectre, je frissonnai de la tête aux pieds, et je me rappelai les deux premières nuits de mon séjour au château. Mademoiselle Adelheid s'aperçut de l'émotion subite qui m'avait saisi. « Eh bien, s'écria-t-elle en me prenant la main, qu'avez-vous donc? vous êtes froid comme le marbre; venez, que je vous rende la vie et la santé... La baronne vous attend, elle meurt d'impatience. »

Je me laissai entraîner sans résistance, mais sans joie ; j'étais sous l'empire d'une fatale préoccupation. La baronne en nous voyant entrer fit plusieurs pas au-devant de moi en poussant une exclamation qu'elle n'acheva point, car elle s'arrêta tout à coup comme frappée d'une arrière-pensée fatale. Je pris sa main et la baisai ; elle ne la retira pas, mais elle me dit : « Théodore, qu'êtes-vous allé faire à la chasse ? La main qui crée de si doux accords doit-elle manier des armes et commettre des meurtres ?... » Le son de cette voix adorée pénétra jusqu'à mon âme ; un voile s'étendit sur ma vue, et, au lieu d'aller m'asseoir au clavecin, je me trouvai sur le sofa, causant avec Séraphine de ma singulière aventure de chasse. Quand je lui eus appris les procédés de son mari, qui contrastaient si fort avec sa roideur accoutumée, elle m'interrompit : « Voyez-vous, Théodore, vous ne connaissez pas encore le baron ; ce n'est qu'ici que son caractère se montre aussi fâcheux. Chaque fois qu'il y vient, une idée fixe l'y poursuit : c'est que ce château doit devenir le théâtre de quelque catastrophe terrible pour notre famille et pour son repos. Il est convaincu qu'un ennemi invisible exerce dans ce domaine une puissance qui, tôt ou tard, causera un malheur. On raconte des choses extraordinaires du fondateur de ce majorat, et je sais moi-même que le château renferme un secret de famille ; un fantôme y vient souvent, dit-on, assaillir le propriétaire, et ne lui permet de faire dans cette enceinte que des séjours très-bornés. Chaque fois que j'y viens avec mon mari, j'éprouve des terreurs presque continuelles, et ce n'est qu'à votre art, cher Théodore, que j'ai dû un peu de soulagement. Aussi ne saurais-je vous témoigner trop de reconnaissance. »

Encouragé par cette confiance, je racontai à Séraphine mes propres appréhensions. Toutefois je lui cachai ce que les détails avaient de trop effrayant ; mais, en voyant son visage se couvrir d'une pâleur mortelle, je compris qu'il valait mieux tout lui révéler que de laisser son imagination s'exalter outre mesure. Quand je lui parlai de cette griffe mystérieuse qui grattait la porte murée : « Oui, oui, s'écria Séraphine, c'est dans ce mur qu'est enfermé le fatal mystère ! » Et, cachant son beau visage dans ses deux mains, elle tomba dans une profonde méditation. Alors seulement je remarquai qu'Adelheid nous avait quittés. Je ne parlais plus, et Séraphine se taisait toujours. Je fis un effort pour me lever et pour aller au clavecin. Quelques accords que j'en tirai éveillèrent la baronne de son engourdissement; elle m'écouta paisiblement chanter un air triste comme nos âmes, et ses yeux se remplirent de larmes... Je m'agenouillai devant elle, elle se pencha vers moi, et nos bouches s'unirent dans un baiser céleste; puis elle se dégagea de mon étreinte, se leva, et, parvenue à la porte de la chambre, elle se retourna et me dit : « Cher Théodore, votre oncle est un digne homme, qui me semble être le protecteur de cette maison. Dites-lui, je vous prie, de prier pour nous chaque jour, afin qu'il plaise à Dieu de nous préserver de tout mal!... »

A ces mots, la dame de compagnie rentra. Je ne pus répondre à Séraphine; j'étais trop ému pour lui parler sans sortir des convenances. La baronne me tendit la main. « Au revoir, me dit-elle, au revoir, cher Théodore; je me souviendrai longtemps de cette soirée. »

Quand je rentrai près de mon grand-oncle, je le trouvai endormi. Mes yeux étaient pleins de larmes; l'amour que j'avais pour Séraphine me serrait le cœur d'une étreinte douloureuse, et mes sanglots devinrent bientôt si précipités et si forts, que le justicier s'éveilla. « Cousin, s'écria-t-il, décidément veux-tu devenir fou? Fais-moi le plaisir d'aller te coucher au plus vite! » Cette prosaïque apostrophe me rendit un peu durement à la vie réelle; mais il fallut obéir. Quelques instants venaient à peine de s'écouler, lorsque j'entendis aller, venir, ouvrir et fermer des portes; puis des pas retentirent dans la galerie. On vint frapper à la porte de notre chambre. « Qui est là? demandai-je d'une voix haute et rude.

Monsieur le justicier, répondit-on du dehors, vite, levez-vous! » C'était la voix du vieux Franz. « Est-ce que le feu serait au château? » m'écriai-je. A ce mot de feu, mon grand-oncle, qui s'éveillait, bondit à bas de son lit et vint ouvrir. « Pour Dieu, hâtez-vous, reprit Franz, monsieur le baron vous demande : madame la baronne est malade à la mort! »

Le pauvre serviteur était d'une pâleur livide. Nous avions à peine allumé un flambeau que la voix du baron se fit entendre. « Pourrais-je vous parler sur-le-champ, mon cher V***? disait-il — Diable! me dit le grand-oncle, qui t'a prié de t'habiller? que vas-tu faire? — La revoir encore, lui dire que je l'aime, et mourir! répondis-je d'une voix sourde et brisée. — J'aurais dû le deviner, » reprit le sévère justicier en me poussant la porte au nez et en mettant la clef dans sa poche. Ivre de colère, je voulais rompre la serrure; mais, me ravisant promptement à l'idée des conséquences qu'aurait un pareil éclat, je me résignai à attendre patiemment le retour du grand-oncle, bien décidé d'ailleurs à lui échapper à tout prix dès qu'il reparaîtrait. Je l'entendis, de loin, parler au baron avec une grande vivacité; mais je ne pouvais distinguer leurs paroles. Mon nom s'y mêlait, et mon anxiété devenait intolérable. Enfin le baron s'éloigna; il me sembla qu'on était venu le chercher précipitamment. Mon grand-oncle rentra et parut stupéfait de l'état de délire dans lequel il me trouvait. « Elle est donc morte?... lui criai-je en le voyant. Je veux descendre, je veux la voir à l'instant, et, si vous me refusez, je me fais sauter la cervelle sous vos yeux!... » Mon grand-oncle resta impassible. « Penses-tu donc, me dit-il, que ta vie ait pour moi quelque valeur, s'il te plaît d'en faire l'enjeu d'une pitoyable menace? Qu'as-tu à faire près de la femme du baron? De quel droit irais-tu te placer dans une chambre funèbre dont ta ridicule conduite te défend l'entrée plus que jamais?... » Je tombai navré, anéanti, sur un siège. Le grand-oncle eut pitié de moi. « Apprends, poursuivit-il, que le prétendu danger de la baronne n'était qu'un rêve. Mademoiselle Adelheid perd la tête quand il tombe une averse, et les deux vieilles tantes, accourues au bruit, fatiguent la pauvre Séraphine de leurs soins et de leurs élixirs. Ce n'est qu'un évanouissement, une crise nerveuse que le baron attribue aux effets de la musique. Or çà, puisque te voilà, je l'espère, suffisamment tranquillisé, je vais, avec ta permission, fumer une bonne pipe; car, pour tout l'or du monde, je ne fermerais plus l'œil jusqu'au jour... Vois-tu, cousin, reprit-il après une pause et en lançant d'épaisses bouffées de tabac, je te conseille de ne pas trop prendre au sérieux la figure de héros qu'on te fait faire ici depuis ton aventure de la chasse aux loups. Un pauvre petit diable comme toi est souvent exposé à bien des mécomptes quand il a la vanité de sortir de sa sphère. Je me souviens qu'au temps où je suivais les cours de l'Université j'avais pour ami un jeune homme d'un caractère doux, paisible, toujours égal. Un hasard l'avait jeté dans une affaire d'honneur et il s'y comporta avec une vigueur qui étonna tout le monde. Malheureusement ce succès et l'admiration dont il se vit l'objet changèrent du tout au tout son caractère. De ferme et sérieux qu'il aurait dû rester, il devint querelleur et fanfaron... bref, un beau jour il insulta un camarade pour le misérable plaisir de faire une bravade; il fut tué comme une mouche. Je ne te conte cette histoire-là, cousin, que pour passer le temps; mais peut-être trouveras-tu l'occasion d'en tirer profit. Et là-dessus voilà ma pipe achevée; le ciel est encore tout noir; nous aurons bien encore deux heures à dormir... »

En ce moment la voix de Franz se fit entendre. Il venait nous apporter des nouvelles de la malade. « Madame la baronne, nous dit-il, est tout à fait remise de son indisposition, qu'elle attribue à un mauvais rêve... » A ces mots, j'allais laisser échapper une exclamation de bonheur; mais un coup d'œil du grand-oncle me tint bouche close. « C'est bien, dit-il à Franz, je n'attendais que cela pour prendre un peu de repos, car à mon âge les insomnies sont malsaines. Dieu nous garde jusqu'à la fin de cette nuit! » Franz se retira, et, bien qu'on entendît les coqs chanter au village voisin, le justicier se fourra de nouveau le nez dans la plume.

Le lendemain, de fort bonne heure, je descendis à pas de loup pour aller demander à mademoiselle Adelheid des nouvelles de la santé de ma chère Séraphine. Mais au seuil de l'appartement je me trouvai en face du baron; son regard perçant me mesura de toute sa hauteur. « Que venez-vous chercher? » me dit-il d'une voix étouffée. Je comprimai de mon mieux l'émotion que je ressentais, et, prenant mon courage à deux mains, j'annonçai avec fermeté que je venais de la part de mon oncle m'informer de l'état de madame la baronne. « Elle va bien, reprit froidement le baron, elle a eu ses attaques de nerfs habituelles. Elle repose à cette heure ; et je compte qu'elle paraîtra à la table. Dites cela ; allez. »

A son expression d'impatience, je le jugeai plus inquiet qu'il ne voulait le paraître. Je saluai et j'allais me retirer, lorsqu'il m'arrêta par le bras, et me dit avec un regard qui me sembla foudroyant : « J'ai à vous parler, jeune homme. » Le ton qu'il donnait à ses paroles me fit faire en une minute les suppositions les plus redoutables. Je me voyais en présence d'un mari offensé qui avait deviné ce qui se passait dans mon cœur, et qui s'apprêtait à en exiger un compte rigoureux. J'étais sans armes, si ce n'est un petit couteau artistement travaillé que mon grand-oncle m'avait donné. Je le tâtai dans ma poche à ce moment suprême, et je repris toute mon assurance. Je suivis le baron qui m'entraînait, bien décidé à vendre chèrement ma vie si les choses tournaient au tragique. Arrivé dans sa chambre, le baron ferma la porte avec soin, fit plusieurs tours de long en large, et s'arrêtant devant moi, les bras croisés sur sa poitrine « Jeune homme, reprit-il, j'ai à vous parler. — J'espère, monsieur le baron, répondis-je, que ce dont vous avez à m'entretenir ne nécessitera de ma part aucune exigence de réparation. » Le baron me regarda comme s'il n'avait pas compris ; puis il baissa les yeux, et, les mains derrière le dos, il recommença sa promenade. Je le vis prendre sa carabine et sonder la charge. Mon sang s'échauffa dans l'appréhension du péril, et j'ouvris au fond de ma poche mon petit couteau, en faisant un pas vers le baron pour qu'il ne pût m'ajuster. « Jolie arme ! » dit le baron ; et il reposa la carabine dans un coin. Je ne savais trop quelle contenance garder, lorsque le baron, revenant à moi, me mit la main sur l'épaule et dit « Théodore, je dois ce matin vous paraître un peu extraordinaire. Je suis en effet tout bouleversé par les angoisses de cette nuit. La crise nerveuse de ma femme n'avait rien de très-inquiétant ; mais il existe dans ce château je ne sais quel mauvais génie, qui me fait envisager toutes choses sous les couleurs les plus sombres ; c'est la première fois que la baronne se trouve malade ici, et vous en êtes la cause unique. — Vraiment, dis-je avec calme, je ne saurais m'expliquer... — Je voudrais, interrompit le baron, que cet infernal clavecin se fût brisé en mille pièces le jour où il fut apporté chez moi!... Mais, après tout, j'aurais dû veiller dès le premier jour à ce qui se passait ici. Ma femme est si délicatement organisée, que la moindre émotion peut la tuer. Je l'avais amenée ici dans l'espoir que ce rude climat, joint aux distractions d'une vie âpre et forte, produirait sur elle une heureuse réaction ; mais vous avez pris à tâche de l'énerver davantage avec vos langoureuses mélodies. Son imagination exaltée la prédisposait à subir les plus fatales secousses, et vous lui portez le dernier coup en racontant devant elle je ne sais quelle stupide histoire de revenant. Votre grand-oncle m'a tout dit : ainsi vous ne pouvez rien nier ; je veux seulement que vous me répétiez vous-même tout ce que vous prétendez avoir vu. »

La tournure que prenait notre conversation me rassura, et j'obéis aux ordres du baron. Il n'interrompait mon récit très-circonstancié que par des exclamations saccadées qu'il réprimait aussitôt. Lorsque je vins à la scène où mon grand-oncle avait si puissamment conjuré le fantôme invisible, il leva au ciel ses mains jointes en s'écriant : « Oui, c'est vraiment le génie tutélaire de la famille ; et, quand Dieu rappellera son âme, je veux que ses restes dorment avec honneur à côté de mes aïeux!... » Puis, comme je gardais le silence, il me prit la main, et ajouta : « Jeune homme, c'est vous qui avez causé sans le vouloir le malaise de ma femme ; il faut que de vous vienne sa guérison. » A ces mots, je sentis le rouge me monter au visage. Le baron, qui m'observait, sourit de mon embarras, et reprit, d'un ton qui frisait l'ironie : « Vous n'avez pas affaire à une malade bien dangereuse, et voici le service que j'attends de vous. La baronne est tout à fait sous l'influence de votre musique, il serait cruel de la supprimer. Je vous autorise donc à la continuer, mais j'exige que vous changiez le genre des morceaux que vous exécutez devant elle. Faites un choix gradué de sonates de plus en plus énergiques ; mêlez habile-

21.

ment le gai au sérieux ; et puis, surtout, parlez-lui souvent de l'apparition. Elle se familiarisera peu à peu avec cette idée, et finira par n'y plus attacher d'importance. Vous me comprenez bien, n'est-ce pas? Je compte sur votre exactitude. » En achevant cette sorte d'instruction, le baron me quitta. Je restai confondu de me voir jugé comme un être de si peu d'importance ; je n'étais pas même capable d'éveiller la jalousie d'un homme par mes assiduités auprès de la plus belle femme qu'il fût possible d'imaginer. Mon rêve héroïque était brisé, je tombais au niveau de l'enfant qui prend au sérieux dans ses amusements sa couronne de papier doré.

Mon grand-oncle, persuadé que j'avais fait quelque escapade, attendait mon retour avec anxiété. « D'où viens-tu donc? me cria-t-il du plus loin qu'il m'aperçut. — Je viens, lui dis-je tout déconcerté, d'avoir un entretien avec le baron. — Là ! fit le digne justicier; quand je te disais que tôt ou tard tout cela finirait mal!... » L'éclat de rire dont mon grand-oncle accompagna cette saillie me prouva clairement que, de tous côtés, on tournait ma conduite en plaisanterie. Je souffrais violemment, mais je me gardai d'en laisser rien voir; n'avais-je pas l'avenir pour me venger du peu d'importance qu'on m'accordait? La baronne parut au dîner, vêtue d'une robe blanche qui se confondait avec la pâleur mate de ses joues; sa physionomie respirait une mélancolie plus suave que jamais; je sentais, à son aspect, mon cœur se fondre dans ma poitrine; et pourtant j'éprouvais contre Séraphine elle-même, en dépit de sa divine beauté, quelque chose de la colère que le baron m'avait inspirée ; il me semblait que ces deux êtres se réunissaient pour me mystifier; je croyais lire je ne sais quoi d'ironique dans le regard à demi voilé de Séraphine, et toutes les gracieusetés de son accueil passé me blessaient comme un odieux mensonge. Je cherchai avec un soin extrême à me tenir aussi éloigné d'elle qu'il m'était possible, et je pris place entre deux militaires avec lesquels je trinquai à plein verre et coup sur coup. Vers la fin du repas, un valet me présenta une assiette remplie de dragées, et me glissa ces mots à l'oreille :

« De la part de mademoiselle Adelheid. » Je prends l'assiette, et sur la plus grosse dragée je lis ces mots tracés sur l'enveloppe sucrée, avec la pointe d'un couteau : « Et Séraphine ? » Une flamme ardente circule aussitôt dans mes veines. Je jette un regard furtif à Adelheid; celle-ci me fait un signe qui semble dire : « Monsieur le buveur, vous n'oubliez donc que la santé de Séraphine. » Aussitôt je porte mon verre à mes lèvres, je le vide d'un seul trait; en le reposant sur la table, je m'aperçois que la belle baronne a fait comme moi, nous avons bu au même instant; et, quand nos verres touchent la table, nos yeux se rencontrent !... Un nuage passe sur mes yeux, et le remords me blesse au cœur. Séraphine m'aime! je n'ai plus le droit d'en douter; mon bonheur va devenir de la folie. Mais un des convives se lève, et, selon l'usage du Nord, propose de boire à la santé de la châtelaine. Je ne sais quel dépit de me trouver prévenu s'empare de moi : je prends mon verre, je le lève; je reste immobile; il me semble, dans ce moment de fascination, que je vais tomber aux genoux de mon amante... « Eh bien, que faites-vous donc, cher ami? » me dit mon plus proche voisin. Cette seule parole brise le charme; mes yeux se dessillent... mais Séraphine a disparu.

Après le repas, mon ivresse était devenue si emportée, que je dus sortir du château, malgré l'ouragan qui tourbillonnait au dehors et la neige qui tombait à flocons épais. Je me pris à courir à travers les bruyères, le long des bords du lac, en criant de toutes mes forces : « Voyez donc comme le diable fait danser le sot enfant qui voulait cueillir le fruit défendu dans le jardin de l'amour!... » Et je courais, je courais à perdre haleine; et Dieu sait jusqu'où je serais allé de ce train-là, si je n'avais entendu crier mon nom dans les bois par une voix connue, celle du forestier général de R....sitten. « Holà! cher monsieur Théodore, disait ce brave homme, où diable êtes-vous venu mouiller vos pieds dans la neige, au risque d'attraper un rhume mortel? Je vous cherche partout, M. le justicier vous attend au château depuis deux grandes heures. » Rappelé au sens commun par le souvenir de mon grand-oncle, je suivis, un peu machinalement, le guide qu'il avait envoyé à ma recherche.

En arrivant, je le trouvai qui fonctionnait gravement dans la salle des audiences de justice. Je comptais sur une mercuriale; mais le bonhomme fut très-indulgent. « Cousin, me dit-il en souriant, tu as bien fait de prendre l'air pour cuver ton vin d'aujourd'hui; mais sois donc à l'avenir plus raisonnable, tu n'es pas d'âge à te permettre ces petits excès-là. » Comme je ne répondais mot, et que, semblable à un écolier pris en faute, je faisais semblant de me mettre à la besogne : « Conte-moi donc, au surplus, reprit mon grand-oncle, ce qui s'est passé entre le baron et toi. » J'avouai tout sans restriction. « Fort bien, interrompit mon oncle quand il en sut assez; le baron te confiait là une fameuse mission! Heureusement pour lui que nous partons demain. »

A ces mots, je pensai tomber de mon haut. Le lendemain le grand-oncle tenait parole, et depuis lors je n'ai jamais revu Séraphine.

Peu de jours après notre retour, le respectable justicier fut assailli par des accès de goutte d'une extrême violence. Son humeur, par suite des souffrances qu'il endurait, devint tout à coup morose et acariâtre; malgré mes soins et les secours de la médecine, le mal empira. Un matin, je fus appelé près de lui en toute hâte; une crise plus cruelle que les autres l'avait mis aux portes du tombeau; je le trouvai gisant sur son lit; sa main tenait encore une lettre chiffonnée qu'il serrait fortement. Je reconnus l'écriture de l'intendant des domaines de R....sitten; mais ma douleur était si grande, que nulle curiosité ne s'éveilla dans mon esprit; je tremblais à chaque instant de voir expirer ce cher parent, dont je connaissais la véritable affection pour moi. Enfin, après bien des heures d'angoisse, la vie reprit le dessus, le pouls recommença de battre, et la robuste organisation du vieillard lassa les attaques de la mort. Peu à peu le danger s'éloigna : mais il resta bien des mois confiné, sans bouger à peine, sur son lit de souffrance. Sa santé fut si délabrée par cette secousse, qu'il lui fallut se démettre de ses fonctions judiciaires. Il ne me resta plus d'espoir de jamais retourner à R....sitten. Le pauvre malade ne pouvait supporter d'autres soins que les miens ; quand ses douleurs lui laissaient un moment de répit, toute sa consolation était de causer longuement avec moi, mais jamais il ne parlait de notre séjour à R....sitten, et je n'osais moi-même y ramener ses souvenirs. Quand, à force de dévouement et de veilles assidues, je fus parvenu à rendre à mon grand-oncle un peu de santé, le souvenir de Séraphine se réveilla dans mon cœur, entouré d'un charme plus puissant que jamais. Un jour je couvris par hasard un portefeuille dont je m'étais servi pendant mon séjour à R....sitten ; il s'en échappa quelque chose de blanc. C'était un ruban de soie qui attachait une boucle des cheveux de Séraphine. En examinant ce gage de souvenir laissé par l'amour secret que le sort avait brisé à sa naissance, je remarquai une tache rougeâtre sur le ruban. Était-ce du sang ? et ce sang était-il un présage de quelque tragique événement ? Mon imagination s'abandonnait aux suppositions les plus funestes.

Cependant mon grand-oncle voyait peu à peu revenir ses forces avec les beaux jours. Par une tiède soirée, je l'avais amené une fois sous les tilleuls embaumés de notre jardin. Il était d'humeur gaie. « Cousin, me dit-il, je me sens une force extraordinaire ; mais je ne m'abuse pas sur l'avenir : ce retour de santé ressemble aux dernières et vives clartés d'une lampe qui va s'éteindre. Avant de m'endormir de ce dernier sommeil dont je sens l'approche avec le calme de l'homme juste, j'ai à m'acquitter d'une dette envers toi. Te souviens-tu de notre séjour à R....sitten ? » Cette question inattendue me jeta dans un trouble inexprimable. Le vieillard s'en aperçut, et continua, sans me laisser le temps de chercher ma réponse : « Cousin, reprit-il, tu serais, sans mon secours, dans un abîme de malheur, si je ne t'avais pas entraîné de R....sitten. Il existe sur les maîtres de ce château une mystérieuse histoire, à laquelle ton imprudence a failli te mêler. Maintenant que ce péril est passé, écoute-moi : je veux, avant que la mort nous sépare, te révéler des faits étranges. Peut-être trouveras-tu, quelque jour, l'occasion d'en faire ton profit. »

Et voici ce que me raconta le grand-oncle, en parlant de lui-même à la troisième personne.

II

Pendant une orageuse nuit de 176—, les habitants du manoir de R....sitten furent éveillés en sursaut par une secousse pareille à celle d'un tremblement de terre. Les serviteurs de ce sombre domaine parcoururent avec effroi les salles pour chercher la cause de cette secousse; mais on ne trouva nul vestige de destruction. Tout était rentré dans le calme séculaire où dormait l'antique résidence de la famille de R....sitten. Le vieux majordome, Daniel, monta seul à la salle des chevaliers, où le baron Roderich de R... se retirait chaque nuit après les travaux d'alchimie auxquels il se livrait avec ardeur; il fut saisi d'horreur à la vue d'un lamentable spectacle. Entre la porte de la chambre de Roderich et la porte d'un autre appartement, s'en trouvait une troisième conduisant au sommet du donjon, dans un pavillon que le baron y avait fait construire pour ses expériences. Daniel ayant ouvert cette porte, un coup de vent éteignit son flambeau; des briques se détachèrent du mur, et tombèrent dans un gouffre avec un bruit rauque. Daniel tomba sur ses genoux en s'écriant : « Miséricorde ! notre bon maître a péri d'une mort terrible!... » Peu de temps après, le corps du malheureux seigneur était rapporté dans les bras de ses domestiques éplorés. On le revêtit de ses plus riches habits, et on l'exposa dans une chapelle ardente érigée au milieu de la salle des chevaliers. L'examen des lieux fit reconnaître que la voûte supérieure du donjon s'était écroulée intérieurement. Le poids des pierres qui formaient la clef de voûte avait défoncé le plancher; les poutres, entraînées dans la même chute, avaient fait éclater une partie du mur mitoyen, et traversé comme des flèches les étages inférieurs; en ouvrant dans l'obscurité la porte de la grande salle, on ne pouvait mettre le pied dans la tour sans rouler au fond d'un trou profond de plus de cent pieds.

Le vieux baron Roderich avait prédit le jour de sa mort, et l'avait annoncé à Wolfgang, l'aîné de ses enfants, à qui revenait l'investiture du majorat de R....sitten. Ce jeune seigneur, ayant reçu à Vienne le message de son père, se mit en route sans délai pour se rendre auprès de lui. A son arrivée, il trouva ses craintes cruellement réalisées, et tomba presque évanoui au chevet du lit funèbre. « Pauvre père ! s'écria-t-il d'une voix brisée par les sanglots, après une longue pause, pauvre père ! l'étude des mystères du monde n'a donc pu te donner la science qui prolonge la vie ! »

Après les funérailles du vieux seigneur, le jeune baron se fit raconter par Daniel les détails de la ruine du donjon ; comme le majordome lui demandait ses ordres pour faire exécuter les réparations : « Non, jamais ! dit Wolfgang. Que m'importe cette vieille demeure, où mon père consumait en œuvres de sorcellerie les trésors dont j'avais le droit d'hériter un jour ! Je ne crois pas que la voûte du donjon se soit écroulée par un accident ordinaire. Mon père a péri victime de l'explosion de ses creusets maudits où fondait ma fortune. Je ne donnerai pas un florin pour remettre une pierre à cette masure. Je préfère achever l'habitation de plaisance qu'un de mes aïeux a commencée dans la vallée. — Mais, dit Daniel, quel sera le sort des anciens et fidèles serviteurs dont ce manoir était l'asile ? iront-ils mendier le pain de la pitié ? — Que m'importe ! reprit l'héritier du majorat ; qu'ai-je à faire de ces vieilles gens ? Je donnerai à chacun une gratification proportionnée à la durée de ses services. — Hélas ! hélas ! s'écria en se lamentant le majordome, faut-il qu'à mon âge je me voie renvoyé de cette maison, où j'espérais que mes os reposeraient en paix ! — Chien, maudit, hurla Wolfgang, le poing levé contre Daniel, damné hypocrite, espères-tu bien de moi quelque faveur, et penses-tu faire de moi la dupe, après avoir secondé mon père dans ses sortilèges qui consumaient jour à jour le plus clair de mon avoir, toi qui excitais le cœur d'un vieillard à l'avarice ? Ne devrais-je pas, pour te récompenser dignement, te faire mourir sous le bâton? » Grande fut, à ces mots, la frayeur de Daniel; il se traîna, en rampant, aux genoux de son nouveau seigneur, qui, ne prenant de lui nulle compassion, le jeta sur le plancher d'un violent coup de pied dans la poitrine. Le misérable majordome poussa un cri étouffé, comme une bête sauvage blessée à mort, et se releva clopin-clopant, en jetant à la dérobée sur son maître un regard plein de haine et de vengeance, et sans ramasser une bourse d'or que le baron Wolfgang avait laissée tomber pour payer le mauvais traitement infligé à son valet.

Le premier soin du nouveau propriétaire de R....sitten fut de compulser, à l'aide de son justicier, l'avocat V***, mon grand-oncle, l'état des revenus du majorat. Cet examen, terminé avec le soin le plus minutieux, convainquit le justicier que le vieux baron Roderich n'avait pu dépenser la somme totale des rentes annuelles de son domaine; et, comme on n'avait trouvé parmi ses papiers que des valeurs très-insignifiantes en lettres de change, le numéraire avait dû être caché en quelque lieu, dont le majordome Daniel, confident du défunt, possédait sans doute seul le secret. Le baron Wolfgang raconta au justicier la scène violente dans laquelle il avait frappé Daniel, et lui témoigna la crainte que, pour se venger, celui-ci ne voulût point découvrir la cachette où reposaient probablement les ducats du vieux seigneur. M. le justicier, en homme de sens et en légiste habile qui sait faire causer les gens à leur insu, engagea Wolfgang à ne point s'inquiéter, et déclara qu'il se chargeait d'interroger Daniel. Ses premiers essais furent infructueux. A chaque question, Daniel répondait avec un sourire sardonique : « Mon Dieu, monsieur le justicier, je n'ai garde de faire des mystères à propos de quelques misérables écus! Vous en trouverez un bon nombre dans un caveau attenant à la chambre à coucher de mon pauvre maître; quant au surplus, ajouta-t-il avec des yeux où étincelèrent des reflets sanglants, il faudrait l'aller chercher sous les décombres du donjon. Je gage qu'on y trouverait assez d'or pour acheter une province!... »

Conformément à ces indications, on fouilla le caveau en présence de Daniel. Il y avait là un grand coffre de fer plein de pièces d'or et d'argent, avec un parchemin plié sous le couvercle. On y lisait ce qui suit, écrit de la propre main du vieux baron : « Celui qui héritera, après ma mort, du majorat de R...sitten recueillera ici cent cinquante mille ducats ; ma suprême volonté est qu'il s'en serve pour construire à l'angle occidental de ce château, à la place du donjon qu'il trouvera détruit, un phare, dont le foyer devra brûler toutes les nuits pour éclairer les voyageurs du lac. » Ce singulier testament était signé du nom et des armes de Roderich, baron de R...sitten, et daté de la nuit de Saint-Michel 176—.

Après avoir vérifié le compte des ducats, Wolfgang se tourna vers Daniel : « Tu as été, lui dit-il, un fidèle serviteur, et je regrette ma violence. Pour te dédommager, je te conserve dans tes fonctions de majordome. Selon ton désir, tes os reposeront dans ce château ; mais, d'ici là, si tu veux de l'or, baisse-toi et puise à pleines mains. » Daniel ne répondit au jeune baron que par un rauque gémissement. Le justicier tressaillit au son extraordinaire de cette voix, qui semblait sangloter dans une langue infernale : « Je ne veux point de ton or ; je veux ton sang !... » Wolfgang, ébloui par l'aspect du trésor qui roulait sous ses yeux, n'avait point observé la figure de Daniel, lorsque celui-ci, avec la lâcheté d'un chien battu, se courba pour baiser la main de son seigneur et pour le remercier de ses gracieuses bontés.

Wolfgang ferma le coffre et serra la clef dans sa poche, puis il sortit du caveau en disant à Daniel : « Serait-il donc si difficile de retrouver les trésors enfouis sous les décombres du donjon? » Daniel, pour toute réponse, secoua la tête et ouvrit la porte qui donnait sur le donjon ; à peine fut-elle ouverte, qu'un tourbillon de vent froid chassa dans la salle une masse de neige, et de l'abîme s'éleva une chouette, qui fit à tire-d'aile plusieurs tours et ressortit tout effarée en poussant des cris lugubres. Le baron s'avança sur le bord du gouffre, et ne put s'empêcher de frémir en sondant du regard sa noire profondeur. Le justicier craignit quelque vertige, et tira Wolfgang en arrière, tandis que Daniel se hâtait de fermer la porte fatale en disant d'un ton piteux :

— Hélas! oui, là-bas sont ensevelis et brisés les instruments du grand art de mon honoré maître, des objets du plus haut prix! — Mais, s'écria le baron, tu as parlé de trésors monnayés, de sommes considérables... — Oh! reprit Daniel, je voulais dire seulement que les télescopes, les cornues, les quarts de cercle, les creusets, avaient coûté des sommes considérables... Je ne sais rien de plus... » On ne put obtenir du majordome aucune autre réponse.

Le baron Wolfgang se sentait tout joyeux d'avoir à sa disposition des sommes assez fortes pour subvenir aux frais de construction du château neuf qu'il voulait achever. Des architectes renommés furent appelés à R....sitten pour dresser des plans; mais le seigneur du domaine, ne se décidant pour aucun de ceux qui lui furent présentés, se décida à dessiner lui-même les croquis de l'élégante habitation qu'il voulait élever; du reste, il ne négligea rien pour payer libéralement tous les ouvriers qu'il employa.

Daniel paraissait avoir oublié ses griefs contre Wolfgang, et se comportait à l'égard du baron avec une réserve pleine de respect.

Quelque temps après ces événements, la vie paisible des habitants de R....sitten fut troublée par l'arrivée d'un nouveau personnage, Hubert, frère puîné de Wolfgang. Cette visite inattendue produisit sur le titulaire du majorat une impression singulière. Il repoussa les embrassements de son frère, et l'entraîna violemment dans une chambre écartée où ils restèrent enfermés durant plusieurs heures. Après cette longue séance, Hubert sortit d'un air consterné, et demanda son cheval; mais, au moment de son départ, le justicier V***, pensant que ce rapprochement devait rétablir à tout jamais la concorde entre les deux frères, trop longtemps divisés par des dissensions de famille, pria Hubert de rester encore au château pour quelques heures; le baron Wolfgang survint et joignit ses instances à celles du justicier, en disant à son frère : « J'espère qu'avant peu tu réfléchiras. » Ces paroles calmèrent, en apparence, l'agitation d'Hubert; il se décida à rester. Vers le soir, mon grand-oncle monta dans le cabinet de Wolfgang pour le consulter sur un détail d'administration du majorat. Il le trouva en proie à une violente anxiété, et parcourant la chambre à grands pas, comme un homme que préoccupe une idée fixe et poignante : « Mon frère vient d'arriver, dit Wolfgang, j'ai retrouvé en lui, tout d'abord, cette aversion de famille qui nous sépare depuis longues années. Hubert me hait parce que je suis riche et qu'il a dévoré, en vrai prodigue, la majeure partie de sa fortune. Il vient à moi avec les dispositions les plus hostiles, comme si je devais être responsable de ses folies. Je ne puis ni ne veux me dessaisir de la plus minime partie de mes droits sur les revenus du majorat. Mais, en bon frère, je consentirais à lui abandonner la moitié d'un vaste domaine que notre père possédait en Courlande. Ce sacrifice de ma part mettrait Hubert en mesure de payer les dettes qu'il a contractées, et de tirer de la gêne sa femme et ses enfants, qui souffrent aujourd'hui des suites de son imprévoyance et de son inconduite. Mais figurez-vous, mon cher V***, que cet enragé prodigue a découvert, par je ne sais quel sortilége, l'existence entre mes mains du coffre où sont renfermés les cent cinquante mille ducats que nous avons trouvés dans le caveau. Il prétend me contraindre à lui céder la moitié de cette somme! Que la foudre m'écrase avant que j'y consente; et, s'il médite contre moi quelque mauvais coup, Dieu me garde, et fasse échouer ses tentatives!... »

Le justicier n'oublia rien pour faire envisager à Wolfgang la visite de son frère sous un aspect moins odieux. Chargé par le baron de négocier avec Hubert une transaction, il s'acquitta de cette mission confidentielle avec infiniment de zèle. Hubert, pressé par des besoins d'argent, accepta les offres de Wolfgang en y mettant deux conditions : la première, que Wolfgang ajouterait à sa part de l'héritage un présent de quatre mille ducats qui seraient employés à calmer les poursuites des créanciers les plus acharnés; la seconde, qu'il lui serait permis de passer quelques jours à R....sitten, auprès de son frère bien-aimé.

A cette demande, Wolfgang s'écria qu'il n'y pouvait souscrire, sa femme étant d'ailleurs sur le point d'arriver. Au reste, il fit compter à Hubert deux mille pièces d'or, à titre de don. En écoutant le message du justicier, Hubert fronça le sourcil. « Je réfléchirai, dit-il; mais provisoirement je suis installé ici, et je n'en bouge pas. » Le justicier s'épuisa en vains efforts pour vaincre sa résistance. Hubert ne pouvait se résigner tranquillement à voir le majorat entre les mains d'un frère privilégié. Cette loi lui paraissait souverainement injuste et blessante. La générosité de Wolfgang lui paraissait plus cruelle à supporter qu'une injure. « Ainsi donc, s'écriait-il, mon frère me traite comme un mendiant! Je ne l'oublierai jamais; bientôt, j'espère, il appréciera les conséquences de son procédé à mon égard. » Hubert s'installa, comme il l'avait annoncé, dans une des ailes du vieux château. Il passait ses journées à la chasse, et souvent Daniel l'accompagnait; c'était, d'ailleurs, le seul des habitants du manoir dont les relations parussent lui convenir. Il vivait dans une retraite presque absolue, évitant par-dessus toute chose de se rencontrer avec son frère. Le justicier ne resta pas longtemps sans concevoir quelques soupçons et sans manifester une certaine défiance à l'égard de messire Hubert et de sa vie mystérieuse. Un matin, celui-ci entra dans le cabinet de mon oncle, et annonça qu'il avait changé de manière de voir, qu'il était prêt à quitter R....sitten, pourvu qu'on lui comptât les deux mille pièces d'or convenues. Son départ, disait-il, était fixé à la nuit prochaine; et, comme il désirait voyager à cheval, il demandait que la somme lui fût remise en une lettre de change sur le banquier Isaac Lazarus, de la ville de K...., où son intention était de fixer son séjour.

Cette nouvelle causa à Wolfgang une joie ineffable. « Mon cher frère, disait-il en signant les lettres de change, a donc enfin renoncé à ses fâcheuses dispositions! La bonne harmonie est à jamais rétablie entre nous; il n'attristera plus de sa présence le séjour de ce château. »

Au milieu de la nuit suivante, le justicier V*** fut réveillé en sursaut par un gémissement lamentable. Il se dressa sur son séant et prêta l'oreille; tout était rentré dans le silence, et V*** s'imagina qu'il avait fait un mauvais rêve; il quitta son lit, et vint à la fenêtre pour calmer ses esprits en respirant l'air froid de la nuit. Il vit bientôt la porte du manoir s'ouvrir en criant sur ses gonds rouillés. Daniel le majordome, armé d'une lanterne sourde, tira hors de l'écurie un cheval sellé qu'il amena dans la cour; puis un autre homme, enveloppé jusqu'aux yeux dans un manteau de fourrures, sortit des appartements du château : c'était Hubert; il causa quelques minutes avec le majordome en faisant des gestes fort animés, après quoi il rentra dans le château. Daniel reconduisit le cheval à l'écurie, la ferma ainsi que le grand portail, et se retira sans bruit. Le justicier se livrait à toute sorte de conjectures sur ce départ manqué. Il se demandait comment Hubert avait pu se raviser; n'existait-il pas entre lui et Daniel quelque lien de complicité pour quelque crime que l'avenir seul ferait connaître?... Il fallait une grande sagacité et une infatigable surveillance pour déjouer les mauvais projets que pouvaient nourrir entre eux ces deux hommes, dont le dernier surtout, maître Daniel, était déjà suspect aux yeux du justicier. V*** passa le reste de la nuit au milieu de ces singulières réflexions. Au point du jour, comme il allait essayer de se rendormir, il entendit un grand bruit de voix confuses et des gens qui couraient en tous sens : plusieurs domestiques éperdus vinrent frapper à sa porte et lui annoncer avec désolation que le baron Wolfgang avait disparu, sans qu'on pût savoir ce qu'il était devenu. Il s'était mis au lit la veille à son heure accoutumée; puis il avait dû sortir en robe de nuit avec son flambeau, car ces objets ne se retrouvaient plus dans sa chambre à la place qu'ils occupaient la veille.

Frappé de terreur, le justicier V*** se souvint du fait dont la nuit passée l'avait rendu le témoin involontaire. Il se rappela aussi le cri lamentable qu'il avait entendu. Le cœur en proie aux plus funestes appréhensions, il courut vers la salle des chevaliers : la porte qui communiquait au donjon était ouverte!... Le justicier montra du doigt l'abîme de la tour, et dit aux domestiques glacés d'effroi : « C'est là que votre malheureux maître a trouvé la mort cette nuit!... » En effet, à travers une épaisse couche de neige qui s'était amoncelée pendant la nuit sur les décombres, on voyait un bras roidi par la mort sortir à moitié d'entre les pierres. Il fallut plusieurs heures pour ramener, au moyen d'échelles ajustées les unes aux autres, le cadavre du baron Wolfgang. Une de ses mains crispées serrait encore avec force le flambeau qui lui avait servi à se diriger jusque-là; tous ses membres étaient horriblement disloqués par sa chute et déchirés par les angles de roche.

Hubert accourut des premiers, offrant sur son visage tous les signes du désespoir. On déposa le corps de Wolfgang sur une grande table, à la même place où quelque temps auparavant on avait mis celui du vieux Roderich. Hubert se jeta sur le cadavre en pleurant : « Frère, s'écria-t-il, je n'ai pas demandé cette fatale vengeance aux démons qui m'obsédaient !... » Le justicier, qui était présent, ne comprit pas ce que pouvaient signifier ces paroles mystérieuses, mais un instinct secret qu'il ne pouvait réprimer lui désignait Hubert comme le meurtrier du titulaire du majorat. Quelques heures après cette scène douloureuse, Hubert vint le trouver dans la salle des audiences de justice. Il s'assit, pâle et défait, dans un fauteuil de chêne, et prit la parole d'une voix que l'émotion faisait trembler : « J'étais, dit-il, l'ennemi de mon frère à cause de cette loi absurde qui enrichit l'aîné de la famille au préjudice des autres enfants. Un affreux malheur a terminé ses jours. Je souhaite que ce ne soit pas un châtiment du ciel pour la dureté de son cœur. Me voici, aujourd'hui, titulaire du majorat : Dieu sait combien ce changement de fortune est affligeant pour mon cœur; tout bonheur est fini pour moi en ce monde. Quant à vous, monsieur le justicier, je vous confirme pleinement dans les charges et pouvoirs qui vous étaient confiés du vivant de mon père et de mon frère: gérez ce domaine selon vos vues, au mieux de mes intérêts. Pour moi, je vais quitter ce château; je ne puis vivre un seul jour de plus sur le théâtre d'événements si déplorables. » A ces mots, Hubert se leva et sortit de la salle. Deux heures après, il courait à franc étrier sur la route de K.....

Cependant on s'occupait des causes qui avaient pu amener la mort de l'infortuné baron. L'opinion la plus répandue était qu'il avait voulu se lever la nuit pour aller chercher quelque livre dans la bibliothèque. Trompé par un demi-sommeil, il s'était trompé de porte et avait ouvert celle du milieu, qui donnait sur l'abîme. Toutefois cette explication n'était guère satisfaisante ; la porte du donjon devait être habituellement verrouillée avec un grand soin, et il fallait du temps et de la force pour l'ouvrir. Comment donc imaginer sérieusement que le jeune baron eût pu être victime d'une pareille erreur? Le justicier se perdait en conjectures, lorsque Franz, le serviteur favori de Wolfgang, qui l'écoutait se parler à lui-même, l'interrompit pour dire : « Ah! ce n'est pas ainsi, monsieur le justicier, que ce malheur est arrivé! » Mais toutes les questions dont on le pressa ne purent tirer de lui le moindre éclaircissement en présence de témoins. Il déclara qu'il ne parlerait qu'au justicier, et sous le sceau du secret. Il raconta plus tard, dans un mystérieux tête-à-tête, que le défunt parlait souvent des trésors qu'il supposait ensevelis sous les décombres du donjon ; il s'était fait remettre la clef de la porte par Daniel, et souvent, au milieu de la nuit, il allait se pencher sur le gouffre, pour rêver à loisir aux immenses richesses que son amour de l'or supposait enfouies dans cette profondeur. Probablement, durant une de ces pérégrinations nocturnes, il avait été frappé de vertige, et précipité. Daniel, qui paraissait ressentir mieux que personne toute l'horreur de cet accident, proposa de faire murer la porte, et son avis fut suivi sur-le-champ.

Hubert, investi du majorat, retourna dans sa province de Courlande, laissant au justicier V*** les pouvoirs nécessaires pour administrer en son nom le domaine de R....sitten. Le projet de construction d'un château neuf fut abandonné, et l'on s'occupa seulement d'étayer les débris de l'ancien.

Plusieurs années après ces événements, Hubert reparut un jour à R....sitten : c'était au commencement de l'automne. Durant le court séjour qu'il fit au majorat, il eut de fréquentes entrevues avec le justicier, parla de sa mort prochaine, et annonça qu'il avait à l'avance déposé son testament dans les mains des magistrats de la ville de K.... Ses pressentiments se justifièrent : il mourut l'année suivante. Son fils, qui portait le même nom que lui, se rendit aussitôt à R....sitten pour prendre possession de son héritage ; sa mère et sa sœur l'accompagnèrent. Ce jeune seigneur paraissait enclin à tous les vices. Dès son arrivée à R....sitten, il s'attira la haine de tous les habitants du manoir ; le premier acte de sa volonté allait mettre sens dessus dessous tout le domaine ; mais le justicier déclara qu'il s'opposait formellement à l'exécution des ordres donnés par ce jeune fou jusqu'après la lecture du testament de son père, qui pouvait seul lui conférer les droits qu'il s'arrogeait.

Cette résistance inattendue de la part d'un homme qui n'était à ses yeux qu'un premier valet transporta de colère le jeune seigneur. Mais le justicier sut faire tête à l'orage, et maintint courageusement l'inviolabilité de ses fonctions. Il alla jusqu'à ordonner au jeune Hubert de se retirer de R....sitten jusqu'au jour fixé pour la lecture du testament. A trois mois de là, les parchemins furent ouverts à K...., en présence des magistrats de la ville. Outre les témoins nécessaires à cette audition, le justicier V*** avait amené un jeune homme de bonne mine, mais simplement vêtu, et qu'on pouvait prendre pour son secrétaire. Le futur possesseur du majorat se présenta d'un air arrogant, et réclama la prompte lecture du testament, n'ayant pas, disait-il, grand temps à perdre en sottes formalités.

Le défunt baron Hubert de R....sitten déclarait qu'il n'avait jamais possédé le majorat comme véritable titulaire, mais qu'il l'avait géré dans l'intérêt du fils unique de son frère Wolfgang de R....sitten. Cet enfant portait, comme son grand-père, le nom de Roderich ; lui seul pouvait être le légitime héritier du majorat. Le testament racontait en outre que le baron Wolfgang, dans ses voyages, s'était uni à Genève, par mariage secret, avec une fille noble, mais sans fortune. Sa femme, au bout d'un an, l'avait laissé veuf avec un fils dont nul ne pouvait contester les droits de naissance, et qui se trouvait ainsi appelé à la possession du majorat. Enfin, pour expliquer son silence durant sa vie, Hubert déclarait qu'une convention particulière entre Wolfgang et lui avait fait de ce silence une obligation sacrée.

Lecture achevée par le tabellion des articles du testament, le justicier V*** se leva, et présenta aux magistrats le jeune inconnu qu'il avait amené : « Messieurs, dit-il, voici le baron

Roderich de R....., fils légitime de Wolfgang de R....., et seigneur par droit d'héritage du majorat de R....sitten. »

En entendant ces mots, Hubert parut anéanti comme si la foudre eût éclaté sur sa tête; puis, revenant à lui, par une sorte de crispation convulsive, il menaça du poing le jeune homme qui lui ravissait si soudainement sa fortune, et s'élança hors de la salle avec tous les signes d'un furieux délire. Cependant, par l'ordre des magistrats, Roderich tira de son sein les écrits qui établissaient irrécusablement son identité; il plaça également sous leurs yeux des lettres de son père à sa mère. Mais, sur les titres juridiques, Wolfgang avait pris la qualité de négociant, et le pseudonyme de de Born; ses lettres, bien que la ressemblance d'écriture pût être vérifiée, ne portaient cependant pour signature que l'initiale W. Les juges se trouvèrent fort embarrassés pour décider cette grave question, et se séparèrent pour procéder à une enquête rigoureuse sur les faits qui leur étaient soumis. Hubert, instruit de ce qui se passait, adressa aussitôt une requête à la régence du district pour être mis en possession immédiate du majorat, à défaut de preuves suffisantes en faveur de son adversaire. Le tribunal décida qu'il en serait fait ainsi que sollicitait le baron Hubert de R....sitten, si, à bref délai, le jeune Roderich n'avait pas fourni des témoignages inattaquables de la légitimité de ses prétentions.

Le justicier V*** compulsa soigneusement tous les papiers laissés par Wolfgang de R.... Une fois il était, vers minuit, dans la chambre à coucher du défunt, à R....sitten, le nez plongé dans la poudre des vieux dossiers; la lune brillait au dehors d'un éclat sinistre dont les reflets blafards sillonnaient les murs de la grande salle voisine, dont la porte était ouverte. Tout à coup le justicier fut tiré de son travail par un bruit de pas qui montaient l'escalier, et par le cliquetis d'un trousseau de clefs. Il se leva et s'avança dans la salle, en prêtant une oreille attentive. Une porte s'ouvrit, et un homme à demi vêtu, portant une lanterne sourde, entra d'un pas chancelant, le visage pâle et défait. V*** reconnut Daniel; il allait lui parler, lorsqu'en examinant les traits du vieux majordome, il s'aperçut qu'il était en proie à un accès de somnambulisme, car il marchait les yeux fermés ; il se dirigea vers la porte murée, posa sa lanterne sur le plancher, tira une clef du trousseau pendu à sa ceinture, et se mit à gratter à la porte en poussant de rauques gémissements. Quelques instants après, il appliqua son oreille au mur, comme pour surprendre quelque bruit, et, d'un geste impératif, sembla imposer silence à quelqu'un. Après toutes ces mystérieuses démonstrations, il se baissa, reprit sa lanterne, et s'en retourna par où il était venu. Le justicier le suivit avec précaution. Daniel descendit, alla ouvrir l'écurie, sella un cheval, le conduisit dans la cour du château, resta quelque temps la tête courbée, dans la posture d'un valet qui reçoit les ordres de son maître, fit rentrer le cheval à l'écurie, et remonta dans sa chambre, dont il eut soin de verrouiller la porte. Cette scène étrange fit naître dans l'esprit du justicier l'idée qu'un crime avait été commis dans le château, et que Daniel en avait été le complice ou le témoin.

Le jour suivant, vers la brune, Daniel s'étant présenté chez lui pour certains détails de son service, le justicier lui prit les deux mains, et le fit asseoir sur un fauteuil vis-à-vis de lui : « Contez-moi un peu, lui dit-il, mon vieux Daniel, ce que vous pensez de l'issue du procès embrouillé qui s'agite entre Hubert et le jeune Roderich. — Hé ! que m'importe lequel des deux sera le maître ici ? répondit Daniel en clignant les yeux et baissant la voix, comme s'il eût craint d'être entendu. — Qu'avez-vous donc, Daniel ? reprit le justicier, vous tremblez de tous vos membres, comme si vous aviez commis un crime. On dirait, à vous voir, que vous venez de passer une nuit fort agitée. » Daniel, au lieu de répondre, se leva pesamment, et voulut sortir de la chambre en jetant autour de lui un fauve regard. Mais le justicier, le forçant de se rasseoir, lui cria sévèrement : « Restez, Daniel, et dites-moi sur l'heure ce que vous avez fait la nuit dernière, ou plutôt expliquez-moi ce que j'ai vu... — Eh ! mon Dieu, qu'avez-vous vu ? » fit le vieillard en frissonnant. Le justicier raconta la scène que je viens de décrire. En l'écoutant, le vieux majordome, stupéfait, s'était laissé aller au fond de son grand fauteuil, et cachait son visage dans ses mains pour se soustraire au regard pénétrant qui l'interrogeait. « Il paraît, Daniel, poursuivit le justicier, que l'envie vous prend, durant la nuit, d'aller visiter les trésors que le vieux baron Roderich avait amassés dans le donjon. Dans leurs accès, les somnambules répondent sans détour aux questions qu'on leur adresse : la nuit prochaine, nous causerons ensemble de certaines choses. » Pendant que le justicier parlait, Daniel devenait de plus en plus troublé ; aux derniers mots de V***, il poussa un cri aigu, et tomba privé de sentiment. Des valets appelés sur-le-champ le portèrent dans son lit. Il passa de cette crise à un état de léthargie complète qui dura plusieurs heures.

A son réveil, il demanda à boire, renvoya le domestique chargé de veiller près de lui, et s'enferma dans sa chambre.

La nuit suivante, comme le justicier songeait à faire sur Daniel une épreuve décisive, il entendit du bruit au dehors, comme si l'on brisait plusieurs vitres. Il courut à la croisée : une vapeur épaisse sortait de la chambre de Daniel. En forçant la porte pour l'arracher aux flammes, on l'avait trouvé évanoui sur le plancher. Sa lanterne cassée à côté de lui avait embrasé les courtines du lit, et, sans les prompts secours qui lui furent prodigués, il eût été consumé misérablement. Il avait fallu, pour arriver jusqu'à lui, briser la porte armée de deux énormes verrous. Le justicier comprit que Daniel avait voulu s'interdire la possibilité de sortir de chez lui ; mais l'instinct aveugle qui dirige les somnambules avait été plus fort que sa volonté. Il s'était réveillé au milieu de la crise en trouvant une résistance inaccoutumée ; sa veilleuse, échappée de ses mains, avait mis le feu, et l'effroi lui avait fait perdre l'usage de ses sens. Revenu à lui, Daniel fit une grave et longue maladie, dont il ne se releva que pour tomber dans un état de langueur effrayant.

Un soir que le justicier, toujours occupé de rechercher les preuves qui établissaient les droits de Roderich, son protégé, fouillait encore une fois dans les archives de R...sitten, Daniel entra dans la chambre, marchant à pas mesurés, comme un spectre. Il se dirigea tout droit vers le bureau du justicier, y déposa un portefeuille de cuir noir, et tomba à genoux en s'écriant : « Il y a un Juge au ciel! Je voudrais avoir le temps de me repentir! » Puis il se leva, et sortit de la chambre à pas lents, comme il y était venu.

Le portefeuille noir contenait des papiers précieux, tous écrits de la main du baron Wolfgang et revêtus de son sceau. Ces papiers établissaient clairement la légitimité de son fils, et contenaient l'histoire de son mariage secret. Ces preuves étaient inattaquables. Hubert fut obligé de les reconnaître, et il déclara devant les juges qu'il se désistait de toutes ses prétentions à l'héritage de son oncle Wolfgang de R....sitten. Après cette démarche, il quitta la ville et le pays. On sut qu'il s'était rendu à Pétersbourg, où il avait pris du service dans l'armée russe, et qu'on l'avait envoyé en Perse. Sa mère et sa sœur s'occupèrent, après son départ, de mettre ordre aux affaires de leurs domaines de Courlande. Roderich, violemment épris de la sœur d'Hubert, suivit ces dames dans leurs terres, et le justicier V*** étant retourné à K..., le château de R....sitten redevint plus désert et plus sombre que jamais.

Depuis la scène du portefeuille noir, Daniel était retombé si malade, qu'il fallut remettre ses fonctions à un autre majordome. Franz fut investi de cet emploi, juste récompense de ses fidèles services. Peu de temps après, toutes les affaires juridiques relatives au majorat furent complètement éclaircies; les formalités légales furent remplies par les soins du justicier V***, qui ne se donna point de relâche qu'il n'eût vu le jeune Roderich installé sans contestation et à l'abri de toute crainte ultérieure. On ne tarda guère à apprendre que Hubert, son compétiteur, avait péri dans une bataille contre les Persans; ses biens de Courlande passèrent entre les mains de la belle Séraphine, sa sœur, qui partageait l'amour de Roderich, et qui s'unit bientôt à lui.

Les fiançailles eurent lieu à R....sitten au commencement du mois de novembre; rien ne fut épargné pour donner à cette cérémonie toute la splendeur qu'exigeaient le haut rang et la richesse des futurs époux. Le justicier V***, qui se regardait depuis nombre d'années comme inséparable des seigneurs de R....sitten, avait choisi au château l'ancienne chambre à coucher du vieux Roderich, afin d'être plus à même d'épier les secrets de la conduite de Daniel. Un soir que le baron et son justicier, assis dans cette chambre aux deux bouts d'une table placée devant un énorme brasier, vérifiaient les revenus du domaine, l'ouragan mugissait au dehors avec furie; les sapins de la forêt craquaient comme des squelettes de géants, et les murmures de la bise, pareils à des sanglots, tournoyaient dans les galeries. « Quel temps épouvantable là-bas, et qu'il fait bon ici! s'écria V***. — Oui, oui, épouvantable! » répéta machinalement Roderich, que rien n'avait pu jusqu'alors distraire de ses calculs. Il se leva pour aller à la croisée observer les effets de la tourmente; à peine debout, il retomba sur sa chaise, la bouche béante, le regard fixe, la main tendue vers la porte qui venait de s'ouvrir pour livrer passage à une figure livide et décharnée dont l'aspect eût inspiré la terreur aux plus braves.

C'était Daniel!...

Plus pâle que Daniel et agité d'un mouvement de fièvre ardente en voyant le vieux majordome gratter à la porte murée, le baron Roderich s'élança vers lui en criant : « Daniel! Daniel, que viens-tu faire ici à cette heure? » Daniel poussa un hurlement et tomba à la renverse. On voulut le relever, le malheureux était mort. « Grand Dieu! s'écria Roderich en joignant les mains, quel crime m'a fait commettre un moment de frayeur! Cet homme est somnambule, et les médecins disent qu'il suffit d'appeler un homme par son nom, quand il est dans un accès d'hallucination, pour le tuer soudainement! — Baron, dit gravement le justicier, ne vous accusez point de la mort de cet homme; c'était le meurtrier de votre père!... — De mon père!... — Oui, monseigneur; c'est la main de Dieu qui l'a frappé quand vous avez parlé; la terreur qui vous a saisi, c'est l'instinct de répulsion qui s'empare de nous à l'aspect, au contact d'un scélérat. Les paroles que vous venez de faire entendre à Daniel, et qui l'ont tué comme un coup de foudre, sont les dernières qu'avait prononcées votre infortuné père. »

Le justicier tira alors de son sein un écrit soigneusement cacheté et qui était tout entier de la main d'Hubert, frère de

Wolfgang de R....sitten, et dévoila aux yeux de Roderich les mystères de haine et de vengeance qui avaient amené déjà tant de malheurs dans la famille de R.... Il fit lecture d'une sorte de confession autographe, dans laquelle Hubert déclarait que son animosité contre son frère Wolfgang datait de l'institution du majorat de R....sitten. Cet acte de la volonté de leur père, qui le privait, lui Hubert, de la meilleure part de sa fortune pour avantager son frère aîné, avait laissé dans son cœur les germes d'un ressentiment que rien n'avait pu éteindre. Depuis cette époque, Hubert, cédant à un irrésistible besoin de vengeance, avait concerté avec Daniel les moyens les plus propres à faire naître la désunion entre Wolfgang et le vieux baron Roderich. Le vieillard voulait illustrer le nouveau majorat par l'alliance de son fils aîné avec une des plus anciennes familles du pays. Ses observations astrologiques lui avaient même fait lire dans le cours des astres la certitude de cette union; aussi tout choix que Wolfgang aurait pu faire contre sa volonté serait devenu pour lui une cause de chagrin mortel et de malédiction.

Wolfgang, épris à Genève d'une violente passion pour une jeune fille de noble lignage, mais privée de toute fortune, s'était flatté d'amener, à force de temps et de soins, son vieux père à approuver le mariage qu'il avait contracté secrètement avec la femme qu'il adorait. Sur ces entrefaites, le vieux baron, ayant trouvé dans les constellations le présage de sa mort prochaine, avait écrit à Genève pour ordonner à Wolfgang de se rendre immédiatement auprès de lui. Lorsque celui-ci arriva, son père était mort, comme on l'a vu au commencement de cette histoire. Un peu plus tard, lorsque Hubert vint à R....sitten, pour régler avec son frère les affaires de la succession, Wolfgang lui apprit franchement le mystère de son mariage, et exprima sa joie d'avoir obtenu du ciel un fils, et de pouvoir bientôt découvrir à son épouse bien-aimée que le négociant *de Born*, auquel elle avait uni sa destinée, était le riche et puissant héritier des barons de R... Il lui confia en même temps son projet de retourner incessamment à Genève pour en ramener la baronne Séraphine de R... Mais la mort le surprit au moment de partir pour ce voyage. Hubert profita de cette mort pour assurer sa succession directe au majorat, puisque rien n'établissait les droits du fils de Wolfgang. Cependant, comme il y avait en lui un fond de loyauté, le remords ne tarda pas à s'emparer de son esprit. Un incident qu'il regarda comme providentiel acheva d'éveiller en lui la crainte des châtiments célestes. Il avait deux enfants déjà âgés de onze ou douze ans, et qui se donnaient l'un à l'autre des preuves continuelles de mésintelligence. Un jour, l'aîné de ces deux enfants disait à l'autre : « Tu n'es qu'un misérable, toi; je serai un jour le suzerain de R....sitten, et alors il te faudra, mon cher cadet, venir humblement me demander de quoi acheter un pourpoint neuf. » Le cadet, irrité de cette plaisanterie, frappa son frère d'un coup de couteau dont les suites furent mortelles. Hubert, effrayé de ce malheur, envoya le fils qui lui restait à Pétersbourg, où il fut placé dans un corps d'armée aux ordres de Suvarow. Le chagrin qui le rongeait lui fit faire de sérieuses réflexions. Il recueillit avec un soin religieux les deniers du majorat, et envoya des secours à Genève, sous le nom supposé d'un parent du négociant de Born, pour subvenir à l'entretien du jeune fils de Wolfgang. Quant à la mort de Wolfgang, elle était restée longtemps un affreux mystère que la folie de Daniel laissait à peine entrevoir.

Voici comment l'expliquait la confession d'Hubert.

Dans la nuit de son départ, Daniel, qui voulait sans doute tirer profit de l'animosité qui régnait entre les deux frères, le retint au moment de monter à cheval, en lui disant qu'il ne fallait pas abandonner ainsi un magnifique héritage à l'avarice de Wolfgang. « Eh! que puis-je y faire? » s'était écrié Hubert en se frappant le front avec rage; puis il avait ajouté en faisant un geste de menace avec sa carabine : « Ah! que n'ai-je pu, dans la confusion d'une chasse, trouver l'occasion d'en finir!... — Vous êtes heureux de n'avoir pas commis cette imprudence!... reprit Daniel en lui serrant le bras. Mais seriez-vous décidé à rentrer en possession de ce domaine, si vous n'aviez pas la responsabilité des moyens?...

— Oui, à tout prix, murmura sourdement le farouche Hubert.

— Restez donc ici, lui dit Daniel; vous êtes chez vous, baron de R....sitten : le ci-devant seigneur du majorat est mort cette nuit écrasé sous les décombres du donjon!... »

Voici comment ce drame fatal s'était accompli : Daniel, qui poursuivait son projet de s'approprier une bonne somme d'argent, sans compter les présents du nouveau baron, avait remarqué que toutes les nuits Wolfgang venait méditer au bord de l'abîme creusé par la chute de la clef de voûte du donjon. Une nuit donc, après avoir appris le prochain départ d'Hubert, il était allé se poster dans un angle obscur de la salle des chevaliers pour y attendre Wolfgang; lorsque le malheureux baron avait ouvert la porte de la tour, il l'avait poussé par les épaules dans le gouffre.

Il allait réaliser ses espérances, et il avait satisfait sa haine.

Cruellement ému par ces horribles révélations, le baron Roderich ne pouvait plus vivre dans ce château, sur lequel reposait un voile de sang. Il retourna dans ses terres de Courlande, d'où il ne venait plus à R....sitten qu'à l'époque des chasses d'automne.

Franz, le nouveau majordome, racontait que, de temps en temps, pendant les nuits qu'éclairait la pleine lune, on apercevait l'ombre de Daniel errer à travers les galeries et les grandes salles du manoir.

Tel fut le récit que me fit mon grand-oncle le justicier. Je risquai alors timidement une question sur Séraphine. « Cousin, me dit le bon vieillard d'une voix émue, la cruelle destinée qui frappait la famille de R....sitten n'a pas épargné cette pauvre jeune femme. Deux jours après notre départ, elle a été brisée sur les rochers dans une partie de traîneau. Le baron est inconsolable de sa perte. Cousin, nous ne retournerons jamais à R....sitten. »

A ces mots, la voix de mon grand-oncle s'éteignit dans les larmes. Je le quittai le cœur navré.

———

Bien des années s'écoulèrent. Le justicier dormait depuis longtemps dans la tombe. Napoléon ravageait le Nord; et je revenais de Pétersbourg en côtoyant les bords de la mer. En passant près de la petite ville de K***, j'aperçus à une grande distance une flamme étoilée. A mesure que j'approchais, je distinguais un foyer très-ardent. Je demandai au postillon si c'était un incendie. « Non, monsieur, répondit-il, c'est le phare de R....sitten... »

Le phare de R... sitten ! Ce nom réveilla tous les souvenirs de mon cœur. Je revis dans une pâle auréole ma Séraphine adorée !... Je me fis conduire au village où demeurait l'intendant du domaine ; je demandai à le voir. « Monsieur, me dit un commis à la livrée royale en ôtant sa pipe, il n'y a plus ici aucun intendant des domaines de R....sitten. C'est ici un domaine acquis à la couronne par la mort sans héritiers du dernier baron de R....sitten, défunt depuis seize ans. »

Je montai jusqu'au manoir; il était en ruines. On avait employé les meilleurs matériaux à la construction d'un phare sur le rocher. Un paysan que je rencontrai sur la lisière des bois de sapins me raconta en tremblant qu'au retour de la pleine lune on voyait souvent des ombres blanchâtres se poursuivre à travers les décombres, en poussant des cris lamentables.

Douce âme de ma Séraphine, tu n'iras pas dans ces lieux désolés ! Dieu t'a rappelée à lui, pour chanter de saints cantiques parmi ses anges !...

LA FASCINATION

« Les songes ressemblent à l'écume des vagues qui passe et s'évanouit, » disait le vieux baron H... en allongeant le bras pour sonner son valet de chambre Kaspar; car l'heure d'aller se coucher avait sonné depuis longtemps; le vent d'automne soufflait avec violence, et Maria, une belle jeune fille encapuchonnée dans un immense châle, luttait avec effort contre le sommeil. Plus loin se tenait debout Ottmar, le fils du baron, grave étudiant dont la cervelle philosophait à propos de tout.

« Père, dit le jeune homme, comment pouvez-vous penser que les rêves ne soient pas des phénomènes mystérieux qui nous mettent en rapport avec le monde invisible?

— Mon ami, répondit le baron, je suis de l'avis des matérialistes; ils ne voient rien que de fort naturel dans ces prétendus mystères de la nature dont notre imagination fait tous les frais.

— Mais, objecta Maria, la belle jeune fille, ne se peut-il donc pas que les rêves, dont vous faites si peu de cas, résultent de la fermentation qui s'opère dans le cerveau? Elle dégage pendant les heures du sommeil nos esprits vitaux de la prison des sens, pour les faire planer dans les régions sublimes que ne bornent plus l'espace ni le temps.

— Chère fille, reprit le baron, je crois ouïr, en t'écoutant parler ainsi, les emphatiques divagations de notre ami Alban. Tu connais du reste mon incrédulité à l'égard de tous les systèmes qu'improvisent les visionnaires d'aujourd'hui. Les rêves sont le fruit de la surexcitation fébrile de nos organes, et j'en vois la preuve dans les impressions désagréables qu'ils font naître pendant et après leur durée. Si les rêves produisaient des rapports réels entre nous et le monde invisible, pourquoi ne seraient-ils pas une initiation aux félicités infinies dont les religions nous offrent l'espérance au delà de la vie terrestre? »

Ottmar allait soulever une discussion sans fin sur cette matière; le baron ne lui en laissa pas le temps. « Brisons là, dit-il; je ne suis pas d'humeur à controverser. Je me souviens d'ailleurs qu'à ce jour-ci, le 9 septembre, se rattache un souvenir de jeunesse qui réveille toujours en moi des sensations douloureuses. — Mais, interrompit l'étudiant, n'est-il pas établi que l'influence magnétique... — Oh! s'écria le baron, ne prononce jamais ce mot-là devant moi; ce nom de magnétisme me révolte; celui qui professe cet art odieux paye tôt ou tard de sa ruine la coupable curiosité qui le portait à soulever le voile dont Dieu couvre ses œuvres. Je me souviens, mes enfants, qu'à l'époque où j'étudiais au gymnase de Berlin, il y avait parmi nos professeurs un homme dont les traits ne sortiront jamais de ma pensée, car je ne pouvais l'envisager sans une secrète frayeur. A une taille gigantesque et à une maigreur de squelette il joignait une de ces physionomies que l'imagination la plus bizarre oserait à peine créer. Il était doué d'une force et d'une adresse extrêmes. Il racontait qu'étant major au service danois, il avait été forcé de s'exiler à la suite d'un duel; mais certaines gens supposaient qu'au lieu d'un duel il avait commis un meurtre sur la personne de son général. C'était un homme fort dur et d'une sévérité sans exemple envers les élèves du gymnase. Mais il y avait des jours où son caractère semblait totalement changé. Il paraissait alors l'homme du monde le plus indulgent et le plus affectueux. Dans ces moments d'expansion, s'il nous serrait la main, son contact faisait courir dans nos veines un fluide singulier qui nous mettait sous sa dépendance par je ne sais quelle inexplicable sympathie. Ces jours de calme étaient rares. Il reprenait vite ses habitudes de dureté, qui nous remplissaient d'effroi à son seul aspect. Parfois il s'exaltait jusqu'au délire; on le voyait, revêtu de son vieil uniforme rouge, arpenter les cours du gymnase et s'escrimer dans le vide à grands coups de rapière, comme s'il se fût trouvé en face d'un furieux adversaire; puis il faisait mine de broyer un cadavre sous sa botte, en accompagnant ces gestes de jurements horribles. Parfois il grimpait aux arbres avec la vélocité d'un chat sauvage, ou bien il courait comme une bête fauve en poussant des cris aigus. Ces crises-là duraient souvent tout un jour. Le lendemain il était calme et ne se rappelait plus ses extravagances de la veille; mais son caractère devenait encore plus intraitable et plus violent. Les bruits les plus étranges circulaient sur son compte dans la ville et au gymnase. On disait que le major avait des secrets pour guérir toutes les maladies par l'imposition des mains, ou même par son seul regard; et cette opinion était si fortement enracinée, qu'un jour il fut contraint de chasser à coups de bâton des gens qui le priaient de faire sur eux l'épreuve de son mystérieux pouvoir. Certaines gens allèrent jusqu'à dire qu'il était en commerce avec les esprits infernaux, et que, tôt ou tard, sa vie aboutirait à quelque catastrophe. Du reste, et quelle que fût sa conduite envers les autres, le major se montrait constamment, à mon égard, plein de douceur et d'attachement. Je ne vous raconterai pas toutes les scènes bizarres qui se passèrent entre nous, mais voici le fait que je n'ai pu oublier. Pendant la nuit du 9 septembre 17..., je rêvai que le major était venu auprès de mon lit, et qu'arrêtant sur moi un regard fixe et pénétrant il m'avait couvert les yeux de sa main droite, en me disant : « Misérable créature terrestre, reconnais en moi ton maître! J'ai, comme Dieu, le pouvoir de lire dans ta pensée! » En même temps, je sentis quelque chose d'aigu et de froid comme une lame d'acier pénétrer à travers mon front jusqu'à mon cerveau. Je poussai un cri de frayeur et m'éveillai baigné de sueur. Je sortis du lit avec effort, et j'allai ouvrir la croisée pour me rafraîchir un peu. Quelle fut ma terreur en apercevant, au clair de lune, le fatal major, revêtu de son habit rouge, ouvrir une grille du gymnase qui donnait sur la campagne, et la refermer derrière lui avec fracas !... Je tombai évanoui.

« Lorsqu'au jour je racontai à notre inspecteur ce qui m'était arrivé, il m'assura d'abord que j'avais rêvé ; mais, comme le major n'avait pas encore paru à une heure assez avancée de la matinée, on alla à sa chambre. La porte était barricadée en dedans, et il fallut un levier pour l'enfoncer. On trouva le major couché sur le carreau, l'œil vitreux, la bouche souillée d'une écume sanglante ; il tenait son épée d'une main roidie par la mort. Aucun soin ne put le ramener à la vie. »

Le baron n'ajouta rien à ce récit. Ottmar, qui l'avait écouté avec attention, méditait, le front dans sa main. Maria était émue. En ce moment, le peintre Franz Bickert, un vieil ami de la famille, qui était entré sans bruit dans la chambre pendant le récit du baron, partit d'un gros éclat de rire, en disant : « Voilà vraiment des histoires bien gaies à conter devant les jeunes filles à l'heure de se coucher ! Quant à moi, mes amis, je suis un système tout opposé à celui de notre cher baron. Je sais par expérience que les rêves de la nuit viennent des sensations éprouvées pendant le jour, et j'ai toujours soin, avant de m'endormir, de chasser toute préoccupation pénible et d'amuser mon esprit par quelque joyeux souvenir de mon temps passé. C'est une recette excellente contre le cauchemar. Au surplus, mes amis, ces songes terrifiants qui nous tourmentent parfois, quand on se figure tomber d'une tour, être décapité, et mille autres plus ou moins désagréables, sont le résultat de quelque douleur physique qui réagit sur nos facultés morales. Tenez, je me rappelle un songe où j'assistais à une orgie. Un officier et un étudiant se prennent de querelle et se lancent leurs verres à la tête ; je veux les séparer, mais, dans cette lutte, je me sens si grièvement blessé à la main, que la souffrance m'éveille... Ma main saignait réellement, car je venais de l'écorcher à une grosse épingle piquée dans ma couverture. J'ai fait d'autres fois des rêves épouvantables, et...— Ah! je vous en supplie, s'écria Maria, faites-moi grâce de récits qui achèvent de me torturer... — Non! dit Bickert, point de grâce. Vous saurez qu'en songe je fus convié à un thé brillant chez la princesse Amaldasongi. En arrivant au milieu du salon, vêtu de mon plus bel habit de gala, je me mettais en devoir de lui débiter une déclaration des plus étourdissantes, lorsqu'en jetant sur mon costume un regard de complaisance, je m'aperçus que j'avais oublié ma culotte!... »

Un rire inextinguible accueillit cette boutade de Bickert. Mais, sans laisser à son auditoire le temps de se reconnaître, le joyeux artiste continua : « Voulez-vous, dit-il, que je vous raconte une déconvenue encore plus humiliante ? Je rêvais, une autre nuit, que je n'avais que vingt ans et que j'allais figurer dans un quadrille avec une femme adorable. J'avais dépensé mon dernier écu pour rendre un peu de luxe factice à mon dernier habit. J'arrive, je me mêle à la foule brillante qui se presse à la porte du salon; tout à coup un maudit chien caniche ouvre au devant de moi la grille d'un poêle, et me dit : « Monsieur le beau, c'est par ce trou, s'il vous plaît, qu'il vous faut prendre la peine de passer!... » Eh! tenez, la nuit dernière, je me suis figuré que j'étais devenu feuille de papier; un mauvais apprenti poëte, armé d'une plume de dindon mal taillée, me déchirait dans tous les sens en écrivassant sur mon pauvre individu ses rimes plates et meurtries de ratures. Une autre fois, je rêvais qu'un chirurgien démontait mes membres pièce à pièce, comme une poupée de bois, et s'amusait cruellement à chercher l'effet que produiraient mes pieds plantés au milieu du dos, ou mon bras droit adapté en guise de rallonge à ma jambe gauche... Enfin... »

Mais ici le baron et ses enfants se roulèrent sur le sofa avec des éclats de rire tels, que l'ami Franz Bickert fut obligé de renoncer à ses lazzi. Ottmar prit la parole : « Notre ami, dit-il, se met, par ses récits, en contradiction avec son système; car, ou il nous fait des contes à mourir de rire, ou bien il a fort mal réussi à se préparer des rêves à sa guise. Quoi qu'il en soit, je n'en reste pas moins persuadé que la vertu magnétique... — Allons! s'écria le baron, vas-tu recommencer ce chapitre-là? J'aimerais beaucoup mieux que Maria nous fît un punch pour nous tenir en belle humeur. » Bickert applaudit fort à cette idée ; et, tandis que Maria se mettait à l'œuvre, il s'occupa de ranimer le feu mourant de la cheminée. Quand le punch fut achevé, Ottmar remplit les verres, et Bickert dit en vidant le sien d'un trait : « Je n'ai jamais trouvé cette liqueur aussi agréable que lorsqu'elle est préparée par les soins de notre jolie Maria. Elle communique à tout ce qu'elle touche un parfum céleste. L'influence mystérieuse de sa beauté produit cet effet charmant; c'est, à mon sens, le magnétisme le plus incontestable... — Encore votre magnétisme! interrompit le baron. Pour Dieu, ne sortirons-nous pas, ce soir, du fantastique et de l'extravagant?... Maria est, en vérité, une belle et bonne jeune fille ; mais, grâce à vous, je finirai par la prendre quelque jour pour un être de l'autre monde. Tâchons donc, je vous prie, de vivre en paix de cette bonne vie commune qui est si douce!...

— Pourtant, répliqua Ottmar, j'aurais grande envie de raconter à l'ami Bickert un fait qu'Alban m'a confié, et qui a laissé dans mon esprit une profonde impression. Alban s'était lié, pendant son séjour à l'Université avec un jeune homme nommé Théobald, dont la vue exerçait au premier abord une véritable séduction sur ceux qui le voyaient. Théobald joignait au plus heureux naturel une âme tendre. Mais peu à peu, depuis sa liaison avec Alban, son âme s'assombrit, son caractère devint triste et inquiet; de rêveuse, son imagination devint par degrés exaltée. Alban seul avait le pouvoir de dominer cette nature irritable, dont l'énergie ne se dépensait qu'en luttes inutiles contre les mesquineries de la vie.

« Théobald devait, après avoir pris ses degrés à l'Université de J......, retourner dans sa ville natale pour épouser la fille de son tuteur, et vivre paisiblement d'un beau revenu que ses parents lui avaient laissé. Tous ses goûts se résumaient dans l'étude du magnétisme animal, dont il devait à son ami Alban les premières leçons. Il ne se proposait rien moins que de poursuivre jusqu'aux extrêmes limites du possible le développement des mystérieux phénomènes de cette science.

« Quelque temps après son retour dans ses foyers, il écrivit à Alban une lettre désespérée; il lui annonçait que pendant son absence un officier de troupes étrangères, ayant logé en passage dans la maison de son tuteur, était devenu amoureux de la jeune fille, et avait réussi à lui faire partager sa passion. Lorsque cet officier fut obligé de partir à la suite du corps d'armée auquel il appartenait, la jeune fille avait conçu un tel chagrin de cette séparation, que sa raison s'était altérée, et qu'on craignait pour sa vie. Ainsi le pauvre Théobald avait tout à la fois à regretter le cœur, perdu pour lui, de sa jeune fiancée, et à redouter de voir périr l'unique objet de son affection. Alban lui répondit aussitôt que son malheur n'était pas irréparable, et que le magnétisme lui rendrait infailliblement sa bien-aimée. Théobald profita de ce conseil; avec l'assentiment de la mère de sa fiancée, il alla chaque nuit s'asseoir auprès d'elle au moment où, cédant à l'accablement du sommeil, elle tombait sous l'empire de rêves pénibles, dans lesquels le nom de l'officier revenait sans cesse sur ses lèvres. Il exerça graduellement sur la jeune fille les passes dont Alban lui avait enseigné la vertu secrète; quand il l'avait amenée enfin à l'état de somnambulisme, il conversait avec elle, lui rappelait doucement les souvenirs de leurs jeux d'enfance, de leur tendre et mutuelle affection. Peu à peu la jeune fille se laissa pénétrer par l'ascendant magique du pouvoir qui l'environnait, et chaque fois qu'elle rentrait dans l'état de somnambulisme, ses sensations et ses réponses aux questions qu'on lui adressait se rapportaient naturellement à Théobald et à ses souvenirs du premier âge. La domination de Théobald devint si complète, que sa fiancée finit par ne plus vivre que de sa vie et de sa volonté. Il semblait que l'âme de son ami eût passé dans son être, ou qu'elle-même vécût en lui... »

Ottmar en était là de son histoire, **quand tout à coup Maria changea de couleur et poussa un cri aigu**; elle serait tombée évanouie sur le plancher si Bickert ne s'était élancé à temps pour la recevoir dans ses bras. On s'empressa de la secourir, mais rien ne pouvait la rappeler à elle. Elle semblait morte... « Ah! mon Dieu! s'écria Ottmar, Alban seul pourrait la sauver!... »

La porte s'ouvrit. Alban lui-même parut, s'avança d'un pas grave jusqu'auprès de la jeune fille, et lui dit comme si elle eût pu l'entendre : « Maria, qu'avez-vous?... » La malade tressaillit sous cette parole, fit quelques mouvements saccadés et murmura : « Laisse-moi, homme maudit, je veux mourir au moins sans souffrir!... » Alban sourit et promena ses regards sur les assistants. « Ne craignez rien, dit-il, c'est un petit accès de fièvre; mais elle va s'endormir, et, dans six heures, quand elle s'éveillera, vous lui ferez avaler douze gouttes de la liqueur que contient ce flacon. » En même temps, il remit à Ottmar une petite fiole d'argent, salua, et se retira comme il était venu.

« Bon! fit Bickert; voilà encore un docteur merveilleux! Le regard inspiré, la voix prophétique, le flacon d'élixir, rien n'y manque! — Mon pauvre Bickert, dit le vieux baron, notre soirée a fini bien tristement. Depuis le départ d'Alban, j'avais souvent rêvé qu'un fatal événement nous le ramènerait. Plaise à Dieu que mes pressentiments m'aient trompé. — Mais, mon digne ami, reprit Bickert, il faut, ce me semble, regarder comme heureuse l'arrivée d'Alban; car enfin c'est un docteur habile, et vous ne devez pas avoir oublié qu'à certaine époque où notre gentille Maria souffrait de crises nerveuses contre lesquelles tous les remèdes étaient impuissants, Alban sut la guérir en peu de semaines au moyen de ce magnétisme que vous détestez. Je crois qu'il faut se garder de préjugés trop rigoureux contre les sciences modernes; la nature cache dans son sein des milliers de secrets dont la découverte future coûtera nombre de siècles... — Eh! mon Dieu, interrompit le baron, je ne suis pas plus arriéré qu'un autre, ni plus ennemi des progrès de la science ; mais, à vrai dire, mon antipathie pour le magnétisme vient en grande partie de l'embarras que j'éprouve à définir cet Alban dont mon fils est engoué. Je cherche en vain à saisir quelque chose de réel sous la physionomie changeante de cet homme singulier. Je sais quelle gratitude je lui dois pour la guérison de ma fille ; j'aurais voulu lui offrir tous les trésors d'un roi. Eh bien, cher Bickert, imaginez-vous qu'une répulsion dont je ne pouvais me défendre m'a toujours empêché de lui témoigner cordialement ma reconnaissance ; de jour en jour, cet homme-là me devient, malgré moi, plus odieux ; quand je le regarde, il me semble retrouver devant mes yeux ce diabolique major danois qui m'avait causé jadis de si rudes frayeurs. — Ah ! s'écria Bickert, voilà donc, sans aller plus loin, le secret de cette inexplicable aversion ! Ce n'est pas Alban, c'est ce major danois qui vous assiége l'imagination. Ce brave Alban porte la peine de son nez crochu et de ses yeux noirs si pénétrants. Quand il serait un peu visionnaire, passons-lui donc ce travers, puisqu'il veut et puisqu'il pratique le bien ; laissons de côté les faiblesses de l'homme, et rendons hommage à la haute science du médecin. — Ce que vous dites là, Franz, interrompit le baron en se levant, n'est pas l'expression de votre pensée ; vous cherchez à diminuer mes appréhensions ; mais vos efforts seraient inutiles, j'entrevois sous la forme humaine de cet Alban un être infernal dont il y a tout à craindre ! Écoutez, Franz, veillez avec moi sur cet homme, car il y a en lui, je vous le répète, quelque chose de redoutable et de malfaisant. »

Les deux vieux amis se prirent la main avant de se séparer. La nuit était noire et silencieuse. Maria reposait d'un sommeil léthargique. Elle s'éveilla au bout de six heures, et la prescription du docteur Alban fut observée. Quelques moments après, sa santé paraissait plus florissante que jamais, et elle n'avait aucun souvenir de son accident de la veille. Alban, ce jour-là, ne se montra point aux repas de la famille, et fit dire qu'une longue correspondance absorbait tous ses moments.

MARIA A ADELGUNDE.

Chère amie de mon enfance, quel bonheur ta lettre m'a donné ! j'ai failli mourir de joie en reconnaissant ton écriture. Avec quel ravissement j'y ai trouvé de bonnes nouvelles de ton frère Hippolyte, mon bien-aimé *promis!* Ta pauvre amie, chère Adelgunde, a été cruellement malade. Je ne saurais t'exprimer la douleur que j'endurais. Toutes les choses de la vie m'apparaissaient à l'envers; le moindre bruit me perçait la tête comme un aiguillon; je faisais, tout éveillée, les rêves les plus bizarres; une inquiétude secrète consumait à petit feu toutes mes forces; je sentais la mort venir avec toutes ses terreurs, et pourtant j'étais impatiente de vivre. Tous les médecins perdaient leur temps à m'examiner, lorsque mon frère Ottmar amena un jour à la maison un de ses amis qui m'a guérie d'une manière merveilleuse.

Je voyais dans presque tous mes rêves apparaître un homme grave et beau, qui, malgré son air de grande jeunesse, m'inspirait un profond respect. Ce personnage fantastique m'attirait vers lui par l'aimant d'une tendresse mystérieuse. Juge, ma chère Adelgunde, juge de ma surprise lorsque je reconnus trait pour trait l'homme de mes rêves dans l'ami que mon frère nous présenta. Alban, c'est son nom, me soumit, malgré moi, à la puissance de son regard; mais, au lieu des convulsions nerveuses qui m'agitaient, je sentis un calme assoupissant circuler dans tous mes sens; mes rêves s'évanouirent, mon sommeil devint profond, et la vivacité fébrile de mes sensations disparut. Seulement il m'arrive parfois, en dormant, de me croire douée d'un sens nouveau. Une communication mystérieuse s'établit entre Alban et moi; il m'interroge, et je lui dis ce qui se passe en moi, comme si je lisais dans un livre. D'autres fois c'est Alban lui-même qui me préoccupe; il me semble que je trouve en moi sa pensée, qu'il allume par sa volonté au centre de mon être un foyer de lumière, et que ce foyer resplendit ou s'éteint selon que cette volonté m'attire ou me repousse : c'est une sorte d'état de transsubstantiation dans lequel je trouve un bonheur ineffable, supérieur à tout ce que la vie physique peut offrir. Tu riras peut-être de moi, chère Aldegunde; tu vas me croire folle ou malade. Mais, quoi qu'il en soit, sois assurée que jamais je n'ai plus aimé Hippolyte, ni désiré davantage son retour. Depuis qu'Alban m'a soumise à cette puissance, qu'il appelle, je crois, *magnétisme*, il me semble que c'est par lui que j'aime Hippolyte avec une tendresse plus profonde. Alban, cet esprit sublime et bienfaisant, nous protégera tous deux jusqu'après notre union.

Parfois, cependant, j'ai peur de lui. D'étranges soupçons déchirent le voile d'enthousiasme dont j'environne au fond de mon cœur la figure d'Alban. J'ai des heures de fascination pendant lesquelles je m'imagine le voir au milieu de tous les attributs qui servent, dit-on, à accomplir de coupables sortilèges. Ses traits si nobles se décomposent; je ne vois plus qu'un hideux squelette, dont les ossements craquent sous les anneaux d'immondes reptiles qui s'enroulent alentour.

Du reste, Alban, qui possède toute ma confiance, et à qui je raconte naïvement toutes mes sensations, tous mes doutes à son égard, ne cesse jamais de se montrer impassible à mes regards. C'est toujours le même homme, doux et affectueux. Ce calme majestueux me fait honte pour mes folles idées...

Voilà, chère Aldegunde, l'histoire de ma vie intérieure. Mon cœur est plus léger à présent que je n'ai plus de secrets pour toi. Porte-toi bien. A bientôt.

ALBAN A THÉOBALD.

. . . . . Toute existence est le prix d'une lutte : c'est une lutte elle-même. La victoire appartient au plus fort, car la force est la loi naturelle de toutes choses; l'être dominé ajoute sa propre force à celle que possédait déjà son vainqueur.

La force de l'intelligence a ses combats et ses victoires comme la force physique. Souvent une puissance médiocre d'intelligence domine et soumet une force physique immense; elle est en nous comme un reflet de Dieu, par qui l'empire nous est donné sur tous les êtres.

Nous ignorons les mystères de l'union de l'esprit avec le corps; la découverte de cette science nous initierait à la toute-puissance de Dieu. Tout ce que nous pouvons, c'est exercer au profit de nos désirs, dans le cercle qui nous est tracé, la somme de force qui nous est communiquée pour jouir de la création.

J'ai rencontré sur ma route une jeune fille dont l'aspect a fait vibrer en moi des cordes sympathiques. Je sentis que tout pouvoir m'appartenait pour attirer sa vie dans ma vie; mais il fallait lutter contre une puissance étrangère qui la dominait. Cette jeune fille était aimée, elle aimait. Je concentrai sur un seul point toutes les forces de ma volonté. La femme a reçu de la nature une organisation passive; c'est dans le sacrifice qu'elle fait *volontairement* de sa personnalité pour épancher son âme dans le sein de l'être qui la domine par sa supériorité que réside la félicité de l'amour.

Un séjour d'une semaine auprès de la belle Maria me suffit pour la connaître entièrement. J'appliquai à l'exquise délicatesse de ses organes l'action occulte du magnétisme, de cette science dont se rit le vulgaire. J'établis entre elle et moi des rapports sympathiques dont l'absence et l'éloignement ne peuvent briser la chaîne. Elle tomba sous ma domination dans des accès d'hallucination que son père et son frère prirent pour une maladie nerveuse. Ami du frère, qui admirait sans les comprendre certaines expériences dont je m'étais amusé à le rendre témoin, je fus rappelé auprès de la jeune fille en qualité de médecin. Elle me reconnut à un tressaillement mystérieux qui assurait mon empire; car il suffit de mon regard et de ma secrète volonté pour la plonger dans le somnambulisme, c'est-à-dire pour attirer son âme dans la mienne. Depuis que je vis autour d'elle, l'image d'Hippolyte s'efface peu à peu de sa mémoire... Bientôt les derniers obstacles tomberont.

Cet Hippolyte est colonel; il fait en ce moment la guerre loin d'ici. Je ne désire pas qu'il périsse; je voudrais même qu'il revînt : sa présence ajouterait un charme de plus à la victoire dont je goûterai bientôt les fruits. Au revoir, mon cher disciple...

La campagne, jonchée de feuilles mortes, était en deuil. Des nuages plombés couraient sous le ciel, chassés par la bise d'automne. Pressé d'arriver au gîte, car le jour allait finir, je découvris, au détour d'une colline, le village de .... couché dans sa vallée solitaire comme un nid d'alouette entre deux sillons. La cloche de l'église sonnait un glas funèbre, et des fossoyeurs attendaient dans le cimetière la dernière prière du vieux pasteur pour descendre un cercueil dans la terre. Je rejoignis sur la route quelques hommes qui revenaient lentement, et je marchai derrière eux en les écoutant. « Notre vieil ami Franz s'est endormi du sommeil des justes, disait l'un d'eux. — Dieu nous fasse la grâce de finir comme lui, » ajouta un autre.

J'appris de ces braves gens que le mort se nommait Franz Bickert, un vieux peintre qui avait achevé sa carrière au sein d'une retraite presque absolue, dans un petit manoir gothique délabré, qu'on me montra sur la hauteur la plus voisine du village. Le pasteur me mena visiter ce chalet, dont le brave Bickert avait fait don à la commune pour devenir, après sa mort, un asile ouvert à quelques pauvres infirmes du pays. Les murs du premier étage étaient chargés de peintures à fresques, reproduisant sous toutes les formes un diable guettant une jeune fille endormie. Nous trouvâmes dans le coin d'une armoire vermoulue quelques feuillets de papier qui semblaient avoir été détachés d'un cahier, et se trouver là par hasard. Je les ramassai machinalement; c'étaient des notes saccadées, des phrases sans commencement ni fin; je parvins cependant à déchiffrer à grand'peine le dénoûment de l'histoire de Maria.

Certaine nuit, le vieux baron H*** regagnait sa chambre à coucher appuyé sur le bras de son ami Franz Bickert. Vers le milieu de la galerie, ils aperçurent un fantôme portant une veilleuse, et qui semblait sortir de l'appartement de Maria. Le baron, effrayé, s'écria : « C'est le major! Franz, c'est le major danois!... »

La figure s'était évanouie, pas un bruit ne s'était fait entendre. Le baron entra tout inquiet chez sa fille : elle reposait belle et calme comme un ange du ciel; un doux sourire effleurait ses lèvres. Hippolyte était revenu de la guerre. Le mariage devait avoir lieu le lendemain, et près de la chaumante enfant qui dormait la parure de noce était déjà préparée sur le sofa.

Le lendemain, les fiancés allèrent à l'église; mais, au moment de s'agenouiller au pied de l'autel, Maria tomba...

Elle était morte!... Le magnétiseur avait absorbé son âme.

Tous ceux qui l'avaient aimée la suivirent bientôt dans la tombe.

On ne sait ce qu'est devenu le docteur Alban.

LE REFLET PERDU

I

J'avais la fièvre jusqu'au délire; le froid de la mort pénétrait mon cœur, et, malgré la furie de l'orage, je courais dans les rues, la tête nue, sans manteau, comme un échappé de la maison de fous. Les girouettes criaient sur les toits comme des hiboux effarés, et les rafales du vent de la nuit se succédaient dans l'espace comme le bruit sourd des rouages éternels qui marquent les chutes des années dans le gouffre du temps.

C'était pourtant la veille de la joyeuse fête de Noël.

Or, chaque année, le diable choisit précisément cette époque pour me jouer quelque tour de sa façon. En voici un entre mille. Le conseiller de justice de notre ville a coutume de donner, à la Saint-Sylvestre, une soirée brillante pour fêter l'approche du nouvel an. J'entrai dans le salon d'attente, le conseiller courut à ma rencontre et me barra le passage : « Cher ami, me dit-il avec un sourire malicieux, vous n'imaginez pas quelle délicieuse surprise vous attend ici ce soir ! » En même temps il me prit la main et m'attira dans le salon... Parmi des dames de la plus exquise élégance, assises sur des sofas disposés en cercle autour de la cheminée, où pétillait un feu clair, j'aperçus *ses* traits adorés! C'était ELLE, elle que je n'avais pas vue depuis plusieurs années! Par quel miracle m'était-elle rendue?... Je restai, à son aspect, immobile et muet. « Eh bien, fit le conseiller en me poussant un peu, eh bien donc? » J'avançai machinalement. « Mon Dieu! m'écriai-je, est-ce bien vous, Julie? vous ici!... » A ces mots, elle se leva et dit d'un ton froid : « Je suis ravie de vous voir ici; votre santé me paraît bonne. » Puis, reprenant sa place, elle se pencha vers sa voisine sans s'occuper de moi davantage, et lui dit en minaudant : « Chère belle, aurons-nous la semaine prochaine un beau spectacle?... »

J'étais atterré. La peur du ridicule acheva de me perdre. En saluant les dames pour m'éclipser au plus vite, je reculai sur le conseiller, qui humait sa tasse de thé; la secousse fit jaillir le contenu brûlant sur son jabot de dentelle et ses manchettes plissées. On rit beaucoup de ma maladresse. Pourtant je repris contenance pour lutter contre la fatalité; Julie seule n'avait point ri, son regard s'attachait sur moi avec une expression qui me rendit une lueur d'espoir.

Quelques moments après, elle se leva pour passer dans un salon voisin, où un improvisateur amusait la société. La parure blanche de Julie faisait admirablement ressortir les charmes de sa taille, l'éclat de ses épaules de neige et l'élégance de ses contours. Il y avait en elle des séductions irrésistibles : elle ressemblait, par la pureté de sa pose, à une vierge de Miéris. Avant d'entrer dans le salon voisin, elle se retourna de mon côté; il me sembla que ce visage, d'une si parfaite et si angélique beauté, se ridait d'une légère expression d'ironie. Je fus saisi d'un malaise inexprimable. Cependant, quelques minutes après, Julie se trouva tout près de moi. « Je voudrais, me dit-elle à demi-voix, et du ton le plus suave, que vous prissiez place au clavecin pour faire entendre un de ces airs tendres que j'aimais tant autrefois... » Comme j'allais lui répondre avec l'enivrement que me rendaient nos souvenirs, plusieurs personnes passèrent entre nous, et nous fûmes séparés. Je cherchai longtemps tous les moyens de renouer notre tête-à-tête sans pouvoir y parvenir; on eût dit que Julie cherchait, de son côté, toutes les possibilités de m'éviter. Quelques instants après, il n'y avait plus entre nous deux que le valet chargé d'offrir les rafraichissements. Julie prit un verre finement ciselé et plein d'un sorbet délicieux; elle me le présenta en disant : « Ami, l'acceptez-vous de ma main avec autant de bonheur que vous en eussiez autrefois ressenti?... — O Julie! Julie! m'écriai-je en effleurant ses doigts d'albâtre, dont le contact fit courir dans mes veines un frémissement électrique, ô Julie!... » Je ne pus ajouter un mot de plus; un voile glissa sur ma vue, tous les objets tournèrent autour de moi, je perdis le sens de l'ouïe; quand je revins à moi, je me trouvai avec surprise à demi couché sur un sofa dans un boudoir parfumé... Julie, penchée vers moi, me regardait avec amour comme autrefois. « Oh! lui dis-je en cherchant à l'attirer sur mon cœur, je t'ai retrouvée, n'est-ce pas, pour toujours, ô mon bel ange d'amour et de poésie! Ta vie est la mienne, et rien ne nous séparera plus!... »

En ce moment, une hideuse figure, montée sur de longues pattes d'araignée, avec des yeux de crapaud qui lui sortaient du front, ouvrit brusquement la porte du boudoir en criant d'une voix glapissante : « Où diable est passée ma femme?... »

Julie, effrayée, s'échappa. Julie mariée! Julie à jamais perdue pour moi!

Je m'élançai comme un fou hors de cette maison maudite, et je courus à perdre haleine, tête nue, sans manteau, à travers la furie de l'orage. Les girouettes criaient sur les toits comme des hiboux effarés, et les rafales du vent de la nuit, qui fouettaient dans l'espace des tourbillons de neige, ressemblaient à des voix de démons qui se moquaient de ma fièvre et de mon désespoir.

II

Emporté de rue en rue comme un cheval sauvage, j'arrivai en face de la taverne des *Chasseurs*. Un groupe de joyeux compagnons en sortait avec des chants joyeux et de bruyants éclats de rire. Dévoré d'une soif ardente, j'entrai dans le cabaret, et me laissai tomber tout essoufflé sur un banc.

« Que faut-il servir à monsieur? dit l'hôte en ôtant son bonnet de renard. — Un pot de bière et du tabac! » m'écriai-je. Grâce au liquide chéri de nos bons Allemands, je me trouvai bientôt dans un état de satisfaction inerte tel, que le diable, après m'avoir ensorcelé tout ce soir-là, jugea qu'il ferait sagement de remettre au lendemain le prochain tour qu'il me préparait.

Mon équipage de bal, joint à ma physionomie singulière, devait produire un effet incroyable sur mes voisins. L'hôte allait me questionner, lorsqu'une main vigoureuse frappa aux volets du cabaret, et une voix cria : « Ouvrez, ouvrez, c'est moi!... »

A peine la porte fut-elle entre-bâillée, car il était pour lors heure indue, qu'un grand personnage qui semblait n'avoir que les os et la peau se glissa dans la chambre en affectant de marcher le dos collé au mur. Il vint s'asseoir en face de moi. L'hôte posa sur la table deux flambeaux. Ce nouveau venu avait une figure distinguée, mais fort mélancolique. Il demanda, comme j'avais fait, un pot de bière et une pipe de tabac; puis il parut s'abîmer dans ses réflexions, tout en rejetant d'énormes bouffées de fumée qui, mêlées aux miennes, nous enveloppèrent en peu d'instants d'une atmosphère de brume narcotique. Je le contemplai, sans mot dire, à travers ce nuage. Ses cheveux noirs, séparés sur le front, retombaient en boucles comme dans les têtes de Rubens. Il portait une redingote étroite ornée de brandebourgs, et, ce qui me surprit, il avait mis par-dessus ses bottes de larges pantoufles fourrées. Quand il eut achevé de fumer sa pipe, il tira d'un étui de fer-blanc une grande quantité de plantes qu'il étala sur la table et qu'il se mit à examiner les unes après les autres avec satisfaction. Pour entrer en conversation, je le complimentai sur les connaissances qu'il paraissait posséder en botanique. Il sourit d'une façon bizarre et me répondit : « Ces herbes que vous voyez n'ont de prix réel que leur rareté. Je les ai cueillies moi-même sur les flancs et sur la cime du Chimboraço. »

Comme j'allais lui adresser une nouvelle question, quelqu'un frappa de nouveau à la porte du cabaret. L'hôte alla ouvrir, et une voix cria du dehors : « Faites-moi le plaisir de couvrir votre miroir. — Ah! fit l'hôte, le général Suvarow arrive bien tard ce soir. » En même temps un petit homme sec, roulé dans les plis d'un manteau brun, entra en sautillant dans la taverne, et vint s'asseoir entre moi et le voyageur du Chimboraço. « Quel froid dehors, dit-il, et quelle fumée ici ! Je voudrais bien une prise de tabac. » Je m'empressai de lui présenter une tabatière d'acier poli comme une glace, cadeau d'une amitié qui m'est bien chère. A peine le petit homme y eut-il jeté les yeux qu'il fit un saut en arrière, et s'écria en la repoussant de ses deux mains : « Au diable, au diable votre maudit miroir !... » Je le regardai avec stupeur ; tous ses traits se bouleversaient, il était pâle comme un mort. Je n'osai lui demander la cause de son malaise ; je ne sais quoi de fantastique et d'infernal me semblait attaché à ce petit homme brun. Je me rapprochai de mon voisin du Chimboraço, et nous continuâmes à parler de botanique. Tout en causant, je regardais de temps en temps le petit homme avec anxiété, et, voyant sa figure changer à chaque minute, un frisson glacial parcourait toutes mes veines.

De phrase en phrase, et sans doute par suite de notre rencontre si bizarre, la conversation tomba sur la métaphysique du bonheur. « Ma foi, disait l'homme du Chimboraço, toute ma philosophie se résout à opposer la patience aux mille et une tracasseries dont la vie est semée. Nous laissons chaque jour, et partout, un lambeau de notre pauvre existence accroché à quelque mésaventure dont toute la prudence humaine n'aurait pu nous préserver. — Ma foi, mon cher maître, repartis-je, je suis un exemple incontestable de cette vérité; car cette nuit même j'ai perdu, par un incident fort désagréable, mon chapeau et mon manteau, qui sont restés accrochés dans le vestiaire de M. le conseiller de justice ***. » A ces mots, je vis mes deux voisins tressaillir, comme s'ils avaient reçu tous deux une violente secousse. Le petit homme brun me décocha un regard fauve dans lequel il y avait quelque chose d'éminemment diabolique. Il sauta sur une chaise et rajusta soigneusement le rideau de serge rouge dont l'hôte avait couvert le miroir du cabaret, tandis que le citoyen du Chimboraço mouchait les chandelles de manière à ne pas laisser la moindre ombre se former. L'entretien se renoua difficilement et tomba sur les œuvres d'un jeune peintre fort en vogue alors. « Il saisit la ressemblance avec un art admirable, disait le grand homme sec; il ne manque à ses portraits que la parole; on les prendrait, tant ils sont animés, pour un reflet dérobé au miroir. — Quelle stupidité! s'écria le petit homme brun en se démenant sur sa chaise; comment supposer que l'image réfléchie dans un miroir puisse être dérobée? par qui, je vous le demande, à moins que le diable ne s'en mêle? Oui, oui, monsieur le savant, monsieur le grand juge en matière d'art, faites-moi, je vous prie, toucher au doigt un reflet dérobé au premier miroir venu, et j'exécute sur l'heure une pirouette de cent pieds de haut! » Le grand sec se leva, et s'approcha du petit homme brun : « Tout beau! l'ami, lui dit-il; ne faites pas tant le revêche, ou l'on vous fera pirouetter de la simple hauteur de l'escalier. Parbleu! je vous conseille d'être fier! votre figure doit produire un plaisant effet dans un miroir... » Il n'avait pas achevé, que le petit homme brun se roulait sur son banc en proie à un rire convulsif, en criant : « Ah! ah! ah! mon pauvre camarade, qu'importe mon reflet? j'ai du moins une ombre que personne ne m'a volée!... » Et, en disant cela, il s'en alla en cabriolant et se jeta hors de la taverne. Le grand sec était retombé sur son siège comme un homme anéanti. « Qu'avez-vous, cher monsieur? lui dis-je avec un accent plein de compassion. — Ce que j'ai! me répondit-il avec des sanglots, ce que j'ai!... Hélas! ce petit homme que vous avez vu là tout à l'heure est un méchant sorcier qui vient me poursuivre dans le dernier asile où je croyais oublier l'affreux malheur d'avoir perdu mon... Adieu, monsieur, adieu! »

Et l'étranger, se levant, gagna rapidement la porte en

traversant toute la taverne sans projeter la moindre ombre sur les murailles. « Peter Schlemihl! Peter Schlemihl! » m'écriai-je en courant après lui, car je venais de reconnaître ce célèbre maudit; mais il avait pris déjà trop d'avance, et disparut dans les ténèbres.

Quand je voulus retourner à ma place, l'hôte me poussa dehors par les épaules et me ferma la porte au nez, en disant : « Que le bon Dieu préserve ma maison de pareils revenants! j'aimerais autant verser à boire au diable en personne! »

III

M. Mathieu est mon ami intime, et son portier le plus fameux cerbère que je sache. Celui-ci m'ouvrit au premier coup de la clochette que j'agitai à la porte de l'Aigle d'or. Je lui racontai en deux mots les petites misères de ma soirée; comme la clef de ma chambre était restée dans mon manteau chez le conseiller de justice, il m'ouvrit une autre chambre, y posa un flambeau, et se retira discrètement après m'avoir souhaité une bonne nuit. Il y avait dans cette chambre une grande glace couverte d'un rideau. Je posai les flambeaux en face de la glace, et j'écartai le voile pour contempler ma triste figure. À peine avais-je fixé les yeux sur mon image, qu'il me sembla voir une figure vague et flottante sortir du fond de perspective du miroir et s'avancer vers moi. Peu à peu cette figure devint plus distincte, et bientôt je reconnus les traits adorés de Julie. Je ne pus retenir un cri de surprise et d'amour; j'étendis les bras vers cette apparition en appelant : « Julie! Julie! »

Aussitôt j'entendis derrière moi un soupir prolongé; je courus au fond de la chambre, j'écartai vivement les courtines du lit, et j'aperçus, plongé dans un sommeil de marmotte, le petit homme au manteau brun. De sa poitrine, agitée par un lourd cauchemar, s'échappait par intervalles un nom de femme : « Giulietta! Giulietta! » murmurait-il. J'éprouvai un frisson; mais, reprenant du courage, je secouai rudement le petit homme en lui criant : « Eh! l'ami, quel diable vous a fourré dans mon lit? tâchez, s'il vous plaît, de chercher gîte ailleurs. » Le petit homme étendit ses membres, se réveilla lentement, et me dit : « Ah! merci, monsieur; vous m'avez tiré d'un mauvais rêve. » Il paraissait, en disant cela, si triste et si accablé, que j'en eus pitié; je compris d'ailleurs que le portier pouvait bien m'avoir ouvert par mégarde cette chambre occupée d'avance, et que j'aurais tort de troubler le repos de son locataire.

« Monsieur, me dit le petit homme en s'accoudant sur l'oreiller, ma conduite au cabaret a dû vous paraître bien absurde; que puis-je y faire? je suis soumis à une cruelle influence qui m'expose à commettre une foule d'impolitesses.

— Eh! mon cher monsieur, repris-je, je suis précisément dans le même cas; et ce soir, quand j'ai revu Julie... — Julie! dites-vous? s'écria le petit homme les traits bouleversés. Ah! monsieur, je vous en supplie, laissez-moi dormir, et veuillez bien rabaisser le voile de cette glace! » En achevant ces mots, le petit homme brun cacha son visage dans les plis de l'oreiller. « Mais, mon cher monsieur, repris-je en élevant la voix pour le forcer de m'écouter, pourquoi ce nom de femme vous cause-t-il une impression si pénible? J'espère que vous me ferez cette confidence quand, après avoir recouvert la glace selon votre désir, j'aurai pris place au lit à vos côtés; car voici sérieusement l'heure de se reposer. »

Le petit homme se dressa sur son séant, comme si un ressort l'eût fait agir : « Vous voulez donc absolument, me dit-il, connaître le secret de ma misérable vie? Eh bien, voici mon histoire. » En même temps il sortit du lit, s'empaqueta dans une espèce de robe de chambre, et voulut s'approcher de la cheminée; mais le voile de la glace n'était pas encore remis, ses yeux s'y fixèrent. O surprise! debout à côté de lui je ne voyais pas son reflet à côté du mien! Le petit homme tourna vers moi son regard empreint d'une douloureuse émotion. « Monsieur, me dit-il en sanglotant, je suis plus à plaindre que Peter Schlemihl. Schlemihl a vendu son ombre : c'est sa faute, et d'ailleurs il en a reçu le prix.

Moi, monsieur, je lui avais donné mon reflet par amour, à ELLE, à Giulietta! Hélas! hélas!... » Et il courut se rejeter dans le lit en poussant des gémissements étouffés.

Des sensations contraires s'agitaient dans mon âme devant un spectacle si tristement grotesque. Je restais là cloué à la même place, comme un véritable automate, lorsque j'entendis mon interlocuteur ronfler comme un tuyau d'orgue. La tentation de l'imiter me gagna si fortement, que dix minutes après je dormais comme un bienheureux sur la moitié du lit qu'il me cédait.

Une heure avant l'aube, je fus réveillé par une clarté très-vive. En ouvrant les yeux, j'aperçus le petit homme brun à demi vêtu, et fort occupé à écrire à la lueur de deux flambeaux. Son aspect fantastique me donna le vertige ; je tombai dans une sorte d'hallucination : j'étais chez le conseiller de justice, assis sur le sofa, comme la veille, près de Julie. Le conseiller me paraissait être une poupée de sucre parmi des arbustes chargés de fruits et des touffes de roses. Julie m'offrait, comme la veille, un verre de cristal d'où jaillissaient, avec un éclat phosphorescent, de petites flammes bleuâtres ; quelqu'un me tira par derrière : c'était précisément le petit homme brun qui me chuchotait à l'oreille : « Ne bois pas! ne bois pas! — De quoi avez-vous peur? me dit Julie ; n'êtes-vous pas tout à moi, *vous et votre reflet?* » Je pris le verre de ses mains ; j'allais boire, quand le petit homme brun me sauta sur l'épaule, métamorphosé en écureuil, en me répétant : « Ne bois pas! ne bois pas! » Et, de sa queue frétillante, il cherchait à éteindre les petites flammes bleuâtres. Julie reprit la parole : « Pourquoi, me dit-elle, refuses-tu de prendre ce verre, ô mon bien-aimé? Cette petite flamme pure, que tu vois briller à sa surface, est l'emblème de notre premier baiser! » Le son de cette voix si douce me transporta ; j'allais presser sur mon cœur cette femme idolâtrée, lorsque Peter Schlemihl passa tout à coup entre nous deux et se prit à nous rire au nez. Au même instant, toutes les personnes qui remplissaient le salon du conseiller de justice me parurent changées en figurines de sucre ; elles se mirent toutes à sautiller en bourdonnant comme des abeilles, et en grimpant de tous côtés après moi comme après un mât de cocagne.

Je m'éveillai. Il était grand jour, midi sonnait au beffroi de l'église voisine, et je me demandais, en me frottant les paupières, si l'histoire de mes apparitions nocturnes n'était pas un cauchemar, lorsque le domestique de l'hôtellerie entra avec mon chocolat, et m'informa que l'étranger qui avait partagé ma chambre et mon lit était parti dès le point du jour, en priant de m'adresser ses compliments.

Voici ce que ce singulier personnage avait écrit pendant mon sommeil, et laissé, par oubli peut-être, sur la table.

IV

Un jour Érasmus Spicker se trouvait au comble de la joie ; pour la première fois de sa vie, il lui était permis de voyager. Il garnit de pièces d'or une ceinture de cuir, et monta en berline pour aller visiter la poétique Italie. Sa chère femme lui dit adieu en pleurant, tendit vingt fois le petit Rasmus à la portière de la voiture pour que son tendre père lui donnât les baisers du départ, puis elle recommanda par-dessus toutes choses à son cher époux de ne pas perdre le bonnet de voyage qu'elle lui avait elle-même tricoté.

Érasmus arriva à Florence, où il trouva plusieurs de ses compatriotes au milieu de toutes les voluptés. Il se mit à partager leurs orgies, et voulut être de toutes leurs aventures. Il advint qu'une nuit tous les joyeux compagnons s'étaient donné rendez-vous dans une *villa* des faubourgs pour une grande fête. Chacun d'eux, Érasmus excepté, avait amené sa maîtresse. Les hommes portaient le costume national de la vieille Allemagne, les femmes étaient parées de leurs plus frais atours. On mangea, on but, on chanta les plus délicieuses romances italiennes. Les orangers en fleur secouaient leurs parfums dans l'air ; la brise nocturne emportait à travers l'espace lointain des flots de voluptueuse harmonie ; la joie des convives s'exaltait jusqu'au délire.

Soudain, Friedrich, le plus franc viveur de la troupe, se

lève; d'un bras il soutient la taille de sa maîtresse, de l'autre il élève au-dessus de sa tête son verre plein jusqu'au bord de vin doré : « O mes amis! s'écrie-t-il, en quel lieu du monde trouverait-on mieux qu'ici tout ce qui fait aimer la vie? Femmes d'Italie, si l'amour n'existait pas depuis le berceau du monde, vous l'auriez inventé! Mais toi, Erasmus, pourquoi donc es-tu venu seul ici? pourquoi, seul, ne partages-tu pas notre ivresse? pourquoi nous attrister par ta mélancolie?

— Que vous dirai-je, ô mes amis! répondit Erasmus; mon cœur ne partage pas vos joies, parce que mon esprit ne place pas le bonheur dans l'ivresse des sens. D'ailleurs, j'ai laissé dans notre pays une femme fidèle dont je ne dois pas tromper la confiance. Vous êtes libres, moi j'ai une famille à laquelle il me faut penser sans cesse... »

Les jeunes gens se moquèrent de la sagesse d'Erasmus, dont la jeunesse semblait encore peu faite pour les soucis du ménage. La maîtresse de Friedrich se fit traduire en italien le discours de Spicker, puis elle dit en souriant : « Voilà un sage à qui Giulietta pourrait bien faire perdre son âme! » Comme elle disait cela, on vit entrer dans la salle du festin une femme d'une merveilleuse beauté. On eût cru voir une vierge de Rubens ou de Miéris.

« Giulietta! » s'écrièrent les jeunes filles.

Giulietta promena sur les convives un malicieux regard. « Braves Allemands, leur dit-elle, voulez-vous me faire place à votre banquet joyeux? voilà justement l'un de vous qui me paraît seul et triste; je vais tâcher de le dérider! » Et, prenant place avec une coquetterie ravissante auprès d'Erasmus, elle rendit, par ses minauderies, tous les jeunes gens jaloux de la bonne fortune de Spicker.

Erasmus avait senti, à l'aspect de Giulietta, un feu dévorant circuler dans ses veines. Quand il la sentit si près de lui, l'ivresse du désir exalta son imagination. La belle Italienne se leva, prit une coupe et la lui offrit. Il avala d'un trait le breuvage perfide, et tomba aux genoux de la sirène : « Oh! s'écriait-il, c'est toi, toi seule au monde, qui es digne d'amour, ange du ciel! c'est toi que je cherchais dans mes rêves de jeune homme! Je t'ai trouvée enfin; tu es ma vie, mon âme et mon Dieu!... »

Les jeunes gens se regardèrent; quelques-uns croyaient Érasmus devenu fou; on ne l'avait jamais vu ainsi. Toute la nuit s'écoula dans les chants de plaisir et dans les serments d'amour.

Quand l'aurore parut, chacun des convives emmena sa maitresse. Érasmus voulait accompagner Giulietta; mais elle repoussa son instante prière, et se borna à lui indiquer une maison où il pourrait la revoir. Force fut au pauvre Spicker de regagner son logis solitaire, escorté d'un petit domestique avec une torche. Comme il arrivait dans sa rue, le domestique éteignit la torche contre les dalles, parce que déjà le jour succédait à l'aurore. Tout à coup un grand homme sec à nez crochu, à mine sardonique, vêtu d'un pourpoint écarlate garni de boutons d'acier, parut devant Érasmus et lui dit en riant d'une voix chevrotante: « Ohé! maître Spicker, sommes-nous échappé de quelque vieux livre d'estampes, avec ce costume du temps passé, ce bonnet à plumes et cette rapière? Voulez-vous que les enfants de la rue vous poursuivent avec des huées? Mieux vaut rentrer bien vite dans votre livre. — Eh! que vous importe mon costume? » s'écria Érasmus; et, poussant du coude le faquin qui l'interpellait, il voulut passer outre; mais l'homme rouge l'arrêta et lui dit très-haut: « Tout doux, mon maître, n'allez pas si vite, et ne poussez pas les gens; ce n'est pas l'heure d'entrer chez la belle Giulietta! — Giulietta!... » Le rouge monta au front d'Érasmus; il voulut sauter au collet de cet homme pour l'étrangler; celui-ci fit une pirouette et disparut comme un éclair: « Monsieur, dit le valet, n'ayez nul souci de cette aventure; vous venez de rencontrer le docteur merveilleux de Florence, signor Dapertutto. »

Le même jour, Érasmus se rendit au lieu indiqué par Giulietta. La belle Italienne l'accueillit avec une coquetterie encore plus raffinée que la veille. Elle prit plaisir à observer les progrès de la passion d'Érasmus; mais elle le tenait à une distance respectueuse, et opposait à tous ses efforts un sang-froid imperturbable. Cette résistance ne fit qu'enflammer davantage son fol amour. Il cessa de voir ses amis pour consacrer tout son temps à Giulietta.

Un jour Friedrich le rencontra, s'empara de son bras et lui dit : « Sais-tu, pauvre Spicker, que tu es tombé dans un piége dangereux? Comment n'as-tu pas déjà reconnu dans Giulietta une fille galante, et par-dessus tout la plus rouée de celles qui ont jamais plumé un amoureux? On raconte d'elle les anecdotes les plus scabreuses. Est-ce pour une pareille créature que tu peux renoncer à tes amis, oublier ta femme et ton enfant?... » A ces mots, Érasmus comprit sa faute; il se couvrit le visage de ses deux mains et pleura amèrement. « Viens, Spicker, reprit Friedrich, quittons Florence, cette ville dangereuse; viens, retournons dans notre bonne patrie! — Oui, dit Érasmus, partons aujourd'hui même! »

Comme Friedrich entraînait son ami, le signor Dapertutto passa près d'Érasmus, et lui rit au nez en lui criant : « Bonne chance, mon jeune ami, mais courez donc, Giulietta se meurt d'impatience et d'amour en accusant votre négligence. » Érasmus s'arrêta court : « Pardieu! dit Friedrich, ce docteur Dapertutto est un charlatan fort digne de correction; on n'a jamais vu un singe plus insolent depuis qu'il empoisonne de ses pilules à la mode la fameuse Giulietta... — Giulietta! s'écria Érasmus; quoi! ce drôle va chez Giulietta!... »

Les deux amis arrivaient sous le balcon de la déesse. Une voix douce appela Érasmus; il se dégagea violemment du bras de Friedrich et s'élança dans la maison. « Notre pauvre ami Spicker est tout à fait perdu, » se dit Friedrich en retournant chez lui.

Ce jour-là une fête brillante appelait aux environs de la ville tous les élégants de Florence. Giulietta voulut qu'Érasmus l'y accompagnât. Ils y rencontrèrent un petit Italien fort laid, qui fit à Giulietta la cour la plus assidue. Érasmus, blessé de la coquetterie de sa belle compagne, eut un accès de jalousie, et s'éloigna brusquement de la société. Giulietta, ne le voyant pas revenir, se mit à sa recherche et, l'ayant trouvé dans une allée solitaire des jardins, lui fit de doux reproches, et, enlaçant à son cou ses bras de neige, déposa sur ses lèvres un baiser de feu. Érasmus perdit la tête; il allait

LE REFLET PERDU.

oublier l'univers entier si Giulietta ne l'eût rappelé à lui par un regard d'une froideur et d'une sévérité désespérantes. Tous deux revinrent au salon.

Le jeune Italien avait vu la manœuvre de Giulietta. La jalousie le piquant à son tour, il se vengea par un feu roulant de sarcasmes contre les Allemands. Érasmus alla droit à lui : « Je vous prie, monsieur, lui dit-il, de mettre un terme à vos impertinences, ou je vous jette par la fenêtre. » L'Italien furieux fait briller un stylet; Spicker le prévient et le terrasse si rudement, que le malheureux expire, le front brisé. On se précipite sur Érasmus, qui, saisi d'horreur à la vue du meurtre qu'il vient de commettre, pâlit, chancelle et s'évanouit. Quand il reprend ses sens, il est couché sur un petit lit de repos dans un boudoir éclairé par un voluptueux demi-jour. Giulietta le soutient dans ses bras. « Oh! méchant Allemand, lui dit-elle avec l'accent d'un doux reproche, quelles inquiétudes vous m'avez causées! Il n'y a plus de sûreté pour vous à Florence ni dans toute l'Italie; il faut partir et me quitter pour toujours. — Non, répondit Spicker, plutôt mourir ici; n'est-ce pas mourir que d'aller vivre loin de vous? » Tout à coup il lui semble qu'une voix lointaine l'appelle tristement : c'est la voix de sa chère femme. Érasmus frissonne, il a honte de lui-même; la parole expire sur ses lèvres..... mais un baiser de Giulietta renouvelle son ivresse : « Ange adoré, s'écrie-t-il, je ne veux point me séparer de toi; que ne pouvons-nous être unis dès cette heure par les liens éternels! »

En ce moment, deux candélabres chargés de bougies éclairaient au fond du boudoir une superbe glace de Venise. « Ami, dit Giulietta en pressant Érasmus sur son cœur, ce que tu désires est impossible! mais du moins laisse-moi ton *reflet*, ô mon bien-aimé! afin que je ne reste pas à jamais privée de toi! — *Mon reflet?* » s'écria Érasmus. Et en même temps il entraîne Giulietta devant la glace, qui reproduit leur pose amoureuse. « Comment, lui dit-il, pourrais-tu garder mon reflet? — Ami, répondit Giulietta, cette apparence fugitive qu'on nomme reflet, et que retracent toutes les surfaces polies, peut se détacher de ta personne et appartenir à l'être que tu aimes le plus au monde. Refuseras-tu de me laisser ce souvenir? veux-tu me priver du faible gage qui pourrait me rappeler notre bonheur trop fugitif? — A toi! à toi maintenant et toujours! s'écria Érasmus en proie à un délire d'amour frénétique. Prends mon reflet, et que nulle puissance du ciel ni de l'enfer ne puisse le séparer de toi!... » Cette exclamation épuisa ses forces; il se pâma sous les étreintes de la belle Italienne : il lui sembla que son image se détachait de son *moi*, de son individualité, que, s'unissant étroitement à celle de Giulietta, qui lui tendait les bras, toutes deux fuyaient dans la perspective créée par le miroir et s'abîmaient dans une vapeur fantastique. Une terreur mystérieuse lui ôta presque l'usage de ses sens; un moment il crut se voir seul; et, cherchant à tâtons une issue à travers des ténèbres infernales, pleines de voix sataniques et menaçantes, il descendit en chancelant un escalier qui semblait prêt à crouler sous ses pieds. Quand il fut dans la rue, à deux pas de la maison de Giulietta, il fut pris, bâillonné et jeté dans une voiture qui partit au galop. Un homme se trouvait à côté d'Érasmus, et lui dit : « Ne craignez rien, cher monsieur, la signora Giulietta vous a remis à mes soins pour que je vous dépose en sûreté hors du territoire italien. Il est fâcheux pour vous d'abandonner une si belle créature; si vous vouliez vous abandonner à moi sans réserve, je me ferais fort de vous soustraire à la vengeance de vos ennemis et aux recherches de la justice, et vous pourriez rester tout à votre aise auprès de votre bien-aimée... »

Cette proposition fit tressaillir Érasmus. « J'accepte, dit-il à son conducteur; mais par quels moyens?... — Que cela ne vous inquiète pas, reprit l'inconnu. Quand il fera jour, vous vous regarderez longtemps et très-attentivement dans un miroir; j'exécuterai pendant ce temps-là certaines opérations avec votre reflet; ensuite vous jugerez par vous-même de l'efficacité de mes moyens. — Dieu du ciel! quel affreux malheur! s'écria Érasmus. — De quel malheur parle monsieur? fit l'inconnu. — Hélas! reprit Érasmus, j'ai... j'ai laissé... — Ah! ah! ah! ah! c'est fort plaisant! interrompit en ricanant l'homme aux secrets. Je comprends à merveille!

vous avez laissé votre reflet chez Giulietta. Fort bien, mon ami ; vous pouvez tout à votre aise courir par monts et par vaux, jusqu'à ce que vous retrouviez votre digne femme et votre petit Rasmus. »

En ce moment, une troupe de jeunes gens qui chantaient sur la route passa auprès de la voiture avec des flambeaux. A la clarté fugitive qui déchira les ténèbres, Érasmus reconnut à ses côtés le docteur Dapertutto. D'un coup de poing il le rejette au fond de la berline, ouvre la portière et s'élance d'un bond sur le chemin, appelant à grands cris Friedrich et ses compatriotes, car ce sont eux qui viennent de passer si près de lui. A la nouvelle des poursuites qui menacent Érasmus, Friedrich le ramène en ville au plus vite, afin d'aviser aux moyens de l'y soustraire ; dès le lendemain, Érasmus est expédié à cheval sur la route d'Allemagne.

Vers le milieu de son voyage, il arrive dans une hôtellerie de grande ville, harassé de fatigue et mourant de faim. Il prend place à table ; le garçon de service voit dans une grande glace que la chaise occupée par Érasmus s'y reflète et non le voyageur ; il en fait tout bas la remarque à l'oreille du voisin ; celui-ci la communique à un autre, et, dans un clin d'œil, toute la table en parle. Érasmus, mangeant et buvant comme quatre, ne se doutait pas d'être devenu l'objet de la curiosité générale, lorsqu'un homme âgé vint le prendre par la main, l'amena devant la glace et lui dit : « Monsieur, vous n'avez pas de reflet ; vous êtes le diable ou quelqu'un des siens !... »

Érasmus, furieux et confus, courut s'enfermer dans une chambre, où des officiers de police vinrent bientôt lui signifier l'ordre de comparaître devant les magistrats muni de son reflet, sous peine d'être chassé de la ville. Érasmus jugea plus prudent de s'esquiver ; mais son histoire courait déjà toute la ville, et la populace, ameutée devant l'hôtellerie, le poursuivit en lui jetant des pierres et de la boue, et en criant : « Voilà, voilà le maudit qui a vendu son reflet au diable ! »

Depuis cet accident, partout où il s'arrêtait, Érasmus faisait en arrivant voiler les glaces et les miroirs ; c'est pour cela qu'on l'appelait par dérision le général Suvarow, parce que ce personnage avait la même habitude.

En arrivant dans ses foyers, le pauvre Spicker trouva près de sa femme l'accueil le plus tendre. Il crut qu'il pourrait, dans le calme de la vie domestique, oublier son reflet perdu; depuis quelque temps, le souvenir de Giulietta s'était presque effacé de son esprit. Un soir qu'il jouait avec son fils auprès du poêle, l'enfant lui barbouilla le visage avec de la suie et lui cria : « Père! père! vois donc comme tu es noir! » Il courut prendre un miroir de poche et le présenta à Érasmus en y regardant lui-même. Effrayé de n'y pas voir la figure de son père à côté de la sienne, il se sauva en pleurant, et raconta son chagrin à la mère. Le reflet perdu détruisit la paix du ménage. La femme d'Érasmus poussa les hauts cris, les voisins accoururent. Érasmus, ivre de fureur et de désespoir, s'enfuit de sa maison et courut à perdre haleine dans la campagne. L'image de Giulietta lui apparut alors dans tout l'éclat de ses charmes. « O Giulietta! Giulietta! s'écriat-il; celle à qui je t'ai sacrifiée m'a repoussé! Giulietta, je n'ai plus que toi au monde! je me donne à toi! prends-moi tout entier et pour toujours!...

— Vous allez être satisfait, maître, s'écria la voix de signor Dapertutto, qui parut tout à coup à ses côtés comme par enchantement. — Hélas! dit Érasmus, comment pourraije la retrouver?... — Elle est tout près d'ici, plus éprise de vous que jamais, reprit Dapertutto. Heureuse de vous posséder tout entier et pour toujours, elle se fera, mon cher, un plaisir de vous rendre votre reflet. — Oh! menez-moi près d'elle au plus vite, interrompit Spicker. — Doucement, s'il vous plaît, répliqua le docteur avec son ricanement d'autrefois. Il faut, avant tout, que les liens qui vous unissent à votre femme et à votre enfant soient brisés, afin que Giulietta ait l'assurance de vous posséder sans partage. Prenez cette fiole... — Homme exécrable! s'écria Érasmus avec un geste d'horreur, quoi! tu veux que j'empoisonne ma femme et mon enfant?... — Eh! qui parle de poison? fit Dapertutto; ce que je vous remets là est un élixir d'un goût exquis, une vraie liqueur de famille, dont vous serez content. »

Érasmus avait déjà la fiole entre les mains et la regardait

machinalement. Il revint, toujours machinalement, jusqu'à sa maison, et trouva sa femme et son enfant inquiets de ce qu'il était devenu. La bonne femme ne voulait plus le reconnaître, et soutenait qu'un démon avait pris sa figure pour l'abuser. Érasmus, poussé à bout, eut un moment la pensée de faire usage de la fiole ; une tourterelle privée vint en sautillant becqueter le bouchon et tomba morte. Cet incident rappelant à lui le pauvre ensorcelé, il lança par la fenêtre l'élixir de Dapertutto. Une odeur balsamique s'échappa de la fiole brisée. Érasmus courut s'enfermer dans sa chambre et pleura.

Vers l'heure de minuit, l'image de Giulietta lui apparut. Son amour et son désespoir n'avaient plus de bornes. « O Giulietta ! s'écria-t-il, te voir une dernière fois, et puis mourir !... »

La porte de la chambre s'ouvrit sans bruit, et Giulietta, plus belle que jamais, se trouva dans les bras d'Érasmus. Après les premiers transports du plus vif amour : « O mon adorée ! s'écria-t-il, si tu ne veux pas que je devienne fou, prends ma vie, mais rends-moi mon reflet ! — Mais, dit Giulietta, je ne puis le faire que quand tous les liens qui t'attachent au monde seront brisés sans retour... — En ce cas, reprit Érasmus en pleurant, si je ne puis t'appartenir que par un crime, j'aime mieux mourir... — Mon bon Érasmus, dit Giulietta en passant un bras autour du cou de son amant, et fixant sur lui un regard plein de fascination, nul ne veut te faire commettre le crime qui t'épouvante ; mais, si tu désires, mon bien-aimé, être l'époux éternel de ma beauté, prends ce parchemin et écris ces paroles : « Je donne à Dapertutto tout pouvoir pour briser les liens qui m'enchaînent à la terre ; je ne veux plus appartenir qu'à Giulietta, que j'ai librement choisie pour la compagne de mon corps et de mon âme pendant toute l'éternité... »

Érasmus sentait le froid de la mort crisper ses nerfs, tandis que ses lèvres brûlaient sous les baisers de l'enchanteresse. Tout à coup il vit derrière elle se dresser Dapertutto, vêtu de rouge, et qui lui présenta une plume de fer en disant : « Écris et signe ! » En même temps une petite veine

de la main gauche d'Érasmus se rompit et le sang jaillit.
« Signe, mon bien-aimé, » murmura Giulietta.

L'œuvre allait s'accomplir. Érasmus avait trempé sa plume dans le sang, et il se penchait pour écrire, lorsqu'une ombre blanche sortit du plancher et s'éleva entre lui et Giulietta. « Au nom du Sauveur, dit l'ombre en sanglotant, n'achève pas! »

C'était l'ombre de sa mère.

Érasmus jeta la plume à ses pieds et déchira l'écrit. Les yeux de Giulietta lancèrent des flammes sanglantes; son beau visage se décomposa, et de tout son corps jaillirent des étincelles verdâtres. Érasmus Spicker fit le signe de la croix, et Giulietta et Dapertutto s'évanouirent en grondant dans un tourbillon de fumée sulfureuse qui éteignit les lumières.

Le pauvre homme resta longtemps évanoui. Au lever de l'aurore, une fraîche brise le ranima; il se rendit auprès de sa femme, qu'il trouva encore au lit. Elle lui tendit la main et lui dit: « Pauvre ami, j'ai appris cette nuit, en songe, l'aventure qui t'a privé de ton reflet en Italie. Je te plains, et je te pardonne. La puissance du démon est grande, mais Dieu est plus fort que lui. J'espère qu'à cette heure le charme est détruit, car j'ai prié pour toi toute cette nuit. Tiens, prends un peu ce miroir et regarde... »

Érasmus pâlit. La glace ne reproduisait pas ses traits; il laissa tomber le miroir. « Ah! reprit la femme, il paraît que tu n'as pas fait une pénitence suffisante. Eh bien, mon cher époux, il faut retourner en Italie à la recherche de ton reflet. Quelque bon saint forcera peut-être le diable à te le rendre. Embrasse-moi, Érasmus, et bon voyage! Quand tu seras redevenu un homme complet, tu pourras revenir au logis; tu seras bien reçu. »

A ces mots, madame Spicker se retourna dans son lit du côté du mur, ferma les yeux et ronfla. Érasmus, le cœur serré, voulut embrasser son enfant; mais le petit magot se débattit en criant comme un chien qu'on fouette. Le pauvre père le posa à terre sans mot dire, prit son bâton de houx et s'en alla sans mot dire. Depuis ce temps il court le monde. Il rencontra un jour Peter Schlemihl, et ces deux infortunés créatures projetèrent de voyager à frais communs, en cachant mutuellement leur infirmité. Érasmus Spicker eût fourni l'ombre nécessaire à son compagnon de route, qui, en revanche, aurait prêté le reflet qui manquait ; mais ils ne purent s'accorder, et se quittèrent en s'injuriant l'un l'autre.

HISTOIRE HÉROÏQUE

DE

CÉLÈBRE MINISTRE KLEIN-ZACH

SURNOMMÉ CINABRE

I

Le petit laideron. — Pourquoi le nez d'un pasteur se trouva en danger. — Comment le prince Paphnutius éclaira son pays, et comment la fée Rosabelverde devint chanoinesse.

Non loin d'un riant village qui sème jusqu'aux bords du grand chemin ses petites maisons blanches, on voyait un jour d'été une pauvre paysanne couchée dans un fossé sous un ciel de feu. A côté de cette malheureuse créature était un panier renversé, d'où s'échappaient des fragments de menu bois sec récoltés dans la forêt voisine. De temps en temps elle se soulevait avec effort, et se plaignait en pleurant de son extrême misère. « Hélas! disait-elle, faut-il que le bon Dieu reste pour nous sans pitié! Nous sommes les seuls du village, mon homme et moi, qui n'ayons pas un seul jour de répit dans notre vie d'indigence. La faim, la soif, le froid, la fatigue, tout se succède, et souvent tout s'unit pour nous accabler! Nous avions déterré dans un coin du jardin quelques vieilles pièces d'or, les voleurs sont venus et les ont dénichées; la foudre a consumé notre chaumière; la grêle a mis en pièces notre pauvre récolte, et, pour comble de désolation, Dieu nous afflige, il y a deux ans, de cet avorton qui fait ma honte et la risée du village. A la dernière fête de saint Laurent, Klein-Zach avait, ma foi, deux ans et demi bien comptés, et il ne peut se tenir sur ses pattes d'araignée; au lieu de parler comme les enfants de cet âge, il miaule comme un chat. Joignez à cela que le maudit singe dévore à belles dents la pitance d'un marmot de huit ans, sans que sa gloutonnerie lui profite! Que deviendrons-nous, mon Dieu! quand ce fléau aura grandi, et qu'il faudra lui tripler les rations sans en obtenir plus de besogne? Hélas! hélas! quelle calamité de vivre ainsi! mieux vaudrait mille fois mourir!... » Et la pauvre femme se remit à gémir tant et si fort, qu'elle tomba accablée dans un sommeil lourd et apathique.

Le petit laideron dont la voracité désolait ainsi sa malheureuse mère ressemblait à une souche de vieux bois noueux, à racines sèches et pendantes; il était à moitié versé hors du panier dans une litière d'herbe verte; sa tête, assez pareille à une citrouille de grosse dimension, s'attachait à une poitrine en forme de courge, d'où s'échappaient en se ramifiant deux jambes grêles et démesurément longues. Cette ignoble petite créature offrait l'aspect d'une rave fendue en deux. Les traits de sa figure étaient à l'avenant : un long nez en bec de grue s'échappait d'une forêt de crins rouges tout emmêlés, et deux yeux noirs et ardents, creusés parmi des rides informes, le rendaient tout à fait semblable à cette végétation fantastique appelée mandragore.

La paysanne dont je viens de parler tout à l'heure s'était donc endormie, quand mademoiselle de Rosenschoen, dame de chapitre au couvent voisin, passa près d'elle en revenant de la promenade. Le spectacle de cette misère l'émut vivement et elle s'arrêta avec un sentiment de pitié. Elle s'assit sur l'herbe du chemin, et, attirant sur ses genoux le laideron de la paysanne, elle se mit à le caresser, à lisser ses cheveux crépus et à les partager en deux bandeaux sur ses épaules.

Klein-Zach voulut d'abord se débattre, grogner et mordre; peu à peu la patience de la demoiselle de Rosenschoen calma sa mauvaise humeur, et il finit par s'endormir comme sa mère. La jeune femme le remit où elle l'avait pris, et, tirant de sa poche un flacon d'eau de senteur, elle le répandit sur la pauvre paysanne et continua sa promenade.

Lorsque la paysanne se réveilla, une douce moiteur avait délié ses membres engourdis, et une sensation de bien-être circulait dans ses veines comme si elle eût avalé une pleine coupe de vin généreux. « Seigneur Jésus, s'écria-t-elle, quel bien m'a fait cette heure de sommeil! Mais voici que le jour touche à sa fin, il est temps de regagner le logis. »

Ce disant, la bonne femme voulut reprendre son panier sur ses épaules; mais Klein-Zach n'y était plus, le vilain magot se roulait en grognant dans les orties du fossé; elle eut grand' peine à le faire lever pour la suivre, et tous deux reprirent, l'un tirant l'autre, le chemin du village. En passant devant la maison du pasteur, ils virent un joli petit garçon de trois ans, aux cheveux fins comme la soie, blonds et dorés, descendre en sautant les marches du perron, et crier joyeusement : « Bonsoir, mère Liese, comment vous portez-vous? Vous êtes chargée d'un fardeau bien lourd; reposez-vous donc à notre porte. » En même temps, le pasteur appela sa servante et lui ordonna d'offrir quelques rafraîchissements à la paysanne. Celle-ci ne se fit pas répéter une si gracieuse invitation, et, jetant sur un banc de pierre son panier plein de bois sec, elle s'apprêtait à faire sa plus belle révérence, lorsque le pasteur se mit à lui dire, en caressant Klein-Zach : « Ah! mon Dieu, dame Liese, quel bel enfant vous avez là! Le ciel adoucit votre misère par un de ses dons les plus précieux. La présence d'un si joli enfant est une bénédiction sous le toit du pauvre! » Tout en discourant ainsi, le saint homme de Dieu voulut prendre dans ses bras maître Klein-Zach, qui se mit à glapir comme un renard, et faillit dévorer le nez de M. le pasteur. Dame Liese, toute stupéfaite du langage que lui tenait le pasteur, s'écriait en joignant les mains : « Hélas! monsieur, pouvez-vous sérieusement dire de pareilles choses à une malheureuse femme! Quel mal avais-je donc commis contre le ciel pour qu'il m'affligeât d'une semblable créature ! — Ah çà ! mais, brave femme, êtes-vous folle ? interrompit le pasteur, et n'est-ce pas blasphémer contre la Providence que de méconnaître ainsi ses bienfaits ? Il vous faudrait, en vérité, être bien ingrate ou bien dépourvue de sens pour ne pas admirer et aimer ce charmant petit garçon. » Et le bon pasteur allait prodiguer de nouvelles caresses à Klein-Zach, qui s'efforça de nouveau de lui mordre le bout du nez. Mère Liese, irritée de cette insolence, voulait le corriger ; mais l'enfant du pasteur se mit à dire à son père : « Tu es si bon, cher papa, que tous les enfants voudraient passer leur vie avec toi. — Entendez-vous, mère Liese, exclama le pasteur, entendez-vous les jolies choses que me débite votre Klein-Zach ?... » La bonne femme ne savait qui des deux, d'elle ou de son pasteur, avait perdu l'esprit. « Confiez-moi votre fils, disait celui-ci, j'en ferai un sujet des plus distingués ; je devine en lui les plus heureuses dispositions. Pauvre comme vous êtes, son éducation vous serait impossible, et la société aurait à regretter son plus bel ornement. Je veux absolument me charger de son avenir. »

Liese ouvrait des yeux énormes en écoutant tout cela. « En vérité, disait-elle en balbutiant, cher monsieur le pasteur, peut-il bien se faire que vous daigniez me débarrasser de cette hideuse mandragore, de ce cadeau de Satan ?... » Et plus la vieille parlait, plus le pasteur devenait pressant et redoublait ses protestations de dévouement et d'admiration pour ce merveilleux Klein-Zach ; la mère de ce laideron modèle s'imagina qu'elle était ensorcelée. Le pasteur, lassé de sa résistance, finit par prendre entre ses bras Klein-Zach ; puis il rentra chez lui et ferma sa porte au verrou.

La bonne femme resta quelques moments toute seule, et se frotta les yeux pour s'assurer qu'elle n'était pas le jouet d'un rêve. Sa dernière réflexion fut que le bon Dieu l'avait prise en pitié, car il lui ôtait une charge bien pénible ; et elle retourna dans sa chaumière au bout du village, en se félicitant de n'avoir plus à porter ou à traîner maître Klein-Zach.

Ce que je viens de vous raconter, cher lecteur, et à vous,

belle lectrice, ne fait-il pas croire que ce personnage de mademoiselle de Rosenschoen, ou mieux encore de Rosengrünschoen, cache quelque chose de merveilleux et de fantastique ? Ne vous êtes-vous pas déjà dit que si le hideux Klein-Zach parut aux yeux du pasteur tout resplendissant des plus doux charmes de l'enfance, il le devait aux enchantements de quelque fée bienfaisante ? Il ne serait pourtant pas impossible que cette magnifique supposition n'eût absolument rien de fondé. Afin de vous éviter la peine de sauter plusieurs feuillets de ce récit, je vais tout de suite vous raconter ce qui concerne la demoiselle en question.

Mademoiselle de Rosenschoen était d'une haute taille ; toute sa physionomie était empreinte d'une majesté sévère. Son visage, dont tous les traits offraient une parfaite régularité, semblait, lorsqu'on le regardait quelque temps, se rembrunir d'une manière étrange et presque sinistre peut-être : cela provenait d'une ride creusée entre ses deux sourcils, et qui prêtait beaucoup de dureté à son regard. A cela près d'ailleurs, mademoiselle de Rosenschoen inspirait, par la noblesse de son port et par le calme répandu dans toute sa personne, une confiance et un respect dont sa réputation la rendait également digne.

Je n'ai vu qu'une seule fois mademoiselle de Rosenschoen ; elle avait alors atteint l'époque de ce qu'on appelle la seconde jeunesse des femmes. Les habitants du village voisin de son couvent disaient qu'ils ne l'avaient jamais vue plus jeune ni plus âgée, et que le temps semblait n'avoir aucun pouvoir sur elle ; quoique chacun s'étonnât de ce phénomène, il ne venait à l'idée de personne de supposer qu'elle pût avoir des accointances avec les mauvais esprits, car elle répandait les bienfaits autour d'elle. Du reste, on lui attribuait certains miracles. Il lui suffisait de planter en terre la bouture la plus rabougrie pour faire éclore en peu de temps le plus splendide rosier à cent feuilles qu'on pût trouver dans toute la contrée. On racontait aussi que, dans ses longues promenades solitaires, elle avait été entendue conversant avec des êtres invisibles dont les voix lui répondaient du creux des buissons ou du sein des ruisseaux. Un chasseur affirmait l'avoir aperçue dans les bois entourée d'oiseaux inconnus qui voltigeaient sur sa tête et venaient la becqueter familièrement. Tous ces étranges récits attirèrent sur mademoiselle de Rosenschoen une bien plus grande attention lorsqu'on apprit qu'elle s'était ensevelie dans un chapitre de dames nobles. Le baron Prætextatus de Mondschein, protecteur de cette communauté, qui habitait un de ses domaines, lui avait fait l'accueil le plus respectueux; pourtant il n'existait dans les archives généalogiques de la noblesse allemande aucune trace de la famille de Rosengrünschoen. Malgré ses doutes sur les droits d'admission au chapitre que ladite demoiselle pourrait faire valoir, il l'avait reçue, à défaut de parchemins, à la seule condition de changer la noblesse problématique du titre de Rosengrünschoen contre le nom de Rosenschoen, qui existait dans le registre armorial du chapitre, et que nul ne s'aviserait de lui contester, car le dernier titulaire était défunt depuis plusieurs années.

Cependant des bruits calomnieux n'avaient pas tardé à circuler dans le village sur le compte de la nouvelle chanoinesse. L'anecdote de sa généalogie, fabriquée par M. le baron Prætextatus, avait trouvé de l'écho, et les mauvaises langues en jasaient à qui mieux mieux. La mère Anne, femme du bailli, prétendait que, toutes les fois que la chanoinesse éternuait, le lait tournait dans tout le village. Le fils de Michel le maître d'école, s'étant glissé dans le cellier du couvent pour voler des pommes de terre, y fut surpris par la chanoinesse, qui le menaça du doigt en riant. Depuis lors, la bouche du malheureux enfant était restée entr'ouverte en punition de son méfait. Les malins du village, renchérissant sur ces contes, ne s'arrêtaient pas en si beau chemin. Ils disaient à tout le monde que mademoiselle de Rosenschoen avait le pouvoir de faire la pluie et le beau temps, d'attirer la grêle et de diriger la foudre; nul ne se serait avisé de nier le récit d'un gardeur de dindons, qui soutenait avoir vu la chanoinesse traverser les airs à cheval sur un manche à balai, en compagnie d'un énorme cerf-volant dont les cornes secouaient des flammes bleuâtres. Ces histoires se propagèrent tant et si bien, qu'un beau jour tout le village s'ameuta; on voulait arracher la sorcière de son couvent pour la jeter à l'eau ou pour lui faire subir la redoutable épreuve des fagots.

M. le baron Prætextatus laissait gronder l'orage en se disant : « Qu'importe, après tout, qu'une chanoinesse sans aïeux soit écharpée par une populace enragée! Si c'était une dame de Mondschein, on aurait pour elle comme pour moi le plus profond respect. »

Mademoiselle de Rosenschoen, avertie à temps du péril qui la menaçait, se réfugia à la Résidence; un messager du prince régnant partit en toute hâte, portant au baron Prætextatus l'ordre de faire châtier rigoureusement les auteurs de l'attentat contre mademoiselle de Rosenschoen. Le même ordre certifiait à tous ceux *qui les présentes verraient*, qu'il n'existe ni sorciers, ni démons, ni enchantements; tous ceux qui à l'avenir se permettraient d'inquiéter la chanoinesse pourraient s'attendre à une punition exemplaire. Ce dernier article produisit son effet; les gens du village, changeant de note, se mirent à faire désormais un éloge intarissable des vertus et de la haute noblesse de mademoiselle de Rosenschoen.

Que s'était-il passé à la Résidence? Le prince et ses ministres savaient fort bien que la chanoinesse était en réalité, en tout bien et tout honneur, la célèbre fée Rosabelverde.

Voici ce que c'était que la fée Rosabelverde.

Le domaine du baron Prætextatus de Mondschein était un petit pays aussi ravissant à habiter que le paradis terrestre d'où nos premiers parents se firent congédier : hautes montagnes, forêts embaumées, vallons fleuris, sources fraîches, prés fertiles, vergers aux fruits divins, et au milieu de tout cela, des palais et des chaumières; rien n'y manquait. Pour comble de bonheur, le pays était administré par le prince Démétrius, qui avait l'art de gouverner sans faire sentir le joug du pouvoir; sous son règne tout le monde vivait content comme le poisson dans l'eau. C'était l'Eldorado de tous les amis de l'indépendance; et il arriva même que plusieurs fées vinrent s'y fixer pour travailler à la satisfaction de l'espèce humaine qui habitait ce pays fortuné. Ces bonnes fées auraient bien voulu perpétuer les jours du vertueux Démétrius ; la fatalité en décida autrement. Il mourut, et son fils Paphnutius lui succéda.

Ce jeune prince, qui avait étudié attentivement la politique de son père, et qui trouvait fort inconvenants les instincts aristocratiques, ne fut pas plutôt arrivé au pouvoir, qu'il s'occupa d'abord de tout bouleverser pour mettre ses valets et ses vils flatteurs à la place des honnêtes gens. Il donna le poste de premier ministre à Andrès, son valet de chambre, pour le récompenser de lui avoir prêté six ducats dans un jour d'orgie où lui, Paphnutius, s'était trouvé gris et sans argent dans une auberge située hors du territoire paternel.

« Monseigneur, s'écria Andrès en recevant l'investiture de ses fonctions, une ère nouvelle va s'ouvrir pour votre principauté. Du jour où Votre Altesse prend les rênes du gouvernement date pour ce pays l'introduction des lumières ! »

Paphnutius, attendri, releva son ministre, qui s'était prosterné, et le serra dans ses bras : « Mon cher premier ministre, tout à l'heure je te devais dix ducats ; bientôt je te devrai ma gloire et la prospérité de mes États ! De cette principauté je prétends faire un royaume ; tu m'aideras dans mes vastes projets. »

Le nouveau prince voulut qu'une affiche gigantesque, placardée dans toutes les rues de la Résidence, sur toutes les routes et dans tous les hameaux du pays, apprît à ses sujets que l'introduction des lumières datait de son avénement. Son ministre lui objecta respectueusement que les choses ne pouvaient pas aller ainsi. Alors le prince Paphnutius entraîna son ex-valet dans son cabinet, et ferma la porte avec soin ; puis il lui commanda de dérouler son plan d'administration.

« Monseigneur, fit Andrès en entremêlant ses paroles de longues révérences, l'effet produit par l'affiche que Votre Altesse se propose de publier pourrait n'être pas généralement favorable. Il faut appuyer les actes du gouvernement de certaines mesures qui, pour sembler rigoureuses, n'en sont ni moins sages ni moins prudentes. Avant d'introduire les lumières dans ce pays, autrement dit avant de couper les bois inutiles,

De creuser des canaux,

De planter des pommes de terre,

De créer des écoles de village,

De faire paver les chemins et de les border d'ormes,

D'apprendre aux enfants à prier Dieu et à aimer leur prince,

Et d'établir la vaccine,

Il faut commencer par chasser du territoire tous les gens qui ont des préjugés contre toutes ces choses ; il faut exiler les beaux esprits qui trouvent à redire à propos de tout, et d'abord à propos des actes du pouvoir, bons ou mauvais ; il faut bannir aussi les fées qui se sont établies dans ce beau pays : elles exercent sur vos sujets une puissance dont la vôtre ne peut approcher. Tôt ou tard vous seriez détrôné par les fées, et métamorphosé en grue comme un prince des *Mille et une Nuits*...

— Ah ! mon Dieu ! ministre, que me dites-vous là ? s'écria le prince Paphnutius, qui devint pâle comme un spectre. Quoi ! il existe des fées dans mes États ! des fées qui pourraient me changer en grue !...

— Monseigneur, poursuivit le premier ministre, j'ai prévenu Votre Altesse de tous ces périls, afin qu'elle pût aviser aux moyens de se prémunir contre eux. Ces êtres-là, hommes ou fées, sont les ennemis naturels du progrès ; ce sont eux qui, en abusant de la faiblesse de votre illustre père, ont laissé le pays s'encroûter dans la plus épaisse ignorance. Sans chercher bien loin la preuve de la nécessité des mesures que je vous propose, croyez-vous, mon gracieux souverain, qu'il soit suffisant de créer un tarif de douanes pour fonctionner au profit de votre cassette, s'il existe en ce pays-ci des gens capables de chevaucher par les airs sur des manches à balai, et de jeter par les fenêtres ou par les trous de cheminée, chez les bourgeois, des articles de consommation qui n'auraient pas payé les droits de passage à la frontière ? Je le répète, le premier acte de votre autorité doit être de chasser les intrigants et les fées ; les fées surtout, monseigneur, dont nous ferons saisir les trésors avant de les renvoyer comme des vagabondes au pays des *Mille et une Nuits*...

— Mais, interrompit le prince Paphnutius, si mon peuple, habitué à vivre avec ces fées, allait s'insurger en leur faveur...

— Monseigneur, reprit le ministre, le grand art de la politique consiste à ne rien brusquer. Ainsi, nous ne mettrons à la porte les intrigants et les fées que successivement, et avec toute sorte de ménagements. Nous garderons provisoirement deux ou trois fées, des meilleures ; on tâchera de leur trouver des maris sévères qui les tiennent dans la droite ligne. Quant à tous les objets saisis, tels que cygnes enchantés, chevaux ailés, pierreries, on en fera l'ornement de votre résidence. »

Paphnutius ne pouvait trop admirer le génie de son premier ministre ; dès le lendemain, toutes les mesures convenues étaient exécutées avec un zèle rigoureux par les agents du nouveau pouvoir. La fée Rosabelverde seule devina cette résolution assez à temps pour mettre en lieu de sûreté ses rosiers magiques, ses chevaux de feu et ses trésors fantastiques. Le prince et son ministre furent irrités d'apprendre que mesdames les fées, en recevant l'ordre de déguerpir, à l'exception de la seule Rosabelverde, avaient manifesté une insouciance moqueuse et une joie singulière. « Peut-être, se disait Paphnutius, le pays des *Mille et une Nuits* est-il une contrée bien plus belle que la mienne, et les fées se rient-elles de moi comme d'un sot qui ne sait pas garder sa richesse. » L'historiographe du royaume fut appelé aussitôt, et reçut l'ordre de faire un rapport savant sur l'état du pays des *Mille et une Nuits*. Pour plaire au prince et pour obéir à M. le premier ministre, il écrivit que le Dschinnistan, ou royaume des fées, était le pays le plus agreste, le plus inculte, le plus désolé qui fût sous le ciel ; on n'y connaissait ni les lumières, ni les routes pavées, ni la vaccine.

Le prince Paphnutius se montra satisfait de cet exposé, et poursuivit courageusement son œuvre de régénération.

Lorsque le bocage fleuri au milieu duquel habitait Rosabelverde eut été rasé au niveau du sol, et lorsque Paphnutius eut lui-même inoculé la vaccine aux rustres les plus idiots du pays, la fée alla le guetter au coin d'un sentier par lequel il lui fallait passer pour rentrer dans son palais avec le premier ministre. En la voyant si belle, il la supplia de rester dans ses États, et d'accepter une place dans un chapitre de dames nobles voisin de la Résidence; elle aurait la faculté d'y vivre à sa fantaisie, sans être tenue de coopérer en rien aux progrès des lumières. La fée malicieuse accepta, et nous verrons bientôt les tours qu'elle imagina pour se venger de la proscription de son palais magique, de ses chevaux volants et de ses rosiers à cent feuilles.

II

D'une contrée inconnue découverte par le savant Ptolomæus Philadelphus. — L'université de Kerepes. — Comment l'étudiant Fabian reçut à la tête une paire de bottes, et comment le professeur Mosch Terpin convia au thé l'étudiant Balthasar.

On lit dans une des lettres que le célèbre voyageur Ptolomæus Philadelphus adressait à son ami Rufin l'anecdote suivante :

« Tu sais, mon très-cher, que je ne redoute rien tant que les ardeurs du soleil. Pour l'éviter en voyage, je fais de la nuit le jour. Une nuit donc, le cocher de mon char perdit sa route dans les ténèbres, et m'emporta, le long d'une chaussée inconnue, parmi des ornières qui me secouaient comme un sac de noix; une culbute épouvantable vint mettre un terme à cette course infernale, dont je n'osais plus prévoir le terme. Cette chute m'éveilla d'un engourdissement léthargique. La nuit avait fini depuis longtemps. Le soleil, plus ardent que la veille, dardait à plomb ses feux sur ma tête, et, à peu de distance de mon véhicule brisé, j'aperçus l'entrée d'une grande ville. Le maudit phaéton qui avait causé ma mésaventure ne cessait de se lamenter pour son propre compte, sans se soucier beaucoup de l'embarras où il m'avait mis.

Malgré ma colère, je me souvins que les sages ne doivent jamais sortir des limites de la modération; je me contentai de faire observer à ce maladroit que l'illustre Ptolomæus Philadelphus, dont le postérieur était grièvement compromis, méritait plus d'attention qu'un maudit chariot cassé. Cette mercuriale, jointe à l'ascendant naturel que j'exerce sur les hommes, fit merveille. Le cocher rengaina ses plaintes pour venir à mon aide.

« Je reconnus avec satisfaction que mon individu n'avait subi aucune lésion sérieuse, et je gagnai clopin-clopant l'entrée de la ville, suivi à quelques pas de distance par mon automédon, qui tirait après lui son équipage en ruine. J'allais franchir les premières barrières; je vis venir de mon côté une foule de gens si bizarrement vêtus, que je me demandai un moment si je rêvais. Ces personnages portaient de larges pantalons, taillés à la manière orientale, et par-dessus des espèces de jupes d'enfant jaunes ou noires. Leur chevelure, mal soignée, s'embrouillait sur leurs épaules, et ils avaient pour coiffure une sorte de petit bonnet d'une forme étrange. Plusieurs avaient le cou découvert, d'autres l'entouraient de bandelettes d'étoffe blanche. Bien que tous ces gens-là parussent assez jeunes, leur voix était sourde et rauque, leurs mouvements lourds et sans grâce. Par la fente de derrière de leur jaquette, on voyait sortir de longs tuyaux entourés de houppes de laine verte, quelques-uns tenaient à la main ces tuyaux, garnis à un de leurs bouts d'une espèce de petite cassolette d'où ils aspiraient de petits nuages de fumée blanchâtre et d'une odeur nauséabonde. Un certain nombre brandissaient des épées nues comme s'ils allaient en guerre; d'autres avaient sur le dos des sacs de cuir, ou étaient emprisonnés dans des espèces de vases de fer-blanc bouclés autour du corps. Ce spectacle piqua si vivement ma curiosité, que je m'arrêtai au bord du chemin pour voir passer tous ces individus; mais ils se groupèrent autour de moi avec des éclats de rire en m'appelant *Philistin!* Je te le demande, cher ami, peut-on faire essuyer à un être civilisé une injure plus méprisante que le nom de ce peuple exterminé par la mâchoire d'âne de Samson? Je sus pourtant me contenir, et répondis avec dignité que je saurais m'adresser aux tribunaux du pays pour avoir justice de cette offense. A ces mots, ma cohue d'insolents se mit à chuchoter; ceux qui n'avaient pas encore mis en action leurs tuyaux les tirèrent de leur poche, mirent le feu aux cassolettes et m'enveloppèrent en une minute de flots de vapeur puante, en m'adressant, à travers chaque bouffée qui sortait de leur bouche, les allocutions les plus blessantes pour un homme grave et distingué. Je ne trouvai, pour leur répondre, que des gestes de mépris. De guerre lasse, ils s'éloignèrent, me laissant stupéfait de leurs procédés, auxquels j'avais si peu lieu de m'attendre. Mon cocher, qui avait tout vu avec une surprise égale à la mienne, me dit en joignant les mains d'un air plus piteux que jamais : « Ah! mon cher monsieur, si vous tenez à vos os, gardez-vous d'entrer dans une ville habitée par de pareils êtres; à coup sûr, vous y seriez livré aux bêtes ou assommé... » Je ne le laissai pas achever, et me hâtai de rebrousser chemin pour gagner le plus prochain village. M'y voici, et c'est d'une chambre sans meubles et sans feu que je t'écris, mon cher Rufin. Ma déconvenue est extrême; mais elle ne sera pas stérile pour la science. Je m'occupe activement de rechercher les mœurs et l'histoire du peuple au sein duquel je suis tombé comme en un piége ; je te ferai part, au fur et à mesure, de toutes mes découvertes. »

Cette fameuse lettre peut vous apprendre, mes dignes lecteurs, qu'on peut être un grand savant et ignorer les choses les plus vulgaires. Ainsi, Ptolomæus Philadelphus avait beaucoup voyagé, et il ne connaissait pas les étudiants; il n'avait pas reconnu le village de Hochjacobsheim, situé, comme le sait tout l'univers, auprès de la glorieuse université de Kerepes. Il avait eu peur d'une troupe joyeuse d'étudiants qui faisaient l'école buissonnière. Que serait-il donc arrivé au pauvre Ptolomæus Philadelphus si, arrivant une heure plus tôt à Kerepes, le hasard l'avait conduit devant la maison du professeur Mosch Terpin à l'heure où plus de cent étudiants sortent de son cours au milieu des hourras! Pour le coup, le célèbre Ptolomæus aurait perdu l'esprit.

Mosch Terpin professait l'histoire naturelle; il expliquait

clairement à ses disciples que, quand il fait beau, il ne pleut ni ne tonne; que le soleil éclaire le jour, et la lune la nuit. Ce savant homme avait résumé toute sa doctrine en un petit opuscule, dont chaque nouvel arrivant à son cours était tenu d'acheter un exemplaire. Il devait son immense réputation à la clarté avec laquelle il avait démontré que la nuit provenait spécialement de l'absence de la lumière. Ce trait de génie et les expériences de physique amusante dont il donnait des leçons aux dames lui avaient acquis une très-grande vogue.

Or, tandis que Ptolomæus Philadelphus écrit à son ami Rufin, transportons-nous devant la maison de Mosch Terpin à l'heure où en sortaient ce jour-là les étudiants.

Voyez-vous d'ici, cher lecteur, ce beau garçon de vingt à vingt-cinq ans, svelte et cambré, à l'œil noir et vif, au front pâle où rayonne l'éclair d'un esprit brillant et incisif? Son costume est fidèle à l'ancienne mode allemande : un col blanc et finement brodé encadre son visage; il est coiffé d'un bonnet de velours d'où s'échappent à flots ses cheveux châtains, qui frisent avec une grâce coquette. Toute sa personne est empreinte d'une exquise distinction et d'une naïve poésie. Ce jeune homme est Balthasar, issu de bons et honnêtes bourgeois, un des étudiants les plus sérieux de l'université. Au sortir du cours de Mosch Terpin, au lieu de se rendre à la salle d'escrime ou à la brasserie, il quitte la ville et tourne ses pas vers un charmant bosquet dans les environs. Il n'arrivera pas seul. Voici Fabian, son meilleur ami, le plus espiègle étudiant de Kerepes, comme Balthasar en est le plus rêveur. Il accourt, il rejoint son camarade : « Eh! viens donc, lui dit-il; seras-tu le même éternellement, avec ta mine funèbre et tes promenades sans fin dans le désert? Allons, viens faire assaut avec moi; et si tu le veux, après, je partagerai avec résignation ton pèlerinage soporifique. — Non, dit Balthasar sans s'émouvoir de ce flux de paroles et de gestes, non, mon cher Fabian, je ne puis me résoudre à tuer le temps dans les réunions bruyantes où tu veux m'entraîner. Mon esprit est ailleurs; j'ai besoin de calme et d'isolement, laisse-moi.

25.

— Pardieu! reprit Fabian, je ne te laisserai pas en tête à tête avec tes pensées. N'allons pas à la salle d'armes; mais permets-moi d'essayer de te distraire : ta figure me fait peur. » Et, prenant le bras de Balthasar, il l'entraîna d'un pas rapide vers le petit bois, mais sans pouvoir arracher de sa bouche une seule parole. Balthasar était visiblement préoccupé et contrarié; il ne répondait rien à la loquacité de son ami, et son regard semblait chercher quelque chose. Quand ils furent arrivés au milieu du bosquet, Balthasar se jeta sur un banc de mousse émaillé de fleurs, et attirant près de lui son camarade : « N'est-ce pas, lui dit-il, qu'il fait bon ici, que la solitude cache des félicités mystérieuses qui ravissent l'âme? Comprends-tu à présent, cher Fabian, que je préfère l'isolement de ce bois à la société des tapageurs de l'université? — Ma foi, reprit Fabian, j'aime aussi le recueillement et la méditation; mais il y a temps pour chaque chose; et pour étudier la nature, les leçons de Mosch Terpin me suffisent...

— Fi donc! s'écria Balthasar; peut-on parler de la nature avec le prosaïsme de Mosch Terpin! Quand je l'écoute discourir sur les mystères qui nous environnent, je me sens parfois saisi d'une étrange horreur pour ses profanations; ses expériences physiques me semblent une insulte à la puissance divine, et ses systèmes révoltent mes sentiments, comme si quelqu'un blasphémait devant moi. Voilà le secret de ma tristesse et de mes rêveries lugubres que tu me reproches sans cesse. Ici seulement je rentre en possession de moi-même, et j'échappe aux misères de mon imagination en m'abîmant dans la contemplation des œuvres de Dieu. Ici, je cause avec tout ce qui m'entoure; chaque objet semble prendre un langage pour me répondre.

— Bravo, mon beau héros de tristesses sublimes! Mais s'il est vrai que les narrations du docteur Mosch Terpin t'ennuient si bien, dis-moi donc pourquoi tu ne manques pas à une seule de ses séances?

— Hélas! fit Balthasar, une puissance irrésistible m'y ramène chaque jour; c'est une fatalité que je ne puis secouer et qui me tue...

— Bon! nous voilà dans le mysticisme, repartit Fabian avec un éclat de rire homérique. Moi qui suis moins nébuleux, je devine que la fatalité a pris, pour te fasciner, les yeux bleus de Candida. Au fait, la fille de Mosch Terpin est digne de faire tourner la cervelle des meilleurs disciples du professeur. L'amour est une faiblesse éminemment respectable; mais pourtant, crois-moi... »

Comme il disait ces mots, le galop d'un cheval lancé à fond de train attira les regards des deux amis vers un sentier qui traversait le bocage. Ce cheval sans cavalier soulevait dans sa course un nuage de poussière. « Ohé! ohé! cria Fabian, la maudite rosse s'est emportée et a laissé son cavalier en route... » Et il se mit à courir au-devant du bucéphale pour tâcher de l'arrêter. Comme il approchait, les deux amis distinguèrent deux grosses bottes flottant dans les étriers aux flancs du cheval; quelque chose de noir, mais de fort bas, s'agitait sur la selle. Au moment où le cheval passait, il fit une cabriole si violente, que les deux grosses bottes furent lancées à la tête de Fabian; celui-ci, s'étant baissé pour éviter le coup, vit rouler entre ses jambes la chose noire et difforme qui tout à l'heure s'agitait sur la selle. Le cheval s'arrêta court et se mit à flairer l'objet dont il venait de se débarrasser.

C'était une tête humaine accrochée entre deux bosses à des épaules formant dos d'âne, et d'où partaient sans buste deux longues jambes d'araignée; pour vous faire un autre portrait de cette chose grotesque, représentez-vous une pomme plantée sur une fourchette.

Fabian faillit mourir de rire; mais le petit avorton enfonça sur ses yeux sa toque de velours, qu'il venait de ramasser dans le sable, et d'une voix de fausset criarde et menaçante, il demanda s'il était sur le chemin de Kerepes. « Oui, monsieur, » dit Balthasar d'un air impassible, en présentant au nain ses deux grosses bottes; et comme celui-ci s'efforçait en vain d'y rentrer, Balthasar le souleva par-dessous les bras et l'introduisit gravement dans ces fourreaux de cuir. « Gratias, monsieur, » dit le nabot en posant sa main sur sa hanche; et il voulut s'approcher du cheval pour rassembler les rênes et pour se remettre en selle. Il fallut encore que le complaisant Balthasar prît la peine de le hisser. Comme le petit homme avait pris trop d'élan, il alla retomber du côté opposé. A cette vue, Fabian se remit à rire. Mais le nain, s'étant cramponné définitivement aux crins de sa bête, se tourna vers lui et lui dit : « Mon cher monsieur, si vous n'êtes pas aussi poltron qu'insolent, vous vous battrez avec moi demain matin à Kerepes. Je suis, sachez-le bien, étudiant de l'université, et vous n'êtes, vous, qu'un mauvais renard! — Huzza! quel matamore! » s'écria Fabian, tandis que le cheval emportait de nouveau ventre à terre son exigu cavalier.

« Ma foi! dit Balthasar, il y a de la cruauté à se moquer ainsi d'un pauvre diable parce que la nature l'a mal bâti, et si demain cet avorton te logeait une balle dans la cervelle, tu aurais ce que tu mérites. — Dieu me pardonne! reprit Fabian; mais j'en rirais sur mon lit de mort! et de ce pas il faut que je coure à la ville pour être témoin du débotté de ce don Quichotte microscopique... » Et, sans attendre la réponse de son ami, Fabian disparut du côté de la ville.

Balthasar, resté seul, s'enfonça dans le bocage en rêvant aux charmes de mademoiselle Candida et en se désolant de voir les sentiments les plus secrets, les plus saints de son cœur, livrés à l'étourderie de son compagnon d'université. Peu à peu l'exaltation de ses pensées prit un nouvel essor; enfin, haletant, hors de lui, craignant à chaque pas de lire l'ironie sur les visages les moins connus, l'étudiant reprit à pas précipités le chemin de Kerepes.

En arrivant sur la place, il entendit une voix crier : « Eh! monsieur Balthasar! monsieur Balthasar! » Il leva les yeux et resta cloué sur le pavé sans proférer une parole.

C'était le professeur Mosch Terpin en personne qui donnait le bras à sa fille Candida. La jeune personne salua l'étudiant avec une grâce pleine d'aisance. « Je parie, dit le professeur, oui, je suis sûr, cher monsieur Balthasar, que vous venez d'herboriser dans le petit bois, en repassant dans votre esprit ma leçon de ce matin. En vérité, monsieur Balthasar, vous êtes un de mes écoliers les plus zélés et les plus assidus. Cela vous fait honneur, et je vous en félicite sincèrement ; je serais ravi de lier avec vous une plus intime connaissance. Eh! tenez, j'ai demain soir une petite réunion chez moi. Candida nous fera du thé, et si vous voulez bien venir, nous causerons plus amplement. Bonsoir, cher monsieur Balthasar! au revoir! à bientôt!... »

Le professeur Mosch Terpin était déjà bien loin avec l'adorable Candida ; notre ami Balthasar prêtait toujours l'oreille et croyait entendre encore ces mots délicieux qui allaient le rapprocher de sa bien-aimée : « Bonsoir, cher monsieur Balthasar! au revoir! à bientôt!... »

Il était ivre de joie.

III

Mystification de Fabian. — Soirée de Mosch Terpin. — Le jeune prince.

Lorsque Fabian sortit du bocage, il aperçut de loin l'avorton, qu'un bel homme à cheval avait rejoint, franchir à toute bride les barrières de Kerepes. « Diable! se dit-il, ce casse-noisette a fait un fier chemin ; mais j'arriverai assez tôt pour le voir s'abattre à la porte du Cheval-Ailé. »

Et il se mit à doubler le pas.

En entrant dans la ville, il s'attendait à ne rencontrer dans la rue qui mène à l'auberge du Cheval-Ailé que des figures joyeuses. Comme il n'en était rien, notre étudiant arrêta quelques-uns de ses camarades pour leur raconter ce qui venait de lui arriver. Ceux-ci lui répondirent, à sa grande surprise, que deux personnes venaient effectivement d'arriver au grand galop à l'auberge du Cheval-Ailé, mais c'étaient deux hommes de mine fort distinguée ; l'un de très-petite taille, il est vrai, mais de tournure exquise, et coiffé de la plus magnifique chevelure qu'il fût possible de voir. C'était, en outre, un cavalier d'une adresse extrême, et qui maniait son coursier avec une élégance inexprimable.

Fabian restait interdit et ne savait s'il était dupe de quelque sortilège, lorsque Balthasar vint au-devant de lui. « Quoi ! s'écria Fabian, tous les étudiants de Kerepes ont-ils perdu le sens ? Prendre pour un cavalier accompli cette mazette informe que nous avons vue rouler tantôt sur le sable ! — Mon Dieu, dit Balthasar, cela prouve seulement que les esprits moins moqueurs que le tien peuvent avoir des égards pour un être que la nature a durement traité, mais qui n'est pas coupable de la difformité de ses organes. — Il s'agit bien de cela, reprit Fabian ; toute commisération mise à part, voudrais-tu bien m'expliquer comment un magot de trois pieds de haut peut paraître un Adonis aux yeux de toute une population d'étudiants ? » Balthasar convint de la difficulté d'un pareil prodige ; mais d'autres étudiants qui les avaient écoutés protestèrent énergiquement que le petit cavalier était dans sa petite taille un chef-d'œuvre de gentillesse. Les dénégations réitérées de Fabian et de Balthasar firent supposer qu'ils étaient gris.

Vers le soir, comme les deux étudiants étaient rentrés dans leur commune hôtellerie, Balthasar laissa échapper le secret de l'invitation qu'il avait reçue du professeur Mosch Terpin. « O trop heureux mortel ! s'écria Fabian, tu as plus de chance qu'un soupirant émérite ! Tu vas donc voir Candida, la belle, l'adorable Candida ! Tu vas lui parler, respirer le parfum de sa douce haleine ! Don Juan, va !... » Balthasar, piqué du ton ironique de son ami, s'éloigna brusquement ; puis il revint comme si un remords l'avait mordu au cœur : « Au fait, lui dit-il, il se peut que mon amour pour Candida me fasse passer pour un sot ; la vérité est que cet amour absorbe ma vie, et j'aimerais mieux mourir mille fois que d'y renoncer. Ainsi, mon brave Fabian, si tu as pour moi un peu de véritable affection, je te prie de ne plus prononcer devant moi le nom de Candida, ou je deviendrai fou. — Ne vas-tu pas maintenant prendre la chose au tragique ? dit Fabian. Ta pauvre tête est donc en effet bien malade ? Au reste, ami, Dieu me garde de te causer jamais volontairement quelque chagrin ! je ne parlerai plus devant toi de Candida. Permets-moi seulement de t'exprimer la peine que je ressens de te voir dominé par une passion insensée. Candida est une fille charmante, mais son caractère folâtre ne pourrait jamais convenir à un homme grave et sombre comme je t'ai toujours vu. Quand tu la connaîtras un peu mieux, et que tu auras pris le loisir de l'étudier, tu souffriras de ce désaccord de vos deux natures, qui mettra entre vous une barrière insurmontable. Au résumé, très-cher, j'ai reçu pour demain une invitation pareille à la tienne. Nous nous reverrons chez Mosch Terpin; et, si je puis être utile à tes amours, dispose de moi. »

Là-dessus les deux amis se séparèrent, après avoir échangé une cordiale poignée de main.

Candida était une belle fille avec des lèvres un peu fortes, mais fleuries comme des roses, et des yeux auxquels il était impossible de résister. Ses cheveux, abondants et fins, n'étaient ni bruns ni blonds; elle en faisait des tresses admirables de coquetterie. Sa taille était souple et élancée, sa main et son pied avaient des dimensions irréprochables. Elle avait lu les plus jolis romans à la mode, jouait fort bien du clavecin, et dansait à la française avec une grâce tout allemande. On n'eût pu, dans cette piquante personne, trouver que bien peu de chose à reprendre; je ne sais même si on eût osé hasarder qu'elle serrait trop son corset, qu'elle avait une voix un peu mâle, et qu'elle consommait beaucoup de biscuits avec le thé. Somme toute, Candida était faite pour gagner les cœurs; on la voyait rire pour les moindres choses, ce qui décelait un excellent naturel. Jamais elle ne s'étudiait à faire des soupirs langoureux ni à rouler des œillades assassines; elle rayonnait de franchise et de naïveté. Mais toutes ces qualités de bonne fille pouvaient-elles faire le bonheur du romanesque Balthasar? Nous verrons si le prosaïque Fabian avait deviné juste les incompatibilités qui devaient, à son avis, séparer à tout jamais ces deux êtres.

Balthasar passa toute la nuit qui précédait le thé de Mosch Terpin à formuler en vers une déclaration pour Candida. Au moment de se rendre à la réunion, il fit une toilette des plus extravagantes. Cependant son ami n'eut pas le courage de le railler.

Le cœur de Balthasar palpitait de plaisir et d'émotion lorsqu'il entra dans la maison du professeur Mosch Terpin. Candida vint au-devant de lui, le sourire sur les lèvres : elle était vêtue du costume national allemand; elle était charmante à voir. L'étudiant faillit tomber à la renverse lorsque de sa main blanchette elle vint lui offrir une tasse de thé, en ajoutant : « Cher monsieur Balthasar, voici du rhum et du maraschino, des biscuits et du pumpernickel; prenez ce qui vous est le plus agréable. »

Balthasar, les yeux fixés sur elle avec une indéfinissable expression de bonheur et d'amour, oubliait le rhum et le maraschino, les biscuits et même le fameux pumpernickel; il cherchait des paroles assez fortes pour témoigner à la belle jeune fille l'excès de son ravissement.

En ce moment survint un professeur d'esthétique, une sorte de géant; il saisit notre amoureux d'une si brusque façon, qu'il le fit pirouetter comme une toupie, et renversa la moitié de sa tasse de thé sur le plancher du salon, en lui criant d'une voix de Stentor : « Allons donc, mon digne Lukas Kranach, n'avalez donc pas cette mauvaise décoction ! elle n'est bonne qu'à ruiner de fond en comble le plus vigoureux estomac de toute l'Allemagne. Venez plutôt dans la chambre voisine ; notre excellent ami Mosch Terpin y a fait dresser un buffet où figurent avec avantage douze bouteilles de vin du Rhin dignes d'un gosier comme le vôtre. » Avant que l'étudiant eût pu lui répondre, il l'entraîna et le porta presque dans la salle à manger.

Comme ils y entraient, ils virent paraître Mosch Terpin, qui conduisait par la main un petit homme tout à fait singulier : « Permettez-moi, dit-il, mesdames et messieurs, de vous présenter un jeune cavalier doué des plus rares qualités, et qui mérite votre bienveillance : c'est le seigneur Cinabre, arrivé tout fraîchement en cette ville pour suivre à l'université le cours de jurisprudence. »

Au premier coup d'œil, Balthasar et Fabian reconnurent le misérable avorton qui les avait si fort divertis.

« Or çà, dit Fabian à son ami, irai-je provoquer au combat à l'aiguille cette hideuse mandragore? Je ne sache pas une autre arme qui convienne à ce petit monstre. — Mais, pour

Dieu, répondit Balthasar, ne veux-tu pas renoncer à persécuter ce pauvre nain, qui ne demande qu'à vivre en paix? Les qualités qui le distinguent, et dont notre professeur est convaincu, ne peuvent-elles lui faire trouver grâce à tes yeux? Ne faut-il pas rendre grâce à la nature, qui lui a accordé les dons de l'intelligence en échange des agréments physiques? »

En achevant ces mots, il fit quelques pas au-devant de Cinabre, et lui dit avec un accent de bienveillance toute particulière : « Je suis bien aise, cher monsieur, que votre chute de cheval n'ait pas eu de suites fâcheuses. » Cinabre se dressa sur la pointe des pieds, rejeta sa tête en arrière, et, s'appuyant sur un jonc à pomme d'or qu'il tenait à la main, cria de sa voix rauque et nasillarde : « Je ne sais, monsieur, de quoi vous voulez parler. Ai-je donc l'air d'un homme qui tombe de cheval? Sachez bien, mon cher, une fois pour toutes, que je ne tombe jamais; que j'ai fait tout récemment une campagne des plus brillantes en qualité de volontaire dans une division de cuirassiers, et que j'étais le meilleur écuyer du régiment. »

Cinabre voulut confirmer cette assertion par un essai de voltige; mais sa canne s'embarrassa entre ses jambes, et il tomba comme une quille sous les pieds de Balthasar. L'honnête étudiant se baissa pour le relever; il eut le malheur de lui heurter un peu rudement la tête, et le nain poussa un miaulement si aigu, que tout le salon fut ému : les invités tressaillirent de frayeur, et les dames voulurent se sauver. On se jeta au-devant de Balthasar en lui demandant par quelle lubie il venait de pousser un cri d'une si haute inconvenance. « En vérité, lui dit Mosch Terpin, je vous tiens, cher monsieur Balthasar, pour un fort galant homme; mais vous me permettrez cependant de vous faire observer qu'une pareille conduite ne peut guère passer pour une plaisanterie supportable. Vous avez sans doute prétendu imiter le cri d'un chat enragé? »

Au mot de chat, une grosse dame se trouva mal, et deux ou trois hommes s'échappèrent du salon d'un air déconcerté. Mademoiselle Candida, qui avait versé tout un flacon de vinaigre sur les tempes de la dame évanouie, dit à Balthasar d'un air courroucé : « Comprend-on, monsieur Balthasar, que vous poussiez, dans une réunion de si bonne société, un miaulement aussi atroce? »

Le pauvre étudiant perdit tout à fait contenance. Cette scène étourdissante lui causait des vertiges; il ne savait comment se disculper en prouvant aux assistants que le seigneur Cinabre était l'unique auteur de l'inconvenance qu'on lui reprochait.

Le professeur Mosch Terpin eut pitié de son embarras; il lui prit la main et lui dit : « Cher monsieur Balthasar, ne vous troublez pas ainsi. La plaisanterie était un peu hasardée, mais nous sommes pleins d'indulgence; en vérité, vous avez fait le chat d'une manière désopilante. Tout à l'heure, vous sautiez à quatre pattes comme un matou de belle race sur une gouttière. J'aime fort, je vous assure, les tours de gymnastique amusante; seulement l'occasion n'était pas des mieux choisies pour nous offrir cet échantillon de votre savoir-faire... — Mais, encore une fois, s'écria Balthasar, je vous affirme que je n'ai pas bougé... — Oh! parfait! délicieux! reprit Mosch Terpin; vous avez un aplomb des plus grotesques; vous êtes un garçon trop divertissant!... » Mademoiselle Candida vint aussitôt supplier son père de ne pas tourmenter davantage l'amour-propre de ce bon M. Balthasar.

L'étudiant se croyait sur des charbons ardents. La commisération de Candida pour une faute dont il était innocent lui causait une douleur extrême. « Mon Dieu, disait la jeune fille, faut-il que des gens soient sottement organisés pour avoir si grand'peur d'un miaulement de chat! » Il y avait dans son regard, en parlant ainsi, une si tendre expression, que Balthasar lui saisit la main et la couvrit de baisers.

Cependant le calme s'était rétabli. La dame aux évanouissements, assise devant la table à thé, se réconfortait par une ample consommation de rhum et de biscuits, et les deux ou trois hommes qui avaient fui du salon revinrent en tapinois se glisser auprès d'une table de jeu. Balthasar, Fabian et le professeur d'esthétique se mirent à faire leur cour à quelques jolies dames. Le seigneur Cinabre, qui s'était remis sur pied, grimpa sur un sofa entre deux femmes auxquelles il adressa, d'un air triomphant, des compliments de l'autre monde.

Tandis que la société s'occupait ainsi, Balthasar crut que le moment était favorable pour s'approcher de Candida et pour lui réciter l'élégie anacréontique des Amours du rossignol et de la rose, qu'il avait composée exprès pour elle. Mademoiselle Candida s'empressa de réclamer l'attention de la société pour écouter la lecture de l'œuvre. Balthasar tira le manuscrit de sa poche et commença d'une voix modeste la lecture du poëme. A mesure qu'il avançait, son âme, échauffée du feu de sa propre poésie, donnait aux vers une accentuation brillante, et l'auditoire, surtout les dames, l'interrompirent fréquemment par des bravos et des applaudissements mérités.

Quand il eut fini, chacun se récriait sur les beautés littéraires de la fable qu'on venait d'entendre. « Ah! c'est charmant! c'est divin! Mille grâces vous soient rendues, cher monsieur Cinabre, pour le plaisir que vous nous avez procuré !...

— Pour le coup, s'écria Balthasar, nous sommes fous, vous ou moi!... »

Il pérorait en pure perte. Les hommes et les dames, sans lui prêter la moindre attention, s'empressaient autour de Cinabre, qui se gonflait sur le sofa en recevant les félicitations générales. Le professeur d'esthétique renchérit sur cette admiration, souleva le petit nain, et lui fit faire le tour du salon en dépit de ses grognements et en lui reprochant l'excès de sa modestie. Mosch Terpin lui-même, quittant la table de jeu, l'accablait de politesses telles, que le magot ne se sentait point d'aise. « Par Dieu! belles dames, s'écria le professeur d'esthétique, je vote que, pour prix du brillant génie de monsieur Cinabre, il lui soit accordé un baiser par chacune de vous! »

Cinabre se laissa glisser avec précaution au bas du sofa, et parcourut le cercle des dames. Candida elle-même déposa un gros baiser sur ses vilaines joues... Balthasar, pris d'un accès de folie, s'écria comme tout le monde : « O Cinabre! divin génie! oui, c'est vous qui êtes l'auteur de ce magnifique poëme! Vous êtes digne des caresses de la céleste Candida!

et moi, moi, je ne suis qu'un oison! » Puis, entraînant son ami Fabian dans la salle voisine, il lui dit en le regardant d'un œil fixe et vitreux : « Fais-moi le plaisir de m'apprendre, sur ton honneur, si je suis en réalité l'étudiant Balthasar, et si tu es, en chair et en os, mon camarade Fabian; si nous sommes chez le diable ou bien dans la maison de Mosch Terpin; si nous rêvons ou si nous sommes devenus fous. Donne-moi des coups de poing, pince-moi le nez, égratigne-moi le visage, et tâche de briser le charme qui nous a ensorcelés! »

Fabian regarda son ami d'un air de pitié. « Mon pauvre Balthasar, lui dit-il, la jalousie te fait divaguer. Ne vois-tu pas que la nature a accordé à ce pauvre nain tous les trésors de l'intelligence, en échange des agréments physiques dont elle l'a privé par un cruel caprice? Il a fait des vers admirables, et à ce titre il méritait bien un doux baiser de Candida.

— Fabian! Fabian! hurla Balthasar, sais-tu bien ce que tu dis là? — Je sais, répliqua l'étudiant, que Cinabre vient de nous réciter un délicieux morceau de poésie. Je vois que tu as la petitesse d'en être envieux, et je te plains. Je confesse hautement que l'esprit est bien supérieur à la beauté du corps; car, tout à l'heure, Cinabre, en nous disant ses vers, s'illuminait d'un rayon divin. Reconnaissons en lui, toi et moi, l'étoffe d'un poëte sublime!...

— Oh! c'est une infamie! une dérision! Mais je vais étrangler vif ce misérable avorton! criait Balthasar. — Tout doux! mon cher, reprit Fabian; rengaine ta jalousie, elle te ferait tort, et rentrons dans le salon; il retentit, je ne sais pourquoi, d'acclamations frénétiques. »

Balthasar suivit son camarade en chancelant comme un homme aviné. Ils trouvèrent le professeur Mosch Terpin debout au milieu de l'assemblée, et tenant encore en ses mains les instruments qui venaient de servir à un de ses plus curieux tours de physique; mais il était pâle et paraissait à demi suffoqué de surprise et de colère.

Toute la société entourait Cinabre, qui, penché sur sa petite canne à pomme d'or, recevait fièrement les félicitations de tout le monde sur ses prétendues expériences de physique amusante. Enfin, Mosch Terpin, hors de lui, se mit à crier plus fort que tous les autres : « C'est charmant! c'est admirable, cher monsieur Cinabre! vous êtes un homme universel, un poëte achevé, un savant comme on n'en a jamais vu! »

Il y avait, ce soir-là, dans la réunion un jeune prince nommé Gregor, qui étudiait à l'université de Kerepes. C'était un des plus élégants cavaliers qu'on pût voir. Ce jeune homme était des plus empressés autour de Cinabre, et les regards de toutes les dames, au lieu de se fixer sur le prince, restaient braqués sur le diabolique avorton, qui ne cessait de s'agiter en tous sens, comme les atomes élastiques inventés par Descartes.

Le professeur Mosch Terpin s'approcha de Balthasar. « Eh bien, cher ami, lui dit-il, que pensez-vous de mon disciple de prédilection, de ce fameux Cinabre dont la gloire doit rejaillir sur moi? Ce gaillard-là a été élevé mystérieusement par un pasteur de village qui me l'a recommandé, sans vouloir répondre à aucune de mes questions. Or, voyez-vous, je tiens pour certain que Cinabre est, pour le moins, issu d'un prince et d'une fée; qu'il est appelé aux plus hautes destinées. Cet élève-là me fera quelque jour un honneur infini... »

Comme il parlait ainsi, un valet vint annoncer que le souper était servi. Cinabre s'élança en sautillant vers Candida, qui lui abandonna sa main pour passer dans la salle du festin. L'infortuné Balthasar n'eut pas la force d'en voir davantage. Il s'enfuit de chez Mosch Terpin comme un homme désespéré, et courut toute la nuit à travers la pluie, qui tombait à flots.

IV

Comment le joueur de violon Sbiocca menaça le seigneur Cinabre de l'enfermer dans sa contrebasse, et comment le référendaire Pulcher ne put être ministre des relations extérieures. — Balthasar est ensorcelé par une pomme de canne.

L'amant désolé de Candida était accroupi sur un rocher dont la saillie couvrait à demi le lit d'un torrent furieux. Des nuages noirs couraient au loin dans le ciel; le bruit des eaux, chargées d'écume, se mêlait aux ricanements de la bise d'automne; les oiseaux de nuit, tournoyant dans l'espace avec des cris lugubres, se poursuivaient comme une chasse infernale. Au milieu de ce vacarme effrayant de la nature en convulsion, Balthasar pleurait sur sa fatale destinée, et ses yeux, fascinés par une fièvre délirante, croyaient voir les esprits de l'abîme se lever du sein des ondes pour le saisir dans leurs bras humides et l'attirer.

Tout à coup de gaies fanfares de cor éclatèrent à son oreille; son courage se ranima, et l'espérance retrouva place dans son âme.

« Non, s'écria-t-il en se levant debout et en jetant autour de lui des regards enflammés, non, la fatalité ne m'a pas encore écrasé! Je briserai le charme funeste qui s'oppose à mon bonheur! Je sens qu'il y a en moi tout ce qu'il faut pour mériter et pour obtenir l'amour de Candida. Que m'importent les sortiléges employés par ce misérable petit nain pour attirer sur lui les regards de cette belle personne! Fût-il le plus damnable magicien qui soit jamais sorti des entrailles de la terre, je triompherai de ce ridicule Cinabre! j'écraserai comme un ver de terre cette misérable mandragore!... »

Il recueillit aussitôt toutes ses forces, descendit du rocher et revint à Kerepes. En suivant une avenue bordée de grands arbres, il aperçut une berline de voyage, du fond de laquelle une personne lui faisait des signes d'amitié en agitant un mouchoir blanc. C'était le seigneur Vincenzo Sbiocca, célèbre joueur de violon, qui lui avait donné des leçons pendant plus de deux ans. La rencontre de Balthasar et de l'artiste fut des plus cordiales. « Eh quoi! cher monsieur Sbiocca, lui dit l'étudiant, quittez-vous Kerepes? Voudriez-vous priver de votre talent une ville qui vous aime et qui vous honore à l'égal des plus grands maîtres? — Par Dieu! s'écria l'artiste, vous n'assistiez donc pas au concert que j'ai donné hier? Non, sûrement, car vous m'auriez protégé contre l'infâme cabale organisée pour me désespérer. J'exécutais le concerto le plus difficile de Viotti. Ce morceau est partout mon triomphe, et on l'écoute chaque fois avec un nouvel enthousiasme. Pourriez-vous croire qu'au moment où, replaçant mon violon sous le bras, j'allais m'incliner devant la société pour recevoir ses félicitations, tous les assistants se levèrent spontanément pour aller remercier, avec les démonstrations d'une admiration frénétique, ce maudit M. Cinabre, que depuis quelques jours on rencontre dans tous les salons? Qu'est-ce que ce Cinabre? un nain, un avorton plus laid qu'un singe. Et si vous l'aviez vu se tortillant et faisant les plus ignobles grimaces pour se donner des airs de modestie dédaigneuse! Ah! si vous l'aviez entendu piailler de sa voix la plus chevrotante : — Eh! eh! mes dignes messieurs, mes belles dames, ce que vous venez d'entendre n'est qu'une misère; je fais mille fois mieux à l'occasion, et je n'ai pas volé, dit-on, la réputation du meilleur violoniste qu'on ait jamais rencontré dans les quatre parties du monde. Enfin, mon brave monsieur Balthasar, j'étais ivre de colère, et j'allais serrer ce vermisseau entre les quatre doigts et le pouce jusqu'à ce que mort s'ensuivit; les dilettanti, furieux de voir le mauvais parti que je préparais à leur idole, se ruèrent sur moi comme des démons enragés, et me jetèrent hors du salon; Cinabre criait à tue-tête : — Secourez-moi, mes dignes messieurs, mes chères dames, ne laissez pas assassiner le divin Vincenzo Sbiocca! Ah! monsieur Balthasar, si vous rencontrez ce coquin de Cinabre, dites-lui bien qu'il ne tombe jamais sous ma patte ; je le ferais entrer par un des trous en f de ma contre-basse, ou pourrir dans une boîte à violon. Adieu, adieu, bonne santé, et n'oubliez pas mes leçons. »

En achevant ce monologue d'une voix vibrante, mais saccadée par l'émotion, le célèbre Vincenzo Sbiocca se renfonça dans sa berline, qui partit au grand trot.

Comme Balthasar, tout étourdi, allait continuer sa route, il vit passer près de lui à toutes jambes un jeune homme qu'il crut reconnaître pour un de ses meilleurs amis. Ce jeune homme était dans un désordre effrayant. Balthasar, craignant quelque chose de funeste, se mit à courir sur ses traces, et le rejoignit à l'entrée d'un petit bois : l'infortuné, appuyé contre un arbre, allait se faire sauter la cervelle. Balthasar, arrivé à temps pour s'opposer à l'exécution de ce projet, le saisit dans ses bras, lui arracha le pistolet, le jeta au loin, et lui dit : « Eh quoi! mon cher Pulcher, n'as-tu donc plus un seul ami au monde? peux-tu commettre ainsi un crime irréparable? Qu'est-il donc arrivé de si fâcheux? Reprends du courage et rouvre ton âme à l'espérance!...

— Hélas! mon ami, dit le jeune homme, tu sais que depuis mon admission au grade de référendaire, je dirigeais tous mes vœux vers l'emploi de secrétaire intime, qui vaque en ce moment près du ministre des relations extérieures. J'avais subi les examens préalables; le succès de mes épreuves, en me comblant de joie, semblait promettre au plus cher de mes vœux une prompte réalisation. Ce matin devait avoir lieu la thèse orale qui termine le concours. En entrant dans la salle des séances, je trouve un nain contrefait, un magot hideux assis sur la sellette. Le conseiller de légation, chargé de faire subir le dernier examen, s'approche de moi le sourire sur les lèvres, et m'annonce que M. Cinabre s'est mis sur les rangs pour disputer la place que j'ambitionne; puis il ajoute à voix basse : — Ne craignez rien d'un pareil concurrent, cher monsieur Pulcher; le succès, qui vous a été fidèle jusqu'ici, ne vous manquera point dans cette épreuve décisive. La séance fut ouverte un moment après. Cinabre ne fit que croasser et glapir de la façon la plus désopilante. Il tomba deux ou trois fois de son siège en gesticulant comme une marionnette. Je riais sous cape comme un bienheureux; j'étais sûr de la victoire... Quelle fut ma surprise lorsque, après la série des questions, je vis le conseiller de légation se lever d'un air ravi, marcher droit à Cinabre, et lui dire en lui serrant les mains : « Parfait! admirable! Vous êtes, en vérité, monsieur, l'esprit le plus distingué, le plus capable, l'homme le plus universel de la Résidence! » Puis, se tournant vers moi, il ajouta : « Mon pauvre monsieur Pulcher, vous me voyez confus, désolé de votre ignorance et de l'inconvenance de gestes et de mouvements avec laquelle vous avez soutenu la thèse. Vous êtes tombé plusieurs fois de votre chaise, et M. Cinabre a poussé la complaisance jusqu'à vous relever de ses propres mains. Quand on sollicite un emploi aussi grave, il faudrait au moins se présenter à jeun et avec des formes honnêtes. Au revoir, monsieur le référendaire, je désire qu'une autre fois vous soyez plus heureux et plus sage... » Je pensai tomber de mon haut; j'étais abasourdi, stupéfait, anéanti. Je courus chez le ministre; il me reçut fort mal, en m'informant que la place de secrétaire intime était due et conférée à Cinabre. Comprends-tu maintenant, Balthasar, pourquoi tout à l'heure je voulais me débarrasser d'une vie aussi déplorable ?...

— Allons donc! s'écria Balthasar, plus je vais, plus je comprends que le diable s'en mêle. »

Il raconta brièvement à son ami sa propre aventure, ainsi que l'anecdote de Vincenzo Sbiocca. « Ce misérable avorton, dit-il en finissant, est protégé par je ne sais quelle puissance infernale. Il faut nous liguer contre lui; quand il serait plus fort qu'une armée, il faut le chasser de ce pays ou lui tordre le cou. Le prince Paphnutius, qui a introduit les lumières dans ses domaines, aurait bien dû commencer par en bannir les artisans de maléfices; puisque je suis forcé de croire au diable, il faudra bien que j'aie le dernier mot de tout ceci, dussé-je lutter avec Satan lui-même... »

Balthasar, électrisé, aurait ajouté bien d'autres choses, si tout à coup une délicieuse musique ne s'était fait entendre dans le fond des taillis. Les deux amis prêtèrent l'oreille, en s'avançant au bord d'un sentier qui coupait le petit bois en deux parties égales. Un spectacle fantastique leur apparut et les cloua sur place, immobiles et sans voix. Ils virent rouler sur le sentier un chariot de forme inconnue, monté par un personnage costumé à la chinoise. Le chariot était fait d'une double coquille de cristal de roche, avec des roues étincelantes dont le mouvement sur les graviers de la route produisait cette merveilleuse musique. Deux licornes blanches traînaient cet attelage, qui avait pour cocher un faisan d'argent tenant dans son bec des rênes d'or. Un grand scarabée, perché sur l'arrière du chariot, agitait ses ailes diaprées pour rafraîchir le personnage assis dans la coquille. En passant devant Balthasar et Pulcher, le voyageur leur adressa un signe de tête amical; de l'escarboucle qui servait de pomme à sa canne d'ivoire jaillit un rayon qui pénétra, rapide comme l'éclair, la poitrine de Balthasar, et le remplit d'un feu secret.

Lorsque cette bizarre vision eut disparu dans le lointain, Balthasar sauta au cou de son ami en s'écriant : « Nous sommes sauvés! le vénérable inconnu que nous venons de rencontrer brisera les sortilèges de Cinabre! »

V

Comment le prince Barsanuph fit une tache à sa culotte, et comment il éleva le secrétaire particulier Cinabre au poste éminent de conseiller spécial. — Comment un portier mordit le doigt de l'étudiant Fabian, et comment celui-ci traîna une queue d'habit d'une interminable longueur. — Fuite de Balthasar.

Le ministre des relations extérieures, dont le magot Cinabre devint le secrétaire intime, était issu de la famille du remarquable baron Prætextatus de Mondschein, dont nous avons déjà parlé. Il portait le même nom que son aïeul. C'était un homme de manières élégantes et polies; il prenait la peine de faire quelquefois son travail de ses propres mains, surtout quand la pluie ne lui permettait pas de se promener en voiture découverte. Le prince Barsanuph, qui avait succédé à Paphnutius, lui témoignait les plus grands égards, car son ministre ne lui laissait jamais supporter le plus léger embarras dans l'administration de ses sujets et faisait de plus sa partie de quilles, en cédant toujours les bons coups à son gracieux maître.

Or il advint qu'un jour le ministre Prætextatus avait invité le prince Barsanuph à déjeuner chez lui avec des alouettes de Leipzig, arrosées de nombreux petits verres d'eau-de-vie de Dantzig. En arrivant chez son amphitryon, le prince trouva parmi les invités le petit Cinabre, qui, debout, appuyé sur sa petite canne, se mit à le regarder avec une curiosité impertinente; puis, s'avançant tout à coup vers la table, il tira du plat, avec ses doigts, une alouette, et la mit tout entière dans sa bouche. Le prince, loin de se formaliser d'une pareille incivilité, sourit à Cinabre, et demanda à son ministre quel était ce petit homme spirituel et charmant qu'il voyait pour la première fois. « Ne serait-ce pas, dit-il, l'auteur des rapports si bien rédigés que vous me faites remettre chaque matin depuis quelques jours? — C'est lui-même, en vérité, monseigneur, dit le ministre. Je me félicite extrêmement du bonheur qui m'a procuré un si parfait secrétaire. Il se nomme Cinabre, et je demande à Votre Altesse la permission de le recommander tout particulièrement à ses gracieuses bontés. Il n'est à mon service que depuis très-peu de jours... — Et c'est pour cela, interrompit un beau jeune référendaire, que Votre Excellence voudra bien me permettre de faire connaître à Son Altesse que je suis l'auteur des rapports qui ont obtenu son approbation... — Qu'est-ce à dire? s'écria le prince en fronçant le sourcil et en jetant un regard courroucé au référendaire. Avez-vous jamais su tenir une plume? Et puis, qu'est-ce donc, s'il vous plaît, que cette façon de mâcher malhonnêtement vos alouettes et de baver sur ma culotte blanche? N'est-ce point une preuve flagrante de votre incapacité diplomatique? Faites-moi le plaisir de retourner chez vous, ne reparaissez devant moi qu'avec une tablette de savon à dégraisser; c'est le seul moyen d'obtenir quelque droit à mon indulgence... »

Il faut se hâter de dire au lecteur que Cinabre, en dévorant ses alouettes, était venu s'asseoir à côté du prince Barsanuph, et qu'il était l'auteur de la tache de beurre imprimée à la culotte du souverain. Le pauvre référendaire perdit contenance et se demanda si le prince devenait fou; celui-ci, se tournant vers Cinabre, lui dit avec une emphatique bienveillance : « Un homme tel que vous, monsieur Cinabre, est la fortune d'un État, et mérite les plus rares distinctions. En conséquence, je vous élève dès aujourd'hui à la charge de conseiller spécial et très-intime de Mon Altesse. — Je suis votre obligé, » se mit à crier le magot, qui faillit s'étrangler en avalant une carcasse d'alouette; puis, essuyant ses lèvres bouffies de graisse avec ses longues griffes sales, il ajouta : « Je remplirai ce haut emploi avec une capacité qui vous étonnera. — Je n'en doute nullement, reprit Barsanuph; cette noble confiance en vous-même est le plus sûr garant des services que vous me rendrez. » Là-dessus l'altesse se fit verser par son ministre un dernier verre d'eau-de-vie de Dantzig, puis toute la société se leva en renchérissant sur les éloges dont le nouveau conseiller spécial venait d'être l'objet.

Ce même jour, Fabian rencontra son ami Balthasar, dont la figure exprimait la joie la plus vive. « Diable! lui dit-il, il paraît que tu fais des rêves d'or; mais il faut que je t'éveille. — Qu'est-ce donc? demanda Balthasar. — Du calme, mon cher, du sang-froid! songe qu'il n'y a pas un seul malheur qu'un peu de philosophie ne nous aide à supporter. Candida... — Candida?... s'écria Balthasar en pâlissant. — Du calme, reprit Fabian. Imagine-toi que le petit Cinabre, depuis son élévation au poste de conseiller spécial, s'est épris de Candida; Candida raffole de lui; ils sont fiancés, et le mariage est à la veille de se conclure. »

Balthasar écouta cette confidence avec une apparente impassibilité. « Tu n'aimes donc plus la fille de Mosch Terpin? dit Fabian.

— Je l'aime plus que jamais! répondit Balthasar avec feu. Je sais qu'elle m'aime aussi, qu'un odieux sortilége fait tourner la tête à tout le monde, mais incessamment j'aurai les moyens de triompher de tous les obstacles qui s'opposent à mon bonheur. Voilà pourquoi je ne m'inquiète nullement des projets de Cinabre et des craintes que ton amitié veut bien m'exprimer. » Il révéla en même temps à son ami la rencontre de l'homme au chariot de cristal, et l'effet magique produit par l'éclair jailli de l'escarboucle qui servait de pomme à la canne d'ivoire. « Maintenant, poursuivit-il, j'ai la certitude que cet avorton de Cinabre n'est qu'un misérable petit gnome dont nous aurons raison tôt ou tard...

— Pour le coup, interrompit Fabian, ta tête déménage assurément. Que parles-tu de gnome, d'effet magique et d'autres balivernes? Moi qui te croyais un esprit fort, je commence à perdre une bonne part de mon admiration pour toi. Comment ne sais-tu pas que l'homme au chariot de cristal est le docteur Prosper Alpanus, dont la maison de campagne est située à deux portées de fusil de la ville? On répand bien sur son compte une foule de bruits singuliers; il y a des gens qui affirment que cet excellent homme est en commerce avec le monde invisible; mais ce ne sont pas des savants comme toi et moi qui oseraient ajouter foi aux crédules préjugés du vulgaire. Les inventions du docteur Alpanus forment toute sa magie. Il se promène luxueusement dans un chariot d'une structure bizarre, et les bonnes femmes s'imaginent en le voyant passer que nous sommes revenus au temps de la féerie. Cette voiture n'est pourtant qu'originale. La caisse a la forme d'une coquille entr'ouverte; c'est de l'acier plaqué d'argent. Dans le mécanisme des roues est disposé un mouvement musical que la rotation fait agir. Le fameux faisan d'argent qui t'a ébloui est un petit laquais affublé d'oripeaux et de plumes peintes; les ailes du scarabée que tu crois avoir vues ne sont que les reflets du parasol gorge-de-pigeon qui abritait l'honorable Alpanus. Quant à l'escarboucle merveilleuse dont le reflet a ébloui tes yeux, c'est l'objet le plus remarquable de tout son attirail. On prétend qu'en fixant l'œil au centre de ce rare bijou on en voit ressortir comme d'un miroir concave l'image de la personne qui occupe en ce moment notre pensée.

— En vérité? s'écria Balthasar.

— C'est un *on dit*, reprit Fabian. Les gens lettrés ne se laissent pas prendre à de telles balivernes.

— Balivernes tant que tu voudras, reprit Balthasar; je ne suis pourtant pas plus dépourvu que qui que ce soit de bon sens et de raison. Une coquille de cristal n'est pas de l'acier plaqué d'argent; un faisan ne ressemble guère à un laquais; un orgue de Barbarie diffère essentiellement d'un harmonica, et je n'ai jamais vu de parasol qu'on pût confondre avec un scarabée. J'affirme et je soutiens que le personnage que j'ai rencontré n'était pas le docteur Prosper Alpanus, ou que ledit docteur est sorcier.

— Entêté! reprit Fabian, viens donc te convaincre par tes propres yeux. Je veux sur-le-champ te conduire chez le docteur Alpanus! » Aussitôt il prit le bras de Balthasar et l'entraîna jusqu'à la grille du parc qui entourait la maison du savant. « Comment faire pour entrer? dit Balthasar. — Il faut s'y prendre comme le vulgaire, et frapper, répondit Fabian, qui leva et laissa retomber le marteau de cuivre adapté à la serrure. »

Un grondement souterrain se fit entendre, pareil au fracas de la foudre à travers des montagnes lointaines. La grille s'ouvrit toute seule comme par enchantement, et les deux amis s'avancèrent dans une large avenue qui menait à la maison. Balthasar s'extasiait sur la beauté des arbres au feuillage d'émeraude qui ornaient cette partie du parc. Fabian faillit marcher sur deux énormes grenouilles qui cheminaient à côté de lui en sautillant. « Belle propriété, s'écria-t-il, où l'on tolère une pareille vermine! » En même temps, il se baissa pour ramasser une pierre et pour la lancer aux grenouilles; mais toutes deux sautèrent dans les broussailles, et se mirent à le regarder avec des yeux pleins d'expression. Il lança une pierre, aussitôt la grenouille devint une vieille femme accroupie au bord de l'avenue, et lui dit : « Malheur à toi qui viens maltraiter de pauvres gens réduits à travailler comme des nègres pour gagner un peu de pain! » L'autre grenouille s'était transformée en petit vieillard, aux yeux rouges et fauves, qui se mit à éplucher les mauvaises herbes de la haie. Balthasar eut peur, et fit doubler le pas à son ami. En arrivant sur la pelouse, devant le perron du logis, ils y trouvèrent les deux licornes blanches qui paissaient en liberté, au bruit d'une musique délicieuse.

« Que t'avais-je dit? s'écria Balthasar. Vois-tu et entends-tu maintenant?

— Je ne vois, dit l'étudiant, que deux petits chevaux blancs qu'on a mis au vert; le bruit que nous entendons n'est autre que le phénomène connu sous le nom de harpes éoliennes. »

La maison d'Alpanus était d'une structure légère et d'une exquise élégance. Elle n'avait qu'un étage. Balthasar tira la sonnette, la porte s'ouvrit, et un oiseau de la taille d'une autruche, aux plumes d'or, s'annonça comme le portier de l'habitation.

« Bon ! s'écria Fabian, voilà un singulier valet ! » Et tirant l'autruche par la houppe de duvet qui pendait sous son bec, il ajouta : « Va vite, oiseau mon ami, nous annoncer à ton illustre maître. »

L'oiseau répondit par un *quirrrrr* des plus menaçants, et mordit au doigt l'espiègle étudiant, qui ne put retenir un cri douloureux. Il allait sans doute se battre avec cet ennemi, si la porte de l'appartement intérieur ne s'était ouverte.

Un petit bout d'homme fluet, sec et pâle, coiffé d'une toque de velours noir d'où s'échappait une forêt de longs cheveux, et vêtu d'une robe orientale d'un jaune foncé, accompagnée de bottes rouges et fourrées d'hermine, s'avança au-devant des deux amis. C'était le docteur Alpanus. Une grande bienveillance régnait dans tous ses traits. En le regardant d'un peu près et avec une certaine attention, son visage paraissait diaphane comme une cage de verre au centre de laquelle on voyait s'agiter une autre figure plus petite, et qui regardait par ses yeux comme par deux fenêtres.

« Chers messieurs, leur dit-il d'une voix dolente et douce, je vous ai vus venir ; d'ailleurs, je savais d'avance que M. Balthasar viendrait me voir. Prenez la peine de me suivre. »

A ces mots, Prosper Alpanus marcha devant eux et les conduisit dans une espèce de belvédère tendu de draperies bleu céleste. La lumière y descendait de la voûte, taillée en dôme. Au milieu se dressait une table de marbre blanc portée sur les épaules d'un sphinx. Il n'y avait pas d'autres meubles.

« Que puis-je maintenant pour votre service ? » demanda le docteur.

Balthasar prit la parole pour raconter la perturbation que jetait dans Kerepes l'arrivée du magot Cinabre. Il finit en disant que Prosper Alpanus avait seul au monde le pouvoir de faire cesser ces maudits enchantements.

Le docteur se recueillit pendant quelques minutes ; puis il répondit à Balthasar d'un ton grave et d'une voix presque voilée : « Je sais, comme vous, qu'il y a dans ces aventures quelque chose de mystérieux; mais il faut, avant tout, découvrir le pouvoir occulte qui se mêle de cette intrigue. Je suis persuadé que votre petit Cinabre n'est qu'une mandragore. Au surplus, je puis m'en assurer immédiatement. »

Le docteur porta la main sur un cordon de soie qui faisait mouvoir des ressorts cachés. Une draperie s'écarta et laissa voir une bibliothèque garnie de nombreux in-folio reliés en rouge. Une échelle de cèdre s'abaissa du plafond jusqu'au sol. Prosper Alpanus monta vers le rayon le plus élevé, et prit un volume qu'il vint déposer sur la table. « Ce livre, dit-il aux étudiants, traite des mandragores, ou des hommes-racines; tous ceux qui existent sont représentés sur des estampes que nous allons parcourir; si nous y trouvons la figure de votre Cinabre, il tombera aussitôt en mon pouvoir. »

A peine le volume fut-il ouvert, que l'on vit de grandes images figurant une foule de petits nains de toute espèce et de toutes formes. A mesure que le docteur en touchait un, il devenait vivant, s'élançait hors du livre, et se mettait à cabrioler sur la table de marbre en faisant entendre un bruit semblable à celui d'une toupie; le docteur le saisissait par la tête et le recouchait à sa place sur le feuillet du volume, où il s'aplatissait à l'instant comme une gravure coloriée. Toutes les images du livre furent passées en revue sans que Balthasar eût pu reconnaître Cinabre. « C'est singulier, disait Alpanus; voyons, peut-être Cinabre est-il de la famille des gnomes. »

Il remonta sur l'échelle de cèdre et prit un autre volume qu'il ouvrit, comme le précédent, sur la table de marbre. Les estampes de celui-là représentaient des monstres bruns ou noirauds, de la figure la plus hideuse. Chacun de ceux que touchait le docteur poussait un gloussement criard, sortait du feuillet en rampant comme une chenille, et se vautrait sur la table de marbre en geignant à tue-tête, jusqu'à ce que Prosper Alpanus l'eût renfoncé dans le livre. Cinabre n'était point parmi ces gnomes. « C'est bizarre, disait Alpanus; voyons encore!... » Et il se mit à méditer profondément. Or, tandis qu'il rêvait ainsi, on entendit des voix chanter à l'unisson d'une manière douce et agréable. « Maître Prosper, dit

Fabian, vous avez ici une merveilleuse musique. » Le docteur ne répondit pas ; il couvait Balthasar d'un regard fixe, et, les bras étendus vers lui, secouait de temps à autre ses doigts, comme pour en faire jaillir des gouttes d'un fluide invisible. Puis il prit les mains de l'étudiant dans les siennes, et lui dit avec une gravité pleine d'intérêt : « Suivez-moi, mon jeune ami ; je vais essayer une expérience pour le succès de laquelle j'ai absolument besoin de votre concours. Venez. »

Les deux étudiants suivirent le docteur à travers plusieurs pièces habitées par des animaux singuliers, qui s'occupaient à lire, à écrire, à peindre, à danser. Une porte à deux battants s'ouvrit devant eux, et ils se trouvèrent en face d'un épais nuage derrière lequel disparut Alpanus. Bientôt le nuage se déchirant avec fracas, Balthasar et Fabian virent d'abord une salle ovale baignée d'une vapeur clair-obscur. Peu à peu les parois de la salle se fondirent dans un lointain fantastique, et, à leur place, apparurent des prairies et des bois embaumés de parfums inconnus. Prosper Alpanus survint au milieu de ce paysage, vêtu de blanc comme un prêtre indien. Il plaça au centre de la salle un miroir de cristal de forme sphérique, et, après l'avoir couvert d'un voile, il appela Balthasar.

« Jeune homme, lui dit-il, placez-vous devant ce miroir et réunissez toutes vos pensées sur Candida. Veuillez énergiquement qu'elle apparaisse immédiatement dans ce lieu! »

Balthasar appela Candida dans son cœur avec un amour infini, tandis que Prosper Alpanus décrivait au-dessus de sa tête des cercles magnétiques. Cette opération dura deux secondes à peine ; Balthasar vit se condenser à la surface du miroir une vapeur bleuâtre qui prit peu à peu les traits de Candida, parée de toutes ses grâces naturelles.

Ce ravissant spectacle avait à peine frappé les yeux de l'amoureux Balthasar, que l'ignoble figure de Cinabre se montra près de celle de Candida : tous deux se donnaient des baisers... A cet aspect, Balthasar, furieux, allait éclater; Prosper Alpanus le saisit par les épaules avec violence et lui remit en main sa canne magique, en disant à demi-voix : « Frappez, frappez fort sur votre ennemi Cinabre, mais sans quitter la place où vous êtes. » L'étudiant prit la canne, s'escrima à tour de bras et vit Cinabre se débattre et rouler à terre. Animé par ce succès, il fit un pas en avant pour lui porter le coup de grâce, mais la vision s'évanouit..« Arrêtez, imprudent, arrêtez! lui cria le docteur. Si vous brisiez ce miroir, ce serait fait de nous!... Sortons d'ici, un séjour de quelques secondes de plus pourrait nous être fatal!... » Tous trois quittèrent la salle à pas précipités.

« Je suis sûr maintenant, reprit Alpanus dès qu'on fut de retour dans la chambre bleu-céleste, que Cinabre n'est ni une mandragore ni un gnome; c'est tout simplement un avorton fort ordinaire, mais que protège et met en jeu une puissance cachée que je ne puis encore découvrir. Revenez me voir, cher Balthasar; d'ici là, j'aviserai au plus sûr moyen de mener à bonne fin cette aventure. »

Lorsque les deux amis eurent pris congé du docteur Alpanus, qui les quitta au seuil de son appartement, Fabian ne put s'empêcher de faire une nouvelle niche au portier du logis. Cette fois, comme la première, l'autruche aux plumes d'or fit un nouveau *quirrrrr* plus courroucé, et mordit encore au doigt notre étourdi, qui prit la fuite à toutes jambes, en jurant comme un désespéré. Les deux grenouilles de l'avenue reconduisirent les visiteurs jusqu'à la grille du parc, qui se referma d'elle-même derrière eux avec un sourd mugissement.

« Ah çà! mais, cher ami, s'écria Balthasar, qui avait été forcé de courir pour rattraper Fabian, de quel singulier habit as tu songé à t'affubler aujourd'hui avec des pans d'une longueur aussi démesurée et des manches aussi courtes?... » Fabian se regarda et fut surpris de son étrange équipage : ses manches racourcies ne lui venaient qu'aux coudes, et les pans de l'habit s'allongeaient à perte de vue derrière lui. Il se hâta de tirer les manches et de hausser les épaules, et s'imagina que la chose était réparée; aux portes de la ville, les manches redevinrent encore plus courtes, et ses pans continuèrent de s'allonger de plus belle, si bien que tous les polissons des rues se mirent à le huer et à sauter sur la queue de son habit. Le pauvre Fabian se crut ensorcelé ; il faisait de vains efforts pour ramasser sous son bras l'infernale queue, qui croissait toujours. Tout ahuri par les clameurs qui l'escortaient, il se jeta dans la première maison dont il trouva la porte ouverte. Aussitôt entré, son habit reprit ses proportions ordinaires. Il trouva dans cette maison le référendaire Pulcher, qui tira Balthasar à l'écart et lui dit avec mystère : « Comment donc oses-tu te montrer dans les rues de Kerepes lorsque les huissiers de l'université sont à tes trousses avec un mandat d'arrêt?

— Eh! qu'ai-je donc fait? s'écria Balthasar.

— Comment peux-tu m'adresser une pareille question? reprit Pulcher. As-tu si vite oublié que tu as forcé le domicile du professeur Mosch Terpin et roué de coups le maudit Cinabre jusque dans les bras de sa future femme ; les médecins ne savent si le magot s'en relèvera.

— Que viens-tu me conter là? interrompit Balthasar. Je suis depuis ce matin hors de la ville...

— Allons donc! répliqua maître Pulcher, réserve ton étonnement pour d'autres ; entre amis, nous savons trop ce qu'il en est. Tout à l'heure, la ridicule équipée de Fabian a été cause que nul ne prenait garde à ta présence ; mais à présent, si tu veux éviter la prison, je t'engage à déguerpir sans tambour ni trompette. Donne-moi ta clef, pour que j'aille ce soir recueillir tes effets ; mais, avant tout, je vais te conduire à Hochjacobsheim en lieu de sûreté. »

Le pauvre Balthasar se laissa entraîner machinalement comme un homme hébété.

VI

Toilette du conseiller Cinabre. — Le tigre moucheté de vert. — Tête-à-tête de la demoiselle de Rosenschoen avec le docteur Prosper Alpanus.

Pendant ce temps-là, M. le professeur Mosch Terpin calculait les magnifiques avantages de l'union de sa fille avec le conseiller intime Cinabre. « Quelque peu séduisant que soit son physique, se disait-il, c'est un gendre de première volée ; d'ailleurs, il paraît que décidément Candida mourrait de chagrin si on lui refusait pour mari ce magot de la Chine. Au reste, qu'importe la tournure ! Cinabre est le favori du prince, et Dieu sait à quelles charges éminentes cette faveur pourra le conduire. Tout le monde, à ma place, serait jaloux d'un tel parti pour sa fille. »

Mosch Terpin avait raison. Mademoiselle Candida était amoureuse de son Cinabre. Rien n'était plus curieux que de l'entendre vanter les perfections de son futur. Le référendaire Pulcher en riait sous cape de meilleur cœur que tous les autres ; et, de concert avec le jeune secrétaire Adrian, qui n'avait regagné les bonnes grâces du prince Barsanuph qu'en lui apportant une tablette de savon pour dégraisser sa culotte, il résolut de s'attacher jour et nuit aux moindres mouvements de Cinabre, afin de saisir la première occasion de lui tendre un piége et de lui faire rompre le cou.

Cinabre avait obtenu du prince la jouissance d'une superbe maison de campagne aux environs de la Résidence. Au milieu du jardin qui entourait cette habitation se trouvait un parterre planté de rosiers à cent feuilles. Tous les neuf jours, Cinabre se levait à l'aube, descendait seul au jardin, et disparaissait à travers les hautes touffes de rosiers. Pulcher et Adrian, qui l'observaient, escaladèrent une nuit le mur du jardin, la veille d'un jour où Cinabre devait s'y rendre. Cachés dans une haie d'aubépine fleurie, ils virent arriver le nain sur la pelouse du parterre. En même temps le parfum des roses devint plus suave et plus pénétrant ; une douce brise agita les feuillages diaprés par la rosée matinale, et une belle femme voilée descendit sur un nuage d'or au milieu des rosiers. Elle attira Cinabre sur ses genoux, le caressa, et se mit à démêler avec un peigne d'or l'épaisse chevelure du petit monstre, qui semblait prendre à cette opération un plaisir fort sensuel. Lorsque la toilette de Cinabre fut achevée, et que la fée (car c'en était une) eut séparé ses boucles de côté et d'autre, Pulcher et Adrian remarquèrent une ligne couleur de feu qui reluisait sur le haut

de la tête du petit homme. La fée lui fit ses adieux en termes
fort tendres, et lui dit : « Cher enfant, sois sage et prudent
pour que la fortune te reste fidèle! — Adieu, petite maman, »
répondit Cinabre. Et la fée, remontant sur son nuage d'or,
disparut dans les airs.

Pulcher et Adrian restèrent longtemps muets de stupeur.
Le premier soin du référendaire fut d'écrire à Balthasar
pour lui apprendre sa découverte, et pour lui promettre de
redoubler de surveillance.

Cependant le maudit Cinabre avait aperçu ses deux ennemis fuir à travers les avenues du jardin après le départ de
la fée. Tremblant qu'on n'apprît ce qui s'était passé, il eut
un accès de fièvre, et se fit porter au lit. Le prince Barsanuph, informé de l'indisposition subite de son conseiller
spécial, lui envoya son médecin. « Monsieur le conseiller,
dit le médecin en lui tâtant le pouls, vos veilles pour le
service de l'État usent votre santé... Votre tête est brûlante,
vous allez avoir une inflammation cérébrale, et... — Qu'est-
ce à dire, charlatan? s'écria de sa voix rauque et nasillarde
le favori de monseigneur Barsanuph. Va-t'en à tous les diables ! Je ne veux pas être malade; je me porte mieux que
toi, et je vais me lever pour aller au conseil aujourd'hui
chez le ministre. » Le pauvre médecin, tout effaré, reçut un
bon soufflet, et s'enfuit chez le prince, qui attendait impatiemment le bulletin de santé de son cher Cinabre. Barsanuph rit beaucoup du soufflet, et s'écria : « Mon conseiller
spécial est un homme incomparable ! je défie qu'on trouve
dans l'Europe entière un fonctionnaire plus zélé pour les intérêts publics! »

Lorsque Cinabre entra dans la chambre du conseil, le ministre Prætextatus le félicita longuement sur son activité infatigable, et le pria de lire au prince un protocole qu'il disait avoir rédigé pour une importante négociation entre la
principauté de Barsanuph et la cour de Kakatuk. « Ce mémoire est de moi, dit le ministre, et j'en avertirai monseigneur; mais votre débit oratoire y ajoutera une énorme valeur. »

L'œuvre prétendue de Son Excellence Prætextatus n'était

qu'un plagiat; le véritable auteur de sa rédaction était le pauvre secrétaire Adrian.

Cinabre prit le papier et se rendit au palais avec le ministre. A peine eut-il commencé sa lecture, qu'il se mit à bredouiller de façon à la rendre tout à fait inintelligible. Cependant le prince paraissait ravi, et ne cessait de répéter : « C'est parfait! c'est d'une diplomatie achevée! c'est inimitable!... » Puis, s'avançant vers Cinabre, il le souleva dans ses bras et le serra sur son cœur à la place où brillait la grande décoration du *Tigre moucheté de vert*, et il ne se lassait point de faire l'éloge le plus emphatique des talents politiques de Cinabre. « Mon cher ami, lui dit-il ensuite, en donnant à sa voix une intonation des plus solennelles, je vous fais mon ministre universel, et je veux que tous mes sujets vous honorent à l'égal de moi-même! Pour vous, ajouta-t-il en se tournant vers Son Excellence Prætextatus, pour vous, monsieur le baron, je vous engage à vous retirer dans vos terres; vous êtes usé, très-usé... »

Le ministre disgracié se retira fort triste en lançant un coup d'œil furieux à son successeur, qui le regarda partir de l'air le plus dédaigneux, la tête haute et le corps penché en arrière, appuyé sur sa petite canne à bec de corbin. Cependant le prince Barsanuph se fit apporter par son valet de chambre les insignes de la décoration du Tigre moucheté de vert, et en couvrit Cinabre, qui parut cette fois plus ridicule qu'on ne l'avait encore vu. Comme le laideron ministériel était si contrefait qu'il était impossible de lui suspendre d'une manière décente la plaque et le cordon de l'ordre éminent qui lui était conféré, on appela le tailleur du théâtre pour imaginer un expédient. Ce tailleur, qui se nommait Kees, se distinguait par une haute intelligence des fonctions de son emploi; il s'avisa fort judicieusement de coudre sur la poitrine et le dos du ministre une vingtaine de boutons en pierreries auxquels s'adaptaient parfaitement les crachats et rubans du Tigre moucheté de vert. Le prince inventa de son côté presque immédiatement plusieurs degrés de l'ordre; il décida et ordonna d'enregistrer qu'il y aurait à l'avenir des chevaliers à deux boutons, à trois, quatre, cinq boutons, et ainsi de suite. Le ministre seul avait droit au nombre de vingt, nécessité par sa difformité, dont on fit un privilége. Le tailleur Kees reçut la décoration à deux boutons, et le prince ajouta à cette faveur celle de grand-maître de sa garde-robe.

Tandis que se passaient ces puérilités dérisoires, le docteur Prosper Alpanus, accoudé sur la margelle de sa fenêtre, promenait à travers ses jardins un long regard mélancolique. Il avait employé une nuit à créer l'horoscope de Balthasar, et cette opération lui avait révélé certains détails relatifs à Cinabre. Comme il songeait à cela, et surtout à la ligne couleur de feu remarquée par Pulcher et Adrian, et dont Balthasar l'avait prévenu, il entendit une voiture s'arrêter à la grille du parc. C'était la demoiselle Rosenschoen qui venait le visiter.

Elle était vêtue de noir et portait un long voile. Saisi d'une étrange inquiétude à son aspect, Prosper Alpanus prit sa canne et dirigea sur la chanoinesse les reflets diamantés de l'escarboucle. A travers le déguisement de la fée, il reconnut la tunique blanche et diaphane, les ailes d'azur diapré et la couronne de roses qui formaient les attributs mystérieux de la séduisante Rosabelverde.

Non moins rusé que la visiteuse, le docteur lui fit l'accueil le plus gracieux et lui offrit une tasse de café qu'elle accepta. Lorsque la cafetière fut sur la table, et qu'Alpanus voulut remplir les tasses, il eut beau verser, le café coulait toujours, mais les tasses restaient vides. « Oh! oh! fit-il, est-ce que par hasard mon café ne vaudrait rien? Voudriez-vous, chère dame, prendre la peine de vous servir vous-même? — Volontiers, » dit la chanoinesse, et elle prit la cafetière; cette fois le liquide ne coulait point, et les tasses s'emplissaient si vite, qu'elles débordèrent en un clin d'œil: la robe de mademoiselle de Rosenschoen fut inondée de café. C'était prodige contre prodige. Dès que la chanoinesse eut reposé la cafetière sur la table, tout le café disparut sans laisser la moindre trace, et les tasses parurent parfaitement sèches.

Prosper Alpanus et la fée se regardèrent un moment d'un

air de défi. Enfin celle-ci reprit la parole : « Docteur, dit-elle, quand je suis arrivée, vous lisiez, ce me semble, un livre fort attachant. — Oui, belle dame, reprit Alpanus; ce volume contient des choses vraiment surprenantes. » Et à ces mots il voulut ouvrir le volume, mais les maudits feuillets se refermaient toujours en faisant klipp-klapp, klipp-klapp. « Tiens! s'écria le docteur, c'est singulier; ne pourriez-vous, chère dame, ouvrir vous-même ce volume? » La fée l'ouvrit sans effort; aussitôt tous les feuillets se détachèrent et s'envolèrent par la chambre, en prenant des dimensions monstrueuses. Cette fois, la fée recula effrayée. Le docteur sourit, referma le volume avec bruit, et tous les feuillets qui voltigeaient disparurent.

« Allons, chère dame, reprit Alpanus, laissons de côté ces petites agaceries, et passons, si tel est votre bon plaisir, à des expériences plus importantes.

— Non, s'écria la fée, je veux partir!

Eh! eh! fit le malin docteur, ceci pourrait dépendre un peu de ma bonne volonté; il est temps que je vous déclare que vous êtes en ma puissance.

— En vérité? s'écria mademoiselle de Rosenschoen avec un accent de colère ironique, y pensez-vous? » A ces mots sa robe noire s'étendit comme la membrane d'une chauve-souris, et elle se mit à voltiger à la hauteur du plafond. Prosper Alpanus prit aussitôt la forme d'un gros cerf-volant et poursuivit la chauve-souris. Celle-ci, épuisée de fatigue, se laissa tomber à terre et se métamorphosa en souris. Le cerf-volant devint tout de suite un chat gris et donna la chasse à la souris. La souris se changea en oiseau-mouche pour échapper au chat; aussitôt une myriade d'oiseaux fantastiques et d'insectes redoutables emplit la chambre, et un filet aux mailles d'or s'étendit devant la fenêtre pour ôter à l'oiseau-mouche toute chance de fuite. La fée Rosabelverde reprit sa forme naturelle, et parut dans tout l'éclat de sa beauté aux yeux éblouis du savant Alpanus, qui se dressa devant elle armé de sa canne à escarboucle. Rosabelverde avance vers le magicien; ce brusque mouvement fait tomber son peigne d'or, qui se brise sur le carreau... « Oh! malheur,

malheur à moi! » s'écrie-t-elle... Soudain le charme s'évanouit, et il n'y a plus que la chanoinesse et le docteur Prosper, tranquillement assis chacun d'un côté de la table, en face d'une tasse du Japon dans laquelle scintille un moka brûlant et parfumé.

— Ma foi, dit Alpanus, ce café est divin. Je suis seulement fâché que votre beau peigne d'or se soit brisé sur les dalles de ce cabinet.

— J'en suis toute consolée, répond la fée. Après tout, c'est ma faute; j'aurais dû remarquer que les dalles de cette chambre sont des pierres revêtues de signes magiques. Nous avons de part et d'autre signalé notre science, et nous sommes d'égale force. Mais comment se fait-il donc, cher docteur, que nous ne nous connaissions que d'aujourd'hui?

— C'est, reprit Prosper Alpanus, qu'à l'époque où vous étiez une des plus ravissantes fées du Dschinnistan, je n'étais encore, moi, qu'un pauvre étudiant séquestré au fond des pyramides d'Égypte, sous la férule du vieux Zoroastre, le plus fameux magicien que le monde ait jamais vu naître. Sous le règne du prince Démétrius, je suis venu m'établir dans cette contrée. « Eh quoi! répliqua la chanoinesse, on ne vous a point exilé au glorieux avénement du prince Paphnutius, qui créa la lumière au sein de ses États? — Non, dit Alpanus, car je me suis montré un des plus zélés partisans du nouveau système. Je prouvai, par de savants traités, qu'il ne doit ni pleuvoir ni tonner que par la suprême volonté du prince régnant, et que la noblesse est utile aux récoltes, puisqu'elle passe à délibérer dans ses palais sur la prospérité du pays le temps que les vilains mettent à ensemencer. Le prince Paphnutius, reconnaissant, créa pour moi la place d'inspecteur général de la civilisation. J'ai fait en cette qualité tout le bien qui a dépendu de moi, et vous me devez l'avis, qui vous parvint, de la croisade des gens de police contre les fées; c'est un peu grâce à moi que vous vivez tranquillement au milieu du progrès des lumières. Tenez, ma chère chanoinesse, regardez par cette fenêtre les splendides avenues de ce parc peuplé d'esprits bienfaisants et dociles à ma loi. Il m'a fallu quelque habileté, je vous le jure, pour en écarter les inquisiteurs et les forestiers de la couronne. Aujourd'hui, je mène une paisible existence. Le prince Barsanuph ne se soucie guère de féerie; chacun autour de lui fait ses affaires à sa guise, et nul n'est inquiété, pourvu qu'il paye l'impôt.

— Mais, interrompit la chanoinesse, comment vous, cher docteur, plein de bonté comme vous êtes, pouvez-vous persécuter avec un tel acharnement mon pauvre protégé Cinabre? — C'est pour réparer votre étourderie, qui a prodigué ses dons à un être indigne. Votre Cinabre ne sera jamais qu'un méchant magot; depuis que votre peigne d'or s'est brisé, il tombe à jamais sous ma puissance. — Pitié, pitié pour lui, docteur! s'écria la chanoinesse en suppliant.

— Que me demandez-vous? s'écria Prosper Alpanus; voulez-vous voir un échantillon des exploits de votre protégé? prenez et lisez. »

Et il tendit à la chanoinesse un parchemin sur lequel était tracée l'horoscope de Balthasar.

Lorsque la fée eut pris lecture de ce travail, elle fut obligée de reconnaître l'erreur qu'elle avait commise. « Il faut bien, dit-elle, céder au pouvoir du destin. Pauvre Cinabre! — Oui, reprit Alpanus, il faut que sa destinée s'accomplisse; mais il a encore la chance d'acquérir et de posséder pour un peu de temps des honneurs et des dignités. Je lui accorde cette chance par égard pour vous, que je regrette si fort de désobliger. — Vous êtes un homme admirable! dit la fée. Gardez-moi votre amitié. — Comptez sur elle toujours, dit Alpanus, et venez, toutes les fois que cela vous fera plaisir, goûter de mon moka, que vous avez trouvé si parfumé. »

Le docteur accompagna la fée-chanoinesse jusqu'à la grille du parc, et le long du chemin, les habitants invisibles de ces bocages firent entendre un merveilleux concert. Avant de se séparer, Alpanus pria la belle visiteuse de s'en retourner dans sa coquille de cristal, qui stationnait à la grille, attelée de ses deux licornes blanches; le grand scarabée balançait à l'arrière-train ses ailes d'azur, et le faisan d'argent tenait en son bec les rênes d'or. La fée, ravie de la galanterie du vieux docteur, lui sourit, en le quittant, avec un charme divin.

VII

Comment le professeur Mosch Terpin étudiait l'histoire naturelle dans le cellier de Son Altesse. — Désespoir de Balthasar. — Cadeau que lui fit Prosper Alpanus.

Balthasar, caché dans un galetas au village de Hochjacobsheim, reçut du référendaire Pulcher la lettre suivante : « Mon cher Balthasar, tout va de mal en pis : notre ennemi Cinabre est devenu ministre des relations extérieures, et il a reçu la plus haute décoration de l'ordre du Tigre moucheté de vert. Le professeur Mosch Terpin, déjà ivre de joie, s'est fait nommer par son futur gendre directeur général de tous les phénomènes naturels de la principauté; c'est une sinécure des plus grassement rétribuées. Il est chargé, par le gouvernement, d'écrire un traité in-folio sur l'importante question de savoir pourquoi le goût du vin diffère du goût de l'eau, et produit des effets si différents. Il a été autorisé à faire ses expériences dans le cellier du prince. Il a déjà dépensé en études un demi-foudre de vin du Rhin et je ne sais combien de paniers de champagne. Il s'occupe à présent d'analyser une pièce d'alicante. Le nouveau ministre n'a pas oublié la schlague que tu lui as administrée dans la maison de Mosch Terpin. Il a juré de se venger. Tu ne serais pas en sûreté à Kerepes. Il m'en veut cruellement de l'avoir surpris au moment où la dame voilée lui faisait sa toilette au milieu d'un buisson de roses; et tant qu'il restera au pouvoir, je ne parviendrai pas à l'emploi le plus minime. Du reste, ma mauvaise étoile nous fait rencontrer sans cesse et partout. Dernièrement, l'infernal avorton, revêtu de tous les insignes de sa dignité, visitait, à l'heure où le public y est admis, le Musée d'histoire naturelle. En arrivant devant l'armoire vitrée où sont renfermés les singes empaillés, un étranger l'aperçut debout et appuyé sur sa canne : « Oh! s'écria-t-il, le charmant animal vivant! d'où vient-il, s'il vous plaît, monsieur le conservateur? » A ces mots, le gardien des curiosités posa la main sur l'épaule de

Cinabre et répondit gravement : « En vérité, monsieur, c'est une bête fort rare, et qui figurera très-avantageusement, après sa mort, dans cette armoire. On nomme cette espèce de singe le mycetes Belzebub; c'est le simia Belzebub Linnæi, niger, barbatus, podiis caudaque apice brunneis.—Monsieur! monsieur! s'écria Cinabre exaspéré, vous en avez menti, et je vous ferai châtier vertement pour vous apprendre à ne pas reconnaître le ministre Cinabre... » Je n'étais pas loin de là, cher Balthasar. Cette scène comique me fit rire aux éclats; le ministre se retourna et me lança un coup d'œil furieux. Il eut beau faire, l'étranger n'en persista pas moins dans sa flegmatique admiration, et voulut faire croquer à Cinabre des noisettes qu'il épluchait avec le plus grand soin. Le ministre n'y put tenir davantage; il fut saisi d'une crise nerveuse; on l'emporta dans sa voiture. Voilà la première mésaventure qui arrive à cette maudite mandragore. Cela me donna un peu d'espérance. Dieu n'abandonne pas toujours les honnêtes gens comme toi et moi. Courage donc, et patience! L'autre jour Cinabre est revenu fort déconcerté de sa visite matinale au buisson des rosiers; peut-être la dame qui le protége n'a-t-elle point reparu; car les cheveux du favori sont fort en désordre, et le prince lui a dit : « Cher ami, vous négligez trop votre magnifique chevelure; je veux vous envoyer mon perruquier. » Cinabre a répondu très-insolemment : « Si ce faquin paraît devant mes yeux, je le ferai jeter par la fenêtre. » Le prince a ouvert de grands yeux... Adieu, mon cher Balthasar, cache-toi bien; tous les furets de la police sont à tes trousses. »

Le pauvre Balthasar était désolé. Il se mit à courir les champs et les bois en pleurant et en se tordant les bras. Il accusait Alpanus de s'être moqué de lui et de l'avoir ensorcelé. Pendant qu'il jetait aux quatre vents du ciel les phrases saccadées de son monologue, la nuit tombait par degrés, et une teinte de plomb chargeait d'un gris obscur les horizons lointains. Tout à coup le soleil, avant de disparaître, perça le voile des cieux et colora d'une lueur blanche, mais radieuse, la cime des arbres et la feuillée des buissons. Les insectes se mirent à bourdonner comme au point du jour; les parfums de la terre devinrent plus pénétrants; une harmonie céleste anima peu à peu l'espace, la lumière se fixa un moment comme une aurore boréale, au milieu de laquelle le docteur Prosper Alpanus descendit vers Balthasar, monté sur un insecte étincelant de mille reflets magiques, et semblable à un phalène aux ailes nuancées de toutes les couleurs du prisme.

« Jeune homme, dit-il à l'étudiant, pourquoi m'accuses-tu de t'avoir fait du mal au moment même où je travaille à te livrer ton ennemi? Je ne m'offense point de tes plaintes; je sais combien l'amour rend injuste et cause d'impatience! Je te pardonne, et je viens te protéger. Cinabre est un avorton mis au monde par une pauvre paysanne; son véritable nom est Klein-Zach; il n'a pris celui de Cinabre que par une sotte vanité. Apprends encore que la chanoinesse de Rosenschoen, qui n'est rien moins que la célèbre fée Rosabelverde, ayant rencontré ce misérable nain dans une de ses promenades solitaires, eut pitié de sa destinée, et imagina de lui accorder un don bizarre qui pût le consoler des facultés naturelles dont sa naissance le privait. Ce don consistait à lui faire attribuer tout ce qu'un autre penserait, dirait ou ferait en sa présence; il devait, en outre, dans toute société de gens remarquables par leur beauté physique, par leur intelligence ou par la finesse de leur esprit, passer aussitôt aux yeux de tous pour le plus beau, le plus intelligent, le plus spirituel. Ce charme singulier réside dans une tresse formée de trois cheveux couleur de feu plantés au sommet de la tête de Klein-Zach. Le moindre attouchement devait lui être douloureux et funeste; aussi la fée orna-t-elle sa tête d'une épaisse et soyeuse chevelure qu'elle-même voulait bien prendre la peine de venir peigner tous les neuf jours, avec un peigne d'or magique, dont l'usage conjurait tout maléfice dirigé contre son petit protégé. Aujourd'hui le peigne est brisé; Klein-Zach est livré sans défense à toutes les attaques de ceux auxquels il a nui, et il ne s'agit plus, pour achever de rompre le charme, que d'arracher de la tête du ministre Cinabre les trois cheveux couleur de feu. A toi, cher Balthasar, est réservé l'honneur de cette entreprise. Il ne faut qu'un peu de courage, de force et d'adresse. Prends cette lentille de cristal, va au-devant de Cinabre; dès que tu l'auras rencontré, dirige, à travers cette lentille, un regard attentif sur sa chevelure, et tu verras aussitôt se dresser la tresse de cheveux couleur de feu. Saisis le nain sans hésiter, et arrache-lui d'un seul coup de main son talisman, que tu brûleras immédiatement soit à une bougie, soit dans un foyer quelconque.

— O savant et vénérable docteur, s'écria Balthasar, combien suis-je peu digne de vos bienfaits et de votre appui ! Grâces vous soient rendues, ô vous par qui toutes mes peines vont finir, par qui va m'être donné tout un avenir de divine félicité ! — C'est bien, dit Alpanus, ta gratitude me plaît ; ton cœur pur et sincère était digne de ce que je fais pour toi. Je puis te paraître, en ce moment, assez semblable à l'un de ces personnages fantastiques dont fourmillent les contes bleus des grand'mères ; mais l'événement te prouvera que la nature est pleine de mystères qui ne se révèlent qu'aux êtres privilégiés. Il me reste à te confier maintenant le secret de l'avenir que je te réserve. Je m'ennuie de végéter dans ce pays, et j'ai hâte de retourner au royaume des fées, où une péri d'une merveilleuse beauté m'attend pour me rajeunir et pour m'épouser. Je vais abandonner tout ce que je possède ici, mais c'est toi que je veux constituer l'héritier légitime de mes biens. J'irai demain à Kerepes faire dresser en ta faveur un acte par lequel je te donnerai la qualité de neveu. Aussitôt que tu auras brisé le charme qui ensorcelle Cinabre et Candida, présente-toi au docteur Mosch Terpin avec l'aplomb qu'assurent de bonnes propriétés, et il sera trop heureux de t'accorder sa fille en mariage. Je t'engage alors à te fixer avec Candida dans ma maison de campagne ; vous y jouirez tous deux d'un bonheur inaltérable. » En achevant ces mots, le docteur Prosper Alpanus siffla trois fois. Son insecte, sellé et bridé, vint aussitôt le rejoindre ; au moment de partir, Alpanus tira de sa poche une petite boîte d'écaille qu'il remit à Balthasar en lui disant : « Serre cette boîte précieusement, avec la lentille de cristal que je t'ai confiée ; elle renferme un talisman qui doit te faire sortir de tout embarras. »

Balthasar retourna dire adieu à son galetas de Hochjacobsheim, et hâter joyeusement les préparatifs de son expédition contre Cinabre.

VIII

On retrouve l'ami Fabian. — Comment le prince Barsanuph se réfugia derrière un paravent, et destitua le directeur général des phénomènes. — Cinabre s'enfuit de la maison de Mosch Terpin. — Comment Mosch Terpin, après avoir voulu monter à cheval sur un papillon et devenir empereur, finit par aller se coucher.

Balthasar rentra dans Kerepes au point du jour, et courut chez son ami Fabian. Il frappa à la porte, une voix faible et plaintive répondit : « Ouvrez. » Le pauvre Fabian était au lit, pâle, défait, la mort peinte sur tous les traits. « Pour Dieu ! s'écria Balthasar, que t'est-il donc arrivé?

— Hélas ! murmura Fabian avec des sanglots étouffés, je suis un homme perdu. Alpanus est un infernal magicien à qui je dois ma ruine totale.

— Ho ! ho ! fit Balthasar en souriant malgré lui, nous avons donc bien changé de manière de voir ! Qu'est devenu le temps où tu ne croyais pas à ces billevesées?

— Je crois à tout maintenant, reprit Fabian; les gnomes, les farfadets, le roi des rats, les hommes-racines, je tiens tout pour réel; et je suis rudement payé pour cela. Tu te souviens des risées auxquelles m'exposa ma queue d'habit ? Eh bien, regarde ! »

Balthasar vit les murs de la chambre tapissés d'une infinité d'habits de toutes formes et de toutes couleurs.

« Figure-toi, poursuivit Fabian, que j'ai fait faire cette multitude de vêtements avec l'espoir de voir cesser la mystification dont le damné docteur m'a rendu victime; eh bien ! je ne puis endosser aucune espèce d'habit sans qu'aussitôt les manches ne se raccourcissent jusqu'aux aisselles, tandis que les pans s'allongent de plus de six aunes. Tout l'art des meilleurs tailleurs est impuissant contre ce sortilége. On se moque de moi partout où je montre le bout de mon nez ; et, pour comble de disgrâce, les théologiens veulent me faire un procès comme à un hérétique ou à un possédé que la divine justice signale, disent-ils, à leur zèle vengeur. Si l'inquisition était rétablie, je serais rôti comme un balai. Mon Dieu! mon Dieu! que vais-je devenir? Le recteur de l'université m'a fait avertir que, si je ne me présentais devant lui, dans huit jours, couvert d'un habit convenable et décent, je serais chassé des écoles. C'est aujourd'hui le huitième jour!... O malheureux que je suis! ô maudit Prosper Alpanus!

— Ne blasphème pas contre le plus digne et le meilleur des hommes! interrompit Balthasar. S'il a voulu te punir un peu de tes espiègleries de l'autre jour, il a trop bon cœur pour permettre qu'il t'arrive le moindre désagrément sérieux. Le docteur Prosper Alpanus est actuellement mon oncle bien-aimé; je lui suis aujourd'hui redevable de la possession en toute propriété d'une délicieuse maison de campagne. Et, tiens, camarade, voici un remède infaillible contre tous les embarras qui peuvent se rencontrer dans le cours de la vie... » Et Balthasar présenta au désolé Fabian la boîte d'écaille.

« Eh! que ferai-je de ce brimborion? demanda Fabian; quel rapport peut-il exister entre une boîte d'écaille et des manches ou une queue d'habit?

— Prends toujours, reprit Balthasar. Ouvre la boîte, et sachons ce qu'elle contient. »

Fabian ouvrit la boîte; il en sortit un habit noir qui grandit et se développa jusqu'aux exactes proportions de la taille de l'étudiant. La joie des deux amis fut extrême. Le nom de Prosper Alpanus fut couvert de bénédictions. Fabian courut aussitôt chez le recteur de l'université, et, à son retour, Balthasar lui raconta le plan tracé par Alpanus pour renverser Cinabre, et pour reconquérir la belle, l'adorée Candida. Tout en causant, Balthasar, qui regardait dans la rue, vit passer le référendaire Pulcher; il l'appela et lui fit signe de monter.

A peine Pulcher eut-il entendu à son tour le récit dont Balthasar avait régalé Fabian, qu'il s'écria piteusement : « Tout cela est bel et bon; mais il est trop tard; c'est aujourd'hui même que doit avoir lieu le mariage de Cinabre avec la fille de Mosch Terpin. Il y aura dans la maison de notre professeur un bal magnifique auquel le prince daignera paraître en personne.

— Eh bien, s'écria Balthasar, aujourd'hui même, tout à l'heure, dans la maison de Mosch Terpin, nous allons faire main basse sur Cinabre. Il ne manquera pas de girandoles chargées de bougies pour brûler la tresse couleur de feu qui fait la puissance de cette odieuse petite créature. »

A quelques heures de là, au milieu du salon splendidement éclairé du professeur Mosch Terpin, rayonnait le petit Cinabre, aux lueurs de cent bougies. Le ministre portait un habit rouge brodé d'or sur toutes les coutures; il avait l'épée au côté, un chapeau à plumes sous le bras, et se balançait avec une arrogance que tout le monde admirait par respect pour les insignes de l'ordre du Tigre moucheté de vert, dont le grand cordon l'affublait de la façon la plus grotesque. Près de lui, Candida, plus belle que jamais, était revêtue de son costume de mariée. Cinabre, de temps en temps, lui serrait les mains avec un hideux ricanement; elle répondait par un angélique sourire. C'était un spectacle horrible à voir; il fallait que l'enchantement fût bien complet pour que personne ne s'aperçût de l'infâme fascination exercée par Cinabre sur la nombreuse société qui se pressait à l'envi dans le salon. Tous les regards étaient fixés sur le maudit nain et sur Candida; nul ne semblait remarquer la présence du prince Barsanuph, qui venait d'entrer.

Au moment où allait s'accomplir entre les deux fiancés l'échange des anneaux de mariage présentés par Mosch Terpin sur un plateau d'argent, un mouvement rapide agita la foule des invités. La porte du salon s'ouvrit avec fracas: Balthasar, accompagné de Pulcher et de Fabian, s'avança d'un pas ferme, les poings serrés, le front haut et menaçant. Un trouble violent les accueille, un haro s'élève de tous les coins de la salle, et le prince Barsanuph, croyant à une émeute politique, ouvre la bouche pour donner l'ordre d'arrêter les trois jeunes gens, lorsque, plus prompt que l'éclair, Balthasar dirige contre Cinabre la lentille de cristal. Le nain pousse un cri sous l'influence du bijou magique, comme si une décharge d'électricité venait de l'atteindre. Candida s'évanouit de frayeur et d'émotion à l'aspect de Balthasar. Les assistants, frappés de stupeur, restent l'œil fixe et les lèvres béantes... Balthasar, sans se troubler, voit la tresse des trois cheveux couleur de feu, saute sur Cinabre, le terrasse, et, malgré sa résistance et ses égratignures, aidé de Pulcher et de Fabian, il arrache le talisman de la fée Rosabelverde et le jette sur le brasier... A l'instant même une explosion se fait entendre, la maison s'ébranle jusque dans ses fondements, et les spectateurs de cette scène se réveillent comme d'un long cauchemar.

Cependant le ministre Cinabre, pétillant de colère, crie, jure et tempête de toute la force de ses petits poumons; il veut, il ordonne qu'on arrête les perturbateurs de la fête qui retardent si insolemment son mariage. Mais cette fois l'enchantement a cessé, on le regarde et on se demande ce que signifie cet ignoble magot déguisé en ministre. On l'entoure, on se le jette de main en main comme une balle de paume; il perd, ainsi berné, son chapeau, son épée et ses escarpins; on lui arrache même avec irrévérence le grand cordon de l'ordre du Tigre moucheté de vert, avec ses vingt boutons de diamant. « Prince Barsanuph, hurlait Cinabre, venez donc au secours de votre ministre favori! » Le prince, abasourdi, veut gagner la porte et s'enfuir; Mosch Terpin se rencontre sur son passage; l'Altesse saisit à la gorge le pauvre professeur : « Misérable, lui dit-il, osez-vous bien rendre votre prince témoin d'une si dégoûtante parade? Quoi! vous m'invitez à assister au mariage de votre fille avec mon ministre Cinabre, et à la place de mon ministre je trouve ici le plus dégoûtant de tous les magots. Vous mériteriez d'être mis en jugement pour crime de haute trahison, ou plutôt je devrais vous faire enfermer pour le reste de vos jours dans une maison de fous. Je vous destitue de votre emploi de directeur général des phénomènes de ma principauté, et je vous interdis dès ce jour de remettre le pied dans mon cellier... Au diable! »

Là-dessus, Barsanuph sortit de la salle fort courroucé. Mosch Terpin, furieux de la perte de sa sinécure, empoigne Cinabre et va le lancer par la fenêtre; le conservateur du Musée se précipite au-devant de lui en criant : « Monsieur,

monsieur le professeur, qu'allez-vous faire? ne détruisez pas une si précieuse propriété nationale : vous tenez dans vos mains le mycetes Belzebub, simia Belzebub Linnæi, qui s'est échappé de la ménagerie des singes vivants! » Un éclat de rire accueillit la réclamation du conservateur; mais à peine Mosch Terpin a-t-il lâché Cinabre, qu'il s'écrie en le secouant à terre comme une vermine malfaisante : « Fi! fi! ce n'est point là le simia Belzebub; c'est un sale et ignoble homme-racine! »

Les éclats de rire recommencent avec les mauvais traitements; le pauvre Klein-Zach a toutes les peines du monde à gagner la porte et l'escalier; aucun de ses domestiques ne le reconnaît.

Pendant que ce drame burlesque s'achevait dans le salon, Balthasar avait couru dans la chambre voisine, où était Candida évanouie. Il se jeta à genoux près d'elle, couvrant ses mains de baisers et de larmes, et l'appelant des noms les plus tendres. A la fin, elle rouvrit les yeux, reconnut son bien-aimé d'autrefois, et lui rendit caresse pour caresse. Quand elle fut un peu remise de l'émotion trop vive qu'elle avait éprouvée, elle raconta à Balthasar comment un jour il lui avait semblé tout à coup tomber sous l'empire d'un mauvais démon qui s'emparait de son cœur et la soumettait à une affreuse erreur, en prenant, pour la séduire, les traits mêmes de Balthasar. C'est ce qui venait de lui arriver. Le talisman de la fée Rosabelverde avait fait paraître le petit Cinabre à ses regards paré de la ressemblance de Balthasar.

Comme ils se prodiguaient tous deux les serments les plus ardents, Mosch Terpin entra dans la chambre en donnant tous les signes du plus violent désespoir. « Non, s'écriait-il, je n'y survivrai pas! Quoi! me voir destitué d'une si haute et si importante direction générale! Chassé des caves du prince! privé de tout espoir d'obtenir jamais l'entrée de l'ordre du Tigre moucheté de vert, à trois ou cinq boutons d'or! Hélas! hélas! tout est donc fini, perdu, anéanti! Que va dire l'illustre ministre Cinabre quand il saura que j'ai pris pour lui le plus vilain singe qui ait jamais été vu dans les foires de toute l'Allemagne!...

— Mais, cher monsieur, songez donc, lui répétaient les assistants, songez donc qu'il n'existe plus de ministre Cinabre. Nous étions ensorcelés depuis quelque temps par la malicieuse Rosabelverde. »

Mosch Terpin se frotta les paupières, éternua, toussa et promena lentement deux gros yeux à fleur de tête sur les gens qui l'environnaient; puis un accès de fièvre colora les pommettes de ses joues en écoutant les merveilles que l'étudiant Balthasar lui disait du docteur Alpanus. « Oui, certes, s'écria-t-il, je le sens! j'étais la dupe d'une infâme diablerie. Grâce à toi, Prosper Alpanus, je suis affranchi des griffes de l'esprit malin. Hurrah! Prosper Alpanus, viens à moi! descends des régions éthérées sur ton phalène d'azur, et amène-moi un papillon sellé et bridé! je te suivrai sans crainte à travers les airs; j'irai me faire friser par la jolie fée Rosabelverde! et je deviendrai alors ministre, roi, empereur!... Hurrah!... »

Et le pauvre homme se mit à cabrioler avec une telle frénésie, qu'on eut peur de le voir devenir fou. Après quelques minutes d'extravagances, il retomba épuisé sur un siège. Alors Balthasar et Candida se prirent par la main et s'approchèrent de lui pour lui parler de leur amour et pour demander à genoux sa bénédiction. Tous deux parlèrent avec une telle éloquence, que Mosch Terpin ne put retenir quelques larmes. « Oui, mes enfants, leur dit-il, aimez-vous, mariez-vous, ayez beaucoup d'enfants et mourez de faim tous ensemble, car je ne vous donnerai pas un groschen!

— Quant à mourir de faim, répondit Balthasar en souriant, on pourra s'en priver. Mon gracieux oncle Prosper Alpanus a bien voulu pourvoir à notre cuisine.

— Soit! reprit en balbutiant Mosch Terpin, je consens à voir demain les ressources de ton garde-manger. Mais si tu ne veux pas que ma tête éclate tout à l'heure, il faut que j'aille me coucher... »

Et il gagna son lit à tâtons.

IX

Les jérémiades de la vieille Liese. — Les derniers moments du ministre Cinabre. — Désespoir du prince Barsanuph — Il mange des oignons crus aux funérailles de Cinabre.

La berline de M. le ministre des relations extérieures l'attendit toute la nuit devant la maison de Mosch Terpin. Un orage était survenu, la pluie tombait à flots ; le fidèle chasseur de Son Excellence, cloué à son poste comme un soldat sur la brèche, attendait toujours. Quand les dernières clartés s'éteignirent, ne voyant pas venir son cher maître, il pensa que Son Excellence avait pu revenir à l'hôtel avec un autre équipage. Il partit, rentra, et fit prévenir le valet de chambre. « Son Excellence, dit celui-ci, est rentrée à la nuit close ; elle dort.

— Elle dort? dit le chasseur ; mais en quel état?...

— Ah ! voilà qui devrait être le secret du diable. Il y a de ces choses qu'on ne devrait jamais raconter à âme qui vive. Hier, à la nuit tombante, roulé dans mon manteau, j'allais me glisser dans la boutique du marchand de vin pour jouer au trictrac ; au moment où je descendais l'escalier, je vois s'agiter et rouler entre mes jambes quelque chose qui miaule comme un chat furieux, et qui grogne... (ah ! mon Dieu ! si Son Excellence le savait ! je serais chassé et perdu !...) quelque chose qui grogne... oui, hélas ! oui, comme Son Excellence quand le rôti est brûlé, ou quand elle est trop préoccupée des affaires de l'État. »

Le chasseur tressaillit. Le valet de chambre lui fit un signe qui recommandait le silence, et poursuivit ainsi : « Oui, oui, c'était, j'en suis sûr, Son Excellence en personne qui a passé entre mes jambes au bord de l'escalier. Un moment après, je l'entendis bousculer chaises et fauteuils, ouvrir et fermer à grand bruit les portes des pièces qui conduisent à sa chambre à coucher. Je n'osais me permettre de la suivre. Pourtant, deux heures après, l'inquiétude et je ne sais quel instinct me poussant, je pris sur ma timidité naturelle l'audace d'aller écouter à la porte. M. le ministre ronflait dans son lit comme il a coutume de faire quand sa cervelle travaille aux plus importantes affaires de l'État. J'ai conclu de là tout naturellement qu'il se préparait quelque grave événement politique; si tu m'en crois, nous irons nous poster de ce pas à la porte de la chambre où repose Son Excellence, afin d'être à ses ordres aussitôt qu'il lui plaira de se réveiller. »

Les deux domestiques exécutèrent cet honnête projet. Cinabre dormait en sifflant comme un tuyau d'orgue; ils l'écoutèrent avec un profond respect, en se disant tout bas l'un à l'autre : « En vérité, notre maître est un des plus grands hommes d'État qui aient jamais existé. »

Le jour suivant, dès l'aube, un grand bruit troubla le repos de l'hôtel. Une vieille paysanne, pauvrement vêtue, s'était adressée au concierge pour demander qu'on l'introduisît sur-le-champ auprès de son cher petit Klein-Zach. Le concierge avait répondu d'un ton qui n'admettait point de réplique : « C'est ici l'hôtel habité par le grand et puissant ministre Cinabre, commandeur de l'ordre du Tigre moucheté de vert à vingt boutons de diamant; personne ici ne connaît parmi les valets votre Klein-Zach. » A ces mots, la paysanne s'écria avec une joie extravagante que le ministre Cinabre était précisément le Klein-Zach qu'elle prenait la liberté de réclamer. Aux cris de la femme et aux juremens du concierge, qui voulait l'empêcher d'entrer, tous les habitants de l'hôtel s'empressèrent d'accourir, et le vacarme allait croissant de minute en minute. Quand le valet de chambre descendit pour chasser les importuns qui dérangeaient le sommeil dont Son Excellence avait si grand besoin, on venait de chasser la pauvre femme en la traitant de folle. Elle alla s'asseoir sur un banc de pierre qui faisait face à l'hôtel du ministre, et se mit à pleurer à chaudes larmes. Les passants ne tardèrent pas à s'amasser autour d'elle, et chacun s'étonnait de l'entendre raconter que le ministre Cinabre, favori du prince et premier dignitaire de l'État, n'était autre que son fils légitime. Les passants la prirent pour une folle, comme avaient fait les domestiques de l'hôtel. Cependant elle ne quittait pas des yeux les fenêtres qui donnaient sur la rue. Tout à coup elle se leva, battit des mains et s'écria en riant aux éclats : « Mais le voilà! le voilà! Ne vous disais-je pas bien que mon petit chéri, mon fils unique, mon bien-aimé Klein-Zach, était ici?.. Bonjour, bonjour, amour d'enfant! Ne veux-tu pas reconnaître la mère qui t'a nourri de son lait? » Les assistants ne furent pas peu surpris de voir un petit avorton, chamarré du grand cordon du Tigre moucheté de vert, s'agiter et pirouetter devant une fenêtre de plain-pied, et tous se mirent à crier : « Tiens! c'est là Klein-Zach! Ohé! Klein-Zach! ohé! la mandragore!... » Les gens de service vinrent se joindre aux passants attroupés, et les clameurs qu'ils poussaient tous ne ressemblaient pas mal à une sédition.

Cinabre s'aperçut alors de ce qui se passait. Il ouvrit la fenêtre, et, se montrant sur le balcon, voulut adresser des menaces aux badauds qui se moquaient de lui aussi effrontément; mais plus il se démenait, plus il gesticulait, et plus redoublaient les éclats de rire. On en vint jusqu'à lui lancer des pierres, des pommes et des épluchures. Plusieurs vitres furent brisées, et il se vit obligé de battre en retraite.

« Bon Dieu! s'écriait le valet de chambre, quel hideux petit monstre vient d'apparaître à la fenêtre de la chambre à coucher de Son Excellence! Qu'est-ce que cela signifie? Par où ce vilain magot a-t-il pu s'introduire dans l'hôtel? »

Il court, franchit les degrés quatre par quatre, arrive... mais la porte du ministre est fermée en dedans. Il frappe, personne ne répond. Quel parti prendre en pareille occurrence?...

Cependant la foule grossissait dans la rue. L'apparition du nain sur le balcon du ministre était la fable de tout le voisinage. La curiosité finit par dégénérer en émeute; la cour et les appartements de l'hôtel furent envahis en un clin d'œil. Le fidèle valet de chambre, ne pouvant à lui seul conjurer cet orage, voulut se dévouer pour sauver son maître. Il frappe à coups vigoureux à la porte de la chambre, il la brise pour arracher Cinabre malgré lui aux périls qui l'assiègent; point de Cinabre! Il parcourt tous les appartements de l'hôtel, il appelle, il supplie; nulle voix ne répond à ses instances. Qu'est donc devenu Cinabre?

Le tumulte s'était apaisé par degrés; on n'entendait plus au dehors qu'une voix de femme sonore et imposante qui gourmandait les mutins, et à force d'énergie parvenait à les renvoyer chacun chez eux, comme des écoliers pris en flagrant délit.

Le valet de chambre, qui cherchait toujours Cinabre, finit par découvrir deux longues, grêles et maigres petites jambes sortant d'un vase d'argent qui n'a pas de nom dans la bonne compagnie, malgré son utilité généralement reconnue et adoptée par l'usage. « Ciel! s'écria-t-il avec des lamentations déplorables, ces jambes-là n'appartiennent-elles pas à mon honoré maître? Hélas! Excellence, que faites-vous donc là-dedans?... »

Cinabre ne répondant point, le valet s'empressa de lui porter secours; il était trop tard, le ministre favori du prince Barsamph avait vécu. Aux cris du pauvre valet tout désolé, tous les gens du logis montèrent dans la chambre à coucher. Cinabre, proprement essuyé, fut déposé sur son lit et couvert d'un édredon.

En ce moment parut mademoiselle de Rosenschoen, la fée chanoinesse. Derrière elle venait la mère de Klein-Zach, la vieille Liese. Un triste spectacle s'offrit à leurs yeux.

La mort semblait avoir effacé la laideur de Cinabre. Sa figure était pâle, mais un léger sourire effleurait ses lèvres, et ses cheveux bruns flottaient autour de lui en boucles ondoyantes. La fée chanoinesse passa doucement sa main sur sa tête; une ligne de feu brilla sous ses doigts comme du phosphore. « Hélas! dit-elle avec un profond soupir, le savant Alpanus avait bien prophétisé; la fatalité a suivi son cours, et le pauvre Cinabre a tristement expié sa ridicule grandeur!... »

La mère de Klein-Zach ne voulait plus le reconnaître dans ce piteux état. Lorsque la fée lui eut affirmé que le petit cadavre étendu sur le lit était bien réellement ce qui restait de Cinabre, elle eut un accès de convoitise, et, promenant autour de la chambre mortuaire des yeux pétillants d'avidité, elle se prit à dire : « Je dois donc hériter sur-le-champ de toutes les belles choses que voilà, et qui appartenaient à mon fils? — Non, reprit mademoiselle de Rosenschoen; tout est fini; votre destinée n'était pas d'arriver à la richesse. Il faut vous consoler et partir. — Mais, redit la vieille paysanne, qu'on me laisse au moins emporter dans ma besace le corps de mon fils. M. le pasteur de notre village possède dans son cabinet une foule d'animaux singuliers; il fera proprement empailler Klein-Zach, et je le mettrai sur mon bahut avec ce large ruban vert et cette plaque étincelante qui couvre sa poitrine. — Cela ne se peut pas, interrompit la fée. Sortez d'ici, bonne femme, et allez m'attendre dans la cour; tout à l'heure j'irai vous rejoindre, et je vous laisserai pour adieu le moyen de vous soustraire à la misère pendant le reste de vos jours. »

Lorsque la vieille Liese eut obéi à cette injonction, la fée s'approcha du lit où gisait Cinabre : « Pauvre Klein-Zach! lui dit-elle à demi-voix, la nature s'était montrée bien injuste à ton égard; tu ne méritais pas plus qu'un autre d'arriver au monde stupide et laid comme je t'avais trouvé. Je t'avais confié un don précieux; je pensais étourdiment que, pourvu par mes enchantements de la faculté d'être pris pour le plus beau, le plus intelligent et le plus spirituel des hommes, tu l'appliquerais à justifier cette faveur en t'efforçant de la mériter par le travail; ton esprit borné n'a pas compris les devoirs que t'imposait ma protection; tu n'as su que descendre au bas de l'échelle des êtres par tous les actes de ta vie. Ta mort ignominieuse en est la fatale expiation. Que ne puis-je te ressusciter sous la forme d'un gracieux insecte, d'une souris vagabonde ou d'un écureuil gourmand et folâtre! j'aimerais encore à te protéger; mais tu es soumis au pouvoir sévère d'Alpanus, et il n'y a plus pour toi nul moyen de revenir à la vie. Adieu donc, Klein-Zach! adieu, Cinabre! que la terre te soit légère! »

En finissant cette oraison funèbre, la fée Rosabelverde disparut comme un songe.

Peu d'instants après son départ, le prince Barsanuph, averti du trépas de son ministre, arriva pâle et défait, suivi de sept chambellans plus pâles et plus défaits que lui. Il contempla le petit cadavre, et dit en sanglotant : « O Cinabre!... » Les sept chambellans répétèrent d'une seule voix : « O Cinabre! » Tout le monde pleurait.

Le prince demanda à son médecin comment Cinabre avait pu mourir aussi subitement. « Monseigneur, répondit gravement le donneur de remèdes, Son Excellence doit sa mort à la cessation de la faculté de respirer. Cet accident est le résultat de la suffocation produite par l'élément dans lequel votre illustre ministre s'est laissé choir. Mais la cause première de sa mort, c'est l'ordre du Tigre moucheté de vert à vingt boutons de diamant. — Comment? s'écria Barsanuph en toisant son médecin d'un regard plein de courroux. — Oui, monseigneur, je le répète, poursuivit le médecin; la plaque de l'ordre a affecté la poitrine, et la tension du ruban, produite par les vingt boutons, a lésé la colonne vertébrale. Les organes vitaux ainsi attaqués ont subi une inflammation qui a réagi sur le cerveau. Il y a eu fièvre soudaine, accompagnée de symptômes non équivoques d'aliénation; le gracieux ministre a perdu la tête et s'est précipité volontairement ou est tombé, par un irréparable malheur, dans ce vase d'argent dont Votre Altesse l'avait gratifié en témoignage de sa haute satisfaction. — Médecin, dit le prince, vous êtes un maudit bavard; félicitez-vous que je ne daigne pas comprendre les inconvenances de votre langage. Quant à vous, messieurs, ajouta-t-il en se tournant vers les sept chambellans, je vous remets le soin d'ordonner les obsèques de mon ministre. Donnons quelques larmes à son triste sort, et allons dîner, s'il vous plaît, car je meurs de faim. »

À ces mots, le prince fit entendre quelques gémissements et se couvrit le visage avec son mouchoir. Les chambellans firent chorus de sanglots et tirèrent aussi leur mouchoir; puis ils sortirent pour ne pas laisser à leurs dîners respectifs le temps de se refroidir. Devant la porte de l'hôtel ils rencontrèrent la vieille Liese, qui portait sur un éventaire une pacotille d'oignons jaunes dorés d'une grosseur extraordinaire. « Bon prince, dit-elle à Son Altesse, achetez-moi mes oignons, c'est mon gagne-pain; le miel n'est pas plus doux que mes oignons! »

Barsanuph admira les oignons de Liese. « Chambellans,

Voici, chers lecteurs et belles lectrices, l'instant d'une séparation mutuelle.

dit-il aux seigneurs qui l'escortaient, prêtez-moi un couteau; il me prend une envie démesurée de goûter à la pulpe de ce légume. O messieurs! c'est un mets délicieux, poursuivit-il avec des yeux rayonnants de plaisir; il me semble qu'en croquant les oignons de cette bonne femme, je vois l'ombre de mon fidèle Cinabre se lever du tombeau pour me dire : « Cher « prince, achetez et mangez ces oignons; le salut de l'État « dépend de votre appétit. »

La vieille Liese reçut immédiatement un brevet pour la fourniture générale des oignons du palais. Le prince y ajouta une gratification de quelques pièces d'or. Ainsi s'accomplit la promesse que la fée Rosabelverde avait faite à la mère de Klein-Zach. La pauvre paysanne se voyait à l'abri de la misère pour le reste de ses jours.

L'enterrement du ministre eut lieu avec une pompe splendide et digne de son rang. Le prince conduisait le deuil, et les membres de l'ordre du Tigre moucheté de vert suivirent le cortège en grand uniforme. Toutes les cloches furent mises en branle; et comme il n'y avait point de canon dans le pays, le commencement et la fin de la cérémonie s'annoncèrent par l'explosion de deux pièces d'artifice. Le peuple pleurait ce jour-là, et tout le monde s'accordait à dire que le prince et l'État venaient de faire une perte irréparable.

DERNIER CHAPITRE.

Voici, chers lecteurs, et vous, mes belles lectrices, voici l'instant d'une séparation mutuelle. A cette seule pensée, l'auteur de ces contes se sent ému d'une profonde tristesse. Il aurait eu sans doute une foule d'autres choses dignes de mémoire à vous raconter sur la vie et sur les aventures du ministre Cinabre, car c'est, à ses yeux, l'histoire la plus drôlatique dont il ait gardé le souvenir. Néanmoins il se dispense de passer outre, car il craint avant tout d'user la patience ou la bonne volonté de ceux et de celles qui tiendront à la main ce gros livre.

Rien ne coûte plus à tracer que ces seuls mots : DERNIER CHAPITRE. Aussi, avant de l'écrire, l'auteur vous prie-t-il avec instance de ne point juger trop sévèrement les capricieux écarts de son imagination. Si parfois vous avez souri, ou si vous avez été émus, le but qu'il se proposait a été réalisé.

L'histoire qui clôt ce livre aurait bien pu finir par la mort du petit Cinabre; mais n'est-il pas mille fois plus agréable de la terminer par les joies de l'hyménée?

Retournons donc en arrière vers notre ami Balthasar et sa fiancée, la jolie Candida.

Le professeur Mosch Terpin, que l'étude approfondie des mystères de la nature devait avoir prémuni contre toute surprise, ne revenait pas de sa stupeur en songeant aux bizarres événements qui lui avaient valu la disgrâce du prince Barsanuph et sa destitution du sublime emploi de directeur général des phénomènes. Son imagination en fut ébranlée, et par moments il doutait tout à fait sérieusement de sa propre existence. Il fut d'abord singulièrement ébahi lorsque l'étudiant Balthasar lui présenta comme son oncle le docteur Prosper Alpanus, qui confirma verbalement devant lui l'acte de donation de ses domaines. Balthasar, devenu riche, lui parut un garçon doué des plus brillantes qualités, et il ne mit plus de bornes à son estime lorsqu'en visitant la maison de campagne d'Alpanus, il vit un cellier garni des vins les plus exquis; Balthasar lui en assura la jouissance pour continuer ses expériences sur les propriétés contraires du vin et de l'eau.

L'union de Balthasar et de Candida fut fixée à bref délai. Tous ceux qui obtinrent la faveur d'y être conviés admirèrent l'extrême beauté de la fille de Mosch Terpin. La fée Rosabelverde, qui voulut y assister en costume de chanoinesse, avait elle-même habillé la mariée, dont la plus séduisante parure était une couronne de roses à cent feuilles.

Le docteur Prosper Alpanus illustra cette fête de famille des merveilles de son art. Jamais les bocages de son parc n'avaient retenti de plus harmonieux concerts. Quand la nuit vint, des traînées de feu magique s'allumèrent au dessus des grands arbres; des myriades d'insectes lumineux scintillèrent dans le feuillage comme des étoiles mobiles, et les senteurs de la terre, émaillée de bruyères fleuries, s'épandirent dans les airs comme une brise embaumée.

Balthasar, Candida et leurs amis reconnurent la puissance d'Alpanus. Mosch Terpin, qui s'était grisé noblement, riait, pleurait, chantait, gambadait.

Tout à coup un son de cloches vibra dans l'espace. Un papillon transparent comme la flamme vint se poser sur l'épaule de Prosper Alpanus.

Prosper Alpanus se leva. « Cher Balthasar, et vous, bonne Candida, mes amis, dit-il d'une voix grave dont l'accent pénétra tous les cœurs d'une douce mélancolie, voici le moment de nous séparer pour toujours. »

Il s'approcha des deux époux et leur murmura quelques mots à l'oreille. Balthasar et Candida se jetèrent dans ses bras en pleurant.

La coquille de cristal, attelée de ses deux licornes blanches, et conduite par le faisan d'argent, descendit lentement des cieux sur un nuage d'azur.

« Adieu! adieu! » s'écria Prosper Alpanus en s'asseyant sur le char merveilleux, qui s'éleva peu à peu et se perdit bien haut dans les airs comme une étoile qui file.

Balthasar et Candida vécurent ensemble d'heureux jours au sein d'une douce obscurité.

La solitude avec l'amour est un présent divin. L'amour fidèle triomphe du malheur et de la mort. Qu'importe de mourir à celui qu'une autre âme attend au delà de cette vie? Pour lui la tombe est le berceau du ciel.

TABLE DES MATIÈRES

Préface. v
Le chant d'Antonia. 1
Salvator Rosa. 18
Les aventures du jeune Traugott. 75
Annunziata. 104
Le tonnelier de Nuremberg. 140
Olivier Brusson. 195
Coppélius. 247
Le roi Trabacchio 272
Berthold le fou. 310
Le mystère de la maison déserte. 320
La porte murée. 348
La fascination. 594
Le reflet perdu. 408
Histoire héroïque du célèbre ministre Klein-
  Zach, surnommé Cinabre. 428
  Chapitre. I. — Le petit laideron. — Pourquoi le nez d'un pasteur se
  trouva en danger. — Comment le prince Paphnutius éclaira son pays,
  et comment la fée Rosabelverde devint chanoinesse. . . . . *ib.*

Chap. II. — D'une contrée inconnue découverte par le savant Ptolomæus Philadelphus. — L'université de Kerepes. — Comment l'étudiant Fabian reçut à la tête une paire de bottes, et comment le professeur Mosch Terpin convia au thé l'étudiant Balthasar. . . . 458

Chap. III. — Mystification de Fabian. — Soirée de Mosch Terpin. — Le jeune prince. 445

Chap. IV. — Comment le joueur de violon Sbiocca menaça le seigneur Cinabre de l'enfermer dans sa contre-basse, et comment le référendaire Pulcher ne put être ministre des relations extérieures. — Balthasar est ensorcelé par une pomme de canne. 455

Chap. V. — Comment le prince Barsanuph fit une tache à sa culotte, et comment il éleva le secrétaire particulier Cinabre au poste éminent de conseiller spécial. — Comment un portier mordit le doigt de l'étudiant Fabian, et comment celui-ci traîna une queue d'habit d'une interminable longueur. — Fuite de Balthasar. 458

Chap. VI. — Toilette du conseiller Cinabre. — Le tigre moucheté de vert. — Tête-à-tête de la demoiselle de Rosenschen avec le docteur Prosper Alpanus. 467

Chap. VII. — Comment le professeur Mosch Terpin étudiait l'histoire naturelle dans le cellier de Son Altesse. — Désespoir de Balthasar. — Cadeau que lui fit Prosper Alpanus. 475

Chap. VIII. — On retrouve l'ami Fabian. — Comment le prince Barsanuph se réfugia derrière un paravent, et destitua le directeur général des phénomènes. — Cinabre s'enfuit de la maison de Mosch Terpin. — Comment Mosch Terpin, après avoir voulu monter à cheval sur un papillon et devenir empereur, finit par aller se coucher. 479

Chap. IX. — Les jérémiades de la vieille Liese. — Les derniers moments du ministre Cinabre. — Désespoir du prince Barnasuph. — Il mange des oignons crus aux funérailles de Cinabre. . . 485

Dernier chapitre. 494

www.ingramcontent.com/pod-product-compliance
Lightning Source LLC
Chambersburg PA
CBHW071712230426
43670CB00008B/981